『河南历史与考古研究』丛书（第二辑）

# 登封与大禹文化

主编　张新斌　王青山

中原出版传媒集团
大地传媒
大象出版社
·郑州·

图书在版编目(CIP)数据

登封与大禹文化 / 张新斌, 王青山主编.— 郑州 :
大象出版社, 2016. 7
(河南历史与考古研究丛书. 第二辑)
ISBN 978-7-5347-8925-0

Ⅰ. ①登… Ⅱ. ①张… ②王… Ⅲ. ①禹—人物研究
—文集②登封市—地方史—文集 Ⅳ. ①K827=1
②K296. 14-53

中国版本图书馆 CIP 数据核字(2016)第 152258 号

"河南历史与考古研究"丛书(第二辑)
**登封与大禹文化**
**张新斌 王青山 主编**

---

出 版 人 王刘纯
责任编辑 李小希 负晓娜
责任校对 安德华 马宁 牛志远 裴红燕 毛 路 李婧慧
封面设计 王晶晶

---

出版发行 大象出版社(郑州市开元路 16 号 邮政编码 450044)
发行科 0371-63863551 总编室 0371-65597936
网 址 www.daxiang.cn
印 刷 河南安泰彩印有限公司
经 销 各地新华书店经销
开 本 787mm×1092mm 1/16
印 张 38.25
字 数 504 千字
版 次 2016 年 11 月第 1 版 2016 年 11 月第 1 次印刷
定 价 78.00 元
若发现印、装质量问题,影响阅读,请与承印厂联系调换。
印厂地址 郑州市中原路与华山路交叉口向南 200 米路西华山路 78 号
邮政编码 450000 电话 0371-67196689

中共河南省委原常委、郑州市委原书记王文超出席“2015 中国登封大禹文化研讨会”

中国先秦史学会会长、中国社会科学院学部委员宋镇豪研究员出席“2015 中国登封大禹文化研讨会”

河南省社会科学院党委书记魏一明出席“2015 中国登封大禹文化研讨会”

河南省炎黄文化研究会会长常有功出席“2015 中国登封大禹文化研讨会”

河南省炎黄文化研究会副会长兼秘书长、郑州市政协原主席李秀奇出席“2015 中国登封大禹文化研讨会”

黄河文化研究会执行会长张锐出席“2015 中国登封大禹文化研讨会”

中国先秦史学会副会长兼秘书长、中国社会科学院宫长为研究员出席“2015 中国登封大禹文化研讨会”

河南大禹文化产业开发有限公司董事长王青山出席 2014 年“登封与大禹故里学术座谈会”

夏商周断代工程首席专家、北京大学李伯谦教授在“2015 中国登封大禹文化研讨会”上做主题发言

北京大学环境科学与工程学院宋豫秦教授在“2015 中国登封大禹文化研讨会”上做主题发言

中国先秦史学会副会长、大连大学人文学院葛志毅教授，中国科学院地质与地球物理研究所周昆叔研究员，出席“2015 中国登封大禹文化研讨会”并发言

中国先秦史学会副会长、天津师范大学杜勇教授出席“2015 中国登封大禹文化研讨会”并发言

中国先秦史学会副会长、四川大学历史文化学院彭邦本教授，四川社科院谭继和研究员，出席“2015 中国登封大禹文化研讨会”并发言

河南省社会科学院郑杰祥研究员、河南文物考古研究院方燕明研究员，出席 “2015 中国登封大禹文化研讨会”并发言

陕西历史博物馆杨东晨研究员、河南省文物考古研究院杨育彬研究员、河南省社会科学院马世之研究员，出席“2015 中国登封大禹文化研讨会”并发言

重庆师范大学刘俊男教授、河南省文物考古研究院蔡全法研究员、浙江工商大学徐日辉教授，出席“2015 中国登封大禹文化研讨会”并发言

登封市市委副书记杨昆峰出席 2014 年“登封与大禹故里学术座谈会”

登封市政协副主席张书凯出席 2014 年“登封与大禹故里学术座谈会”

登封市政协主席孟永瑞出席 2014 年“登封与大禹故里学术座谈会”

中国社会科学院研究员、北京师范大学特聘教授曹定云出席 2014 年 “登封与大禹故里学术座谈会”

河南大学历史文化学院李玉洁教授出席 2014 年“登封与大禹故里学术座谈会”

河南省社会科学院程有为研究员出席 2014 年“登封与大禹故里学术座谈会”

河南博物院张维华研究员出席 2014 年“登封与大禹故里学术座谈会”

苏州大学社会学院周书灿教授出席 2014 年“登封与大禹故里学术座谈会”

2014 年"登封与大禹故里学术座谈会"参会人员合影

"2015 中国登封大禹文化研讨会"参会人员合影

与会专家参观启母阙

与会专家参观观星台遗址

# 目 录

## 禹都阳城

## 大禹故里

## 大禹文化与夏文化



## 大禹治水与华夏文明

## 会议资料与文件汇编

# 禹都阳城

# 论中华历史第一都——禹都阳城

曹定云

## 一、大禹与夏王朝

大禹是中华民族家喻户晓的治水英雄,是夏王朝的奠基者。《史记·夏本纪》载:“夏禹,名曰文命。禹之父曰鲧,鲧之父曰帝颛顼,颛顼之父曰昌意,昌意之父曰黄帝。禹者,黄帝之玄孙而帝颛顼之孙也。”太史公司马迁对这段历史的记述非常简略,按照这一记载,从黄帝至禹只有五世。如按每世相隔30年计算,从黄帝至禹充其量相距150年。这无论如何都是不可能的。《山海经·海内经》说,黄帝之妻雷祖生下昌意,下放到若水,后来与蜀山氏联姻生下乾荒(原文作韩流),此人即高阳,他娶淖子(即浊山氏)阿女为妻,生下颛顼。《汉书·律历志上》载:“伯禹帝系曰,颛顼五世而生鲧。”这个记载比较合理,因鲧与舜是同时代人,而颛顼至舜父瞽叟也是五世(见《史记·五帝本纪》)。以此推断,从颛顼至鲧至少也应当相距五世才比较合理。

根据以上推论,我们可将夏之先世从黄帝至禹的世次列述如下:

黄帝—昌意—乾荒(韩流)—颛顼—□—□—□—□—鲧—禹

上列世次也只是个大概,因为从黄帝至大禹究竟经过多少代,完全是个未知数,且无从考证。就按现在这个世次,也应当在10代以上。目前学界一般的看法,黄帝(指打败炎帝的那位黄帝)生活的年代,大约距今5000年。而夏朝的始建年代,大约距今4100年①。据此,从黄帝至大禹相距起码在900年以上。按每代(世)相距30年计算,相隔起码是30代(世)。《竹书纪年》说"黄帝至禹,为世三十",应当是可信的。如今,我们所知道的世次不及原来世次的三分之一。由此可知,《史记》所记夏之先世,只是一个大概,仅是夏之先世中最有名的人物而已。但有一点可以肯定:禹之父确为鲧。史籍中关于鲧的记载甚多,因他治水不成而被舜殛死于羽山。禹受舜命,继承父业,继续治水而成功,受到了华夏部落联盟内各部的衷心拥护。

大禹治水,吸取其父治水的教训,改用疏导的办法,终于取得成功。在治水过程中,大禹率先垂范,居外十三载,三过家门而不入,留下了许多佳话,赢得了各部落民众的广泛赞誉。大禹因此被舜封为夏伯。到了舜的晚年,舜将部落联盟首领的位置让给了禹,乃是顺理成章之事。《史记·夏本纪》载:"帝舜荐禹于天,为嗣。十七年而帝舜崩。禹辞辟舜之子商均于阳城。天下诸侯皆去商均而朝禹。禹于是遂即天子位,南面朝天下,国号曰夏后,姓姒氏。"中华历史从此揭开了崭新的一页。

## 二、禹都阳城的文献记载

禹担任部落联盟首领后,最初的落脚点可能仍在尧都附近,但很快就回

---

① 夏商周断代工程专家组:《夏商周断代工程,1966—2000年阶段成果报告》,世界图书出版公司,2000年,第86页。该报告将夏之年代定在公元前2070—前1600年。

到阳城。阳城是他父亲鲧的封国所在,也是禹青少年时生活过的地方。鲧又称崇伯鲧,因为鲧的封国就在崇山附近。《国语·周语上》云:“昔夏之兴也,融降于崇山。”韦昭注:“崇,崇高山也。夏居阳城,崇高所近。”崇、嵩古通用,崇山即嵩山。“崇伯”就是崇山一带的部落首领。大禹继任部落联盟首领后,崇山由于是他的祖籍之地,故以此作为他的活动根基,这是很自然的。《史记·封禅书》正义引《世本》:“夏禹都阳城,避商均也。”《史记·周本纪》集解引徐广曰:“夏居河南,初在阳城,后居阳翟。”《史记·周本纪》集解引韦昭曰:“禹都阳城,伊洛所近也。”《孟子·万章上》亦云:“禹避舜之子于阳城。”《礼记·缁衣》孔疏引《汲冢古文》:“禹都阳城。”《竹书纪年》云:“禹治水既毕,天赐玄圭,以告成功。夏道将兴,草木畅茂。青龙止于郊,祝融之神降于崇山。乃受舜禅,即天子之位。……三年丧毕,都于阳城。”根据以上文献的记载,“禹都阳城”应不存疑问。

“禹都阳城”之“阳城”究竟在何处?自古就有不同的说法。《史记·封禅书》正义引《世本》:“夏禹都阳城,避商均也。又都平阳,或在安邑,或在晋阳也。”故“阳城”有山西说、河南说。河南说又分登封说与濮阳说。北魏郦道元《水经注》记载:“颍水经其县故城南,昔舜禅禹,禹避商均,伯益避启,并于此也。”郦道元是最早考察“禹都阳城”的人,他实地走访,记载阳城就在颍水流经的地方。这与《史记·周本纪》集解韦昭所云“禹都阳城,伊洛所近也”完全吻合。这也为以后的考古工作者寻找阳城提供了重要的线索和依据。

## 三、禹都阳城的考古探索

尽管北魏郦道元指出了禹都阳城的大致方位,但真正要把“阳城”找出来,却非易事。因为,“阳城”淹埋于地下已 4000 余年,地面上并无明显的标志。郦道元《水经注》所记,也只是大致的方位。所以,在 20 世纪 50 年代之前,人们对“禹都阳城”,也只是说说而已,并没有真正下决心去寻找它。

20 世纪 50 年代,著名考古学家徐旭生先生,为寻找夏文化而欲在豫西进行考古调查。他事先翻阅了相关文献材料,即先秦和汉代文献中有关夏族活动地域的记载,发现有两个区域值得特别关注:一是河南中部的洛阳平原及其附近地区,尤其是颍水上游的登封、禹州一带;二是山西西南部汾水下游一带。虽然“阳城”在山西与河南都有其说,但《史记·郑世家》《史记·韩世家》与《史记·六国年表》均记有韩文侯二年(公元前 385 年)“韩伐郑,取阳城”。这条史料不仅时代早,而且将阳城位置直接指向登封。据此,徐旭生先生认为:登封告成镇为古阳城“是一种普遍的说法,也是较正确的说法”。由此,徐旭生先生拉开了中国考古调查“夏墟”与考古学研究夏文化的序幕。1959 年四五月份,他会同中国科学院考古研究所洛阳发掘队的同事,在登封、偃师做田野踏查,于登封石羊关遗址采集到二里头文化陶片[①]。

1959 年秋天,中国科学院考古研究所对二里头遗址进行试掘,到目前为止,共在二里头遗址的 11 个发掘区域进行了 50 多年的发掘,取得了一系列重大考古发现。根据该遗址的发掘情况,确立了二里头文化。二里头遗址和二里头文化成为公认的探索夏文化最有意义的关键性的研究对象[②]。现在学者一般认为,二里头遗址是夏文化遗存,也是夏代的都城所在。但根据文献记载,夏代有四五百年的历史,而根据最新的高精度系列测年,二里头文化时期的绝对年代大致为公元前 1750—前 1530 年[③],最多也不过 200 多年,此中有一个很大的时间缺环。这一“缺环”,当时的考古工作者已经感觉到了。为了填补这一“缺环”,对登封“王城岗遗址”的发掘便提上了议事日程。

1975—1981 年,河南省文物考古部门在安金槐先生的带领下,对王城岗

① 徐旭生:《1959 年夏豫西调查“夏墟”的初步报告》,《考古》1959 年第 11 期。
② 中国社会科学院考古研究所:《中国考古学·夏商卷》,中国社会科学出版社,2003 年,第 30 页。
③ 张春海:《叩开三千余年前早期中国大门》,《中国社会科学报》2015 年 7 月 3 日。

遗址进行了大规模的考古发掘工作,取得了丰硕的成果。其中最重要的是,发现了两座东西并列总面积约1万平方米的河南龙山文化晚期城堡,并在其城堡的东北方向不远处,发现印有"阳城仓器"陶文的陶器等遗物的东周阳城遗址。这是极为重要的发现。著名考古学家安金槐先生提出,这里极有可能是"禹都阳城"[①],这是很有道理的:

1.王城岗所处的位置与文献记载禹都阳城在"嵩山之阳,箕山之阴"相吻合。

2.王城岗二期城址内木炭的碳14测定年代距今4000±65年,约为公元前2050年,正与历史上夏代的开始年代相接近。

3.在王城岗遗址不远的春秋战国阳城遗址内发现有"阳城仓器"陶文,证明禹都阳城离此不远,为王城岗遗址是禹都阳城提供了重要的旁证。

王城岗古城遗址发掘后,1977年国家文物局在登封召开了夏文化学术讨论会,与会学者对王城岗古城的发现给予积极评价与肯定,认为它是探索夏文化中的重大突破。

王城岗遗址发掘后,也有学者对王城岗遗址是不是禹都阳城提出质疑,理由是遗址中"小城"的规模太小,东西两城加起来总共才几万平方米。为此,由北京大学考古文博学院和河南省文物考古研究所联合组成的课题组,于2002—2005年对王城岗遗址再次进行大规模发掘,发掘面积达1024平方米,并重点调查、测绘了颍河中上游登封、禹州境内的30余处遗址,取得了极为丰硕的成果。这主要表现在:

1.新发现的王城岗遗址"大城"位于遗址中部,发现了大城城墙和城壕,复原后为580米×600米的近方形城址,其面积推算约为34.8万平方米[②]。遗址

---

① 刘白雪、常松木主编:《大禹与嵩山》(下卷),中州古籍出版社,2009年,第362页。
② 刘白雪、常松木主编:《大禹与嵩山》(下卷),中州古籍出版社,2009年,第366页。

的总面积也由过去的40万平方米扩大为50万平方米[①]。这是迄今为止在河南发现的规模最大的龙山文化晚期城址。这样的面积,自可以与禹都阳城相匹配。

2.根据此次发掘的研究成果,将过去安金槐先生所分的五期合并为三段,即王城岗一段(一、二期),碳14年代在公元前2190—前2103年之间,取其中值约为公元前2150年;王城岗二段(三期),碳14年代在公元前2132—前2030年之间,取其中值约为公元前2080年;王城岗三段(四、五期),碳14年代在公元前2041—前1965年之间,取其中值约为公元前2003年。王城岗遗址的年代正在夏初前后100多年的时间范围内,其中二段接近夏之始年[②]。由此看来,王城岗遗址对于夏文化的研究有着重要的学术价值。

3.重新推定了王城岗遗址大、小城的年代。其中,小城年代上限不早于公元前2200—前2130年,下限不晚于公元前2100—前2055年,取其中值约为公元前2122年;大城城墙年代上限不晚于公元前2100—前2055年或公元前2110—前2045年,下限不晚于公元前2070—前2030年或公元前2100—前2020年,取其中值约为公元前2055年,与文献中推定的夏之始年基本相符[③]。这对判断王城岗遗址的性质起着决定性作用。

4.王城岗遗址中,虽然是“大小二城”并列,但“大城”城壕打破西边“小城”城墙,证明“小城”早于“大城”,这与鲧居“小城”和禹居“大城”是相符的:鲧是邦国的首领,其邑有限;而禹是部落联盟首领,地位大大提升,人力、财力自然增强,其都城自然也就扩大了。这是必然的结果。

5.王城岗遗址的内涵极为丰富,这里不仅发现了大城城墙、城壕,还发现

① 李伯谦:《登封王城岗考古发现与研究(2002—2005)·序》,北京大学考古文博学院、河南省文物考古研究所编著,大象出版社,2007年,第2、3页。

② 刘白雪、常松木主编:《大禹与嵩山》(下卷),中州古籍出版社,2009年,第365页。

③ 李伯谦:《登封王城岗考古发现与研究(2002—2005)·序》,北京大学考古文博学院、河南省文物考古研究所编著,大象出版社,2007年,第2、3页。

好些与城墙同时期的建筑基址和其他遗存,如奠基坑、窖穴等。在已发现的几个奠基坑中,出土有7具完整的人骨架。这些人骨架应该都与建城时的奠基有关。遗址内出土的大量陶器、石器、骨器等生活用具和生产工具,说明了阳城当时的繁荣景象。值得注意的是,在城址内的一个窖穴(H617)中,出土了一件青铜容器残片(H617-14),这个残片与三期出土的陶鬶的腹部与袋状足相对比,基本吻合。另外,在灰坑T95H473中发现的一件泥质黑陶薄胎平底器的外底上,刻有一个"共"字①。青铜的出现与文字的运用,是人类社会进入文明阶段的重要标志。而王城岗遗址恰恰具备了这两个重要标志。

根据以上五点可证,王城岗遗址应是文献记载中的"禹都阳城"。

## 四、阳城遗址是中华历史第一都

中华历史源远流长,历史悠久。"自从盘古开天地,三皇五帝到如今。""三皇五帝"是中华历史中的传说时代,因为年代久远,缺乏明确的文字记载,只是在民间口耳相传,很多事情难以确考。但传说不是空穴来风,而是以某些事实为依据,只不过由于长期的口耳相授发生变化,事实的时间和地点难以确指,也不好确指。传说是我们民族历史中的一部分,而且是非常重要的一部分,我们不应当抛弃它。抛弃它,我们民族的历史就会成为"无源之水,无本之木"。但传说又非信史,不能要求传说中的每一件事都绝对可靠、可考。中国近代考古工作开展以来,一个又一个史前遗址的发现,使传说中的"三皇五帝"时代变得真实而又可触,这是我们民族历史的光辉所在。

中国近代曾经有过"疑古"思潮,认为夏代、商代的历史都是不可靠的。1928年开始的殷墟田野考古中,王陵的发现和甲骨文的出土将殷代的历史真

① 刘白雪、常松木主编:《大禹与嵩山》(下卷),中州古籍出版社,2009年,第371页。

实地展现在世人面前,这是对“疑古”思潮的有力否定。偃师二里头遗址的发掘,又将夏代的宫殿建筑展现在世人面前,令世界为之震惊。它证明:中华历史中的夏代同样是真实可靠的。夏代不同于“三皇五帝”,它不是“传说”,而是中华历史的真正起点,是进入阶级社会的第一个朝代。可以这样认为,夏朝是中华历史的分水岭:在此之前是“传说时代”,或称“史前时代”;而在此之后,则进入阶级社会,或称“历史时代”。

偃师二里头宫殿基址是夏代的都城所在,这是没有问题的。但二里头宫殿基址处于夏代的中后期,夏代最初的都城在哪里?王城岗遗址的发现恰好填补了这一空白。经发掘证实,王城岗遗址就是文献记载中的“禹都阳城”,不仅位置相合、时代相合,其内涵也相合。因此,王城岗遗址不仅是夏代的第一座都城,也是整个中华历史上的第一座都城。它的重要性是不言而喻的。王城岗遗址中有小城与大城,它们之间的关系也绝非一般:

1.从两城的位置看,小城位于大城的东北部,小城应是大城的一部分。

2.从两城的方向看,小城与大城的方向大体一致,而且大城的北城墙也是从小城的北城墙外边通向五渡河内,由此可以推断:在修建大城时,是充分考虑到利用小城,并将小城作为大城的一部分而规划筹建的。

3.从两城建造的时间上看,小城始建于王城岗龙山文化二期,大城始建于龙山文化三期,连续使用到四、五期。在发掘过程中,发现大城的北城壕打破小城西城的西北角,为小城早于大城提供了确切的地层证据①。小城在龙山文化三、四期时,其城内遗存与大城内遗存一样丰富,这说明小城与大城是同时在使用。

4.两城在建造方法上基本相同,城墙都是用河卵石作夯具,层层夯实而成,夯土土质纯净而坚硬,夯层厚度 4—28 厘米,夯层之间都用细砂隔离。两

① 刘白雪、常松木主编:《大禹与嵩山》(下卷),中州古籍出版社,2009 年,第 368 页。

城在建造时,所使用的夯具、土质、夯筑方法甚至每层的厚度都大体一致。由此可以判断,小城与大城是同一部落不同时候的人群建造的,其方法与技术具有继承性和连贯性。

5.小城与大城在功能上可能有所区分:在小城内发现众多的"祭祀坑",推测小城与宗庙、祭祀有关。这样的布局,开启了中国古代"都城"布局的先河:安阳殷墟的布局,其东北角也是宗庙建筑之所在。再到后来,就发展成"左宗、右社"。这是一国之都必备的"建筑物",而王城岗遗址已经有了这样的"建筑物",具备了国都的"雏形"。

据此,王城岗遗址应是夏代开创者大禹所建立的都城——阳城,它开创了中华历史的新时代,也开启了中华"国都"的先河。因此,王城岗阳城遗址是名副其实的中华历史第一都。

(本文作者为北京师范大学历史文化学院特聘教授、中国社会科学院考古研究所研究员)

# 禹都阳城辨疑

杜　勇　孔　华

禹都阳城问题涉及两方面的内容：一是其事实可否确认，二是其地望可否落实。前者是后者的前提和基础，后者是前者的延伸和具体化。本文着重讨论前一方面的问题，意在对有关史料加以考证，说明禹都阳城的可信性。著名历史学家严耕望先生曾说："考证之术有述证与辩证两类别、两层次。述证的论著只要例举具体史料，加以贯串，使史事真相适当的显露出来。此法最重史料搜集之详赡，与史料比次之缜密，再加以精心组织，能于纷繁中见其条理，得出前所未知的新结论。辩证的论著，重在运用史料，作曲折委蛇的辨析，以达成自己所透视所理解的新结论。"①就上古历史研究而言，由于史料的匮乏，运用较多的是后一种考证。这自然是一项难度甚大的工作，所言是否有当，尚祈学者教正。

从传世文献看，最早把禹与阳城联系起来的是孟子。《孟子·万章

① 严耕望：《治史三书》，上海人民出版社，2008 年，第 178 页。

上》云：

> 昔者，舜荐禹于天，十有七年，舜崩，三年之丧毕，禹避舜之子于阳城，天下之民从之，若尧崩之后不从尧之子而从舜也。

在这里，孟子虽称“禹避舜之子于阳城”，但阳城是个什么性质的地方并未明确交代。至于这句话的含意，《尚书·尧典》(今本《舜典》)可资参证。篇中记述尧让舜“陟帝位”，但是“舜让于德，弗嗣”。是说舜不肯继承尧的帝位，表示要让给有德的人。这在《孟子·万章上》表述为“舜避尧之子于南河之南”，说明舜所谦让帝位的有德之人即是帝尧之子丹朱。依此看来，“禹避舜之子于阳城”也就是禹要把舜授给他的帝位让给舜之子商均。为了达到这个目的，禹不惜躲到阳城隐居起来。《史记·夏本纪》引述这段文字说：“禹辞辟舜之子商均于阳城。天下诸侯皆去商均而朝禹。禹于是遂即天子位，南面朝天下。”司马迁于此特加一个“辞”字，也是强调禹避居阳城是要把舜传给他的帝位辞让给商均。对权位表示谦让，作为一种态度、一种美德甚或一种政治艺术，都是值得赞赏的。但是，这种远离帝都而隐居他处的谦让方式却不免令人费解。更有甚者，禹既然离开了舜所在的权力中心，躲在阳城不愿继承舜的职位，为什么“天下之民从之”，像舜避居南河之南一样，还受到天下万民的拥戴与讴歌？为什么阳城竟成了禹接受天下诸侯朝觐并处理讼狱事务的地方？看来，“禹避舜之子于阳城”还不能作简单化的理解，其真实意蕴有待发掘。

在《孟子》之后的战国文献中，古本《竹书纪年》和《世本》都明确记载了阳城是禹时的都邑。《礼记·缁衣》正义云：“《世本》及《汲冢古文》并云禹都阳城”。《汉书·地理志上》注引臣瓒曰：“《世本》禹都阳城，《汲冢古文》亦云居之。”此言“居”者，与“都”同义，《世本·居篇》言历代都邑即其例证。当然，不应忽略的是《世本》所言并非只有禹都阳城一说。《史记·封禅书》正义引《世本》云：

> 夏禹都阳城，避商均也。又都平阳，或在安邑，或在晋阳。

依此叙事逻辑，自是禹都阳城在先，徙都平阳、安邑、晋阳在后，凡此四迁。研究表明，《世本》在学术史上是有权威地位的。王国维曾说：

> 《史记》所述商一代世系，以卜辞证之，虽不免小有舛驳而大致不误。可知《史记》所据之《世本》全是实录。而由殷周世系之确实，因之推想夏后氏世系之确实，此又当然之事也。①

如果我们再由夏商之世系推及《世本》所言夏商之都邑，其理相同，也应该具有很大的可靠性。但在禹时都邑问题上，王国维似乎又不那么相信《世本》了，认为"禹时都邑虽无可考，然夏自太康以后以迄后桀，其都邑及他地名之见于经典者，率在东土"②。与实证派史学家王国维不同的是，疑古派史学家最初根本否定夏朝的存在，自然无暇论及禹时都城所在。但其观点后来又有变化，在一定程度上肯定了《世本》有关禹都的记载。如顾颉刚先生晚年认为："夏后氏这一部落联盟的活动区域首先当在较西的陕西以东、山西一带，是逐渐向东发展的。这些传说中的地点正好反映夏族向东发展的历程。可能在启以前，其活动区域基本在平阳、安邑、晋阳等今山西省境，再东向就达到河南，因而遇到在郑州附近的有扈氏的阻挡。有扈部落向西抗击有夏部落，就在洛阳附近的甘水一带作战。结果夏族胜利，才开始以阳城作为政治中心。"③这是说阳城不是禹而是启的都邑。

对"禹都阳城"说表示怀疑者，历代学者不乏其人。如《帝王世纪》说："然则居阳城者，自谓禹避商均时，非都也。"④《括地志》说："禹居洛州阳城者，避商均，非时久居也。"《通志 · 都邑略》说："禹在阳城者，避商均之地，而非都

① 王国维：《古史新证》，清华大学出版社，1994 年，第 52 页。
② 王国维：《殷周制度论》，《观堂集林》（外二种），河北教育出版社，2001 年，第 287 页。
③ 顾颉刚、刘启钎：《尚书校释译论》（第二册），中华书局，2005 年，第 867 页。
④ 徐宗元：《帝王世纪辑存》，中华书局，1964 年，第 49 页。

也。"《读史方舆纪要·河南三》"登封县"说:"古阳城也。禹避舜之子于阳城,即此。《世本》言禹都阳城,误也。"今日也有学者认为:"在禹与阳城的关系上,《孟子》之说较妥,即阳城为禹避居之地。"①这些反对禹都阳城的意见有一个共同的出发点,即据《孟子》把阳城仅仅看作禹的临时避居地。更深层次的理由则是因为尧、舜、禹相继禅让部落联合体最高首领的职位,其都城自应在同一个地方。

《孟子·万章上》叙述舜继尧位的过程说:

尧崩,三年之丧毕,舜避尧之子于南河之南,天下诸侯朝觐者,不之尧之子而之舜;讼狱者,不之尧之子而之舜;讴歌者,不讴歌尧之子而讴歌舜,故曰,天也。夫然后之中国,践天子位焉。

什么叫"之中国"?前人的解释是:"天子之位不可旷年,于是遂反,格于文祖而当帝位。帝王所都为中,故曰中国。"②《尚书·尧典》记载此事说:"正月上日,受终于文祖。"意思是在正月里的一个吉日,在帝都尧太祖的宗庙,舜接受了尧的禅位。这是说尧都平阳,舜从南河返回后亦都平阳。那么,禹接受舜的禅位,情形亦复相同,也当从阳城返回帝都平阳,继其统绪。东晋出现的伪古文《尚书·大禹谟》正是这样描述的,文称舜对禹说:"天之历数在尔躬,汝终陟元后。"所言"陟元后"就是登上帝位的意思。"禹拜稽首固辞",最后应承下来,到"正月朔旦,受命于神宗,率百官若帝(舜)之初"。这种说法实际上代表了一个普遍的想法,既然"舜禅天下而传之于禹"③,则禹的都邑自然同尧、舜在位时一样也在平阳。传世文献正好也有此说法。如《左传·哀公六年》引《夏书》曰:"惟彼陶唐,帅彼天常,有此冀方。"杜预注:"唐、虞及夏同都冀州。"《汉书·地理志上》"河东郡平阳",应劭注曰:"尧都也,在平河之

① 京浦:《禹居阳城与王城岗遗址》,《文物》1984年第2期。
② 《史记·五帝本纪》集解引刘熙曰。
③ 《韩非子·十过》。

阳。”平阳在今山西临汾市一带。《帝王世纪》说:“自禹至太康,与唐虞不易都域也。”[①]由于尧、舜、禹俱都平阳,当然阳城就只能是禹的临时避居地,与禹都了不相涉。

问题很清楚,儒家以及墨家的尧舜禹禅让说如果真实可信的话,禹都阳城说就得画上一个极大的甚至不可更改的问号。然而,仔细分析起来,禅让说只反映了事情的表象,尧、舜、禹传贤不传子实为后世对其权力更替过程附加的一种粉饰性传说。这一点,若从当时的国家结构形式来分析,或可看得较为清楚。

在五帝时代,早期国家社会发展到何种阶段,一直是现代学者关心的问题。最初人们称五帝时代的前国家形态为部落联盟,近年又喜以酋邦联盟称之,我们借鉴德国政治学家罗曼·赫尔佐克有关国家起源的理论[②],经过认真分析提出了贵族国家联盟说[③]。这些看法虽然内涵各异,但也可找到一个共同点,那就是当时存在一个并不稳定的部落联合体。不过,这个联合体的成员并非源自同一血缘关系,而是由众多不同姓氏的部落国所组成,并由一个强大的部落国及其首领主宰着联合体的政治事务。这是它与部落联盟或酋邦最本质的区别。联合体的最高首领一身二任,他们既是一国之君,又是以一国(宗主国)凌驾于万国之上的天下共主。由于联合体由众多的部落国组成,各部落国的实力对比又总是处在不断变化之中,因而不可避免地影响到联合体最高首领及其宗主国地位的稳定。文献上关于尧舜禹禅让的传说反映的就是这种情况。

在尧舜禹时代的部落联合体中,尧、舜、禹、四岳、共工、皋陶、契、弃等实际上都是来自不同部落国的首领,同时还担任联合体的高级职务,其中尧、

---

① 徐宗元:《帝王世纪辑存》,中华书局,1964 年,第 49 页。
② [德]罗曼·赫尔佐克:《古代的国家——起源和统治形式》,赵蓉恒译,北京大学出版社,1998 年。
③ 杜勇:《中国早期国家的形成与国家结构》,中国社会科学出版社,2013 年,第 40 页。

舜、禹则先后兼任联合体的最高首领,具有天下共主的身份。由于共主地位在不同部落国发生转移,则易于被人看成是选贤与能、天下为公的传贤禅让。但在那些成为宗主的部落国内部,相关资料显示其首领却实行世袭的传子制。如帝尧在确定联合体最高首领接班人的问题上,放齐提出的人选是“嗣子丹朱”。所谓的“嗣子”显然是指丹朱的身份本是尧部落首领的继承人。而舜子商均的经历与丹朱极其相似。故《史记·五帝本纪》称二人在“禹践天子位”之后,“皆有疆土,以奉先祀”。至于禹部落首领的接班人,无疑也是禹的儿子启。启利用武力先后战胜试图夺取共主地位的益部落和有扈氏,把部落国传子继承制稳固地移植到部落联合体中,从而形成具有家天下色彩的统一贵族国家。

过去,人们根据有关禅让的传说,总以为尧舜禹时代部落联合体中共主地位的变化,是让贤旗帜下的和平转移,或是史前社会民主选举的结果,而对于文献上有别于禅让的篡夺说基本不予置信。实际上此类文献材料是很发人深思的,兹略举如下:

(1)《韩非子·说疑》:“舜逼尧,禹逼舜,汤放桀,武王伐纣,此四王者,人臣弑其君者也,而天下誉之。”

(2)古本《竹书纪年》:“昔尧德衰,为舜所囚也。”①

(3)古本《竹书纪年》:“舜囚尧于平阳,取之帝位。”②

(4)古本《竹书纪年》:“舜囚尧,复偃塞丹朱,使不与父相见也。”③

(5)《战国策·燕一》:“禹授益而以启为吏,及老,而以启为不足任天下,传之益也。启与支党攻益而夺之天下,是禹名传天下于益,其实令启自取之。”

① 《史记·五帝本纪》正义引。
② 《广明弘集》卷十一释法琳《对傅奕废佛僧事》引。
③ 《史记·五帝本纪》正义引。

(6)古本《竹书纪年》:“益干启位,启杀之。”[①]

这种不同于禅让的篡夺说较为符合人类对权势抱有极大贪欲的本性,可能更接近历史的本相。考古资料中似乎也有这方面的反映。从陶寺遗址看,由早期小城发展到中期大城,再到后来成为普通村落,可能是唐尧部落国演变为联合体宗主国,最后丧失共主地位这一过程的反映。一条陶寺晚期的垃圾沟里“出土了五层散乱人骨,最小个体数总计约32个,以颅骨为多,骨盆和肢骨较少。人骨明显被肢解,许多颅骨有钝刃劈琢痕,其中人工劈下的面具式面颅就有6个之多”[②]。联系遗址早中期大墓被扰乱,以及夷灵台、废城垣等一系列残酷行为来看,这种现象或即宗主国替嬗时留下的暴力遗迹。

如果说尧、舜、禹部落联合体共主地位的更替不是禅让而是通过暴力方式实现的,那么,联合体的中心都邑始终在一个地方的可能性就不大。秦汉以后历代统一王朝,一般都不把前一王朝的政治中心作为自己的都城,这不仅有利于摆脱旧势力的包围,而且有利于昭示一种革故鼎新的气象。尧舜禹时代的部落联合体政治中心的转移其实也是这样。当一个部落国取得天下共主的地位时,原来本部落国的都邑也就成了联合体的政治中心。这也就是“禹避舜之子于阳城”,天下诸侯之所以前往朝觐与讼狱的原因所在。此时的阳城非但不是禹的临时避居地,也不单是禹部落自身的都邑,而是夏后氏作为宗主国主宰贵族国家联盟事务的新的政治中心。

尧舜禹禅让说虽是一个美丽的传说,为人称道且心向往之,实际上并非史实。同样的闹剧在后世也上演过。如曹丕控制着汉朝政权,还欲名正言顺称帝之时,最后便让汉献帝下一道诏书称“咨尔魏王:昔者帝尧禅位于虞舜,舜亦以命禹,天命不于常,惟归有德”。表示要禅位给魏王曹丕。曹丕登上皇

---

① 《晋书·束皙传》引。

② 何驽:《陶寺文化遗址——走出尧舜禹“传说时代”的探索》,解学恭主编《襄汾陶寺遗址研究》,科学出版社,2007年,第181页。

帝宝座，说了一句耐人寻味的话："舜、禹之事，吾知之矣。"[①]这看起来是在调侃古代圣贤，实则是政治家通过自己的切身体验道出了禅让的实情。再看"益干启位，启杀之"一事，启是如何杀益的历来不为人知。《孟子·万章上》说："禹荐益于天，七年，禹崩，三年之丧毕，益避禹之子于箕山之阴。"《史记·夏本纪》引作"箕山之阳"，其正义引《括地志》云："阳城县在箕山北十三里。"这样看来，箕山与阳城相距不远，都在夏后氏的统治范围之内。作为东夷族部落首领的益，不管出于何种原因，也不应该避居箕山。合理的解释应该是，启将益囚杀于箕山，结果却在传说中变形走样，以至于被说成益辞让禹的帝位而避居箕山。

综上所论，可以认为"禹避舜之子于阳城"与禅让无关，阳城并不是一个无足轻重的避居地，而是禹取得部落联合体的最高权力之后，把政治中心由原来的平阳转移到禹部落所在的都邑，从而开创了以家天下为特征的统一贵族国家的历史新局。

（本文作者分别为天津师范大学教授，天津师范大学历史文化学院博士生）

① 《三国志·魏书·文帝纪》及裴松之注。

# “禹都阳城”与大禹精神传承探讨

郑杰祥

夏部族是古老的黄帝族的后裔,最早生活于今嵩山地区。《世本·帝系》云:“黄帝生昌意,昌意生高阳,是为帝颛顼。……颛顼五世而生鲧,鲧生高密,是为禹。”《史记·夏本纪》云:“禹者,黄帝之玄孙而帝颛顼之孙也。”《礼记·祭法》又云:“夏后氏亦禘黄帝而郊鲧,祖颛顼而宗禹。”这里“禘”“郊”“祖”“宗”,都是我国古代祭祖拜神的仪式,夏后氏“禘”祭黄帝,足见夏人认定自己出自黄帝族,与古老的黄帝族有着密切的血缘关系。《国语·周语上》:“昔夏之兴也,融降于崇山。”韦昭注:“崇,崇高山也。夏居阳城,崇高所近。”《太平御览·地部》“嵩山”条下又引韦昭注云:“崇、嵩字古通用,夏都阳城,嵩山在焉。”可知崇山就是嵩山,夏部族的祖先鲧和禹史书又称作“崇伯鲧”(《国语·周语下》)和“崇禹”(《逸周书·世俘解》),这说明他们曾是崇山即嵩山地区部族酋长,以他们为首的夏部族就是崇山即嵩山地区原住居民,早在西汉时期,这里已保存着“启母石”等传说性的夏族遗迹。

早在战国时期,文献就多记有“禹都阳城”。《孟子·万章上》:“禹避舜之子于阳城。”古本《竹书纪年》:“禹都阳城。”《世本·居篇》:“夏禹都阳城。”古代阳城所在,文献记载不一,计有今河南登封说(《史记·夏本纪集解》引刘熙说)、河南开封说(《世本·居篇》宋衷注)、河南濮阳说(《世本·居篇》张澍注)与今山西阳城说(《路史·后记》罗苹注)。当以阳城位于登封说最为有据。《孟子·万章上》赵岐注,阳城“在嵩山下”。《史记·夏本纪》正义:“阳城县在嵩山南二十三里。”又引《括地志》云:“阳城县在箕山北十三里。”《水经·颍水》:“颍水出颍川阳城县西北少室山。”郦道元注:“五渡水东南流入颍水,颍水经其县故城南,昔舜禅禹,禹避商均,伯益避启,并于此也。……县南对箕山。”杨守敬疏:“后魏复置,为阳城郡治,在今登封县东南三十五里。”《大清一统志·河南省·河南府》“古迹”条下:“阳城故城在登封县东南。《孟子》‘禹避舜之子于阳城’,《世本》‘夏后居阳城’。……汉属颍川郡。……唐万岁登封元年改曰告成……《旧志》‘今为告成镇,在县东南三十五里’。”该书“山川”条又引《元和志》云:“嵩高山在告成县西北三十三里。”清代告成镇,即唐代告成县,在此以前称作阳城,今仍称告成镇,位于河南省登封市东南约15千米,南与箕山隔颍水相望,北距嵩山10余千米,上述文献记载的“禹都阳城”就在此地。

“禹都阳城”在今告成镇一带,不仅文献记载明确,还有考古资料作为确证。1977年,考古工作者曾在今告成镇的东北隅,发现一座春秋战国时期的城址,“城垣南北长约2000米,东西宽约700米。……在北城墙上部的夯土层中,还发现包含有极少量春秋战国时期的陶片,没有发现更晚的遗物。因此,我们初步认为这座夯土城垣应是春秋战国时期建成的”。值得注意的是,在这座古城址内还发现有成批的带字陶片,其中在一些战国陶片上印有“阳城仓器”的陶文[①],字体工整,结构严谨,应是当时官府的印记。这就确凿地证明

① 河南省文物研究所等:《登封王城岗与阳城》,文物出版社,1992年,第220页。

该城址就是一座春秋战国时期的阳城故址。阳城在春秋时期属于郑国,战国时期属韩,《史记・郑世家》:郑君乙“十一年,韩伐郑,取阳城”。《史记・秦本纪》:秦昭襄王“五十一年,将军摎攻韩,取阳城”。郑、韩阳城,皆指此地。如上所述,“禹都阳城”最早见于战国文献记载。这就是说,不论夏人认为禹所都居的地方是否就在当时的阳城,但战国时期的人们已明确认为禹所都居的地方就在战国时期的阳城,现今在这里发现了全国唯一的一座明确无误的春秋战国时期的阳城城址,从而说明至迟在战国时期,人们已认为禹所都居的地方应当就在这一地区。

更为重要的是,与此同时,考古工作者还在告成镇的西侧——王城岗上发现一处面积约 1 万平方米的河南龙山晚期城堡基址,其后又在城堡基址之上发现一处更大的城址,该城址东傍五渡水,西邻八方村,北倚嵩山南麓王岭尖,南抵颍河北岸,“城址为长方形,东西向城墙复原长 600 米,南北向城墙复原长 580 米,城址面积复原为 34.8 万平方米”。城墙以外有西城壕和北城壕,“东城壕有可能以五渡河代替,南城壕可能以颍河替代”①,城内还有多座祭祀坑等。从这两座城址的地层叠压关系可知,当时人们“是先将王城岗小城的城墙夷为平地后才修筑王城岗大城的”②,因此,两座城址虽略有早晚,但同属于河南龙山文化晚期遗存。根据相关单位的碳 14 测年数据,王城岗大城的绝对年代“上限应不早于 W5T0670H73 的公元前 2130—前 2075 年……下限应不晚于 W5T0672HG1⑥的公元前 1885—前 1835 年”。“夏商周断代工程将夏代始年推定为公元前 2070 年……而王城岗后期大城的年代已进入夏代始年即公元前 2070 年以内”③,《登封王城岗考古发现与研究》由是认为:“在王城岗遗址新发现的大城,是目前在河南境内发现的最大的河南龙山文化晚期城

① 北京大学考古文博学院等:《登封王城岗考古发现与研究》,大象出版社,2007 年,第 64 页。
② 北京大学考古文博学院等:《登封王城岗考古发现与研究》,大象出版社,2007 年,第 788 页。
③ 北京大学考古文博学院等:《登封王城岗考古发现与研究》,大象出版社,2007 年,第 783 页。

址,与其共存的祭祀坑、玉石琮和白陶器等重要遗存,都说明王城岗遗址应为嵩山南麓、颍河中上游重要的中心聚落之一……有可能是‘禹都阳城’。”[①]此说是可信的,这座城址的时代、地望及规模,均与文献所记“禹都阳城”的时代、地望及规模基本符合,因此,它应当就是禹所都居的“阳城”所在地。

禹又称作“大禹”(《尚书·大禹谟》)、“伯禹”(《楚辞·天问》)、“崇禹”和“夏禹”(《国语·郑语》),其事迹最早见于西周青铜器遂公盨铭文,先秦文献也多有记载。文献记载他是古代中原地区在“选贤与能”(《礼记·礼运》)制度下推选出来的最后一位原始部族首领,同时也是夏王朝国家政权的始创者。恩格斯说,“国家是文明社会的概括”,意即国家政权的出现,是人类进入文明时代的主要标志。根据文献记载,夏王朝是我国历史上产生第一个国家政权的王朝,它的建立,标志着我国若干万年的原始社会至此结束,数千年的文明时代自此开始。这是我国社会发展史上的一个转折点。人类社会从原始氏族社会向文明社会的过渡是一次伟大的社会变革。以禹为首的原始部族首领率领广大部族群众,以大无畏的创业精神,努力推动着这次变革,从而促使古代中原地区率先进入文明社会的历史新时代。禹的这种开拓进取、推动社会发展的精神,是永远值得后人继承和弘扬的。

禹所推行的种种变革举措,出自他的“以民为本”的指导思想。作为一位被推选出来的部族首领,他始终关怀着部族群众的安危,为解决群众的实际生活需要而操劳奔忙。当时的社会正遭遇着自然界发生的严重洪水灾害,禹首先进行了治理洪水的工作,遂公盨铭文云:“天令禹敷土,堕山浚川。”意即上天命禹“规划天下土地”“顺应山势,疏浚河川”[②]。《尚书·泰誓》曰:“天视自我民视,天听自我民听。”孔传曰:“言天因民以视听,民所恶者天诛之。”可知这里所说的“天命”就是“民命”,“天命禹”意即禹适应着民众的愿望去“随

① 北京大学考古文博学院等:《登封王城岗考古发现与研究》,大象出版社,2007年,第790页。
② 李零:《论遂公盨发现的意义》,《中国历史文物》2002年第6期。

山濬川”。《尚书·皋陶谟》云:“禹曰:‘洪水滔天,浩浩怀山襄陵,下民昏垫。……予决九川距四海,濬畎浍距川。……万邦作乂。’”意即前时波浪滔天的洪水,包围了山岗,淹没了丘陵,广大群众都有可能被淹没而丧失生命!我乃率人疏通各地河流,使洪水顺河流入大海,又疏通沟渠使漫流散水顺渠流入河中,各个部族的生活方才得以安定。《史记·夏本纪》又云:“禹乃遂与益、后稷奉帝命,命诸侯百姓兴人徒以傅土,行山表木,定高山大川。”意即禹奉命与伯益、后稷率领各部族首领、群众规划土地,途经山岳,刻木为记,命名山川,依次祭祀。禹这次治水,是他在总结前辈只堵不疏导致治水失败的基础上,创造性地采取以疏为主,疏、堵结合的方法,终于使洪水治理获得了成功。

《孟子·滕文公下》云:“禹抑洪水而天下平”,“然后人得平土而居之”。也即洪水治理后各部族群众才得以重新回到平原过上安定的生活。禹治理洪水成功之后,接着又率领群众大力发展农业生产,以解决人们的温饱问题。《楚辞·天问》云:“咸播秬黍,莆雚是营。”王逸注:“言禹平治水土,万民皆得耕种黑黍于雚莆之地,尽为良田也。”《史记·夏本纪》又云:禹“令益予众庶稻,可种卑湿,命后稷予众庶难得之食;食少,调有余相给,以均诸侯”。意即禹令伯益向群众发放稻谷播种于潮湿之地,又命后稷向群众发放难以得到的食物。缺少粮食的地方,则从有余粮的地方调拨来粮食,加以补给。《论语·宪问》云:“禹、稷躬稼,而有天下。”意即大禹和后稷亲自参加农业生产,从而获得群众拥护被推举为首领。禹的治理洪水、发展农业生产,是他“以民为本”思想的具体表现,也为后世人们特别是后世政治家树立了一个光辉典范。

禹在推行变革的实践活动中,始终保持着艰苦奋斗、廉洁奉公的作风。《庄子·天下》篇引墨子说:“禹亲操橐耜而九杂天下之川,腓无胈,胫无毛,沐甚雨,擳疾风,置万国。禹大圣也,而形劳天下也如此。”意即禹亲自持耒挖土,打包背土去疏通各地河川,累得大腿肌肉瘦削殆尽,小腿汗毛全被磨掉,疾风吹乱头发,大雨淋透全身,他却不顾劳累继续安置各个部族。禹作为一位圣贤之人,仍然这样不辞艰辛!《韩非子·五蠹》云:“禹之王天下也,身执耒锸以为民先。股无胈,胫不生毛,虽臣虏之劳,不苦于此矣。”意即禹作为部族首领,亲执农具,带头耕耘。累得大腿骨瘦如柴,小腿也长不出汗毛,即使后世的奴隶也没有如此辛劳。《孟子·滕文公上》:禹治理洪水“当是时也,禹八年于外,三过其门而不入”。意即禹治水八年当中,三次路过家门口,因工作繁忙,都未能回家看望亲人。《史记·夏本纪》又云:禹治理洪水“劳身焦思,居外十三年,过家门不敢入。薄衣食,致孝乎鬼神;卑宫室,致费于沟淢”。意即禹全力以赴治理洪水,十三年当中,几次路过家门口,都没有时间回家。生活上他节衣缩食,把好的食品用来祭祀神祖;居室简陋,把建筑物资用来兴修农田水利。《淮南子·氾论训》云:“禹劳天下,死而为社。”意即禹为当时的社会进步操劳终生,后人为感念他,把他奉为社神,世世代代加以供奉。

禹的以民为本思想、开拓进取精神和艰苦朴素、廉洁奉公作风,构成现今所称的“大禹文化”的核心内容。“大禹文化”是我国优秀传统文化的重要组成部分,大禹事迹为历代人们所讴歌和赞颂,“故功绩铭乎金石,著于盘盂”。生活于现今的我们应该继续传承和弘扬“大禹文化”,从而为建设更为丰富的社会主义精神文明做出应有的贡献。

(本文作者为河南省社会科学院研究员)

# 登封考古与“禹都阳城”相关问题的探讨

杨育彬

河南登封位于嵩山地区,自古以来就被称为“天地之中”。这里是中华民族古代文明的发祥地之一,也是中国第一个奴隶制国家夏王朝的诞生地。据史书记载,嵩山周围是我国古代夏部族活动的主要地域。《国语·周语上》说:“昔夏之兴也,融降于崇山。”韦昭注:“崇,崇高山也。夏居阳城,崇高所近。”《太平御览》卷三十九“嵩山”条下也引韦昭注曰:“崇、嵩字古通用,夏都阳城,嵩山在焉。”说明崇山就是嵩山。文献中曾把夏部族的首领鲧和禹称为“崇伯鲧”和“崇禹”,可见他们与嵩山的关系有多么密切。此外,《孟子·万章上》记有:“禹避舜之子于阳城。”赵岐注:“阳城在嵩山下。”《史记·夏本纪》集解:“禹居阳城,今颍川阳城是也。”文献中阳城的地望与今登封告成镇相吻合。

从考古学角度去探索和研究夏文化是新中国成立后一个极为重要的课题。具体到登封考古而言,远在20世纪50年代,对夏文化的探索就有了一定的进展。1954年,河南省文管会在进行治淮工程的文物调查中就发现了登封告成八方村遗址。1959 年,徐旭生先生带队到豫西调查“夏墟”,再一次调查告成八方村遗址时,实际上已经把此遗址与夏文化联系起来了。到了 70 年代后期,安金槐先生又带队调查并发掘了八方村遗址,在遗址北部的范围内,发现了河南龙山文化晚期王城岗小城址。在此遗址内,发现了城墙基槽、城门豁口、夯土建筑遗迹及人牲奠基遗存,出土有原始青铜器残片、带有刻字的陶器残片。在王城岗小城址东面不远的地方还发现了一处大型东周城址,包含有城墙、建筑基址、输水管道系统、冶铁遗址等,还有印有“阳城”和“阳城仓器”陶文的陶器,表明这里是东周时期著名的阳城城址。依据上述种种考古发现并结合文献记载,就把王城岗小城址与“禹都阳城”联系起来,当时在学术界虽未能达成共识,但这已是探索早期夏文化的一个重大突破。20 世纪 90 年代到 21 世纪初,国家启动夏商周断代工程和中华文明探源工程后,在这里又发现了面积约 34.8 万平方米的王城岗河南龙山文化晚期大城址,并将原来的王城岗小城围护在大城东北部内。发现有城墙、城壕,还有夯土台基和祭祀坑,出土有玉琮、白陶器等精美遗物。为证明这里是“禹都阳城”提供了可靠的证据,在夏文化的探索与研究史上具有里程碑的意义。

在上述登封考古发掘的历史进程中,还有需要一提的是,1977 年 11 月,国家文物局在登封召开了河南登封告成遗址发掘现场会,这是“文化大革命”结束之后文物考古界一次重要的学术盛会,全国有中央及各省市文物考古部门和高等院校共 32 个单位的 110 位代表出席会议,会上安金槐先生介绍了登封王城岗河南龙山文化晚期城址的考古发现,认为这应属于夏代早期文化。赵芝荃先生介绍了偃师二里头遗址的考古发掘,并指出二里头文化是由河南龙山文化晚期发展而来,二里头文化二、三期之间有较大差异,为夏、商的分界。邹衡先生认为二里头文化一至四期均是夏文化,再早再晚的都不是夏文化。此外,黄石林、佟柱臣、张彦煌等近 20 位专家、学者都在会上做了发言,阐述了个人对夏文化的观点。中国社科院考古研究所夏鼐所长做了总结。笔者有幸到会，作为材料组的成员，编写了会议简报和会议纪要。会后以“余波”的署名，写了一篇题为《国家文物局在登封召开告成遗址发掘现场会》的报道，发表在《河南文博通讯》1978 年第 1 期上，该文介绍了会议的概况和重点讨论的问题，也为这次学术盛会留下一段永恒的记忆。

现在可以梳理一下关于登封王城岗城址很可能是“禹都阳城”的问题了。一是从历史文献记载看，这里的地望与“禹都阳城”比较一致。二是从考古学年代上看，王城岗遗址要早于二里头文化。碳 14 测年二里头文化一至四期为公元前 1750—前 1520 年，总计 230 年左右，远比夏代全部积年短，只能属于夏代晚期。而登封王城岗城址的碳 14 测年约为公元前 2100 年，稍早和接近于夏代始年，应为夏代早期。三是从王城岗城址的考古发现看，符合早期夏文化的规模和内涵。其建筑顺序是先建小城，后建大城，同属河南龙山文化晚期。其小城可能是宫城或宗庙社稷之所在。四是附近东周阳城的发现，也为这里是“禹都阳城”提供了一个有力的佐证。

（本文作者为河南省文物考古研究院研究员）

# 关于“禹都阳城”几个问题的学术思考

杨育彬

夏代是我国最早建立的奴隶制国家,由于脍炙人口的大禹治水的故事,使得夏王朝的存在成为妇孺皆知的事。在古文献中就有一些相关的记载。如《尚书·汤誓》记有:“格尔众庶,悉听朕言,非台小子,敢行称乱!有夏多罪,天命殛之。今尔有众,汝曰:‘我后不恤我众,舍我穑事,而割正夏。’予惟闻汝众言,夏氏有罪,予畏上帝,不敢不正。”这是一篇商汤讨伐夏桀的誓词。春秋齐器叔夷钟铭文中也说成汤:“尃受天命,翦伐夏祀……咸有九州,处禹之堵。”这条铭文就和《尚书》所记有了对应。此外,《诗·商颂·殷武》说成汤:“天命多辟,设都于禹之绩。”《春秋繁露·三代改制质文》卷七云:“汤受命而王,应天变夏作殷号……作宫邑于下洛之阳。”汉代的司马迁是一位治学严谨的史学大师,在其所撰的《史记·殷本纪》中记有的商王朝的世系,被从殷墟甲骨文考释的殷王名谥所证实,显示其可靠性。由此推之,《史记·夏本纪》也一定是有根据的。夏王朝的建立,标志着若干万年原始社会的结束,数千年阶级社会的开始,这是我国历史上一个重要的里程碑。探索夏文化,研究夏王朝的历史,对揭示私有制、阶级和国家的产生,对探讨中国历史的发展规律,都是十分重要的。由于有关夏文化的文献资料相当贫乏,就连 2500 年前的孔老夫子也说:“夏礼吾能言之,杞不足征也。殷礼吾能言之,宋不足征也。文献不足故也,足则吾能征之矣。”即使对如此不足的夏文化文献,在 20 世纪 20 年代国内疑古学派也予以否认,并认为大禹只是一条虫,夏王朝并不存在。这在学术界引起极大的争论。而国外学者对夏王朝更是一直持怀疑态度,直到 20 世纪末,在他们眼中,夏王朝仅是一个传说的朝代,即使有考古证据显示中国的文明在商朝建国前即已萌芽,然而所谓的夏朝并不是一个所谓的政治国家(Political State)①。进入新世纪之后,国外学者对夏王朝的认识有所改变,一些日本和韩国的学者,开始逐渐认可并支持夏王朝的存在②。

探索夏文化与中国近现代考古学的产生几乎同步,1921 年河南渑池县仰韶村的考古发掘发现了仰韶文化,1928 年山东章丘县龙山镇城子崖的考古发掘发现了龙山文化,与此同时在安阳开始发掘的殷墟遗址,确立了商晚期文化。1931 年安阳后岗三叠层的考古发掘,明确了上述三种文化从早到晚的年代序列,也为当时探索夏文化找到了三个坐标点。同年,有学者提出仰韶文化就是夏文化,后来证明仰韶文化要比夏文化早得多。其后又有学者认为山东龙山文化是夏文化,但与文献所言夏王朝在中原的地域不合。而真正意义上从考古学角度去探索和研究夏文化,则是新中国成立后提出的新课题之一。1950 年,郑州发现了商代二里岗文化③,比安阳殷墟早 200 年左右,这填补了商代前期文化的空白,也大大拉近了与夏文化的距离。1953 年进行了登

① 夏商周断代工程项目办公室:《夏商周断代工程简报》第 42 期,1998 年 9 月 25 日。

② 许宏:《“夏王朝”考古:学术史·新动向·新思考》,《中国社会科学院古代文明研究中心通讯》第 26 期,2014 年;姜寅虎:《对二里头遗址最新测年报告的学术思考》,《二里头遗址与二里头文化研究》,科学出版社,2006 年。

③ 河南省文化局文物工作队:《郑州二里岗》,科学出版社,1959 年。

封玉村遗址的调查[①],1956 年开始了郑州洛达庙遗址的发掘[②],尤其是 1959 年徐旭生先生等人赴豫西做“夏墟”调查,发现了偃师二里头遗址[③]。后经半个多世纪的考古发掘,确认了内涵极为丰富的二里头文化。这是一种在时间上早于郑州商代二里岗文化、晚于河南龙山文化,在空间上其中心地域分布与夏王朝所处地域比较一致的新型文化。学术界在起初一段时间内认为二里头文化是先商文化或早商文化,最后才把二里头文化锁定为夏文化,最终基本认定二里头遗址为夏代晚期的王都[④]。这是多年探索夏文化所取得的标志性成果之一。徐旭生先生在那次历史性的豫西之行中,还调查了 1954 年在治淮工程中发现的登封告成八方村遗址,也就是后来所称的王城岗遗址,这预示着揭开了寻找夏代早期文化的序幕。

河南登封位于嵩山地区,自古以来就被称为“天地之中”。这里是中华民族古代文明的发祥地之一,也是夏王朝的诞生地。据史书记载,嵩山周围是我国古代夏部族活动的主要地域。《国语·周语上》说:“昔夏之兴也,融降于崇山。”韦昭注:“崇,崇高山也。夏居阳城,崇高所近。”《太平御览》卷三十九“嵩山”条下也引韦昭注曰:“崇、嵩字古通用,夏都阳城,嵩山在焉。”说明崇山就是嵩山。文献中曾把夏部族的首领鲧和禹称为“崇伯鲧”和“崇禹”,可见他们与嵩山的关系有多么密切。此外,《孟子·万章上》记有:“禹避舜之子于阳城。”赵岐注:“阳城在嵩山下。”《史记·夏本纪》集解:“禹居阳城,今颍川阳城是也。”《世本》亦云:“夏禹都阳城,避商均也。”上述提到的夏居阳城、夏都阳城和禹都阳城、禹居阳城,实际上都是都的意思。《史记·封禅书》云:“昔三代之居,均在河洛之间。”也是指三代之都均在河洛之间。文献中阳城的地

① 韩维周等:《河南登封县玉村古文化遗址概况》,《文物参考资料》1954 年第 6 期。
② 河南省文物研究所:《郑州洛达庙遗址发掘报告》,《华夏考古》1989 年第 4 期。
③ 徐旭生:《1959 年豫西调查“夏墟”的初步报告》,《考古》1959 年第 11 期。
④ 中国社会科学院考古研究所:《偃师二里头》,中国大百科全书出版社,1999 年。

望与今登封告成镇相吻合。

到了 1977 年,安金槐先生带队调查并发掘了登封告成八方村遗址,在遗址北部的范围内,发现了河南龙山文化晚期东西并列的王城岗小城址。发掘出城墙基槽、城门豁口、夯土建筑遗迹及人牲奠基遗存,出土有原始青铜器残片、带有刻字的陶器残片。在王城岗小城址东面不远的地方,还发现了一处大型的东周城址,包括城墙、建筑基址、输水管道系统、冶铁遗址等,还出土印有"阳城"和"阳城仓器"陶文的陶器,表明这里是东周时期著名的阳城遗址。依据上述种种考古发现并结合文献记载,就把王城岗小城址与"禹都阳城"联系起来,当时在学术界虽未能达成共识,但这已是探索早期夏文化的一个重大突破①。

鉴于王城岗河南龙山文化晚期城址的考古发现如此重要,1977 年 11 月,国家文物局在登封召开了河南登封告成遗址发掘现场会,这是"文化大革命"结束之后文物考古界的一次重要的学术盛会,全国有中央及各省市文物考古部门和高等院校共 32 个单位的 110 位代表出席会议,探讨有关夏文化的问题。会上安金槐先生介绍了登封王城岗河南龙山文化晚期城址的考古发现,认为这应属于夏代早期文化,有可能是"禹都阳城"。赵芝荃先生介绍了偃师二里头遗址的考古发掘,并指出二里头文化是由河南龙山文化晚期发展而来,二里头文化二、三期之间有较大差异,为夏、商的分界。邹衡先生认为二里头文化一至四期均是夏文化,再早再晚的都不是夏文化,登封王城岗河南龙山文化城址不属于早期夏文化。此外还有近 20 位专家发言阐述了个人对夏文化的看法。夏鼐先生在总结发言中对夏文化进行了界定,即夏文化应该是夏王朝时期夏部族的文化。根据现有的考古成果及仰韶文化存在的年代和文化性质来判断,纵使能证明仰韶文化是夏王朝祖先的文化,那也只能算

① 河南省文物研究所等:《登封王城岗与阳城》,文物出版社,1992 年。

是先夏文化。此外生活在夏王朝时期的商部族、周部族及其他部族的文化也不应当称作夏文化。关于王城岗城址的时代问题,可以定为龙山文化晚期,但是不是"禹都阳城"还不能确定,因为对于哪种考古学文化是夏文化的问题,大家意见颇有分歧,还需要进一步讨论。夏先生这个总结发言,也是到会学者所达成的共识[①]。笔者有幸参加了这次学术盛会并作为材料组的成员整理会议资料。会后以"余波"(豫博的谐音)的署名写了一篇题为《国家文物局在登封召开告成遗址发掘现场会》的综述性报道,介绍了会议的概况和重点讨论的四个问题:一是夏文化在考古学分期上的相对年代问题;二是关于王城岗城址是不是夏代城的问题;三是关于夏文化的面貌问题;四是关于从理论高度去探索夏文化的问题。会上专家们对夏文化有四种看法:第一种是夏文化时期相当于河南龙山文化晚期和二里头文化一、二期,二里头文化三、四期为商代早期文化;第二种是河南龙山文化晚期和二里头文化一至四期全是夏文化;第三种认为二里头文化一至四期是夏文化,再早再晚都不是;第四种是二里头文化一、二期为晚期夏文化,而二里头文化三、四期是商文化,至于早期夏文化则没有说。从考古学科发展的层面上看,登封王城岗河南龙山文化晚期城址的发现和这次学术盛会的召开,使得对夏文化的探索又登上了一个新台阶[②]。

随着考古新资料的不断发现和研究工作的继续深入,在许多学者反复思考探讨和认真对比研究的基础上,经过整合、修正,至今学术界关于夏文化的看法主要可归纳为两种:一种是二里头文化一至四期为夏文化,再早再晚都不是;另一种是河南龙山文化晚期和二里头一、二、三期为夏文化,而二里头文化四期(或至少是其晚段)已进入早商文化的范畴。从文献记载的夏代积年和考古新发现上分析,笔者认为第二种看法是比较完整和正确的。

---

① 夏鼐:《谈谈探讨夏文化的几个问题》,《河南文博通讯》1978 年第 1 期。

② 余波:《国家文物局在登封召开告成遗址发掘现场会》,《河南文博通讯》1978 年第 1 期。

文献中所见夏代积年主要有两种说法：一是 471 年，《太平御览》卷八二引《竹书纪年》：“自禹至桀十七世，有王与无王，用岁四百七十一年。”二是 431 年，《易纬 · 稽览图》：“禹四百三十一年。”（“禹”指整个夏代）这是殷历家的说法。另有《世经》：“禹……天下号曰夏后氏，继世十七王，四百三十二岁。”与前者仅有一年之差，可能是传抄致误。而 471 年和 431 年的差距，很可能是前者包括了太康失国、后羿代夏、少康复国的那段历史。学术界一般采用较早的文献记载，国家夏商周断代工程专家组公布的“夏商周年表”中，夏代始年为公元前 2070 年，商代始年为公元前 1600 年，夏代的积年取其整数为 470 年，与第一种文献记载相吻合。这是历史学、考古学、天文学和测年技术等人文科学与自然科学的 200 多位专家经过四年半的联合攻关得出来的最有科学依据的古代历史年表，它标志着夏商周三代年代学的研究达到了前所未有的新水平。据最新的碳 14 测年，二里头文化年代上限不早于公元前 1750 年，这样二里头文化一至四期总计才 200 多年[①]。而紧随其后的郑州二里岗文化是商代前期文化，这在学术界已无异议。因此，二里头文化绝不是夏文化的全部，只能是晚期夏文化，而早期夏文化就必须向前追溯。

把早期夏文化上溯至河南龙山文化晚期是有道理的。前述 1977 年登封王城岗河南龙山文化古城址的考古发现，因其面积较小而无法确定是不是“禹都阳城”，在学术界引起争论。但进入 21 世纪之后，国家启动了中华文明探源工程，又对王城岗遗址进行了新的大规模考古调查和发掘，最大的收获是发现了河南龙山文化晚期的大城址。大城址位于王城岗遗址中部，其北城墙夯土残长 350 米，复原长度 600 米，北城壕长约 620 米，向东延伸到五渡河；西城壕残长 130 米，复原长度 600 米，向南通往颍河；西城墙复原长度 580 米。其东面和南面的城墙及城壕，从其所处地势较低和钻探情况看，已被破坏无

① 仇士华、蔡莲珍、张雪莲：《关于二里头文化的年代问题》，《夏商周断代工程简报》第 155 期，2005 年 12 月 23 日。

存。据现有资料推算,城址复原面积达34.8万平方米。城内发现有夯土建筑基址、祭祀坑和玉礼器、白陶器等遗存。从考古发掘现场看,新发现的大城北城壕东段,正位于1977年发现的东西并列小城的北墙外,似乎也是后者的北城壕,大城把小城围护在其东北部内,根据各自的地层叠压关系,二者均属河南龙山文化晚期,小城略早于大城,关系非常密切。据正式的考古发掘报告,王城岗小城早于王城岗大城,两城的修建是有一定规划的。最先修筑的是王城岗小城之东城,随后修建王城岗小城之西城,最后再修建王城岗大城,二者是前后相继的,夯筑技术也完全相同。大城修成后,同时仍在使用小城。大城的碳14测年已经进入夏代始年即公元前2070年以内。联系到历史传说中鲧、禹、启的活动多集中在这一带,因此可以认为,小城可能是鲧作城,大城可能是禹都阳城[①]。笔者尊重发掘者的意见,但要补充的一句是,当大城作为禹都阳城之时,小城很可能就是大城的宫城或宗庙社稷之所在。

20世纪70年代末80年代初,发现并发掘了与登封王城岗相距不远的禹州瓦店遗址[②]。后来启动的夏商周断代工程和中华文明探源工程,又继续对瓦店遗址进行考古发掘,发现有河南龙山文化晚期大规模的城壕遗存,环绕范围近40万平方米,很有可能找到城墙[③]。还发现有夯土建筑基址、宗庙或祭祀遗址、奠基坑等遗迹;出土成组具有礼器性质的带盖封顶盉、爵、觚、鬶和蛋壳杯等陶器,直径15厘米的玉璧和铲、鸟等精美玉器以及带烧灼痕迹的大卜骨等遗物。这很可能与文献记载中夏代早期都邑之一的阳翟联系起来[④]。这样,从登封王城岗和禹州瓦店等遗址的考古发现来看,无论是古城址、青铜器、古文字还是礼制祭祀的遗存,都表明当时已具备了建立王权的国家、进入

---

① 北京大学考古文博学院、河南省文物考古研究所:《登封王城岗考古发现与研究(2002—2005)》,大象出版社,2007年。

② 河南省文物研究所、郑州大学历史系考古专业:《禹县瓦店遗址发掘简报》,《文物》1983年第3期。

③ 河南省文物考古研究所:《禹州瓦店》,世界图书出版公司,2004年。

④ 参看《河南省文物考古研究所2007年工作总结》。

相当成熟的文明社会之条件。再联系到文献记载中的禹都阳城、启都阳翟的地望,早期夏代都邑和早期夏文化的面貌就在此地得以展现。以登封王城岗遗址和禹州瓦店遗址为代表的早期夏文化,隶属于夏王朝的初创时期。以偃师二里头遗址为代表的晚期夏文化,隶属于夏王朝的繁荣时期。二者之间关系密切,传承发展清楚,但中间也还有一点缺环。而多年来在新密新砦遗址的考古发掘中,发现了介于二者之间的新砦期文化,即河南龙山文化晚期、新砦期文化和二里头文化一期的三叠层文化堆积。它的发现填补了这一点缺环①,证明了二里头文化是直接从新砦期文化发展而来,而新砦期文化则是河南龙山文化晚期的直接后继者。虽然夏文化在河南龙山文化晚期向新砦期文化、新砦期文化向二里头文化的转化过程中,吸收周边其他文化因素,产生了某些变异,但当时在嵩山地区周围存在的前后传承的文化确实只有河南龙山文化晚期、新砦期文化和二里头文化,这实际上是一个文化体系,即处于早晚不同发展阶段的夏文化体系②。由此,也可以把新砦期文化纳入到早期夏文化之内。也就是说,目前我们可以认为河南龙山文化晚期和新砦期文化属于早期夏文化,而二里头文化则属于晚期夏文化。

在寻找早期夏文化的过程中,登封王城岗禹都阳城的确定,当是里程碑式的重要发现。它既是我们夏商周断代工程了解四千年前夏代始年的一个起点,又是我们中华文明探源工程了解五千年文明史的一个重要节点。它还反映了夏王朝的建立,在中国古代文明起源和发展进程中,在从方国文明进入王国文明中不可替代的历史地位。与此同时,它也从一个侧面彰显了大禹治水的丰功伟绩。《尚书·禹贡》记有:“禹敷土,随山刊木,奠高山大川。”《尚

① 中国社会科学院考古研究所河南二队:《河南密县新砦遗址的试掘》,《考古》1981年第5期;北京大学考古文博学院、郑州市文物考古研究所:《河南新密市新砦遗址1999年试掘简报》,《华夏考古》2000年第4期。

② 中国社会科学院考古研究所:《中国考古学·夏商卷》,中国社会科学出版社,2003年。

书·序》也说:“禹别九州,随山浚川,任土作贡。”近年发现的西周青铜器遂公盨铭文中有:“天命禹敷土,随山浚川,乃差地设征。”这七百年后《尚书》所记同样内容的来源,成为确定大禹治水的佐证[1]。在距今四千多年前,中国发生了连续多年的洪水泛滥,在黄河下游的山东和长江下游的江浙受灾最重,它也成为山东龙山文化和江浙良渚文化覆灭的主要原因[2]。非常繁荣的山东龙山文化变成了落后许多的岳石文化,同样发达的江浙良渚文化也倒退为断层落后的马桥文化和湖熟文化。只有抵御了黄河中游重大洪水灾害的中原地区,才展现了中华古代文明连绵不断的灿烂辉煌。大禹治水,功不可没。

(本文作者为河南省文物考古研究院研究员)

① 李学勤:《遂公盨与大禹治水传说》,《中国大禹文化》(创刊号),2012年6月。
② 俞伟超:《龙山文化与良渚文化衰落的奥秘》,《纪念城子崖遗址发掘60周年国际学术讨论会文集》,齐鲁书社,1993年。

# 关于“禹都文化”的思考

王永宽

登封与大禹的关系非常密切。涉及登封地域的关于大禹的文献资料非常多,在当今登封涉及大禹的古迹遗存也非常多,在登封一带关于大禹的传说故事更是广为流传。根据大量的文献资料、古迹遗存及传说故事,笔者认为可以把登封与大禹相关的文化内容定位为“禹都文化”。笔者对于这个问题的思考主要有以下几点。

## 一、关于“禹都阳城”的时间

史籍记载“禹都阳城”,而阳城即在登封,这是没有疑义的。都阳城是大禹晚年的事。然而对于大禹一生来说,他在这里安家、居住的时间相当长。可以说,禹早期与阳城的密切关系是他后来成为天子建都于阳城的重要基础。

关于大禹的文献,最重要的和最基本的应是《史记·夏本纪》的记载:“当帝尧之时,鸿水滔天……尧求能治水者,群臣四岳皆曰鲧可……尧崩,帝舜问四岳曰：‘有能成美尧之事者使居官。’皆曰：‘伯禹为司空，可成美尧之功。’”这里称禹为伯禹，也就是说他已经是伯爵了。张守节《史记正义》引《帝王世纪》云：“禹受封为夏伯，在豫州方外之南，今河南阳翟是也。”据此可知，在舜刚继承尧的帝位时，禹的身份已是夏伯，封地在阳翟，即今登封。

张守节所引录的皇甫谧《帝王世纪》，是较为可信的重要史料，其中关于大禹的记载说：“尧命以为司空，继鲧治水，十三年而洪水平，尧美其绩，乃赐姓姒氏，封为夏伯，故谓之伯禹。及尧崩，舜复命居故官。禹年七十四，舜始荐之于天。荐后十二年舜老，始使禹代摄行天子事，五年舜崩。禹除舜丧，明年始即真，以金承土。都平阳，或都安邑。年百岁，崩于会稽。”这段材料，后来的《初学记》《艺文类聚》《太平御览》等辗转引述，文字大同小异。由此我们可知的历史事实是，禹在尧时受命接替父亲进行治水时为二十岁，经十三年治水成功被封为夏伯时三十二岁；七十四岁时被舜选定为继任者；又过十二年舜年老退位，禹继位为天子，这时禹已八十六岁；又过五年，舜死，此时禹九十一岁；第二年禹正式为天子时已是九十二岁；又过八年，禹百岁时南巡，崩于会稽。

上述材料，听起来颇为离奇。但是，关于大禹的生平没有比这更具体更可信的材料了，我们只能由此来进行分析。据此推断，禹自从三十二岁被封为夏伯，到七十四岁被确定为舜的继承者，这四十多年中，禹的家庭居住地应当是在他的封地阳城；在成为舜的继任者之后，所谓都平阳（今山西临汾）或都安邑（今山西夏县），这应是舜还在世、禹“代摄行天子事”的时候，而在舜死后，禹或者又迁都于阳城了。总体来看，禹的一生中，家住在封地阳城的时间最长，都于平阳或安邑只是辅佐舜治国以及正式成为天子之后的一段短暂时间。

《史记·夏本纪》还记载说：“帝舜荐禹于天，为嗣，十七年而帝舜崩，三年丧毕，禹辞辟舜之子商均于阳城。天下诸侯皆去商均而朝禹。禹于是遂即天子位，南面朝天下。”这里所谓的十七年，包括禹被确定为继承者之后的十二年和代摄行天子事的五年。在舜死后，舜的儿子商均有可能即位，禹就主动避让，退居于封地阳城。这时，诸侯们却离开商均而来朝见禹，禹于是顺从人意而继天子位。可以想见，禹继天子位当是在阳城，而不会是商均所在的都城安邑。《水经注》写到阳城时注解说：“昔舜禅禹，禹避商均，伯益避启，并于此也。”这里说舜把天下禅让于禹和后来的伯益避让夏启，都是住在阳城，用的是肯定的判断语气。

根据上述史料，我认为，登封的阳城在大禹时代有相当长的时间是禹的封地，较短的时间是禹的都城。古代历朝文士的诗文作品，说起中原常用禹的封地来表述，如南宋陈亮《水调歌头·送章德茂大卿使虏》词中说：“尧之都，舜之壤，禹之封。”今天所谓禹都文化，即是指登封阳城作为禹的封地和都城这两个时间段的文化内容。

## 二、禹的封地并不是原籍或者出生地

登封阳城是禹的封地及建都之地，但这里并不是禹的籍贯或出生地。

禹的籍贯，应随其祖籍或父亲的乡籍。史籍记载，禹的父亲鲧是颛顼帝之子，禹就是颛顼帝的孙子，作为帝室之胄，原籍应是颛顼时的都城或者其父的封地。颛顼帝都于何处难以详考而且与禹的籍贯关系不大，不必多说。关于鲧，皇甫谧《帝王世纪》记鲧在尧时被封为崇伯，封地在何处，也难考。然而禹的出生地，历史文献中却有不少记述。

《史记·夏本纪》司马贞“索隐”引《系本》说：“鲧娶有辛氏女，谓之女志，是生高密。”又引宋衷注云：“高密，禹所封国。”这里的高密是指禹，女志即禹之生母。有辛氏，或作有莘氏（见《大戴礼·帝系》《汉书·古今人表》《吴越春秋·越王无余外传》等），其籍或谓是在陕西。但禹的出生地并不在有辛之地,而是在四川。汉代扬雄《蜀王本纪》云:“禹本汶川郡广柔县人也,生于石纽。”石纽是山名,也是地名,《括地志》记载说:“茂州汶川县石纽山,在县西七十三里。”茂州即今四川茂县。《三国志·蜀志·秦宓传》云:“禹生石纽,今之汶山郡是也。”汶山郡在今汶川县境。三国时谯周《蜀本纪》云:“禹本汶山郡广柔县人,生于石纽。”广柔县已废,旧址在四川汶川县西北。《旧唐书·地理志》记云:“石泉县治有石纽山。”石泉县旧治在今四川北川县。《淮南子·修务训》记云“禹生于石”,这所谓的“石”即石纽山。

因为有上述史料,所以当代四川文化界及学界一直在论证大禹的出生地在四川。这样的说法尽管只是传说,疑点很多,需要进一步考证,但就现有的资料来说,未见提及禹的出生地在登封阳城。

如今,说登封是禹的故里,当然也可以。故里即故乡之意,最早见于南朝江淹《别赋》:“视乔木兮故里,诀北梁兮永辞。”后世诗文中用“故里”一词,即故乡的意思。白居易《小阁闲坐》诗云“二疏返故里,四老归旧山”,唐李中《送人南游》诗云“早思归故里,华发等闲生”等。禹既然没有出生在阳城,而且二十岁以前不一定在阳城,因此,我认为对于阳城来说用“禹都”的概念比用“故里”要更好一些。

## 三、启母石的文化定位

启母石在登封太室山万岁峰下,相传是启之母即禹之妻涂山氏所化。这一传说在汉代就有了,《汉书·武帝纪》记汉武帝于元封元年正月登嵩山,见到夏后启母石。颜师古注云:“启,夏禹子也,其母涂山氏女也。禹治鸿水,通轘辕山,化为熊,谓涂山氏曰:‘欲饷,闻鼓声乃来。’禹跳石,误中鼓。涂山氏往,见禹方作熊,惭而去,至嵩高山下化为石。方生启,禹曰:‘归我子。’石破北方而启生。事见《淮南子》。”

这一传说产生之后，后世人津津乐道。汉武帝见到启母石并下令建庙，因避汉景帝刘启之讳而名为开母祠，或称为开母庙。今存开母庙石阙，上有铭文，明确记载着是东汉安帝延光二年（123年）颍川太守朱宠重建，此铭文今已残缺，许多字不可辨认。晋代郭璞注《穆天子传》，其中提及启母化石的传说，并且说出自《淮南子》。唐高宗于永淳二年（683年）巡幸嵩山，令重建启母庙，又令崔融作《启母庙碑》文，今存；崔融并作有《谒启母祠》诗。南宋赵明诚《金石录》中有《唐启母庙碑跋》，是对于崔融碑文的题跋，引录了《淮南子》、郭璞注《山海经》及颜师古注《汉书》的文字。南宋罗泌《路史》记有启母石的传说，也引录自《淮南子》。从唐至宋至明清，文士歌咏启母石的诗屡见不鲜。

各种文献记述的启母石的传说，大都是引录自《淮南子》，然而如今传世的高诱注本《淮南子》却见不到这一段话。笔者在图书馆查《淮南子引得》，也查不出这段话的踪影，实在让人困惑。笔者的这一困惑前人早就有了。明代傅梅著《嵩书》，卷十一《灵绪篇》记“启母嵩高山化石”，在引录《汉书》颜师古注之后加按语说：“崔融《启母庙碑》亦云‘鸿烈之言无爽’。予备考《淮南》，并未有载，恐二子俱误也。后考《穆天子传》，郭璞注启母事，亦云见《淮南子》。岂《淮南》在古时自有全本，后乃残缺耶？”所谓“鸿烈”即《淮南子》，崔融认为无差错，傅梅则怀疑崔融和颜师古都错了。于是傅梅又由此怀疑《淮南子》在古代有全本，而后世流行的高诱注本不是全本，所以查不到《淮南子》中关于禹化为熊和启母化石的记述。如果不能证实古本《淮南子》有关于启母石的记述，那么后世的辗转引述都不过是以讹传讹。

即使古本《淮南子》有关于启母石的记述，然而禹化为熊以及启母化石的故事本身也是荒诞不可相信的，更不能作为历史考证的文献依据。前代文士的诗文也早就指出了这一传说的荒诞不经。明李祯有《观启母石》诗云：“……幻语本荒唐，昉见《淮南》篇。……厥理诚或推，贤达固释然。矢诗正妖讹,昧者庶或悛。后世有豪杰,为我焚其编。”明蒋机《启母石》诗云:“嵩阳一片石,人人称启母。饷禹忽见熊,身化误闻鼓。《淮南》怪诞书,讹传惑千古。……我欲洗群迷,劈之春秋斧。”清代孙原贞《启母石辨》,转述了前人有关记载之后说:“……好事者因而附会其说,以讹传讹。至唐永淳二年新其庙,立碑以表厥灵,而骚人墨客,又往往咏其事。夫何不信《书》,不信《孟子》,而《淮南子》之说是信?盖其泥于所闻,昧于所见,自以为神,实有此灵迹。诬圣人,惑后世,而竟莫知其非,故不容不辨也。”

根据以上文献可知,启母石的故事只是一种传说,具有神话及民间故事的怪诞与虚拟的性质。我们在今天不可用启母石作为考察禹都阳城的史证依据,只可作为辅助性的参照。如果今天过分夸大启母石故事的史证作用,那么我们的见识就还不如明代的李祯、蒋机和清代的孙原贞等人,那就太可笑了。

我认为,从历史的角度考察大禹、禹妻涂山氏及其儿子启的事迹,还是应当依据严肃的儒家经典和史籍,最有用的材料是《尚书·益稷》篇,其中记云:“(禹)娶于涂山,辛壬癸甲。启呱呱而泣,予弗子,惟荒度土功。”孔安国传云:“辛日娶妻,至于甲日,复往治水,不以私害公。”孔颖达注解云:“杜预云,涂山在寿春县东北。涂山,国名,盖近彼山也。娶于涂山,言其所娶之国耳,非就妻家见妻也。……故辛日娶妻,至于甲日复往治水,孔云‘复往’,则已尝治水而辍事成婚也。郑玄云登用之年始娶于涂山氏,三宿而为帝所命治水。郑意娶后始受帝命,娶前未治水也,然‘娶后始受帝命’,当云‘闻命即行,不须计辛之与甲日数多少’,当如孔说辍事成婚也。”

根据《尚书》的原文及注解,再结合前述《帝王世纪》《汉书》颜师古注等材料,我们应注意的事实是:

其一,禹娶涂山氏女,不是在妻家完婚,而是娶到他自己的家中,即登封阳城。对于这一点,启母石传说的参照作用在于,禹通轘辕山,即后世所谓的轘辕关，在当代登封与偃师交界处。禹在这里让其妻涂山氏送饭，可知涂山氏住在此地不远，当是在登封阳城。

其二，《尚书》注解文中所谓的“复往”治水，即从治水的工作中“辍事成婚”，同其他文献的记载相符。《太平御览》卷八十二引《吕氏春秋》云：“禹年三十未娶，行涂山，恐时暮失利，乃娶涂山氏女。”（今存高诱注本《吕氏春秋·季夏纪第六》记禹事迹，文字与《太平御览》不同）《帝王世纪》说禹二十岁开始治水，已治水十年，到三十娶涂山氏的时候，治水工作可能是已到关键阶段，又有尧的严命，所以禹新婚后在家只住了三天，又出门治水了。《孟子·离娄下》说“（禹）三过其门而不入”，当是他婚后的事，说明禹治水确是全心全意地投入。

其三，禹新婚后虽然只在家住了三天，涂山氏就怀孕了，按正常情况，十个月后启出生，禹三十一岁；再过一年，禹三十二岁时治水成功，儿子启只有一两岁；到禹一百岁离世时，启六十九岁继承帝位。这样的推断大体上应是合理的。罗泌《路史》引《嵩高记》云：“阳翟妇妊三十月，子从背出，五岁入山学道。为母立祠，曰开母祠。”这里讲的故事也是荒唐的。怀孕三十个月，不可能；孩子从背上生出，也不可能；而且禹的时代也不可能有“学道”的说法。但是，这里的传说称禹妻为“阳翟妇”，即是说涂山氏是住在阳翟（即登封阳城）的媳妇，这说明禹结婚后在涂山氏怀孕及生下儿子启的这段时间是住在阳城的。这个传说对于认定禹家居阳城也具有一定的参照价值。

（本文作者为河南省社会科学院研究员）

# 登封王城岗考古与禹都阳城

方燕明

登封王城岗城址在华夏文明形成与发展的研究中具有重要的学术地位和价值。对王城岗城址的年代、城址的规模和布局及其在中华文明发展过程中的作用等问题的研究,将为中华文明探源的研究提供重要资料。

2002—2004 年,我们对登封王城岗遗址开展了考古发掘与研究,从时空框架上把握其在考古学文化中的位置,对其开展聚落形态的研究,了解王城岗城址的布局和结构;同时开展多学科研究,包括考古勘探、年代测定、环境考古、人骨研究、植物考古、动物考古、食性分析、古 DNA 研究、物质成分结构分析与工艺研究等。开展区域系统考古调查,探究王城岗城址在嵩山东南麓、颍河中上游龙山时期聚落群中的地位,并讨论此区在龙山文化和二里头文化时期的聚落形态。

对王城岗遗址考古发现与研究的主要收获为:

1.王城岗城址的年代和性质。王城岗大城的年代:王城岗大城,是目前在河南境内发现的最大的龙山文化晚期城址,与其共存的祭祀坑、玉石琮和白陶器等重要遗存都说明王城岗城址应为嵩山东南麓、颍河上中游重要的聚落中心之一。王城岗大城夯土城墙的年代下限不晚于公元前2100—前2020年,其年代上限不早于公元前2100—前2055年。测年数据表明王城岗龙山文化大城兴建、使用的时间较短,前后只有几十年的时间。王城岗大城城壕的年代下限不晚于公元前1885—前1835年,其上限年代不早于公元前2140—前2030年。大城城壕使用时间显然较大城城墙为长,前后延续时间为200年左右。王城岗大城与小城的性质:王城岗龙山文化晚期小城稍早于大城。王城岗大城和小城前后相继,关系密切。联系到历史上夏的鲧、禹、启的传说多集中在这一带,由此我们认为王城岗龙山文化晚期小城有可能为“鲧作城”,而王城岗龙山文化晚期大城有可能是“禹都阳城”。

2.王城岗遗址对夏文化的研究价值和夏代始年的推定。对王城岗的考古发掘与研究为夏文化的研究奠定了重要的基础。夏文化研究,虽然还存在许多问题,但也取得了不少共识,也获得了重要进展,如历史上的夏代是信史,夏代的物质文化遗存应该到考古学文化中的龙山文化晚期和二里头文化中去寻找等。夏代始年推定:“夏商周断代工程”推定夏代存在于公元前2070—前1600年。王城岗大城的年代下限不晚于公元前2100—前2020年,其年代上限不早于公元前2100—前2055年。其年代的上下限均已进入夏代纪年中,王城岗遗址为夏代初始时期最早的城址。

3.王城岗龙山文化晚期城址修建与“大禹治水”。目前我们所掌握的考古资料表明在龙山文化晚期,王城岗小城并非被五渡河和王岭尖洪水所冲毁。王城岗大城的修筑表明王城岗城址的主人对河水的认识和利用已有较高水平。由测量得知:从W2T6571到W5T2373的西南点间距几百米,地面高差4.346米,但其间的HG1底部高差不足0.4米,可见龙山文化晚期的人们已经掌握了一定的测量技术,这种城壕底部大体接近水平的设计和开挖,加深了人们对“大禹治水”的认识。如果王城岗龙山文化晚期大城果真与禹都阳城有关,历史上“大禹治水”的传说将是可信的。

(本文作者为河南省文物考古研究院研究员、《华夏考古》编辑部主任)

# 禹都阳城与大禹治水的考古学观察

方燕明

中国古史传说时代中的洪水说、鲧作城、大禹治水、禹都阳城等,一直都是中国历史中备受关注的问题。笔者自1996年以来,先后承担了“夏商周断代工程”“中华文明探源工程预研究”“中华文明探源工程(一)”和“中华文明探源工程(二)”项目中若干与早夏文化研究、中华文明形成与早期国家起源等相关的课题研究,因此有机会从考古学的角度探讨中国古史传说时代中的若干问题,且有收获。本文将采用徐旭生先生对中国古史传说时代的研究,结合近年的考古发现与研究成果,讨论学术界关注和感兴趣的中国古史中的问题。

## 一、“洪水说”的文献与考证

关于“洪水说”的文献与考证,徐旭生按照材料的内容与写定的先后,将其大概分为三期:第一期,包括商周到战国前期的作品。如甲骨文、金文及

《尚书》《周易》《诗经》《论语》《左传》《国语》等书。第二期，包括战国后期到西汉末的作品。如先秦诸子、《周书》、《山海经》、《国策》、《大戴礼记》、《史记》、《淮南子》等著述。第三期，东汉以后作品。如谯周、皇甫谧、郦道元诸人书中保存的一部分古代原始的民间传说，可补前人著述的不足。对于传说故事，不能不信，也不能全信，要在研究中鉴别真实的历史成分，在可靠的线索中理解史事的真相①。

关于洪水发生的地域，徐旭生认为：如果详细考察我国的地形、各代河患的沿革，以及中华民族发展的阶段，就可以明白洪水发生及大禹所施工的地域主要是在兖州。豫州的东部及徐州的一部分也可能有些小施工。此外北方的冀州，西方的雍、梁，中央豫州及南方荆州的西部山岳绵亘、高原错互，不会全有洪水。兖州当为今日山东西部及河北东部的大平原，豫、徐平原当为今日河南东部、山东南部及江苏、安徽的淮北部分。洪水所经主要地是黄河下游及它的流域。淮水流域的一部分也可能包括在内，此外全无关系②。徐旭生指出：炎、黄两大部落顺着渭水及黄河两岸东下，太行及熊耳、外方各山麓就有很多的古国（氏族）。我们所知道尧、舜、禹时期的国（氏族）名很少，姑且就所知道的主要国邑一考其所在：属于炎帝部落的共工氏建国于太行山南麓。共工族人四岳（即太岳）受封于许，就是今河南中部的许昌。陶唐氏旧地应该是在今河北省唐县、望都一带。有虞氏的旧地大约在今河南省虞城县境内。皋陶氏旧地在曲阜。夏后氏的旧地，《逸周书·度邑》说："自洛汭延于伊汭，居易无固，其有夏之居。"朱右曾说："洛汭，洛水入河之处，在河南府巩县北；伊汭，伊水入洛处，在河南府偃师县西南五里。延，及也"；"易，平也"。这是说从洛汭到伊汭，土地平坦，没有险阻，为夏后氏旧居。《孟子》书说"禹避舜之子于阳城"，阳城就是今河南登封市东南三十五里的告成镇。《汉书·地

① 徐旭生著：《中国古史的传说时代》，文物出版社，1985 年。
② 徐旭生著：《中国古史的传说时代》，文物出版社，1985 年。

理志》颍川郡阳翟县阳翟下有“夏禹国”的说法，这些足以证明夏后氏旧地在黄河以南，外方山根——离河南省东部平原很近。那么，当时的著名氏族差不多全在兖、豫、徐诸州境内，或在冀州东部与黄河相离不远的地方。可是这些地方却受洪水冲击，人民“荡析离居”，也难怪当日的君臣上下震骇恐惧，警为滔天大祸了。关于洪水的原因，徐旭生指出：《庄子·秋水》有“禹之时，十年九潦而水弗为加益；汤之时八年七旱，而崖不为加损”之文。《管子·山权数》也有“禹五年水”之文。《荀子·富国》有“禹十年水”之文。《淮南子·齐俗训》也有“禹之时，天下大雨”之文。这些足以证明尧、舜、禹时代恰好遇着雨量由少变多的时期[①]。

徐旭生先生对洪水的考证结果大体可归纳为以下几点：1.洪水的洪原来是一个专名，指发源于今河南辉县境内的小水，因为辉县旧名共，水也就叫作共水，“洪”字的水旁是后加的。因为它流入黄河后，黄河开始为患，当时人们就用它的名字指示黄河下游的水患。至于“洪”解为“大”是后起附加的意义。2.洪水的发生区域主要是在兖州，次要的在豫州、徐州境，淮水流域的一部分也可能包括在内。其余的州则无洪水。禹平水土遍及九州的说法是后人把实在的历史逐渐扩大而成的。3.当时的著名氏族差不多全在兖、豫、徐诸州境内，或在冀北东部与黄河相离不远的地方。

随着考古学资料的积累和研究的深入，尤其是“夏商周断代工程”“中华文明探源工程预研究”“中华文明探源工程（一）（二）”等项目的开展以及所强调的多学科研究，使我们有可能从考古学的角度对中国古史传说中的洪水说和大禹治水等问题予以廓清和解释。

---

① 徐旭生著：《中国古史的传说时代》，文物出版社，1985 年。

## 二、环境考古的洪水证据

近年来,我们在淮河水系的颍河中上游地区王城岗遗址的发掘和周边遗址的考古调查中采集了大量反映环境信息的植物样品,对孢粉、植硅石和浮选炭化植物种子进行了鉴定。通过对这些植物遗存的分析可以看出,颍河中上游地区从仰韶文化中晚期到龙山文化时期为温暖湿润的亚热带疏林草原气候,木本与草本植物的比例已超过15%。对王城岗出土木炭碎块的分析,表明龙山文化时期遗址周围曾分布着大量阔叶栎树林、其他阔叶树种和刚竹属,因此王城岗地区具有亚热带气候特点,龙山文化亚热带北界比现在偏北。其后的二里头时期和春秋时期的气候均不如龙山时期温暖湿润,但龙山时期以后的居民均喜欢以栎木作为薪材。同时,无论是仰韶文化还是龙山文化的遗存中均发现有相当数量的莎草科、泽泻科等水生植物,另外在各类农作物中水稻的比例虽然不高,但几乎在所有调查的仰韶和龙山文化遗址中均发现有一定的数量,说明当时降水量较充足,遗址周围应该有相当面积的水域存在。尤其是位置更偏南,处于嵩箕山脉之间呈圈椅形地貌特征的瓦店遗址不仅水生植物和水稻的比例较高,而且还发现有水牛等典型的亚热带动物,说明当时的环境是相当温暖湿润的。与龙山文化晚期相比,二里头文化的木本植物大大减少,木本与草本植物的比例降至9.2%,莎草科、泽泻科等水生植物的数量也急剧减少。据此推断,到了二里头文化时期气候很可能朝干燥的方向发展①。

有学者认为:整体来看公元前4000年至前1500年间中原腹地的气候温暖湿润,属暖温带——亚热带疏林草原气候,气温和降水量均比现在高,适宜

---

① 北京大学考古文博学院、河南省文物考古研究所:《登封王城岗考古发现与研究(2002—2005)》,大象出版社,2007年。

的气候条件和丰富的动植物资源便于古人类生存繁衍。地处中原中心的洛阳盆地,从仰韶文化中晚期至龙山文化早期的千年时间内气候湿润,湖泊沼泽较多,尤其是盆地的中心——地势低洼地带很可能分布有大片的湖沼。龙山文化早期气候开始向干凉的方向发展,并一直持续到二里头文化初期,各地湖沼已基本消亡,人类能够在地势开阔的伊洛河冲积平原上活动。该区小区域气候相对稳定,较少受到剧烈环境波动事件的影响,但自仰韶文化至二里头文化时期该区域环境景观的变化十分显著,主要表现为湖泊的消亡和大片冲积平原的出现。相比之下,郑州地区降水量的波动十分显著,尤其是进入龙山文化时代至二里头文化初期的阶段里,剧烈的降水和突发性的洪水事件时有发生,低洼地带的湖沼面积广阔,一些大型的湖泊如荥泽、圃田泽直至人类进入文明社会时期后仍广泛见诸历史文献记载。该区小区域气候波动显著,加上龙山文化以来黄河多次改道,导致区域生态环境的稳定性差,考古学文化和聚落变迁频繁。颍河中上游地区和沙汝河流域气候更加温暖湿润,区域性环境波动虽然存在,但变化并不剧烈。与洛阳盆地相比较,这里的降水量比较充沛,自仰韶至龙山文化一直存在一定面积的水域,至二里头文化时期气候才朝干燥的方向发展,但该区的区域性环境景观变化不大①。一些第四纪研究者曾经指出中国全新世气候的变迁主要受东亚季风的影响,降水主要为来自东南海洋地区的暖湿气流与来自西北内陆的冷干气流交会而形成,且具有明显的季节性特征②。中原腹地正处于我国第二阶梯向第三阶梯过渡地带,地形地貌复杂。嵩箕山脉的东南地区由于面向东南季风区,易于接受来自东南海洋的暖湿气流,加上山地的抬升作用,降雨量充沛。尤其是

---

① 张海:《公元前 4000 至前 1500 年中原腹地的文化演进与社会复杂化》(北京大学博士研究生学位论文),2007 年。

② 安芷生等:《中国中、东部全新世气候适宜期与东亚夏季风变迁》,《科学通报》1993 年第 38 卷第 14 期。

一些河谷地带,如双洎河上游、颍河中上游和沙汝河流域多有三面环山、一面向东南平原敞开大口的圈椅式地形的迎风坡,极易接收暖湿气流,形成暴雨和洪涝灾害[①]。相反,洛阳盆地等地由于四面环山,冷干的冬季风和暖湿的夏季风都不容易吹到,气温和降水的波动相对不明显,尤其是夏季受副热带高压带的控制时间长,降水量少,时常出现干旱[②]。根据现代气象学的研究,豫西地区不同区域的降雨量差异很大,其中以洛阳盆地的偃师一带最为干旱,年均降水量低于沙汝河流域等地350毫米左右[③]。由此可见,洛阳盆地龙山文化以来气候的干燥、湖泊的消失、郑州等地的气候波动以及洪涝灾害的频发等很可能都与复杂的区域地形地貌所导致的中原各地小区域气候的差异有关。

## 三、大禹治水的考古学观察

有学者指出,中国古史传说中关于与洪水斗争的故事,较早见于与颛顼"争为帝"的共工氏的事迹中:《左传·昭公十七年》"共工氏以水纪,故为水师而水名";《国语·鲁语上》"共工氏之伯九有也,其子曰后土,能平九土"。共工氏平土的方法如《国语·周语下》所说为"壅防百川,堕高堙庳",即把高地铲平,低地垫高,故而失败。到尧舜时期,洪水的记载多了起来,治理洪水成为五帝时代后期的主要历史事件。尧舜时期关于洪水的记载,先是治水不成功,后才有治水成功的记载。《史记·夏本纪》:"当帝尧之时,鸿水滔天,浩浩怀山襄陵,下民其忧。尧求能治水者,群臣四岳皆曰鲧可。"鲧治水"九年而水

① 施其仁:《淮河上游的暴雨灾害和防治》,《河南大学学报》(自然科学版)1994年第4期;施其仁:《淮河上游地形对大暴雨的影响》,《河南大学学报》(自然科学版)1997年第1期。
② 千怀遂:《豫西山区干旱规律及其成因》,《河南大学学报》(自然科学版)1987年第3期。
③ 李克煌:《论豫西山地区的水分平衡和气候干燥度》,《河南大学学报》(自然科学版)1985年第3期。

不息,功用不成”,又改用大禹治水,大禹“疏九江,决四渎”,取得显著效果,“抑洪水十三年”。[①]

大禹治水始于他的父亲鲧。对此徐旭生考证到,大禹的父亲叫作鲧。按《国语·周语下》称他为崇伯。《汉书·地理志》颍川郡密高县下,班固自注:“武帝置,以奉太室山,是为中岳。”颜师古注:“密,古崇字。”今称嵩山,“嵩”为“崇”的别体。崇地就是今河南登封市嵩山附近地。关于鲧的传说有两大类:一类是说他治水,因为他不循正法所以未成功。《尚书·尧典》《尚书·洪范》《国语·周语下》全说到这件事。另一类是说他创作城郭。《吕氏春秋·君守》说:“夏鲧作城。”《礼记·祭法》正义解鲧,引《世本》说他“作城郭”。《水经注·河水》卷二也引《世本》说:“鲧作城。”《广韵》引《世本》却说作郭。内为城,外为郭,分别不大。《淮南子·原道训》也说:“夏鲧作三仞之城,诸侯畔之,海外有狡心。”这两大类的传说,从前人没有看出它们中间有什么关系。我们觉得这实在是一件事。《尧典》说帝尧忧洪水的泛滥,问大家谁可以治,大家公推鲧可以治。帝尧只好让他去治,可是“九载绩用弗成”,这就是说他治水多年也没有成功。说鲧治水九年没成功,九仍是多的意思,并不限于八加一、十减一的数目。鲧治水不成功的原因,《尚书·洪范》说:“鲧陻水。”“陻”与“堙”同,是窒塞的意思。《国语·周语上》说:“有崇伯鲧……称遂共工之过。”可见他用的办法是沿用共工氏的旧法,即把高地方铲平,把低地方填高。这样工作后人解释为筑堤防是对的。城同堤防本来是同一的东西:从防御寇盗说就叫作城,从防御水患说就叫堤防。共工氏所发明、鲧所沿用的堤防(也就是鲧所作的城或城郭)大约就像今日北方乡间所筑的土寨子或护庄堤。不过因为共工氏所防的是它自己氏族的淹没,所筑有限。鲧却是为各部落所推,大规模地工作,所以创作城郭的荣誉就不正确地归于他。城恐怕

① 郭大顺:《追寻五帝》,商务印书馆,2000 年。

主要是防宗邑帝丘的淹没,次要的才是防御敌方的进攻。规模也许相当地大,不唯包围人们的庐舍,并且包围他们的耕田[①]。共工之城、鲧之城何在?由考古学研究是可以追寻到一些与其相关的遗迹的。

20世纪70年代末,在登封王城岗发现龙山文化晚期城址一座,为东西并列的两座城堡,被称为东城、西城。东城可能为方形,南城墙西段残长30米,西城墙南段残长65米,东城墙和北城墙已毁。西城东城墙即为东城之西城墙,可能亦为方形,南城墙长82.4米,西城墙长约92米,北城墙西段残长29米,城内面积不足1万平方米。南城墙东部有一长约10米的缺口,被认为可能是南门遗迹。现在可以看到的城墙实际是墙的基础槽部分,槽呈倒梯形,槽口宽4.40米,底宽2.54米,深2.04米。槽内填筑夯土层厚一般为10—20厘米。在西城内发现有窖穴和灰坑以及一些夯土基础和奠基坑(该类坑内皆遗有人骨)[②]。王城岗城堡的相对年代被推定为王城岗龙山文化前期,其绝对年代上限为公元前2200—前2130年,下限为公元前2100—前2055年[③],“夏商周断代工程”将夏代的始年推定在公元前2070年[④],而夏商分界被推定为公元前1600年,依此夏代的基本年代可估定为公元前2070—前1600年[⑤]。由此可知王城岗城堡使用年代较夏的始年稍早,联系到前述文献中鲧为崇伯,活动于中岳嵩山一带,很可能王城岗城堡即为鲧作之城,又考虑到王城岗城堡为东西并列两小城,也有可能即暗合鲧作城郭之说。王城岗城堡仅残存城墙基础,由基槽上口宽不足5米推测墙体不会太宽,同时由基槽深仅2米推

---

① 徐旭生著:《中国古史的传说时代》,文物出版社,1985年。

② 河南省文物研究所等:《登封王城岗与阳城》,文物出版社,1982年。

③ 北京大学考古文博学院、河南省文物考古研究所:《登封王城岗考古发现与研究(2002—2005)》,大象出版社,2007年。

④ 夏商周断代工程专家组:《夏商周断代工程1996—2000年阶段成果报告(简本)》,世界图书出版公司,2000年。

⑤ 夏商周断代工程专家组:《夏商周断代工程1996—2000年阶段成果报告(简本)》,世界图书出版公司,2000年。

测墙体亦不会太高,这既不宽且不高的墙体外侧也未见城壕等用于御敌的防御设施,而王城岗城堡又紧临颍河支流五渡河畔,其最初的起因很有可能即为鲧筑堤防以防水患。就目前所掌握的考古材料和史料看,鲧作城即为位于嵩山东南麓登封告成的王城岗城堡。

20 世纪 90 年代,在黄河北岸的辉县孟庄遗址发现了一座龙山文化晚期的城址。该城位于太行山南麓,卫水的西侧。城址平面略呈方形,东、西、北三面城墙保存尚好。东城墙长 375 米,北城墙残长 260 米,西城墙复原长 330 米,南城墙已毁坏不存,仅见南护城壕。城墙的宽度由保存较好的东城墙和北城墙看,主体城墙基础部分宽 13—14 米,城墙上部宽 6—7 米,城墙残高 0.5—1.2 米。城内面积为 12.7 万平方米。城墙是在铲高垫低将墙基平整之后,再从内外两侧取土略加夯筑而成。东城墙中部发现有宽 2.1 米的门道,路土明显,门道两侧发现有基槽,基槽贴近墙壁处可见清晰的木板灰。城墙外四周发现有护城壕,壕宽 20 米左右,壕底距现今地表约 5 米。城内发现有房基、水井、窖穴、墓葬等①。孟庄城址在龙山文化晚期至二里头文化时期以前,有关洪水的迹象十分明显,这主要表现在以下几个方面:1.孟庄龙山文化城址的东城墙、西城墙内侧都发现有二里头时期夯土修补的痕迹,北城墙外侧也有修补的夯土,这是二里头文化筑城之前受洪水或大量雨水冲刷的结果。2.孟庄城垣内侧壕沟内均发现含龙山文化各期陶片的淤土。其南、北护城河中亦有 2 至 3 厘米厚的淤土。这些淤土应是雨水造成的。3.最能表明孟庄龙山文化城毁于洪水的证据是西城墙的中段,该城墙北部有一个大的缺口,宽达 15 米,原有龙山文化城墙夯土已全部被洪水冲掉,且洪水在此处下切生土深达1.5米左右。冲沟内的淤土中包含有龙山各个时期的陶片。这段缺口是于二里头文化时期之前形成的②。发掘者推测,辉县孟庄龙山文化城址有可

① 河南省文物考古研究所:《辉县孟庄》,中州古籍出版社,2003 年。
② 河南省文物考古研究所:《辉县孟庄》,中州古籍出版社,2003 年,第 380 页。

能是共工之城,此说是有道理的。如前文所述,属于炎帝部落的共工氏活动于太行山南麓,而辉县孟庄古城西部的卫水即为古时的淬水——共水(洪水)。值得注意的是共工氏治水即把高的地方铲平,把低的地方填高。而孟庄古城修筑也是铲高垫低。这该不会是巧合吧。不过不像鲧的王城岗城堡最初的用途是防御水患,有着宽阔城壕和高大城墙的孟庄城在防御水患的同时,也有很好的防御敌人的效果。孟庄城的相对年代为河南龙山文化晚期,其绝对年代为公元前2321—前1974年、公元前1913—前1679年。而共工氏与鲧亦为同时代之人。因此结合目前所见的文献史料和考古材料,将孟庄龙山文化晚期城址解释为共工所筑之城是较为合理的。

就大禹治水的文献材料而言,遂公盨的现世让人振奋。遂公盨是保利艺术博物馆于2002年购藏的一件有铭铜器,就器形与铭文字体等方面考察,其时代可定在西周中期偏晚。遂公盨有很高的学术价值,器铭出现后,立即引起学术界的重视。遂公盨铭文中有“天命禹敷土,随(堕)山浚川”之句,就是讲大禹平土治水之事。《中国历史文物》2002年第6期率先公布遂公盨的器形照片和铭文拓本,同时发表了李学勤、裘锡圭、朱凤瀚、李零诸先生的研究论文[①]。有学者指出:王国维先生试图从新的途径来证明夏禹的存在,这便是利用地下材料。当时他用的是两件青铜器。其中一件为秦公敦(即秦公簋),内中有“鼎宅禹迹”句;另一件是齐侯镈钟,内中有“赫赫成唐(汤)”“处禹之堵”句。王国维首先考证这两件青铜器是春秋时器。……郭沫若继承了王国维的二重证据法,同样列举秦公敦(秦公簋)和齐侯镈钟铭文讨论夏禹问题,但在考证上有了重大突破。郭沫若的《两周金文辞大系》已在清人刘心源《古文斋》的基础上考证齐侯镈钟的器主应该为叔夷。……王国维、郭沫若利用

---

① 李学勤:《论遂公盨及其重要意义》,《中国历史文物》2002年第6期;裘锡圭:《遂公盨铭文考释》,《中国历史文物》2002年第6期;朱凤瀚:《遂公盨铭文初探》,《中国历史文物》2002年第6期;李零:《论遂公盨发现的意义》,《中国历史文物》2002年第6期。

两篇金文与先秦文献的对证，证明了禹真实存在，禹与夏有关系。……遂公盨的年代是西周中期略晚，比秦公簋和叔夷镈钟要早得多，因此其证明的力度就更大。而且更重要的是，遂公盨铭文记载夏禹的历史，比秦公簋和叔夷镈钟更具体、更古老。……遂公盨铭文的出现，使得证明夏代的地下文字资料由春秋时代提前到西周中期，由此提早了六七百年，与夏代的田野考古材料的呼应更近了①。

登封王城岗遗址发现龙山文化晚期城堡后，被发掘者和一些学者视为禹都阳城，其所属的河南龙山文化晚期，也被推定为早夏文化遗存。随着王城岗龙山文化晚期大城的发现，王城岗遗址成为河南境内龙山文化城址中规模最大者，这无疑是对禹都阳城之说的有力支持，河南龙山文化晚期为早夏文化之说必然以此为新的根据。王城岗龙山文化晚期大城是一座带护城壕的大型城址。这座大城西北部保存较好，东南部保存较差。北城墙残长 350 米，残高 0.5—1.2 米，复原长 600 米；西城墙复原长 580 米，东城墙和南城墙的长度复原后分别为 580 米和 600 米。大城的北城壕保存较好，长约 620 米，宽约 10 米，深约 3 米；西城壕仅保存北部，残长 135 米，宽约 10 米，残深 1.5—2 米，复原长 600 米；西北城壕拐角尚存。大城的东、南两侧利用了自然河道五渡河和颍河作为天然防御设施。复原后的大城总面积可达 34.8 万平方米。在大城内，发现有大面积的夯土遗迹和龙山文化晚期的祭祀坑、玉石琮、白陶器等重要遗存。关于王城岗大城与小城的关系，由小城位于大城的东北部，大城的北城壕打破小城西城的西北拐角处夯土城墙的基槽，可知大城的年代晚于小城。大城的绝对年代上限为公元前 2130—前 2075 年，下限为公元前 1885—前 1835 年。夏商周断代工程将夏代的始年推定为公元前 2070 年。可见王城岗大城的年代已进入夏代的纪年，并为夏代最早的城址，很可能即为

① 江林昌：《遂公盨铭文的学术价值综论》，《华学》第六辑，紫禁城出版社，2003 年。

禹都阳城[①]。古代文献为此做了很好的注解。《国语·周语上》:“昔夏之兴也,融降于崇山。”韦昭注:“崇,崇高山也。夏居阳城,崇高所近。”《太平御览·地部》“嵩山”条下又引韦昭注:“崇、嵩字古通用,夏都阳城,嵩山在焉。”崇山古称外方山,后称嵩山,属于秦岭支脉,位于今河南西部的登封、新密和伊川之间。西接熊耳山脉,东邻豫东平原,北近伊洛盆地,南对颍、汝河谷,主峰在登封北部,故称太室,又称中岳。我国古代的夏部族就兴起在此山周围。因此,在嵩山周围流传着许多关于夏族祖先鲧和禹等人的神话和传说。同时,在登封告城发现的东周阳城以及出土的战国“阳城仓器”铭文陶器,都表明东周阳城就在告成镇。这也为“禹都阳城”即为登封告成王城岗龙山文化城址提供了有力支持。

综观近年的新的考古学材料,中国古史传说中的大禹治水是可信的,理由大体有以下几点:

首先,《登封王城岗与阳城》考古报告曾认为王城岗龙山文化小城的东城是被五渡河冲毁的,而西城是被来自王岭尖的洪水冲毁的[②]。果真如此吗?我们根据新的考古资料对此作一讨论。其一,关于王城岗龙山文化小城之东城是被五渡河冲毁的,就目前东城保存情况看的确如此,但其被五渡河冲毁的时间,是龙山文化时期吗?经我们考证王城岗龙山文化小城被水冲毁应该是春秋晚期以后才发生的事情。假设东城真的是在龙山文化时期被五渡河冲毁的,为何还要在紧邻东城处修筑西城而不怕再次被水患所毁?此举似乎不合逻辑。其二,关于王城岗龙山文化小城之西城是被王岭尖上下来的洪水所冲毁,有洪水冲沟为证。其实所谓冲沟实际上是王城岗龙山文化大城的北城壕。据调查,王岭尖上的雨水,朝东行是通过竹园沟流入五渡河的,朝南行

① 北京大学考古文博学院、河南省文物考古研究所:《登封王城岗考古发现与研究(2002—2005)》,大象出版社,2007年。

② 河南省文物研究所等:《登封王城岗与阳城》,文物出版社,1982年。

是通过箩筐沟流入颍河的。可见王岭尖上下来的山洪基本上不会对王城岗城址造成多大威胁。试想:假如王城岗小城受到王岭尖山洪的威胁,龙山文化时期的人还会选择在王城岗上修筑大城吗?由此可以认为,王城岗龙山文化大城的修筑,恰恰说明大城的主人对河水的认识和利用有着较高的水平①。

其次,如果王城岗龙山文化晚期大城即为禹都阳城,那么是否可以找到与大禹治水有关的蛛丝马迹?王城岗龙山文化晚期大城北城壕全长620米,经测量得知该城壕东端至西北拐角高差约9米。为了解北城壕底部高差,我们对其进行了系列测量。由地表测量得知:W2T6571西南坐标点到W5T2373西南坐标点高差4.346米,这两个探方的直线距离为190米。而W2T6571、W5T2373这两个探方中北城壕底部高差仅为0.374米。在长达数百米的北城壕底部,其间的底部高差却不足0.40米,可见王城岗龙山文化晚期的人们已经掌握了一定的测量技术,这种城壕底部大体接近水平的设计和开挖,增加了中国古史中大禹治水的可信度。在大禹治水的过程中是以疏导使水畅流的方法为主,具备一定的测量技术和水平挖掘技术是必不可少的②。同时我们注意到王城岗城壕内是有水流动的。为了解城壕内水的来源,我们对五渡河和颍河进行了调查和测量。现代颍河水面海拔高为251.69米,五渡河水面海拔高为252.09米,两者水面海拔高度相比,颍河水面较五渡河水面稍低些。五渡河水面252.09米的海拔高度较北城壕底部海拔高——255.985—256.572米还要低,由此看似乎五渡河水无法流入城壕中。我们在正对北城壕东端的五渡河以北约150米处西岸一高7.20米的天然挡水堤土崖壁(此处水面海拔高254米)上发现了五渡河不同时期的四层河床底部堆积。主要是河卵石、

① 北京大学考古文博学院、河南省文物考古研究所:《登封王城岗考古发现与研究(2002—2005)》,大象出版社,2007年。

② 北京大学考古文博学院、河南省文物考古研究所:《登封王城岗考古发现与研究(2002—2005)》,大象出版社,2007年。

细沙层，最下层河床底距现在水面约 2.50 米，再上一层河床底距现在水面约 2.90 米，最上层河床底距现在水面约 3.30 米。当然目前观察到的不同高度的河床底形成年代尚无法确定，但是五渡河水面曾高出现在水面 3—5 米是可能的。依此五渡河水面海拔高度可推定为约 257 米，如此海拔高度的五渡河水是可以流入北城壕的。测量五渡河水面海拔高度的时间是 2005 年 5 月 10 日上午，按季节当时尚属春夏之交，应该是河水的枯水期，在进入当地 7—8 月的夏季时，正是河水的丰水期，河水的水平面海拔会更高，流进北城壕应该是没有问题的。城壕五渡河水口的水面海拔高于颍河水口的水面海拔，很可能是由五渡河水口进入北城壕，经西城壕由出水口流入颍河。由以上材料似乎可以得到这样的认识：王城岗龙山文化晚期大城的主人在修建城址时，已考虑到让五渡河水流入城壕内，城壕底部近似水平的设计大概就是为了河水的顺利流动。考虑到王城岗城址西北高、东南低的特点，大城是以人工挖成北面、西面城壕和南面颍河、东面五渡河共同构成完整的防御体系。城壕内引入河水增加了防御敌方的效果，同时如遇涝时亦兼有排水防灾的功能[①]，此举只有长期与水打交道、积累了无数失败和成功经验的人方可为之。这种对水的认识和利用水平之高非大禹莫属。反观王城岗小城单一的挡水功能可能真是出自鲧之手。同时，大禹是能在鲧作城之地修建阳城的，可见文献记载大禹对淮河流域部分水系的治理可能性是很大的。属于淮河水系的颍河、五渡河大概经过大禹的治理后，大禹方将阳城建于嵩山东南部的颍河与五渡河的交汇之处。如今望着川流不息的颍河和五渡河，已难觅大禹疏浚之痕迹了。

再次，我们已经在王城岗龙山文化城址的选址、设计、施工技术等方面搜寻到若干可能与大禹治水相关的痕迹。也许还可以从该城址的工程量和施工管理组织等方面找到一些与夏禹有关的线索。通过模拟实验，我们推测用

① 北京大学考古文博学院、河南省文物考古研究所：《登封王城岗考古发现与研究（2002—2005）》，大象出版社，2007 年。

当时的石质生产工具——铲来修筑这样一座30多万平方米规模的城址,如果以1000个青壮年劳力每天工作8小时计算,需要连续工作1年零2个月的时间。若再加上进行设计、测量、管理和监督的人员以及提供后勤保障的人员,修筑如此规模的一个工程所需劳力远非王城岗聚落本身所能提供,必然需要征集更大范围里其他聚落的劳力来共同完成。因此,在龙山文化时代的颍河上游地区应该存在一个以王城岗遗址为中心的聚落群,而这个聚落群的内部社会可能已经发展到相当复杂的程度。如果我们简单地根据当地现代农村的经验,按照一个村落能够常年提供50—100个青壮年劳力计算,要一年多的时间完成这个工程,需要征集10—20个村落的劳力。这与我们目前所调查的颍河上游登封地区龙山文化晚期聚落遗址的数量基本符合。因此,很有可能的是王城岗龙山文化晚期城址是动员了以王城岗遗址为中心的整个聚落群的力量来共同完成的工程①。那么有谁可以或能够集中和调动如此多的人力和财力来修筑这样一座规模巨大的城址?又是谁需要在嵩山东南部的淮河水系的颍水岸边修筑这样一座位居战略要地的城址(王城岗城址西北背靠嵩山,东南面向黄淮大平原,其东向可抵御东夷,南向可进击三苗,北向扼守北狄南下之通道)?恐怕非夏禹莫属。

最后,夏禹时期的经济实力足以支持治水。除前文所述夏王朝建立前后与治水相关的技术水平较高外,其时的经济发展水平也可能是治水成功的要素之一。如动物资源的开发与利用,在王城岗、瓦店遗址调查所获材料中,根据人类开发利用动物资源方式分两类,即野生动物和家畜。野生动物分为三类:1.水生动物,包括各种鱼类、螺、蚌、蚬和蟹。2.鸟类。3.哺乳动物,小型的有鼠、兔,大型的有豪猪、鹿和熊。家畜主要是猪、黄牛、山羊、绵羊和狗。仰韶时期,见于杨村、袁村、袁桥、西范店、石羊关、胡楼的调查所获材料,有水生

① 北京大学考古文博学院、河南省文物考古研究所:《登封王城岗考古发现与研究(2002—2005)》,大象出版社,2007年。

动物鱼(鲶鱼)、螺(中华圆田螺)和蟹,还有鸟类。哺乳动物有鼠、鹿。饲养有家畜猪。龙山文化晚期,主要为王城岗、瓦店。水生动物有鱼、螺(中华圆田螺)、蚌(圆顶珠蚌)、蚬和蟹。小型野生哺乳动物有啮齿动物兔、獾等。大型野生哺乳动物有鹿、豪猪和熊。家畜有猪、狗、黄牛、水牛和绵羊。二里头文化来自王城岗和石道调查。水生动物数量较龙山文化晚期有明显下降,小型野生哺乳动物有鼠、兔。大型野生哺乳动物有鹿、豪猪。驯化家畜以猪为主,还有狗、黄牛和绵羊。从以上遗址出土的动物骨骼资料看,颍河中上游地区从仰韶文化至二里头文化各个时期动物种类均十分丰富多样,这反映了人类广泛利用动物资源的情况。根据瓦店遗址统计资料看,家畜的比例均远高于野生动物,且还有不断增加的趋势。虽然各个时期的人们也大量食用水生动物资源,但从其所能够提供的肉食数量来看,食用水生动物资源只能是当时人们获取肉食资源的补充。家畜的驯养是当时人类获取动物资源的主要方式。对比仰韶文化、龙山文化晚期和二里头文化三个主要阶段驯养家畜种类的情况可以看出,龙山文化晚期的家畜种类最丰富,包括猪、狗、黄牛和绵羊。总之,颍河中上游地区从仰韶文化开始,就以饲养家畜作为主要的肉食来源,另外渔猎方式也是获取肉食资源的重要补充。到龙山文化晚期,在获取的野生动物资源没有明显变化的情况下,饲养家畜的种类增多,黄牛和绵羊很可能是在这一时期被引入作为猪之外的重要肉食资源。从瓦店遗址的情况看,家畜在整个动物资源中所占的比例有逐步增加的趋势,除用作食物资源之外,猪、牛和羊也同时被用来祭祀。另外,从仰韶文化开始在颍河中上游地区使用动物肢骨制作骨器的情况已十分普遍。很明显,从龙山文化晚期开始颍河中上游地区的人们对动物资源的开发利用程度急剧增强,这与我们调查发现的聚落遗址的增加所反映的人口增长带来的消费的增长是相符合的[①]。袁

① 北京大学考古文博学院、河南省文物考古研究所:《登封王城岗考古发现与研究(2002—2005)》,大象出版社,2007年。

靖先生曾经将新石器时代居民获取肉食资源的方式归纳为三种模式:依赖型、初级开发型和开发型[①]。从上述我们掌握的情况看,颍河中上游地区龙山文化晚期人们对动物资源的开发和利用很可能已经进入成熟的开发型阶段。与龙山文化晚期相比,二里头文化时期人们对动物资源的开发和利用没有大的变化,这可能是本地社会稳定发展的反映之一。

在植物遗存、作物加工与农业经济方面,我们经过调查得知,从仰韶文化到二里头文化时期农作物有4种:粟、黍、豆、稻。野生植物果实有5种:酸枣、桃、杏、葡萄、山楂。野草种子有狗尾草种子、倒刺狗尾草种子等共36种。从粮食作物比例看,各个时期均以粟为主,黍、豆和稻为其次。其中仰韶文化和二里头文化黍的比重相对较少,龙山文化黍的比重大大增加。稻的比重各期变化不一,仰韶文化、龙山文化晚期有一定数量的豆科作物。从野生植物果实看,仰韶文化、龙山文化和二里头文化均采集有酸枣和桃,还有野葡萄和山楂。从野草种子看,各个时期均以苋科、藜科、菊科等草本科植物为主,同时也有少量禾木科植物,这就反映出当时人类活动的频繁和周围有一定面积的水体存在。总之,颍河中上游地区从仰韶文化到二里头文化阶段,经济作物均以粟为主,各类粮食作物的比例变化不大[②]。农作物的加工与储存方式能够在一定程度上反映社会分工的方式、组织劳力的能力以及管理社会经济的模式,进而反映社会的复杂化程度。龙山文化晚期遗存中黍的数量急剧增加与这一时期的聚落数量和规模的急剧增加相同步。因此也有可能是,与仰韶文化相比在龙山文化晚期随着聚落数量和规模的增加,需要更多的粮食来满足日益增长的人口需要。荒地被大量开垦,而黍在垦荒的过程中扮演了重要的角色。一方面由于黍的生产数量的急剧增加,另一方面又由于黍的收获与

---

① 袁靖:《论中国新石器时代居民获取肉食资源的方式》,《考古学报》1999年第1期。

② 北京大学考古文博学院、河南省文物考古研究所:《登封王城岗考古发现与研究(2002—2005)》,大象出版社,2007年。

粟的收获时间接近,因此很可能在龙山文化晚期,人们将更多的劳力用在收获粮食方面,反而没有额外的劳力对收获的谷物进行精加工之后再储存。二里头文化时期,遗址的规模基本稳定,与龙山文化晚期相比并无大的变化;人口数量也基本稳定;垦荒活动减少;人们又开始组织一定的劳力对收获的谷物进行进一步的精加工后再储存[①]。通过对区域调查中诸遗址浮选土样的深入分析,发现仰韶文化阶段的农作物遗存以脱壳阶段的废弃物为主,龙山文化时期以扬场阶段的废弃物为主,表明龙山文化时期发生了农业生产组织方式的变化,即“从大家庭的社会结构向更小规模的核心家庭的社会结构转变”。王城岗发掘所见龙山文化晚期除有粟、黍等作物外,还有稻谷和大豆,说明当时已经开始由以种植粟类作物的单一种植制度逐步转变为包括稻谷和大豆在内的多品种农作物种植制度。这种先进的种植制度的意义不仅在于可以提高农业的总体产量,而且还在于能减少粮食种植的危险系数,是农业发展水平提高的一个重要标志。王城岗二里头文化有黍、小麦和大豆,其中小麦的发现有十分重要的意义,说明在二里头文化时期小麦已经传到中原地区的核心地带。王城岗遗址龙山文化土样中发现麦类植硅体,表明该地区至少从二里头文化时期甚至龙山文化时期就已经开始种植小麦了。而王城岗遗址二里岗文化时期小麦籽粒的大量发现,表明早在公元前1500年前后的商代早期,小麦的价值已为中原地区的先民所认知。由于小麦的加入,多品种农作物种植制度得到了完善。王城岗龙山时期有水稻和谷子,还发现有谷物加工脱壳的痕迹。说明在王城岗聚落内曾经有谷物(脱壳)加工活动[②]。植硅体分析表明,仰韶文化至二里头文化时期,颍河中上游地区的农业经济具

① 北京大学考古文博学院、河南省文物考古研究所:《登封王城岗考古发现与研究(2002—2005)》,大象出版社,2007年。

② 北京大学考古文博学院、河南省文物考古研究所:《登封王城岗考古发现与研究(2002—2005)》,大象出版社,2007年。

有稻粟混作的特点,稻作农业比较普遍;浮选结果表明春秋时期王城岗遗址的稻谷相对比值下降,表明随着气候趋向干凉,稻谷在中原地区的种植规模开始萎缩。

## 四、大禹治水与文明起源及早期国家的形成

关于中国文明起源、早期国家的形成与大禹治水的关系,苏秉琦先生指出:中原地区国家是如何起源的?从文献与考古结合考察,洪水与治水传说是至关重要的。考古工作证明,沿京汉线与陇海线的邯郸—武功间至少有三处地方在距今四五千年时发生过洪水:一是邯郸,二是洛阳,三是武功(浒西庄、赵家来)。出洛阳城往西下一个大坡到涧沟(涧河之沟),涧沟的龙山文化,沟上早沟下晚,沟下是洪水前,沟上是洪水后;从沟下搬到沟上,是五千年以后的事。涧沟的材料少,武功的材料丰富,也最典型。武功(浒西庄在下边,赵家来在上边)时间上与涧沟相对应。山西襄汾陶寺时间上与武功(赵家来)相当,是迄今中原地区考古发现唯一较早近似社会分化达到国家(古国)规模的大遗址,绝对年代距今四千五百年前后,与《五帝本纪》后半的尧、舜、禹从洪水到治水,从治水不成功到成功的时期大致吻合。所以,中原地区的文明起源要从洪水到治水谈起[①]。苏秉琦指出:考古发现“大遗址”规格就是古城古国所在。其背景是人口密集、社会经济发达,社会已有分工。所以史载“夏有万邦”“禹令诸侯于涂山,执玉帛者万国”是有据可依的。在距今五千年前后,在古文化得到系统发展的各地,古城、古国纷纷出现,中华大地普遍跨入古国阶段。古国时代以后是方国时代,古代中国发展到方国阶段大约在距今四千多年前。与古国是原始的国家相比,方国已是比较成熟、比较发达、

① 苏秉琦:《中国文明起源新探》,生活·读书·新知三联书店,1999 年。

比较高级的国家,夏、商、周都是方国。这个时期的特点一是群雄逐鹿,二是从洪水到治水。夏未亡而商已成大国,商未亡而周已成大国,夏、商、周是方国并立的局面。商汤伐桀、武王伐纣用的都是同盟军,是小国联合对付大国,是方国与方国间的战争。治水更需要打破小国界线以便组织,夏、商、周都有治水的记录。《史记·五帝本纪》前半部分没有洪水一说,后半部分可一分为二,尧舜时代有洪水,有治水,没有治水成功的记载,只有不成功的记载。夏禹治水成功了,从有洪水、治水不成功,到治水成功是个大转折。所以,方国时代是产生大国的时代,也为统一大帝国的出现做了准备。不过,方国最早出现是在夏以前。江南地区的良渚文化,北方的夏家店下层文化是最典型的实例。五帝时代后半段的代表是尧、舜、禹,是洪水与治水。……而夏、商、周三代,由于方国的成熟与发展,出现了松散的联邦式的"中国",也即周天子的"普天之下,莫非王土;率土之滨,莫非王臣"的理想"天下"。①

## 五、简短结语

1.对洪水和大禹治水较为完整的记述见于《尚书》《国语》《孟子》《淮南子》《史记》《汉书》等。徐旭生先生对这些文献进行研究后认同洪水说的存在,而且以为"洪水"原为一专名,指发源于河南辉县的小水,辉县旧名共,洪水也叫作共水,"洪"字的水旁是后加的,其流入黄河后开始为患。当时洪水发生范围主要在《禹贡》里兖州地界的豫州、徐州的一部分,即今黄河下游,并包括淮河平原的一部分。有证据表明,在尧舜禹时代,黄河流域和淮河流域都发生过大洪水。徐旭生先生通过文献史料对古史传说时代的研究,使我们明晰了"洪水"的来龙去脉、洪水发生的大致时间和地域、洪水发生的原因以

① 苏秉琦:《中国文明起源新探》,生活·读书·新知三联书店,1999 年。

及洪水与夏人的关联。

2.如何找到中国古史传说中的洪水和大禹治水这一记载的实物证据？由考古学(包括环境考古)、历史地理学以及从考古学与古史传说的结合上都已发现了一些线索。据专家研究,由仰韶文化结束和龙山文化开始的公元前2500年至商代结束的公元前1100年古中国大致处于全新世大暖期的中段,其重要特征之一是天气变化不稳定,容易发生洪涝灾害。已有的研究表明,在仰韶文化时期,在全球相同的纬度上中国是升温程度最大的地区,北方地区温度上升值为3℃左右。温度上升和降雨量直接相关,这也是尧舜禹时代我国洪水泛滥的主要原因。第四纪生态学、地质学、考古学的发展和现代科学技术的应用,使人们获得了一些与洪水有关的证据,以嵩山为中心的嵩山西北部伊洛河流域和嵩山东南部颍汝河流域的若干环境考古材料,有助于加深人们对中国古史中洪水及大禹治水传说的认识。

3.大禹治水的考古学观察。根据已掌握的材料,可以有这样几点认识:其一,洪水发生的时间大体为考古学的仰韶文化晚期和龙山文化时期,即公元前3000至前1800年。其二,西周时期遂公盨的现世(其中关于大禹平土治水之事的记载)使证明夏代的地下文字资料由春秋时代提前到西周中期,竟提早了六七百年,与夏代考古材料的呼应更近了。其三,治理洪水的人,主要是华夏集团的共工氏、鲧、禹、四岳。已有考古材料表明:共工之城可能为辉县孟庄古城,鲧作之城可能为登封王城岗小城,禹都阳城可能为登封王城岗大城。其四,治理洪水的方式主要有两类:以共工氏和鲧为代表的治水方法是室塞,即把高地铲平,把低地填高。可以从共工之城——孟庄古城和鲧作之城——王城岗小城的筑城特征寻找到一些共工和鲧治水方式的遗留。以大禹为代表的治水方法为疏导,这又包括两方面:一方面是把散漫的水中的主流加宽加深,使水有所归;另一方面为沮洳的地方疏引使干。可以从禹都阳城——王城岗大城的筑城特征发现夏禹治水方式的遗存。大禹治水可信的四条理由是:筑城选址时对水的认识和利用,治水过程中已掌握较高的测量、设计和施工技术,筑城的工程量和施工管理组织所反映出的社会的复杂化,夏禹时较高的经济发展水平。这些都是从考古学的角度证明中国古史中大禹治水的可信。

4.大禹治水与中国文明起源和早期国家的形成。有学者指出:河南龙山文化时期大规模的洪水泛滥及治水活动,有可能是中原地区率先跨入文明社会的重要契机之一。中国国家权力的形成,极有可能与控制集体劳动的水利事业有关。而这正是发生在黄河中下游地区的庞大的集体劳动事业。治理洪水是一项十分艰巨的庞大工程,尧、舜、禹敢于承担这一浩大的工程,应是当时社会具有较强实力的证明。而大禹治水的庞大工程,也是夏禹时期已经开始国家规模的政权形成的重要标志之一[①]。

(本文作者为河南省文物考古研究院研究员、《华夏考古》编辑部主任)

① 王星光:《生态环境变迁与夏代的兴起探索》,科学出版社,2004年。

# 崇山与禹都阳城地望

陈隆文

鲧、禹为夏后氏先人,他们的居处与活动应在何处?目前史学界流行一种说法,认为崇山、阳城在河济之间的濮阳,并认为"禹都阳城即濮阳说"①。

古本《竹书纪年》称"禹居阳城"。如何理解这个"居"字?这个"居",我认为就是"都"的含义。《史记·封禅书》曰:"昔三代之居,皆在河洛之间。"《正义》引《世本》云:"夏禹都阳城,避商均也。"《帝王世纪》云:"殷汤都亳,在梁,又都偃师,至盘庚徙河北,又徙偃师也。"所以《世本·居》曰:"禹都阳城。"《汉书·地理志》注、《续汉书·郡国志》注均引用此说。在这里应该如何理解古本《竹书纪年》的记载?王国维先生在《古史新证》中指出,《竹书纪年》是"战国时魏人作,今书非原本"②。但是它应该是早于《世本》的。王国维先生又说:"《世本》今不传,有重辑本汉初人作,然多取古代材料。"③在这里如果我

① 沈长云:《禹都阳城即濮阳说》,《中国史研究》1997年第2期。
② 王国维:《古史新证》(王国维最后的讲义),清华大学出版社,1994年,第4页。
③ 王国维:《古史新证》(王国维最后的讲义),清华大学出版社,1994年,第4页。

们引用《世本》的材料，尤其是汉代宋衷的注，不能为据。所以《世本》云“禹居阳城，在大梁之南”。此话是据《太平御览》卷一五五，从王应麟《地理通释》所引，不应作为主要根据。

王国维先生还认为“《左氏传》《国语》为春秋后战国初作至汉始行世”[①]，应该说是比较早、比较可靠的历史文献。而《尚书》，王国维先生又认为“《禹贡》《甘誓》《商书》中如《汤誓》文字稍平易简洁，或系后世重编，然至少亦必为周初人所作”。其他诸篇“皆当时所作也”[②]。时间越早其可信度越高，越晚其可信度愈低。因此，我认为汉代宋衷所注“禹都阳城”在“大梁之南”的说法，只能代表他个人的意见，不应是对历史实际情况的真实记录。但这里有一点应该说是正确的，即“禹都阳城”。

关于禹都阳城的地望，《国语·周语上》曰：“昔夏之兴也，融降于崇山。”现在结合有关材料可以看出，嵩山，又名崇山，而对“融降于崇山”，中华书局徐元诰撰《国语集解》认为：“融，祝融也。”怎么把祝融与夏兴起于崇山联系在一起呢？《山海经》记关于夏族的始祖是这样记载的，《海内经》记：“黄帝生骆明，骆明生白马，白马是为鲧。”《山海经》又认为黄帝是夏鲧始祖，从族系上说应是黄帝之后的一支，因此夏禹应在中原地区。所以《大荒南经》又记：“鲧妻士敬，士敬子曰炎融，生驩头。”据袁轲先生考证，驩头即驩兜；丹朱，为鲧的另一支后裔。说夏族的兴起应在中原地区，不应在河济之间。这里明确说明，鲧妻士敬，士敬子曰炎融，降生炎融的地方应是崇山。为什么叫崇山？《国语·周语下》：“夫宫室不崇。”徐元诰《国语集解》曰：“崇，高也。”“崇”，徐元诰又注曰：“崇高山也。夏居阳城，崇高所近。”黄丕烈曰：“嵩，崇古今字。今各本《国语》皆为后删去嵩、崇通用之语。”汪远孙曰：“嵩山在今河南登封县北十里。”在河济之间是找不到山的，山东鄄城更无山可言。

---

① 王国维：《古史新证》（王国维最后的讲义），清华大学出版社，1994 年，第 4 页。
② 王国维：《古史新证》（王国维最后的讲义），清华大学出版社，1994 年，第 3 页。

以上徐元诰的《国语集解》说明崇山就是嵩山，而以高著称，自然是采用《国语》韦昭注："嵩，高也。"而崇山之名与《国语·周语》"有崇伯鲧"是有密切关系的。三国，韦昭注曰："有虞，舜也。鲧，禹父。崇，鲧国。伯，爵也。尧时在位，而言有虞者，鲧之诛，舜之为也。"鲧为"崇伯"，《国语·周语》有"有崇伯鲧，播其谣心，是也"。所以"禹"又称为"崇禹"。《逸周书·世系》曰："龠人奏'崇禹生开三终'是也。"在这里"崇"与"嵩"相通，《国语·周语》："昔夏之兴也，融降于崇山。"韦昭注曰："崇，崇高山也。夏居阳城。崇高所近。"

《史记·封禅书》又曰："以三百户封太室奉祠，命曰崇高邑。"《汉书·郊祀志》作"以山下户凡三百封嵩高，为之奉邑"。颜师古注："嵩"，古"崇"字是也。"嵩"亦作"嵩"。《汉书·地理志》颍川郡"嵩高"："古文以嵩高为外方山。"顾颉刚先生说："《尚书·禹贡》正义'嵩高山在颍川、嵩高县'，古文以为外方山是也。"《史记》以嵩高为中岳，即传说中鲧、禹之故封。汉武帝以封禅东幸缑氏，礼登中岳、太室，所以特尊"嵩为岳者"[①]。此说正确可取。

我们从历史地理角度进行考察，崇山，即以后的嵩山。《史记·封禅书》《正义》引《括地志》曰："嵩山，亦名曰太室，亦名曰外方也。在洛州阳城县西北二十五里。"在这里王玉哲先生认为"崇山"或"有崇"，原始的"崇"应来源于山西[②]。恐不确。《诗经·大雅·崧高》诗曰："崧高维岳，骏极于天。维岳降神，生甫及申。""崧"字，《礼记》《韩诗外传》及《初学记》所引《诗》皆作"嵩"。《尔雅·释山》："山大而高崧。"宋朱熹《诗集传》也说："山大而高曰崧。"又曰："岳，山之尊者。"在这里王先生把《诗经·大雅·崧高》"嵩高维岳"的"岳"，说成是山西的太岳霍山，因而嵩高也说成是山西的有嵩。这是值

① 顾颉刚：《四岳与五岳》，《史林杂识》初编，中华书局，2005 年，第 39 页。
② 王玉哲：《夏文化研究中的几个问题》，中国先秦史学会编：《夏史论丛》，齐鲁书社，1985 年，第 5 页。

得研究的,山西太岳从来没有称为嵩高的。因为只有河南省登封的中岳嵩山才称为嵩高。《史记·封禅书》记:“汉武帝东幸缑氏,礼登中岳、太室。从官在山下闻若有言万岁云。问上,上不言;问下,下不言。于是以三百户封太室奉祠,命曰嵩高邑。”王先生认为“密高中岳”是由汉武帝登礼颍川郡之太室山之后,“于是河南始有嵩高山,所以,崇山,有崇本在山西,而大河以南有嵩高、崇山,有崇等名皆以后从西古地名层化而来”[①]。这完全颠倒了历史的真相。此说不符合实际,“有崇伯鲧”崇山最早是见于《国语》的记载,而且附近有“阳城”。在山西有阳城与崇山,但与太室不能联系在一起。因此王玉哲先生之说是无根据的。这里还明确指出,山西的阳城县有二说,即翼城说与濩泽县说。早年丁山先生在《由三代都邑论其民族文化》一文中曾说,由于“汤”字在金文中作“唐”,推论“阳城”故名曰“唐城”,又说“谓唐城在翼城西者较确”。丁氏之说只能说成唐即成汤,只能与商史发生关系,但却不能与夏史发生关系。阳城即唐城,这也只是一种推论,并无更多的证据来说明古阳城就在山西。再说汉濩泽县说:《路史》卷十二注。罗泌《路史》“禹避舜子于阳城”说的诬罔,泽之阳城是说它属泽州(今晋城市),所指为汉朝的濩泽县,自唐以后,才取为阳城县,可见汉濩泽县在汉以前并不叫阳城,这样禹兴起于山西说就落空了。故《山西历史地名通检》曰:“濩泽县,西汉置,属河东郡,东汉不改。”“唐初属泽州,天宝元年(742 年)改名阳城,天祐二年(905 年)朱全忠避父(城)讳,复曰濩泽。五代唐仍名阳城。故治在今阳城县三十里泽城村。”[②]在这里应该指出,阳城县在东,今山西长治市晋城市辖区,而太岳吕梁山在西,根本联系不到一起。

值得肯定的是,最早古本《竹书纪年》记载:“夏后氏,禹居阳城。”《汉书·

① 王玉哲:《夏文化研究中的几个问题》,中国先秦史学会编:《夏史论丛》,齐鲁书社,1985 年,第 6 页。
② 刘伟毅编著:《山西省历史地名通检》,山西教育出版社,1996 年,第 244 页。

地理志》颍川郡阳翟下，臣瓒曰："《世本》禹都阳城，《汲郡古文》亦云居之。"《后汉书·郡国志》颍川郡阳翟下李贤注引《汲冢书》曰："禹都阳城。"《孟子·万章上》云："禹避舜之子于阳城。"赵岐注："阳城在嵩山下。"《史记·夏本纪》谓"禹辞避舜之子商均于阳城"，其集解引刘熙曰："今颍川阳城是也。"《史记·五帝本纪》记载："禹亦乃让舜子。"其正义引《括地志》云："禹居洛州阳城者，避商均，非时久居也。"其他一些历史著作，如《太平御览》卷八二载"禹避舜之子商均于阳城"，《通志》卷三上记"禹避舜之子于阳城。……益避禹之子居箕山之阴"，卷四一又谓"禹在阳城，避商均之地而非都也"。从以上种种记载来看，阳城到底是禹避商均之地，还是禹都呢？应该统一起来，不管是都，还是避商均之居地，都与禹发生关系，证明禹的活动皆与阳城有关。最早提出"禹避舜之子于阳城"的是战国时的孟子。而古本《竹书纪年》为战国时魏人所作，提出"禹居阳城"。"居"应有都的含义，所以《世本》明确提出"禹都阳城"。

顾祖禹《读史方舆纪要》卷四八"登封县"载"古阳城也，禹避商之子于阳城即此。《世本》言禹都阳城，误也"，此说不确。我们不能把禹都阳城与避商之子割裂开来看，这是不恰当的，应该纠正。清人阎若璩《四书释地》曰"阳城箕山之阴"系谓阳城山名。汉颍川郡有阳城县，以上得名，五代周省入登封。阳城山即今东岭山，在告成镇东北。章炳麟在《神权时代居山说》明确指出："夏禹所居曰嵩山，夏都阳城，即嵩山所在，古无'嵩'字，但以'崇'字为之，故《周语》称鲧为崇伯鲧，《逸周书》称禹为崇禹。"此说正确可信。

值得注意的是，上古政治、宗教的中心是离不开山的。钱穆先生曾撰《中国古代山居考》[①]，全面揭示了古人山居的事实，并指出"穴处即岩处，穴在岩旁，不在地下"。《孟子·尽心下》云"是故得于父民而为天子"，直接用"父

① 钱穆：《中国古代山居考》，见《中国学术思想史论丛》，台北东大图书公司，1977年。

民”泛指人民，正说明古人是山居的。大量的考古材料也证实：“战国新石器文化遗址都是沿小河的黄土台地或小丘冈。”[1]章太炎还曾明确提出“神权时代天子居山说”，“综考古之帝都，颛顼所居曰帝丘，虞舜所居曰蒲阪，夏禹所居曰嵩山”。[2] 从这里可以看出禹都阳城在嵩山脚下，应该是有其特殊地理条件和历史宗教含义的，它不是随意假设的。

文献材料和地下考古发掘相结合证实“王城岗龙山文化二期东西相连的两个城址的发现和城内龙山文化二期许多重要遗迹与遗物的发现，对探索夏文化是一个重大的突破。这两座龙山文化二期城址的位置，和文献记载的夏代阳城地望十分吻合，所以我们初步认为王城岗的两座龙山文化城址有可能就是夏代城址，而且很有可能就是夏代的阳城城址”[3]。

最近马世之先生结合文献记载与有关历史传说认为：“王城岗龙山文化晚期小城与大城均称‘阳城’，小城大约是鲧作之城和禹所避居的阳城，大城则应为夏建国后禹所都的阳城。”[4]这个结论应该正确，不过还应该补充说明，河南省著名考古学专家安金槐先生最早提出王城岗是禹都阳城，其理由至少有四点：

1.王城岗城址的文化内涵是属于豫西文化类型，豫西龙山文化中期与晚期文化遗存有可能属夏文化的范畴。因而这座城址可能属于夏代城址。

2.王城岗城址的年代距今四千二三百年，大体上是在夏代纪年的早期或接近早期。

3.王城岗城址的地理位置基本上和有关文献记载的夏代早期阳城的地望

① 何炳棣：《黄土与中国农业之起源》，香港中文大学出版社，1969 年，第 116 页。

② 吴锐：《中国山文化通论》，见中国社会科学院历史研究所编《古史文存》（综合卷），社会科学文献出版社，2004 年，第 355 页。

③ 河南省文物研究所、中国历史博物馆考古部：《登封王城岗与阳城》，文物出版社，1992 年，第 32 页。

④ 马世之：《登封王城岗城址与禹都阳城》，《中原文物》2008 年第 2 期。

相吻合。王城岗的名字由来已久,从地名学这个角度考察,只有王都所在地才能称王城,这绝对不是偶然的。

4.登封告成镇一带发现东周到汉代时期的阳城遗址,也是确定夏代阳城遗址位置的重要凭证[①]。

在这里我想补充说明的是,确定王城岗遗址为禹都阳城,不仅有文献材料,而且更重要的是还有考古发掘材料[②]。

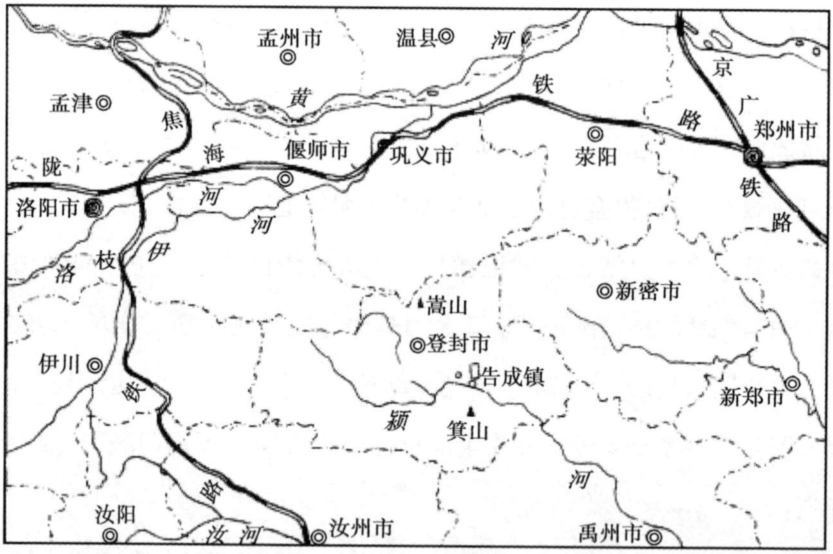


河南登封市告成镇王城岗遗址位置图

〔引自北京大学考古文博学院、河南省文物考古研究所:《登封王城岗考古发现与研究》(下)〕

1977年考古工作者在告成镇的东北发现了东周“阳城”遗址,一般说是春秋战国至秦汉时阳城遗址,出土了大量遗物[③]。其中出土一批带有陶文的陶

① 马世之:《登封王城岗城址与禹都阳城》,《中原文物》2008年第2期;北京大学考古文博学院、河南省文物考古研究所:《登封王城岗考古发现与研究(2002—2005)》,大象出版社,2007年,第14页。

② 安金槐:《试论登封王城岗龙山文化城址与夏代阳城》,《中国考古学会第四次年会论文集(1983年)》,文物出版社,1985年,第1—6页。

③ 中国历史博物馆考古调查组、河南省博物馆登封工作站、河南省登封县文物保管所:《河南登封阳城遗址的调查与铸铁遗址的试掘》,《文物》1977年第12期;李京华:《东周阳城地下输水管道和贮水池的初步发掘》,《中原文物》1980年第1期。

器,陶文以阴文为主(阳文很少),以钤印者居多,大多施印于明显易见之处;陶文的内容,有官印,也有私印;“其时代包括春秋、战国、秦和汉代,而以战国时期为主”。据初步统计,陶文大多是一个字,最多的也仅有四个字。二至四字的有八种,可识的字共计 37 个。值得重视的是出土印有陶文“阳城仓器”的陶器有 13 件,其他还有以“阳城”为姓氏的陶文,在口沿上竖向钤印“阳城”阴文的字。上述陶器上的“阳城”与“阳城仓器”上的“阳城”二字很相似,亦属于战国时期,完整的战国的陶器,过去发现不多,这次发现既有明确的出土地点,又有地名的印证,这就为度量衡史的研究提供了重要资料。故李先登先生认为:“由于‘阳城仓器’‘阳城’等陶文的发现,最终而有力地确定了这次在告成镇东北发现的古代城址是春秋战国至汉代的阳城之所在,解决了多年来文献记载的分歧。”[①]

但在这里有一个问题应注意,上述阳城遗址,我认为是战国时期的阳城遗址,因为出土有战国时期的贮水管道,这一点是毫无疑问的。但有的学者似乎提出东周阳城应有春秋郑国和战国阳城之分[②]。这个意见我认为很正确,具有启发性。在告成镇东北发现的阳城遗址内主要为战国时期的遗存,加之出土印有“阳城仓器”铭文的战国陶器,证明此处应为战国韩国阳城。所以《史记·韩世家》:“文侯二年(公元前 385 年),伐郑,取阳城。”《史记·周本纪》:“(赧王)五十九年(公元前 265 年)秦取韩阳城、负黍。”因此,公元前 385 年至前 256 年之间,阳城原是韩地。这个结论可信。

20 世纪 70 年代,在河南省新郑“郑韩城”也曾发现一件“八年阳城令戈”,其铭文为:“八年,阳城命(令)□□工师(合文)□尚(?)冶趣?。”[③]已有学

① 李先登:《河南登封阳城遗址出土陶文简释》,《古文字研究》第七辑,中华书局,1982 年,第 218 页。
② 李京华:《行田、箕山、阳城考》,见《李京华文物考古论集》,中州古籍出版社,2006 年,第 69—72 页。
③ 郝本性:《新郑“郑韩故城”发现一批战国铜兵器》,《文物》1972 年第 10 期。

者考证应属“韩”[1]。

但1987年3月，在河南省登封县告成乡八方村，又发现一件阳城令戈[2]，这两件铜戈与何先生所讨论的“八年阳城令戈”的阳城应是一地，“均属韩国”[3]，我认为此看法有值得商榷之处。

在登封市告成镇八方村东部王城岗一带，发现有大量的春秋文化遗存，特别是近年来发现有春秋时期的大壕沟，为寻找春秋时代郑国阳城提供了重要资料。《史记·郑世家》《史记·韩世家》与《六国年表》都记载韩文侯二年，“韩伐郑，取阳城”，说明春秋时应有郑国阳城的记载。因此，徐旭生先生认为在《孟子》《竹书纪年》中亦有阳城的记载，告成镇古阳城应是一种最普遍的说法，为直接证实禹都阳城的存在找到了重要证据。

1995年，考古工作者在与八方村王城岗相对的颍河南岸的箕山北麓（属告成镇）袁窑村北的坡地上，发现了一处东周墓地，其中三号墓是一座春秋前期的中型墓葬。葬具为一椁二棺，单人葬，墓室下有腰坑，内埋一狗。墓内出土了大量铜礼器，有鼎5件，簋4件，方壶2件，以及甗、扁壶、盘、盒各1件。从其中2件铜鼎上的铭文来看，墓主人应是郑伯公子耳。[4] 值得注意的是，该墓地距八方村王城岗春秋遗址的直线距离约两千米，由此可以断定八方村王城岗可能是春秋时期阳城之所在。我们在这里结合1987年在河南登封县告成乡八方村又发现的一件阳城令戈来分析，两件令戈的铭文分别为：

八年，阳城（令）□□中，工师〔合文〕□尚（？），冶趣，（新郑出土）

六年，阳城（令）韩禾，工师〔合文〕□宪，冶？（？），（八方村出土）

这两件令戈铭文文字古朴、笔画工整，从款式上看与新郑郑韩故城发现

---

① 黄盛璋：《试论三晋兵器的国别和年代及相关问题》，《历史地理与考古论丛》，齐鲁书社，1982年，第89—99页。

② 马全：《河南登封县八方村出土五件铜戈》，《华夏考古》1991年第3期。

③ 何琳仪、焦智勤：《八年阳城金戈考》，《古文字研究》第26辑，中华书局，2006年，第213—215页。

④ 郑州市文物考古研究所、登封市文物局：《河南登封告成东周墓地三号墓》，《文物》2006年第4期。

的一批战国铜兵器字体略有不同。[①] 因此我认为这应是春秋郑国阳城的真实证据。最近又新发现的八年阳城令戈,同样应是春秋战国时郑国兵器。何琳仪先生认为把八方村出土的郑国兵器断定为韩国兵器欠妥,应为郑国阳城兵器,春秋战国时器物。[②]

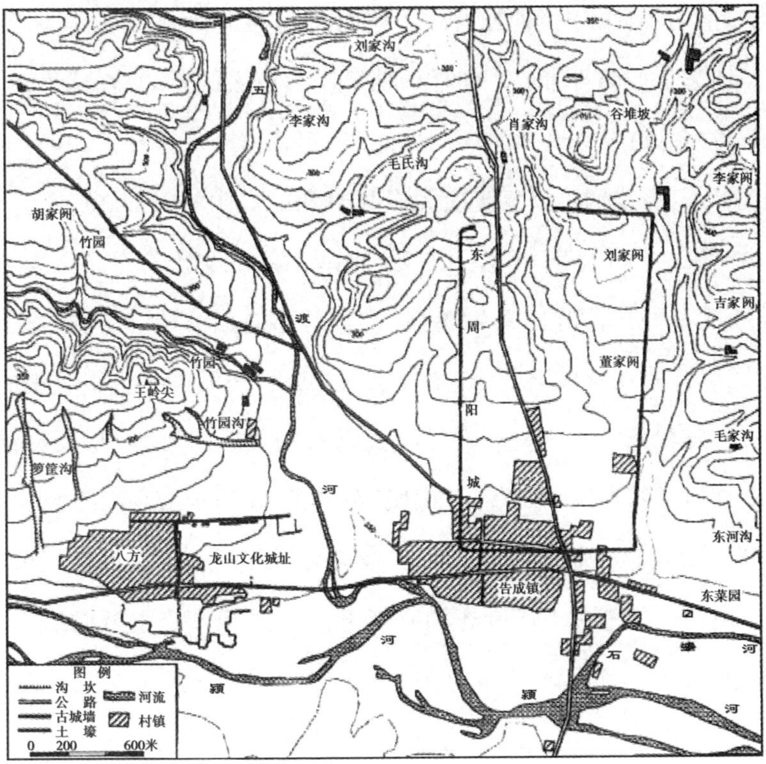


王城岗遗址与东周阳城遗址

〔引自北京大学考古文博学院、河南省文物考古研究所:《登封王城岗考古发现与研究》(下)〕

以上这些重要材料在最近北京大学考古文博学院、河南省文物考古研究所合编的《登封王城岗考古发现与研究(2002—2005)》一书中没有具体反映

① 郝本性:《新郑"郑韩故城"发现一批战国铜兵器》,《文物》1972 年第 10 期。

② 何琳仪、焦智勤:《八年阳城令戈考》,《古文字研究》第 26 辑,中华书局,2006 年,第 213—215 页。

出来,甚表遗憾。只是说:“联系到在此地新发现的大壕沟,是否为春秋郑国阳城的城壕呢?不过至今为止尚未发现春秋时期的夯土城壕,这也为春秋郑国阳城的确定蒙上了一层迷雾。”应该指出的是:“八方王城岗早期大壕沟(城壕)的发现和丰富的春秋文化遗存,以及袁窑春秋时期‘郑伯公子耳’墓的发现,似可以推定春秋郑国阳城的存在,同时可以推定其应距离‘郑伯公子耳’墓不远。八方王城岗一带或许就是春秋郑国阳城之所在。”①在这里作者留有余地没有肯定八方村为春秋时期阳城遗址,现在看来八方村王城岗一带虽然没有发现城墙,但我们可以肯定应为春秋时期的古阳城遗址之所在。至少有三条理由:第一,出土印有“阳城”铭文的铜戈;第二,出土有一条深大的壕沟;第三,出土大量的春秋时代文化遗存,尤其是郑伯公子耳的墓内。这三条证据,完全可以证实春秋古阳城,就在告成镇八方村王城岗。值得重视的是,在王城岗我们发现龙山文化晚期大城为禹都阳城,这一推测应是没有错误的。从另一个方面说明春秋时期郑国“阳城”的称谓,实质上应是源于“禹都阳城”之“阳城”。所以春秋郑国阳城的证实直接为禹都阳城确定提供了可靠有力的证据。现在一些考古工作者还期盼春秋时郑国阳城夯土城墙的发现和春秋时期阳城铭文之陶器。② 实际上用不着陶文与夯土城墙的发现来证实。因为“从八方王城岗春秋遗址以早期为多、晚期少见的情况看,告成镇东北的阳城的修筑当始于春秋晚期”③,这个论断是正确的,战国时期将阳城迁至告成镇东北的高岗处,可能是为了避水患,这完全是真实的,不需用更多的考古材料来证实,因为五渡河的水,已经把王城岗古城遗址冲毁一个口。在这里有

① 北京大学考古文博学院、河南省文物考古研究所:《登封王城岗考古发现与研究》(下),大象出版社,2005 年,第 794 页。

② 北京大学考古文博学院、河南省文物考古研究所:《登封王城岗考古发现与研究》(下),大象出版社,2005 年,第 794 页。

③ 北京大学考古文博学院、河南省文物考古研究所:《登封王城岗考古发现与研究》(下),大象出版社,2005 年,第 794 页。

学者从考古学角度进行证实考察,认为最近在濮阳高城遗址,发现了一座龙山文化晚期的古城,我们认为应是帝丘古城遗址,可是有人硬要把此城说成是禹都阳城的考古证据,我们要问:怎么能证实它就是禹都阳城的考古证据呢?还说"至于学者称它为颛顼所居的帝丘,也不与我们认濮阳为禹都阳城的说法冲突。如前所述,文献记载鲧、禹实为颛顼后裔,如称颛顼产鲧,鲧产文命,是为禹"(《大戴礼记·帝系》),或称夏后氏"祖颛顼而宗禹"(《礼记·祭法》),或称"颛顼五世而生鲧,鲧生高密,是为禹"(《世本·帝系》),或许是颛顼氏修建阳城在先,禹和夏后氏相接着又把它充作了自己的都城。[①] 从这里我们有两点值得深思:第一,今在濮阳高城遗址发现龙山文化晚期遗址,怎么能直接证实这就是禹都阳城的可靠考古实据呢?第二,在历史文献上怎样说明颛顼修建的阳城在先,禹和夏后氏相继把它作为自己的都城?没有任何根据怎么能使我们相信禹都阳城就在今河南濮阳呢?以上所说禹都登封阳城的考古证据,怎么能在河济之间的濮阳找到禹都阳城的有力证据呢?仅仅是根据一点文献进行推论,是绝对经不起历史考察的,因为它也不符合历史实际。

(本文作者为郑州大学历史学院教授)

① 沈长云:《夏族兴起于古河济之间的考古学考察》,《历史研究》2007 年第 6 期。

# “禹都阳城”的文化学的几点考察

王向辉

长期以来,对于禹建都阳城学术界并无太多异议。只是对阳城地望所在,学人众说纷纭,莫衷一是。如方酉生先生所总结的阳城目前共有五说:1.河南登封告成说;2.河南陈留浚仪说;3.山西濩泽县说;4.山西翼城说;5.河南濮阳说。[①]

经笔者仔细比勘先秦史料和考古发掘资料,综合研判,河南登封告成说最为合理。豫西地区是夏文化的主要分布地域,诚如登封告成说的提倡者徐旭生先生所说的“夏文化的中心地带现已经查明,就是分布在河南的龙山文化和二里头文化”[②],这一观点已经有数十年历史,因此学界同人论述者众,兹不赘述。让笔者感兴趣的是,禹选择河南登封阳城作为夏都在其文化学上的意义。综合来看,笔者以为,禹都阳城乃是因为阳城为天下之中,嵩山提供了

① 方酉生:《禹居阳城考辨》,《江汉考古》1998 年第 1 期,第 66—72 页;沈长云:《禹都阳城即濮阳说》,《中国史研究》1997 年第 2 期,第 11—18 页。

② 徐旭生:《夏史初曙》,《中国史研究》1979 年第 3 期。

古人山居的基础，阳城体现的是一种夏代先民太阳崇拜的文化情结，而颍水提供了恰到好处的生活水资源。而这一角度，是以往学术界较少关注的领域。因此特撰写此文予以简要论述。

## 一、阳城为天下之中

《论语·尧曰篇》第一章说：

尧曰："咨，尔舜！天之历数在尔躬，允执其中。四海困穷，天禄永终。"舜亦以命禹。

此章文句不甚连贯，前人曾经怀疑有阙文问题。而《尚书·大禹谟》中有舜帝对禹讲的一段话，与《论语·尧曰》的内容相似，但多出不少内容：

帝曰："来，禹！……天之历数在汝躬，汝终陟元后。人心惟危，道心惟微，惟精惟一，允执厥中。无稽之言勿听，弗询之谋毋庸。可爱非君？可畏非民？众非元后何戴？后非众罔与守邦。钦哉！慎乃有位，敬修其可愿。四海困穷，天禄永终……"

"允执其中"与"允执厥中"其实是一个意思。《清华简·保训》篇则有：

昔舜久作小人，亲耕于鬲（历）茅。恐，救（求）中。自诣（稽）厥志，不讳（违）于庶万眚（姓）之多欲，厥有施于上下远埶（迩），乃易立（位）埶（迩）诣（稽），测（则）阴阳之物，咸川（顺）不逆。舜既得中，言不易实变名，身兹备，惟允，翼翼不懈，用作三降之德。帝尧嘉之，用受厥绪。于呼！祗之哉！

《论语·尧曰篇》的"允执其中"，《尚书·大禹谟》的"人心惟危，道心惟微，惟精惟一，允执厥中"和《清华简·保训》的（求）中都是非常神秘的，这表达了先民对"中"的重视，李学勤先生曾敏锐地指出："现在看《保训》篇文，似乎尧舜以来确有'中'的传授。"（《光明日报》2009 年 4 月 13 日）

长期以来,我们以为这个“中”是表达君王的言行应该符合中正、中庸之道。其实也有不少学者谈到,“允执其中”的“中”当是个假借字,可以读为“众”;认为“求中”“得中”就是文献说的“执中”,可能表达“求众”“得众”的意思。在《礼记·大学》篇里就有“道得众则得国,失众则失国”一语,可以和“执中”互为发明,也就是要赢得群众。而要赢得群众,就要身处核心。但笔者以为,“允执其中”也许又包含着地理学上的含义,也就是说尧帝告诉舜帝,天命在你,你应该在地理上“天下之中”的地方去建国,这样可以让天下之民跟随你,只有民心所向的天下之核心地方,才是你治国的不拔之基。

“中”可能是测日影的立杆,“求中”即求大地之中,这是一种建国为之中央的心理因素。

夏禹建都阳城正体现了允执其中的观念,是强调天下之中的中央共主地位的,而只有“允执厥中”,才能“有恃无恐”。

为什么说阳城是天下之中呢?大禹为何会选择阳城这个今天并非一线城市的地方建国呢?其实,夏人的建都思想我们可以用周人的思维方式去推理,这是站得住脚的。

《逸周书·度邑》是记载周武王生前选择东都的原因的原始文献,学界公认其比较可信。文中提到了周人选择洛邑作为东都,就是接受了夏人的历史经验。文章说:

> 自洛汭延于伊汭,居阳无固,其有夏之居。我南望过于三涂,我北望过于有岳,丕顾瞻过于河,宛瞻于伊洛,无远天室。

周人以洛邑为根基,就是希望“宅兹中国,自之艾民”。笔者认为其中的“有夏之居”,应该就是今日的登封。夏人的天下之中,当是在阳城。《周礼·地官·大司徒》篇谈到过可能是周人确定“天下之中”地理的办法:

> 以土圭之法测土深,正日景以求地中。……日至之景尺有五寸,谓之地中。天地之所合也,四时之所交也,风雨之所会也,阴阳之所和也。

然则百物阜安,乃建王国焉。

在今天的河南登封古观象台就有唐朝时期修建的“周公测景台”石碑,可见周人是把日至之影,尺有五寸作为天下之中的判断标准。周人既然选择东都时自称“其有夏之居”,我们有理由认为夏人也具备这样的技术知识。

据科学家推测,从西周初期的周公到西汉末年的天文学家刘向,对日影问题的标尺、北极星的选取,使用的是HD107193恒星;而早于周公一千年的大禹,在确定天下之中时,则使用HD123299恒星作为北极星。《易通卦验》其中记载的日影晷长数据“冬至——晷长丈三尺,夏至——晷长一尺四寸八分”,科学家推论指出这组数据的测量年代估计在公元前2042年左右。众所周知,夏商周断代工程推定夏代的纪年开始于公元前2070年。[①] 如果我们确定2042年是夏启时代,则可能会发现,启是完全可能测算过这个《易通卦验》上的日影数据的。《左传·昭公四年》记载“夏启有钧台之享”,笔者以为,这次测算日影的活动就可能是钧台之享的举行时间。钧台就是天文台,而只有在建政等重大事宜上才可能去测算日影数据。

童书业先生曾经指出,钧台乃是天台,也就是最早的观象台。钧台就是天下之中的天台。我们把钧台之享和公元前2042年的这个科技数据结合来看,似乎可以证明夏人是有在天下之中——阳城(河南登封)建国的思维意识的。

有人可能觉得钧台之享在禹州的阳翟,阳翟和阳城不属于一个城市,因此学界有禹都阳城、启都阳翟的说法。笔者以为,这两者其实可以视为一个地方。清代学者洪颐煊就认为“或当日禹所都阳城本在阳翟”。两者皆在嵩山之南,相距30余里,皆可以阳城视之。

在阳城这天下之中,有什么样的吉祥可以呈现呢?《周礼·地官·大司

① 赵永恒:《周髀算经与阳城》,《中国科技史杂志》2009年第30卷第1期,第102—109页。

徒》给我们谈到了地中建都的风水学考量：

天地之所合也，四时之所交也，风雨之所会也，阴阳之所和也。然则百物阜安，乃建王国焉。

也就是符合天人合一、阴阳和谐的原则。

《史记·刘敬列传》在讲述刘敬劝汉高祖定都长安时谈到了在天下之中建都的利弊问题：

成王即位……乃营成周洛邑，以此为天下之中也。诸侯四方纳贡职，道里均矣。有德则易以王，无德则易以亡。凡居此者，欲令周务以德致人，不欲依阻险，令后世骄奢以虐民也。

在天下之中，有利的是“诸侯四方纳贡职，道里均矣”，而弊端在于，无险可以据守，是容易被外敌攻灭的四战之地。

笔者以为，夏禹都阳城，正是求其中，趋利避害，“欲令周务以德致人，不欲依阻险”，这一点充分体现了大禹的政治自信。

## 二、嵩山为依，无远天室

在远古神权观念之中，某方国部落兴盛之始，神灵便会降临他们住地附近的崇山之上。这见于《国语·周语上》的一段记载。内史过说：“昔夏之兴也，融降于崇山……商之兴也，梼杌次于丕山……周之兴也，鸑鷟鸣于岐山。”

这些神灵活动于山巅群峰之中的记载，反映了夏、商、周时期就存在的山岳崇拜。

《国语·周语上》也说“昔夏之兴也，融降于崇山”；《史记·夏本纪》索隐载《连山易》说“鲧封于崇”，所以《国语》中鲧也被称为“崇伯鲧”。《太平御览》卷三十九引韦昭注解说“崇、嵩古通用，夏都阳城，嵩山在焉”。嵩山，本作“崇山”，其本是以山为部族祖先神的宗室山。《说文解字注》：“崇，山大而高也……从山，宗声。”但其异体甚多，《周语》有“崇伯鲧”；《诗·大雅》有“崧高维岳”一语，“崧”为从山、松声的形声字；《礼记·孔子闲居》引之则作“嵩”。故段玉裁谓崧、嵩二形皆为“崇的异体字”（《说文解字注》“崇”下注）。实际上“崇”是从山从宗、宗亦声的会意兼形声字。崇山即“宗”山，亦即“冢”山。被称作天室的嵩山，其“嵩”字是“山高”连言的会意字，而在《中山经》中，“太室”“苦山”与“少室”均称“冢”也，这正好与先秦文献中太室（天室）山称为崇（嵩、崧）山相同，崇山就是冢山。可见其本义是夏代先祖神的宗室，也就是夏代先祖神群居的地方。

为什么大禹要建都阳城？就是因为阳城在嵩山之南，山南为阳。有嵩山，可以无远天室，得神灵庇佑，与上天沟通。

这种依山建国的思维由来已久，及至春秋战国时代，尚有“山岳则配天”的说法。《左传·庄公二十二年》记载卜人为陈完卜得“观”卦，爻变而为上乾下坤的“否”卦，卜人因此预言说陈氏“此其代陈有国乎？不在此，其在异国；非此其身，在其子孙”。为什么会有这样的预言呢？卜人解释说：

> 坤，土也；巽，风也；乾，天也。风为天于土上，山也。有山之材，而照之以天光，于是乎居土上，故曰“观国之光，利用宾于王”。……天地之美具焉，故曰“利用宾于王”。犹有观焉，故曰其在异国乎！风行而著于土，故曰其在异国乎！若在异国，必姜姓也。姜，大岳之后也。山岳则配天，物莫能两大。

卜人所得“观”卦上“巽”下“坤”，因第四爻变而为上“乾”下“坤”的“否”卦。坤代表土，巽代表风，乾代表天。但代表“天”的“乾”为什么会成为“山”并和大岳之后姜姓发生联系呢？这是因为“山岳则配天”，“乾”在“坤”上，即“天”在“土”上，山岳配天，就等于说“山”在“土”上；姜姓齐国是大岳山神之后，“风行而著于土”，故预言陈完之后必得齐国。

“山岳则配天”是与“天在山中”“自地以上皆天也”相一致的。

嵩山为什么被称作“天室”“大室”或直呼为“天”呢？古人认为“自地以上皆天也”，故可说“天在山中”。同样的道理，既可说雷来自天上，也可说雷来自山上。《易·大壮·象辞》说“雷在天上”，而《易·颐·象辞》则说“山下有雷”，《诗·召南·殷其雷》也说“殷其雷，在南山之阳……殷其雷，在南山之侧……殷其雷，在南山之下”；一般也说风云雨来自天上，“上天同云，雨雪雰雰”(《诗·信南山》)，而人们也说风云雨来自山上，“积土成山，风雨兴焉”(《荀子·劝学》)，“山川出云”(《礼记·孔子闲居》)，古人还认为山上有出风的“风穴”(《说文解字注》“风”字)。这些都印证了“自地以上皆天也”。

所以古人常把高山峻岭称作“天”。《荀子·儒效》说“至高谓之天，至下谓之地”，《史记·秦始皇本纪》集解引服虔谓封禅时在山上封土祭祀是“增天之高，归功于天”，这些都是把高山当作“天”来祭祀的。因此，高大的嵩山肯定是最著名的“天”，如《诗·大雅·嵩高》谓“嵩高为岳，骏极于天”。此谓嵩岳已高达天上，故周人把嵩山称作“天”“天室”，认为这个极高之处便是天神们休憩、居住的地方。我们以为，夏人也具备这样的认识。

《史记·封禅书》谓“太室，嵩高也”。甲骨文、金文中“天”“大”通用，而“太”又是“大”的后起衍化字，故“大室”“太室”即天室山、嵩山。

钱穆先生曾经在《中国古代山居考》指出，穴处即岩处，穴在岩旁，不在地下。孟子更是说“是故得乎丘民而为天子”，人民在古代也被称呼为山民。章太炎先生系统论述过“神权时代天子居山”，因此都城作为上古时代的政治、宗教中心，自然是离不开山的。可见禹都阳城，在嵩山之下，是有慎重的政治考量的。

从现实考古而言，在以洛阳平原为中心的嵩山周围一直分布有密集的远古文化。如距今七千年的裴李岗文化、五六千年的仰韶文化、四千年的河南龙山文化等；遗址遗迹更是灿若群星，如洛阳东干沟，偃师二里头、灰咀、高崖，巩义稍柴、小訾店，登封石羊关，禹州瓦店、北庄等，大概有20余处，都在登封王城岗附近。这些遗址无不印证了先民依山而居的思维。建都的阳城,自然是与神山毗邻相依的厚土福地。

## 三、阳城的太阳崇拜

《礼记·淄衣》引《汲冢古文》说禹都咸阳。阮元《校勘记》则引齐召南说阳城就是咸阳。其实这个“咸阳”,正说明了阳城的地理方位为山南水北,阳城的得名,有夏民族的太阳崇拜思维寓含其中。

《国语·周语》记载“夏之兴也,融降于崇山”。这个融,徐元诰《国语集解》认为就是祝融。而祝融是火神,为天帝的使者。所谓天帝,自然是太阳神。古书记载,庞杂万象,如果我们认为祝融是夏人的祖先,而矛盾的是夏人的祖先鲧是被祝融所诛杀的。这似乎不能调和。我个人以为,夏人其实是太阳崇拜,而鲧属于另一个部族。

我们不妨从“夏”之本字来简单讨论这一问题。

长期以来,学术界对“夏”有诸多说法,如中国之人说、昆虫说、夏牙说、夏舞说、农耕之人说、猴祖崇拜说、蝉说等,不一而足。刘夫德先生曾精辟指出,夏即“日向北来”,“夏”字金文作日旁一鸟形。其鸟应即“俊乌”之“俊”字所化。泉护村所出器物上一鸟载日图(也就是金乌负日)应即“夏”字的初文。《春秋考异邮》“黄帝将兴,有黄雀赤头立于日旁”,应即象征“夏”字。不过,这个“黄雀”应是附会“黄帝”而来,实应为载日的三足乌。

我们再看禹,《史记·夏本纪》引述《帝王世纪》记载:

> 父鲧妻修己,见流星贯昴,梦接意感,又吞神珠薏苡,胸坼而生禹。

不难理解,流星贯昴,事实就是太阳之神,禹大概是太阳之子。

禹都阳城,则明显就是太阳崇拜的“上帝之城”。笔者在文章《从西方宗教神学角度解读大禹时代》中论证过鲧、禹、启可能并非传统认为的真正的父子关系。因此诛杀鲧的祝融来到嵩山,被视为夏人兴起的标志,鲧的被杀则在于信奉太阳之神的禹掌握了权力,这是夏王朝建立的基础。

杨宝成先生曾经指出:从考古发掘看,王城岗遗址为东西并列,小城遗址的整体方向也是南偏东的,王城岗所发现的圆形祭祀坑,上面未发现建筑遗迹,因而不是建房的奠基遗迹,而应该是祭祀自然界的某种神灵。[①] 但可惜的是,先生并没有指出祭祀的是哪一种神灵,其实笔者以为这个神灵就是太阳神。太阳普照万物,为公平正义之神,也正与"允执其中"的核心观念一致。

长期以来,学界对河南登封说的质疑多是从尧、舜、禹三者的继承关系出发提出的。例如王玉哲先生说:"传说中的禹都阳城是否在河南登封,清代学者陈逢衡于其所著《竹书纪年集证》中早就提出了异议。他说尧、舜皆都河东,禹不应在河南,所以他主张禹所居之阳城应当也在河东,并认为这个说法是不能忽视的。"[②]又如张国硕先生也说:"豫西说支持者人多势众,论据也较充分,但殊不知,豫西说也不是无懈可击。一方面,夏禹曾接替尧、舜任部落联盟首领,而尧、舜二部落皆分布在晋南地区;另一方面,文献明载夏禹除都阳城外,又都安邑、平阳、晋阳等地,显然晋南地区也与夏族起源有一定关系。"[③]

这一疑问的产生,笔者以为是质疑者忽视了尧舜与鲧禹之间所发生的大事件,也就是大洪水。

鲧在中国神话中,其实就是怒触不周之山的共工。《淮南子》最早出现共工,言"共工与颛顼争为帝,怒而触不周之山,天柱绝,地维折,天倾西北"。童书业先生曾论证过共工就是鲧,鲧乃是共工的合音或者急音[④],这一看法孙作

① 杨宝成:《登封王城岗与禹都阳城》,《文物》1984 年第 2 期。
② 王玉哲:《夏文化研究中的几个问题》,《夏史论丛》,1985 年。
③ 张国硕:《夏商周三族起源研究述评》,《中国史研究动态》1996 年第 10 期,第 10—18 页。
④ 童书业:《鲧禹的传说》,《古史辨》七卷上,上海古籍出版社,1982 年。

云、杨宽、丁山先生也表示赞同。

鲧治水重划疆界,必然导致地势地理的改变。禹曾经在河东地区活动也是完全可能的,《帝王世纪》记载:“禹受禅都平阳,或在安邑,或在晋阳。”这应该是有一定依据的,大概禹在摄政时期主要活动在山西汾、浍流域,晋南运城大概属于他指挥治水的临时中央。

禹最终建都于阳城,正是禹继承舜的愿望,“允执其中”,从河东跑到登封,而阳城就是他开国立业之首都。

禹从晋南到登封阳城,传统说法是孟子所言的“舜荐禹于天,十有七年,舜崩,三年之丧毕,禹避舜之子于阳城,天下之民从之”,好像是颇为无奈的举动,其实我们以为禹避难于阳城,是具有远见卓识的。因为阳城具备太阳神属下上帝之城的意义。

## 四、在水一方

《国语》记载“伊洛竭而夏亡”,可见伊水、洛水对夏王朝都城建设的决定性因素。

登封阳城就是有丰沛水资源的城市。王城岗遗址位于五渡河的西岸、颍水的北岸。从西往东流淌的颍水和从北往南的五渡河在此汇合。颍水从王城岗遗址南面(山南水北为阳)向东南流动,途经禹州(阳翟)、许昌、周口进入安徽境内,又经界首、阜阳,在正阳关附近汇入淮河,与位于淮河北岸的涂山(怀远县东南)相距不远。

据学者考察,阳城与涂山有颍水可以贯通,大禹和涂山氏的故事,颇有君住颍水头、妾住颍水尾的意境。

大禹时代的大洪水使得文明毁灭,也使得部族从原有的低洼之地向高处迁徙,三代地理形势因大洪水而为之一变,大洪水带来毁灭,而温顺的河水又是人类文明的重要动因。

阳城南临颍水,又处于山间的盆地,不会受到大洪水的直接威胁,也不会发生缺水的困难。在此建都具有相对的科学性。

费正清对于水对中华文明的作用有深刻的体察,他曾经言道,就水的供应来说,华北在正常年份仅足以勉强维持,于是周期性的缺雨就易于产生旱灾饥馑。从水源来说,华南占据优势。但就土壤而论,华南相形之下就差些,因为不断有水渗过它那温暖的土地,把那些对于植物生长至关重要的矿物养分溶化冲走了。在这两种情况下,自然资源由人的不懈努力加以补充,而利用人的粪便不过是比较突出的一种形式。如果没有足够的粪便或相当的化肥施于土中,中国是没有一块土地可供养它今日这么多的人口的。在小块土地上花费大量人力并以人粪便为肥料,这一事实已经产生了它的社会影响,因为它使稠密的人口和精耕细作的土地相依为命,彼此缺一不可。人口的密集使精耕细作成为必要并给它提供条件。……大河泛滥,平原上的生活始终是艰辛的,那里的人们依靠自然,超过依靠他们的主动性。“生死在天”是中国的一句古话。在广阔的平原上,耐性的中国农民听任天气摆布,依靠天赐的阳光和雨露,他们不得不接受世代不绝的水、旱、饥、疫等天灾。

虽然这是一段宏观性的论述,但用之于颍水之上,也恰到好处。作为农耕文明的发源之地,颍水为夏都阳城的民众提供了生活便利,使得人民能够安居乐业,夏王朝的曙光才得以呈现。

大禹都阳城是各种因素的综合,河南登封作为中国最早的都城,它肇造有夏,是中国建都历史的第一次实践,因此有重要的历史意义和借鉴价值。

(本文作者为陕西师范大学《历史地理论丛》编辑)

# “禹都阳城”的考古学观察

张玉霞

禹都之所在，根据文献记载共有阳城、平阳、安邑、晋阳四说。平阳、安邑、晋阳三说皆出自晋人皇甫谧的《帝王世纪》，其时代较晚，可靠性不大。禹都阳城说则为先秦文献如古本《竹书纪年》、《世本》等所共述，我们认为是可靠的。关于禹都阳城的地望，自汉代以来，历代学者做了不少考证研究，有颍川阳城、阳翟、浚仪、泽州及唐城诸说。其中阳翟与浚仪说亦系晋人皇甫谧所创，时代较晚，可靠性不大。而泽州说出于南宋罗泌，唐城说系近代人丁山所创[①]，此二说亦不可靠。颍川阳城说，诸如《史记·夏本纪》集解引汉刘熙曰、《孟子·万章上》赵岐注、《国语·周语上》韦昭注以及《水经注》等，不仅时代较早，而且证据较多，也得到严耕望等史学家的论证支持[②]，因而是可靠的。

---

① 丁山：《由三代都邑论其民族文化》，《国立中央研究院历史语言研究所集刊》第五本第一分册，1935年。

② 严耕望：《夏代都居与二里头文化》，原载《大陆杂志》卷61，1980年第5期；见郑杰祥编：《夏文化论集》（下），文物出版社，2002年。

根据颍川阳城说,结合王城岗城址的地理位置与考古发现,“禹都阳城”的考古学观察便主要围绕王城岗城址的性质展开。

## 一、王城岗城址的考古发掘

王城岗城址有两次较大规模的考古发掘。首次是20世纪70年代后半期至80年代初,为探索夏文化进行的发掘,发现有东西并列的城址即王城岗小城与大城以及奠基坑等重要遗存,出版有发掘报告[①]。第二次是21世纪初,围绕国家“十五”重点科技攻关项目“中华文明探源工程——王城岗遗址的年代、布局及周围地区的聚落形态”课题所做的工作,发现了大城城墙、城壕和祭祀坑等遗存,报告也已经发表[②]。

## 二、关于王城岗性质讨论的基本情况

王城岗小城的发现,引起了学界的热切关注,国家文物局曾专门召开名为“河南登封告成遗址发掘现场会”的讨论会。以安金槐先生为首的一派主张王城岗古城很可能是夏初禹都之阳城,另外不少人则以城堡面积太小为主要理由对“禹都阳城”说提出质疑。夏鼐先生出席了这次会议,他在会议闭幕讲话中对王城岗龙山文化城址的性质未做明确的表态,但对东周阳城则认为“没有问题”,而且认为“它的发现为寻找禹都提供旁证和线索”。[③] 之后,学者

① 河南省文物研究所、中国历史博物馆考古部:《登封王城岗遗址的发掘》,《文物》1983年第3期;河南省文物研究所、中国历史博物馆考古部:《登封王城岗与阳城》,文物出版社,1992年。

② 方燕明:《河南登封王城岗遗址发现龙山晚期大型城址》,《中国文物报》2005年1月28日第1版;北京大学考古文博学院、河南省文物考古研究所:《河南登封市王城岗遗址2002、2004年发掘简报》,《考古》2006年第9期;北京大学考古文博学院、河南省文物考古研究所:《登封王城岗考古发现与研究(2002—2005)》,大象出版社,2007年。

③ 夏鼐:《谈谈探讨夏文化的几个问题》,《河南文博通讯》1978年第1期。

们就王城岗城址的规模、性质引发了观点对立的讨论，一些学者认为王城岗城址是禹都阳城，如安金槐先生等；一些学者则认为城的规模太小，不是禹都阳城，如杨宝成先生等；一些学者认为是夏部族建国之前的建筑，如马世之先生；有的学者认为是夏部族首领所作之城，如董琦先生。这一时期，限于资料，学者对很多问题未能充分展开探讨，尚不能形成确定的结论，基本就是两种意见：一种意见认为王城岗城堡"是夏代初期的重要城址"，并进一步认为它"是夏代阳城的可能性极大"；另一种意见认为"从其规模和性质来分析，王城岗遗址只是一座筑有防御设施的一般的聚落遗址，认为它是夏王朝政治、经济、文化中心的都城，是缺乏说服力的"。

王城岗大城的发现，使得王城岗为"禹都阳城"的观点有了进一步发展，发掘者认为王城岗小城为鲧所筑，王城岗大城为禹居阳城；有的学者推测"小城大约是鲧作之城和禹所避居的阳城，大城则应为夏建国后禹所都的阳城"，如马世之先生。有的学者则对"禹都阳城"的新观点提出质疑，如董琦先生；还有的学者认为王城岗遗址与禹都阳城无关，大城应为鲧都阳城，如程平山先生。

## 三、王城岗大城发现之前围绕小城性质的讨论

安金槐先生最早提出王城岗是禹都阳城，其理由为：(1)王城岗城址的文化内涵属于豫西文化类型，豫西龙山文化中期与晚期文化遗存有可能属于夏代文化范畴。因而这座城址可能属于夏代城址。(2)王城岗城址的年代距今四千二三百年，大体上是在夏代纪年的早期或接近早期。(3)王城岗城址的地理位置基本和有关文献记载夏代早期阳城的地望相吻合。王城岗的名字由来已久，王都所在地才称王城。(4)登封告成镇一带发现的东周到汉代时期的阳城遗址，也是确定夏代阳城遗址位置的重要凭证。"至于有人认为这

座城址的西城范围较小,城内面积不足一万平方米,不会是夏代的城址,更不会是夏代的阳城遗址,我们则认为王城岗西城的面积虽然不大,但它是东西并列的二城,东城已被五渡河冲毁,其面积大小已不可知。但从五渡河河床由东向西变迁了几百米来看,东城原来的面积可能比西城大些。若以文献记载与这一新发现的城址相结合起来予以研究,我们认为登封王城岗龙山文化中晚期城址,很有可能是夏代的阳城遗址。"[①]

随后出版的考古报告也持相同观点,认为王城岗城址的发现,对探索夏代文化是一个重大突破,主张王城岗小城很可能是夏代"禹都阳城"或"禹居阳城"的阳城遗址。[②]

杨宝成[③]、许顺湛[④]等针对报告中推测的论据逐一讨论,进而对此推测提出质疑。贾峨随后又撰文逐条批驳了杨宝成的行文依据,认为夏鼐先生的观点非常中肯。[⑤]

马世之[⑥]、董琦[⑦]、郑杰祥[⑧]等学者认为王城岗小城不大可能是阳城,但可以认为是夏部族建国之前的建筑或夏部族首领所作之城。

李伯谦、严文明、李先登等多位学者支持王城岗是禹都阳城的推测。李伯谦认为:文献上说"禹居阳城",没有说过"禹筑阳城",筑城在前,居城在后。王城岗"这座城堡在同时代出现的城堡中的确不能算大,但其所处的地理位

① 安金槐:《近年来河南夏商文化考古的新收获》,《文物》1983年第3期;《试论登封王城岗龙山文化城址与夏代阳城》,《中国考古学会第四次年会论文集》,文物出版社,1985年;《河南夏商周考古综述》,《华夏考古》1987年第1期。

② 河南省文物研究所、中国历史博物馆考古部:《登封王城岗与阳城》,文物出版社,1992年。

③ 杨宝成:《登封王城岗与"禹都阳城"》,《文物》1984年第2期。

④ 许顺湛:《登封王城岗小城堡质疑》,《中州学刊》1984年第4期。

⑤ 贾峨:《关于登封王城岗遗址几个问题的探讨》,《文物》1984年第11期。

⑥ 马世之:《河南淮阳平粱台龙山文化古城试析——兼论登封王城岗非夏都阳城》,《史前研究》1984年第2期;《王城岗遗址的再探讨》,《中原文物》1995年第3期。两篇文章持相同看法。

⑦ 董琦:《王城岗城堡遗址分析》,《文物》1984年第11期;《王城岗城堡遗址再分析》,《中国历史文物》2002年第3期。两篇文章持相同看法。

⑧ 郑杰祥:《关于王城岗城堡的性质问题》,《中州学刊》1986年第2期。

置十分重要,因为这正是先秦古籍中‘禹居阳城’的所在地,而且恰恰就在其东不远处发现了战国时期的阳城城址……我们不能排除禹受舜禅之前阳城已经存在的可能。如果允许作这种推测,那么将王城岗古城使用期的晚期遗存作为最早的夏代文化,便不无道理”[①]。李先登认为:“王城岗城址可能是‘禹都阳城’之所在,城址虽小,但具备了城垣与宫殿,其所以小,可能与当时忙于治水有关,即禹‘卑宫室而尽力乎沟洫’(《论语·泰伯》)。”[②]京浦[③]、严文明[④]、方酉生[⑤]、裴明相[⑥]从王城岗的地望、建造和毁弃年代诸方面论证,都认为王城岗为禹居阳城是有一定道理的。

## 四、王城岗大城发现之后关于王城岗城址性质的讨论

王城岗遗址在21世纪初发现大城之后,在论证小城与大城关系的基础上,“王城岗是禹都阳城”的观点有了进一步发展,即“王城岗小城有可能为‘鲧作城’,而王城岗大城有可能即是‘禹都阳城’”。

关于王城岗小城与大城的关系,方燕明指出:“以前我们面对1992年出版的《登封王城岗与阳城》考古报告中丰富的王城岗小城使用期即王城岗龙山文化第二期遗存时,对同样丰富的王城岗龙山文化第三、四期遗存不甚理解。因为当时我们认为王城岗龙山文化第三、四期遗存已是小城废弃以后的

① 李伯谦:《关于早期夏文化——从夏商周王朝更迭与考古学文化的变迁谈起》,《中原文物》2000年第1期。

② 李先登:《偃师尸乡沟商城与登封王城岗》,《史学月刊》1985年第3期;《夏文化与中国文明的起源》,《中原文物》2001年第3期。

③ 京浦:《禹居阳城与王城岗遗址》,《文物》1984年第2期。

④ 严文明:《重建早期中国的历史》,中华人民共和国科学技术部、国家文物局编:《早期中国——中华文明起源》,文物出版社,2009年。

⑤ 方酉生:《论登封告成王城岗遗址为禹都阳城说——兼与〈禹都阳城即濮阳说〉一文商榷》,《考古与文物》2001年第4期;《论禹都阳城为颍川阳城——兼与〈禹都阳城即濮阳说〉一文商榷》,《殷都学刊》2001年第4期。

⑥ 裴明相:《试论王城岗城堡和平粮台古城》,《华夏考古》1996年第2期。

堆积，为何与王城岗龙山文化第二期即小城使用期的遗存同样丰富？当我们发现王城岗大城并确定其年代是王城岗龙山文化第三期时，方能理解王城岗龙山文化第二、三、四期遗存之所以同样丰富，其原因当是这一时期有两座城即小城和大城存在并使用过。”在这种认识的基础上，关于王城岗城址大城的性质问题，方燕明认为：“在王城岗遗址新发现的大城，是目前河南境内发现的最大的河南龙山文化晚期城址，与其共存的祭祀坑、玉石琮和白陶器等重要遗存都说明王城岗遗址应为嵩山东南麓、颍河上中游重要的中心聚落之一。联系到历史上夏的鲧、禹、启的传说多集中在这一带，我们认为：王城岗小城有可能为‘鲧作城’，而王城岗大城有可能即是‘禹都阳城’。”①之后发表的发掘报告持相同观点。

这种观点得到了李伯谦的支持：“过去安金槐先生推测王城岗遗址可能即文献上所说‘禹都阳城’，因小城的面积过小，只有 1 万平方米而难以得到大家的认同，如今大城面积不仅超过小城几十倍，年代也比小城要晚，从而大大增加了其为‘禹都阳城’说的分量……以王城岗龙山晚期大城始建开始至二里头文化四期二里头遗址作为夏王朝晚期都邑废弃为止，以伊洛平原为中心的河南龙山文化和二里头文化俱为夏王朝时期的夏文化便成了有大量考古材料佐证、有碳 14 年代测年结果支持、考古材料和文献材料能相互印证的科学结论。”②

马世之的观点稍有不同，认为：“小城大约是鲧作之城和禹所避居的阳城，大城则应为夏建国后禹所都的阳城。”③杨肇清则认为大城和小城是同时

① 方燕明：《登封王城岗城址的年代及相关问题探讨》，《考古》2006 年第 9 期。《登封王城岗遗址聚落形态再考察》(《中原文物》2007 年第 5 期)《对〈三析王城岗城堡遗址〉相关问题的讨论》(《中国历史文物》2010 年第 5 期)也持相同观点。

② 李伯谦：《考古学文化的族属问题》，北京大学考古文博学院编《考古学研究(七)》，科学出版社，2008 年。

③ 马世之：《五帝时代的城址与中原早期文明》，《中州学刊》2006 年第 3 期；《登封王城岗城址与禹都阳城》，《中原文物》2008 年第 2 期。

期的建筑,小城是大城的一部分,推测小城原是大城内的宗庙建筑遗迹,小城内的奠基坑就是祭祀坑的遗存,王城岗的古城址应是禹居阳城或禹都阳城的遗存。[①]

董琦先后撰文两篇对此观点提出质疑。[②] 程平山也认为王城岗遗址与禹都阳城无关,从时代、地域与规模分析,认为王城岗大城应为鲧都阳城。[③] 实际上,禹都平阳,不都阳城,认为禹都平阳是陶寺遗址。[④]

(本文作者为河南省社会科学院历史与考古研究所副研究员)

---

① 杨肇清:《略论登封王城岗遗址大城与小城的关系及其性质》,《中原文物》2005 年第 2 期。

② 董琦:《三析王城岗城堡遗址》,《中国历史文物》2010 年第 2 期;《四析王城岗城堡遗址》,《中国历史文物》2010 年第 5 期。

③ 程平山:《登封王城岗遗址性质分析》,《考古与文物》2009 年第 5 期。

④ 程平山:《论陶寺古城的发展阶段与性质》,《江汉考古》2005 年第 3 期。

# “禹都阳城”考略

张玉霞

禹都之所在，根据文献记载共有阳城、平阳、安邑、晋阳四说。平阳、安邑、晋阳三说皆出自晋人皇甫谧《帝王世纪》，其时代较晚，可靠性不大。禹都阳城说则为先秦文献如古本《竹书纪年》、《世本》等所共述，我们认为是可靠的。关于禹都阳城的地望，自汉代以来，历代学者做了不少考证研究，有颍川阳城、阳翟、浚仪、泽州及唐城诸说。其中阳翟与浚仪说亦系晋人皇甫谧所创，时代较晚，可靠性不大。而泽州说出于南宋罗泌，唐城说系近代人丁山所创，此二说亦不可靠。颍川阳城说，诸如《史记·夏本纪》集解引汉刘熙曰、《孟子·万章上》赵岐注、《国语·周语上》韦昭注以及《水经注》等，不仅时代较早，而且证据较多，也得到严耕望等史学家的论证支持，因而是可靠的。

## 一、文献中的“禹都阳城”

传世文献中关于“禹都阳城”的记载众多。比较早且可靠的文献如《国语·周语》载:“昔夏之兴也,融降于崇山。”韦昭注:“崇,崇高山也。夏居阳城,崇高所近。”《太平御览》卷三十九“嵩山”条下也引韦昭注曰:“崇、嵩字古通用,夏都阳城,嵩山在焉。”《孟子·万章上》载:“禹避舜之子于阳城。”赵岐注:“阳城在嵩山下。”《史记·夏本纪》集解:“今颍川阳城是也。”《世本》亦云:“夏禹都阳城,避商君也。”《水经注·颍水下》:“颍水经其县故城南,昔禹避商均,伯益避启,并于此也,亦周公以土圭测日景处。”上述提到的夏居阳城、夏都阳城和禹都阳城,实际上都是“禹都阳城”的意思。

## 二、“禹都阳城”在河南登封的文献证据

《史记·封禅书》云:“昔三代之居,均在河洛之间。”是指三代之都均在河洛之间。嵩山周围是我国古代夏部族活动的主要地域,文献中也曾把夏部族的首领鲧和禹称为“崇伯鲧”和“崇禹”。上文的文献记载均可说明阳城在嵩山脚下。具体在嵩山脚下的什么地方呢?战国阳城或许可为“禹都阳城”所在提供线索。

战国阳城是春秋时郑国和战国时韩国的西面军事重镇之一,文献多有记载,如《史记·郑世家》:“郑君乙立……十一年,韩伐郑,取阳城。”《史记·韩世家》有:“文侯二年,伐郑,取阳城。”《六国年表》也有韩文侯二年(公元前385年)“伐郑,取阳城”。阳城之名经历汉、魏、晋、南北朝、隋无异,直到唐万岁登封元年(696年),才因为“将有事嵩山,改为告成县”[①]。战国阳城所在,文献多有记载,如《史记·夏本纪》正义引《括地志》:“阳城县在箕山北十三里”,“阳城县在嵩山南二十三里”。《汉书·地理志》载阳城在颍川郡。顾祖禹《读史方舆纪要·登封县》曰:“(登封)古阳城也。”记载最为详尽的是《水

① 《旧唐书·地理志》。

经注·颍水下》:"颍水经其县故城南,昔禹避商均,伯益避启,并于此也,亦周公以土圭测日景处。"

## 三、"禹都阳城"的其他说法不足为据

关于"禹都阳城"的地望,登封之外,还有河南开封,山西翼城、晋城等观点。

开封说如《太平御览》卷一五五:"《世本》又言夏后居阳城,本在大梁之南,于战国大梁魏都,今陈留浚仪是也。"陈留浚仪即在今开封市境内。这种说法也见《世本》宋衷注,详见张澍稡《世本集补注》。

山西冀城说如《左传·定公四年》:"分唐叔……命以唐诰而封于夏虚。"服虔曰:"大夏在汾浍之间。"《尚书地说》:"唐氏在大夏之墟。"《史记·晋世家》其正义引《括地志》:"故唐城在绛州翼城县西二十里,即尧裔子所封。"唐人以古唐在翼城,此阳城当晋唐叔所封之唐城。近人丁山说:"'成汤'在卜辞金文均作'成唐',易声字古或作唐,阳城故名,当曰唐城。……唐人谓唐城在翼城西者较确。"阳城故名唐城,本在浍河流域。古唐城即今山西翼城。

山西晋城说如《路史》卷二十二注:"乃泽之阳城。尧舜皆都河东北,不居河南。""泽之阳城"说阳城属于泽州(今山西晋城市),所指汉代濩泽县,唐以后改名阳城县,唐代以前并无阳城的名字。

这几种说法,虽各有所据,但是相对于登封说,论据都显得更为薄弱,也鲜有支持者。"禹都阳城"在河南登封仍是文献记载中论据最为充分的观点。

## 四、王城岗城址即为"禹都阳城"

王城岗城址有两次较大规模的考古发掘。首次是20世纪70年代后半期

和80年代初,为探索夏文化进行的发掘,发现有东西并列的城址即王城岗小城,以及奠基坑等重要遗存,发表有发掘报告。第二次是21世纪初,围绕国家“十五”重点科技攻关项目“中华文明探源工程——王城岗遗址的年代、布局及周围地区的聚落形态”课题所做的工作,发现了大城城墙、城壕和祭祀坑等遗存,报告也已经发表。

1.关于王城岗性质讨论的基本情况

王城岗小城发现时,就已经引起了学界的热切关注,国家文物局曾专门召开名为“河南登封告成遗址发掘现场会”的讨论会。以安金槐先生为首的一派主张王城岗古城很可能是夏初禹都之阳城,另外不少人则以城堡面积太小为主要理由对“禹都阳城”说提出质疑。夏鼐先生出席了这次会议,他在会议闭幕讲话中对王城岗龙山文化城址的性质未做明确的表态,但对东周阳城则认为“没有问题”,而且认为“它的发现为寻找禹都提供旁证和线索”。之后,学者们就王城岗城址的规模、性质引发观点对立的讨论,一些学者认为是禹都阳城,如安金槐先生等;一些学者则认为城的规模太小,不是禹都阳城,如杨宝成先生等;一些学者认为是夏部族建国之前的建筑,如马世之先生;有的学者认为是夏部族首领所作之城,如董琦先生。这一时期,限于资料,学者对很多问题未能充分展开探讨,尚不能形成确定的结论,基本就是两种意见:一种意见认为王城岗城堡“是夏代初期的重要城址”,并进一步认为它“是夏代阳城的可能性极大”;另一种意见认为“从其规模和性质来分析,王城岗遗址只是一座筑有防御设施的一般的聚落遗址,认为它是夏王朝政治、经济、文化中心的都城,是缺乏说服力的”。

王城岗大城的发现,使得王城岗为“禹都阳城”的观点有了进一步发展,发掘者认为王城岗小城为鲧所筑,王城岗大城为禹居阳城;有的学者推测“小城大约是鲧作之城和禹所避居的阳城,大城则应为夏建国后禹所都的阳城”,如马世之先生。有的学者则对“禹都阳城”的新观点提出质疑,如董琦先生;

还有的学者认为王城岗遗址与禹都阳城无关,大城应为鲧都阳城,如程平山先生。

2.王城岗大城发现之前围绕小城性质的讨论

安金槐先生最早提出王城岗是禹都阳城,其理由为:(1)王城岗城址的文化内涵属于豫西文化类型,豫西龙山文化中期与晚期文化遗存有可能属于夏代文化范畴。因而这座城址可能属于夏代城址。(2)王城岗城址的年代距今四千二三百年,大体上是在夏代纪年的早期或接近早期。(3)王城岗城址的地理位置基本和有关文献记载夏代早期阳城的地望相吻合。王城岗的名字由来已久,王都所在地才称王城。(4)登封告成镇一带发现的东周到汉代时期阳城遗址,也是确定夏代阳城遗址位置的重要凭证。"至于有人认为这座城址的西城范围较小,城内面积不足一万平方米,不会是夏代的城址,更不会是夏代的阳城遗址,我们则认为王城岗西城的面积虽然不大,但它是东西并列的二城,东城已被五渡河冲毁,其面积大小已不可知。但从五渡河河床由东向西变迁了几百米来看,东城原来的面积可能比西城大些。若以文献记载与这一新发现的城址相结合起来予以研究,我们认为登封王城岗龙山文化中晚期城址,很有可能是夏代的阳城遗址。"

随后出版的考古报告也持相同观点,认为王城岗城址的发现,对探索夏代文化是一个重大突破,主张王城岗小城很可能是夏代"禹都阳城"或"禹居阳城"的阳城遗址。

杨宝成、许顺湛等针对报告中推测的论据逐一讨论,进而对此推测提出质疑。贾峨随后又撰文逐条批驳了杨宝成的行文依据,认为夏鼐先生的观点非常中肯。

马世之、董琦、郑杰祥等学者认为王城岗小城不大可能是阳城,但可以认为是夏部族建国之前的建筑或夏部族首领所作之城。

李伯谦、严文明、李先登等多位学者支持王城岗是禹都阳城的推测。李伯谦认为:文献上说“禹居阳城”,没有说过“禹筑阳城”,筑城在前,居城在后。王城岗“这座城堡在同时代出现的城堡中的确不能算大,但其所处的地理位置十分重要,因为这正是先秦古籍中‘禹居阳城’的所在地,而且恰恰就在其东不远处发现了战国时期的阳城城址……我们不能排除禹受舜禅之前阳城已经存在的可能。如果允许作这种推测,那么将王城岗古城使用期的晚期遗存作为最早的夏代文化,便不无道理”。李先登认为:“王城岗城址可能是‘禹都阳城’之所在,城址虽小,但具备了城垣与宫殿,其所以小,可能与当时忙于治水有关,即‘禹卑宫室而尽力乎沟洫’(《论语·泰伯》)。”京浦、严文明、方酉生、裴明相从王城岗的地望、建造和毁弃年代诸方面论证,都认为王城岗为禹居阳城是有一定道理的。

3.王城岗大城发现之后关于王城岗城址性质的讨论

王城岗遗址在21世纪初发现大城之后,在论证小城与大城关系的基础上,“王城岗是禹都阳城”的观点有了进一步发展,即“王城岗小城有可能为‘鲧作城’,而王城岗大城有可能即是‘禹都阳城’”。

关于王城岗小城与大城的关系,方燕明指出:“以前我们面对1992年出版的《登封王城岗与阳城》考古报告中丰富的王城岗小城使用期即王城岗龙山文化第二期遗存时,对同样丰富的王城岗龙山文化第三、四期遗存不甚理解。因为当时我们认为王城岗龙山文化第三、四期遗存已是小城废弃以后的堆积,为何与王城岗龙山文化第二期即小城使用期的遗存同样丰富?当我们发现王城岗大城并确定其年代是王城岗龙山文化第三期时,方能理解王城岗龙山文化第二、三、四期遗存之所以同样丰富,其原因当是这一时期有两座城即小城和大城存在并使用过。”在这种认识的基础上,关于王城岗城址大城的性质问题,方燕明认为:“在王城岗遗址新发现的大城,是目前河南境内发现的最大的河南龙山文化晚期城址,与其共存的祭祀坑、玉石琮和白陶器等重要遗存都说明王城岗遗址应为嵩山东南麓、颍河上中游重要的中心聚落之一。联系到历史上夏的鲧、禹、启的传说多集中在这一带,我们认为,王城岗小城有可能为‘鲧作城’,而王城岗大城有可能即是‘禹都阳城’。”之后出版的发掘报告持相同观点。

这种观点得到了李伯谦的支持:“过去安金槐先生推测王城岗遗址可能即文献上所说‘禹都阳城’,因小城的面积过小,只有1万平方米而难以得到大家的认同,如今大城面积不仅超过小城几十倍,年代也比小城要晚,从而大大增加了其为‘禹都阳城’说的分量……以王城岗龙山文化晚期大城始建开始至二里头文化四期二里头遗址作为夏王朝晚期都邑废弃为止,以伊洛平原为中心的河南龙山文化和二里头文化俱为夏王朝时期的夏文化便成了有大量考古材料佐证、有碳14年代测年结果支持、考古材料和文献材料能相互印证的科学结论。”

马世之的观点稍有不同,认为:“小城大约是鲧作之城和禹所避居的阳城,大城则应为夏建国后禹所都的阳城。”杨肇清则认为大城和小城是同时期的建筑,小城是大城的一部分,推测小城原是大城内的宗庙建筑遗迹,小城内的奠基坑就是祭祀坑的遗存,王城岗的古城址应是禹居阳城或禹都阳城的遗存。

董琦先后撰文两篇对此观点提出质疑。程平山也认为王城岗遗址与禹都阳城无关,从时代、地域与规模分析,认为王城岗大城应为鲧都阳城。实际上,禹都平阳,不都阳城,认为禹都平阳是陶寺遗址。

综上所述,“禹都阳城”的说法有比较可靠的文献依据,“禹都阳城”在河南登封也得到了较多文献的印证,王城岗城址的考古发现引起了人们对于其性质的热切讨论,多数学者认为王城岗城址就是“禹都阳城”之所在。

(本文作者为河南省社会科学院历史与考古研究所副研究员)

# 大禹故里

# 大禹故里在登封

马世之

大禹是我国历史上杰出的治水英雄。诚如《左传·昭公元年》载刘定公言:“美哉禹功! 明德远矣。微禹,吾其鱼乎!”大禹又是中华民族的立国之祖,夏王朝的创始者,是我国古代历史上少数几位影响并改变中国历史进程的伟人。他所缔造的大禹文化,源远流长,博大精深,永远彪炳于中华史册之上。著名历史学家翦伯赞先生说过:“‘大禹文化’是中国五千年传统历史中最具空前绝后意义的篇章。”由于历史久远,文献阙载,千百年来,关于大禹之故里与故都,一直是学界争讼不已的问题。大禹故里何处寻? 史家有多种说法:一曰河南说,此说又可分为登封、洛阳、开封、濮阳、嵩县诸说。二曰四川说,此说又可分为北川、汶川、都江堰、茂县、理县、什邡诸说。三曰山东说,此说又可分为曹县、兰陵、禹城、莘县、蓬莱诸说。四曰陕西说,主张在陕北或关中大荔。五曰山西说,主张在山西汾水、浍水流域。六曰江苏说,主张在江苏连云港市东海县或赣榆区。七曰安徽说,主张在安徽蚌埠市怀远县。八曰甘肃说,主张在甘肃临夏市广河县和积石山县。九曰青海说,主张在青海民和县。十曰吉林说,主张在吉林集安市。其中影响最大的莫过于四川说与河南说。四川说主要是根据“禹生石纽”的传说。冯汉骥先生早在20世纪40年代就曾撰文云,“禹生石纽”是后起传说。最近蒙默先生在《“禹生石纽”续辨》中指出,“石纽”之名共有七地,“实际上都是没有根据的附会”。陈剩勇先生在《大禹出生地实考》中认为,有关禹生于石纽之说,“则当然是西北羌族的一支迁入四川之后附衍而来的小说家者言,非信史也”。下面我们再来剖析河南说,该说中最为引人关注的是登封说,大禹故里在登封的主要依据如下:

第一,禹是夏部族的首领,夏部族最早活动在河南登封附近的嵩山地区。《国语·周语上》说:“昔夏之兴也,融降于崇山。”崇山就是嵩山。禹的早期居住地和统治中心也在这里。史称“禹居阳城”“禹都阳城”,此阳城均在嵩山地区登封境内。如果这里不是他的故里,为什么他会长期居住于此呢?

第二,考古发现的登封王城岗龙山文化晚期城址,距今4000多年,与大禹时代相符,被学术界认为是夏代初年的“阳城”故址。该城址包括大、小二城。一般来说,小城为禹父鲧所作和禹居之城,大城为禹都之城,这为文献记载提供了考古依据。

第三,禹之父鲧,史称夏鲧或崇伯鲧。其活动地域在今嵩山地区。《国语·周语下》:“其在有虞,有崇伯鲧。”《左传·昭公七年》:“昔尧殛鲧于羽山,其神化为黄熊,以入于羽渊。”羽山与羽渊,均在河南嵩县境,距离登封甚近。禹之父既然活动于此,大禹的居住地不可能远离登封。

第四,禹之母族为有莘氏。《大戴礼记》载:“鲧娶于有莘氏之子,谓之女志氏,产文命。”《世本》云:“鲧娶有莘氏女,谓之女志,是生高密。”有莘氏的活动地域,在今河南伊水流域的嵩县、栾川、伊川一带,距离登封甚近。

第五,禹娶涂山。《史记·夏本纪》载:“禹曰:予取涂山。”又云:“夏后帝启,禹之子,其母涂山氏之女也。”涂山即三涂山,在今河南嵩县何村乡境内。禹之妻涂山氏女居此,便于就近同禹通婚。禹之故里应在附近一带。

第六,传说"禹生石纽"。登封市少室山东麓的马庄、尚庄、张庄、王庄、祖家庄,自古以来被称为"一溜石纽屯儿",即"嵩山石纽"。祖家庄大禹文化遗迹有石纽石、息壤岗、禹岭、姚沟、夏地、东军地、擂鼓石、竖碑石、禹王坛、禹王庙、高高山、少室阙、启母阙等。也可以从传说角度来补充文献记载之不足,说明除川北外,河南登封也有"石纽"存在。

第七,据《20世纪河南考古发现与研究》,龙山文化的煤山类型,是早期夏文化,它的历史阶段处在先夏时期到夏代之间。主要分布在河南省嵩山以南的颍河、汝河流域,南至平顶山,西至栾川,其东大致在京广铁路沿线。以颍河上游的登封、禹州和北汝河上游的汝州、汝阳为中心,也有人以"王城岗类型"命名。以此为标准来探讨夏文化,则四川的宝墩文化,以及其他地区的相关考古学文化,均与早期夏文化无关,大禹故里不可能远在四川、山东、陕西、山西、江苏、安徽、甘肃、青海或吉林等地,应于煤山或曰"王城岗类型"求之,河南登封自然在首选之列。

综上所述,通过对大禹故里诸说进行比较研究,可知登封说最具优势,因而可以初步认定大禹故里在河南登封。

(本文作者为河南省社会科学院研究员)

# 从石纽到阳城

## ——大禹故里故都浅析

马世之

大禹是我国历史上杰出的治水英雄、名垂千古的水利专家。诚如《左传·昭公元年》载刘定公言:“美哉禹功！明德远矣。微禹,吾其鱼乎!”大禹又是中华民族立国之祖,夏王朝的创始者,是我国古代历史上少数几位影响并改变中国历史进程的伟人。其丰功伟绩,可与天地共存、日月同辉。他所缔造的大禹文化,源远流长,博大精深,永远彪炳于中华史册之上。近代学者梁启超云:“大禹之事功,为物质上统一之基础;大禹之德性,为中国精神统一之基础。”著名历史学家翦伯赞说:“‘大禹文化’是中国五千年传统历史中最具空前绝后意义的篇章。”由于历史久远,文献阙载,千百年来,关于大禹之故里与故都,一直是学界争讼不已的问题。其中“禹生石纽”“禹都阳城”之说尤为引人关注,现就相关问题进行初步探索。

## 嵩山石纽千古存

夏部族以灵石为图腾,因而存在着“禹生石纽”的传说。至于石纽所在之地,过去一般主张在今四川岷江上游的川西地区。这一带是古羌人所在地,故而又有“大禹出西羌”之谓。禹生石纽或西羌的文献记载甚多。如《墨子闲诂·墨子后语》云:“禹产于碮石,启生于石。”《艺文类聚》卷六引《随巢子》也称:“禹产于碮石。”司马迁《史记·六国年表序》云:“禹兴于西羌。”裴骃《集解》引皇甫谧《帝王世纪》曰:“孟子称禹生石纽,西夷人也。”张守节《正义》云:“禹生于茂州汶川县,本冉駹国,皆西羌。”焦延寿《易林》云:“舜升大禹,石夷之野。”陆贾《新语》谓:“大禹出于西羌。”桓宽《盐铁论》说:“禹出西羌,文王生北夷。”扬雄《蜀王本纪》载:“禹本汶山郡广柔县人也,生于石纽。其地名痢儿畔。”后汉赵晔《吴越春秋》云:“禹家于西羌,地名石纽。”并说:“石纽在蜀西川。”《后汉书·郡国志》云:“大禹出西羌。”《三国志·秦宓传》载:“禹生石纽,今之汶山郡是也。”裴松之注引皇甫谧《帝王世纪》曰:“鲧纳有莘氏女曰志……生禹于石纽。”又引谯周《蜀本纪》曰:“禹本汶山广柔县人也,生于石纽,其地名刳儿坪。”晋人常璩《华阳国志》:佚文曰:“(禹生石纽)夷人营其地,方百里不敢居牧。有过,逃其野中,不敢追,云畏禹神,能藏三年;为人所得,则共原之,云禹神灵佑之。”《括地志》载:“茂州汶川县石纽山在县西七十三里。”《元和郡县图志》云:“禹本汶山广柔人,有石纽邑,禹所生处,今其地名刳儿畔。”《舆地广记》绵州石泉县:“有石纽山,禹所生也。”此外,2004 年 3 月,吉林省文物考古研究所三峡考古队在云阳县发掘出一通东汉熹平二年(173 年)巴郡朐忍令景云碑,碑文提到:“术禹石纽,汶川之会。”被认为是禹乡古代史料的新发现。这里需要指出的是汉晋之际广柔县的辖境甚广,应包括今北川、汶川和邻近的什邡诸县,它们均有以石纽命名的地方,并有禹生于此的相关传说。司马迁说“禹兴于西羌”，应当是根据羌民世代的传说而来的。汉代居于蜀地的羌民皆以禹为其始祖。著名历史学家徐仲舒先生指出：“夏民族就是后来的羌族。”[①]由此可知羌人与夏部族的关系。从上述记载看，早期文献一般只谈“禹生石纽”，主张“禹生石纽”在四川汶山的，汉代蜀人扬雄是首倡者，诚如周原孙先生所分析的那样：“自汉扬雄主张禹生四川汶山石纽后，随着时间的推移，有关大禹在蜀的记载越来越多。这些记载，有的是后儒凭空杜撰的，有的是将其他地方有关大禹的传说移入四川的，有的是窜改古籍牵强附会出来的。总之，扬雄后的诸儒你一笔我一笔，终于把禹生石纽的传说凑成了一部‘信史’。但是，只要我们把这部‘信史’按时代的先后顺序排列出来，就会清楚地看到，这部‘信史’是扬雄之后的人们‘层累地造成的’。所以，时代越向后退，记载也就越多越详，越使人无法相信。”[②]早在1938年，著名历史考古学家冯汉骥先生到岷江上游地区考察了羌族之后，撰文指出“禹生石纽”“根本为后起之附会，而无事实的根据”，并说：“‘禹兴于西羌’一语，即便有其事实之根据，充其量也不过说与禹之兴起有点关系而已。不过我们虽知，在秦汉以前，羌人的分布，是在河南西部，陕西南部，甘肃东南等地，与中原关系密迩……姜亦羌，而此等之羌并非指四川边徼之羌，实指邻近中原之羌而言。纵然说禹与羌有关系的话，亦不过指中原附近之羌人而言，不必远到四川边徼来找对象关系了。”[③]蒙默先生根据文献记载，在四川岷江上游找到了七处石纽，他说：“石纽之名共有七处，南北东西相距数千里，究竟以何处为是，则莫能定。因为古说禹之生地只有石纽一名，并未言其所在，故《孟子》《吴越春秋》《帝王世纪》《遁甲开山图荣氏注》《宋书·符瑞志》《通鉴外纪》等书皆只言石纽而不言其所在郡县，当是古说本来如此。由于禹有平

① 徐仲舒：《论尧舜禹禅让与父系家族私有制的发生和发展》，《四川大学学报》1958年第1期。
② 周原孙：《“禹生石纽”辨析》，《中国大禹文化》总第12期，2012年12月。
③ 冯汉骥：《禹生石纽辨》，《说文月刊》第4期合订本，1944年。

治水土之功,又为夏王朝奠基人,德高望重,普天之下,莫不景仰,于是禹庙之建遍于各地;而石纽之地又本无定所,好事之人乃得各选所宜,附会其生辰之迹,以示崇敬,故而产生七个石纽实际上都是没有根据的附会。”①上述所言均出自名家之口,证据确凿,信而有征。我们据此可以得出如下几点认识:一、禹生四川汶山石纽之说,是汉代扬雄之后人们“层累地造成的”;二、古说“禹生石纽”之地只有石纽一名,并未言其所在;三、“禹兴于西羌”只是说羌与禹的兴起可能有点关系,四川不是大禹生地,不必到这里寻找对象关系;四、四川境内的“石纽”共有七处,南北东西相距数千里,都是没有根据的附会。由此可知,四川境内的“禹生石纽”作为一种古老的传说是可以理解的,有其产生的背景和原因。约在 20 世纪 40 年代之初,著名学者闻宥先生专门到岷江沿线考察,他在写给顾颉刚先生的信中说:“我等此来沿途皆沿岷江东岸而行,高崖蔽日,绝壁摩天,狂风怒号,江流激吼,光景之奇,得未曾有。闻威州以上江水更急。在此自然环境之下,自宜产生若干民族英雄之传说,汶川一带夏禹故事之多正为当然之事。”②川西地区“禹生石纽”的传说正是在这样的背景下应运而生的。

“禹生石纽”既然不在蜀地,应于中原求之。长期以来,中原地区的河南登封,被誉为大禹故里,嵩山主峰少室山东麓的马庄、尚庄、张庄、王庄、左庄被称为“一溜石纽屯儿”。其中左庄原名祖家庄,相传为先祖大禹出生之地。在其村北息壤岗上,有一石纽,高约 1.5 米,宽 1 米。自古以来,被当地百姓视为灵石,石上有一条龙纹,相当灵验,附近百姓如果谁有病了,来到石前拜祭,并抚摸一下龙纹,病就好了。千百年来,一直是被人们顶礼膜拜的“神石”③。全国政协文教科卫体委副主任王全书先生著有《禹生石纽记》,文中提到:“嵩

① 蒙默:《“禹生石纽”续辨》,《蜀学》第四辑,巴蜀书社,2009 年。
② 顾颉刚:《论巴蜀和中原的关系》,四川人民出版社,1981 年,第 44 页。
③ 常松木:《禹生嵩山石纽考》,《炎黄天地》2012 年第 1 期。

高维岳,峻极于天。钟灵毓秀,代有圣贤。夏之兴也,祝融降于崇山。鲧腹生禹,开启文明史篇。生长于斯,家居于此,脉络清晰,影响深远。……禹生石纽,自古相传。《孟子》有言,《竹书》明载。石纽何在,中岳嵩山。少室之下,六村相连,一溜石纽屯儿,数千年相传。追本溯源,文命降诞。邑民感念,奉礼乡贤。祖家庄中,一石岿然,人称石纽,灵验非凡。"这里将石纽与大禹降生联系在一起,并且指出大禹"生长于斯,家居于此",是登封的"乡贤"。我们认为,这种说法是比较合理的。

登封祖家庄石纽

嵩山石纽虽然也属于传说,不过同岷江石纽相比,确实有一定的合理成分,比较接近历史真实。主要依据如下:

第一,禹是夏部族的首领,夏部族最早活动在河南登封附近的嵩山地区。《国语·周语》云:"昔夏之兴也,融降于崇山。"崇山就是嵩山。禹的早期居住地和统治中心皆在这里。这里存在的以"石纽"为代表的灵石崇拜,似应与大禹生地有关。

第二,禹之父鲧,史称夏鲧或崇伯鲧。其活动地域主要在嵩山地区。《国语·周语》云:"其在有虞,有崇伯鲧。"《左传·昭公七年》云:"昔尧殛鲧于羽山,其神化为黄熊,以入于羽渊。"羽山与羽渊,均在河南嵩县境内,距离登封甚近。禹之父既然活动于此,大禹的居住地不可能远离登封。

第三,禹之母族为有莘氏。《大戴礼记》载:“鲧娶于有莘氏之子,谓之女志氏,产文命。”《世本》云:“鲧娶有莘氏女,谓之女志,是生高密。”有莘氏的活动地域,在今河南伊水流域的嵩县、栾川、伊川一带,均距登封甚近。①

第四,禹娶涂山。涂山即三涂山,在今河南嵩县境内。何光岳先生说:“三涂山即在嵩县县城西南七里之地,位于伊水北岸,与古籍所载相合。这个三涂山,乃夏禹娶涂山氏之处。”②禹之妻涂山氏女居此,便于就近同禹通婚。禹之故里在距此不远的登封比较合理。

第五,从考古发现来看,河南龙山文化中晚期的煤山类型,或称“王城岗类型”,它的历史阶段处在先夏时期到夏代之间。主要分布在嵩山以南的颍河、汝河流域。南至平顶山,西到栾川,其东大致在京广铁路沿线,以颍河上游的登封、禹州和北汝河上游的汝州、汝阳为中心。③ 以此为标准来探讨夏文化,它同四川岷江上游地区的营盘山文化和稍晚的沙乌都遗址毫无关系,那里的石纽虽多,但均与禹无涉,只有嵩山石纽可以带来一点大禹故里的信息。

通过以上分析可以看出,以河南登封为中心的嵩山地区是早期夏文化的核心地带,“禹生石纽”的故事在这里广泛流传,以嵩山石纽为标志,表明大禹生于斯,长于斯,登封是大禹的故里。

## 禹都阳城在登封

阳城是大禹文化发展史上的又一座里程碑。由于夏王朝的奠基人和开国之君大禹最早建都于此,因而其颇受学术界的青睐,被誉为“中国历史第一

① 马世之:《中原古国历史与文化》,大象出版社,1998 年,第 163—167 页。
② 何光岳:《夏源流史》,江西教育出版社,1991 年,第 146—147 页。
③ 杨育彬、袁广阔主编:《20 世纪河南考古发现与研究》,中州古籍出版社,1997 年,第 237 页。

都”[①],或曰“华夏第一都”[②]。在中国古都史上它也占有极其崇高的地位。“禹都阳城”之语史不绝书。大禹所都的阳城究竟在何处,却是一个众说纷纭的问题。归纳起来,主要有如下诸说:一曰翼城说。《史记·晋世家》载:“武王崩,成王立,唐有乱,周公诛灭唐。”其正义引《括地志》云:“故唐城在绛州翼城县西二十里,即尧裔子所封。”丁山先生据此而论:“‘成汤’卜辞金文均作‘成唐’,易声字古或作唐例之,阳城故名,当曰唐城。……谓唐城在翼城西者为确。”[③]主张古之阳城在今山西翼城。二曰开封说。《太平御览》卷一五五载:“《世本》又言夏后居阳城,本在大梁之南,于战国大梁魏都,今陈留浚仪是也。”《通鉴地理通释》也说:“《世本》言,夏后居阳城,本在大梁之南,今陈留浚仪是也。”陈留现属开封市祥符区,因而此说可称为“开封说”,当代学者中有不少人持此观点。三曰晋城说。《路史》卷二十二注云,禹都阳城“乃泽之阳城,尧舜皆都河东北,不居河南”。泽州即汉代濩泽县,唐以后改名阳城县,即今山西晋城市。四曰韩城说。《世本·居篇》载:“禹都阳城,在大梁之南。”李宗俊先生据此认为,此大梁不是战国以后的魏都大梁,而是指禹治水所经的梁山,即今陕西韩城市境内的黄龙山。《国语·周语上》韦昭注:“夏居阳城,崇高所近。”此“崇高”可能就指黄龙山主峰或者华山。韩城古名夏阳,即取夏都阳城之意。[④] 五曰濮阳说。《战国策·齐策四》载苏秦对齐闵王语:“夫有宋则卫之阳城危,有淮北则楚之东国危。”司马相如《大人赋》云:“历唐尧于崇山兮,过虞舜于九疑。”沈长云先生认为此阳城系指卫都濮阳而言。阳城附近的崇山,为尧之葬地,在今山东鄄城县东南。古代洪水最易发生的地区是

---

① 刘白雪、常松木主编:《大禹与嵩山》,中州古籍出版社,2009年,第1页。

② 刘白雪、常松木主编:《大禹与嵩山》,中州古籍出版社,2009年,第7页。

③ 丁山:《由三代都邑论其民族文化》,《国立中央研究院历史语言研究所集刊》第五本第一分册,1935年。

④ 李宗俊:《禹都阳城考》,嵩山文明与中国早期王都研讨会暨中国古都学会2014年会论文,2014年10月。

河济之间的兖州,濮阳古属兖州,当是鲧禹族居住和治水的地域。并说:“由于河济地区日后屡遭洪水淹没,当地许多古代遗迹都被淤埋地下,以致使我们现在无法看到当年鲧所修建的这座濮阳古城的遗迹,但我们相信它的存在是无疑义的。”[①]六曰平舆说。张耀征、张留坡先生根据班固《汉书·地理志》的记述,认为汝南阳城在今河南平舆城西北四十里处,此即大禹之都。[②] 上述诸说虽然各有所据,但其引用的文献时代一般较晚,且多有附会之处,尤其是缺乏最新考古资料,因而得不到学界的认同。

除上述观点外,还有著名的河南登封说,该说认为有关史书提到的“禹都阳城”“禹居阳城”,其地大约均指登封而言。如《国语·周语上》载:“昔夏之兴也,融降于崇山。”韦昭注:“崇,崇高山也。夏居阳城,崇高所近。”又《太平御览》卷三九引韦昭注:“崇、嵩字古通用。夏都阳城,嵩山在焉。”古本《竹书纪年》载:“夏后氏,禹居阳城。”《汉书·地理志》颍川郡阳翟下,臣瓒曰:“《世本》禹都阳城,《汲郡古文》亦云居之。”《后汉书·郡国志》颍川郡阳翟下,李贤注引《汲冢书》曰:“禹都阳城。”《孟子·万章上》云:“禹避舜之子于阳城。”赵岐注:“阳城在嵩山下。”《史记·夏本纪》谓:“禹辞辟舜之子商均于阳城。”《集解》引刘熙曰:“今颍川阳城是也。”《水经·颍水注》载:“颍水出颍川阳城县西北少室山……其水东南经阳城西,石溜萦委,溯者五涉,故亦谓之五渡水,东南流入颍水。颍水经其县故城南。昔舜禅禹,禹避商均,伯益避启,并于此也。”《史记·五帝本纪》载:“禹亦乃让舜子。”其《正义》引《括地志》云:“禹居洛州阳城者,避商均,非时久居也。”《太平御览》卷八二载:“禹避舜之子商均于阳城。”《册府元龟》卷五“帝王部·创业一”载:“禹辞辟舜之子商均于阳城。”卷九“继统一”载:“益让帝禹之子启,而避居箕山之阳(注:阳字亦作阴)。”《通志》卷三上载:“禹避舜之子于阳城……益避禹之子启居于箕山之

① 沈长云:《禹都阳城即濮阳说》,《中国史研究》1997 年第 2 期。
② 张耀征、张留坡:《禹都阳城新考》,《天中学刊》2011 年第 6 期。

阴。”卷四一谓:“禹在阳城者,避商均之地而非都也。”《历代统计表·帝舜有虞氏》载:“五十载禹避于阳城。”《王启》谓:“二岁益避于箕山之阴。”顾祖禹《读史方舆纪要》卷四八“登封县”载:“古阳城也。禹避舜之子于阳城即此。《世本》言禹都阳城,误也。”《史记·夏本纪》载:“益让帝禹之子启,而辟居箕山之阳。”《集解》曰:“《孟子》‘阳’字作‘阴’。”《正义》引《括地志》云:“阳城县在箕山北十三里。”《左传·昭公四年》云:“四岳、三涂、阳城、太室、荆山、中南,九州之险也。”杜预注:“阳城山在阳城县东北。”清人阎若璩《四书释地》“阳城箕山之阴”条谓:“阳城,山名。汉颍川郡有阳城县,以山得名,洧水所出。唐武后改曰告成,后又曰阳邑。五代周省入登封。”章炳麟《神权时代居山说》云:“夏禹所居曰嵩山;夏都阳城,即嵩山所在;古无‘嵩’字,但以‘崇’字为之,故《周语》称鲧为崇伯鲧,《逸周书》称禹为崇禹。”其《检论·辨乐》亦云:“《世本》言禹都阳城,赵岐《孟子注》云:阳城在嵩山下,故因山以名其国。”根据上述记载,可知“阳城”本是山名,属于“九州之险”。《水经·洧水注》载:“洧水出河南密县西南马岭山。水出山下,亦言出颍川阳城山,山在阳城县之东北,盖马岭之统目焉。”阳城山又名马岭山或曰东岭山,位于古阳城县即今登封县告成镇东北。禹都之名“阳城”,源自该山之古称。此阳城位于嵩山之阳,箕山之阴以及颍水与五渡河之滨。汉代阳城县属颍川郡所辖,故称“颍川阳城”。唐代武则天改名告成,后来又叫阳邑,五代时后周省入登封,今为登封市告成镇。由此看来,大禹所都之阳城在河南登封是没有问题的。

同文献记载相吻合的是,在登封境内发现了夏代早期的城址,该城址位于嵩山南麓的告成镇西部,这里是豫中名川颍河流经登封中部的小型河谷盆地,海拔 270 米左右。城址雄踞于颍河与五渡河交汇处的岗坡上,东濒五渡河,南临颍河,南望箕山和大小熊山,西望嵩山之主峰少室山,北依太室山前的王岭尖,地理位置十分重要。有人把这一地区同西亚两河流域新月形地带相提并论,说它是古代世界农业起源的中心之一。

1975—1981年间，河南省博物馆文物工作队和中国历史博物馆考古部对王城岗遗址进行发掘，发现了龙山文化晚期小城城址，该城址是由东西并列的两座小城组成，两城隔一墙而连属，东城城垣大都遭到破坏，现在南城墙西段残长约30米，西城墙南段残长约65米。西城除东垣与东城共用外，北城墙东段和中段被西北部王岭尖下来的山洪冲毁，南城墙残长82.4米，其东端有一段长9.5米的缺口，似为城门设施。西城墙长92米，北城墙西段残长29米。整个小城城址的面积为1万多平方米。西城内的中西部发现有较为密集的夯土基址遗存。

2002年与2004年，北京大学考古文博学院与河南省文物考古研究所两次对王城岗遗址进行考古发掘，在小城西南部发现一座大城。大城平面略呈长方形，北城墙残长350米，复原后长600米。西城墙复原长度为580米，东城墙和南城墙复原后分别为580米和600米。复原后的城内总面积达34.8万平方米。城外有城壕环绕。城内发现多处面积大小不一的夯土基址，城内北部偏东处，有一座龙山文化晚期祭祀坑。在城壕和城内居住区内，浮选出龙山时代的粟、黍、稻和大豆等炭化粮食作物种子，说明当时人们已经开始由种植粟类作物的单一种植制度，逐渐转变为多种农作物种植制度，人类的食谱已趋多样化。城内还出土大批龙山时代的动物骨骼，经鉴定，认为当时已驯化了猪、狗、黄牛和绵羊，人类获取肉食资源的方式已经进入了开发型阶段。城内出土的器物中，有两件特别引人注目，一件是白陶鬶，另一件是玉石琮，均为高规格的龙山文化晚期遗物。①

关于王城岗城址的年代，发现大城城壕打破西小城城墙的地层关系，证明大城和小城并非同一时期，经碳14测定的年代数据显示，小城年代上限不早于公元前2200—前2130年，下限不晚于公元前2100—前2055年，其中值

---

① 北京大学考古文博学院、河南省文物考古研究所：《登封王城岗考古发现与研究（2002—2005）》，大象出版社，2007年。

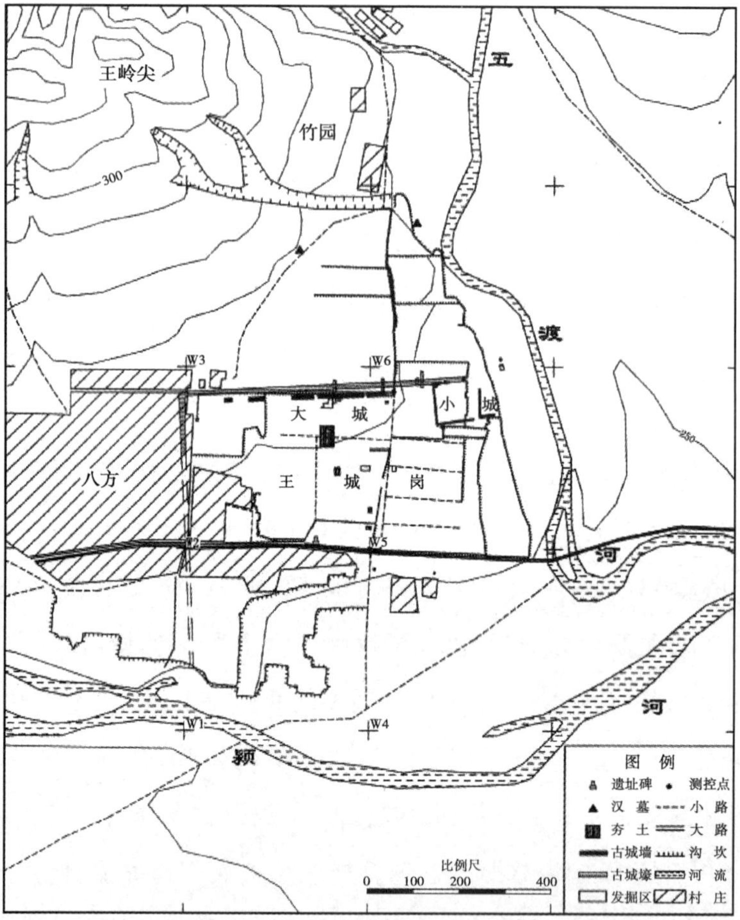


登封王城岗城址平面图

约为公元前2122年;大城的年代上限不晚于公元前2100—前2055年,或公元前2110—前2045年,下限不晚于公元前2070—前2030年或公元前2100—前2020年,其中值约为公元前2055年。[①] 夏商周断代工程专家组将夏代的始年定为公元前2070年,因而王城岗小城的绝对年代超出了夏代纪年,不可能是夏代城址。大城的年代与文献记载夏代之始年基本相符,可能与夏代早期都

① 李伯谦:《登封王城岗考古发现与研究(2002—2005)·序》,北京大学考古文博学院、河南省文物考古研究所编著,大象出版社,2007年。

城有关。20世纪90年代,考古工作者曾在告成镇北发现一座东周至汉代的城址,城内出土的战国豆、釜、量等陶器上印制有“阳城”和“阳城仓器”的篆书陶文戳记以及汉代筒瓦上印制有“阳城”的隶书陶文戳记,从而表明东周至汉代的阳城确实就在这里,结合有关文献记载,可知王城岗城址大约就是夏代初年的阳城。现在看来,王城岗小城为唐虞时代之城,是鲧所作之城,也是禹所避居的阳城,而王城岗大城则应为夏王朝之初都,是“禹都阳城”。

## 结语

“石纽”系指灵石而言,它是夏部族图腾崇拜的对象。“禹生石纽”说使大禹文化找到了源头。虽然这只是美丽动人的传说,却使人们相信禹生于石纽,于是乎“石纽”便成了大禹故里的象征。由于过去有些文献记载“石纽”在四川岷江上游,当地学者便宣传那里的大禹文化品牌,“具有唯一性、垄断性和震撼性”。还提出“西兴东渐”的观点,认为大禹文化,是先兴起于蜀地,然后才播迁到中原的。根据我们研究的结果,“禹生石纽”并不在四川境内,而是在河南登封祖家庄,这里不仅有大禹出生之传说,而且有历史文献与考古资料为佐证,蜀地石纽与大禹故事,大约是大禹文化由中原向西部地区传播的结果。所谓当地大禹文化的“唯一性”与“垄断性”,既有悖于历史,也是从来都不曾存在的。归根结底,嵩山石纽是大禹文化之源,大禹故里在河南登封。诚如周书灿先生所言:“河南嵩山一带的鲧禹传说为大禹文化的源,是真实的历史;其他各地的大禹传说均为流,是各民族不同时期重构、再构的历史文化。”①

阳城是一座历史悠久的古城,作为夏代早期之都,曾以“禹都阳城”说而

① 周书灿:《鲧之传说的地域分野与鲧生高密的历史地理学解析》,《人文杂志》2008年第6期。

彪炳千秋。中国古代叫“阳城”的地方很多,虽然它们也都打着“禹都”的旗号,实际上同大禹并没有关系,只不过是后人附会的结果,相比起来只有登封阳城才是大禹之都。

通过分析对比,我们知道“禹生石纽”与“禹都阳城”均在河南登封。这里为大禹故里所在,是大禹文化的发祥地;这里又是大禹故都所在,大禹文化以此为核心,呈向四方辐射之势,并在各地得到广泛发展。从“禹生石纽”到“禹都阳城”,可以窥见大禹文化起源与早期发展的演进轨迹。

(本文作者为河南省社会科学院研究员)

# 论大禹基业在嵩山

周昆叔　张国辉

2013年,笔者中周昆叔先生应《中国大禹文化》邀请为其刊题词,斟酌再三后挥就“始祖大禹基业在嵩山”,刊登在该刊同年9月号(总第5期)上。2015年7月,周先生再次应邀到登封参加“2015中国登封大禹文化研讨会”,他在会上作了《始祖大禹基业在嵩山》的报告,周先生报告题目中的“始祖”指建国始祖大禹。今撰写成文,以飨读者。

## 一、文献记载嵩山是禹族世居地

雷学淇校辑本《世本・帝系》曰:“黄帝生昌意,昌意生高阳,是为帝颛顼。……颛顼五世而生鲧,鲧生高密,是为禹。”张澍稡集补注本《世本・帝系》云:“颛顼六世而生禹……颛顼生鲧,鲧生高密,是为禹。”《史记・五帝本纪》曰:黄帝“娶于西陵之女,是为嫘祖。嫘祖为黄帝正妃,生二子,其后皆有天下:其一曰玄嚣……其二曰昌意,降居若水。昌意娶蜀山氏女,曰昌仆生高阳，高阳有圣德焉。黄帝崩，其孙昌意之子高阳立，是为帝颛顼也。……帝颛顼生子曰穷蝉。颛顼崩，而玄嚣之孙高辛立，是为帝喾。帝喾高辛者，黄帝之曾孙也。高辛父曰蟜极，蟜极父曰玄嚣，玄嚣父曰黄帝。……帝喾娶陈锋氏女，生放勋。娶娵訾氏女，生挚。帝喾崩，而挚代立。帝挚立，不善，而弟放勋立，是为帝尧。……尧崩……舜……践天子位焉，是为帝舜。虞舜者，名曰重华。重华父曰瞽叟，瞽叟父曰桥牛，桥牛父曰句望，句望父曰敬康，敬康父曰穷蝉，穷蝉父曰帝颛顼，颛顼父曰昌意。……十七年而崩……然后禹践天子位。……自黄帝至舜、禹，皆同姓而异其国号。"综上所述，《世本》《史记》关于黄帝至禹之间世系、帝系的记载基本一致，禹系黄帝后裔毫无疑问。

传世文献记载，黄帝曾长期活动于新郑一带。今本《竹书纪年》载黄帝"居有熊"，西汉焦延寿《焦氏易林》卷一指出："黄帝，有熊国君少典之子；有熊，即今河南新郑是也。"西晋皇甫谧《帝王世纪》进一步解说曰："有熊，今河南新郑是也，古有熊国，黄帝之所都。"《水经注》则曰："县故有熊氏之墟，黄帝之所都也，郑氏徙居之，故曰新郑矣。"这一观点为《续汉书·郡国志》刘昭注、《太平御览·州郡》、《通鉴外纪》卷一、《路史·后纪五》相继采用，迄至明清。2014年8月新郑市辛店镇许窑村发现的明万历四十一年《重修自然山寺佛殿》碑铭全文624字，两处提到"自然山寺者，世传轩辕黄帝驻跸处""自然之山，溱水经焉，龙盘虎踞，起自轩辕"。2007年2月新郑黄帝故里景区扩建时发现的清乾隆四十七年《重修玉帝殿记》碑铭曰："吾邑固黄帝之故墟也。"[①]此外，禹的父亲鲧也曾被封为崇伯，居住在嵩山。《史记》索隐引《连山易》说："鲧封于崇。"《国语·周语下》曰："其在有虞，有崇伯鲧。"又云："昔夏之兴也，融降于崇山。"韦昭注曰："崇，崇高山也。夏居阳城，崇高所近。"《太平御览》卷三九"嵩山"条下引韦昭注曰："崇、嵩字古通用，夏都阳城，嵩山在焉。"

① 杜平安、牛青山：《重修自然山寺佛殿碑铭石碑》，《古都郑州》2015年第1期。

王念孙《读书杂志·汉书杂志·崇高》说:“古无‘嵩’字,以‘崇’为之,故《说文》有‘崇’无‘嵩’。经传或作‘嵩’,或作‘崧’,皆是‘崇’之异文。”又,《逸周书·世俘》载:“乙卯,籥人奏《崇禹生开》三钟终,王定。”《尚书·舜典》:“伯禹作司空。”孔颖达疏引贾逵曰:“禹代鲧为崇伯。”《礼记·祭法》:“夏后氏亦禘黄帝而郊鲧,祖颛顼而宗禹。”可见,禹和其父鲧、先祖黄帝都曾长期在嵩山及其周围生活、经营,这些为禹日后成为部落首领(邦国之君)、部落联盟首领(天下共主),进而协和万邦、粗建王国政体,奠定了坚实的基础。可以说,嵩山及其周围是禹发迹的靠山和根据地,而《史记·夏本纪》“帝舜荐禹于天,为嗣。十七年而帝舜崩。禹辞辟舜之子商均于阳城。天下诸侯皆去商均而朝禹,禹于是遂即天子位,南面朝天下,国号曰夏后”更侧证了这一史实。

## 二、考古证实禹都阳城在嵩山

1975—1981 年河南省文化局文物工作队在告成镇王城岗发掘龙山文化二期小城一座,面积约 1 万平方米。2002—2005 年北京大学考古文博学院、河南省文物考古研究所在王城岗遗址内新发现一座规模庞大的河南龙山文化晚期城址,面积为 34.8 万平方米。

根据各自地层叠压关系,大城和小城都属于河南龙山文化晚期,小城略早于大城,东城又略早于西城。经碳 14 测定的年代数据显示,王城岗龙山文化小城的年代,上限不早于公元前 2200—前 2130 年,下限不晚于公元前 2100—前 2055 年,其中值约为公元前 2122 年;大城城墙年代,上限不晚于公元前 2100—前 2055 年或公元前 2110—前 2045 年,下限不晚于公元前 2070—

前2030年或公元前2100—前2020年,其中值约为公元前2055年。[①]

李伯谦先生在《登封王城岗考古发现与研究(2002—2005)》序言里说:"根据地望、年代、等级与二里头文化关系,以及'禹都阳城'等有关文献记载的综合研究。王城岗龙山文化晚期大城应即'禹都阳城'之阳城,东周阳城当以'禹都阳城'即在附近而得名,而早于大城的王城岗龙山文化晚期小城则可能是传为禹父的鲧所建造,从而为夏文化找到了一个起始点。"[②]

## 三、地名学佐证大禹王业在嵩山

我国古老历史中地名学是重要的组成内容。不论国、省、区、县、乡、镇、村、自然村、街、巷(胡同)名称均有其来源,绝大多数要么是该处人史、事史、地理特征的反映,要么是人地关系的共同反映,因此,我国地方名称有重要的史料价值,其价值源于地名是社会史或社会与自然的记录,故我们研究一个地方,或研究某个地方某个问题,要注重溯源该处地名的缘由。

河南省登封市告成镇王城岗,不论从文献还是考古方面都认为是"禹都阳城",而此处历来就叫王城岗,这个"王城"必有所指,现在看来应是对禹王业绩的一个记载与纪念。若考虑濒王城岗的嵩山低丘王岭尖,其得名也应与王城岗同样——是对禹王业绩的反映,区别只是王城岗是禹都王城于黄土岗地上,而王岭尖是禹都王城依靠的尖形低丘(图1)。我国先民选择居址有依山傍水的特点,王城岗依王岭尖,面颍水和五渡水,此与先民选址的地望吻合。

王城岗、王岭尖同出一地,且都反映出禹王都城所处地理与人文环境,故

① 河南省文物研究所、中国历史博物馆考古部:《登封王城岗与阳城》,文物出版社,1992年。北京大学考古文博学院、河南省文物考古研究所:《登封王城岗考古发现与研究(2002—2005)》,大象出版社,2007年。

② 北京大学考古文博学院、河南省文物考古研究所:《登封王城岗考古发现与研究(2002—2005)·序》,大象出版社,2007年。

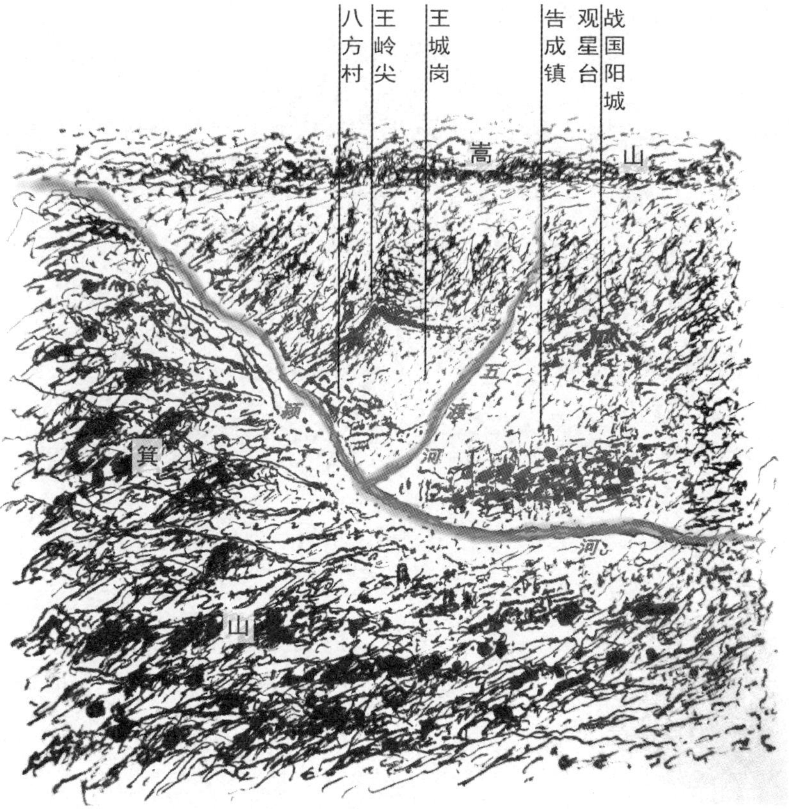


图 1　登封市告成镇王城岗遗址山川形势图

我们认为王城岗、王岭尖地名与文献、考古一样都有“禹都阳城”的史料价值。若果如此，那么“禹都阳城”于登封市告成镇王城岗就有文献学、考古学与地名学的三重证据了。

## 小结

综上所述，文献学、考古学、地名学均证王城岗遗址为“禹都阳城”。大禹及其父鲧、先祖黄帝都曾长期活动在嵩山及其周边地区，嵩山一带是他们部落世代居住的地方。夏禹在这里成长，并因治水实现集权，成为万邦之君，加速了原始社会向阶级社会的过渡。

（本文作者分别为中国科学院地质与地球物理研究所研究员，郑州嵩山文明研究院研究员）

# 大禹故里研究

李玉洁

大禹是我国家喻户晓的治水英雄、夏王朝的开国国王。关于大禹有很多的传说。《史记·夏本纪》云:“禹者,黄帝之玄孙而帝颛顼之孙也。”大禹的父亲鲧因治水不成,被帝舜殛死于羽山。舜命禹接替其父治水。《韩非子·五蠹》云:大禹“身执耒臿以为民先;股无胈,胫不生毛,虽臣虏之劳不苦于此矣”。大禹治水,三过家门而不入,终于治服了洪水,成为我国万世敬仰的英雄。但是大禹出生何处,古来众说纷纭。

## 一、关于大禹出生地望的说法

大禹出生何处的问题,学术界自古就有很大的争论。由于古史不详,又加上很多神话色彩,所以关于大禹的出生地,学术界有多种说法。

1.绍兴说

《史记·夏本纪》云:“帝禹东巡狩至于会稽而崩。”汉赵煜《吴越春秋·越王无余外传》载:“启使使以岁时春秋而祭禹以越,立宗庙于南山之上。禹以下六世而得帝少康。少康恐禹祭之绝祀,乃封其庶子于越,号曰无余。余始受封,人民山居。虽有鸟田之利,租贡才给宗庙祭祀之费;乃复随陵陆而耕种,或逐禽鹿而给食。无余质朴,不设宫室之饰,从民所居,春秋祠禹墓于会稽。……禹祀断绝十有余岁。”注引:“《地理志》山上有禹井、禹祠,相传下有群鸟耘田也。《水经注》鸟为之耘,春拔草根,秋啄其秽。”《史记·始皇本纪》:公元前210年,“始皇三十七年十月癸丑……上会稽,祭大禹”。《竹书纪年》:禹“八年春,会诸侯于会稽”。《吴越春秋·越王无余外传》:禹“即天子之位,三载考功,五年政定,周行天下,归还大越,登茅山”。南山、茅山,皆指的是绍兴会稽山。

这些记载皆只说是大禹之死,并没有说大禹的故里;更重要的是关于“山居”“鸟田之利”“鸟为之耘,春拔草根,秋啄其秽”的记载,说明会稽还处于非常原始的状况,而不像《尚书·禹贡》所记载的“九州”,把土地分类,对土地的性质进行研究。生长在这样环境中的部族是不会到中原地区争夺国家权力的。

绍兴说当与商汤灭夏之后,夏人的一支南迁有关。《史记·越王勾践世家》云:“越王勾践,其先禹之苗裔,而夏后帝少康之庶子也,封于会稽,以奉守禹之祀。”南迁至绍兴会稽的这支夏人,他们怀着对先祖的崇拜之情,渴求先祖的庇护,在迁徙之地建立禹井、禹祠、禹陵等以对先祖祭祀和膜拜,是完全可以理解的。

2.西羌说

西羌说是学术界很多人认同的说法。大禹出生在西羌(今四川省茂汶一带)。《吴越春秋》卷六云:“鲧娶于有莘氏之女,名曰女嬉,年壮未孳,嬉于砥山,得薏苡而吞之,意若为人所感,因而妊孕,剖胁而产高密。家于西羌,地曰石纽。石纽在蜀西川也。”注曰:“《世本》曰:鲧娶有辛氏女,谓之女志,是生高密。宋忠曰:高密,禹所封国。《世纪》曰:鲧妻修己见流星贯昴,梦接意感,又吞神珠薏苡而生禹,名文命,字密。《史记》以文命为禹之名。孔安国谓禹为名。张晏谓禹为字,今并存之。"在茂州石泉县,其地有禹庙。郡人相传禹以六月六日生。《元和郡县图志》:"禹本汶山广柔人,有石纽邑,禹所生处。"《水经注》:"县有石纽乡,禹所生也。广柔,即今石泉军。"

明曹学佺《蜀中广记·名胜记·川西道》云:"《郡国志》云:石纽山今在石泉县南。《帝王世纪》以为鲧纳有莘氏,胸臆坼而生禹于石纽,郡人以禹六月六日生。"

《绎史》卷十一《禹平水土》引:"《帝王世纪》伯禹夏后氏,姒姓也。父鲧妻修己见流星贯昴,梦接意感,又吞神珠薏苡,胸坼而生禹于石坳。虎鼻大口,两耳参漏,首戴钩钤。胸有玉斗足文履巳,故名文命,字高密,身长九尺二寸,长于西羌。西羌,夷人也。"

《绎史·禹平水土》引:"《遁甲开山图》古有大禹,女娲十九代孙,寿三百六十岁,入九嶷山,仙飞去,后三千六百岁,尧理天下,洪水既甚,人民垫溺。大禹念之,乃化生于石纽山泉,女狄暮汲水得石子如珠,爱而吞之有娠,十四月生子。及长,能知泉源,代父鲧理洪水。尧帝知其功,如古大禹知水源,乃赐号禹。"

《皇王大纪·五帝纪》云:"鲧之妻,有莘氏女曰修纪。感流星之祥,生子禹于石纽。长于西羌,师于大成挚,学于西王国,伤先人之非度,将釐改制量,乃潜心图书,南游衡山,东登宛委,见石匮发之,得金简玉字,洪范九畴;究天地之理,知万物之性。舜荐禹为司空,往平水土。"

笔者认为,鲧和大禹活动的地望和治水的地域在今黄河流域(后面将详述),大禹不可能出生在西羌。

3.山西说

《左传·定公四年》:"分唐叔以大路、密须之鼓、阙巩、沽洗、怀姓九宗,职官五正,命以唐诰而封于夏虚,启以夏政。”古代帝王之都的遗址称“虚”。杜预注“夏虚大夏,今太原晋阳也。亦因夏风俗,开用其政。”又《史记·吴太伯世家》:“武王克殷,求太伯、仲雍之后……乃封周章弟虞仲于周之北故夏虚。”《集解》引徐广曰:“在河东大阳县。”《索隐》云:“夏都安邑。虞仲都大阳之虞城,在安邑南,故曰夏虚。”“夏虚”就是夏后禹早期的都城和活动的地方。夏后禹即位为天子之后,仍居于帝尧、帝舜的故都,即晋南之地,故这里又称为山西夏虚。夏墟在今山西夏县一带,夏王朝初曾都于此。

夏王朝稳定之后,为了避开帝舜的影响,又迁至今豫西的伊洛河流域。《逸周书·度邑解》:“自洛汭延于伊汭,居易无固,其有夏之居。”“有夏之居”在河南洛阳的伊、洛二水之间。《汉书·地理志·颍川郡》载:“阳翟,夏禹国。”阳翟,今河南省禹州市。阳翟是夏王朝的后期都城。

## 二、从鲧活动的地域看大禹故里

鲧是大禹的父亲,鲧活动的地域应该与大禹的故里有关。崇伯鲧主要活动在今河南、山西、山东一带。

宋王应麟《通鉴地理通释·历代都邑考》“夏都”条下云:“《世纪》鲧封崇伯国,在秦晋之间。”大禹的父亲崇伯鲧的崇伯国在秦晋之间,许多学者认为“崇”,就是今河南省西部的嵩山。崇,古文通“崈”,曾名“外方”山,即今河南省嵩山。《尚书·禹贡》云:“熊耳、外方、桐柏,至于陪尾。”明胡广等《书经大全·夏书·禹贡》卷三释曰:“外方,地志颍川郡崈高县有崈高山。古文以为外方,在今西京登封县也。崈,音崇。”元陈师凯《书蔡氏传旁通》卷二《禹贡》云:“颍川郡崈高县有崈高山,古文以为外方。地志云是为中岳,有太室、少室山庙。崈,古崇字。西京登封县,今河南府路登封县嵩高山也。”

《东观汉记·帝纪三》记载:东汉孝灵帝“使中郎将堂溪典请雨,因上言复崇高山为嵩高山"。《后汉书·孝灵帝纪》记载:孝灵帝熹平"五年夏四月癸亥,大赦天下。益州郡夷叛,太守李颙讨平之。复崇高山,名为嵩高山"。唐章怀太子李贤注:"前书武帝祠中岳,改嵩高为崇高。"

由以上记载可以看出,崇伯鲧之"崇"地,指的是今河南省的嵩山。

今本《竹书纪年》卷上云:(帝颛顼高阳氏)"三十年,帝产伯鲧,居天穆之阳。"《山海经·大荒西经》云:"西南海之外,赤水之南,流沙之西,有人珥两青蛇,乘两龙,名曰夏后开。开上三嫔于天,得《九辩》与《九歌》以下,此天穆之野,高二千仞。开焉得始歌《九招》。"郭璞曰:《竹书》曰:"颛顼产伯鲧,是维若阳,居天穆之阳"也。

今本《竹书纪年》和《山海经·大荒西经》说伯鲧在"天穆之阳"或者"天穆之野",今已不知其确指何处,当是鲧兴起的地方豫西嵩山一带。

鲧是一个治水的部族。《史记·五帝本纪》记载:帝尧时期,"汤汤洪水滔天,浩浩怀山襄陵,下民其忧"。鲧作为一个管理土木建设、治理水患的部族领袖,带领他的部族前去治理水患。后世在黄河北岸还遗留许多鲧堤。宋朱熹编《二程遗书》卷一五云:"河北只见鲧堤,无禹堤。鲧堙洪水,故无功。禹则导之而已。"清人朱鹤龄《禹贡长笺》卷一云:"今河北多有鲧堤,太原、岳阳,帝都所在,鲧必极意崇防。"

《太平寰宇记·河北道四·相州》云:"(安阳县)鲧堤,尧臣禹之父所筑,以捍孟门,今谓三刃城是也。"《大清一统志·彰德府二》云:"鲧堤在府城东。"《河南通志·古迹上》云:"鲧堤在内黄县,高一丈六尺,厚二丈五尺。"

《太平寰宇记·河北道六·澶州》云:"鲧堤在县(清丰县)西一十五里,自黎阳入界,尧命鲧治水,筑堤无功,其堤即所筑也。"《太平寰宇记·河北道七·贝州》云:"鲧堤在县(清河县)西三十里。自宗城县来,鲧治水时筑。"《大清一统志·济南府二》云:"鲧堤在德平县西南二十五里,相传伯鲧所筑,十余里。县志土河两岸,旧有堤甚高广。明嘉靖间,土人沿堤垦种,遂尽平之。每夏涝无以捍水,为秋成害。"

鲧被殛于羽山。羽山在何处呢?《左传·昭公七年》杜预注:"羽山在东海祝其县西南。"祝其县,在今连云港市赣榆区内。

但亦有说法认为,鲧所被殛死的羽山在今山东省的蓬莱市一带。《太平寰宇记·河南道二十·登州》云:"(蓬莱县)鲧城在县南六十里。古老相传云:是魏将田豫领兵御吴将周贺筑之。盖近殛鲧之地,因名。"

无论鲧被殛于羽山,是在今连云港市赣榆区内,或是在山东省的蓬莱市一带,总之是在东方的海边。

由以上记载可知,鲧的治水活动也是在今河南、河北、山东地区。鲧之子大禹的故里当然在黄河流域。

## 三、从大禹治水地域看其故里

大禹长成之后,接替其父治水,与鲧一样也在黄河流域治理洪水。

大禹的父亲鲧因治水不成而被诛杀,但鲧部族是一个有治水经验和能力的部族。舜处死了鲧,但洪水并没有被治服,因此在四岳的推荐下,帝舜又起用了禹为司空去治理洪水。《左传·僖公三十三年》云:"舜之罪也,殛鲧;其举也,兴禹。"舜曰:"嗟然,禹!汝平水土,维是勉哉!"[①]

《吕氏春秋·恃君览·行论》记载:当鲧被殛死之后,"禹不敢怨,而反事之,官为司空,以通水潦,颜色黎黑,步不相过,窍气不通,以中帝心。"高诱注:"禹,鲧子也;不敢怨舜,而还事舜治水土者也。"

《史记·夏本纪》云:"禹为人敏给克勤,其德不违,其仁可亲,其言可信。声为律,身为度,称以出;亹亹穆穆,为纲为纪。禹乃遂与益、后稷奉帝命,命

① 司马迁:《史记·五帝本纪》,中华书局,1982年。

诸侯百姓兴人徒以傅土行山表木，定高山大川。禹伤先人父鲧功之不成受诛，乃劳身焦思，居外十三年，过家门不敢入。薄衣食，致孝于鬼神；卑宫室，致费于沟淢。陆行乘车，水行乘船，泥行乘橇，山行乘檋。左准绳，右规矩，载四时，以开九州，通九道，陂九泽，度九山。令益予众庶稻，可种卑湿。命后稷予众庶难得之食。食少，调有余相给，以均诸侯。禹乃行相地宜所有以贡，及山川之便利。”《周礼注疏删翼卷》郑玄注：“禹治洪水，民降丘宅土，卑宫室，尽力乎沟洫而尊匠。”

《水经注·河水》较多地记载了大禹治水的地方和情况。在黄河上游的洮水流域(今甘肃兰州东南)，大禹见一个长人，并在洮水接受长人所授的黑玉书，学习水的习性和治水的方法。《水经注·河水二》云：“洮水又东经临洮县故城北，禹治洪水，西至洮水之上，见长人受黑玉书于斯水上。”

大禹治水主要是在黄河的中下游。在黄河中游有名的中流砥柱之处，大禹破山通河，把大山辟开——就是现在的三门峡，让水从中间流过。《水经注》卷四《河水》云：“昔禹治洪水，山陵当水者凿之，故破山以通河。河水分流，包山而过，山见水中，若柱然，故曰砥柱也。三穿既决，水流疏分，指状表目，亦谓之三门矣。山在虢城东北，大阳城东也。”

在洛水流域，大禹又见到一个“白面长人鱼身”，授他以河图，交给他黄河的水路图。《水经注》卷五《河水》云：(在孟津)“昔禹治洪水，观于河，见白面长人鱼身，出曰：‘吾河精也。’授禹河图而还于渊。”

在古雒邑，大禹又凿开了龙门、劈开伊阙，让河水通畅。《汉书·沟洫志》记载：“昔大禹治水，山陵当路者毁之；故凿龙门，辟伊阙，析底柱，破碣石。”为了治水，大禹三过家门而不入，为中华民族的文明史做出了极大的贡献。

《史记·李斯列传》云：“禹凿龙门，通大夏，疏九河，曲九防，决渟水致之海；而股无胈，胫无毛，手足胼胝，面目黎黑，遂以死于外，葬于会稽，臣虏之劳不烈于此矣。”《史记·夏本纪》大禹在治水的过程中，“劳身焦思，居外十三年，过家门不敢入。薄衣食，致孝于鬼神；卑宫室，致费于沟淢。陆行乘车，水行乘船，泥行乘橇，山行乘檋。左准绳，右规矩，载四时，以开九州，通九道，陂九泽，度九山"。大禹采取了疏川导滞的办法，行山表木，定高山大川，终于治服了洪水。大禹是我国第一个为治水做出巨大贡献的古帝王。

大禹治水主要在今黄河的中下游一带。今黄河中下游不仅留下了关于大禹治水的许多美丽的传说，而且留下了许多与大禹有关的地名。如今河南省的三门峡、龙门、禹州、禹山，山东省的禹县，陕西省的夏县等。

## 四、大禹故里在开封陈留说

宋王应麟《诗地理考》卷六云："前莘后河，《郑语》云：前莘后河。注：莘，莘国也。《郡县志》故莘城在汴州陈留县东北三十五里古莘国。"那么，有莘氏之女生儿子禹的时候当在距莘不远的地方。《诗·大雅·大明》毛亨传曰："莘，大姒国也。"莘国，姒姓，也是夏禹之姓。

王应麟《诗地理考》卷五《周颂》云："故莘城在汴州陈留县东北三十五里古莘国地。汤伐桀，桀与韦、顾之君拒汤于莘之墟，遂战于鸣条之野。"即古莘国在今河南省开封市的陈留县。

王应麟认为"禹都阳城"也在今河南省开封市的陈留县。他在《通鉴地理通释·历代都邑考》"夏都"条下云："《皇王大纪》：禹都于安邑。《世纪》：鲧封崇伯国，在秦、晋之间。禹受封为夏伯，在《禹贡》豫州外方南，于秦、汉属颍川，本韩地，今河南阳翟是也。受禅都平阳，或在安邑，或在晋阳。《世本》言：'夏后居阳城'，本在大梁之南，今陈留浚仪是也。"

古帝王的都城是经常迁徙的。也许大禹初都其故里，其故里名曰阳城。当大禹为帝舜治理洪水时，随着权力的扩大，最终夺取了帝舜的政权，先以帝舜之都城为都（今山西临汾）。而当大禹建立了夏王朝之后，为避开帝舜的影响,大禹又把都城迁到了今河南西部,即原来崇伯国的境内,今豫西古雒邑一带。

考古工作者在河南登封告成镇东北面发现了一座春秋时期至汉代的古城遗址。其中出土的陶豆等器物上有“阳城”“阳城仓器”字样的陶文,该城址当是春秋时期至汉代的阳城。《世本》云:“禹都阳城。”地下出土实物与文献材料对照,表明“禹都阳城”可能就在附近。

河南偃师二里头遗址是一处都邑遗址。二里头遗址有很厚的文化堆积。遗址中一号宫殿是由夯土台基、殿堂、廊庑、庭院、殿门组成的宫殿建筑。檐柱外侧还留存有一圈挑檐柱洞。据柱洞的位置分析,这座殿堂应为一面阔八间、进深三间的双开间建筑。屋顶可能为四坡出檐式。这座殿堂四坡出檐式结构与我国最早的“四阿重层”宫殿建筑基本相符。[①] 二里头的宫殿遗址,是我国迄今发现的最早的宫殿遗址。遗址年代在夏王朝的纪年之内,当与夏王朝所建都城有关。

古籍中所载夏代都邑,基本在今山西、河南两省境内。

(本文作者为河南大学历史学院教授)

① 《河南偃师二里头早商宫殿遗址简报》,《考古》1974 年第 4 期。

# 浅谈河南登封与大禹的密切关系

杨东晨

河南省登封市位于颍河上游,归属于郑州市辖区。改唐朝国号为周的女皇武则天(常驻在东都洛阳),为了借助"神权"巩固自己的统治地位,遂于万岁登封元年(696年)带领文臣、武将、巫婆等朝拜中岳嵩山。女皇一行先登上嵩山举行祭天仪式,又在少室山下举行祭地仪式,大赦天下,免税,赐臣下酒食,畅饮10天。为纪念和颂扬朝拜嵩山之举,遂取皇帝登山封禅之义,改年号为"万岁登封",改嵩山县为登封县。新中国成立后,1994年改登封县为登封市。登封市自然条件优越,风景宜人,居于天下"五岳"之中。其地历史悠久、雄厚,文化丰富,又是道教圣地,自古为兵家争夺之地,也是文人学士游历之胜地。限于篇幅,本文只就登封与尧舜之大臣、夏朝开国之王大禹的关系,作些简要的论述。

## 一、大禹身世与登封的关系

关于大禹的出生地,古代有两种文献记载,后世及今日学者遂有两种认识。

1.大禹生于今四川省北川羌族自治县

《山海经·西山经》载:“西次三经之首,曰崇吾之山,在河之南,北望冢遂,南望䍃之泽,西望帝之搏兽之丘,东望螞渊。”西北有“不周之山,北望诸毗之山,临彼岳崇之山,东望泑泽,河水所潜也”。汉代今四川成都人扬雄《蜀王本纪》云:“禹本汶山郡广柔县(今四川省北川羌族自治县)人也,生于石纽。”唐代李泰《括地志》云:“茂州汶川县石纽山在县西七十三里(石纽山在今北川羌族自治县,那里古迹有禹王庙、禹王像)。《华阳国志》云:‘今夷人共营其地,方百里不敢居牧,至今犹不敢放六畜。’按:广柔,隋改曰汶川。”晋代皇甫谧《帝王世纪》云:禹,“本西夷人也”。著名史学家郭沫若先生赞同此说。何光岳《炎黄源流史》释:“上述高山即崇山。据方位记载,无疑即今四川潘崇山。这个崇山与夏禹出生地的汶川地方的石纽相近。石纽在崇山之南百余里,则崇山无疑为崇人的最早起源地。”[①]原国家主席杨尚昆曾为其题写“大禹故里”四个字。

2.大禹出生于今河南省登封市

《山海经·海内经》云:“黄帝生骆明,骆明生白马,白马是为鲧。”白马系鲧氏族的图腾。史圣司马迁(今陕西省韩城市人)对先秦典籍整理后,认为鲧为黄帝系之人。《史记·夏本纪第二》云:“夏禹,名曰文命。禹之父曰鲧,鲧之父曰颛顼,颛顼之父曰昌意,昌意之父曰黄帝。禹者,黄帝之玄孙而帝颛顼

① 何光岳:《炎黄源流史》,江西教育出版社,1994 年,第 826 页。

之孙也。禹之曾大父昌意及父鲧皆不得在帝位,为人臣。"《索隐》司马贞按:"《世本》'鲧取有辛氏女,谓之女志,是生高密。'宋衷云:'高密,禹所封国。'《大戴礼记·帝系》云:'鲧娶有莘氏,有莘氏之子,谓之女志氏,产文命。'《汉书·古今人表》云:'女志,鲧妃,有莘氏女,生禹。'"《帝王世纪》载:父鲧妻"修己,山行见流星贯昂,梦接意感,又吞神珠薏苡,胸坼而生禹……名文命,字高密,身长九尺二寸"。《史记·夏本纪》索隐载:"皇甫谧云:'鲧,帝颛顼之子,字熙。'又《连山易》云:'鲧封于崇',故《国语》谓之'崇伯鲧'。《世本》亦谓鲧为颛顼之子。《汉书·律历志》则云'颛顼五代而生鲧'。按:鲧既仕尧,与舜代系殊悬。舜即颛顼六代孙,则鲧非是颛顼之子,盖班氏之言近得其实。"不论说法如何,但鲧是黄帝后裔(似应为帝喾之子)则无可怀疑。他名鲧,字熙。《史记》引《连山易》云:"鲧封于崇。"《通志·五帝纪》云:"尧封鲧为崇伯。"这就是说,鲧的氏族部落封在今登封市一带。

3.对大禹出生地两说的看法

对大禹生于石纽的说法,明代顾炎武《天下郡国利病书》卷六五就提出了质疑。他说:"禹生于汶川之石纽村","是盖几于巫见之谈","颇为无据"。现代史学家田继周分析说:"禹之生处,说法大致有两种,一说生石纽,长于西羌夷人,如陆贾、扬雄、桓宽(注:均为汉代人)、皇甫谧(晋人),都主此说。石纽之所在,一般考订在四川北部的汶川、茂汶地区。这一说法,虽然为众书所云,但从禹父鲧的活动地区看来,却是难以置信的。"①

鲧为黄帝后裔,部落活动在今登封市、新密市一带,尧封其为"崇伯",即以登封市为中心活动地。他的妻子为辛(又写作莘)地之女。《国语》云:惠王"十五年,有神降于莘"。韦昭注:"莘,虢地也。"田继周考证:"虢地,在今河南郑州地区,西与嵩山地区相接。高密,无论是禹之封国或是禹初封之国,都含

① 田继周:《先秦民族史》,四川民族出版社,1986年,第156、157页。

有生地的意义,在今河南密县一带。从禹父'崇伯'所在地,禹母有莘氏女和禹初封之地,禹之生地,不可能远在四川汶川、茂汶一带,应在禹父母生活的地区,即今郑州、嵩山、密县一带。"[①]三地均为嵩山区域。新密市位于河南省中部,嵩山东麓,双洎河上游。西周时封立小国于此,以密山而称密国。《密县志・名胜志》云:"密,山名,亦国名也,盖因山以名。"密山,则是因其形状像座宏大的殿堂而得名。《尔雅》释:"山如堂者,密。"汉代置密县。1994年改新密市。这就是说,大禹的生地均不出嵩山地区。具体来说,我认为大禹的故里应在崇部落、崇伯的居地阳城(今登封告成镇)。

## 二、大禹和登封的亲密关系

1.大禹之妻生子的传说

大禹之父鲧为姬姓,禹因母亲吞"神珠薏苡"(今薏米)而生,遂改姓姒。《帝王世纪》云:"伯禹夏后,姒姓也。"其妻涂山氏,故里有今四川绵阳、河南嵩县、安徽怀远及浙江绍兴等说,我倾向于安徽怀远之说。他娶女娇为妻后,在封地密(今河南省新密市)的家中住了四天,就又带领伯益等治理洪水去了。《汉书・武帝纪》注引《淮南子》的一则神话说:姒文命(禹的姓名)为尽快凿通今河南偃师南山的通水洞,逐变为一只力大的黑熊开山,怕女娇惧怕,约定鼓响再送饭。有一天,文命不小心撞掉了一块石头,恰巧掉在鼓上。女娇闻,急送饭于山前,却看到一只大黑熊,羞愧难当,便向南跑去。来不及变化为人的文命拼命追,一直追至嵩山下。女娇羞愧,变化成了巨石。由大黑熊变为人的文命,奋力拍打巨石,大叫:"还我儿子!"巨石果破,得一男孩,起名姒启。《随巢子》书亦云:"启生于石。"这也就是嵩山"启母石"的由来。这则神话传

① 田继周:《先秦民族史》,四川民族出版社,1986年,第156、157页。

说虽不可信,但在一定程度上反映了人们对大禹治水救万民的怀念和颂扬。

2.大禹欲使舜子商均继位而避居登封

大禹在其父鲧奉帝尧之命治理洪水失败被诛后,又被帝舜任命为司空,继续带领天下先民治理洪水,十三年中"三过家门"而不入。大禹立下大功,得到万民称赞,也被帝舜任为华夏部落联盟副首长。舜南巡途中病逝,葬于苍梧山(今湖南省宁远县九嶷山)。禹离开都城,欲让位于商均。《孟子·万章》云:"禹避舜之子于阳城(今登封市告成镇),天下之民从之。若尧崩后不从尧之子而从舜也。"《史记·夏本纪》云:"帝舜荐禹于天,为嗣。十七年而帝舜崩。三年丧毕,禹辞辟舜之子商均于阳城,天下诸侯皆去商均而朝禹。禹于是遂即天子位,南面朝天下,国号曰夏后,姓姒氏。"清代《纲鉴易知录》(译文)总括曰:"虞帝舜四十八年,帝舜到南方巡察,在苍梧山逝世。""虞帝舜五十年,禹避让舜的儿子,住在阳城,天下百姓不归服舜的儿子而归服禹,禹于是登上天子之位。"禹于公元前2070年建立夏朝,即位于安邑(今山西省夏县)。之后,他又迁都于阳翟(今河南省禹州市)。后世经迁都,定都于今河南省偃师市二里头遗址处。相传因鲧、禹父子的"崇部落"以阳城为大聚落,活动范围扩大至嵩山地区,加之禹又成为夏朝开国之君,故将嵩山称为"中岳"之山。

总而言之,位于颍河上游的登封市,既是鲧部落活动的中心地区,又是其子禹的诞生和辞让帝位的圣地(今告成镇)。我们完全相信,在登封市委、市政府的有力领导下,各界人士一定会充分挖掘、利用嵩山地区丰富的历史、宗教、传说文化,进一步扩大旅游、招商资源,在加快实现中华民族复兴梦的伟大事业中做出更大的贡献!

(本文作者为陕西历史博物馆研究馆员)

# 河南登封等地大禹史传的初步探讨

彭邦本

河南省登封、嵩县等地,自古流传着虞夏之际禹、启和涂山氏等的逸闻传说,这些逸闻传说往往见载于传世文献,与长江上游、黄河下游、淮河流域、钱塘江下游等地有关大禹的传说一样,都包含着古老而珍贵的学术信息,需要我们深入探索,梳理提取其历史素地。随着一个时期以来考古发掘工作的重大进展,位于"天下之中"的登封等中州大地上的上述古史传说,已在相当程度上得到了出土资料和史学研究的印证。本文拟结合传世文献记载和近年来中州地区考古发掘的丰富成果,循古史二重证据法进行探讨,以求初步揭示禹族在西兴东渐黄河中游地区后,融入华夏,建立都邑,并创立中国历史上第一个君主世袭制王朝的一些史实。

关于禹族和夏文化的起源,学界长期存在不同的观点,各有所据,尚无定论。笔者曾据战国以来尤其汉晋时期的大量文献记载,撰文讨论禹族西兴东渐的史迹。[①] 综合文献、考古和民族史志资料，禹族出自西羌，大致在唐虞时期从西部长江上游川西高原及其邻近地区辗转迁徙甘南，沿着渭水流域进入陕西关中，接着先后东迁山西、河南，进而在虞夏之际传说中的大规模治水时期抵达山东等黄河下游广大地区。在这一曲折的播迁历程中，禹族或曰后来的夏人在天下之中的河南地区，留下大量有迹可循的古史传说，这可在一个时期以来的考古发现中求得一定程度的互证。

今河南省境内，据《汉书》等古籍所载，汉代阳翟、嵩高、阳城等县与禹族或夏人有关。《汉书·地理志》记颍川郡诸县云：

> 阳翟，夏禹国。周末，韩景侯自新郑徙此。户四万一千六百五十，口十万九千。……宻高，武帝置，以奉太室山，是为中岳。有太室、少室山庙。古文以崇高为外方山也。……阳城，阳城山，洧水所出，东南至长平入颍，过郡三，行五百里。阳乾山，颍水所出，东至下蔡入淮，过郡三，行千五百里。[②]

此诸县均在西汉颍川郡。阳城和嵩高与大禹及其族群相关，我们将在下文讨论，这里先谈阳翟。《汉书·地理志》云“阳翟，夏禹国”，应为流播已久的古史传闻。颜注云：

> 应劭曰：“夏禹都也。”臣瓒曰：“《世本》禹都阳城，《汲郡古文》亦云居之，不居阳翟也。”

颜师古则认为：“阳翟本禹所受封耳。应、瓒之说皆非。”其认为阳翟虽非阳城，亦非夏禹之都，但却为禹的封地。其说有一定理据，反映了大禹之时其族群已经居息于中州大地的史实。孟康亦在班固“阳翟有工官”句下注云：“夏启有钧台之飨，今钧台在南。”可知阳翟一带，确为禹族故地。

河南省境内与大禹有关的著名故地，还有史籍盛传的“三涂山”。对此，

---

① 彭邦本：《禹族西兴东渐及其在黄河中下游的活动初探》，《社会科学研究》2003 年第 1 期；彭邦本：《禹娶涂山新探》，《西南民族大学学报》2004 年第 5 期。

② 〔汉〕班固：《汉书·地理志》，中华书局，1962 年。

《逸周书》记周初武王云：

自洛汭延于伊汭，居阳无固，其有夏之居。我南望过于三涂，我北望过于有岳，丕愿瞻过于河，宛瞻于伊洛，无远天室。[①]

此材料提示，中州地区至迟在商周时期已有“三涂”之地，其地位于传说中的“有夏之居”，正是禹族的姻族涂山氏在夏代已经居息于其地的反映。《左传·昭公四年》云：

四岳、三涂、阳城、大室、荆山、中南，九州之险也。[②]

《左传·昭公十七年》又云：

晋侯使屠蒯如周，请有事于雒与三涂。[③]

对于《左传》以上两条记载，杜预注均谓三涂在陆浑县，并具体指明“在河南陆浑县南”[④]。不过，《左传·昭公四年》孔颖达《正义》引“服虔云：‘三涂，大行、轘辕、崤渑也。’谓三涂为三处道也”。是服虔谓太行山、轘辕、崤渑，总名曰三涂。而“杜云‘在河南陆浑县南’，则以三涂为一”。那么三涂山究竟是三处还是一处呢？

《水经·伊水注》：

陆浑县之西南王母涧，涧北山上有王母祠……伊水历崖口，山峡也……伊水经其下，历峡北流，即古三涂山也。杜预《释地》曰：山在县南。

该书并引《山海经·中山经》“南望禅渚，禹父之所化”[⑤]，其禅渚即三涂，乃同音异写的一地（并非三地）之名，而陆浑县则在后来的嵩县境，可见服虔

① 《逸周书·度邑》。黄怀信、张懋镕、田旭东：《逸周书汇校集注》上册，上海古籍出版社，2007年，第480—481页。
② 杨伯峻：《春秋左传注》，中华书局，1981年，第1246—1247页。
③ 杨伯峻：《春秋左传注》，中华书局，1981年，第1389页。
④ 杨伯峻：《春秋左传注》，中华书局，1981年，第1246页。
⑤ 〔北魏〕郦道元：《水经·伊水注》。陈桥驿：《水经注校证》，中华书局，2007年，第374—375页。

之说不确，应属望文生义。《左传·昭公十七年》记晋侯“请有事于雒与三涂”，《方舆纪要》记“三涂山在河南嵩县西南十里”。杨伯峻先生的注释也认为：“三涂山在今河南嵩县西南，伊水之北。”[①]不仅如此，杨先生《春秋左传注》“昭公四年”条下的注释进一步指出即“今河南嵩县西南十里伊水北之三涂山，俗名崖口，又名水门者也。《周本纪》云，‘我南望三涂’，当即此”[②]。顾颉刚先生也根据《左传·昭公十七年》“晋侯使屠蒯如周，请有事于雒与三涂”指出：“三涂是陆浑区域内的名山大川……大约就是熊耳山的东角”，涂山则“是三涂山的简称”。[③] 可见顾先生也认为三涂山并非太行山、轘辕、崤渑三者的合称，并且进而“以为涂山既是三涂山的简称，那会稽当涂和江州的禹娶涂山的古迹，都是秦汉以后装点出来的”[④]。

涂山是不是三涂山的简称甚至会稽当涂和江州的禹娶涂山的古迹，是否都是秦汉以后装点出来的，还可以讨论，但三涂或曰三涂山与古史传说的大禹娶涂山氏有关，而且所指并非太行山、轘辕、崤渑三处道应属无疑。

首先，从史料记载看，相对于天下之中的中原，涂山氏本属于东南方向的古老族群，原居息繁衍于淮河流域，属于上古东夷集团，而涂山原本在今安徽省蚌埠市境内。[⑤] 禹娶涂山，是在其进入中原，成为以尧舜相继为共主的联盟机构的重要成员以后的事，亦即《尚书·皋陶谟》“予创若时，娶于涂山”句下郑康成注所云：“登用之年，始娶于涂山氏。”[⑥]同时我们认为，就在这一时期，涂山氏族群，至少其与禹通婚的支系，应已经进入中原。此种推测与其他古代文献记载相合。文献反映，早在西汉前期，启母石在嵩山已为世所共知。

① 杨伯峻：《春秋左传注》，中华书局，1981 年，第 1389 页。
② 杨伯峻：《春秋左传注》，中华书局，1981 年，第 1246 页。
③ 顾颉刚：《论巴蜀与中原的关系》，四川人民出版社，1981 年，第 47 页。
④ 顾颉刚：《论巴蜀与中原的关系》，四川人民出版社，1981 年，第 47 页。
⑤ 彭邦本：《禹娶涂山新探》，《西南民族大学学报》2004 年第 5 期。
⑥ 〔清〕孙星衍：《尚书今古文注疏》卷二《皋陶谟第二下》，中华书局，1986 年，第 113 页。

对此,下文将予以讨论,此不赘述。

我们曾经指出,华夏集团在与南方三苗集团进行的长期斗争中,注意并保持了与东夷集团的联盟关系,这应该就是禹娶涂山氏的深刻的政治联姻背景。这一联盟看来对禹最后战胜三苗意义非常重大,同时,也促进了涂山氏的北向发展,嵩山一带的涂山氏有可能就是因此来到夏族的腹心地带的。[①]

西汉颍川郡的“阳城”“密高”二县,是禹夏之族在后世河南境内居息的核心地带。“密高”一名,显然得自嵩山,又名“崇高山”或“嵩高山”,“密”即“崇”“嵩”[②],亦即“太室”山,后世著名的中岳“嵩山”。“阳城”“太室”二地均在今登封一带,是《左传·昭公四年》所记禹族和夏人直接相关的重要地名之一,且为其都邑所在地。《汉书·地理志》“颍川郡密高县”下班固自注云:

> 武帝置,以奉太室山,是为中岳。有太室、少室山庙。古文以崇高为外方山也。[③]

“密高山”亦即“崇高山”一带,也是传说中夏族群的重要发祥地。《国语》即追述云:“昔夏之兴也,融降于崇山。”[④]又谓:“其在有虞,有崇伯鲧,播其淫心,称遂共工之过,尧用殛之于羽山。”韦昭注:“鲧,禹父;崇,鲧国。伯,爵也。”[⑤]上文指出,起于西部的禹族东渐黄河中游成为唐虞联盟重要成员时期,涂山氏族群,至少其中与禹通婚的支系,也随之进入中原,故史传其时涂山氏族群已经在距离嵩山不远的三涂山一带定居。而已嫁入禹族的启母生启的著名遗迹,相传就在嵩山,因而《汉书》即载汉武帝“用事华山,至于中岳……见夏后启母石。翌日亲登嵩高”[⑥]。更早的先秦文献《逸周书·世俘》亦云:

---

① 彭邦本:《禹娶涂山新探》,《西南民族大学学报》2004 年第 5 期。
② 《汉书·地理志》“颍川郡密高县”下颜师古注云:“密,古崇字。”〔汉〕班固:《汉书·地理志》,中华书局,1962 年。
③ 〔汉〕班固:《汉书·地理志》,中华书局,1962 年,第 1560 页。
④ 《国语·周语上》,上海古籍出版社,1978 年。
⑤ 《国语·周语下》,上海古籍出版社,1978 年。
⑥ 〔汉〕班固:《汉书·武帝纪》,中华书局,1962 年。

“籥人奏《崇禹生开》，三钟终，王定。”[①]章太炎先生指出：“开，当作‘启’，此汉人所改。三钟终，当云‘钟三终’。”[②]可见“开”即禹子夏启，此乐章之名直称禹为“崇禹”，表明夏族居于嵩山以后，禹方生启。顾颉刚先生因而指出“启生于嵩山，故汉武至中岳而见夏后启母石”[③]。

关于上古阳城的具体地望，东汉成书的《汉书·地理志》云：“阳城，阳城山，洧水所出，东南至长平入颍，过郡三，行五百里。”西汉早中期之交的《史记》载“禹辞避舜之子商均于阳城”，《集解》引刘熙明确指出：“今颍川阳城是也。”[④]更早的孟子亦指出：“禹避舜之子于阳城。”赵岐注即谓阳城在“嵩山下深谷之中，以藏处也”[⑤]。《史记》亦记郑君乙十一年（前385年）：“韩伐郑，取阳城。”[⑥]以上记载均反映，“禹都阳城”在嵩山附近的地理位置，这仍为战国秦汉时期人所熟知。《左传·昭公四年》亦列举九州之险有所谓“四岳、三涂、阳城、大室、荆山、中南”等[⑦]，则是春秋时期的记载。杨伯峻先生指出，大室“即今河南登封县北之嵩山”；并释阳城云：“古阳城在今河南登封县东南，俗名曰城山岭。”[⑧]此即古史盛传的“禹都阳城”所在，近年来亦得到登封王城岗龙山时期古城遗址考古发掘的证实。

然而需要指出的是，综合各方面的资料可知，阳城地望因随着禹族在黄河中游地区的迁徙过程曾经发生过变迁。换言之，王城岗遗址并非最早的阳城。唐虞时期禹族在中原地区的早期居息活动地，主要在唐虞部落联盟领导

---

① 黄怀信、张懋镕、田旭东：《逸周书汇校集注》上册，上海古籍出版社，2007年，第429页。
② 黄怀信、张懋镕、田旭东：《逸周书汇校集注》上册，上海古籍出版社，2007年，第429页。
③ 顾颉刚：《九州之戎与戎禹》，《古史辨》七（下），上海古籍出版社，1982年，第136页。
④ 〔汉〕司马迁：《史记·夏本纪》，中华书局，1959年。
⑤ 《孟子注疏》卷九下《万章章句上》，〔清〕阮元校刻《十三经注疏》（下册），中华书局影印版，1981年，第2737—2738页。
⑥ 〔汉〕司马迁：《史记·郑世家》。
⑦ 杨伯峻：《春秋左传注》，中华书局，1981年，第1246—1247页。
⑧ 杨伯峻：《春秋左传注》，中华书局，1981年，第1246页。

机构所在的冀州。《左传·哀公六年》载孔子引《夏书》曰：

惟彼陶唐，帅彼天常，有此冀方。

《史记·夏本纪》亦记尧时舜举禹治水，“禹行自冀州始”。《正义》：“理水及贡赋从帝都为始也”，并云“东河之西，西河之东，南河之北，皆冀州也”。《集解》引郑康成则简括曰“两河间曰冀州”，与《尔雅·释地》同。前述《左传·哀公六年》所引《夏书》下杜预即注云：“唐虞及夏同都冀州，不易地而亡。”孔《疏》云：“尧治平阳，舜治蒲坂，禹治安邑。三都相去各二百余里，俱在冀州，统天下四方，故云‘有此冀方’也。”并引王肃云《左传》下文“今失其行，乱其纪纲，乃厎灭亡”指的是“太康时也”，与贾、服、孙、杜等说异。诸说虽有分歧，然而认定尧、舜、禹均都冀州，各家则是一致的。《世本》云：“夏禹都阳城，避商均也。又都平阳，或在安邑，或在晋阳。”[①]这个阳城，应当初在冀州，与平阳、安邑、晋阳俱在冀州。对此，清人张澍[②]和著名前辈先秦史学者王玉哲先生均有考辨[③]，且所言甚是。

不过，汉代宋衷把《世本》“禹都阳城”定在中州，则反映了禹族重心迁徙河南以后的史实。上古族群的繁衍生息，本身就是动态的，其支系因各种缘故的迁徙，迟早会出现，有时甚至会相当迅速。虽然传世文献记载和近年来山西襄汾陶寺、夏县东下冯等遗址材料均反映禹族来到黄河中游以后，其主要居住地最初是在山西境内，但相关史料揭示，由于治水活动等原因，禹族势力很快就开始了在黄河流域向河南、山东等地的扩展迁徙。因而河南境内的

---

① 《世本》张澍稡集补注本，《世本八种》，商务印书馆，1957 年，第 32 页。

② 《世本》张澍稡集补注本，第 32 页澍按：“《太平御览》引《世本》云，本在大梁之南，于战国大梁魏都，今陈留浚仪是也。此系宋衷注。《史记·正义》《汉地理志》并引《世本》云：‘禹都阳城’。又按《地理志》以颍川阳城为禹都，非也，当以濮泽之阳城为是。盖尧舜皆都河东北，不居河南耳。”

③ 王玉哲：《夏文化研究中的几个问题》，中国先秦史学会编：《夏史论丛》，齐鲁书社，1985 年，第 3 页。

阳城、崇等地名,虽可能属于王玉哲先生所论之层化迹象[①],却也是禹族由山西向东南进入河南西部、中部的史影。此种情形,与文献反映禹族在唐虞联盟中地位的隆升、势力的扩展亦颇吻合。

禹族重心开始南移后,其族群支系分别在今河南省境内的一些地方建立了若干邑聚,其中以位于西汉颍川郡的古阳城甚为重要,此即《史记·五帝本纪》正义引《括地志》所谓“禹居洛州阳城者”[②]。不过,《括地志》此条所云,并不能成为“洛州阳城”(即今登封市境内的阳城)就是“禹都”的证据。《括地志》说得很明白:“禹居洛州阳城者,避商均,非时久居也。”[③]意即禹是为了谦让商均,才从唐虞联盟的中心都邑平阳暂时避居于禹族自身的聚邑阳城。所以,阳城在大禹时期还不是“天下”亦即尧、舜、禹联盟的都邑,也不是禹传子建立夏王朝的地方,亦即并非夏朝起初的都城。

既然夏朝最初的都城不是阳城,那么是否是一个时期以来一些学者所云之豫西偃师二里头遗址?也不是。二里头遗址位于洛阳盆地偃师市二里头村及其周围,该遗址南临古洛河,北依邙山,背靠黄河,很容易遭受水患,故而在夏朝以前,时常可能遭遇洪灾的郑洛一带包括二里头等地并不适宜成为大型的政治中心都邑所在地。由此可知,大禹取得华夏联盟共主地位后,政治中心不可能马上自晋南徙于此地,这也与我们综合文献等各方面资料论证指出禹为共主时,联盟中心都邑仍在平阳的结论若合符契。[④] 考古方面的新发现也进一步揭示,二里头遗址不仅在夏初,而且在该遗址第一期看来也未能

① 王玉哲:《夏文化研究中的几个问题》,中国先秦史学会编:《夏史论丛》,齐鲁书社,1985年,第5—8页。
② 〔汉〕司马迁:《史记·五帝本纪》,中华书局,1959年。
③ 〔汉〕司马迁:《史记·五帝本纪》,中华书局,1959年。
④ 彭邦本:《陶寺古城——唐虞时期与夏初都城初探》,中国社会科学院古代文明研究中心《通讯》第18期,2009年8月;河北师范大学、中国社会科学院古代文明研究中心、中国先秦史学会:《中国古代文明与国家起源学术研讨会论文集》(沈长云、张翠莲主编),科学出版社,2011年。

成为王朝中心都邑。据报道,二里头遗址周围近年来发掘出有方正规矩的城垣——内有数组大型建筑群的宫城。其中3号宫殿建筑基址长逾150米,宽约50米,为至少由北院、中院和南院等3重院落组成的多重大型建筑基址,建造和使用年代为二里头文化二期。此期基址以外已出现了纵横交错的大道,但还未建造宫城城垣。到二里头文化三期,在3号宫殿建筑基址上建起了2、4、6号单体宫殿建筑,刚好分别叠压在3号宫殿建筑的中、南、北院落基址上,并在二期大道路土上建起了宫城城垣。[①] 宫城城垣的晚起,说明二里头遗址的重要性是逐渐增大的。而遗址第一期没有宫殿等大型建筑,说明它当时尚非夏朝都城。尽管二里头遗址显示了从夏中期到夏商之际的文化连续性,文献记载却反映此后夏都仍未一直固定在那里。[②] 这既可能与当时夷夏等族群间的政、军形势诸因素导致的政治中心调整转移有关,亦可能与限于当时社会的组织与技术水平,如未修筑沿河堤防,因迫于洪患而无力应对等有关。

唐虞时代末期,当禹治水取得初步成功,并通过传统的禅让仪典,成为联盟首领后,由于进一步治水的需要和联盟共同体的东向扩大,其首脑机构及其所在的政治中心都邑逐渐迁往今河南境内的可能性出现。但因水患比较彻底的治理必然是一个长期的过程,特别是尧、舜、禹联盟一贯有将政治中心设在今襄汾陶寺一带的传统,因而联盟领导机构的地理位置在大禹时期并未改变。及至启继位之初,夏王朝的政治中心也仍在晋南,所以文献历来将这里称为“大夏”。但禹、启族群自身的重要聚落“阳城”的位置,却可能在治水时期已经逐步迁徙到了嵩山地区的王城岗一带,为那里后来一度正式成为夏王朝的都城打下了基础。不过,正式定都阳城,已经是夏启继位以后的事了。

---

① 高江涛、魏继印:《二里头遗址宫殿区建筑格局的变与不变》,《中国文物报》2005年3月18日第7版。

② 《太平御览》卷八二皇王部:“《纪年》曰:‘帝廑,一名胤甲,即位居西河。’”《水经·巨洋水注》引《汲郡古文》云:“太康居斟寻,羿亦居之,桀又居之。”方诗铭、王修龄:《古本竹书纪年辑证》,上海古籍出版社,1981年,第13、15页。

需要指出的是,根据出土资料和传世文献,虞夏之际和夏朝建立之初,相继发生了启攻灭益夺取最高领导权的战争和启与有扈氏之间的甘之战[①],以及"启征西河"等役[②]。这一时期,至少启征西河、控制东方广大地区以前,夏王朝的政治中心仍然位于陶寺遗址一带。

上述政治动荡结束,夏启共主地位确立以后,为了巩固对天下局势的控制,尤其是加强控制初步征服水患后已相对易于开发的豫、鲁、皖等黄河中下游广大地区,启遂将都城迁徙于地理上变得更为居中的王城岗古城。20 世纪 70 年代发掘的王城岗小城[③],位于近年发现的大城东北部;大城北城壕打破小城西城西北拐角处夯土城墙,可见大城晚于小城[④]。已知小城年代为王城岗龙山文化第二期,该期年代现有的两个数据是公元前 2106 年和公元前 2107 年;大城使用的时间为王城岗龙山文化第三期,该期年代各数据的中间数值均为公元前 2060 年。王城岗龙山文化第四期年代的数据中间值为公元前 2018—前 2017 年,大城及其城壕在此时已被废弃。[⑤] 揆诸时空诸因素,小城应为禹、启定都于陶寺时夏族自身的一个重要聚落,大约是治理洪水期间所建。大城则是陶寺古城因战乱废弃后启迁都王城岗时,在小城的基础上筑成的,以之作为夏王朝的都城。不过,种种迹象揭示,阳城作为夏王朝之都的历史大约在启死之后很快即告终。史载太康之后,"后羿自鉏迁于穷石,因夏民以代夏政"[⑥]。此即《左传·哀公六年》所谓"今失其行,乱其纪纲,乃灭而亡"。

---

① 《尚书·甘誓》,〔清〕阮元校刻《十三经注疏》(下册),中华书局影印版,1981 年。

② 《北堂书钞》卷一三帝王部:"启征西河。《纪年》云。"方诗铭、王修龄:《古本竹书纪年辑证》,上海古籍出版社,1981 年,第 3 页。同页方诗铭、王修龄按:"《存真》《辑校》作'二十五年,征西河'。所据为《路史·后纪》卷一三注。"并指出:"《帝王世纪》:'(启)三十五年,征河西。'(《御览》卷八二引,'河西'当即'西河'。)启征西河必有史实。……西河即相,今之河南安阳。"所论甚是。二十五与三十五或因二、三形近而讹,但征西河在夏启即位以后若干年则无疑。

③ 河南省文物研究所等:《登封王城岗与阳城》,文物出版社,1992 年。

④ 北京大学考古文博学院、河南省文物考古研究所:《河南登封市王城岗遗址 2002、2004 年发掘简报》,《考古》2006 年第 9 期。

⑤ 方燕明:《登封王城岗遗址的年代关系及相关问题探讨》,《考古》2006 年第 9 期。

⑥ 《左传·襄公四年》。

可见以王城岗为都城的时间也并不长，几乎仅限于启在位期间及其后颇短的时限。启死后“天下”再度发生政局动荡，导致夏政权旁落，夏王室被迫离开了王城岗古城，又从豫西一带被迫迁徙到黄河下游，较长时期处于颠沛流离的不稳定状态。

夏少康中兴以后，夏王朝的政治中心没有重返王城岗大城，但也还不在近河而容易遭水患的河南偃师二里头。古本《竹书纪年》：“帝宁居原，自迁于老丘。”[①]帝宁即帝杼，少康之子。看来少康复国后，从黄河下游徙都于原，位于今济源西北山西与河南交界处。但帝杼即位后，又“自迁于老丘”，即再度东迁到豫东的开封东北。大约到夏朝中期，二里头遗址所在地才逐渐成为都城。

综上所述，在传说中的唐虞时期，禹族从西部迁徙到上古冀州地域后，又因治理洪水等机缘，与其姻族涂山氏相偕迁徙扩展到河南、山东等黄河中下游地区，建立了中国历史上第一个君主世袭制王朝——夏朝，并先后在考古发掘出的登封王城岗和偃师二里头遗址等地建立了都城。传世文献中“阳城”“三涂山”一类禹族及其姻族和夏王朝留下的地名，王城岗、二里头等考古学遗址，应是这里曾经成为夏人建立的王朝政治中心的见证。

（本文作者为四川大学历史文化学院教授）

① 《太平御览》卷八二皇王部引。见方诗铭、王修龄：《古本竹书纪年辑证》，上海古籍出版社，1981年，第8页。

# 论大禹故里与大禹降生文化

谭继和　祁和晖

## 大禹故里的历史记忆与华夏精神家园教育

大禹兴于西羌,西羌是大禹故里。“5·12”汶川特大地震纪念馆建于大禹故里文化圈内,这是纪念馆的文化底蕴与历史优势;是纪念馆发挥社会教育功能,以历史文脉的传承,进行华夏精神家园教育的最好课堂。为此,纪念馆需要传承和增加大禹故里的历史记忆的内容,传承和宣传西羌地区特有的禹羌文化,以大禹石纽诞生地为华夏精神地标,讲清楚大禹治水,战胜民族大灾大难,创造华夏国家文明的民族精神;讲清楚大禹文化是灾后重建家园的精神财富,是助推民族命运与共、心灵契合进程的精神纽带;讲清楚古羌石纽的历史记忆传承四千年,羌人守护大禹故里文化,坚守大禹建设的华夏民族精神家园的历史意义和现实意义。在陈列和展现新时代抗震救灾与灾后重建文物与成就的同时,也要适当展现能体现民族文化复兴与民族精神凝聚的禹羌文化的文物、遗迹与标志。这“三个讲清楚、一个展现”，应该是发挥地震纪念馆社会功能，提升社会教育文化内涵的一个重要举措。

## 一、讲清楚大禹创造华夏国家文明的民族精神

为了深化和提升“5·12”汶川特大地震抗震救灾精神的宣传教育工作，需要认清大禹作为华夏国家文明始祖的历史地位以及他对华夏文明的三大创造性贡献，并把它有机地贯穿和融汇到陈列展示与宣传讲解中去。

首先，大禹是中华治水兴农的先师，是创造华夏国家文明的始祖，是中华民族命运共同体的奠基者，是大九州山水综合治理的第一人，这就是大禹的历史地位。可从下列四个方面分别说明：

1.以黄帝为首的五帝是中华农业文明起源时代的代表，他们为中华农业文明做出了开元性的贡献。大禹是继五帝之后，治水救灾、以水兴农的第一人，他为中华农耕水利文明做出了奠基性的贡献。

2.五帝时代已有多种人文发明。大禹是在五帝人文发明基础上，祖述黄帝、肇继五帝，创造夏商周国家文明广域共同体的始祖，是创造华夏国家文明的始祖。

3.大禹是中华民族从局部发展到全面发展以至多民族大融合、大一统，形成中华民族命运共同体的奠基者。

中华民族大一统，植根于炎黄之树，盛开于华夏之花。炎黄二帝开民族大一统文化之源，集中在一个中国人的“中”字上，体现了“天下共主”的中心信仰；大禹奠民族大一统文化之基，凝结为礼仪之大、服装之美的“华”字，体现文明华夏的信仰。这两种信仰合起来构成以“中华”二字为标志的民族命运共同体。

4.水润中华。水是文明之母，文明因水而兴。中华文明是上善若水，崇尚

自然的文明,是"田蚕织作"的高级农耕文明,其形成的首要条件是道法自然,顺水之性,综合治理山山水水。大禹是中华大九州山水综合治理的第一人。

其次,大禹对中华民族的形成,统一的多民族国家的建立,民族精神家园的最高认同,做出了三个奠基性的伟大贡献:

1.大禹为扩展中国人生存地域的空间和版图,做出了继炎黄之后的最大贡献。

据《山海经》记载,五帝版图从北极到南极,从东极到西极各两亿步,大禹时则将其扩展为两亿多里,较之以前增加了千倍。大禹治水,使得中华民族生存发展的空间基本上扩展到整个中国区域。在观念形态上,"华"字由花荣的本义,引申指鲜花遍野的"华山之阳(南)","夏"的原始含义指大和雅的人,二者合起来组成为"华夏",代表"中国之人"(《说文解字》)。"中国有礼仪之尚,故称夏。有服装之美,谓之华。华夏连称谓中国也。"(《尚书》孔颖达疏),"中国"这个称呼也从仅指"京师",扩大为包含"九州四夷"在内的"大中国"统一体的观念。这些观念是在夏商周三代时期形成和巩固起来的。

2.大禹为把华夏文明的终极核心价值提升到"中华大一统"的"国家意识"层面,做出了最早的贡献。

大禹的治水过程,是对九州有序治理的过程。由岷山导江走向九水治理,由治理九水扩展为整顿九州地域——整顿九州向京师缴纳贡赋的水陆交通路线,形成了中国最早的贯穿全国的大小"贡赋"道路——"禹贡"。由"禹贡"产生了多元一体的"大九州"意识,从而形成了"四渎朝宗于海","茫茫九州流中国"的大中华国家意识。再以"中华"共识作为国家认同、文化认同和民族认同的基础,发展成为"九州生气恃风雷"的民族发展精神,形成"见龙在田,天下文明",奔腾汹涌,自强不息的龙形象信仰。在中华大家庭各民族内种植下的"龙的传人"的文化基因,使"龙"这个共同认可的文化符号,成为中华民族凝聚力、向心力和团结力的最大象征。传承至今,受惠其赐,中华龙文化仍是我们民族终极价值、核心价值的最大的精神养料。

3.大禹治水还为推进炎黄开启的以中原文化为中心地标的民族凝聚与文化向心的发展走向，做出了奠基性的贡献。

夏后氏大禹从出生西羌，娶于涂山，到走向中原，在河洛中原立国，会万邦，葬会稽，这个颇具象征意义的大禹个人的走向，实质上是夏文化西兴东渐的过程，也是中原文化逐步成为整个中华文化向心凝聚的中心地标的文化认同过程。由于有了这个中心地标，中华大地上满天星斗似起源的各地域的各具特色的多源而又多元的区域文化与民族文化，才能凝心聚力在一起，融汇成为有“一体一脉、一个中心”认同的中国文明，从而形成海内外炎黄子孙、华夏儿女都认同的共有祖国。从北川、汶川的大禹石纽，到登封大禹遗迹、绍兴大禹陵，直到台湾的大禹岭等禹迹，遍布全国，数量最大，说明大禹是中华民族文化共同体的精神一统的象征。

最后，“大禹理百川，儿啼不归家”（李白），劳身焦思的美德和公而忘私的冰雪操守，使其成为中华民族一位箭垛似的美德人物。各种民族美德通过历代传承集中到大禹身上，使大禹成为民族精神的万世楷模。

由于上述大禹所具有的历史地位和历史文化贡献，因此，需要把大禹作为民族精神家园象征的有关历史记忆、文化信息以及历史遗产，包括大禹遗迹、大禹文化符号、六月初六大禹生日庙祭习俗与朝祭典礼、大禹文化基因在羌族释比文化、禹步歌舞和工艺文化中的传承和再现等资源，深入挖掘出来，化为抗震救灾精神的内在信息与正能源，化为老县城地震遗址的精神地标和北川旅游业、文化创意产业的形态载体。

## 二、讲清楚大禹文化是灾后重建家园的精神财富，是助推民族命运与共、心灵契合进程的精神纽带

“5·12”汶川特大地震纪念馆在以生动的图片和实物展现天地不仁、惊天巨灾的那一瞬原生状态的同时，更着重展示了举国倾力，大难同纾，逝者永铭，生者坚强，临旷代巨灾英勇不屈，绘重建宏图悲壮豪迈的鲜活场景。这些场景让我们在重温抗震救灾、灾后重建这一页历史时，感受到祖国的强大、民族的大爱和同胞的道义；感受到全民族传承中华文化传统，建设共有精神家园的伟力，体现了中华文化作为连接家园命运、沟通心灵契合的精神纽带的灵魂作用。

由此可见，抗震救灾体现出来的民族精神、民族文化和强大的国家软实力，是一种宝贵的精神财富和教育养料，其中就包含着中华民族始祖从黄帝到大禹留存下来的伟大思想和精神。对于富有四千年大禹文化历史记忆传承优势的大禹故里来说，传承和利用好这个历史记忆，并以此作为国人同胞增强家国情怀，实现心灵沟通、心灵契合、血脉相连、命运与共的精神纽带新建设，这是纪念馆增强社会教育力量，接好地气，将大禹文化落实到参观者、受教育者头脑和心灵里的好机遇，值得加倍珍视。

大禹出生的西羌地区即今天的岷山、龙门山区域，属地震断裂带，历史上曾多发“地崩山摧壮士死”的震灾和水灾。在这个多灾多难的区域，羌族和其他族群学习大禹治理灾害的精神，一次又一次地再生和重建，把大禹故里建设成为了钟灵毓秀、生态复兴的锦绣家园。这是大禹治水留下的顺天道之自然，应民心之待望，和谐处理天地人关系的哲理原则与“岷山导江、东别为沱”的历史经验；这也是大禹以水利建设大工程为纽带，统一规划指挥，协和万邦力量，实现民族大团结，应对大灾难的历史经验；这还是大禹应对灾难中体现出来的“与子同袍”的血肉亲情和家园情怀；同时也还是大禹劳身焦思、民生第一、清白为官、

严以修身、自强不息、实事求是、朴实无华的民族道德精神与创造精神的展示。所有这些宝贵的精神和经验，在“5·12”汶川特大地震灾难中都得到了有力的传承和体现。在党中央国务院强有力的统一指挥下，全国一统，举国一体，灾后终渡劫波，重建傲立新宇，灾区天地再生氤氲，废墟万物重又化醇，圆梦中国在望，民族复兴在即，震后七年，灾后出现崭新面貌，展示出惊人奇迹。这是中国力量的见证，是社会主义制度自信自强的见证，是五千年中华文化向心凝聚力的见证，是中华民族终极价值观和核心价值观的优秀实践。因此，把历史上的大禹精神和今天的救灾重建实践连接起来，讲清楚今天民族救灾和创造精神的实践，讲清楚历史上大禹文化承袭下来的精神家园财富，这是拓展和增强爱国主义核心价值观的社会教育的一条必由之道。

## 三、讲清楚古羌石纽的历史记忆，守护大禹故里文化，坚守大禹建设的华夏民族精神家园

“禹兴西羌”的历史记忆，见于《史记》和《新语》。大禹生于石纽的历史记忆，则见于扬雄《蜀王本纪》、任豫的《益州记》和李膺的《益州记》。这几个历史记忆加起来，就成为有关大禹出生地的历史传说。这些历史传说和历史故事，体现了大禹降生文化的丰富内涵。换句话说，是体现了大禹作为首领的“夏后氏发迹之地”的传说。这些传说包裹着历史真实的内核，指的是大禹部族最早形成和活动的区域的文化现象。在这个区域内的“石纽”形象，即怪石扭结的现象，被作为羌人祭祀大禹出生的文化地标，这是夏部族崇石习俗的信仰结晶，也是古羌游牧部族划出百里禁牧区域以祭祀大禹的习俗结晶。游牧部族是逐水草而居的。凡迁居的区域，古羌牧羊人即划出一个百里禁牧禁居止区域，作为大禹出生的祭祀圣地。这个圣地以“石纽”为标志。凡有罪的人逃入其中躲避三年，即可免罪，因为得到了大禹的神佑。用今天的观点

来看，这是指古羌牧羊人很早就具有禁牧还林、保护生态的好习惯，它是生态崇拜和祖先崇拜结合在一起的信仰习俗，“石纽”则是华夏人心目中祭祀大禹的神圣地标。这个形象地标，既是文化地标，也是精神地标。这个精神地标是随畜牧迁建的，故汶川有大石纽山，唐宋时期称为“古石纽”，大概应是早期游牧区域祭祀用的石纽。北川有两巨石相扭结的小石纽，唐宋时期称为“今石纽”，这大概是晚期游牧区域用于祭祀的石纽。在茂县、理县，总之，沿古羌游牧从西北向东南迁徙的弧形带区域，都会有先后不同时期祭祀大禹的石纽。以上就是大禹降生石纽文化的真实历史内核。

“禹生石纽”衍生出的各种故事，是先秦时期蜀人所传，是高阳颛顼集团自成一系的传说，是羌人、夏人与蜀人三支文化交会于岷山，宛如石纽一样紧密扭结，长期联盟的信仰标志。大禹文化的西兴东渐，从岷山开始，故祖先用“石纽”作为西兴东渐源头的精神标志，以便保存和传承历史记忆和历史信息。“禹生石纽”，体现了夏、蜀、羌部族历代后人对于生于斯、长于斯、活动于斯的夏后氏祖先故里的神圣追忆，是华夏民族文化精神传承的活态基因。华夏民族历史文脉几千年，其中包含着大禹故里的古羌人与今羌族对以大禹为代表的民族精神家园的几千年坚守。近年来在云阳县旧县坪发掘出土的景云碑，记载了东汉巴郡朐忍县令景云的祖先，夏代柏杼遵循“术禹石纽汶川之会”的遗训，由中原返蜀祭祀大禹的故事，证明石纽祭祀习俗的坚守和历史脉络的流传。祭祀石纽的习俗，体现了历代羌人对祖先筚路蓝缕创业发迹的敬畏之心，体现了几千年坚守大禹故里、坚守华夏民族精神故园的血脉亲情传统。今天羌族分布的岷山弧形带区域内的几个石纽标志，是大禹出生地标的完整降生文化的精神链条，是一笔无与伦比的宝贵的活态记忆基因的非物质文化遗产资源，是今天构建大禹故里文化圈和大小九环旅游圈的历史依据。

今天羌人的游牧生活早已逝者如斯，但有关禹出生地的传说，不管在哪个地方发生，都应该值得保护和珍视，不必扬此抑彼，不必互争互夺，因为它们都是古羌游牧生活时代的精神信仰的留存。再不保护这些传说和圣地，就会造成历史的失忆和信仰记忆的残缺。我们总不能只承认一处大禹降生的地方，而放弃多处对大禹出生祭祀地标的敬畏之心，使多元一体的大禹降生文化被人为的争论湮没吧？那是对后代子孙的罪过。

所以，讲清楚古羌有关大禹石纽的神圣记忆，并在抗震救灾的社会教育中加以传承，对于坚守华夏民族精神家园有着重要的意义。

## 古今石纽辨

"'禹生石纽'本系神话，其言怀孕、分娩以及怀娩地点等等，莫不都是怪诞的神话。"[①]蒙默先生搜集古文献和20世纪三四十年代前辈学者的看法而提出的上述见解，我是赞同的。但蒙先生认为"这些神话不是产生在人类的童年，而是产生在文明时代的西汉晚期"，是谶纬神学兴盛时期编造的感生神话，我对这个看法则有异议。

蒙师文通与蒙师默两代，我有幸皆执弟子之礼，1962年我的大学毕业论文是蒙默先生主持答辩的。这里，提出异见，继续求教。蒙先生的论文是就实事必求其是的立场立论的，我的观点是就持论必在心灵的立场立论的，因此而有下列分歧。

我认为剥开荒诞神话的外壳，剔出谶纬之说加的遁甲开山迷雾之后，仍可细心地寻觅出原始部族夏后氏一系发迹的真实的历史素地。"禹生石纽"神话是先秦蜀人所传，是高阳颛顼集团自成一系的传说，是羌人、夏人与蜀人长期联盟一系的传说。禹、蜀、羌三支文化在发展进程中，相会于岷山，宛然石纽一样紧密地扭结在一起，形成大禹文化西兴东渐的源头，产生有关大禹

① 蒙默：《"禹生石纽"续辨》，《西华大学学报》2010年第4期。

的各种传说和神话。通过这些传说和神话，特别是有关大禹降生的神话，我们追索的是大禹所代表的夏后氏部族发迹之地的真实历史事实，是夏后氏部族，把大禹视为神的文化心理。《汶川志略》云："圣人以神称者，惟炎帝与禹耳。炎帝以医药永民命，万世享其寿，故称神农。禹以治水振民生，万世享其利，故称神禹。呜呼，非天下之至神，孰能与于斯？"由此可见，我们重视禹生石纽的传说，是因为历代后人有着对生于斯、长于斯、早期活动于斯的夏后氏祖先的一种神圣化的追忆，是历代后人对祖先功烈加以神化和圣化的文化心理的反映。这正是我们应该重视的民族文化精神传承的活态基因。诚然，前代确实有学者指出，此神话传说是"后人所为"，是"巫觋之谈"，这也没有错，这是就唯物的观点说的。反过来说，没有巫觋，就传承不下来这些非物质文化遗产；没有谶纬，我们就不知道古人的精神世界，这是就唯心的观点说的。唯物与唯心结合在一起，我们才能真正探寻远古前人的物质世界和精神世界。嘉庆时人李锡书、民国时人祝世德著汶志，述石纽，都说："发迹之地，吾人可冥然乎？"面对祖先筚路蓝缕创业发迹之地有敬畏之心，有异想天开、仰望星空的空灵怪诞，这正应抱有"理解的同情"，而不可冥然漠然视之的。这种精神境界同肉食者鄙时代的人只重物质物欲是不可同日而语的。值得注意的是，"禹生石纽"的传说，最早是汉代的文献，主要又是出自蜀人的记载，从扬雄到秦宓、谯周、陈寿和常璩。这个现象值得深思。至少说明汉代以前蜀人的文字记载是不发达的，记实记言的史学传统是不发达的，换句话说，理性逻辑思维不发达，但非理性的梦幻的形象思维却很发达。因此，司马相如到扬雄、谯周的八种《蜀本纪》都缺乏理性的蜀历史进程与逻辑进程相一致的史笔，这应该是一种可以理解的文化现象。

下面谨就古今石纽的变迁问题，验证一下上述论断。

## 一、“古石纽”与“今石纽”的概念，始见于宋代

“禹生石纽”是从“禹生于石”“夏社崇石”衍化出来的。由于“石纽”是种独特的标志物,因而成为寻找的标的,产生出“石纽”在何地的种种猜测。至今,见于文献的遗迹有十多处,因而引起禹生于何处的争论。其中得到公认的是今汶川和今北川两处石纽遗迹。对待这两处石纽,古人采取了宽容理解和科学阐释的态度。唐人认为“石纽”指的是“夏后氏发迹之地”。由于夏后氏部族在岷山活动范围很广,因而留下了多个“石纽”,供祭拜。这个看法不能不令人惊叹,古人的见解确实有其科学之处。

宋人则把汶川石纽和北川石纽做了古今的区分。南宋祝穆、祝洙父子的《方舆胜览》中,既在茂州记载了汶川的石纽,又在石泉军记载了北川的石纽,倒是非常宽容。其《成都府路·茂州·祠庙》说:“元和志:‘禹本汶山广柔人,生于石纽村。’其石绿色。古石纽在茂州,故有庙(指‘大禹庙’)。今石纽隶石泉军。”还说:“大禹生于石纽,江渎神生于汶川。”这里明确地把汶川石纽称为“古石纽”,而北川的石纽则被称为“今石纽”。

在《成都府路·石泉军·山川》里则记载了北川的“石纽山:本属茂州,今在石泉县南”。在“祠庙”里则记载了“大禹庙:在石纽山下江边”;“郡人以禹六月六日生,是日熏脩裸享,岁以为常。又见茂州”。在“四六”中又总结说:“石纽山乃神禹之所生。”

## 二、“石纽”圣地的大禹降生文化内涵

宋人把汶川和北川两处石纽划分为“古石纽”和“今石纽”,这是非常有见地的调和之论。唐宋时期是分界线。唐宋时期以前,“古石纽”是公认的。南

朝任豫、李膺分别著的《益州记》均记有大禹石纽。任豫说:“广平有石纽林,禹生处也,地方百许里,今人犹不敢居止。”李膺说:“岷山去成都五百里,有岷山县,江源所起也。故其西之八十里,江之南石纽,禹所生处。”任、李的说法与东晋常璩相同,指的都是汶川的“古石纽”,而任的说法透露了一条重要的信息:“石纽”所在方圆百里是羌人禁牧所在。因是大禹出生圣地,故方圆百里内是禁区,不得居住,亦不得放牧,有罪的人逃入其中不能追捕,三年后即可赦其罪,说明受到大禹的神佑。用今天观点看来,这是羌人最早禁牧还林的一块生态山林地域,是祖先崇拜的圣地。这个圣地在唐宋时期以后也许因各种原因而逐渐湮没无闻,故“石纽”方百里的圣地也就转移到了北川的禹里。有幸的是,清代《汶川县志》还留下了标有“天赦山”的地图,其旁是可以放牧的草坡。经过珠海邝坚、刘洋等同志的寻找,竟然找到了这块湮没已久的方百里山林,至今亦无人居牧。现在地名已被老百姓叫作“天禁山”,与县志地图“天赦山”名称不一。“天赦”之名,是从大禹可以赦人之罪的方面来取名的。“天禁”之名,则是从该地为居牧禁地的方面来取名的。这两个地名是一致的,只是观察的角度不同,它们都证明这里是大禹出生的圣地,是羌族历史记忆的传承,其恒久性是令人惊叹的。天禁山之侧紧连“草坡”地名,草坡正是羌人居牧之地,这个地名更反证了天禁山是居牧禁地。它们又与“石纽山”紧密相连,从而形成大禹出生地标的完整降生文化链条,这是十分可贵的。这是今天大禹故里旅游业一笔无与伦比的宝贵的活态记忆基因的非物质文化遗产资源,值得重新发掘和重视。

在我看来,有“禹生石纽”传说的十多处地方,都应该有“天赦”“天禁”的传说,都会有这样一块方百里不敢居牧的祭祀大禹之地。它们可以扩大禹降生文化的内涵而构成大禹故里的文化圈和旅游圈。这就是我们为什么这样重视“禹生石纽”的神话和传说的原因。

我同意今天应该学习宋人的智慧,把汶川称为“古石纽”,把北川称为“今石纽”,它们各有其价值,各有其大禹降生文化的不同传说。汶川是“天禁”“天赦”传说首先兴起的地方,北川是六月初六祭拜大禹,“熏脩裸享”的民俗首先兴起的地方。宋代人的这些观念是我们今天应该认真研究和继承的,而不要陷于为圣人你争我夺的无谓的争论。

回到争论的原点上来,还是得承认《史记》“禹兴于西羌”的记载是最准确最历史的说法。在西羌大范围内,各地肯定有不少有关大禹降生的神话和传说,这是今天值得重视的非物质文化遗产,也是今天构筑大禹故里文化圈和旅游圈最坚实的历史依据。

## 三、出现多个“石纽”的原因蠡测

岷山区域有多个石纽遗迹或传说的存在,其深层原因值得探寻。

这还得从羌族文化的源头说起。“羌”字在甲骨文中是牧羊人的形象,羌人是最早的牧羊部族。古羌是华夏诸部族一个重要的源头。它从河湟地区迁到岷山岷江,降居江水若水。由于游牧习俗,因而在各重要地段的中心聚落都留下了祭拜祖先的习俗和圣地,这是可以想象的。多个石纽遗迹和居牧圣地,是古羌人游牧习俗的体现。游走到一处地方居住,就留下一个祭拜大禹、不敢居牧、生态保护的圣地,留下有关大禹降生的传说,这是游牧文化的精华和精神信仰的结晶。而这些有关大禹生于石纽的传说又如此集中于岷山地区,集中于羌族活动区域,这又反而证明大禹降生是发生于古羌的传说,是高阳氏颛顼集团自成一系的传说,这是确定无疑的。

今天游牧生活早已过去。但有关大禹出生地的传说,不管在哪个地方发生,都值得重视,不可扬此抑彼,因为它是游牧生活时代精神信仰的反映和体现。再不保护这些传说和圣地,它就会造成历史的失忆,或者信仰记忆的残缺。我们总不能只承认一处大禹降生的地方,而使这些复杂的异彩纷呈的大禹降生文化被人为地湮没吧？那是对后代子孙的罪过。

（本文作者分别为四川省社会科学院研究员，西南民族大学文学院教授）

# 嵩山文化圈与大禹故地略论

徐日辉

中国地域辽阔,中部地区位置突出,所以历来有“得中原者得天下”的说法,而嵩山文化圈正是中原大地的核心区域。作为古人对客观事物的直观反映,依照马克思主义的观点,社会历史的决定性基础是经济关系,以及地理环境对社会发展的影响,探讨大禹之所以能够完成政治统一,能够治水成功的原因,有着积极的意义,现表述如下,不妥之处敬请有关方家指正。

## 一、嵩山文化圈的认识

大禹治水是中国人流传了四千多年的奇迹,是中华民族记忆当中最重要的历史事件,大禹由此成为了我们的骄傲。大禹之所以能够成功,与他所选择的政治中心——嵩山地区息息相关。马克思说“地理环境对于社会人类的影响,是一种可变的量”[①],以往这种影响“并不是决定的影响”[②],但“地理环境无疑是社会发展的经常的和必要的条件之一,它当然影响到社会的发展——加速或者延缓社会发展的进程”[③]。从这个意义上讲,地理因素对国家的建立和统治的维护都具有不可低估的作用;在科学不发达的古代,大禹之所以选择嵩山地区,关键正在于此。司马迁在《史记·货殖列传》中说:

> 昔唐人都河东,殷人都河内,周人都河南。夫三河在天下之中,若鼎足,王者所更居也,建国各数百千岁,土地小狭,民人众,都国诸侯所聚会,故其俗纤俭习事。

今河南黄河以北的嵩山地区正位于三河之中,“中”是古人对祖国大地的认识文化结晶,早期的“中国”指的就是天下之中、政治中心,更多的则是以权力中心为圆心的地区,还应当包括经济中心和文化中心。大禹当时的政治中心,正是以嵩山为代表的中原地区,“中原地区在中国历史上之所以重要,一个重要原因就是它在地理位置上占全国的中心,从文化内涵上能吸收和容纳周围甚至边远地区的文化因素”[④]。

在学者们讨论文明起源的诸理论当中,有一理论就是“环境限制论”,认为文明的起源与生态环境有直接的关系。作为一种理论,不无道理。环境对人类的生存和文明的发展无疑有着重大的影响,有时甚至可以左右社会的发展。在生产力低下的古代社会,自然的力量举足轻重,当时的人们只能在很有限的范围内获取生存的空间。因此,古人们在选择自己的发展基地时非常注重优越的生态环境,这是确保生存、谋求发展的先决条件,其中背山临水之地便成为了首选,尤其是河谷川地和第一、二阶台地生态环境优越,最适合人

---

① 《普列汉诺夫哲学选集》第二卷,人民出版社,1956年,第170页。
② 斯大林:《列宁主义问题》,人民出版社,1972年。
③ 斯大林:《列宁主义问题》,人民出版社,1972年。
④ 李学勤:《河洛文化与殷商文明·序》,河南人民出版社,2007年。

类生存,嵩山文化圈正是“中国史前时期一个重要的农业区”[①]。此说很有道理,当我们看到中原地区数百座文化趋同又特色各异的城市时,才真正体会到人类沿河发展的历史足迹。

现在我们讨论大禹与嵩山文化圈的关系,实际上应该是地理环境作用于人、制约人并影响社会发展等问题,即人地关系。中原地区历史悠久文化绵长,距今8000年前的裴李岗文化[②],濮阳西水坡新石器时代遗址的蚌龙[③],淮阳的伏羲之都,都充分展示出中原地区悠久的历史文明。根据马世之先生的研究,夏、商、周以来中原地区曾经出现过大大小小的古国180多个[④],文化底蕴之深厚由此可见。

自商周以来,中国的政治中心就在河南,因此把嵩山定为中心后就有了五岳。嵩山以西的华山就是西岳,嵩山以东的泰山就是东岳,嵩山以北的恒山就是北岳,嵩山以南的衡山就是南岳,这是以政治中心来确定方位的。政治中心的表示就是它的城墙,如果没有城,就不是王国所在地,政治中心也就不存在了。对古城的研究由来已久,这也一直是大家所关心的问题,当然禹都阳城、二里头、夏启之都的新砦遗址等正是我们现在已经掌握的几个重要的夏代遗址,不难发现它们都属于嵩山文化圈的范围,这也正是地理环境的积极作用的结果。

迄今为止人类的活动还是没有离开地球,因此,地理环境对于我们人类的生存和发展而言至关重要。俄国著名的哲学家普列汉诺夫,从地理环境影响社会发展这一要点出发,特别强调:

> 地理环境的特性决定着生产力的发展,而生产力的发展则决定着经

---

① 吴汝祚:《初探中原和渭水流域史前农业及其有关问题》,《华夏考古》1993年第2期。
② 中国社会科学院考古所河南一队:《1997年裴李岗遗址发掘报告》,《考古学报》1984年第1期。
③ 濮阳市文物管理委员会、濮阳市博物馆、濮阳市文物工作队:《河南濮阳西水坡遗址发掘简报》,《文物》1988年第3期。
④ 马世之:《中原古国历史与文化》,大象出版社,1998年。

济关系以及随着经济关系之后的其他一切社会关系的发展[①]。

在普列汉诺夫看来地理环境影响社会历史的发展,因为“自然界对社会生产力状况,并且通过生产力状况对人类的全部社会关系以及人类的整个思想上层建筑产生影响”[②]。普列汉诺夫虽然强调地理环境“对人类的全部社会关系以及人类的整个思想上层建筑产生影响”,“无论是用来满足人的需要的自然物品的性质,或者是人们自己为着同样的目的而生产的物品的性质,都是受着地理环境的特性来决定的”[③],但是,他认为地理环境不是决定因素,而是一种可变的量。普列汉诺夫指出:

> 地理环境对于社会人类的影响,是一种可变的量。被地理环境的特征所决定的生产力的发展,增加了人类控制自然的权力,因而使人类对于周围的地理环境发生了一种新的关系。[④]

考察人类的发展历史,确实是这样,生产力越是落后,人类对地理环境的依赖性就越大,尤其在远古时期,先民们只能依靠大自然的恩赐来维持自己的生存,而且在相当长的时间内选择地理环境、依靠自然资源是唯一的手段。因此,我们看到发达的古代社会都是在地理环境优越的地区,正如黑格尔所说:“在寒带和热带上,找不到世界历史民族的地盘。”[⑤]地理环境符合社会发展的实情不容置疑,大禹所在的嵩山文化圈也正处于地理环境非常优越的中原大地。

人与自然环境的关系,文化与地理的关系由来已久,这不是今天我们的发明,从夏朝以来人们就已经认识到该关系的存在,只是没有上升到理论的层面而已。著名的《尚书》记载:“禹别九州,随山浚川,任土作贡”“禹敷土,随山刊木,奠高山大川”。九州,指冀州、兖州、青州、徐州、扬州、荆州、豫州、梁

---

① 《普列汉诺夫哲学著作选集绪论》,生活·读书·新知三联书店,1959年,第15页。
② 《普列汉诺夫哲学著作选集》第一卷,生活·读书·新知三联书店,1959年,第484—585页。
③ 《马恩选集》第二卷,人民出版社,1959年,第70页。
④ 《普列汉诺夫哲学著作选集》第三卷,生活·读书·新知三联书店,1959年,第170—171页。
⑤ 黑格尔:《历史哲学·历史的地理基础》。

州、雍州。

现藏上海博物馆的楚简亦有九州以及大禹治水的记载，其中有关豫州的记载是：

禹乃通伊、洛、并里瀍、涧，东注之河，于是乎豫州始可处也。

九州的记述不仅体现着古人对中国地理环境的认识，而且它尤其注重各州都不同的经济状态与人文风貌，是真实的历史记录。以豫州为例，《禹贡》记载：

荆河惟豫州：伊、洛、瀍、涧既入于河，荥波既猪。导菏泽，被孟猪。厥土惟壤，下土坟垆。厥田惟中上，厥赋错上中。厥贡漆、枲、絺、纻，厥篚纤纩，锡贡磬错。浮于洛，达于海。

在这里，我们首先看到的是豫州的地理环境、物产和人文特色。所谓一方水土养一方人，讲的正是地理环境与人的和谐关系。

《禹贡》是我国最早的历史地理文献，过去认为成书于战国时期，托禹治水记载分九州之事，有学者甚至认为是伪书，现在看来"《禹贡》是真书"，如"筱簜既敷"之"簜"，《尔雅·释草》"簜，竹"；"岛夷卉服"之"卉"，《尔雅·释草》之"卉、草"等[①]，由此可见，《禹贡》是可信的历史记录。另外，新出的遂公盨铭文中亦有"天命禹敷土，随山濬川"之句[②]，遂公盨是距今 2900 多年前西周中期的器物，从文化的连续性讲，亦可作为重要的证据。

地理首先是自然存在，其次才是人类通过对自然环境的认识和改造所形成的一种文化现象，地理概念是人类长期生产生活实践的结果，数千年形成的天、地、人相互和谐的统一观，反映出古人探索自然的认识水平。由于人是在地理环境中生存的，所以一切活动都在围绕着地理环境而展开，这是先决条件，大禹以嵩山为政治中心，正是第一次成功的实践。

① 刘建国：《先秦伪书辨正》，陕西人民出版社，2004 年，第 25 页。
② 李学勤：《论遂公盨及其重要意义》，《中国历史文物》2002 年第 6 期。

## 二、大禹与夏禹

大禹,是几千年来中国人的习惯称谓,潜台词就是大禹治水妇孺皆知。但是在司马迁的笔下却是这样的:

> 夏禹,名曰文命。禹之父曰鲧,鲧之父曰帝颛顼,颛顼之父曰昌意,昌意之父曰黄帝。禹者,黄帝之玄孙而帝颛顼之孙也。禹之曾大父昌意及父鲧皆不得在帝位,为人臣。

《史记集解》称:"谥法曰'受禅成功曰禹'。"《史记正义》称:"夏者,帝禹封国号也。"夏是国名,禹是人名,司马迁将夏置于禹的前面,意义非常深远。如同他在《史记·五帝本纪》中有关黄帝的记载一样:"黄帝者,少典之子,姓公孙,名曰轩辕。生而神灵,弱而能言,幼而徇齐,长而敦敏,成而聪明。"也是将黄帝置于姓名的前边。但是,司马迁在黄帝和大禹的问题上的不同之处就在于"维禹之功,九州攸同"[①],承认大禹统一九州建立国家的伟大功绩[②]。

黄帝在整个中华民族发展的历史长河中,是作为一种认同始祖的文化信息出现的,当然他首先应该是作为历史时期的杰出代表,并且得到了官方的认可[③]。

黄,从田,与黄帝出生的黄土地有关。《说文》曰:"黄,地之色也。从田从炗,炗亦声。炗,古文光。"因此《易·坤卦》称:"天玄而地黄。"就农业文明而言,黄土壤确实有着十分明显的肥力优势,它对中华民族的发展起着不可替代的生存作用。有专家指出:"黄土一般具有良好的保水性和供水性能,在雨

① 《史记·太史公自序》。
② 徐日辉:《〈史记·五帝本纪〉之黄帝考疏》,《逐鹿中原》,陕西人民教育出版社,2006年。
③ 徐日辉:《伏羲与炎黄之考察》,《中华伏羲文化研究论文集》,甘肃文化出版社,2012年。

量较少的情况下,粮食作物的收成高于其他土壤。"[①]这就是我们中国人崇拜黄土、看重黄泉,以"黄"为贵、以"黄"为尊的由来。因此上述黄帝之所以称其"黄"者,说穿了就是农业民族的象征[②]。依据司马迁行文的惯例,对照黄帝的记载,再来研究"夏禹"的内容,问题相对好解决一些。

夏是国名,古今亦然。司马迁之所以将夏放在禹之前,称之为"夏禹"者,其核心是表明在此之前中国没有国名,是以部族为名号的,至禹建国号夏开始,中国才真正有了国名,寓意即此。

夏,古民族,以龙为图腾;亦指活动范围,最初主要在晋南和豫西一带,随着时间的推移和不断开拓发展,逐渐形成了以中原地区为中心区域向周边辐射的态势,最终成为中华民族之主干区域。

禹,为名,亦为号。北宋宣和五年(1123年)出土于齐国古都临淄的《齐侯钟镈》铭文曰"处禹之堵",1919年出土于甘肃省天水西南乡的春秋时期秦公簋铭文曰"鼏禹宅迹",新出西周中期偏晚的遂公盨铭文曰"天命禹敷土":是为佐证。

对照司马迁《史记·五帝本纪》"黄帝者,少典之子,姓公孙,名曰轩辕";《夏本纪》"夏禹,名曰文命";《殷本纪》"殷契,母曰简狄……";《周本纪》"周后稷,名弃",可以清楚地看出,从黄帝以下的夏、商、周三代,均是以国名、地名为起首的。所以《史记索隐》称:"契始封商,其后裔盘庚迁殷,殷在邺南,遂为天下号。"《史记正义》称:"因太王所居周原,因号曰周。"可见在司马迁的时代人们的认识是"夏禹",而不是今天的"大禹",也就是国名和地名是在人名的前边,是因国或居地而称,这也正是我们探讨大禹故地的前提。

---

① 何炳棣、马中译:《中国农业的本土起源》,《农业考古》1984年第2期。

② 徐日辉:《〈史记·五帝本纪〉之黄帝考疏》,《逐鹿中原》,陕西人民教育出版社,2006年。

## 三、文化意义的绵长

大禹建立夏朝已为公认，并且已由夏商周断代工程给出了确切的年代，为公元前2070年。考察大禹活动的中心，其主要在中原地区，对此，钱穆先生曾经指出：

余前论古代关于夏禹传说之地望，乃起自今河南西部山地，而北极于黄河北岸今山西之南部。此篇略考黄帝传说故事，其地望乃与夏禹传说不期而合。然则言黄帝夏禹者，其殆为古代比较相近之两民族所传述也。[①]

考古发现夏禹的政治中心在今河南登封市的王城岗一带[②]，即史称之"禹都阳城"，史书有明确的记载，《史记·夏本纪》记载：

帝舜荐禹于天，为嗣。十七年而帝舜崩。三年丧毕，禹辞辟舜之子商均于阳城。天下诸侯皆去商均而朝禹。禹于是遂即天子位，南面朝天下，国号曰夏后，姓姒氏。

此为禹都阳城之始。又古本《竹书纪年》亦记载：禹"居阳城""立四十五年"。依据文献记载，大禹治水完成以后，其发展空间的形成是以登封市为中心，向周边地区进行辐射。当然，登封王城岗一带的阳城作为大禹的故地，于情于理都说得通。

登封市阳城作为大禹故地，由于大禹的存在便与中岳嵩山发生了极为密切的关系，不但开启了今天的嵩山文化圈，而且成为大禹文化的重要构成，而登封王城岗一带河南龙山文化、二里头文化及负黍城遗址、双庙沟遗址、南洼遗址、杨村遗址等众多夏文化遗址的发现，则给予其有力的支撑。

更为重要的是，构成大禹文化向四方辐射的中心恰恰是在以嵩山为中心

① 钱穆：《古史地理论丛》，生活·读书·新知三联书店，2004年，第151页。
② 李先登：《夏文化与中国古代文明起源》，《中原文物》2003年第3期。

的嵩山文化圈。历史悠久的黄帝文化、大禹文化、夏文化、周文化在这里以人和自然的最完美的结合，成为嵩山文化圈的灵魂。

正是因为大禹故地在此，所以，几千年来登封一带留下了大量的禹文化的遗迹和民间传说。常松木先生《永远的大禹》一书的统计表明，此处大禹文化胜迹至少有50多处，其中尤以生大禹儿子的“启母石”和汉三阙（启母阙、太室阙与少室阙）最为著名。汉三阙是祭祀中岳嵩山的建筑物证，更是大禹故地特有的大禹文化的物证。

启母石，是夏启母亲化成的石头，目前全国有三处影响最大，分别为安徽怀远县涂山、重庆市和登封市的嵩山。河南省登封市的启母石位于嵩山万岁峰下的山坡上。其实嵩山的启母石历史非常悠久，刘知幾《史通》称：“汉元封元年，武帝幸缑氏，制曰：朕至中岳，见启母石。云化石启生，地在嵩北。”由此可见至少在西汉武帝时期启母石就已经成为祭祀大禹的神物。

东汉延光二年（123年）颍川太守朱宠曾在启母石前建启母庙，该庙唐朝还在，里边供奉的正是启母石。今天虽然启母庙已毁，但是启母庙的基址尚存在，启母阙至今依然存在。

启母阙建于东汉延光二年，即123年，是目前我们所能见到的最早的官方建筑，具有十分重要的意义。其中，启母阙上雕刻有禹化熊图和启母化石图等，从一个侧面表现出大禹治水的历史事迹以及与这里非同寻常的关系。从民俗文化角度出发，启母亦是古代生殖崇拜的遗迹，也就是所谓的“禖神”，即古人崇拜的生殖神。

阳城作为夏朝的都城，大禹的政治中心和生活故地，其地域正好属于嵩山文化圈的范围。其实黄帝的活动中心同样在嵩山文化圈的范围之内，其活动故里被认为在今天的新郑市，也有认为在今天的新密市[①]。还有大禹儿子

① 徐日辉：《钱穆所论黄帝政治中心的考古印证》，《浙江工商大学学报》2008年第6期。

启的都城在今天河南省的新密市，具体就是新砦遗址，无论是禹都还是启都，其生活中心都在同一地区。即不管是何种说法，都没有跳出嵩山文化圈。历史就是这样，不以我们今天的意志为转移。

2014年11月，我与郑州大学、河南大学、河南科技大学的几位先生一同考察了新密市的史前文化，在当地邓市长和杨建敏先生、郭雪伟先生、郑观杭先生、刘峰亭先生等的陪同下，先后考察了伏羲山织机洞、李家沟遗址、莪沟遗址、天爷洞遗址、新砦遗址、古城寨等。看到了从10万年前到今天的文化延续，十分地独特和神奇。新密市的新砦遗址，被专家们认为是“夏启之居”“启都夏邑”。将这里密集的史前文化遗迹联系起来考察，必会有新的收获。

大禹治水为民兴利除弊，其公而忘私的精神至今激励着每个中国人。人们对大禹的信仰，不是宗教，而是对祖先的祭奠与怀念，还是中华民族优秀的文化传统。毫不夸张地说，这些彰显大禹治水业绩的物质遗存，其核心正是四千年来形成的非物质文化遗产的具体表现。几千年来人们通过表彰大禹治理水患的业绩、公而忘私的精神，来歌颂劳动人民战天斗地的伟大壮举；通过赞美大禹使大禹精神发扬光大，也使大禹成为中国人引以为骄傲的楷模、弘扬中华民族精神的典范。

大禹治水距离今天毕竟已有四千多年了，如此长的距离感是无法消除的，唯一的希望就是拉近，而非物质文化遗产正是最有效的黏合剂，包括世代流传在大禹故地的民间神话故事如“启母石”“盗土治水”“舜王访贤”“崇伯点化”“禹治洪水过家门”“大禹为熊”等有关大禹的传说故事，毋庸置疑，对于我们进一步认识嵩山文化圈以及大禹故地有着积极的意义。

（本文作者为浙江工商大学人文学院教授、中国旅游文献研究所所长）

# 黄帝及其嫡系后裔地望史迹丛考

刘俊男　易桂花

中国先秦史学会与河南省炎黄文化研究会、黄河文化研究会、登封市政协在登封联合召开“2015 中国登封大禹文化研讨会”，主要研究当地的大禹史迹。笔者曾对黄帝、尧、舜、禹等传说帝王的史迹有所研究，因而有幸被邀参加。笔者以为，大禹是传说人物，对其事迹的了解应建立在对所有传说人物史料的系统整理的基础之上。从学术界的研究看，由于各传说人物的史迹非常繁杂，甚至还互相矛盾，因而传说时代的研究真是百花齐放、百家争鸣，难于取得统一意见。笔者对大禹等传说时代的研究虽然发过一些文章，但也显得比较零乱，在科学出版社出版的拙著《长江中游地区文明进程研究》中对传说人物有所论述，而学术性专著毕竟只是少数人所拥有的，广大读者难于看到，因而总想找个机会将过去的研究集合成一篇较全面系统的研究论文，以便让更多读者有个全面的了解并与同人们切磋。本文就是本着这种想法而成的文章，请指正。

## 一、黄帝的出生地及其北渐史迹

黄帝史迹本应与伏羲、神农一起研究,才有整体观念,但由于本文篇幅有限,只从黄帝开始,有关伏羲、神农的史迹详见专论。[①]

笔者认为,黄帝是末代神农的儿子,与蚩尤是兄弟。黄帝本生于南方,为抗击北方少数民族入侵而长期生活在北方,并与蚩尤南北对峙,待灭蚩尤后,在洞庭湖一带称帝,详见笔者拙文《黄帝史迹考》。[②] 现将主要观点与分析综合如下。

按《汉书·古今人表》:"少典,炎帝妃(《汉书》将神农氏称为炎帝,此处炎帝当指神农氏——引者注),生黄帝",又按《国语·晋语四》:"昔少典娶于有蟜氏,生黄帝、炎帝",所谓"少典娶于有蟜氏",指神农氏有很多妃子,其中少典是从有蟜氏娶来的。现代家谱也常如此记载,如赵三有李氏、张氏、王氏三个妻,便记曰李氏娶于李家农,张氏娶于张家湾……有人将少典说成是男性古帝,不妥,古帝中从来就不见少典。《国语·晋语四》中的"炎帝"当指蚩尤,如前文笔者所论,在汉代以前的古籍中,炎帝多指蚩尤。在东汉以后,神农(炎帝)与蚩尤(炎帝)事迹相混,详见笔者拙作《华夏上古史研究·炎帝蚩尤与神农的纠葛》。又据《新书·制不定》:"炎帝者(此炎帝指蚩尤),黄帝同父母兄弟也(或作同母异父兄弟)",这与《国语·晋语四》相印证,证明炎帝(指蚩尤)与黄帝为兄弟,都是末代神农榆罔的儿子,从汉刘歆、班固开始将其混淆。[③]《史记·五帝本纪》载蚩尤不用帝命而作乱,该书卷二十《索隐》引田千秋之言说:"子弄父兵,罪当笞。父子之怒,自古有之,蚩尤畔父,黄帝涉

① 刘俊男:《长江中游地区文明进程研究》,科学出版社,2014年,第296—307页。
② 刘俊男:《黄帝史迹考》,《山东师范大学学报》2004年第2期。
③ 刘俊男:《伏羲神农炎帝考》,《山东师范大学学报》1999年第2期。

江。”这里也说明了黄帝、蚩尤兄弟弄其父末代神农之兵。《路史·后纪四·蚩尤传》罗苹注曰:“蚩尤,炎帝(从《汉书》开始指神农氏)之后,恃亲强恣逐帝而自立”,也证明黄帝、蚩尤是末代神农之子。

关于黄帝的生、葬地,现存先秦古籍多无载,难以稽考。晋武帝时出土的战国时魏国墓中的《竹书纪年》以及引用古本《竹书纪年》81 处[①]之多的《路史》等皆云:黄帝生于“寿丘”。那么“寿丘”在何处?罗苹注《路史》曰:“寿丘在上邽,或云济南,《世纪》又以为兖,俱非,详《水经注》。”而《水经注·渭水》云:“南安姚瞻以为黄帝生于天水,在上邽城东七十里轩辕谷。皇甫谧云生寿丘,丘在鲁东门北,未知孰是也。”而《玉函山房辑佚书·河图稽命征》曰:“生黄帝轩辕于青丘。”这些就是关于黄帝生地的明确记载。可见,“寿丘”“青丘”在何处仍是个谜。

笔者认为,寿丘(或曰青邱)应在古长沙国,理由如下。

第一,古人用星宿的位置来表达地理位置。28 宿分布在赤道南北 40 度的范围内,每个星宿皆有垂直地球某纬线的位置,在地球上观察,其一天绕地球一圈,即每小时大约转 15 度,如果每天皆以同一时刻来观察,则一年也是大约转一圈,因而相对某一地点来说,星宿又能与经度建立对应关系,还能与时间建立对应关系。这种对应的科学性详见笔者拙文《上古星宿与地域对应之科学性考释》。天上的长沙星(寿星)、青邱星对应地上的长沙国(寿丘)、青丘国(据《路史·国名记》在楚东南)。《南岳志》卷一引《星经》云:“《黄帝占》曰,轸者以侯王者寿命,故置长沙一星以延期。”又云:“玉衡主荆州,而长沙一星在轸中主寿长子孙昌,亦曰寿昌之次。衡岳旧属长沙,故又称为寿岳。”《史记·天官书》:“轸为车,主风。其旁有一小星,曰长沙。”《正义》:“长沙一星在轸中,主寿命。”张衡曰:“长沙一星在轸中,亦曰寿星之次。”(《攸县志·星

① 方诗铭、王修龄:《古本竹书纪年辑证》,上海古籍出版社,1981 年,第 170—187 页。

野》同治版)其《天象赋》又曰:“爰周轸翼,厥土惟荆,长沙明而献寿,车辖朗而陈兵。”因此,长沙星又名“寿星”,其所处之“次”便名为“寿星之次”。考长沙之地名除隋、唐、宋、元称潭州,战国时又称青阳外,其他各代均称长沙,且长沙之地名最早见于《山海经·海内经》,曰:“南方有苍梧之丘,苍梧之渊,其中有九嶷山,舜之所葬,在长沙零陵界中。”既然长沙星又别称“寿星”,那么长沙之地便可别号“寿丘”①。何况旧属长沙的南岳衡山一直被称为“寿岳”。汉时在洞庭湖边设有汉寿县,三国吴时,汉寿改称吴寿,皆有传祚无穷之意。

第二,黄帝的祖先神农、正妃嫘祖(亦作雷祖)、儿子玄嚣(青阳)均生活在荆楚。神农在湖南,前文已述。《史记·五帝本纪》:“嫘祖为黄帝正妃,生二子,其后皆有天下,其一曰玄嚣,是为青阳,青阳降居江水。”由此可知青阳在长江流域。南岳七十二峰有嫘祖峰,下有先蚕冢,传说黄帝之元妃雷祖葬于衡山。《衡湘稽古》:“雷祖从帝南游,死于衡山,遂葬之。今岣嵝有雷祖峰,上有雷祖之墓,谓之先蚕冢,其峰下曰西陵路,盖西陵氏始蚕,后人祀之为先蚕也。”

黄帝既是南方人,他为什么主要活动在北方?原来,末代神农榆罔时内忧外患,外有北方荤粥等族入侵,内有蚩尤等趁机作乱。例如,《史记》所载:“神农氏世衰,诸侯相侵伐,暴虐百姓,而神农氏弗能征,于是轩辕乃习用干戈以征不享……东至于海,登丸山及岱宗。西至于空桐,登鸡头。南至于江,登熊湘,北逐荤粥,合符釜山,而邑于涿鹿之阿,迁徙往来无常处,以兵师为营卫。”这里清楚地告诉我们,黄帝并没有定都北方,而只是打仗时在北方设了些“营卫”。另外,司马迁简短的文字未能将黄帝与蚩尤合作及南北分治的那

① 古人为避洪水常依丘而居(参见胡厚宣《卜辞地名与古人居丘说》),《广雅》云:“小陵曰丘。”古代的“某丘”,常和某些特征连在一起,作为某地的别号,如“一成为敦丘,再成为陶丘,三成为昆仑丘。如乘者,乘丘……水出其右者正丘,水出其左者营丘……左高,咸丘。右高,临丘……”(参见《尔雅·释丘》)

一段历史叙述清楚。事实上,为了对付诸侯之乱,轩辕与蚩尤进行了很好的合作。神农榆罔对蚩尤和轩辕做了分工,这见于《逸周书·尝麦解》:昔天之初,□作二后(指黄帝与其弟蚩尤——引者注),乃设建典命,命赤帝(指末代神农榆罔——引者注)分正二卿(同上黄帝、蚩尤"二后"——引者注),命蚩尤于宇少昊,以临四方,司□□上天末成之庆。蚩尤乃逐帝,争于涿鹿之河,九隅无遗。赤帝大慑,乃说于黄帝,执蚩尤,杀之于中冀,以甲兵释怒,用大正顺天思序,纪于大帝。用名之曰绝辔之野。乃命少昊清司马、鸟师,以正五帝之官,故名曰质。天用大成,至于今不乱。

《路史·后纪四·蚩尤传》说:"……乃分正二卿,命蚩尤宇于小颢,以临西方,司百工。"《路史·后纪四》对这段历史说得更为翔实。榆罔本人则与黄帝一起出征东北方,先迁至陈,再迁至曲阜[①],后更深入北方,"邑于涿鹿"。轩辕挟天子以令诸侯,北征事宜皆由他决定,即《龙鱼河图》所谓的"黄帝摄政"(《史记正义》所引,《太平御览》引此时,擅加一"前"字,云黄帝摄政前蚩尤就开始作乱,非也)。

黄帝摄政引起了蚩尤的不满,于是蚩尤起而与黄帝争夺神农榆罔的帝位,如载"产乱出羊水,登九淖以伐空桑,逐帝而居于涿鹿,兴封禅,号炎帝","蚩尤氏强,与榆罔争王于涿鹿之阿"(《太平御览》卷五十六引《帝王世纪》),于是"赤帝(当指末代神农榆罔——引者注)大慑,乃说于黄帝,执蚩尤杀之于中冀《逸周书·尝麦解》"(非马上杀死,详见下文)。

蚩尤逐帝不成功,被黄帝制伏而为之主兵,并达成妥协,二分天下而治之。有如下记载:"……天遣玄女下授兵信神符(盖言后妃宫女之类偷兵符助黄帝战——引者注)制伏蚩尤,帝因使之主兵,以制八方。蚩尤没后,天下复扰乱,黄帝遂画蚩尤形象以威天下,天下咸谓蚩尤不死,八方万邦皆为弭服。"

① 《史记正义》(《周本纪》《五帝本纪》),其中炎帝为神农之误,详见刘俊男:《炎帝就是蚩尤》,《山东师范大学学报》1997年第6期。

(《绎史》引《龙鱼河图》)《管子》也云:“昔者黄帝得蚩尤而明乎天道……故使为当时”,是黄帝六相之首。但在地域上则各有其范围,炎帝蚩尤在南,黄帝轩辕在北,所以汉代田千秋说“蚩尤畔父,黄帝涉江”。西汉贾谊的《新书》说:“炎帝者(指蚩尤——引者注),黄帝同父母弟也,各有天下之半。”

黄帝最终战胜蚩尤而一统天下,遂在洞庭湖边铸鼎作乐、即帝位,代神农氏。《庄子·天运》:“帝张《咸池》之乐于洞庭之野。”[①]《湖南风物志》说:“君山……山上有轩辕台,传为黄帝铸鼎的地方。”唐代胡曾诗道:“五月扁舟过洞庭,鱼龙吹浪水云腥,轩辕黄帝今何在?回首巴山芦叶青。”《湖广通志》卷八十一:“轩辕氏陵在湘阴县鼎湖。按《史记·五帝本纪》注,黄帝冢在上郡桥山……旧志讹。”仅因《史记·五帝本纪》注而否定湘阴县旧志,不妥。《史记·封禅书》的记载很明确,今陕西桥山为衣冠冢。而在湘阴县原本就有“黄陵”的地名[②],应该不会是空穴来风。

总之,我们认为,黄帝本是南方神农氏后裔,为抗击北方游牧部落入侵而至北方替神农氏征伐,并开拓了北方疆土,因与其兄弟蚩尤争天子位而南北分治,黄帝主要活动在北方,待灭蚩尤后又在洞庭湖边即帝位,代神农氏而为天子。

## 二、黄帝的南方后裔及史迹

《史记·五帝本纪》有一段很有指导性的记载:黄帝“娶于西陵之女,是为嫘祖。嫘祖为黄帝正妃,生二子,其后皆有天下,其一曰玄嚣,是为青阳,青阳

① 《庄子·天运》篇,据今人张远山30多年的潜心考证,成文于庄子弟子或再传弟子,见于魏牟版《庄子》初始本。张先生考证魏牟为战国时人,稍晚于庄子。魏牟版《庄子》初始本成书于公元前256—前240年。参见张远山:《庄子复原本注译》,江苏文艺出版社,2010年,第1—7、20、21、709页。

② 《水经注·湘水》:“湘水……又北径黄陵亭西,右合黄陵水口。”

降居江水；其二曰昌意，降居若水……帝颛顼高阳者，黄帝之孙而昌意之子也……高辛父曰蟜极，蟜极父曰玄嚣，玄嚣父曰黄帝，自玄嚣与蟜极皆不得在位，至高辛即帝位”。《史记·夏本纪》载：“禹之父曰鲧，鲧之父曰帝颛顼，颛顼之父曰昌意，昌意之父曰黄帝。禹者，黄帝之玄孙而帝颛顼之孙也。”《史记》采自《五帝德》《帝系姓》，对其世系可能有所缺漏。《路史》引古本《竹书纪年》黄帝至禹为世三十，因此《史记》有遗漏，或将此中“父”理解为祖先，将“孙”理解为后裔，将“玄孙”理解为远裔亦可。《尔雅·释亲》：“孙之子为曾孙，曾孙之子为玄孙。”郭璞注：“玄者，言亲属微昧也。”

《史记》明确阐明黄帝之后裔有二系，其一为西陵氏、玄嚣（青阳）、高辛、帝挚、帝尧，其二为昌意、颛顼、鲧、禹，此二系之后裔皆拥有天下。

因为玄嚣（青阳）居于江水，因此，高辛、帝尧作为玄嚣后代，居江水一带极有可能。《路史·发挥五·论舜不出黄帝》也云“帝喾之出江水”，《山海经》也有帝喾、帝尧、帝舜同葬岳山或尧与帝喾葬狄山的记载（详见下文“帝尧”部分）。因此，长江中游的古部族主要可能以西陵氏、玄嚣（青阳）、高辛、帝挚、帝尧一系为主。也有炎帝、楚祖先祝融的传说，还有古“巴”等少数民族。[①] 这个区大体相当于大溪—屈家岭—石家河文化区。

因为昌意降居若水[②]，“若水”或曰在今四川，如《史记索隐》（卷一）“江水、若水皆在蜀”，今人李炳海先生也认为在蜀[③]；马世之[④]、许顺湛[⑤]先生等认为当今之淮河支流汝水上游，汝、若二字音近可通。而昌意娶蜀山氏女生颛

① 按王善才：《清江考古》（科学出版社，2004 年，第 507—511 页），清江流域为古巴人发源地。

② 《路史·后纪八》卷十七曰：“杜预以为昌意所封在都，都乃襄州乐乡矣。”（襄州在今之襄阳）《山海经·海内经》：“南海之内……有木名曰若木，若水出焉……有九丘，以水络之，名曰陶唐之丘。”则“若水”又应当在南方，在陶唐之丘附近。存此待考。

③ 李炳海：《〈山海经〉江汉沿岸的冢陵传说及楚族的自川入鄂》，《江汉论坛》2011 年第 7 期。

④ 马世之：《中原古国历史与文化》，大象出版社，1998 年，第 442—446 页，其文曰：“《世本·氏姓篇》载：‘都，允姓国，昌意降居为侯。’又《竹书纪年》云：‘昌意降居若水。’古代若、汝音同义通，黄帝支系昌意族活动的若水，即今河南境内北汝河。”

⑤ 许顺湛：《五帝时代研究》，中州古籍出版社，2005 年，第 79—81 页。

项，颛顼葬于河南濮阳附近，大禹又“出于西羌”（出处详后），因此，昌意、颛顼、鲧、禹一系可能在西北（西羌）及中原地区，大体相当于包括甘肃和青海地区在内的较宽泛的仰韶文化所涵盖的地区。

（一）西陵氏、玄嚣与帝喾的地望

西陵氏是黄帝妻嫘祖的家族，西陵氏在何处？众说纷纭。朱绍侯先生作《嫘祖故里试探》[①]一文列举了14处之多，如四川的茂县、盐亭、乐山，湖北的宜昌、黄州、安陆、浠水，河南的西平、开封、荥阳，浙江的萧山、杭州，山东的费县，山西的夏县等地都有嫘祖的传说和遗迹，都说本地是嫘祖的故里。在以上14处嫘祖故里传说中，朱绍侯先生认为以四川、湖北、河南几处最为活跃，且又颇为自信，故着重探讨了四川、河南、湖北三省的说法。朱绍侯先生说他最早倾向于嫘祖故里在黄州的说法。后来见到《武威汉简》的记载，在汉成帝时汝南郡有西陵县，又考虑到汝南郡西陵县距黄帝故里新郑较近，同属于仰韶文化区，而黄州的西陵县距黄帝故里新郑较远，在当时的交通条件下，黄帝在千里之外的黄州向嫘祖求婚的可能性不大，故改从汝南郡西陵为嫘祖故里说。笔者认为，朱绍侯先生所着重讨论的三种说法可能性更大，并且有一点是相同的，即无论哪种说法，都没有超出原屈家岭文化或石家河文化的范围，因此属于长江中游地区的可能性较大。对于朱绍侯先生的西平说，笔者拟在如下几个方面提出来进一步探讨：第一，西平说似乎只能追溯到西汉设的西平县，而湖北还有更早的战国地名西陵。第二，朱绍侯先生认为黄帝与嫘祖通婚不应相隔太远。我们认为，黄帝居新郑之说晚出[②]，不太可靠。《史记·五帝本纪》集解引皇甫谧曰：“居轩辕之丘，因以为名，又以为号。”《山海经》曰：“在穷山之际，西射之南。”而《山海经》里的轩辕之丘皆在“西北”，按现今之方位，盖在陕西、甘肃一带（若以上古之方位，地之方位从属于天之方位，即

① 朱绍侯：《嫘祖故里试探》，《许昌学院学报》2007年第6期。

② 最早见于《太平御览》卷155，引自《帝王世纪》：“或曰：黄帝都有熊，今河南新郑是也。”

地之方位向逆时针方向旋转了约70度,详见笔者拙文《上古星宿与地域对应之科学性考释》,则或应当在河北涿鹿附近,《史记·五帝本纪》黄帝“邑于涿鹿之阿”),不一定在河南新郑。梁代任昉《述异记》载,“南海中有轩辕丘”,则南方也同样有轩辕丘。第三,古代虽没有现代之交通工具,但同一文化可传数千里之遥,如屈家岭文化强盛时南接两广,北达山西,民族间联姻是完全可能的。第四,如前所论,黄帝所生之寿丘在古长沙国,与湖北之西陵相距不是很远,因北伐荤粥才居轩辕之丘。

经研究,笔者觉得湖北西陵更可信。有关西陵的记载,可从秦灭楚的记载中得到反映,其记如下:

《史记·秦本纪》:“(秦昭王)二十七年,错攻楚。赦罪人迁之南阳。……二十八年,大良造白起攻楚,取鄢、邓,赦罪人迁之。二十九年,大良造白起攻楚,取郢为南郡,楚王走。周君来。王与楚王会襄陵。白起为武安君。三十年,蜀守若伐楚,取巫郡及江南为黔中郡。”

《史记·楚世家》:“(楚顷襄王二十年)秦将白起拔我西陵。二十一年,秦将白起遂拔我郢,烧先王墓夷陵。”

《战国策·秦策四》:“顷襄王二十年,秦白起拔楚西陵,或拔鄢、郢、夷陵,烧先王之墓。”

此三段记载属于同一内容,秦攻南阳是秦昭王二十七年(即楚顷襄王十八年),攻西陵是秦昭王二十八年(即楚顷襄王十九年),攻郢等地在秦昭王二十九年(即楚顷襄王二十年),从中可见西陵在南阳与郢(南郡)之间,即在湖北境内,这就说明西陵不会是河南西平县。

我们再来分析《路史·国名纪》卷二十九中的一则材料:“西陵,黄帝元妃嫘姓国,作儽同(应为嫘与儽同),今江夏安陆间,故吴以安陵(陆)为西陵,有嫘氏、西陵氏。”朱绍侯先生在《嫘祖故里试探》中引此段时漏了“江夏、安陆间”中的“间”字,而说成是江夏所辖的安陆。据魏嵩山的《中国历史地名大辞典》记载,南宋罗泌时的江夏治所即今武昌市,安陆即今钟祥市,那么在钟祥与武昌之间,当然就是天门市石家河古城了。《路史》虽为宋代史籍,然而,它81处引用古本《竹书纪年》,独家保存了很多古迹,尤其是《国名纪》。罗泌并不知道天门有座石家河古城,这个既有文献记载,又有地下遗存印证,当为可信。其与其他宋代以前的古书也不矛盾,而且此西陵地名是战国以前的,在各说中时间最早。因此,笔者认为,石家河古城为西陵氏居地的可能性最大。这样,黄帝与西陵氏同属一个屈家岭文化圈的人,其婚配更为可能。

古时得姓与所居地有关,黄帝时虽有父权制,但母权仍存,生子后儿子也可留在母方,以母方居地为姓,即从母族之姓。黄帝有25子,得12姓。其正妃嫘祖所生二子昌意与玄嚣一北一南,并皆有后人得天下,即昌意、颛顼、鲧、禹一系从父居中原,西陵氏、玄嚣(青阳)、帝喾(高辛氏)、帝挚、帝尧一系从母居江汉。

按《史记》记载,玄嚣即青阳,也称少昊,亦居长江中游地区。战国时,长沙国又称青阳,大概因青阳之人名。《史记·秦始皇本纪》卷六载:"荆王献青阳以西(集解骃按,《汉书·邹阳传》曰:越水长沙,还舟青阳。张晏曰:青阳,地名;苏林曰,青阳,长沙县是也),已而畔约,击我南郡,故发兵诛,得其王,遂定其荆地。"《水经注》卷三十八记载与其同。或曰青阳为吴地(见《前汉书》卷五十一注),不妥,因为青阳以西指南郡,在长沙之西。既然将南郡献给了秦,楚却违约发兵攻打南郡,所以秦发兵攻楚。通过此役,秦平定了荆地。所以《秦始皇本纪》说"遂定其荆地",荆地非吴地很明了。

关于少昊陵,《遁甲开山图》云葬云阳,《路史注》云在今茶陵之露水乡攸县界。《湖广通志》卷八十一:"长沙府:上古少昊氏陵在茶陵州露水乡。按少昊葬于云阳,在今山东兖州府曲阜县,旧志讹。"南朝宋刘义庆的《世说新语》:"伏羲葬南郡,少昊葬长沙,舜葬零陵。"笔者认为,"少昊"本天帝名,古人将人帝比附天帝,因而"少昊"可能至少有两个。其一葬于湖南茶陵,其二葬于山东,葬于山东的少昊大约指蚩尤。《逸周书·尝麦解》:“命蚩尤于宇少昊,以临四方。”因此,蚩尤也有少昊之名,故《路史·后纪四》称蚩尤为“少昊”。蚩尤葬于山东,故山东称少昊之墟。黄帝后裔青阳也被称为少昊,其居今湖南,故茶陵也有少昊陵。

帝喾是西陵氏、青阳之后代,也宜在长江中游荆楚之地。《山海经》中提到帝喾的共三处,其中一处为“帝喾台”,是台名,可不计入,则只剩下两处了,此二处全记在“南经”里,也可知帝喾在荆楚之地。

其一,《山海经·海外南经》:“狄山,帝尧葬于阳,帝喾葬于阴。”

其二,《山海经·大荒南经》:“帝尧、帝喾、帝舜葬于岳山。”

从上可知,帝喾葬处与尧、舜之葬处相距不太远,也应当在荆楚之地。因为舜葬在湖南九嶷山,尧葬在湖南攸县(详见后文),因此帝喾之葬也宜在荆楚。关于岳山,详见本章第三部分“舜的葬地在古荆州苍梧之九嶷山”。

《帝王世纪》《竹书纪年》等言其都城在“亳”。注解者说在河南偃师,并以商都之亳当之,似非。因为偃师二里头文化太晚,并无帝喾时都城遗存。另外,“亳”字是上古都城的专门字,有东亳、西亳、南亳等,如后世之东京、西京、南京。说帝喾都亳,就如同说他都京,都与“首都”一样,至于这个京(首都)在哪里是不确定的。而在湖北、湖南的屈家岭文化和石家河文化中已发掘古城十余座,其中一座应当是帝喾城。以考古遗址来说,帝喾时,中国最大最先进的城当是帝喾城。经多方权衡,是石家河古城的可能性最大。

(二)帝尧的出生地

关于帝尧相关地望的记载主要有如下几则先秦材料:

材料一:《山海经·海内经》:“南海之外……有木名曰若木,若水出焉……有九丘,以水络之,名曰陶唐之丘……有木……名曰建木……大皞爰过,黄帝所为”。

笔者按:《史记·五帝本纪》“帝尧为陶唐”,其在“南海之内”,明其在南方。

材料二:《山海经·中山经·中次十二经》:“洞庭山之……帝之二女居之,是常游于江渊,澧、沅之风,交潇湘之渊,是在九江之间……又东南一百八十里,曰暴山……又东南二百里,曰即公之山……又东南一百五十九里,有尧山……凡夫夫之山、即公之山、尧山、阳帝之山,皆冢也”。

笔者按:洞庭、澧、沅、潇、湘皆在今湖南。可知,洞庭之山指尧之二女(舜之二妃)所居之岳阳君山。“尧山”在君山东南539里(180+200+159里)。据记先王古制的《礼记·王制》载,北岳恒山距南岳衡山3000里,以此推算,距二妃墓东南539里的尧山应当在今攸县北部。1999年,笔者在古书的指引下,在攸县高枧镇(现合并至皇图岭镇)找到尧山,在攸县《北江丁氏族谱》《攸县香山刘氏族谱》等书中明确有关于“尧山”的记载。例如,《北江丁氏族谱》(民国壬申年七修,1998年八修)之卷二载:“四代祖:彦仁,字庆爱,官工部司务,明建文辛巳年三月二十七生,宏(弘)治庚戌年二月十八殁,葬尧山。”“五代祖:永良,字直夫……明宏(弘)治乙丑年九月初二殁,葬尧山。”“六代祖:洞渊……葬尧山。”在《攸县香山刘氏族谱》(明初一修谱)中就有十五房,以第三代十五个孙子所在的地名为房名,其中即有尧山房,说明确有尧山之地名。至清嘉靖以后,也有写作瑶山、摇山、窑山的,同音相通。这则记载说明,尧帝所葬之冢在今攸县皇图岭镇尧山。

材料三:《海外南经》:“狄山,帝尧葬于阳,帝喾葬于阴……南方祝融……”

笔者按:《水经注》曰:“《墨子》以为尧堂高三尺,土阶三等,北教八狄,道死,葬蛩山之阴。《山海经》曰:尧葬狄山之阳,一名崇山。”①《史记·五帝本纪》云:“放驩兜于崇山,以变南蛮。”崇山,《史记集解》马融曰:“崇山南裔

① 〔北魏〕郦道元撰,陈桥驿校证:《水经注校证》,中华书局,2007年,第573页。

也。”《史记·司马相如列传》引《大人赋》:“吾欲往乎南嬉,历唐尧于崇山兮,过虞舜于九嶷。”由此可知,狄山、崇山在南方。南方的崇山也可能像南岳一样泛指湖南的很多山,如澧县城头山城所在的村名南岳村,攸县凤凰山至今有南岳庙,茶陵云阳山也有南岳之称,而其主峰祝融峰则在衡阳南岳区。

《山海经·海外南经》所说的“狄山”出现在“南经”,明“狄山”在南方,又有南岳之“祝融”大神(至今南岳主峰祝融峰上有祝融庙),亦名“狄山”,亦即南岳之山。笔者以为,狄山之“狄”,古时与“翟”通,如《史记·匈奴列传》中“狄”“翟”相通,《淮南子》中的“商祖简狄”又作“简翟”。而“翟”又是凤凰之别名,如元代伊世珍的《琅环记·贾子说林》载墨子的母亲梦见朱鸟凤凰飞进室内,因而怀孕生下墨子,便将其起名为“翟”,其出生地也名为落凤山,南岳最东一峰为攸县、醴陵、株洲县交界处的凤凰山,当即“狄山”。附近不到20里即有“尧山”,所谓“狄山之阳”正与“尧山”同。

材料四:《山海经·海外东经》:“两山夹丘,上有树木。一曰嗟丘。一曰百果所在,在尧葬东。”

笔者按:《山海经·海外东经》从南而北记述,“嗟丘”是最东南的地名,其在尧葬东,说明尧之葬处在正南方。

材料五:《山海经·大荒南经》:“帝尧、帝喾、帝舜葬于岳山。”

笔者按:《史记·五帝本纪》在“五帝”中只明载舜帝“崩于苍梧之野,葬于江南九嶷,是为零陵”,因此,与舜葬于同一山系——“岳山”的帝尧冢应当在湖南。

材料六:《山海经·海内南经》:“苍梧之山,帝舜葬于阳,帝丹朱葬于阴。”《竹书纪年》:“(尧)五十八年帝使后稷放帝子朱于丹水。”

笔者按:丹朱为尧长子。丹朱应死于所放之处丹水,亦即苍梧之阴。所谓“放”,即看管、软禁之义。例如,《孟子·万章章句上》:“‘敢问或曰放者何谓也?’(注:万章问放之意)曰:象不得有为于其国,天子使吏治其国,而纳其贡税焉，故谓之放。”舜之弟象不得有为于其国，即被看管、软禁，这就是“放”。后世将“流”与“放”连用，即有被迁于他处软禁的意思。因此，丹朱所放的“丹水”，宜在其所葬的苍梧之阴。从里耶秦简可知，战国时，在湖南有苍梧、洞庭二郡①，《史记·苏秦列传》也说湖南有洞庭、苍梧、黔中郡，《路史》卷二十六：“苍吾郡地广东至湘潭。”因为舜所葬之湖南永州九嶷山在其南，则说明苍梧的主要部分在舜葬之北。因此，苍梧之阴当在湘潭境内，旧时湘潭大体包括今之湘潭与株洲等五县市。而湘东之攸县有古地名曰丹陵，正在苍梧之阴。

除材料四外，上述五处皆记于南方，而从材料四也可知尧葬在正南方，因此，从以上《山海经》所载与尧帝有关的所有的六则材料，以及《史记》等正史所载的旁证材料分析，尧均为南方人。《墨子》言“尧北教乎八狄……葬蛩山之阴”，南人北伐故称“北教”，也可知尧为南方人。《山海经》里所载有关尧帝的史迹全在南方，而且没有矛盾，这种传说就不能轻易否定了。再说，《史记》所载的崇山为“南蛮”之地，西汉司马相如所言“吾欲往乎南嬉”，皆说明直到西汉时尧的传说还在南方。

关于尧所生之丹陵，目前有不同的说法。近年，江苏高邮也出现了一些尧帝的“传说”。他们认为：

关于帝尧出生的历史文献主要有三：一是战国时魏人的《竹书纪年》，其中讲道：“母曰庆都，生于斗维之野，常有黄云覆其上。及长，观于三河，常有龙随之。一旦，龙负图而至，其文要曰：‘亦受天祐。’眉八彩，须发长七尺二寸，面锐上丰下，足履翼宿。既而阴风四合，赤龙感之。孕十四月而生尧于丹陵，其状如图。及长，身长十尺，有圣德，封于唐。梦攀天而上。高辛氏衰，天下归之。”二是司马迁在《史记·五帝本纪》中记载：“帝喾娶陈锋氏女，生放勋……放勋立，是为帝尧。”三是魏晋著名医学家、文学家、历史著述家皇甫谧

① 苍梧郡当以当地古苍梧的地名为郡名，这是设立地方机构起名的基本规则，即使现代也如此，如新设的海南省就是以当地“海南岛”名为省名。

所作《索隐》称:“尧初生时,其母在三阿之南,寄于伊长孺之家,故从母所居为姓也。”上述三段文字,特别是其中的“斗维之野”“三阿之南”“观于三河”“生尧于丹陵”这四句话,是我们研究帝尧出生地的主要依据,也是本文肯定高邮为帝尧出生地的文献证据。①

笔者按:《史记索隐》引皇甫谧《帝王世纪》云“尧初生时,其母在三阿之南,寄于伊长孺之家,故从母所居为姓也”。擅加“尧初生时”四字,纯属司马贞个人观点,因为《竹书纪年》《太平御览》《初学记》《艺文类聚》等引用同样的话没有出现此四字,而只云生于“丹陵”,查所谓“三阿之南”在《竹书纪年》等其他古籍里皆作“三河”,因此应当以《竹书纪年》《太平御览》《初学记》《艺文类聚》所引为据,尧母所观的三河,与尧所生的丹陵是两个地方,不能相混。

《宋书·符瑞志》所记与《竹书纪年》同。大意是说:尧的母亲叫庆都,她生于斗宿对应的地方,常常有黄色的云覆盖在她上面,等她长大后,曾在三河这个地方观光,常常有龙跟随着她。一天早上,龙背负了一张图来,上面写着“亦能得到天的保佑”,图上的人物眉清目秀,显出八种色彩,鬓发七尺二寸,面部上细下宽,足踏在翼宿上。尧母看到这张图后,四面刮起凉风,赤龙便与她交配,然后尧母怀孕,并在丹陵这个地方生下了尧。尧的相貌如图所画……

由上可知,生于斗维之野的是尧母,而非尧,引文中全是叙述尧母。尧生于“丹陵”。持江苏高邮说的同志将尧母的事迹说成是尧,不妥。“足履翼宿”(按古星野说,翼宿对应荆楚),当与荆楚有关。《竹书纪年》还载:尧“四十二年,景星见于翼”。《初学记》九,《太平御览》八十、八百七十二、八百九十三引《尚书·中侯》:“帝尧即政七十载,景星出翼。”《论衡·是应篇》引作:“尧时景星见于轸。”《公羊传·宣二年》疏引《春秋感精符》:“灭苍者,翼也。”彼注

① 丁季华、薛小荣:《尧文化圈漂移点击——兼论高邮是尧文化的重要发祥地》,《探索与争鸣》2007年第4期。

云:“尧,翼之精,在南方,其色赤。”[①]笔者以为,《中侯》《春秋感精符》等是纬书,比不上王充之《论衡》有说服力,尧与轸宿对应比与翼宿对应更精确,因为翼轸二宿虽都对应楚,而今湖南大部分都对应轸宿。也许由于“岁差”的缘故,对应关系有所移位。古人将天、地、人对应,这种对应是有科学依据的,详见笔者拙文《上古星宿与地域对应之科学性考释》。

经查,其他有尧迹流传的地方均找不到“丹陵”这个地名。而湖南攸县北部皇图岭镇附近则有丹陵、尧山、天子山、封侯山、天子坪等一连串古地名,攸县之北江为渌水支流,均与古书合。汉代以后的文献虽不能作为主要证据,但也可作为参证,如《太平御览》说:“《河图》曰:庆都与赤龙合,生帝尧于伊祁。《世纪》云从母姓。”《广博物志》卷十说:“《(帝王)世纪》云:‘庆都寄于伊长孺家,故尧以母所居为姓,又云为祁氏,或从母姓伊。”这就解释了尧为什么是帝喾的后代又不居帝喾都城的原因,即从母居。尧的母亲又不居自己的出生地,而是寄于“伊长孺家”,因而尧姓“伊祁”。明代顾起元的《说略》卷七:“尧寄于伊长孺家,从母所居,故姓。”这个“伊祁”其实就是神农氏住的地方。《礼记·明堂位》:“土鼓、蒉桴、苇龠,伊耆氏之乐也。”疏:“伊耆氏古天子有天下之号也。《礼运》云:‘伊耆氏始为蜡。’蜡是报田之祭。按《易·系辞》:神农始作耒耜,是田起于神农,故说者以伊耆氏为神农也。”《路史》卷十二:“炎帝神农氏,姓伊耆。”明代陈士元的《孟子杂记》:“神农姓伊祈,一作伊耆。”(《广博物志》卷九也作“伊耆”)上古以所居地的地名为姓。江苏高邮的同志忽略了“寄于伊长孺家”这一句。[②] 在今天神农氏葬地湖南炎陵县有一个地名为“三河镇”,镇旁三河相会,这是否就是尧母所观的“三河”?笔者以为,既然与神农同姓,当与神农之地有关,因此炎陵县三河镇或即古书所载之三

① 转引自方诗铭等:《古本竹书纪年辑证》,上海古籍出版社,1981 年,第 194 页。

② 张愈:《帝尧文化发祥地在江苏高邮神居山》,http://www.china.com.cn/about china/zhuanti/lddw/2007-10/26/content_9131249.htm。

河。据株洲市文物局文物普查资料，三河镇有新石器时代文化，有待发掘。

前文已述，丹陵有尧之长子丹朱之陵。唐朝时设南云州，大体就是今株洲市辖五县市的范围，其时有“南云八景”之说，其中之一即“丹陵夜月”[①]。明初，一支刘氏从江西迁至“攸县丹陵走马铺”[②]，古代十里一铺，可见丹陵比“铺”还要大。因此，攸县“丹陵”之地名自《山海经》至唐、明之朝皆有记载。

尧葬之尧山与其长子丹朱所葬之丹陵，现同在攸县皇图岭镇。后世述史者，以后起之丹陵地名来追述尧史，这是可以理解的。

在这里，我们还要分析一下《上海博物馆藏战国楚竹书（二）·容成氏》简6的一段材料：“昔尧凥（凥，居的异体字）于丹府与藋陵之间，尧贱施而时时，贪不劝而民力，不刑杀而无盗贼，甚缓而民备（服）。”王晖先生认为，此“丹府与藋陵之间”指河南伊水、丹水流域一带。[③] 如果此考证不误，则可证明尧确实在今河南丹水一带“居”过。但说他出生在这里那就有些不准确。一个人由于工作需要可以在很多地方住过，但这些住的地方并不就是他的出生地。再说，尧到此一居是因为他要来讨伐丹水之“不义”。正因为尧到此一居，因而南方的“丹水”之名也带到此（或者有两个丹水）。楚宋玉《笛赋》曰：“余尝观于衡山之阳……丹水涌其左，醴泉流其右……”《水经注》卷三十八：“……丹水涌其左，澧泉流其右，《山经》谓之岣嵝，为南岳也。”可见，南岳附近在战国以前即有丹水。

笔者以为，“丹府”当指“丹”地之府，其地有丹水，“藋陵”之“藋”，《说文解字》云：“藋，釐草……从艹，翟声。”而前文已论及，“翟”古时通“狄”，即凤凰。在古人的观念中，凤凰又称“翟”“天翟”。因此，“藋陵”当即尧所葬的“狄山”，亦即南岳最东一峰凤凰山，狄山之阳即指攸县北部的尧山。因此，上

① 《攸县志（乾隆版）》，攸县印刷厂，1994年，第411页。
② 《攸县丹陵刘氏六修族谱》（序），民国31年（1942年）编。
③ 王晖：《古史传说时代新探》，科学出版社，2009年，第28页。

博简亦能证明《山海经》等古文献所载尧迹的正确性。

（三）楚伯尧统一洞庭湖南北

考古资料显示，距今4300年左右，北方河套地区的众多古城消失，而陶寺早期古城始兴。田广金、郭素新二位以《大青山下斝与瓮》为题，专门论证北方长城地区文化南下的因素。他们指出：“（陶寺文化）其主要文化因素如彩绘龙纹、三足器与燕山以北和河曲地带有关。”[①]他们还认为，北方长城地区在距今4700—4300年的时候有过发达的城址文化，包括海生不浪文化与老虎山文化等。从4300年前开始，北方河套地区的岱海周围石城群、大青山南麓石城群都消失了，可能南下了，所以陶寺早期古城始兴。

北方文化为何会在此期间南下？田广金、郭素新二位说：“调角海子剖面显示，在距今4300年前后降温，代表寒冷气候的云杉再度出现；岱海年均温也降至零摄氏度以下（参见孔昭宸等：《中国北方全新世大暖期植物群的古气候波动》《中国全新世大暖期气候与环境》，海洋出版社，1992年，第119页）；晋北阳高县的泥炭层亦显示了该地距今4400年出现过降温（同上，第48—65页）。调角海子剖面距今3780—3660年出现一薄层泥炭层，主要孢粉浓度下降……”[②]因此，气候变冷是北方长城地区文化南下晋南的主要原因。安田喜宪也说：“4200年前气候干燥化在两河流域阿卡德城址的消亡中具有决定性的意义。但在长江流域的湿润地带，气候干燥化并没有对文明的消亡产生重要影响。而气候寒冷和干燥却给黄河流域的人们带来更大的影响，导致了旱作畜牧民族的迁移南下。”[③]

当时，帝喾之子帝挚在位，面临北方狄人南下，他无能为力，时代召唤其

① 田广金、郭素新：《大青山下斝与瓮——读苏秉琦先生〈中国文明起源新探〉的启示》，《内蒙古文物考古》1997年第2期。

② 田广金、郭素新：《北方文化与匈奴文明》，江苏教育出版社，2005年，第24页。

③ 安田喜宪：《长江文明的环境考古学》，见湖南省文物考古研究所、国际日本文化研究中心：《澧县城头山——中日合作澧阳平原环境考古与有关综合研究》，文物出版社，2007年，第17页。

贤弟唐侯尧上台。尧为天子之前,其早期活动地应当在湘东至长江边,石家河文化晚期的岱子坪、舵上坪、尧家林类型,当属于尧族遗址。鄂东“尧家林”这个地名似乎在记载着尧迹。湘东一带到处都有尧迹,如茶陵有尧水,攸县有尧山,醴陵有尧塘。帝挚虽然无力胜任,但也不会自动下台,尧要当天子,则必须打过长江去,因此第一仗应当是与居“西夏”的帝挚之战。《逸周书·史记》:“昔者西夏性仁非兵,城郭不修,武士无位,惠而好赏,屈而无以赏,唐氏伐之,城郭不守,武士不用,西夏以亡。”晋代孔晁注:“唐氏,尧帝。”《路史》引《周书》:“西夏仁而去郭兵,城郭不修,武士无位,尧伐亡之。”(《路史·国名纪》引)罗泌说:“西夏:今鄂,故大夏,有夏水,汉水也”(《路史·国名纪》),罗苹注:“汉水之曲为夏口,今属汉阳。《江夏记》沈尹射奔命于夏汭者。”笔者认为,夏口已是夏水之最东处,既称西夏,当在汉口以西。宋代林之奇的《尚书全解》:“华容县有夏水,首出江,尾入沔。”因此,所谓大夏、西夏即在夏水附近,亦即上文所云西陵氏、帝喾、帝挚等所居之处。由此可知,武汉之西的石家河古城原来叫“大夏”,因临夏水而称夏。中国古称华、夏是否源于此?颇可思考。以后,夏禹占领了晋南,把这个地名带至晋南。舜迁三苗于三危,这个地名也被带至西羌。《史记》说舜迁于“负夏”,笔者怀疑其也应当指此地。古地名也有用意义表达的,如《左传·僖公二十五年》载“遇黄帝战于阪泉之兆”,《史记·五帝本纪》载“以与炎帝战于阪泉之野”。这个“阪泉”在银雀山汉墓《孙子兵法》逸文《黄帝伐赤帝》中作“反山之原”。负夏,临夏水之义。因此,舜所迁之负夏,也似指石家河古城。舜摄尧之政,应当在尧都。而郑玄注《尚书大传》曰“负夏,卫地”,似非。

尧打败帝挚之后,在荆楚做了许多深得民心之事。《淮南子》生动地描绘了尧受命做天子前在楚地为民除害的情形。《淮南子·本经训》曰:“逮至尧之时,十日并出。焦禾稼,杀草木,而民无所食。猰貐、凿齿、九婴、大风、封豨、修蛇皆为民害。尧乃使羿诛凿齿于畴华之野,杀九婴于凶水之上,缴大风于青邱之泽,上射十日,而下杀猰貐,断修蛇于洞庭,擒封豨于桑林。万民皆喜,置尧以为天子。于是天下广狭、险易、远近始有道里。”笔者按:李昉《太平御览》注:“畴华南方泽也,凿齿,兽。”从其中洞庭、畴华、青邱等几个地名,可知尧的早期活动范围在古荆楚。“畴华”在《山海经·海外南经》中作“寿华”,高诱注:“寿华在我国南方,泽名。”寿华之野又作寿麻之野,音近。例如,《山海经·大荒西经》在“常阳之山”与“南岳”之间云“有寿麻之国”,接着讲南岳和吴回的事,可见这个寿麻之国即今湖南。郭璞注《吕氏春秋》曰“南服寿麻”,陆思贤说“寿麻在正南,故下接‘南岳娶州山女’”[①]。所以说,寿华之野在湖南,今有汉寿、华容二县(华容县过去在洞庭湖之北)。青邱之星在轸七度,对应地上的青邱国。《山海经·海内东经》有“青丘国”,《山海经·南山经》有“青丘之山”,而《山海经》中的“青丘国”与“黑齿国”相邻,且都在楚之南,如屈原诗:“南方不可以止兮,雕题、黑齿”,可见“青邱”之地属于南楚。洞庭在湖南不用多说了。古代宋国有地名“桑林”,但此当指桑树林,封豨指桑林中的野猪之属,而且从“封豨”这个名称也可印证尧活动在南楚,《方言》:“猪……南楚谓之豨。”《汉语大字典》:“古代楚人称小猪为豨。”《辞源》《汉语大字典》等释“豨”为南楚方言均举本段文字为证。从“诛凿齿于畴华之野,杀九婴于凶水之上……万民皆喜,置尧以为天子”可知,尧统一了洞庭湖周边地区。洞庭湖地区为尧早期之活动中心,即古王畿。至今,湖南常德之德山传为尧师善卷所居之地。

(四)尧以楚伯受命为天子

尧在当天子以前曾称“楚伯”,称楚伯后才开始北伐南阳丹水不义之人,有如下记载。《吕氏春秋》云:“尧战丹水之浦以服南蛮。”《淮南鸿烈解·兵略训》许慎注云:“尧以楚伯受命,灭不义于丹水,丹水在南阳。”此部分见四部丛

① 陆思贤:《神话考古》,文物出版社,1995年,第184页。

刊景抄北宋本。《淮南鸿烈解》今或题高诱注，与北宋本有异。《太平御览》卷二百七十一、元代梁益的《诗传旁通》卷十四、清代程大中的《四书逸笺》卷六、宋代罗泌的《路史》卷二十七等皆云“尧以楚伯受命”是许慎之言。例如，《路史》卷二十：“（尧）年十有七，谡以侯伯，恢践帝。”罗苹注曰：“《灵台碑》云尧以侯伯恢践帝，而许叔重（即许慎——引者注）谓尧以楚伯受命，灭不义于丹水。”以上记载表明，尧是由楚伯扩张土地而为天子的。面临北人南犯，于是在南阳丹水一带实施抵抗。

“以服南蛮”何意？笔者以为，如同春秋战国的霸主纷纷打着“尊王攘夷”的旗号，谁能真正“攘夷”，谁就可以称霸。尧帝可以攘夷，所以就被楚人推举为“天子”，上文引《淮南子》说“万民皆喜，置尧以为天子”可证。周以来称楚为蛮，故曰“以服南蛮”，以使南蛮信服。总之，从许慎之言可知，尧在当天子前曾任楚伯。

（五）帝尧“北教乎八狄”

从《墨子·节葬下》的“昔者尧北教乎八狄”，可知尧曾北伐北方民族。帝尧北伐路线在文献中亦可找到线索。《庄子·齐物论》：“昔者，尧问于舜曰：‘我欲伐宗、脍、胥敖，南面而不释然，其故何也？舜曰：‘夫三子者，犹存乎蓬艾之间，若不释然，何哉？’”汉司马彪及晋崔譔注：“宗、脍、胥敖三国名也，宗一也，脍二也，胥敖三也。”《吕氏春秋·召类》：“禹攻曹、魏、屈骜、有扈，以行其教。”[①]孙诒让的《礼移》注：“敖疑与骜字通，胥或当作骨，骨敖即屈骜，俗书胥，作胥与骨相似，骨、屈音近字通，《列子·杨朱篇》禽骨厘释文骨作屈。”屈骜当即胥敖。马世之先生的《中原古国历史与文化》认为，“胥”即今郑州市境，“敖”在春秋时代成为郑国的附庸，有扈氏在河南省原阳县西原武镇一带，“脍”则在河南新密附近。[②]《毛诗谱》云：“昔高辛之土，祝融之墟，历唐至周，

① 高诱注：《吕氏春秋》，《诸子集成（六）影印本》，上海书店，1986年，第262页。
② 马世之：《中原古国历史与文化》，大象出版社，1998年，第43、208页。

重黎之后妘姓处其地，是为郐国。”《庄子·人世间》又说：“昔者尧攻丛枝、胥敖。”高士奇的《春秋地名考略》卷八：“《庄子》言尧伐丛枝、胥敖。‘訾枝’即‘丛枝’也，《水经注》枝水出大洪山而西南流，经襄阳郡西南，经狄城东南，注敖水，敖水又西南注于沔，今钟祥县北有潡水，又有池河，即古枝水二国似皆以水为名，岂即在钟祥之境欤？”

从上可知，尧所伐之丛枝、郐、胥敖（或屈敖）等古国在襄阳、南阳至郑州一带。据上引《水经注》，此地还有“狄城”，可知狄人也曾在此建城。《墨子·节葬下》曰：“尧北教乎八狄。”尧由楚伯向北扩张，先灭丹水之不义，将势力扩张至今天的河南南阳地区，再攻打“脍”“胥”“敖”（或“屈敖”）诸国，将势力扩展到河南中部，然后再派禹攻打魏（晋南）。

为攻打北方戎狄，尧、舜封大禹于今河南登封一带，建立了“夏后”诸侯国，《史记·五帝本纪》：“自黄帝至舜禹，皆同姓而异其国号……帝禹为夏后。”待大禹攻占“魏”之后，晋南之地始称大夏。《汉书·地理志》说“颍川郡阳翟”下，臣瓒曰：“《世本》‘禹都阳城’，《汲郡古文》亦云‘居之’。”《孟子·万章上》：“舜崩，三年之丧毕，禹避舜之子于阳城。”近年已在登封王城岗发掘出其时大、小两座古城，河南新砦也发掘出古文化城址一座，时代稍晚，但规模很大，其中一座可能为夏都。

上引《吕氏春秋·召类》：“禹攻曹、魏、屈骜、有扈”的“魏”应当在今晋南（山西芮城），因为周时之魏、春秋之魏皆因居古魏之地而称魏。既然晋南是古魏之地，待大禹攻打才归入尧、舜、禹之华夏集团，那么攻打之前尧、舜、禹未居晋南就很明了了，而临汾更在芮城之北，禹伐之前不属于尧、舜、禹很明了。尧以楚伯升为天子，并一路北上，直至攻入晋南。这从后石家河文化分布图（如图1，详见拙著《长江中游地区文明进程研究》之第五章第一节论述）可知，其北部直逼晋南，与尧北伐路线正合。

## 三、黄帝的北方裔孙及史迹

(一)鲧、禹的祖居地当在中原

《山海经·海内经》:“黄帝生骆明,骆明生白马,白马是为鲧。”《玉篇》引《世本》:“颛顼生鲧,鲧生高密,是为禹。”《史记》从之,只改“高密”为“文命”。此等世系,历代有人怀疑:因为舜是颛顼六世孙,而禹反而是颛顼孙,舜禅位于禹,岂非禅位于三世从祖?因此,从《汉书·律历志》开始,纠正了《史记》的说法,云禹为高阳六世孙。罗苹注《路史》曰:“传记鲧为高阳玄孙,故《世族谱》讥之,按《汉律志》《帝系》及《三统历》,皆为高阳五世孙,《世本》等以为高阳生鲧,失其世矣。”

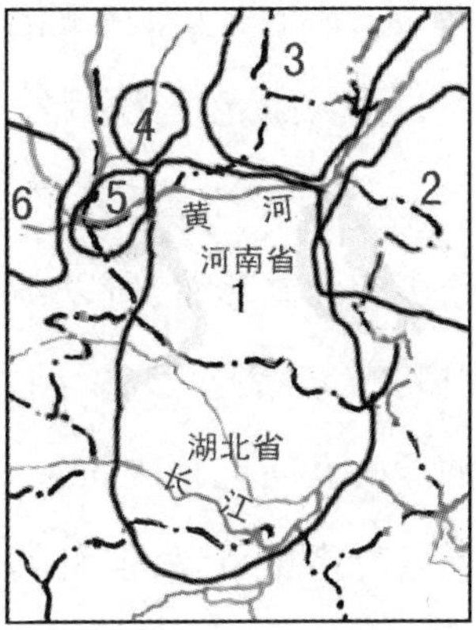


图 1　后石家河文化及周边文化分布

1.后石家河文化　2.造律台文化　3.后岗二期文化　4.陶寺文化　5.三里桥文化　6.客省庄文化

本人以为,禹为颛顼(高阳)六世孙,固然能与舜世系合,但《史记》所引之说也不应轻易否定,因为“鲧”有若干代,如有穷氏首领皆称“后羿”,丹朱后代在《左传》中仍称之为丹朱,神农十七世又皆称神农。古之“父”也可理解为“祖先”,“子”也可理解为“后代”。

鲧,《吕氏春秋·君守》又作“夏鲧”,可见夏应从鲧时起算(当然作为夏王朝当从禹或启算起)。夏从鲧算起如秦从诸侯秦国算起一样,同样有虞氏亦应从虞幕起算,鲧、幕同为颛顼的后裔,至舜禹时已有约 2000 年了。《春秋命历序》亦云高阳、高辛各有数百年(刘恕《通鉴外纪》引)。所以,《韩非子·显学》云:“殷、周七百余岁,虞夏二千余岁。”因夏可从鲧算起故,古《竹书》云“夏年多于殷”,所以《尚书·召诏》云:“丕若有夏历年,式勿替有殷历年。”因此,鲧禹世系尚有间缺。顺便一提,周之后稷从弃开始,至“不窋去稷不务”(《史记·周本纪》),这中间经历了很多代后稷,又从末代后稷至文、武王,只历十余代。人们常怀疑《史记》有误,或非,可能是后人理解有误。

不过禹为鲧之子无分歧。《竹书纪年》:“尧六十一年命鲧治水,六十九年黜鲧。”《天问》:“永遏在羽山,夫何三年不施?”可见,鲧死于尧七十二年。又尧七十五年命禹治水,所以,古史云:鲧死后三年禹出治水。后人加以引申附会,则曰:“鲧死三岁不腐,副之以吴刀,是用出禹。”(《归藏·启筮》)此误引发了屈原的发问:“伯禹腹鲧,夫何以变化?”

不管有多少争议,但鲧为黄帝、颛顼之后代当是有文献根据的。在本章引言里,我们已经说明黄帝之后裔有两支,西陵氏—青阳(玄嚣)—帝喾—帝挚—尧这一支在江汉,另一支则应当在中原。在“黄帝的出生地及其北渐史迹”一部分中,我们已经论证黄帝本为南方人,北迁中原后即以中原为政治中心,昌意—颛顼—鲧—禹这一支当为黄帝中原系后裔。

文献载颛顼陵在中原。《山海经·海外北经》:“务隅之山,帝颛顼葬于阳,九嫔葬于阴。”《山海经广注》曰:“郭曰颛顼号为高阳,今在濮阳故帝邱也,一曰顿邱县城门外广阳里中。任臣按:《冠编》云,颛顼葬广阳里,务鯛之阳,刘会孟曰:此招魂葬衣冠之所,非濮阳帝邱也。”《水经注》卷九:“《帝王世纪》曰,颛顼葬东郡顿丘城南广阳里,大冢者是也。”《太平御览》卷四十五:“《山海经》曰,鲋鰅山,颛顼葬其阳,九嫔葬其阴。《郡国志》曰,颛顼所葬,俗名青冢山焉。”可见,颛顼葬于河南濮阳附近。

《山海经·中山经》:“又东十里曰青要之山,实维帝之密都,北望河曲,是多驾鸟,南望墠渚,禹父之所化。”郭璞注曰:“鲧化于羽渊为黄熊,今复云在此,然则一已有变怪之性者,亦无往而不化也。”郭璞明确告诉我们,此处不是鲧死之处。笔者认为，也许这里是他的老家，因而其神化于故乡。

因此，我们认为，黄帝之鲧、禹系后裔的故乡在中原。

（二）鲧、禹融入尧政权

鲧、禹加入尧政权不乏先秦文献记载，除《尚书》之《尧典》《舜典》外，还有《墨子》等众多古籍。例如，《墨子·尚贤中》载："若昔者伯鲧，帝之元子，废帝之德庸，既乃刑之于羽郊。"《韩非子·外储说上》："尧欲传天下于舜。鲧谏曰：'不祥哉！孰以天下而传之于匹夫乎？'尧不听，举兵而诛杀鲧于羽山之郊。"这些记载说明，鲧是尧之"元子"（"元子"似为"元帅""大臣"之义）。

由于鲧、禹加入了尧政权，因此在南方留下了众多史迹。例如，《路史·发挥五》、《广博物志》卷十、《太平御览》卷八十一、《南岳志·前献》均引《符子》《尚书大传》云："舜禅夏禹于洞庭之野。"《尚史》卷三载："《符子》：'舜禅夏禹于洞庭之野'，《宋书·符瑞志》：'夏道将兴，青龙止于郊，祝融之神降于崇山，乃受舜禅'。"《路史》卷三十六"辨帝舜冢"曰："尝又讯之《大传》《符子》之书，虞帝逊禹于洞庭，张乐成于洞庭之野，于是望韶石而九奏，则帝盖尝履洞庭而乐韶石，亦既逊位而归国矣。"这些记载说明，禹是受南方尧舜政权而为天子的。

大禹的陵墓也应当在江南，详见笔者拙文《尧禹二帝葬攸县考》《九江涂山会稽考》。

（三）大禹长于西羌

古籍多认为大禹是西羌人，如《史记·六国表》曰"禹兴于西羌"，《新语·水事篇》曰"大禹出于西羌"，《帝王世纪》曰"伯禹……长于西羌夷人"，蜀人扬雄的《蜀王本纪》："禹本汶山郡广柔县人，生于石纽，其地名痢（裂）儿畔。"[①]谯周的《蜀本纪》也有类似记载。《吴越春秋·越王无余外传》则曰：

---

① 《全上古三代秦汉三国六朝文·全汉文》所辑《蜀王本纪》。

“家于西羌,地曰石纽。”这里除扬雄认为生于西羌外,其他皆认为家于、长于、兴于或出于,未云“生于”。原来,鲧死之后,其妻修已及儿子禹等“苗裔”被舜逐至“西羌”。《后汉书·西羌传》说:“西羌之本,出自三苗,姜姓之别也。其国近南岳。及舜流四凶,徙之三危,河关之西南羌地是也。滨于赐支,至乎河首,绵地千里。”据此,则大禹是“兴于”“长于”“家于”“出于”,而不是生于西羌的,其老家应当在南岳附近。大禹可能随其父鲧在崇山居住过,其父为崇伯。崇山,史载在南方,如《史记·五帝本纪》云:“放驩兜于崇山以变南蛮。”《史记集解》:“马融曰:‘崇山南裔也’,《史记正义》:《神异经》云:‘南方荒中有人焉,人面鸟喙而有翼,两手足扶翼而行,食海中鱼,为人很恶,不畏风雨禽兽,犯死乃休,名曰驩兜也。’”所谓生于石纽,当为《淮南子·修务》“禹生于石”之讹传。高诱注《淮南子》曰:“禹母修已感石而生禹,坼胸而出。”亦即《遁甲开山图》“乃化生石纽水泉。女狄暮汲水,得石子如珠,爱而吞之,有娠”。后人将其附会为生于“石纽”这个地方。

大禹虽然未生于西羌,但“长于西羌”还是可能的,这是有些考古依据的。例如,齐家文化中的船棺葬与南方墓葬相同,齐家文化的玉琮与良渚文化、后石家文化的玉琮相似,齐家文化的葬俗与陶寺文化中期大墓的葬俗近同,如此等等。

(四)司空禹“纂业事仇”并代尧、舜北伐曹、魏

大禹与三苗是什么关系?一般认为禹是征三苗者,是对立的。而从上引《后汉书·西羌传》“西羌之本,出自三苗,姜姓之别也。其国近南岳”,以及《史记·六国表》“禹兴于西羌”等分析,大禹当是“三苗成员”。如前所论,所谓“九黎”“三苗”并不是什么民族,而是华夏族的平民。大禹是鲧之子,舜殛鲧之后,即沦为平民。唯一不同的是,三年以后,舜又起用大禹治水,从《列子·杨朱》“禹纂业事仇,惟荒土功”,即可知大禹与舜是“仇人”。待其为天子后,则又“征三苗”。此中,三苗另当为尧、舜之后裔。

尧、舜、禹三族始终是既联合又斗争的,尧任用舜主政时,鲧坚决反对。《吕氏春秋·行伦》:“尧以天下让舜,鲧为诸侯,怒于尧曰:‘得天之道者为帝,得地之道者为三公。今我得地之道,而不以我为三公。’以尧为失论,欲得三公。怒甚猛兽,欲以为乱。比兽之角能以为城,举其尾能以为旌,召之不来,仿佯于野以患帝。舜于是殛之于羽山,副之以吴刀。禹不敢怨而反事之,官为司空。”

《竹书纪年》载:“(尧)七十五年司空禹治河。七十六年司空伐曹、魏之戎,克之。”为攻打北方戎狄,尧、舜重新起用大禹,并可能封大禹于今河南登封一带,建立了“夏后”诸侯国。《史记·五帝本纪》:“自黄帝至舜禹,皆同姓而异其国号……帝禹为夏后。”待大禹攻占“魏”之后,晋南之地始称大夏。《汉书·地理志》“颍川郡阳翟”下,臣瓒曰:“《世本》‘禹都阳城’,《汲郡古文》亦云‘居之’。”《孟子·万章上》:“舜崩,三年之丧毕,禹避舜之子于阳城。”近年发掘的王城岗大小古城、新砦古城可能为夏前期某王之都。

由于鲧、禹的祖居地在中原,夏禹又在中原立过都,因此中原嵩山地区流传着较多关于大禹的故事,如“启母石”等。(参见《路史》卷四十六、《太平御览》卷五十一、《通志》卷三)

以舜为代表的良渚文化贵族,以鲧、禹为代表的中原部落加入到尧部落后形成了后石家河文化,这个文化分布在长江、黄河两河中游的广大地区,并吸收了广大周边地区的首领人物如后稷、契、皋陶、伯益等加入到这个文化,成为当时最先进的民族,也推动了中国最早的“尧王国”的形成。他们将南方文化中心向北迁移,从而奠定了中原地区夏、商、周中原文明的基础。

## 四、黄帝的东裔及史迹

### (一)虞舜族属考

《路史·发挥五》有一篇《论舜不出黄帝》的著名文章,提出了舜不是黄帝后代而是虞幕后代的观点。王树民教授在《河北学刊》1999 年第 4 期上发表了《尧舜禹禅让的历史真相》一文,亦持此论,其他还有许多学者也怀疑《史记·五帝本纪》中的帝王世系。舜是否为黄帝后代,有一个关键的人物,那就是“幕”,若幕的身世清楚了,那么舜的身世也就迎刃而解了。历代学者或曰幕为舜祖,或云为舜孙。如果是舜祖,那么幕与舜是否为黄帝子孙?本人不揣浅陋,想重申舜亦是黄帝后代,禅让仍是宗族内部禅让的传统观点。

关于幕的史迹主要见于《左传》《国语》和《史记》。为避免断章取义之嫌,兹引如下几段,以供后文分析:

《左传·昭公八年》:

> 晋侯问于史赵曰:“陈其遂亡乎?”对曰:“未也。”公曰:“何故?”对曰:“陈,颛顼之族也。岁在鹑火,是以卒灭,陈将如之。今在析木之津,犹将复由。且陈氏得政于齐而后陈卒亡。自幕至于瞽瞍无违命。舜重之以明德,置德于遂,遂世守之。及胡公不淫,故周赐之姓。使祀虞帝,臣闻盛德必百世祀,虞之世数未也。继守将在齐,其兆既存矣。”

《国语·郑语》云:

> 夫成天地之大功者,其子孙未尝不章,虞、夏、商、周是也。虞幕能听协风,以成物乐者也。夏禹能单平水土,以品处庶类者也。商契能和合五教,以保于百姓者也。周弃能播殖百谷蔬,以衣食民人者也,其后皆为王公侯伯。祝融亦能昭显天地之光明,以生柔嘉材者也,其后八姓于周未有侯伯……

《国语·鲁语》曰:

> ……非是族也,不在祀典……黄帝能成命百物,以明民共财,颛顼能修之,帝喾能序三辰以固民,尧能单均刑法以仪民,舜勤民事而野死,鲧鄣洪水而殛死,禹能以德修鲧之功,契为司徒而民辑……故有虞氏禘黄帝而祖颛顼,郊尧而宗舜;夏后氏禘黄帝而祖颛顼,郊鲧而宗禹;商人禘

喾而祖契，郊冥而宗汤；周人禘喾而郊稷，祖文王而宗武王；幕，能帅颛顼者也，有虞氏报焉；杼，能帅禹者也，夏后氏报焉；上甲微，能帅契者也，商人报焉；高圉、大王，能帅稷者也，周人报焉。凡禘、郊、祖、宗、报，此五者国之典祀也。

笔者按：《国语·鲁语》中的记载与《礼记·祭法》有异，《礼记·祭法》云："有虞氏禘黄帝而郊喾，祖颛顼而宗尧……殷人禘喾而郊冥、祖契而宗汤。"王充的《祭意篇》引《礼祀·祭法》与此文同。《国语·鲁语》把商人禘喾改为禘舜，大概是认为舜子商均封于商所致。《史记·陈杞世家》也引用过"自幕至于瞽瞍无违命"一段。对此，注释者见仁见智。《集解》："贾逵曰：'幕，舜后虞思也。至于瞽瞍无闻违天命以废绝者。'郑众曰：'幕，舜之先也。'骃按《国语》贾义为长。《索隐》按：贾逵以幕为虞思，非也。《左传》言自幕而至瞽瞍，知幕在瞽瞍之前，非虞思明矣。"

罗泌亦主张幕为舜祖，而且说五帝中只有舜不是黄帝子孙。其重要证据就是《吕梁碑》。他在《路史·余论》卷四十四中叙《吕梁碑》云：

吕梁碑，刘耽作。字盖为小篆，钩画讹泐间可认者仅六十言。耽于传无闻矣，据碑之言，皇帝登封之岁，则盖秦汉间人也。碑中叙纪虞帝之世云：舜祖幕，幕生穷蝉，穷蝉生敬康，敬康生乔牛，乔牛生瞽瞍，瞽瞍产舜，命禹行水道吕梁，特此节完备为可考，质之于传。惟无句望，且不言出自黄帝，谅得其正。甲申秋七月，观于内相郭知章，明叔家公异时常集古刻多，六一先生之未见者二百，斯其一也，字势权奇，盖莫之辨。呜呼，有虞氏之明德，千古被之而敦者，孰有世祀之不明者乎？繇数千岁之后，予得论而次之，天未丧斯文哉。

可见，幕是何许人确是个谜。除了《吕梁碑》的证据，《路史》还有一篇《论舜不出黄帝》，认为舜之祖为幕，但舜的政权是从尧禅让过来的，因此，以尧的祖先作为自己的祖先，说上古以天下为家，至夏才以一己之家为家。按此，则五帝出于黄帝便可疑了，因为都有可能以别人之祖为祖。但罗泌强调说，只有舜不出于黄帝，只有舜以尧之祖为祖，这是“权义（宜）”之计。其列举的理由有如下几点。

第一，史传说自穷蝉以来衰微为庶民，但穷蝉是帝颛顼之子，怎么会一下子微贱呢？（“史云自穷蝉以来征在庶人，夫穷蝉既云帝子，何得未几征为匹庶。”）

第二，男女同姓虽百世不婚，尧妻之二女，则明不为一族。（“男女辨姓，礼之大司……舜既尧之五世从孙，岂得御尧之女。”）

第三，源流最可考察的是“姓”，姓各有所循，非赐不改。少昊、青阳、高阳、玄嚣、高辛之姓都累世不改。只有舜不是先王的姓（“唯舜之姓非先王之姓”）。

第四，若说舜是黄帝、颛顼后代，那么家内传授，不能说“至公”。颛顼之传帝喾就不说“巽位”。“惟尧能以至公之天下授之异姓在下之鳏夫，故得为传贤之帝，惟舜能以所受之天下传之外姓有功之贤臣，故得称巽位之君。”

第五，“八元”“八恺”，尧帝之时已经起用，但不说是尧选举上来的，因为他们是尧的亲戚，到舜时使用之，所以说舜能举贤才，因为他们不是舜的亲戚。

第六，舜如非尧亲，相隔不远，尧岂不知，而需咨询四岳，历试诸难？颛顼出于若水，帝喾出于江水，登帝位时为何不历试诸难？因此舜不是尧族人。

罗泌的发现能使我们留意两个问题：第一，按《帝系》《史记·五帝本纪》，舜出于黄帝、颛顼，与帝喾、尧无直系亲属关系，商祖契是帝喾后裔，与舜也无直系亲属关系，尧与颛顼亦无直系亲属关系，那么《祭法》为何要写“有虞氏郊喾宗尧”，“商人禘舜”？第二，舜受尧禅为何要“受终于文祖”呢？《史记》云：“文祖者，尧大祖也。”

罗泌的疑问，因史料奇缺，确实难以圆满解答。但本人以为，似可作如下解释：

第一,禘、郊、祖、宗、报,是五种祭祀仪式,祖某某,宗某某,并非以某某为祖宗,若此,则郊某某、禘某某、报某某,以某某为郊、为禘、为报乎?

第二,“受终于文祖”是指从尧接受政权,因而要到尧大祖庙举行受权仪式。此大祖庙《尚书大传》曰相当于周之明堂。《孔丛子·论书》:“子张问曰:圣人受命,必受诸天,而书云受终于文祖,何也?孔子曰:受命于天者,汤武是也;受命于人者,舜禹是也,夫不读《诗》《书》《易》《春秋》,则不知圣人之心。又无以别尧舜之禅,汤武之伐也。”这就是说,汤武革命是从天得到政权的,“受终于文祖”则表明政权是由尧让与的,因而要去尧大祖庙举行一个受政仪式,并不是说就把尧的大祖当成自己的大祖了。

第三,历代被祭祀者可以有两种情况,其一是立过大功,造福于民的,如前所引“能御大灾则祀之,能捍大患则祀之……”其二才是自己的祖先,但所祭之人必须是同族,所谓“神不歆非族”是也。这就是说,祭祀不一定是直系祖先,只要同族就行。是故,王充说:“凡祭祀之义有二:一曰报功,二曰修先。报功以勉力,修先以崇恩。……是故圣王制祭祀也,法施于民则祀之,以死勤事则祀之,以劳定国则祀之……帝喾能序星辰以著众,尧能赏均刑法以义终,舜勤民事而野死……汤以宽治民而除其虐……”(《论衡·祭意篇》)这些人都立了大功,又都是黄帝子孙,故可祭祀。因此,有虞氏祭喾、尧,商人祭舜等都是可理解的,那是因为他们是族内有大功者。

第四,如果说舜不是颛顼之后代,则《国语·鲁语》中说“幕,能帅颛顼者也,有虞氏报焉,杼,能帅禹者也,夏后氏报焉……”就难以理解。此段中,幕相当于夏之杼,商之上甲微,周之高圉大王,是虞氏“中兴”者,亦说明幕是颛顼之后,舜受政于尧,但幕并未受政于尧,“幕,能帅颛顼者”,只能说明幕是颛顼之后代。这样,舜自然也就是黄帝、颛顼之后代了。

第五,《尚书》只云“有鳏在下,曰虞舜”,未闻姚舜。罗泌云舜姚姓,罗苹注云:见《世本》,而查后人所辑之《世本》无此语。司马迁宜见过汉之《世本》,并无此见,他说“自黄帝至舜、禹皆同姓而异其国号……帝舜为有虞”,未闻姚姓。《帝王世纪》只说“生舜于姚墟”,姚墟即《大荒南经》所载之帝俊妻所生之“三身国”,附近有很多舜迹。罗泌云姚姓不知何据,也许,罗泌是根据古之惯例,以出生地为姓,舜生于姚墟,故称为姚姓。不过,此条关系不大,因为姓氏可被赐而改。详见拙著《长江中游地区文明进程研究》第一章第三节。

第六,古之同姓百世不婚亦不是绝对的,因为子孙可以改姓。如黄帝生25子,得12姓,这12姓间便可通婚。又如,黄帝、炎帝同为神农妃少典之子,但“黄帝以姬水成,炎帝以羌水成,成而异德”,所以一个姬姓,一个姜姓,因而黄、炎两族世通婚姻(参见《国语·晋语四》)。

第七,“历试诸难”是培养人才之良好方法,如孟子所说“天将降大任于斯人也,必先苦其心志……”只是尧以前诸帝年代久远,因而“历试诸难”湮没无闻而已。

第八,穷蝉至瞽瞍微贱,是相对的。穷蝉生重黎,即祝融,祝融主天文,说明穷蝉不微。瞽瞍其实亦为尧之官吏瞽史。《吕览·古乐篇》:“瞽瞍乃拌五弦之瑟,作以为十五弦之瑟。”尧之《大章》之乐就是瞽瞍所作,所以说是相对微贱。古颛顼为天子,大概从幕开始未能为天子,故被视为庶民。就如尧子丹朱、舜子商均一样。尧要百官举贤云“举贵戚及疏远者”(《史记·五帝本纪》),亦说明舜是尧之宗亲,只不过疏远些罢了。“舜二十以孝闻”,闻名也早矣。当四岳荐舜时,尧曰:“俞,予闻,如何?”尧表示已有所闻。四岳是中央大官,尧是天子,早已闻30来岁的舜,舜之知名亦早矣,所以说,舜绝不是一般庶民。

古之所谓“至公”只是说非传子而传宗亲,这当然与儒家的宣传有关,并非指传给王室贵族以外的人。读《史记·五帝本纪》可知,黄帝逐荤粥,战蚩尤,“胜四帝,大有天下”[①]。蚩尤为争帝位与其兄弟黄帝“七十二战”,鲧是颛顼后裔,欲当“三公”且办不到(参见《吕氏春秋·行论》)。政权岂能随便让给外族人?

第九,郑玄、罗泌等抓住“自幕至瞽瞍无违命”一句,认为幕是舜祖,这是对的,但以此否定舜为黄帝颛顼之后,则忽略了此句前面还有一句:“陈,颛顼之族”也。罗泌:“此假类之言也”,“崔仲方亦尝申史赵之说谓天时”。五行相克谓天时是对的,地域与星宿对应也是有科学依据的,但将人事与星宿挂钩就没有足够的科学依据了。将人与星宿挂钩虽不够科学,但它是古人的信仰。陈若不是颛顼之后裔,那又如何与五行相克之“天时”挂上钩呢?此言“陈,颛顼之族”,可知此颛顼指人,若言“陈颛顼之墟”,则颛顼当指天神。因为有天之五帝与人之五帝之分。

《吕梁碑》云舜为幕后,证明幕是舜之祖,这是对的。但此碑未言及幕之前的祖先是谁,没有说并不等于幕以前无祖先可考。从上引“幕,能帅颛顼者也”便可知,幕是颛顼之后代,舜之先祖。至于幕是颛顼与舜之间的哪一代便难知了,很可能幕就是末代颛顼。因为《吕梁碑》曰“幕生穷蝉”,而《史记》曰“颛顼生穷蝉”,可知幕即颛顼。幕是真名,而颛顼是后人将帝王比附五天帝之名而起的号。《春秋命历序》云:颛顼二十世,三百五十岁(《十三经注疏·礼记·祭法》,《通鉴外纪》)。颛顼20世的姓名,我们难以考究了。也许幕是颛顼的庶子,亦称颛顼,如同丹朱之子世称丹朱。从幕开始分封到吴地,所以《吕梁碑》只记了“虞帝”一支的世系。“虞”在《郭店楚简·唐虞之道》、上海博物馆简牍《容成氏》中皆作“吴”,而在《吕梁碑》中作“虞”,因此《吕梁碑》确是秦汉间人所为,不是战国以前的碑。

总之,我们认为陈是舜之后,幕乃舜之祖,也是颛顼之后裔;而颛顼又是

---

① 中国人民解放军军事科学院战争理论研究部《孙子》注释组:《孙子兵法新注》(逸文:黄帝伐赤帝),中华书局,1977年,第164页。

黄帝之后,因此,舜当然也应是黄帝之后代。尧禅舜是族内禅让。

(二)关于帝俊与帝舜的关系

《山海经》中有一个威加四海的大帝,名叫帝俊,这个帝俊到底是谁?或云帝喾,或云帝舜。

晋代郭璞的《山海经注》、宋代罗泌的《路史》及注多认为帝俊即舜。例如,《大荒东经》:"有中容之国,帝俊生中容。"郭曰:"俊亦舜之假借字也",任臣按:"《路史》云:'中容之国,舜之所生。'"《大荒南经》:"有水四方,名曰俊坛。"郭曰:"水似土坛,因名舜坛也。"《海内经》:"帝俊有子八人,是始为歌舞。"《路史注》:"舜有子八人,始歌舞。"而《帝王世纪》及《左传·文公十八年》注疏者则认为帝俊为帝喾。《帝王世纪》:"帝佶,高辛,姬姓也,其母不见,生而神异,自言其名曰逡,龆龀有圣德,年十五而佐颛顼。"

笔者认为,《大荒南经》的一段记载很能说明问题,其文曰:"大荒之中……有人三身,帝俊妻娥皇,生此三身之国,姚姓……南旁名曰从渊,舜之所浴也。"所谓"娥皇",即古籍所习见的尧之长女、舜之嫡配。从此段记载可知,帝俊明显为帝舜。

考察出现错乱的原因,大概出在"帝俊生后稷"(《大荒西经》)一条。一般认为,帝喾生后稷,可是此处为何说"帝俊(舜)"呢?笔者以为,后稷是个官名,当后稷的有多人,如《左传·昭公二十九年》亦记蔡墨说:"有烈山氏之子曰柱,为稷,自夏以上祀之;周弃亦为稷,自商以来祀之。"这说明,稷有多个。那么舜之后裔叔均(或曰商均)也曾为农官,也被称为稷。舜与叔均的关系有如下记载:

其一,赤水之东,有苍梧之野,舜与叔均之所葬也。(叔均,商均也,舜巡狩死于苍梧而葬之,商均因留,死亦葬焉。墓今在九嶷之中)。(晋郭璞注《大荒南经》)

其二,西北海之外,赤水之东,有长胫之国,有西周之国,姬姓,食谷。有

人方耕,名曰叔均,帝俊生后稷。稷降以百谷,稷之弟曰台玺,生叔均,叔均是代其父,及稷播百谷,始作耕。(《大荒西经》)

其三,叔均言之帝,后置之赤水之北,叔均乃为田祖。(《大荒西经》)

其四,帝俊有子八人,是始为歌舞,帝俊生三身,三身生义均,义均是始为巧倕,是始作下民百巧,后稷是播百谷,稷之孙曰叔均,是始作牛耕。(《海内经》)

从以上四条可知,舜(帝俊)之后裔有叔均,也是农业开拓者,为农官“后稷”,除“其二”混淆了其与周之始祖“弃”的关系外,均无矛盾,而且,在“其二”条中,也明确说的是“叔均”,只是多了“有西周之国,姬姓,食谷”一句,疑为后人窜入。前文已论,《山海经》中的“荒经”,刘歆校对时未签字,可能就因错简太多。

此外,在湖南、湖北之间,两汉三国时曾有下隽县,南朝梁又设为重华县,传为虞舜重华之旧都[①],亦可见“隽”(俊)与舜相同。再说俊与舜为同韵字,可通用。

总之,笔者认为帝俊即舜的观点更可信。《帝王世纪》及后世注《左传》者有误。

(三)虞舜出生地当在吴(东夷)

关于舜族的地望,笔者也曾在《华夏上古史研究》中有所论证,但对其出生地始终存在疑惑,近来读了王晖先生的大著[②],又去浙江实地考察,再结合有关天地对应的理论、良渚文化等地下文物的证据,觉得王晖先生关于舜出生地的观点是值得肯定的。

关于舜族的地望,王晖先生先列举了几种不同的说法。

第一,舜为东夷诸冯人。《孟子·离娄下》述孟子之语云:“舜生于诸冯,

① 郑志华:《“下隽县”与“虞舜故城”》,http://tieba.baidu.com/f? kz=150253255。

② 王晖:《古史传说时代新探》,科学出版社,2009年,第47—49页。

迁于负夏,卒于鸣条,东夷之人也。”这里明确指出舜为东夷之人,但他所说舜的具体出生地“诸冯”地望并不清楚。

第二,舜本为冀州之人,在今晋西南蒲州、虞乡一带,此说以司马迁、皇甫谧、郦道元等为代表。《史记·五帝本纪》曰“舜,冀州之人也”;《太平御览》卷八一引皇甫谧《帝王世纪》谓舜“家本冀州”;郦道元《水经·河水注四》说法亦同。

第三,《世本》等谓舜居汉中西城县的妫墟,其地在今陕南汉中市洋县县城之东。《汉书·地理志上》“汉中郡·西城”下,颜注引应劭曰:“《世本》:妫墟在西北,舜之居。”《水经·沔水注上》云:“酉水又南注汉,谓之酉口。汉水又东经妫虚滩。《世本》云:舜居妫汭,在汉中西城县。”《后汉书·郡国志五》“汉中郡”下云:“成(城)固,妫墟在西北。”

第四,《括地志》等书认为舜之生地姚墟在濮州雷泽县之东,即今山东省菏泽市与郓城之间。《史记·五帝本纪》正义引《括地志》云:“姚墟在濮州雷泽县东十三里。《孝经援神契》云舜生于姚墟。”《水经·瓠子河注》云鄄城西南五十里有桃城,或作洮城,或谓桃城亦作姚城,因姚墟而名,即舜所生之地。又谓大城阳县故城西北十余里有雷泽,即舜所渔之地。[①]

第五,《风土记》等书认为舜为姚姓,为浙北上虞人,汉上虞故县距余姚有七十里。《太平御览》卷八十一引《风土记》逸文云:“舜,东夷之人,生于桃丘妫水之汭,损石之东。旧说言舜,上虞人也。虞即会稽县,距余姚七十里。如宁上虞南乡也,后为县。桃丘,即姚丘也,方相近也。今吴比亭,虞滨在小江里。县复五十里,对小江北岸,临江山上有立石,所谓捐石者也。斜角西南揩(阶),俗呼为艻公崭高石也。”(《太平御览》卷八十一《皇王部》引)《史记·五帝本纪》正义引《会稽旧记》云:“舜上虞人,去虞三十里有姚丘,即舜所生也。”

① 杨守敬:《水经注疏》(中册),江苏古籍出版社,1989年,第2033页。

上列舜的出生地有东夷诸冯、冀州、汉中西城县(陕南)、濮州雷泽(山东东南)、浙北上虞五种说法。

王晖先生认为,《史记·五帝本纪》所言舜为“冀州之人”,实际上是舜数次迁徙最后定居的地方,并非舜族原居地。孟子所说舜为“东夷之人”是对的。他分析道,东汉赵岐注《孟子·离娄下》云:“诸冯、负夏、鸣条,皆地名。负海也,在东方夷服之地,故曰东夷之人也。”上面《风土记》所说舜之出生地与《孟子·离娄下》及赵岐注可以互证。除此之外,汉初陆贾《新语》亦有其佐证。《新语·术事》云:“圣人不用珠玉而宝其身,故舜弃黄金于崭岩之山,捐珠玉于五湖之渊,将以杜淫邪之欲,绝琦玮之情。”此说提供了舜活动踪迹的地点,但“崭岩之山”在何处呢?王晖先生认为,这就是《太平御览》卷八十一引《风土记》中所记的“俗呼为艻公崭高石”,“崭岩”盖即“崭高石”。此“崭高石”,《风土记》称之为“俗呼”,那么“雅称”就是“损石”。而“损石”正是舜所生之处:“(舜)生于桃丘妫水之汭,损石之东。”而“五湖”先秦文献多指吴越一带的五湖,不管“五湖”是今苏南太湖的别称,还是指太湖东岸与太湖相通的五个湖,结合“崭岩之山”,说明舜活动之地在苏南浙北一带则是可以肯定的。这说明舜生于上虞之说并非孤证。

笔者很赞同王晖先生关于舜出生地的说法,并认为还可举出如下几条理由。

第一,按古代天地对应学说,东夷指吴。所谓东夷,一般人理解为今山东地区,而吴越位于东南,似不称东夷。其实,据笔者研究,上古“人法地,地法天”(《道德经》),地的方位从属于天的方位,即笔者拙文《上古星宿与地域对应之科学性考释》中所阐明的,地的方位比实际方位要向逆时针方向旋转约70度,如图2所示,东南之吴越正好对应“天之东方”,而齐国本为正东,却从属于天,对应“天之北方”,因此,《山海经·大荒北经》“有北齐之国,姜姓”,将齐记在“北经”里,并呼之曰“北齐”。从上可知,上古的东夷实指吴越之地。

这种方位对应还可以证之于其他古文献。例如,周代以方位辨国土。宋代陈祥道的《礼书》卷三十四载:“甲齐,乙东夷,丙楚,丁南夷,戊魏,己韩,庚秦,辛西夷,壬燕赵,癸北夷……以方位辨周土也。”此中无吴,有东夷,东夷在齐与楚之间。由此可知东夷即吴也。《淮南子》卷三稍有异,“北夷”处为“越”。笔者认为,此当为北夷,以与东、南、西夷相对,全是按方位来叙述的,所以说“以方位辨周土”。直到今天,堪舆家还用天文方位来讲地理方位,即所谓“左青龙右白虎”(东方苍龙,西方白虎)。注意,这里讲的是以方位辨国土,只要是这个方位,不管有多远,都属于这个方位管。

第二,吴与东夷可互用。《左传·文公五年》:“六人叛楚即东夷。”“六”在安徽南部,其“叛楚即东夷”,可知东夷在六的附近。《盐铁论·非鞅》:“大夫种辅翼越王,为之深谋,卒禽强吴,据有东夷。”亦可见,东夷即吴。

当前,“不少研究者根据邵望平先生对《尚书·禹贡》中九州的考证,认为九州中的扬州,地望上指的就是太湖文化区,从而推测良渚文化就是东夷族中的一支”[①]。

第三,地下文献可证舜与吴的关系。例如,《郭店楚简·唐虞之道》中虞舜作“吴舜”。上海博物馆简书《容成氏》5、6号简:“畣(禽)兽朝,鱼蟞(鳖)献,又(有)吴(虞)迵(通)㞷(匡)天下之正(政)十又(有)九年,而王天下三十又(有)七年而民(泯)冬(终)。”[②]此中,“又吴”当为“有虞”。吴、虞二字古时通用。

第四,从《山海经》看,虞舜出生在南方三身国。《大荒南经》:“大荒之中……有人三身,帝俊妻娥皇,生此三身之国,姚姓……南旁名曰从渊,舜之所浴也。”“娥皇”,即尧之长女、舜之嫡配。从此段记载可知,帝俊明显为舜。因此,“三身之国”与舜确有关联。又从姚姓看,此处即姚墟,上古以祖先所生

① 浙江省社会科学院国际良渚文化研究中心编:《良渚文化探秘》,人民出版社,2006年,第203页。
② 刘信芳:《楚简帛通假汇释》,高等教育出版社,2011年,第555页。

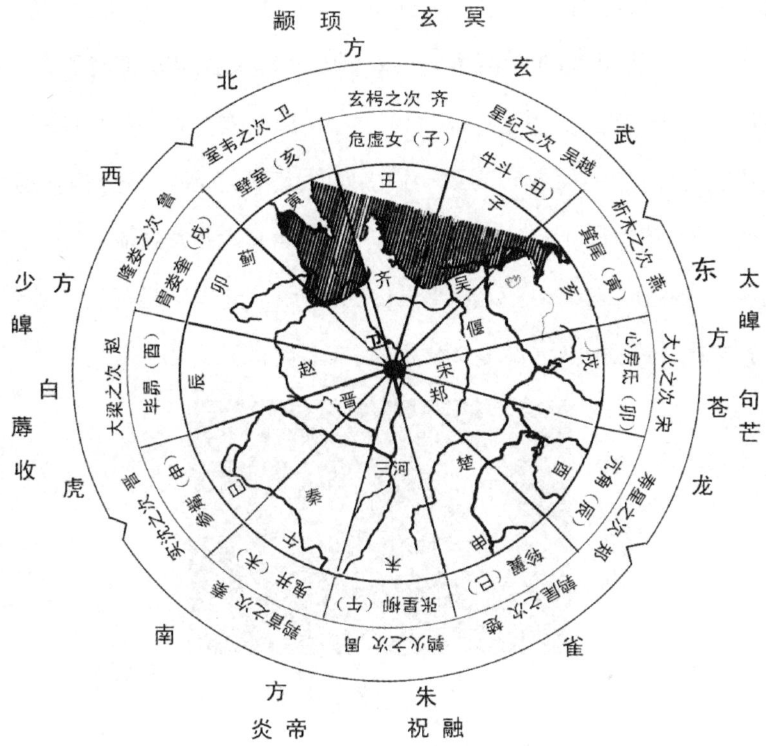


图 2　星宿与商末周初地域对应示意图

注：此图仅为示意图，因为：其一，一年之天度为 365.25 度要表现在 360 度的圆中；其二，黄赤交角影响度数；其三，岁差影响不同时期的度数。

之地的地名为姓。

另外，古人常将某民族的崇拜物说成某某国，如《华阳国志》卷三云：“周失纲纪，蜀先称王，有蜀侯蚕丛，其目纵，始称王，死作石棺石椁，国人从之，故俗以石棺椁为纵目人冢也。”《路史》卷四也说“蚕丛纵目”，我们在三星堆已发掘了眼睛特别突出的青铜人头像（图 3）。这其实并不是说蜀王纵目，而是说他崇拜的偶像纵目，崇拜这种偶像的国度便可称为“纵目国”，即蜀国，古“蜀”字强调的是眼睛，是其崇拜物的写照。良渚文化饕餮纹（图 4，1）似为三身国的崇拜物。仔细观察良渚文化出土器物上的饕餮纹图案，凤鸟足与凤冠、兽面及兽獠牙与人像共同组成一个“神人首”，当为“一首而三身”的“三身”，其集兽（龙?）、凤、人三身于一体。于是，可知虞舜所生的“三身国”正是浙江良渚文化区。《路史注》引《玄览》云：“凿齿之东，其民一首而三身。”《淮南鸿烈解》卷八：“尧乃使羿诛凿齿于畴华之野。”许慎（或云高诱）注：“畴华，南方泽名。”三身国在凿齿东，则三身国当在东南沿海。当然，良渚文化是我国长江下游太湖流域一支重要的古文化，距今约5200—4200年，比舜要早，说明舜以前这里就是当地人或舜的祖先所创立的文化。舜西迁后，良渚文化消失，二者时间正合。

图3　三星堆青铜人头像（K2②：148）

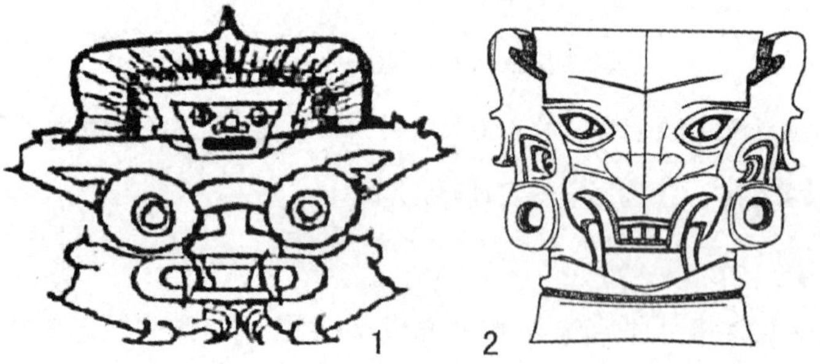


1.余杭反山墓地出土：M12：98　2.石家河肖家屋脊：W6：32

图4　良渚文化“兽面纹”与石家河文化玉神人像

至于《山海经·海外西经》：“三身国在夏后启北，一首而三身。”其从西南往西北列举，三身国排列在第三位，从其所述方位判断，则好像在西南方向，可能是随良渚文化的没落而散处西南地区，也可能指高庙文化崇拜兽面之国，或石家河文化时期的崇拜“玉神人”（图4，2，獠牙为龙牙，双耳旁边为凤凰，集龙凤人于一身，更像人）的民族。不过，后石家河文化玉神人与良渚文化的神面相皆集龙凤人于一身，可见良渚文化在距今4300—4200年消失之后可能逆江西进，传至长江中游（有关长江中游的良渚文化因素，详见下文）。所以《墨子·节葬下》曰“舜西教乎七戎”，舜是从东南沿海逆江往西迁的。

第五，浙江余姚有姚江（舜江）。《竹书纪年》：“帝舜有虞氏：母曰握登，见大虹，意感而生舜于姚墟。”《帝王世纪》：“桥牛生瞽瞍……而生舜于姚墟。”《竹书纪年》卷上也说：“母曰握登，见大虹意感而生舜于姚墟。”今浙江余姚有姚江，也曰舜江。[1]

因此，舜生于东夷（吴）即良渚文化一带还是有一定依据的。

（四）虞舜在湘鄂赣幕阜山周围成为“诸侯”

吴舜之前的吴，中心区域在江浙一带，随着舜族活动范围的扩大，其范围包括江西，直至两湖东部。

今之鄱阳湖，《禹贡》称“汇泽”，古书习称“彭泽”“彭蠡泽”，《水经注》引郑玄注又称“回泽”。“鄱”“彭”“蒲”音近，彭泽又作“服泽”。“服”音“伏”，古音“庖”，与“彭”“蒲”古音近。《墨子·尚贤》：“古者尧举舜于服泽之阳。”“服泽之阳”即鄱阳湖之北的幕阜山。《汉书·地理志》《路史》云“获泽”在今山西，指的是后世县名，非泽名，其地无泽。

《帝王世纪》言舜都“浦坂（阪）”，“阪”者言山之反面，如炎帝与黄帝战于“阪泉”，山东银雀山汉墓出土的《孙子兵法逸文·黄帝伐赤帝》作“反山之原”，《说文解字》：“阪，坡者曰阪。一曰泽障，一曰山协也。”那么“蒲阪”即言“浦泽”的反面（隔幕阜山），今其地有浦圻市（在湖北），“圻”通“畿”。《集韵·微韵》：“畿，《说文》‘天子千里地。以远近言之，则言畿也’。或作圻。”杜佑注《左传·昭公二十三年》“方千里为圻”，可知圻者近也。蒲圻者，当属

① 《中国民间文学集成·浙江宁波市余姚市卷·余姚由来》，浙出书临(88)第124号，1988年，第162页。

于舜之王畿。因此,所谓蒲坂(阪),即在蒲泽附近,与浦泽仅一山之隔。《路史·国名纪》云:“长沙:今岳之沂江,潭之益阳,梁之重华县有重华城,一号虞帝城,记为帝都。非。”罗泌未讲任何理由即说“非”,不可从。这里说明,旧史确曾记载舜都两湖地区,即加入了尧部族地区。

何介钧先生介绍说:江西地处长江中下游交界处,新石器时代晚期后段或称龙山时期的遗址发现了一批,但面貌较清楚的仅限于赣西北、赣中和鄱阳湖西岸和南岸。从樊城堆文化的内涵分析,它明显接受了包括薛家岗和早期良渚文化的影响,也就是同时期东方文化的影响。[①] 何介钧先生的介绍很有价值,为舜的西进提供了先前两地文化交流的基础。

良渚文化在距今大约4200年的时候消失,而湘鄂赣边、幕阜山附近的尧家林、舵上坪、岱子坪新石器遗址始兴,使得石家河文化在湘东至湖北长江边一块狭长地带出现一个新的地方类型。这与舜的时间正合。这应当是舜时遗址,舜上台后,将尧时反对舜上台的苗民驱至“南海”。从此,湘东一带变成了舜的势力范围,因而就形成了尧家林—舵上坪—岱子坪类型的石家河文化带。他死后葬于湘南之九嶷山,绝非偶然。

关于良渚文化衰落后的流向问题是学术界讨论较多的问题。笔者以为,首先,其不应当迁往山东龙山文化。良渚文化对北方大汶口文化的影响主要在良渚前期。良渚文化后期,虽然在苏北有大量贵族墓发现,但始终未能再影响到大汶口文化晚期及龙山文化的核心区。正如栾丰实先生所言:“大汶口文化晚期阶段,来自南方良渚文化因素显著减少,渐次失去了昔日的光彩。到晚期后段,良渚文化因素基本绝迹。”[②]龙山文化时期处于上升阶段,而良渚处于没落阶段,对龙山文化的影响就更少了。这个现象非常重要,这就证明,

---

① 何介钧:《长江中游新石器时代文化》,湖北教育出版社,2004年,第328页。

② 栾丰实:《大汶口文化与菘泽、良渚文化的关系》,《海岱地区考古研究》,山东大学出版社,1999年,第150页。

良渚文化对山西陶寺文化以及对夏、商、周的影响是通过石家河文化这个中转站实现的。

两湖地区可以明显地看到良渚文化因素,湖南湘乡岱子坪遗址中[①],属于一期的M62出土的两件贯耳罐(M62:8、M62:1)和一件高柄豆,同属于良渚文化,时间应为良渚文化晚期。湖北黄梅陆墩新石器时代墓葬遗址出土的贯耳壶(M8:1、M16:1)也明显具有良渚文化风格。[②] 岱子坪第二期的前期墓葬中发现的细长颈鬶,与太湖地区吴兴钱山漾良渚文化遗址中发现的细长颈、管状流、下部残缺的泥质红陶残鬶,南京太岗寺和北阴阳营等遗址中细长颈的残鬶,安徽肥西县古埂、江西修水跑马岭和湖北松滋桂花树等遗址相类似的鬶一样,吴汝祚先生认为“长江下游地区的细长颈鬶是受大汶口文化颈部较细高的羊乳式袋足鬶的影响产生的,然后溯江而上,一直分布到长江中游等地区,推断这是长江中下游史前文化相互交流影响的一条路线”[③]。

湘东至鄂东南地区在屈家岭文化时期属于屈家岭文化边缘地区,未形成一个文化类型,可是至石家河文化中晚期,则明显具有地方特色,这个地方特色主要是指吸收了较多良渚文化因素,除上面所提的各种良渚风格的器物外,何介钧先生还对这个新的地区类型做了考古学分析,他说:

> 尧家林遗址所在的鄂东南,邻近赣西北,受其同时期原始文化影响较为明显。因此,虽然整体属于石家河文化,但具有较强的地区特点。石器中长方穿孔石刀、马鞍形和梳形穿孔石刀、有段石锛、弓背形石锛,是具有地区特色的生产工具。陶系以夹砂红陶、夹砂灰褐陶为大宗,晚期粗糙厚重。纹饰变化的阶段性特别鲜明:早期多篮纹,其后以方格纹

① 湖南省博物馆:《湘乡岱子坪新石器时代遗址》,《湖南考古辑刊》(第2辑),岳麓书社,1984年,第5页。

② 任式楠、陈超:《湖北黄梅陆墩新石器时代墓葬》,《考古》1991年第6期。

③ 吴汝祚:《湖南湘乡岱子坪遗址第二期墓葬的初步剖析》,《江汉考古》1986年第2期。

为主,而到晚期,多绳纹。器形中鼎和鬶特别发达。鼎有罐形、釜形和折腹釜形(或盆形),侧装扁三角形足常见。高领罐和折沿罐常附矮圈足,是这一类型特殊的器形。器座发达。这里的筒形澄滤器,有流,而器内无刻槽。晚期特多厚胎、平沿、折壁、平底、直圈足、容积极小的盂。因此,我认为将其单列为石家河文化的一个地域类型即尧家林类型是有充足理由的。与其邻近的湖南平江舵上坪遗址1975年曾发掘200平方米,出土物的器形、风格、纹饰与质地都接近于尧家林,并且可以为尧家林类型补充众多的内容,可惜至今材料未整理公布,因此只能在此附书一笔。[①] (见图5)

笔者以为,湘东至鄂东南地区首先是尧族历史主体早年活动过的地方,有一定的独立性,待尧统一洞庭湖地区并"受命"为天子后,这里又由舜族经营,故能形成自己的地方特色。但外族人从来不可能改变该地人们的生活习惯。两湖地区与良渚相距遥远,能从普通人使用的陶器、石器中体现出良渚文化的风格就足可以说明部分良渚人即舜族人已经迁入该地。

而从两湖的玉器,即上层贵族器看,良渚文化的到来就更明显了。属于江汉区后石家河文化的湖北天门肖家屋脊现已发现了众多玉器,有人(神)头像、兽面、鹰、璜、环、玦、管等。湖北江陵枣林岗发现的10多座石家河瓮棺葬基,出土的玉器中有琮。[②] 这些玉器有其自身特征,其中琮、鸟、蝉、玦、璜等玉器,与良渚文化可能有一定的关系。[③] 湖南澧县大坪孙家岗石家河文化墓地,发现玉器26件,有璧、瑗、玦、簪、佩和纺轮等,从形制和风格上分析,明显受到

① 何介钧:《长江中游新石器时代文化》,湖北教育出版社,2004年,第266—267页。
② 张绪球:《长江中游新石器时代文化概论》,湖北科学技术出版社,1992年,第293—302页。
③ 吴汝祚:《良渚文化玉器中心地区的形成及其有关问题的探讨》,《良渚文化论坛》,浙江古籍出版社,2002年,第43页。

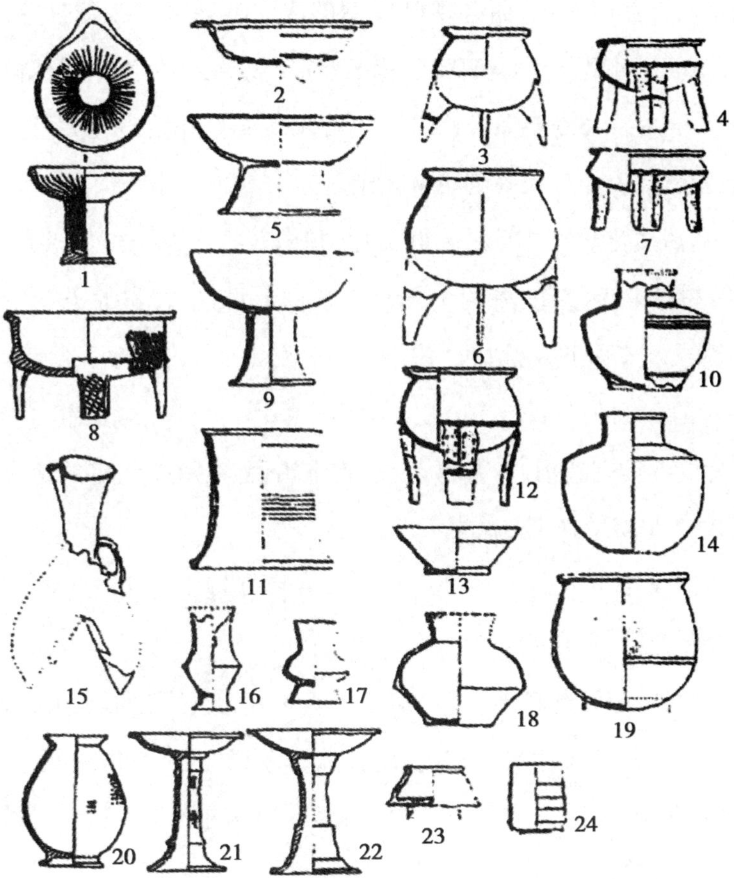


1.澄滤器 2、9、21、22.豆 3、4、6、7、8、12.鼎 5.盘 10.圈足罐 11.器座 13.钵 14.高领罐 15.鬶 16、17、18.壶 19、20.圈足罐 23.盂 24.杯(1、2、8、20、21、22舵上坪,余尧家林出土)

图5 石家河文化尧家林—舵上坪类型典型陶器

本图采自何介钧:《长江中游新石器时代文化》

了良渚文化的影响。[①]

后石家河文化时期时间在距今4300—4000年,这与尧、舜时期正好相合。

① 湖南文物考古研究所:《湖南省考古工作五十年》,《新中国考古五十年》,文物出版社,1999年,第298页。

其玉器大多出自瓮棺葬墓,而且现已发掘的成人墓葬也皆为瓮棺葬,这与舜的葬俗同。《帝王世纪》:“有苗氏叛,南征,崩于鸣条,年百岁殡用瓦棺。”良渚文化在距今4300—4200年消失,而后,后石家河文化开始出现大量良渚式玉器,这就表明良渚贵族确实来到了荆楚地区。

总之,良渚文化应当为虞舜族群文化,其向西扩张,并与居于荆楚之唐尧部落建立了部落联盟。尧、舜两个部落一道向北推进,抵抗北方南下的游牧民族,即《墨子·节葬下》所谓的“舜西教乎七戎……尧北教乎八狄”。

(五)舜的葬地在古荆州苍梧之九嶷山

关于舜的葬地有苍梧说,有鸣条说,有纪市说。苍梧、纪市的地点在湘南有明确记载,但鸣条在何处,说法不一。

关于纪市,《帝王世纪》:“殡以瓦棺,葬苍梧九嶷山之阳,是为零陵,谓之纪市。在今营道县,下有群象为之耕。”

关于苍梧,文献记载较多。《山海经·海内南经》:“苍梧之山,帝舜葬于阳,帝丹朱葬于阴。”《山海经·海内经》:“南方苍梧之丘,苍梧之渊,其中有九嶷山,舜之所葬,在长沙零陵界中。”《山海经·海内东经》:“湘水出舜葬东南陬,西环之。入洞庭下。”

《礼记·檀弓》:“舜葬苍梧之野,盖三妃未之从也。”《竹书纪年》载:“九年,西王母来朝。西王母之来朝,献白环、玉琯。”而这两件宝物随葬于舜祠下。应劭的《风俗通义·声音》引《尚书大传》云:“舜之时,西王母来献其白玉琯,昔章帝时,零陵文学奚景,于冷道舜祠下,得生白玉管,知古以玉为管,后乃易之以竹耳。”可见舜确实葬在零陵。汉时之重大发现令太史公坚信舜葬于零陵,故在《史记》中记下了舜之葬处,这是五帝中唯一载明葬处的(《封禅书》中黄帝葬桥山为衣冠冢,不算)。《淮南子·修务》、郑玄注《礼记》、韦昭注《国语·鲁语》、《皇览》皆云舜葬苍梧。或以《论衡·偶会》“传曰‘舜葬苍梧,象为之耕……’失事之实,虚妄之言也”为据,以为王充否定葬苍梧之说,其实其《书虚篇》曰："舜南治水，死于苍梧；禹东治水，死于会稽。贤圣家天下，故因葬焉。"王充等以为，"象为之耕"为非，并非否定其葬于苍梧。

《竹书纪年》："四十九年，帝居于鸣条。五十年，帝陟……鸣条有苍梧之山，帝崩，遂葬焉。"此中的鸣条与苍梧是个大小地名的关系，鸣条是大地名，苍梧是小地名，鸣条当指古荆州。

关于鸣条，有人以后世"鸣条"之地望而论舜之葬处，不妥。诚然，多处地名叫鸣条是可能的，但舜所葬之处则在苍梧明矣。按今本《竹书纪年》，鸣条有苍梧之山，则苍梧与鸣条是从属关系。北方几个鸣条是一个个小地名，又有小地名为苍梧，但二者无从属关系。

我们认为，"鸣条"可能指古九州之荆州，谨以如下几点证之。

第一，屈原《天问》："何条放致罚，而黎服大说？"汉代王逸注："条，鸣条也。"可见，鸣条亦可简称为"条"，即"条方"。《吴越春秋·越王无余外传》："自中国至于条方，莫荐人，帝靡所任。四岳乃举鲧而荐之于尧。"此文源于三代记述，所谓"中国"当然指黄河流域，则"条方"当非指黄河流域。《竹书纪年》云"鸣条有苍梧之山"，因为苍梧之九嶷山"在长沙零陵界中"（《山海经·海内经》），那么鸣条应当指长江中游比苍梧更大的地名，当即古荆州。

第二，从桀败于鸣条看其地望。《尚书·汤誓》云："（伊尹）遂与桀战于鸣条之野。"关于桀败之鸣条有如下线索：古、今本《竹书纪年》载：桀之所以亡，主要是因为伐缗山，伐缗山的目的是抢两个女子，一为琬，一为琰。或认为有缗在今山东，似非。屈原《天问》云："桀伐蒙山，何所得焉？"可见，桀伐的是蒙山。此"蒙山"即荆门之"象山"，本名蒙山，南宋之后因纪念陆九渊而改名为象山。桀获此二女，便"弃其元妃于洛，曰妹喜"，妹喜便和伊尹联合颠覆了夏的政权。因此，汤攻桀，桀在二妃的陪同下当然想到逃至二女的母家蒙山，便"南徙千里"（《逸周书》卷9、《路史》卷二十三、《尚书大传》卷二）至荆州。是故，今本《竹书纪年》云："二十一年，商帅师征有洛，克之。遂征荆，荆降。"有洛即夏都所在地，桀逃到荆,汤便伐荆。又云:"夏师败绩,桀出奔三朡,商师征三朡,战于郕,获桀于焦门,放之于南巢。"此几个地名难以考究,但《山海经·大荒西经》记述了此事:"南岳娶州山女,名曰女虔……有人无首,操戈盾立,名曰夏耕之尸。故成汤伐夏桀于章山,克之,斩耕厥前。耕既立,无首,走厥咎,乃降于巫山。"桀败之章山,亦当为《读史方舆纪要》中湖北荆州之章山(又称内方山),而巫山宜当今之巫山,皆在古荆州。可见,"鸣条"应为古荆州。

《淮南子》曰:"放桀于历山"(上博简《容成氏》第40简:"桀乃逃之鬲山氏",历山、鬲山宜同①),即古厉山国,在古荆州。《墨子·三辩》曰:"汤放桀于大水。"大水即湘、赣、鄂之间的一湖。《说文解字》《尔雅》《周书》《月令》《本草纲目》等云"……雉入大水为蜃",时而又作"雉入于淮为蜃"。可见,"大水"即"淮",楚有泽名"方淮",刘向的《说苑·九》:"楚昭王欲之荆台游……荆台之游,左洞庭之波,右彭蠡之水,南望猎山(历山),下临方淮。"因此,桀放之"大水"在古荆州。

败于鸣条又作"徙于鲁"。《逸周书·殷祝解》云"南徙千里止于不齐……桀与其属五百人,徙于鲁,鲁士民复奔汤……去居南巢",可见是先徙于不齐,再徙鲁,再放之南巢。林义光的《文源》:"(古鲁字)从口不从白,彝器每言'鲁休''纯鲁',阮氏元云:'鲁本义盖为嘉,从鱼入口,嘉美也。'""鲁"又作嘉,《史记·周本纪》"周公受禾东土,鲁天子之命",《史记·鲁周公世家》又作"嘉天子之命",今湖北有嘉鱼县,正在古鲁地,《读史方舆纪要》说:湖北黄陂县有"鲁山",所以汉口古又称"鲁口"亦即"夏口",亦在古荆州。

当然,雄辩比不过地下文物。除上文西王母白玉管之文物外,《拾遗记》还载有另一件宝物:"有丹丘之国献玛瑙瓮……舜迁宝瓮于衡山之上,故衡山之上有宝露坛。舜于坛下起月馆。以望夕月。舜南巡至衡山。百辟群后。

① 顺便一提,在上博简《容成氏》第13简:"舜静(耕)于鬲丘,陶于河滨,鱼于雷泽。"此中鬲丘亦当指"历",即神农氏所在的历山。

皆得露泉之赐。时有云气生于露坛。又迁宝瓮于零陵之上。舜崩,瓮沦于地下。至秦始皇通汨罗之流为小溪。经从长沙至零陵,掘地得赤玉瓮。可容八斗,以应八方之数……”可见,舜葬于湘南。考古工作者现已在零陵发现了中国最早的祭祀舜的遗迹。因此,舜葬于江南九嶷是为零陵的记载毋庸置疑。

## 五、余论

自近代疑古思潮兴起以来,学者们多对传说古史持怀疑态度。当代学者亦多以为黄帝等世系是汉代为加强大一统而杜撰出来的。笔者以为,轻意否定古书其实并不可取,否定者的理由并不充分,多为臆测。从地下遗存来看,自屈家岭文化在长江、黄河广大地区产生重大影响来看,确有一支南方民族在数百年之内占强势地位,并与北方红山文化及后续文化(如以陕北石峁古城为代表的朱开沟文化、以山西陶寺古城为代表的陶寺文化等)争夺中原,从而最终形成以中原为中心的政治格局。从地下遗存来看,确有几支不同的文化,因而也代表几个不同的民族,但自屈家岭—石家河—二里头文化以来,中国明显地具有文化趋同的倾向,这种倾向与传说古史大体可以相应。对于民众来说可能确有几个不同的民族,但就统治者来说,各地政权自五千年前黄帝南征北战以来,可能多为一个统治政权所派遣。有关地下遗存的论述,详见拙著《长江中游地区文明进程研究》之第五章第一节。

(本文作者分别为重庆师范大学历史与社会学院教授,副教授)

# 大禹文化的中转站——登封王城岗

何艳杰

“大禹文化”是指大禹和其子启及相关的某些部族在其生活地域和历史时期所创造的文化。大禹文化时期在考古学上相当于龙山文化至夏早期文化阶段。大禹文化属多部族共同文化，面貌复杂，分布广泛，主要分布在山西、河南和安徽等地。以目前的考古资料来看，当以山西陶寺、河南登封王城岗等颍河流域遗址和安徽蚌埠禹会村最具代表性，其他如濮阳高城、瓦店、新砦虽资料不足，也可用来参考。本文试图结合文献和考古两方面资料，阐述大禹文化的概念、来源、扩张和分布范围，解析大禹文化相关的考古资料，概括大禹文化的基本面貌，从中揭示登封王城岗在大禹文化流布中的中转站和宗教中心等重要地位，以期对大禹文化研究有所补益。

# 一、“大禹文化”概念界定

（一）“大禹文化”的概念

“大禹文化”是指大禹和其子启及相关的某些部族在其生活地域和历史时期所创造的文化。大禹及其子启是单个的神化的人，如果欲将某个人的事迹上升为一种文化，就不能再局限于其个人。一个人的力量和功绩是微不足道的，而一个文化必然是群体创造的，只是历史上一般习惯于以此群体的领导者来命名这一文化。因此我们认为，如果提出“大禹文化”这一命名，那么它就应该是一个宽泛的定义。“大禹文化”的“大禹”不再是某个人，而应该指一些部族，这些部族包含以禹和启为首的姒姓夏王族，附属服从于夏王族的同姓近亲部族，与夏王族联姻的姻族以及结盟的异姓部族。① 这些部族在一个共同首领“禹”的领导之下，创造了战胜洪水的历史伟绩，留下了彪炳史册的“大禹治水”的神话。“大禹文化”的创造者即是指夏王族和与大禹治水相关的众多部族。“大禹文化”的主要内容包括这些众多部族生产生活所创造的文化和历史遗迹，因为分布地域不同，其文化面貌也应有一定的不同。“大禹文化”的核心即是“治水文化”。至于大禹文化与夏文化的关系，我们认为，夏文化之中包含着大禹文化，可以说，夏文化是大禹文化的延续，大禹文化是夏文化的基础和肇始。

（二）“大禹文化”是禹时期多部族共同创造的文化

关于大禹及其治水的传说，众多先秦文献中都有记载。先秦最古老的文献《尚书》中的《禹贡》《立政》《吕刑》《洪范》《尧典》《皋陶谟》多有记载。其他先秦时期的重要文献，如《左传》中的襄公四年、昭公元年、昭公二十九年、

① 以夏代为例，其下属各个族邦，除与夏王同姓的诸姒姓氏族外，还有属于妫姓的有虞氏、属于己姓的昆吾氏、属于彭姓的豕韦氏、属于妊姓的有仍氏和薛氏、属于董姓的豢龙氏等。

哀公元年中,亦有关于大禹的较为可信的记载;《国语》中的《郑语》《周语下》中的记载可信度虽不及《左传》,亦可作为参考资料;《论语·泰伯》《孟子·告子下》《孟子·滕文公上下》《荀子·成相》等儒家文献中也有一些;其他诸子的文献如《庄子·天下》《吕氏春秋·爱类》《韩非子·五蠹》中也有相关记载;《史记·夏本纪》虽出自汉代,但其记载相当可信且重要。其他可供借鉴的后世资料如《战国策》《水经注》等亦不可轻视。此外,先秦时期人们口口相传的诗歌中的相关记载亦颇多,如《诗经》中的《商颂·殷武》《商颂·长发》《大雅·文王有声》《大雅·韩奕》《小雅·信南山》,战国时期屈原的《楚辞·天问》中也有一些描述。纵观众多文献,其中关于大禹的相关记载虽虚实各异,详略不同,但都表明大禹及其治水的业绩绝非纯是传说,而是有着确实的历史依据的。

大禹治水的传说,不仅限于文献记载,西周金文中也有相关记载。遂公盨铭文中记载了西周时期人们记忆中的大禹功绩:“敷土,随山浚川”以治理洪水。对于该铭文的解释虽然见仁见智,但这些铭文描述了大禹治水的业绩,这一点倒是大家的共识。

大禹治水应该是大禹领导之下众多部族的合作成果。遂公盨铭文涉及的关于土、山、川的各种大型水利工程的实施,决非某个人可以单独完成的。《左传·哀公七年》载:“禹合诸侯于涂山,执玉帛者万国。”此“万国”应该是指众多的小部族。焦培民《中国人口通史(先秦卷)》初步估算了河南地区已经发现的65个龙山文化聚落群的人口,认为最小的人口只有9000人,最大的有16万人,平均一个聚落群的人口有4.6万人。[①] 以此而论,当时各部族的人口虽然不少,但是从龙山时期考古资料中发现的原始石木工具所代表的生产技术水平来看,单独某个部族独立完成这些大型水利工程也是不太可信的。

---

① 焦培民:《中国人口通史·先秦卷》,人民出版社,2007年,第144页。

大禹治水的相关传说涉及众多文献,且分布范围极为广泛,这也意味着治水这一浩大的工程,也绝非某个人、某个部族一时的事情,而是涉及众多部族,涉及河、济、淮等广大地域,且延续时间相当长的事情。《尚书》中的《禹贡》《立政》《吕刑》《洪范》《尧典》《皋陶谟》等篇中,记载了大禹治水涉及的众多部族,包括以鲧、禹、启为首的夏族,尧族,舜族,皋陶和伯益为首的少皞族等东方部族,以契为首的商族,以后稷为首的周族等西方部族,涂山氏等淮夷部族,以及与黄帝部族和大禹治水有关的应龙族等。《尚书》中的记载虽不可尽信,但应该保存了相当多的真实情况。因此,文献和金文中记载的归功于大禹的治水功绩,其实应该是在大禹领导下,由若干个利益相关的部族联合在一起完成的。以治水为核心的大禹文化应该是大禹领导下的各部族共同创造的。

先进水利技术的掌握,是大禹荣获治水领导权的关键性因素。因为共同面对洪水威胁,所以众多部族必须合力治水。治水领导者的推举因素必然包括:第一,是较大部族的首领;第二,其人威望较高;第三,也是最重要的,其人必须掌握了先进的水利工程的修建技术,即泛称的上古数术。蚌埠禹会村遗址的资料,是龙山时期上古数术在治水技术中运用的实证。[①] 因此,龙山时期应该已经存在一套笼罩在上古巫术面纱之下的治水技术。以此来推测,大禹治水的神话传说背后,隐藏着大禹的实际功绩:先进水利技术的掌握和推广。后世巫术中存在的“禹步”,应该就是禹当时治水巫术的少量遗存。

(三)“大禹文化”涉及的地理范围

整理关于大禹文化的文献记载可以发现,大禹文化的存在区域非常广泛。《尚书·禹贡》等文献记载,大禹的活动范围非常广泛,南到涂山、会稽(今安徽、江浙一带),东北到碣石山(今河北秦皇岛一带),西北至黄河上

---

① 何艳杰:《试论清华简“中”·禹会祭祀台基遗址·河图洛书》,《中原文化研究》2015 年第 6 期。

游,西达关中地区,东达大海。在这样广大的活动范围内,晋南、豫西、豫东鲁西和东南的涂山、会稽一带是其活动较为密集之处。徐旭生《中国古史的传说时代》中统计了关于夏代的文献资料,并从中总结出“这一切全足以证明夏后氏旧地在黄河以南、外方山跟,离河南省东部平原很近”[①]。丁山《古代神话与民族》指出:“夏后氏起自今山西省西南隅,渡河而南,始居新郑、密县间,继居洛阳,辗转迁徙,东至于河南陈留、山东观城,北至于河北濮阳,西至于陕西东部,踪迹所至,不越黄河两岸,其方向则自西徂东,显然中原固有之民族也。”[②]徐旭生和丁山的研究成果自然是以禹以后的夏文化的发展地域为主。但是,大禹文化是夏文化的基础,因此也可以间接知道,大禹文化的涉及范围也相当广阔,大禹文化的中心应当和夏文化相类,亦应该包括今河南和晋南地区,大禹文化也并非局限于某一固定地域,而是一种经常迁徙发展的文化。

以濮阳为中心的豫东鲁西地区正位于整个地域的中心地位,是大禹文化的发祥地。王国维、徐中舒、沈长云等先生力主此观点,其依据大致有四点:首先,文献中记载濮阳为夏族的世代聚居地,此地为帝丘——颛顼之墟。大禹之前的夏人祖先颛顼和鲧都居于此地,大禹之后的夏人也曾居于此地。此地还是夏族下属部族昆吾氏的居地。因此从文献角度来看,以濮阳为中心的豫东鲁西地区是夏族及其所属部族世代居住之地。其次,多处文献记载有夏之居在古河济之间。而以濮阳为中心的豫东鲁西地区正是处于古河济之间。《史记·孙子吴起列传》记载:“夫夏桀之居,左河济,右泰华,伊阙在其南,羊肠在其北,修政不仁,汤放之。”可见,一直到夏代晚期,河济地区依然是夏族的重要统治区域,只不过夏族的统治中心西移了。再者,河济之间地势低洼,最易发生洪水,因此也最有必要治理洪水,故而有产生鲧禹父子相继治理洪

① 徐旭生:《中国古史的传说时代》,文物出版社,1985 年,第 143 页。
② 丁山:《古代神话与民族》,江苏文艺出版社,2011 年,第 29 页。

水的需求。最后,濮阳高城遗址之下叠压的龙山城址,以及周边发掘的鲁西南龙山时期的众多堌堆遗址,[1]为我们提供了考古学上的佐证。以上四点,从文献和考古两方面揭示了豫东鲁西在大禹文化中的重要地位。[2] 从文献角度来看,以濮阳为中心的豫东鲁西地区是夏族世代居住之地。《史记·孙子吴起列传》记载:"夏桀之居,左河济,右泰华,伊阙在其南,羊肠在其北,修政不仁,汤放之。"可见,一直到夏代晚期,河济地区依然是夏族的重要统治区域,只不过位于夏族的统治中心之东部。袁广阔《从二里头文化的分布形势认识夏文化》以二里头文化的分布范围对照《史记》所载夏晚期的统治地域,认为此说范围略小,应该仅指夏王朝的中心统治区。

大禹文化以豫东鲁西为基点,向东南发展到涂山、会稽一带,此地是禹兴之地。禹此时正是年青之时,在此地娶妻生子,并得到姻族涂山氏的鼎力相助,在召集并带领相关部族治水成功后,初步确立了自己的领袖地位。综合文献记载,淮河流域的涂山一带是大禹治淮、大禹娶涂山氏、崇禹生开、大禹涂山之会和大禹初兴之所在。《尚书·禹贡》载大禹治水时期,淮泗之地乃是大禹治理的重要地点。《左传·哀公七年》载:"禹合诸侯于涂山,执玉帛者万国。"这一史料说明涂山是大禹涂山之会举行之地。《史记·夏本纪》载:"禹娶于涂山。"这说明此时大禹还相当年青,处于婚配之阶段。刘向《新序》载:"禹之兴也以涂山。"这更加证明大禹初步振兴之地就是涂山,此时大禹应该处于年青之时。禹会村大型祭祀遗址的发现,进一步为大禹文化的南下提供了考古方面的佐证。发掘者将安徽蚌埠的禹会村遗址与"涂山"紧密相联。这也可以反证大禹文化之源是涂山相邻之地,可能即是

---

① 河南省文物考古研究所、首都师范大学历史学院、濮阳市文物保护管理所:《河南濮阳县高城遗址发掘简报》,《考古》2008 年第 3 期。闫文晟:《从菏泽堌堆遗址探讨鲁西南古地理环境》,《内蒙古农业大学学报(社会科学版)》2012 年第 3 期。

② 沈长云:《夏族兴起于古河济之间的考古学考察》,《历史研究》2007 年第 6 期。

豫东鲁西地区。

大禹文化继续沿济水和淮河的支流颍水向西发展到豫西一带，即所谓禹、启所居之阳城、阳翟等所在之地。从《史记·夏本纪》等诸多文献记载来看，阳城应该是禹和启的避让之地，是一个暂时的政治缓冲地带。"阳城"一地既位于淮河上游，又紧邻着河洛地区，向东南可以连接淮河中下游地区，向北则可以贯通河洛地区并达晋南地区，居于淮河地区文化与晋南地区文化的交汇之处，是一个文化的中转之地。关于王城岗等颍河流域遗址，发掘者将其与鲧、禹、启等的都城联系起来。如方燕明等学者指出：王城岗小城的鲧作城和大城的禹都阳城说，使其成为夏代建国前后的重要城址，为中华文明起源与形成的研究提供了重要资料。[①]

晋南地区是大禹凭借治水之重大业绩最终取得部落联盟领导权的决胜地。大禹文化由豫西向北越黄河，达晋南地区，即当时尧舜所居的权力中心地带。据《尚书》中的《尧典》《皋陶谟》的记载，在晋南地区，禹凭借自己数十年在外治水的功绩，在权力争夺中取代了虞舜王朝而最终胜出，即舜禅位于禹的禅让过程。此时禹功成名就，应该已经步入中年或老年阶段。晋南即禹都平阳所在，即《史记·封禅书》正义引《世本》宋衷之注云："禹都阳城，又都平阳，或在安邑，或在晋阳。"陶寺文化发现后，关于其族属问题的讨论大致形成了四种看法。[②] 其中，李民、张国硕等学者认为陶寺应该就是尧、禹先后所都"平阳"之地，陶寺文化的晚期可能是大禹文化到达晋南的具体表现。张国硕《陶寺文化族属与性质探索》从文献和考古两方面论证了陶寺晚期文化应为禹代舜之后的遗存，证之甚详。[③]

① 方燕明：《登封王城岗遗址聚落形态再考察》，《中原文物》2007 年第 5 期，第 30—33 页。
② 高江涛：《中原地区文明化进程的考古学研究》，社会科学文献出版社，2009 年，第 74—76 页。
③ 李民：《尧舜时代与陶寺遗址》，《史前研究》1985 年第 4 期。张国硕：《陶寺文化族属与性质探索》，《考古》2010 年第 6 期。

此外,关于“崇山”和“阳城”地望的分歧,也为大禹文化的拓展流布提供了间接的证据。“崇山”一名的多见,指示了大禹文化的流布。“崇山”的地望,目前有三处:其一位于山东鄄城县东南附近,其二指今河南嵩山,其三是山西陶寺遗址附近的崇山(俗名“塔儿山”)。“阳城”的地望更是歧见纷出,主要有濮阳高城遗址说、登封王城岗遗址说、山西陶寺说等观点。这些相同的地名出现于不同的区域,应该也与大禹文化的发展迁徙有关。古代不同地区的水名、山名、地名、城名重复者甚多,其重要原因之一即是起因于部族的迁徙扩张。笔者揣测,以上三崇山的位置,正好一座位于豫东鲁西,大禹文化之发源地;一座位于豫西,大禹文化的中转之地;另一座位于晋西南,大禹文化最强盛之地。三“阳城”的位置也是一座位于豫东鲁西,大禹文化之发源地;一座位于豫西,大禹文化的中转之地;一座位于晋南,大禹文化的鼎盛之地。这三座崇山的地理位置与大禹文化的三个中心正好对应,三座阳城的地理位置也与大禹文化的三个中心相符。这些相同的山名、城名出现在不同的地域,应该不仅仅是巧合,其中揭示了大禹文化的源泉、发展与兴盛的线索。

大禹时代的“都”经常迁徙,其意义和规模并不能等同于后世各朝代的都城,因此造成了同名不同地的现象。大禹之时,都城并非如后世者为百世不易之重地。如商汤之前的商族诸先公,正处于夏王朝之时,其都城据记载就有八次迁徙,其中不乏一世而二迁者。大禹之后的夏王朝诸王之都也是迁移频繁,以致史载非常混乱。如古本《竹书纪年》云:“帝杼居原,自迁于老丘。”《绎史·少康中兴》引《竹书纪年》也载:“帝杼元年己巳,帝即位,居原。五年,自原迁于老丘。”这条史料就反映了夏代帝杼都城从原至老丘的迁徙情况。朱右曾、王国维《校辑古本竹书纪年》已经指出,夏后都邑,自禹至桀,其居有八。丁山《古代神话与民族》更提出“夏后氏都邑十迁”[①]。张国硕提出的夏商时期的二都制、主辅都制等说法，是非常中肯的观点，很好地描述了夏商时期的都城迁徙情况。因为经常迁都，所以大禹文化时期会出现城市同名不同地的现象。比如商初之都城，都以“亳”为称，有郑亳、西亳等一系列名称，以至后世之商都名称相同，而地方不同。以商初都城的情况来看，夏代的都城迁徙既然也是相当频繁，其名称亦应是同名者甚多。

基于以上分析，我们可以得出以下结论：大禹文化是一个经常迁徙、扩张的文化，其中主要涉及的地域包括：第一，以濮阳为中心的豫东鲁西一带的河济之间地域是大禹文化之源；第二，东南的涂山、会稽一带是大禹文化兴起之地；第三，豫西和郑洛地区是大禹文化北上南下的中转站；第四，晋南地区是大禹文化强盛并最终向夏文化转化之地。大禹文化呈现出自东向西又转而向北发展的趋势。

## 二、大禹文化相关考古遗址简介和分析

目前，考古界认为与大禹文化相关的主要遗址包括：新砦古城遗址、瓦店遗址、王城岗遗址、濮阳高城遗址、禹会村遗址和陶寺遗址[②]。这五个遗址的情况简单介绍如下表。

---

① 丁山：《古代神话与民族》，江苏文艺出版社，2011 年，第 2 页。
② 宋豫秦、虞琰：《夏文明崛起的生境优化与中国城市文明的肇始》，《中原文物》2006 年第 3 期。

## 大禹文化相关遗址简表

| 名称 | 新砦遗址[①] | 瓦店遗址[②] | 王城岗遗址 | 濮阳高城龙山城址[③] | 禹会村遗址 | 陶寺遗址 |
|---|---|---|---|---|---|---|
| 年代 | 龙山晚期 | 公元前2300—前1800年 | 公元前2190—前1965年 | 龙山 | 公元前2400—前2200年 | 早期：公元前2300—前2100年<br>中期：公元前2100—前2000年<br>晚期：公元前2000—前1900年 |
| 地点 | 河南新密 | 河南禹州 | 河南登封 | 河南濮阳 | 安徽蚌埠 | 山西襄汾 |
| 主要遗存 | 早期城址<br>晚期城址<br>内壕、城壕和外壕<br>大型建筑基址（夯土墙，浅穴式）<br>玉器 | 城壕<br>夯土建筑基址（两处，平地起建）<br>玉器、大卜骨 | 前期城址<br>后期城址<br>城壕<br>夯土基址<br>奠基祭祀坑、青铜器残片和文字 | 城址<br>城壕 | 大型祭祀沟<br>大型夯土祭祀台基<br>祭祀坑多处 | 早期城址<br>中期大、小城<br>中期大城西墙为深沟，墙基槽（约3m）<br>夯土基址多处（宫殿、天象台）<br>铜器、文字、玉器 |

① 中国社会科学院考古研究所河南二队：《河南密县新砦遗址的试掘》，《考古》1981年第5期；北京大学考古文博院、郑州市文物考古研究所：《新密新砦遗址1999年试掘简报》，《华夏考古》2000年第4期；赵春青、张松林、张家强、谢肃：《河南新密新砦遗址发现城墙和大型建筑》，《中国文物报》2004年3月3日；北京大学古代文明研究中心、郑州市文物考古研究所：《河南省新密市新砦遗址2000年发掘简报》，《文物》2004年第3期；赵春青等：《河南新密新砦城址发掘城墙西北角与浅穴大型建筑》，《中国文物报》2006年6月30日；中国社会科学院考古研究所、郑州市文物考古研究所：《河南新密市新砦城址中心区发现大型浅穴式建筑》，《考古》2006年第1期；北京大学震旦古代文明研究中心、郑州市文物考古研究院：《新密新砦——1999—2000年田野考古发掘报告》，文物出版社，2008年。

② 北京大学考古文博学院、河南省文物考古研究所：《河南禹州市瓦店龙山文化遗址1997年的发掘》，《考古》2000年第2期。

③ 此城址尚未见发表资料，所用数据是源自袁广阔先生描述。

（续表）

| 名称 | 新砦遗址 | 瓦店遗址 | 王城岗遗址 | 濮阳高城龙山城址 | 禹会村遗址 | 陶寺遗址 |
|---|---|---|---|---|---|---|
| 遗址面积 | 城址面积约100万平方米 | 遗址面积约100万平方米<br>环壕内面积近40万平方米 | 遗址面积100多万平方米<br>前期：城址约2万平方米<br>后期：城址30余万平方米 | 东周城址916万平方米（其下叠压龙山城址，至少100万平方米） | 遗址面积约50万平方米 | 早期：城址56万平方米<br>中期：大城270万平方米<br>小城10万平方米 |
| 遗址性质 | 早期城：启居（或诸侯都邑）<br>晚期城：夏王离宫 | 禹、启都阳翟 | 禹居阳城 | 颛顼之墟；夏后氏相所居（帝丘）；昆吾氏之居 | 涂山之会 | 尧、舜、禹之都平阳 |
| 选址 | 南临洧水，北有自然冲沟 | 颍河及其支流交汇处 | 颍河和五渡河交汇处台地 | 黄河边 | 天河和淮河交汇处 | 临汾盆地崇山（塔儿山）西麓，汾河及支流南河之间① |
| 主要农作物 | 稻、粟、黍、野大豆②<br>4种 | 粟、黍、水稻、小麦、大豆<br>5种 | 粟、黍、稻、大豆<br>4种 | 暂无资料 | 水稻、小麦、粟、大麦<br>4种 | 粟、黍、稻③<br>至少3种，以粟为主 |

① 牛世山：《陶寺城址的布局与规划初步研究》，《三代考古》（五），科学出版社，2013年，第49—61页。

② 赵春青：《夏代农业管窥——从新砦和皂角树遗址的发现谈起》，《农业考古》2005年第1期。

③ 高天麟：《龙山文化陶寺类型农业发展状况初探》，《农业考古》1993年第3期；赵志军、何驽：《陶寺城址2002年度浮选结果及分析》，《考古》2006年第5期；孔昭宸、杜乃秋：《山西襄汾陶寺遗址孢粉分析》，《考古》1992年第2期；王星光、李秋芳：《太行山地区与中国粟作农业的起源》，《中国农史》2002年第4期；蔡莲珍、仇士华：《碳十三测定和古代食谱研究》，《考古》1984年第10期。

（续表）

| 名称 | 新砦遗址 | 瓦店遗址 | 王城岗遗址 | 濮阳高城龙山城址 | 禹会村遗址 | 陶寺遗址 |
|---|---|---|---|---|---|---|
| 文化因素 | 5种<br>本体因素、王湾三期文化因素、山东龙山文化因素、石家河文化、新砦与二里头文化一期共有因素 | 5种<br>本地文化、山东龙山文化、石家河文化、后岗和康家文化 | 2种<br>本地文化、山东龙山文化 | 至少2种<br>后岗二期文化、山东龙山文化 | 4种<br>王油坊类型文化、山东龙山文化、良渚文化和石家河文化 | 6种<br>庙底沟二期文化、河南龙山文化（三里桥类型）、晋中地区龙山文化、河北龙山文化、山东龙山文化、长江中下游龙山文化 |

综合分析大禹文化相关遗址，可以发现诸遗址时代相近，都属于大禹文化所处的时代，相当于龙山文化晚期。这些遗址虽然分布地域相隔较远，但各地域之间并不存在难以逾越的天然屏障，各地之间的经济文化交流和族群之间的迁徙流动存在可能性。考古资料的比较结果确实也反映了这些文化交流的存在。

1.选址原则和建筑方式有一定的相似性

从上表可以看出，6处遗址都建在水边，拥有城壕（人工挖掘或利用天然河道或两者结合）或沟洫。最有代表性的王城岗大城城池的修建已显示出水利技术的应用。王城岗城址位于五渡河和颍河之间，五渡河海拔略高于颍河。在城墙的周围，建有城壕，城壕应与五渡河相通。这样既可供应城内用水，也能起到保护城中居民安全的作用。而西城壕的水又与南部的颍河相互贯通，形成了一个自然流动的河渠贯通的引水排水系统。正基于此，参与发掘的考古学者指出：“王城岗大城的修筑，证明王城岗城址的主人对河水的认识和利用有着较高水平。”[①]再如新砦遗址南临洧水,北有自然冲沟,有内壕和外壕。瓦店遗址位于颍河及其支流交汇处,有城壕,“西壕与南壕构成的环壕与流经遗址北部和东部的颍河相通,共同构成完备的防御设施”。禹会村遗址也位于两水之间,一条是天河,一条是淮河,遗址中存在人工挖掘的祭祀沟洫。濮阳高城遗址位于黄河故道边。陶寺城址两座城都位于汾河与其支流南河之间,城墙也是顺河流走势而建,因天然河道为城壕。城壕和沟洫的频繁出现,是龙山晚期已经初步掌握修建水利工程技术的实证。《史记·夏本纪》载:(禹)“左准绳,右规矩,载四时,以开九州,通九道,陂九泽,度九山”。这些记载说明了禹已经掌握了基本的水利工程测量技术。考古资料和文献记载两相印证,都说明龙山晚期大禹之时某些部族确实已经掌握了兴修水利技术,其中最突出的当属大禹之族。

再者,诸遗址在建筑方式上也有相似之处,都存在夯土建筑基址。同大禹文化相关的四座城址新砦、王城岗、濮阳高城、陶寺都存在先挖基槽,再夯筑的相同的建筑模式。禹会村遗址虽然没有城址,但是王城岗的城墙与禹会村的祭祀台基在建筑方式上有着异曲同工之妙。两者都是先挖基槽,再进行建筑。两地的建筑物一为城墙,一为祭祀台基,在功用上绝不一样。但是两地选址原则和基本建筑方式的相似性,反映出两处遗址的兴建者可能存在某种关联,遵循着相似的建筑技术规则。瓦店遗址虽然未发现城墙,但是也发现了两处平地起建的大型夯土建筑基址。这些资料证明,夯土建筑是当时通行的建筑方法,这些遗址的建造者已经普遍掌握了夯土建筑技术。

2.农作物种植制度均是旱稻并行,但种植作物的品种有一定差异。

新砦遗址属稻旱并作农业。赵春青《夏代农业管窥——从新砦和皂角树遗址的发现谈起》指出:“新砦遗址龙山文化时期属于稻作农业为主,兼及旱

① 王星光:《大禹治水与早期农业发展略论》,《中原文化研究》2014 年第 2 期。

作农业，采集经济仍占一定地位。”该文还指出从龙山时期到夏代，该地的农业出现了从以稻作为主兼及旱作，向以旱作农业为主、稻作农业为辅的转变趋势。

瓦店遗址也属稻旱并作农业。通过在瓦店遗址开展的浮选工作，获得了丰富的属于龙山时代的炭化植物遗存，其中包括了粟、黍、水稻、小麦和大豆五种农作物。[①]

王城岗遗址亦存在稻旱并作农业。通过浮选法的应用，王城岗遗址发现的龙山文化晚期的炭化农作物有粟、黍、稻、大豆。在相当于夏代文化初期的二里头地层中出土了小麦颗粒。经统计分析可知，从龙山晚期到二里头时期，王城岗遗址浮选出的农作物数量以粟为最多，大豆次之，黍占第三位，水稻排第四，而小麦最少。[②] 这说明以粟、菽和黍为主的旱作农业和以水稻为主的稻作农业都存在于王城岗地区。

同样，禹会村遗址亦存在稻旱并作农业的可能性。通过浮选法的应用，在禹会村遗址中也发现了水稻、小麦、粟和大麦。其中粟在当时并未得到人们的广泛种植，大麦通过交流或交换的方式得到的可能性较大。在龙山时代晚期，禹会村遗址农作物种植制度已经初步建立，其中以水稻为主的稻作农业和以小麦、粟为代表的旱作农业成为主体农业类型。[③]

陶寺遗址中也有可能存在旱稻并作农业。《陶寺城址 2002 年度浮选结果及分析》一文指出陶寺城址中：“碳化粟粒的绝对数量远远高于其他谷物品种……陶寺农业的种植特点自始至终是以粟为主。”陶寺城址除了发现大量的碳化粟、黍之类的旱作农作物，还发现了碳化稻。从出土地点和普及程度

① 刘昶、方燕明：《河南禹州瓦店遗址出土植物遗存分析》，《南方文物》2010 年第 4 期。
② 王星光：《大禹治水与早期农业发展略论》，《中原文化研究》2014 年第 2 期。
③ 中国社会科学院考古研究所等：《蚌埠禹会村》，科学出版社，2013 年，第 265—266 页。

来看，稻米这种食物有从社会上层逐渐向社会下层普及之趋势。[①] 这说明陶寺遗址中存在着以粟为主的旱作农业，辅之以稻作农业的农作物种植机制。

基于以上分析比较，可以认为，瓦店、王城岗等颍河流域遗址和禹会村的主体农业类型是相似的，都是稻作农业和旱作农业并兴的。其中，稻作农业的主要作物品种相同，都是水稻。但具体的旱作农业的主要作物种类不同，瓦店和王城岗以粟为主，禹会村以小麦为主。三个遗址的农作物以瓦店最为全面，禹会村少了黍，王城岗少了小麦。《尚书·尧典》记载禹治水时，人民缺少食物，禹和其助手"予众稻鲜食"。这一条史料反映了很多问题。第一，禹治水之地原来是以旱作农业为主，因为发洪水，气候变暖，旱作农作物减收，所以人们粮食不足。第二，大禹治水之时，教会了人们种稻。这说明大禹应该学会了稻作种植技术。第三，自大禹之时，稻作和旱作农业才并行不悖，以便旱涝保收。颍河流域诸遗址都出现了旱稻并作的农业方式，这反映该地应该已经接受了大禹及其助手推广的旱稻并作农业技术，即该地是大禹文化的传播之地。禹会村所处的淮河中游地区，本为稻作农业区，却发现了旱地农作物，考虑到该地盟会祭祀遗址的性质，一方面不排除是外来人口携带而来，另一方面也可能是淮河中游受大禹文化传播的影响，也试行旱稻并行的耕作技术。因此，我们认为旱稻并行的种植技术也是大禹文化传播之地的特色之一。

3.文化因素的复杂性和都包含山东龙山文化因素，是大禹文化相关遗址的重要共性。

王城岗遗址器物可分为两群，分别代表本地文化、山东龙山文化。

新砦遗址新砦期遗存的文化，除了以河南龙山文化因素为主体因素，还包含了对黄河下游地区山东史前文化和长江中游地区石家河文化的吸收，承

① 赵越云、郭风平：《唐虞早夏时期晋西南饮食文化及其变迁》，《运城学院学报》2013 年第 6 期。

袭了河南龙山文化和二里头文化这两种文化因素复杂性的特征。有研究者将新砦期遗存的文化群划分为五群,即本体因素、王湾三期文化因素、山东龙山文化因素、石家河文化因素,以及新砦与二里头文化一期共有因素。[①] 也有人认为新砦文化的来源有五:煤山文化,王湾三期文化,后岗二期文化,造律台文化,石家河文化。[②] 总之,新砦遗址的文化因素相当复杂,这是其文化特征。

《颍河中上游龙山晚期遗存的文化因素分析——以禹州瓦店与登封王城岗遗址为例》一文认为瓦店遗址的器物分为四群,分别代表本地文化、山东龙山文化、石家河文化、后岗和康家文化因素。

濮阳高城龙山城址情况虽未正式见诸报道,但其附近有铁丘遗址,已经有相关报道。[③] 铁丘遗址的面貌以河南龙山文化晚期后岗二期文化为主,但亦有山东龙山文化因素。而且,目前在濮阳地区已经发现了 20 余处龙山聚落,铁丘不过是其中的一个小型聚落遗址。与豫东相近的鲁西南地区亦发现了相似的聚落遗址,如高明奎在"第五次黄淮七省考古论坛"中称,山东定陶十里铺发现了面积达 3 万平方米的遗址,也属济水流域遗址。因此,豫东鲁西的济水流域考古遗存目前资料虽然不足,但是未来必有重大突破,并且其文化应与大禹文化有着密切关系。

禹会村遗址的文化因素更为复杂。《蚌埠禹会村》认为禹会村的文化内涵相当复杂,除发现大量的中原地区河南龙山文化的王油坊类型文化因素外,还有山东龙山文化、良渚文化和石家河文化的因素。

---

① 李彬森:《颍河中上游龙山晚期遗存的文化因素分析——以禹州瓦店与登封王城岗遗址为例》,广西师范大学 2012 年硕士论文。

② 褚金刚:《新砦期遗存辨析》,吉林大学 2009 年硕士论文。

③ 首都师范大学、濮阳市文物保管所:《河南省濮阳市铁丘遗址 2012 年发掘简报》,《中原文物》2013 年第 6 期;首都师范大学、濮阳市文物保管所:《河南省濮阳市铁丘遗址 2014 年发掘简报》,《洛阳考古》2014 年第 4 期。

陶寺遗址的文化因素也非常复杂。大致包括庙底沟二期文化、河南龙山文化(三里桥类型)、晋中地区龙山文化、河北龙山文化、山东龙山文化、长江中下游龙山文化等。[①] 值得注意的是,不仅陶寺文化中有河南龙山文化的因素,比陶寺更北的,位于陕北、晋北和内蒙古南部的朱开沟文化中也出现了后岗二期文化因素中的圆形房址、陶器等因素。[②] 这更反映了大禹文化延伸的范围非常广泛。

比较这些与大禹文化相关的考古遗址,我们发现,这些遗址都具有山东龙山文化因素,并且均显示了文化因素复杂性这一共同特点。除了濮阳高城龙山遗址的资料不足,其他遗址的文化因素分析还是比较可信的。因此,文化因素复杂性是大禹文化最为突出的特点。这一点也与文献中记载的禹率领部族足迹遍布各地,治理洪水有关。六个与大禹文化相关的遗址中都发现了山东龙山文化因素的存在,这一共性也提示我们,山东龙山文化因素也许与禹及启代表的夏王族有着密切关系。

总之,近水的选址原则、建筑遗址中大量城壕沟洫的存在、夯土建筑技术的普遍应用、旱作与稻作并行的农作物种植、同一遗址中文化因素的复杂性以及均包含山东龙山文化因素,这六个文化特点在大禹文化相关遗址中具有普遍性。近水选址原则反映了诸遗址居民对水的利用程度不高,对河流存在严重依赖性,因此河流的涨落与时人的生活息息相关。城壕沟洫的普遍存在反映了遂公盨载大禹掌握的“浚川”技术的广泛应用。夯土建筑技术的普遍应用则是遂公盨载大禹“敷土、随山浚川”,《尚书·禹贡》“禹敷土”技术的实证。《史记·夏本纪》所载禹“令益予众庶稻,可种卑湿”,《尚书·尧典》所载“予众稻鲜食”,而相关遗址中旱、稻并行的农作物种植技术的推广,正与上述

① 张国硕:《陶寺文化族属与性质探索》,《考古》2010年第6期。

② 杨泽蒙:《朱开沟文化因素分析及与周邻地区考古学文化的关系》,《岱海考古(二)》,科学出版社,2001年,第411—453页。

文献所载相合。各遗址中均体现了文化因素复杂性这一特征,这应该反映了大禹文化相关各族群之间交往的频繁,各遗址中都具有山东龙山文化因素,反映了山东龙山文化因素与大禹文化应该密切相关。《史记·夏本纪》载:“命后稷予众庶难得之食。食少,调有余相给,以均诸侯。”文献中虽然仅有关于粮食的分配和流转,但是也间接反映了各部族之间的经济和文化交往,也反映了大禹通过控制资源分配而掌控各部族的史实。

## 三、大禹文化的中转站——登封王城岗

基于以上文献和考古资料的分析,我们认为包括王城岗在内的颍河流域的数处遗址,都是大禹文化的重要中心聚落,是大禹文化西渐的结果。其中王城岗位于颍河流域的最北端,嵩山之阳,与郑洛地区乃至晋南地区最为相近,处于大禹文化北上南下的中转站位置,并且可能是一处祭祀嵩山的宗教中心。

(一)王城岗等颍河流域诸遗址是大禹文化的中转站

从地理位置和文化因素来看,颍河流域位于大禹文化北上南下的关键性地域。《国语·周语上》载:“昔夏之兴也,融降于崇山。”韦昭注:“崇,崇高山也。夏居阳城,崇高所近。”“融”即指“祝融氏”,本为颛顼之裔。而鲧和禹亦为颛顼之后,见《史记·夏本纪》载:“禹之父曰鲧,鲧之父曰帝颛顼。”《汉书·律历志下》载鲧为颛顼之五世。两书虽记载略有差异,但在鲧、禹为颛顼之后这一点上基本相同。《国语》中的话明白指出,祝融氏是崇山的原住居民,后随着鲧禹为首的夏部族的入侵,不得不投降服从于夏部族,从而成为了夏族的属民。《山海经·大荒南经》:“大荒之中,有人名曰驩头,鲧妻士敬,士敬子曰炎融,生驩头,驩头人面鸟喙,有翼,食海中鱼,杖翼而行。”此段话亦暗示了“炎融”本为鲧族之一支,禹亦为鲧族之一支,后来两者融合为一体之历史。

韦昭认为,崇山,即嵩山[①]。此地在夏族兴起之前为祝融氏所居,夏族征服此地后,此地成为夏族的重要地区和根据地。《史记索隐》引《连山》云:“鲧封于崇。故《国语》谓之‘崇伯鲧’。”由以上资料可以认为,崇山(嵩山)一带,包括颍河流域,并非夏族的原住地,而是夏族势力扩张后的征服之地。以鲧、禹、启为首的夏族随着对颍河流域的占领和巩固,在此建立了重要根据地,兴建了一系列城址,即文献所载的阳城、阳翟、黄台等,以此地作为北上南下扩张的重地。以后禹北上晋南,与尧舜争夺酋邦领导权,南下湖北,与三苗激烈征战,此地都是重要的根据地和中转站。

目前,颍河流域发现了一系列重要遗址,包括上文所举的王城岗、新砦、瓦店等一系列龙山晚期遗址,而这些遗址的文化因素都具有鲜明的复杂性,如王城岗包括两种文化因素,新砦包括五种文化因素,瓦店包括五种文化因素。这三大遗址中除都包括本土文化因素外,另一个共性就是都受到山东龙山文化因素的影响。

结合考古和文献双重资料,我们可以认为,嵩山之阳、颍河流域这一地区确实是一个多种文化交汇之地,本地土著文化可能为祝融氏所遗,来自东方的、影响巨大的山东龙山文化因素可能就代表了从东而来的以大禹为首的夏族文化。这种现象也给我们以启示,夏族文化之源应该向颍河流域的东方去寻找。

颍河流域的东北为河济之间地区,东南则为淮河流域。如上文所述,文献和考古两方面的资料都证实了这两大地区确实都与大禹文化有着密切的联系。淮河中游的禹会村遗址,正与文献所载的“禹会涂山”“启生涂山”的涂山氏之地相印证。袁广阔发现的濮阳高城龙山时代城址,是文献记载的“颛

① 刘铮:《嵩山非崇山辨——夏族起源新探之一》,《中原文物》2013年第2期。此文认为崇山并非嵩山,此处不采纳。盖古代山名、水名多有重复者,也多有省略者,崇高山完全可以省略为崇山。而且豫西山区中以嵩山最为高峻,夏人崇拜山川之神的信仰甚浓,绝不会视而不见。

顼之墟,相都,昆吾氏之居”的夏族原居地所在,这也正好印证了沈长云等倡导的夏人起于古河济之间的观点。[①]

基于以上分析,我们认为,古河济之间也许是夏部族的起源地,从地理位置上看相当于现在的豫中、豫东和鲁西地区。王城岗所在的颍河流域是夏族势力扩张后建立的根据地。禹会村遗址是夏族势力向东南扩张后,与禹联姻的涂山氏所在之地,亦是夏族的势力范围。

(二)登封王城岗的重要性

综合分析王城岗的具体资料,可以发现以下特征:

1.王城岗方便的地理交通位置,向北可以过黄河入晋南,进入权力中心;向东南又可以从水路东下淮河,安全撤退。

2.王城岗处于山区,颍河上游,地势易守难攻,并有完善的城壕、城墙等保卫措施,比较安全。

3.从上文所载王城岗城址相关内容来看,城址规模小,在颍河流域只相当于二级聚落,其面积不及新砦和瓦店。

4.城内只存在两种文化因素,可知王城岗的居民族属比较单一。

5.王城岗发现多处大型夯土基址、祭祀坑、玉琮、白陶等物。

6.王城岗位于著名的嵩山(太室山、少室山)附近。

以此而论,王城岗不仅是大禹文化北上南下东退的中转站,还是当时的宗教中心。王城岗位于嵩山之阳,可能具有某种宗教中心的性质。夏代历来是一个宗教氛围相当浓厚的王朝,历来有祭祀高山大川的习俗。如《尚书·禹贡》载:“禹敷土,奠高山大川……禹锡玄圭,告厥成功。”这是禹用玉器祭祀高山大川的记载。禹之后也一直延续了此风俗。如古本《竹书纪年》载:“后荒即位,元年,以玄珪宾于河。”以此而论,出于对太室山这样的大型山川的崇

① 沈长云:《说夏族——兼及夏文化研究中一些亟待解决的认识问题》,《文史哲》2005年第3期,第61—68页。

拜敬畏和祈求祐护之情,当时人们可能视王城岗为宗教祭祀中心,一个凡人不可随便进入和作乱的神圣之地。王城岗出土的多处大型夯土基址、祭祀坑、玉琮、白陶等物可证明,此地确实宗教气氛浓厚。王城岗面积过小,即使在颍河流域,其规模也比不上新砦和瓦店,作为一个重要都邑,其规模不够,其能容纳的居民也不会太多,缺乏作为都城的必要的人口基础。但是,一个规模很小的城址,却拥有强大的防守功能,以保护城内族众,并出土了超出城址等级的高规格的宗教祭祀遗存,这一切都显示了王城岗城址非同一般的宗教中心功能。

基于以上分析,王城岗是夏族征服的地域,是大禹文化西渐之地,亦是大禹文化北上南下的中转站,具有重要的交通位置。另外,王城岗城址是大禹文化中一个重要的祭祀山川的宗教中心,具有相当浓厚的宗教氛围。

综上所述,本文对“大禹文化”的概念作了具体界定,并大致指出了大禹文化的地理范围。通过分析“大禹文化”相关的文献和考古资料,总结出大禹文化的特点大致如下:一、遗址时代应该是龙山晚期;二、遗址应该是建于两水交汇处或河边,有较为完善的排水设施,如城壕、沟洫等,并且当时的人已掌握了夯土建筑技术;三、遗址应该是旱、稻并行的耕作方式;四、遗址文化因素较为复杂,最少有两种文化因素,并受到山东龙山文化因素影响。在此基础之上,本文认为登封王城岗所在的颍河流域应该属于大禹文化范围之内,并且是大禹文化北上南下的重要中转站。王城岗城址不但是大禹文化的中转站,而且是一处神圣的宗教中心。

(本文作者为河北师范大学历史文化学院副教授)

# 略论夏禹母族与有莘国历史的若干问题

蔡运章

有莘氏是夏商周时期的著名国族,在中国古代历史上占有重要地位。然而,关于有莘国的历史,因其年代久远,史籍记载语焉不详。我们依据历史文献和考古发现,谨对夏禹母族与有莘国历史的若干问题,略作考述。

## 一、有莘国史迹钩沉

有莘国的史迹,在先秦两汉文献和西周金文史料里,偶有零星的记载。我们兹将有莘国的历史遗迹,略作钩沉梳理:

1.夏鲧娶有莘女为妻

在距今 4200 多年的尧舜时期,居住在嵩山地区的夏部族迅速兴起。“鲧”是夏部族的首领,受命率众治理洪水。《史记·夏本纪》载:

> 当帝尧之时,鸿水滔天,浩浩怀山襄陵,下民其忧。尧求能治水者,群臣四岳皆曰:“鲧可。”尧曰:“鲧为人负命毁族,不可。”四岳曰:“等之未

有贤于鲧者,愿帝试之。”于是尧听四岳,用鲧治水。九年而水不息,功用不成。……乃殛鲧于羽山以死。天下皆以舜之诛为是。于是舜举鲧子禹,而使续鲧之业。

“帝尧”是我国原始社会末期部落联盟的首领,“四岳”是“主四方之祭”的官名,“鲧”是夏部族的首领,“舜”是继承帝尧君位的部落联盟的首领,“禹”是夏鲧之子。这说明帝尧依据四岳的推荐,任命鲧率领众人治理洪水。鲧治水失败被杀,禹继承父业,在四岳的辅佐下继续治理洪水,终于取得成功,建立了夏王朝。

夏鲧娶有莘氏之女为妻。莘,通作辛。据《大戴礼记·帝系》:“鲧娶于有莘氏之子,谓之女志氏,产文命。”《世本·帝系篇》载:“鲧娶有辛氏女,谓之女志,是生高密。”宋衷云:“高密,禹所封国。”[①]《汉书·古今人表》说:“鲧妃,有辛女。”这说明鲧娶有莘氏女为妻,生大禹。也就是说,有莘氏就是夏禹的母族。

中国古代的王公贵族,向来都把婚姻看作一种“合二姓之好”的政治行为。婚姻双方常把联姻作为扩大家族势力,决定家族利益的重要机会。以夏鲧在当时显赫的政治地位,绝非一般家族的姑娘所能企及。有莘氏能与夏部族结为婚姻联盟,可见其在各部族间的重要地位。

2.商汤娶有莘氏女为妻

夏代末年,夏桀荒淫无道,民怨沸腾。这时,商部族在商汤的精明治理下,迅速兴旺起来。商汤为了实现灭夏兴商的大业,在积极网罗治国人才的同时,也努力在各部族间建立强大的政治联盟。

商汤得知伊尹具有远大的政治抱负,是辅佐其灭夏兴商的理想人才。因此,他决心要得到这位治国贤达。据《楚辞·天问》记载:

① 《史记·夏本纪》正义引。

成汤东巡，有莘爰极。何乞彼小臣，而吉妃是得？水滨之木，得彼小子。夫何恶之，媵有莘之妇。

这是说商汤到东方巡视，到有莘氏国察看。本想得到伊尹来辅佐朝政，却娶到有莘氏的美丽姑娘。这位伊水岸边空桑中的弃婴，为什么会受到有莘氏的鄙视，把他当作陪嫁品送给商汤？这说明诗人屈原对伊尹的困难境遇，深表不解和同情。

其实，当时伊尹的政治才干虽然早已声名远播，但他的实际身份，仍然是一个在有莘氏庖厨中从事劳作的奴仆。莘，通作侁。据《吕氏春秋·本味》："汤闻伊尹，使人请之有侁氏，有侁氏不可。伊尹亦欲归汤。汤于是请取妇为婚。有侁氏喜，以伊尹为媵女。""有侁氏"即有莘氏。《孟子·万章上》载："伊尹耕于有莘之野，而乐尧舜之道焉。"据说汤曾三次遣使前往聘请，都遭到有莘氏的谢绝。《史记·殷本纪》载，伊尹"欲干汤而无由，乃为有莘氏媵臣"。《集解》引《列女传》曰："汤妃有莘氏女。"《墨子·尚贤上篇》说："汤举伊尹于庖厨之中，授之政，其谋得。"《尚贤中篇》说："伊挚，有莘氏女之私臣，亲为庖人，汤得之，举以为己相，与接天下之政，治天下之民。"《墨子·尚贤篇》的成书年代早于孟轲，其说更为可信。由此可见，伊尹身为奴仆的卑贱地位，为有莘氏与商汤的政治交易，创造了有利条件。

有莘国君老谋深算，洞察到夏亡商兴的历史趋势，深知商汤得到伊尹后，将会发挥的重要作用。他经过认真思量，没有轻易答应商汤聘请伊尹的要求，而是利用商汤急欲得到伊尹的心态，要做一笔有利可图的政治交易。换句话说，有莘氏企图通过与商族联姻，来确保其在历史变革中的政治利益。这就是"汤三使往聘之"，而遭到拒绝的根本原因。

商汤深知有莘氏是夏禹之后的姒姓国族，在诸侯部族间有着重大影响。为了达到聘请伊尹辅佐朝政的根本目的，想通过娶"有莘之妇"的联姻手段，实现与有莘氏的政治联盟。这样，他不但能顺利地得到治世贤才伊尹，而且还可使有莘氏来鼎力支持其灭夏兴商的宏伟大业。

有莘氏与商汤的政治联姻,就在双方政治谋略的交会中,顺利形成。有莘氏通过答应伊尹辅佐商汤,顺利地实现了与商族联姻的政治举措。这样,不但保障了有莘国的政治利益,而且极大地提高了商汤在诸侯各国间的社会地位,为商汤灭夏兴商的政治革命做出了积极的贡献。

3.商纣贤臣辛甲与西周有辛氏

商代末年,商纣王荒淫无道,“好酒淫乐,嬖于妇人”,致使百姓怨恨,诸侯叛离。这时,有辛氏的首领辛甲,本是纣王的贤臣。

据《左传·襄公四年》记载:“昔周辛甲之为太史也,命百官,官箴王阙。”周初太史辛甲曾命百官群臣各献箴言,劝王行善补过,今存有《虞人之箴》名篇。《汉书·艺文志》有道家《辛甲》29 篇,清马国翰有辑本。《史记·周本纪》载:“伯夷、叔齐在孤竹,闻西伯善养老,盍往归之。太颠、闳夭、散宜生、鬻子、辛甲大夫之徒皆往归之。”《集解》引刘向《别录》说:“辛甲,故殷之臣,事纣。盖七十五谏而不听,去至周。召公与语,贤之,告文王。文王亲往迎之,以为公卿,封长子。”“辛甲大夫”是有辛国的首领,他与“太颠、闳夭、散宜生、鬻子”一样,都是商代末年能审时度势的贤臣。当他们对商纣王的劝谏屡次遭到拒绝后,都毅然弃暗投明,受到周文王的欢迎和重用。“长子”在今山西长子县境。这说明商纣贤臣辛甲投奔周文王后,被任为公卿,职掌太史,分封到今山西长子县境。

西周时期有辛国的事迹,在金文资料中亦有线索。传世的乃子克鼎铭:“矧辛伯蔑乃子克历,贮丝五十寽,用作父辛宝奠彝。辛伯其并受厥永福鼎。”这件传世的西周早期青铜器,本是唐兰先生旧藏,现藏于吉林大学历史系陈列室。鼎铭中的辛伯是有辛国族的首领。这是克受到其父辛伯的表彰和赏赐后铸作的礼器。

辛叔皇父夫妇铸作的青铜礼器。传世的辛叔皇父簋:“辛叔皇父作仲姬奠簋，子子孙孙其宝用。”辛叔是西周晚期有辛国的贵族，“皇父”是其尊称，“仲姬”是其姬姓夫人。这是辛叔为其夫人仲姬铸作的礼器。辛仲姬皇母鼎：“辛仲姬皇母作奠鼎，其子子孙孙用享孝于宗老。”这两件铜鼎本系清宫旧藏，现藏于苏州市博物馆。“辛仲姬”是西周晚期有辛国族的夫人，与辛叔皇父簋中的“仲姬”当是一人，“皇母”是其尊称。这些西周晚期的有铭青铜礼器，是有莘国留下来的珍贵遗物。

4.周室辛伯与晋国董史

春秋初年，周王室的重臣辛伯和辛有，均为辛国之君。辛伯帮助周庄王平定王室内乱。《左传·桓公十八年》（前694年）载：“周公欲弑庄王而立王子克。辛伯告王，遂与王杀周公黑肩。王子克奔燕。初，子仪有宠于桓王，桓王属诸周公。辛伯谏曰：‘并后、匹嫡、两政、耦国，乱之本也。’”“周公”即周桓公，名黑肩，是周王室的执政大臣。“庄王”，周桓王太子。“王子克”，庄王弟子仪。“辛伯”，周大夫，亦当辛国之君。同书《闵公二年》也说：“昔辛伯谂周桓公云：‘内宠并后，外宠二政，嬖子配嫡，大都耦国，乱之本也。’周公弗从，故及于难。”东周王室的周公打算杀掉庄王而立王子克。辛伯报告庄王，并帮着庄王杀了执政大臣周公黑肩，王子克逃到燕国，平定了周王室的内乱。由此可见辛伯在周王室的重要地位。这些记载说明，直到春秋初年，有辛国的君统仍然存在。

据《左传·僖公二十二年》（前638年）：“初，平王之东迁也，辛有适伊川，见被发而祭于野者，曰：‘不及百年，此其戎乎！其礼先亡矣。’秋，秦、晋迁陆浑之戎于伊川。”“辛有”，据韦昭《国语·晋语四》注为“周太史”，当是辛国之君。因伊川本为有辛氏的故地，辛有看到当地的荒凉景象，发出感慨，也就不足为奇了。

辛有之后董氏，世为晋国的史官。《左传·昭公十五年》载：“及辛有之二子董之晋，于是乎有董史。”杨伯峻注：“辛有，平王时人。日人安井衡《左传辑释》:‘二子,次子也,谓第二子。’”据《国语·晋语四》,晋公子重耳游历列国,从秦国返回晋国,“董因迎公于河”。韦昭注:“因,晋大夫,周太史辛有之后。”章炳麟《左传读》卷七说:“董氏世为晋史官。《晋语》董安于曰:‘方臣之少也,进秉笔,赞为名命,称于前世,立义于诸侯’是也。”这说明晋国的董史亦为辛国之后。

由上所述,有莘国自虞夏之际兴起后,历经夏、商、周三代禋祀不绝。特别是在三代历史变革的关键时期,有莘氏贵族总能审时度势,顺应时代潮流,发挥着较为重要的政治作用,为中华文明的发展做出了积极贡献。

## 二、有莘国地望疏理考辨

周代的有辛国在今山西长子县境。那么,夏商时期有莘国的地望在哪里?这是史学界尚未解决的重要问题。目前,主要有四种不同说法。

1.河南伊川说

有莘氏的地望与商代初年著名政治家伊尹的出生地密切相关。据《吕氏春秋·本味篇》记载:

有侁氏女子采桑,得婴儿于空桑之中,献之其君。其君令烰人养之。察其所以然,曰:“其母居伊水之上,孕,梦有神告之曰:‘臼出水而东走,毋顾。’明日,视臼出水,告其邻,东走十里,而顾,其邑尽为水,身因化为空桑。”故命之曰伊尹。此伊尹生空桑之故也。

高诱注:“侁读曰莘。”故“有侁氏”即有莘氏。《水经注·伊水》也说:

昔有莘氏女采桑于伊川,得婴儿于空桑中,言其母孕于伊川之滨,梦神告之曰:“臼水出而东走。”母明视而见臼水出焉,告其邻居而走,顾望其邑,咸为水矣,其母化为空桑,子在其中矣。莘女取而献之,命养于庖,长而有贤德,殷以为尹,曰伊尹也。

这里所说伊尹“母居伊水之上”的说法，还可以从《楚辞·天问》的记载里得到旁证。这说明夏商之际的有莘国，就居住在“伊川之滨”。其地望在今洛阳市栾川、嵩县、伊川境一带。这是有关有莘国地望年代最早、最具权威的文献记录。

2.陕西合阳说

周武王的母族有莘氏本是姒姓国族。《诗·大雅·大明》：“缵女维莘，长子维行，笃生武王。”毛传：“莘，太姒国也。”《史记·周本纪》载：“帝纣乃囚西伯于羑里。闳夭之徒患之，乃求有莘氏美女……而献之纣。”《正义》引《括地志》云：“古㜪国城在同州河西县南二十里。”《太平寰宇记》卷二十八《关西道·夏阳县》条说：“莘城，《系本》及《诗》：‘莘国，姒姓。夏禹之后，武王之母太姒即此国之女。’有冢在焉。”这是说周武王的母族有莘国，在今陕西合阳县东南。

3.山东曹县说

据《左传·僖公二十八年》记载：“晋侯登有莘之虚以观师。”杨伯峻注：“莘，旧国名，《墨子·尚贤中篇》‘伊挚，有莘氏之私臣’者是也。……据《春秋舆图》，有莘之虚在今山东曹县西北。”《太平寰宇记》卷一《河南道·济阴县》条说：“莘仲故城，在县东南三十里，盖古之莘国也。《夏本纪》云：‘昔鲧纳有莘氏女，生禹。’《帝王纪》曰：‘伊尹耕于莘野，汤闻其贤，聘以为相。’即此城。”这是说夏禹母族有莘国，在今山东曹县西北。

4.河南陈留说

据《史记·殷本纪》记载，伊尹“欲奸汤而无由，乃为有莘氏媵臣”。《正义》引《括地志》云“古莘国在汴州陈留县东五里，故莘城是也。《陈留风俗传》云：‘陈留外黄有莘昌亭，本宋地，莘氏邑也。’”《陈留风俗传》是晋代江微撰写的作品。《太平寰宇记》卷一《河南道·陈留县》条说：“本古有莘城，《国语》谓之莘墟。……故莘城在县东北三十五里。古莘国，《国语》：‘汤伐桀，桀与韦、顾之君等拒汤于莘之墟，遂战于鸣条之野。'"这是商汤妃之有莘国，在今河南开封市东南。

上述四种说法，河南陈留说因资料晚出，不足为信。陕西合阳的"有莘氏"、山东曹县的"有莘之虚"等，大都是夏商周时期有莘氏族群迁徙扩散后留下的遗迹。因此，有关有夏商莘国地望，唯有河南伊川说才是正确的记载。

## 三、伊川新城为有莘国故都

我们认为，位于今洛阳市伊川县东南伊水西岸的新城遗址，就是夏商时期的有莘国故城。兹略作说明如下：

1.伊川新城遗址的重要发现

据《战国策·秦一》："秦攻新城、宜阳，以临二周之郊。"《战国策·西周》载："秦攻魏将犀武军于伊阙。"《史记·韩世家》说："韩釐王三年（前293年），使公孙喜率周、魏攻秦。秦败二十四万，虏公孙喜。"《秦本纪》也说：秦昭王十三年（前293年），"左更白起攻新城"。十四年，"左更白起攻韩、魏于伊阙，斩首二十四万，虏公孙喜"。"新城"亦名伊阙，因位于伊阙（今名龙门）之南而得名。伊川新城故城位于伊川县城东南部，北距洛阳市区35千米，洛嵩公路由东北向西南穿城而过。这里北距龙门石窟20千米，东临伊水，西望熊耳，南眺伏牛，北瞻伊阙，四周群山环抱，地势平坦，气候温和，物产丰富，自然环境优越，适合人类生活。自春秋战国至清朝末年的"晋楚孔道"从城西经过，地理位置颇为重要。

自20世纪80年代以来，我们曾对新城故城遗址进行多次考古调查。发现这座城址略呈长方形，城墙东西长1680米，南北宽1250米，面积约2.1平方千米。古城村位于城址的西南角，古城寨村位于城址的东南角。南、北、西三面城墙保存较好，至今仍高出地面1.2~3.5米，全城轮廓清晰可见。城墙厚

20~35 米,由小平夯筑成,每层厚 8~10 厘米。南墙上暴露的板筑柱洞,直径 12~20 厘米,洞内皆有木质朽痕。城墙四周有宽 30~35 米的护城壕。从城墙的夯筑技术以及墙体的包含物判断,现存城墙大都是战国时期构筑而成的。城内地面暴露有大量从仰韶、龙山文化到唐宋时期的文化遗存,说明这座城址曾长期被人们居住使用①。

特别重要的是,我们在新城故城及其周围,发现多处大型仰韶文化晚期和龙山文化聚落遗址。1994 年,考古工作者对城内仰韶文化遗存进行小范围的发掘,获得重要成果②。在新城东部隔伊河相望,有总面积约 30 万平方米的土门遗址,发现有房屋遗址及大量灰坑和墓葬③。在新城东南约 8 千米的伊川平等乡马回营村,便是总面积约 20 万平方米的马回营遗址。在新城东南约 6 千米的伊川县白元村,还有龙山文化向二里头文化过渡的总面积约 3 万平方米的白元遗址。这些重要发现,为探索夏商时期有莘氏的活动地域,提供了重要佐证。

2.伊川新城为有莘国故城新证

伊川新城及其周围为夏商时期有莘国活动的中心地区,还有四项资料可以佐证:

第一,伊川新城与有莘氏的名义相通。《战国策·楚一》:"城浑出周,三人偶行,南游于楚,至于新城。"缪文远注:"新城,在今河南伊川西南。"这时,"新城"为韩国城邑。《诗·小雅·鱼藻》:"有莘其尾。"毛传:"莘,长貌。"《庄子·徐无鬼》:"祸之长也兹莘。"《经典释文》引李云:"莘,多也。"《玉篇·莘部》:"莘,众也。"《集韵·屋韵》:"莘,艸木丛生。"是"莘"本是草木丛生,旺盛众多之义。莘,通作新。《大戴礼记·帝系篇》:"鲧娶于有莘氏之子。"《世

① 《洛阳市志·文物志》第二章中有关"新城故城"的文稿,就是我们调查研究的初步成果。
② 洛阳市第二文物工作队:《河南伊川县伊阙城仰韶文化遗存发掘简报》,《考古》1997 年第 12 期。
③ 洛阳市第二文物工作队:《伊川土门、水寨新石器时代遗址调查简报》,《中原文物》1987 年第 3 期。

本·帝系篇》《汉书·古今人表》均作“有辛氏”。是“莘”可通作辛。郑玄《礼记·月令》注:“辛之言新也。”《释名·释天》说:“辛,新也,物初新者皆收成也。”王念孙《尔雅·释草》疏证说:“新与辛同。”可以为证。

在今嵩县城南伊水之滨的纸房乡空桑涧西的白土窑村,有名曰“元圣祠”的伊尹祠堂。祠旁有明宣德二年(1427年)八月,礼部尚书胡莹立“奉题伊尹祠诗碑”和清乾隆十二年(1747年)知县康基渊所立“商相伊尹、伊陟故里”碑两通。这两通碑刻至今尚存,文字清晰可辨。今嵩县城南白土窑村,在伊川新城故城东南约15千米,两地相距不远。

第二,伊川新城与夏鲧部族相邻。夏是居住在嵩山周围的古老部族,鲧则是其始祖。据《国语·周语下》记载:“其在有虞,有崇伯鲧,播其淫心,称遂共工之过。”司马贞《史记·夏本纪》索隐曰:“《连山易》云:‘鲧封于崇’,故《国语》谓之‘崇伯鲧’。”《国语·周语下》还说:“昔夏之兴也,融降于崇山。”韦昭注:“融,祝融。崇,崇高山也。夏居阳城,崇高所近。”所谓“融降于崇山”,指的就是《山海经·海内经》所说“帝令祝融杀鲧于羽郊”的事实。可见鲧是居住在嵩山周围的部族首领。

特别重要的是,古本《竹书纪年》载:“禹都阳城。”《孟子·万章上》载:“禹避舜之子于阳城。”《史记·夏本纪·集解》刘熙曰:“今颍川阳城是也。”1977—2005年,考古工作者在河南登封市告成镇王城岗发现的龙山文化晚期古城址,分小城和大城两部分,总面积约30万平方米,时代约公元前2100—前2000年[①]。这座古城址当即《世本》记载鲧所作的城郭和禹所都的阳城。阳城是夏族的早期都城,位于嵩山南麓。这些记载充分说明,夏鲧的封国就在以阳城为中心的嵩山地区。这说明伊川新城在夏都阳城西北约65千米,与夏鲧部族相邻。而陕西合阳、山东曹县、河南陈留诸说,距离夏都阳城都显

① 河南省文物考古研究所:《登封王城岗与阳城》,文物出版社,1992年。《河南登封市王城岗遗址2002、2004年发掘简报》,《考古》2006年第9期。

遥远。

第三,伊川新城正位于尧都平阳到夏都阳城的交通要道旁。中国古代的尧舜时期,华夏文明已初步形成,国家政权的雏形也已诞生。当时,我国的政治中心在今晋西南地区。皇甫谧《帝王世纪》载,尧“都平阳,《诗》于风为唐国”。《括地志》说:“今晋州所理平阳故城是也。”[①]近年来,考古工作者在今山西临汾市襄汾县陶寺镇发现一座龙山文化时期的古城遗址,面积约 300 万平方米。遗址内发现有城墙、宫殿建筑基址、公共墓地、房址、窖穴及大量制作精美的陶器、石器、玉器等文化遗存,还发现有少量青铜器和文字。因此,这座古城遗址应当就是尧都平阳故城[②]。由此可见,伊川新城正位于尧都平阳到夏都阳城的交通大道旁,地理位置极为重要。

第四,伊川新城地望与《天问》“成汤东巡,有莘爰极”的记载相符合。依照《天问》的记载,有莘国应在商族的东方。然而,商族的发祥地在哪里?自汉代以降,史学界就有不同的说法。

据《左传·文公十年》记载:楚穆王封子西为“商公”。杜预注:“商,楚邑,今上雒商县。”《战国策·秦一》载:“卫鞅亡魏入秦,孝公以为相,封之于商,号曰商君。”东汉大儒郑玄说:“契本封商,国在太华之阳。”[③]“太华之阳”指今陕西华山以南地区。《史记·殷本纪·索隐》引皇甫谧曰:“今上洛商是也。”《正义》引《括地志》云:“商州东八十里商洛县,本商邑,古之商国,帝喾之子卨所封也。”“上洛商”在今陕西商洛市东南部。由此可见,战国秦汉时期,不少学者都认为商族起源于“上雒商县”境内。屈原《天问》的相关记载,正是受这种说法影响的结果[④]。

---

① 《史记·五帝本纪》正义引。
② 解希恭主编:《襄汾陶寺遗址研究》,科学出版社,2007 年。
③ 孔颖达《尚书序》疏引。
④ 商族起源的不同说法,详见孙淼:《夏商史稿》,文物出版社,1987 年,第 245—268 页。

因此,有学者认为,《孟子》所提“伊尹耕于有莘之野”的“有莘”古城址,“当属新城故城遗址”的推测是正确的[①]。

## 四、禹母有莘国与禹后有莘国考辨

值得注意的是,据《大戴礼记》《世本》,“鲧娶于有莘氏之子”。这说明夏禹母族为有莘国,是毋庸置疑的。然而,据《左传·僖公二十三年》,“男女同姓,其生不蕃”,在“同姓不婚,恶不殖也”的古代社会[②],禹母有莘国与禹后有莘国同属一个部族,是不可能的事情。

1.夏禹之后有莘国的姓氏

夏禹之后的姒姓有莘国。《世本·氏姓篇》说:“辛氏,夏启封支子于莘,莘、辛声相近,遂为辛氏,周有辛甲、辛有。”《元和姓纂》也说“姒姓,夏后启别用国为姓”,故有“辛氏”。是“有莘氏”可书作有辛氏。《诗·大雅·大明》:“缵女维莘,长子维行,笃生武王。”毛传:“莘,太姒国也。”《世本》云:“莘国,姒姓,夏禹之后,即散宜生等求有莘美女献纣者。”[③]这说明周武王母族有莘氏,就是姒姓国族。

夏部族别为“姒”姓的年代。据《史记·五帝本纪》记载:“自黄帝至舜、禹,皆同姓而异其国号,以章明德。”[④]这说明夏本是姬姓黄帝部族的后裔。据《史记·五帝本纪》:“帝禹为夏后而别氏,姓姒氏。”《夏本纪》也说,禹“南面朝天下,国号曰夏后,姓姒氏”。可见夏族别为“姒”姓的历史,是从夏禹开始的。

---

① 翟智高:《伊尹出生地史料考释》,2012 洛阳首届伊尹文化学术研讨会论文。
② 《国语·晋语四》。
③ 《史记·周本纪·正义》引。
④ 《大戴礼记·帝系》。

2.夏禹母族有莘国为姜姓国族

然而,按照中国古代同姓不婚的社会习俗,夏禹母族有莘国的姓氏,当与姒姓有别。也就是说,夏禹母族的有莘国,肯定不是姒姓部族。那么,我们不禁要问,夏禹母族有莘国应是什么姓氏?

据《吴越春秋·越王无余外传》:"鲧娶于有莘氏之女……而产高密,家于西羌。"《新语·术事篇》载:"大禹出于西羌。"《史记·六国年表》说:"禹兴于西羌。"《尚书纬·帝命验》说,修己"生姒戎文禹"。注:"姒,禹氏。禹生戎地。"[①]《潜夫论·五德志》也说:"修纪见流星,意感生白帝文命戎禹。""羌"同姜。这些记载都说大禹出生于西戎中的羌族,足见大禹母族有莘氏当与"姜戎"有着密切的关系。这是因为虞夏商周时期,姬姓的黄帝族与姜姓的炎帝族,早已形成互为婚姻的政治集团。这种婚姻习俗,直到春秋战国之时,仍相沿未改。由此推测,夏禹母族有莘国应是炎帝后裔的姜姓部族。

据《国语·郑语》,周幽王时,郑桓公看到周室日趋衰落,想找个安全的地方居住。问史伯说:"谢西之九州如何?"韦昭注:"谢,宣王之舅申伯之国,今在河南。谢西有九州,二千五百家曰州。"顾颉刚先生说:"所谓'谢西',即今河南省的西境,那边有周代的九州。"[②]《左传·昭公二十二年》载:"晋籍谈、荀跞帅九州之戎及焦、瑕、温、原之师,以纳王于王城。"杜预注:"九州戎,陆浑戎。"《左传·哀公四年》载:"单浮余围蛮氏,蛮氏溃。蛮子赤奔晋阴地。……士蔑乃致九州之戎,将裂田以与蛮子而城之。"杜预注:"阴地,河南山北,自上雒以东至陆浑。……九州戎在晋阴地、陆浑者。""九州戎"中以四岳之后的"姜戎一支最为强盛",在"今陕西商县到河南嵩县"的"伊、洛二水"流域[③]。这说明远古时代,伊、洛两岸曾是姜戎的聚居地域。

---

① 《太平御览》卷八十二引。
② 顾颉刚:《州与岳的演变》,《顾颉刚选集》,天津人民出版社,1988年。
③ 顾颉刚:《鲧禹的传说》,《顾颉刚选集》,天津人民出版社,1988年。

姜姓有莘氏居住的今伊川新城地区,是夏都阳城通向尧都平阳的必经要地,战略地位非常重要。因此,夏代建立后,夏启便将其“支子”分封到有莘氏的故地立国,也就不足为奇了。

3.有莘国的疆域在伊水流域

据《国语·周语上》载:“有神降于莘。”韦昭注:“莘,虢地也。”在今河南三门峡市。在伊水沿岸的今栾川、嵩县、伊川地区以及今三门峡市境内,都保存着大量关于有莘氏的遗迹和传说。

4.“禹生石纽”的传说

“禹生石纽”的传说,最早见于西汉晚期扬雄的《蜀王本纪》。特别要说明的是,“禹兴西羌”是母石崇拜的产物。西汉初年陆贾《新语·术事》载:“大禹出于西羌。”而后司马迁《史记·六国年表序》说:“禹兴于西羌。”禹属黄帝之后,羌族乃炎帝苗裔,而姬姓的黄帝族与姜姓的炎帝族世为婚姻。“西羌”可解为居住在西边的羌族之义,其地望今已不可确指。《淮南子·修务训》说:“禹生于石。”扬雄《蜀王本纪》则说:“禹本汶山郡广柔县人,生于石纽。”“广柔县”即今四川汶川县,“石纽”本为石头尖上的意思。我国古代盛行母石崇拜,嵩山“启母石”的传说就是其例。《汉书·武帝纪》记载,元封元年(前110年),汉武帝到嵩山“见夏后启母石”,可见禹的儿子启也“生于石”。故所谓“禹生于石”、禹“生于石纽”的传说,当是中华先民母石崇拜的产物。

数千年来,大禹治水的伟大精神,成为中华民族精神的具象体现。因此,自秦汉以降,我国许多地方都出现了与大禹治水相关的民间传说和文化遗存。这些文化遗存,大多是对大禹治水精神崇拜的纪念性遗迹。所谓“禹本汶山郡广柔县人,生于石纽”的说法,就属于这种性质。

## 五、结语

综上所述,我们通过对有莘国史迹的梳理,可以得出三点基本认识:

1.有莘国是虞夏商周时期的重要国族。禹母有莘氏当为姜姓申国,禹后有莘氏则是姒姓封国。

2.姒姓有莘国贵族在夏、商、周三代社会变革的关键时期,总能审时度势,顺应时代潮流,既使有莘国的君统一直延续到春秋时期,也为中华文明的发展做出了积极贡献。

3.伊川新城遗址及其周围是有莘国活动的中心地区,其疆域在今洛阳西南的豫西地区。在新城遗址周围以伊川县水寨乡土门村仰韶文化和龙山文化遗址为代表的古文化遗存,可能就是夏禹母族姜姓有莘国的文化遗迹。

上述问题的探索,对研究夏禹母族与有莘国的历史,具有重要意义。

(本文作者为洛阳文物考古研究院研究员)

# 大禹应是嵩山人

牛玉乾

在嵩山脚下的登封市祖家庄一座巨石碑上，刻录着全国政协教科文卫体委员会副主任、中华炎黄文化研究会副会长、河南省政协原主席、当代中国著名学者王全书先生所作的《禹生石纽记》：

嵩高维岳，峻极于天。钟灵毓秀，代有圣贤。夏之兴也，祝融降于崇山。鲧腹生禹，开启文明史篇。生长于斯，家居于此，脉络清晰，影响深远。治理水患，都于阳城，积淀丰厚，经典多元。大禹与嵩山，渊源与传承，神州无处可与比肩。

禹生石纽，自古相传。《孟子》有载，《史记》明言。石纽何在，中岳嵩山。少室之下，六村相连，一溜石纽屯儿，数千年相传。追本溯源，文命降诞。邑民感念，奉祀乡贤。左庄村中，一石岿然，人称石纽，灵验非凡。石上一龙蜿蜒，病者抚求平安。息壤岗畔，祷祝有应，络绎不绝，蔚为大观。故夏禹享水官禹王之祀，涂山有启母少室之阙焉。

古之石纽，南有夏地，北有涂窑，东有姚沟，西有禹岭。放眼登封，太少二室,禹王命名;告成八方,禹都阳城;徐庄禹洞,休憩之所;城关禹庙,犹有遗风。启母化石,夏禹化熊,汉代石阙之所证。玉京太后,金阙夫人,武皇则天之所封。昔称圣王诞生之所,今有中国大禹文化之乡盛名。

伟哉大禹,勋著功丰。疏川导滞,形劳天下,三过亡入,地平天成。刘定公慨叹:“微禹,吾其鱼乎?”民为邦本,正德厚生。五音听政,本固邦宁。孔子盛赞:“禹者,吾无间然矣!”铸造九鼎,华夏一统,克勤克俭,允执厥中。导洪入海,绩奠九州垂万世;立国始祖,统承二帝首三王。华夏之源,天地之中。表碣铭德,千秋永恒。

王全书先生这篇536字的优美碑文,以精准的史料、丰富的物存和清晰的脉络,言简意赅地勾画出了大禹出生地,何意在如今的登封市祖家庄上。笔者认为,王全书先生的学术观点代表了当代海内外学界关于大禹出生地的主流学术倾向。现在是否可以这样说,大禹的出生地就是在嵩山脚下,大禹应该是嵩山中人。

千百年来,由于时代和地域的局限性,信息传递的封闭性,学界的注意力不可能集中,史料的占有和交流不可能充分,彼此立足的高度、研究的深度和开挖的广度,也不可能像王全书先生这样具有学术权威性。

笔者不揣浅陋,对王全书先生的碑文作一些解读。

## 一、大禹出生在嵩山脚下,事理证据充分

考证一个历史事物的真实存在,其证据不外文史资料记载、考古文物发现、实地存有资源和民间口耳相传的故事等四大来源。而大禹出生地——祖家庄则完美地得到了这四个方面的佐证。

其一,祖家庄的来历。祖家庄的西北紧靠嵩山的少室山,村东距登封市区4千米,村南有溪水顺流而下,良田沃野,位置优越。古代这里是洛阳通向

许昌的交通要道。据相关史料记载,祖传这里是大禹出生的风水宝地,所以后人一直把这一村落称为祖家庄。史载“禹生石纽”,而今天祖家庄及其以北的马庄、尚庄、刘庄、张庄、王庄等村庄,老百姓还称为“一溜石纽屯儿”。沿着“一溜石纽屯儿”向南流去的少溪河,古代称夏店河。乾隆五十二年《登封县志·土地记》中,就有“廓店保旧志在县城西二十里。二室之界,附近诸村有夏店河、石纽屯、邢家铺”的相关记载。

其二,嵩山之阳的登封市境内,至今存有众多有关大禹活动的文化遗迹遗存,连带他本人的出生地石纽屯、祖家庄,共有 70 多处,著名的主要有:一城,即禹都阳城王城岗遗址;二关,即轘辕关、阳城关,大禹打开这两个关口,将洪水分别排入黄河、淮河,嵩山南麓才变为陆地;三阙,即太室阙、少室阙、启母阙;四代,即鲧、禹、启、少康四代主要活动于登封;五山,即太室山、少室山、箕山、五指岭、焦山;六碑,即启母庙碑、少姨庙碑、重修禹王庙碑、禹避阳城处碑、新立道统祠记碑、重修金牛泉碑;七庙,即禹王庙、启母庙、少姨庙、水王庙、三官庙、白圪瘩庙、北五里庙;八洞沟,即禹洞、石启洞、少康藏兵洞、黄龙洞、爷沟、禹王沟、禹庙沟、姚沟;九石,即石纽石、启母石、鲧像石、擂鼓石、试斧石、磨斧石、禹影石、照爷石、马蹄石;十村,即石纽屯、禹洞河、三官庙、大河口、上沃、焦河、夏庄、秦五龙、海渚、北夏庄。其他还有禹岭、夏地、东军地、禹王系舟处、启母冢、启圣墓、篮启亭、神禹大篆铭、匾挂石崖、树碑石等。其中王城岗遗址、太室阙、少室阙、启母阙为全国重点文物保护单位,也是全国大禹文化遗迹最多和保护级别最高的地区。

而大禹出生地祖家庄周围更是大禹文化遗迹比较丰富和集中的地方,村内有息壤岗、石纽石、禹生石纽碑记,还有夏地、东军地、擂鼓石、禹岭、金牛峰、禹王庙、姚沟、棺材石等。可以说,每一处遗迹遗存的背后,都有一串串记载故事,都是一本本厚厚的书籍。

其三,登封是大禹神话传说最多最集中的地方。大禹是中国历史上一个真实存在的英雄人物。但是,在没有文字的时代,大禹的故事人们只有依靠口耳相传。口耳相传中就不可避免地进行神话加工,升华虚构,夸张放大。譬如,大禹出生于嵩山一溜石纽屯儿的祖家庄,也可以说这是一种传说。然而经过北京大学碳 14 测定,公元前 2070 年,大禹在阳城(今登封市告成镇)建立夏后王朝。大禹出生于祖家庄就不能再作为历史传说看待,而应是真实的历史资料,被载入史册。北京大学考古文博院院长、北京大学震旦古代文明研究中心主任、“夏商周断代工程”首席科学家、“中华文明探源工程研究项目”主要负责人李伯谦一锤定音:“经过多学科众多专家的联合攻关,最终夏商周断代工程专家组宣布,王城岗是夏朝初期都城即禹都阳城,约在公元前 2070 年。”从而为禹都阳城的说法做了科学定论。

另外,经典记载的“夏都十迁”在考古发掘中也得到了证实。继登封王城岗发掘之后,禹州瓦店遗址、新密新寨遗址、巩义斟鄩遗址和偃师二里头遗址,都是围绕嵩山的夏代都城。

所以,作为真实的大禹建立国都阳城的登封市,不可避免地而且完全应该成为大禹神话传说历史最悠久、积淀最深厚、脉络最清晰、内涵最深刻、经典最多元、影响最深远的唯一的一个地方。所以,登封被国家命名为“中国大禹文化之乡”,大禹的神话传说和祭祀大禹的民间舞蹈独脚舞,就相继被列入《河南省非物质文化遗产保护名录》。当然,登封仅是大禹在嵩山活动的一个代表,古代的行政区划和现在大不一样。大禹神话传说主要分布地除登封外,还有巩义市、禹州市、新密市、汝州市、偃师市、伊川县等嵩山周边地区。登封只不过是全国大禹神话传说流传最为丰富和最为集中的地方,大禹神话传说主要流布于境内的唐庄、卢店、告成、大冶、君召、石道、颍阳、徐庄、宣化、嵩阳办、少林办、中岳办等各个乡镇区办。

这些传说一方面见于古代文献,一方面广泛流传于民间。据初步调查,登封现存有关大禹的传说故事 70 多个,内容可基本分为八个方面:

一是反映大禹父亲鲧治水的神话传说，如“崇伯鲧盗土治水”“鲧殛羽山”等。譬如，祖家庄西北的息壤岗，传说是大禹的父亲鲧为了治理洪水，而到天庭盗取息壤，后被天帝发现收回时，地面上残留下来的一点息土而变成的。据民间流传，只要少溪河的洪水涨，岗上的息壤土也能跟着涨，洪水涨多高，它也能涨多高，洪水总也淹不着这个山岗。在洪水漫天，嵩山尖上挂杂草时，附近的人们都跑到这里躲避水灾。

石纽石就立于息壤岗上，当地老百姓都称它为神石。石头的左下方隐现一条小龙。在缺医少药的古代，人们得了病，就到这里求药。只要摸摸石纽石，摸摸石纽石上的这条龙，病就好了。石纽石上部被善男信女们摸得异常光滑。每逢初一、十五，附近的老百姓就都到石纽石前烧香祈祷。站在东南方向看石纽石，像一个人头，其眉毛、眼睛、鼻子、嘴巴非常分明，传说这是鲧的化身。史载鲧治水九年没有成功，后被殛于羽山。从石头上可以看出鲧被杀前的表情，痛苦愤懑而又无奈。因为有这块石纽石，所以这一带村庄叫作石纽屯。这块石纽石，实际上寄托着人们对伯鲧治水功绩的永恒怀念。

二是反映大禹出生的神话传说，如“鲧腹生禹”“下雨王下凡”“文命还魂”等。

三是反映大禹拜师和接受考察的传说，如“文命聆教”“舜王访贤”“负黍厅对”等。

四是反映大禹治水的神话传说，如“河伯授图”“崇伯点化”“定刑律治洪水”“火烧蛟河”“焦山斩甥”“禹王锁蛟”“三过家门而不入”“邙山的传说”“禹凿轘辕关”“大禹借斧劈龙门”“大禹开挖大河口”“沁水”“石簸箕”等。

五是反映大禹婚姻生活的传说，如“大禹娶妻”“闹洞房的来历”“启母化石”“照爷石”“太室山和少室山”“代姐育婴”“五指岭”等。

六是反映大禹治国的传说，如“建都阳城”“五音听政”“闻善则拜”“下车泣罪”“颁布夏历”“禹疏仪狄”“大禹让贤”“禹铸九鼎”等。

七是民间纪念大禹功绩的传说,如"匾挂石崖""克勤克俭""独脚舞""划旱船""大禹与掌中万年历""禹步的来历"等。

八是反映大禹纪念遗迹的传说,如"白圪瘩庙""三官庙""各河口禹王庙""禹洞的传说""大禹镇海石""少姨庙的传说""启母冢"等。

这些神话传说,情节完整,语言朴实,从不同侧面反映了大禹出生、拜师、治水、立国等事迹,记述了大禹故里的风俗民情和胜迹,表现了人民大众对大禹的尊崇和景仰,歌颂了大禹允执厥中、无私无畏、克勤奉公、以民为本的精神。

四千多年来被登封人所传颂的大禹精神,远播四海。周穆王游历嵩山时,曾"观夏后启之所居"。春秋时,周襄王命刘定公至颍地(今登封)慰劳赵孟,曾感叹:"美哉禹功,明德远矣!微禹,吾其鱼乎!"汉武帝游中岳时,也曾拜瞻启母石。西汉时,登封就建有启母庙和少姨庙,东汉安帝时,颍川太守朱宠和阳城长吕常分别建太室阙和启母阙、少室阙,启母阙铭文明确记载了鲧禹治水和大禹三过家门而不入的事迹。太室阙上的鲧画像,启母阙上的夏禹化熊图、启母化石图反映了当时登封人民对大禹及其父亲的崇拜之情。唐高宗和武则天幸启母庙和少姨庙后,敕令重修,并让杨炯作《少姨庙碑记》,让崔融作《启母庙碑记》。武则天封禅中岳嵩山后,又封启母为玉京太后,少姨为金阙夫人,夏启为齐圣皇帝。明代后期,登封县令傅梅建造了登封东关禹王庙,并以伯益配之。登封县令傅梅的《嵩书》、登封籍礼部侍郎加礼部尚书衔景冬旸的《说嵩》和历代登封县志对启母石等大禹文化遗迹都有详细的记载。

其四,海内外公认中华民族的发祥地是以嵩山河洛为核心的中原地区。所以,古代中华民族的著名领袖人物如三皇五帝和大禹等的祖根地,也只能从以嵩山河洛为核心的中原地区来寻找。现在已经上升为国家级的每年的新郑黄帝故里拜祖大典,就说明了黄帝的出生地在嵩山东麓。最早记载黄帝出生地的是战国时期的《世本》,说:"黄帝居轩辕之丘,娶于西陵氏之子,产青阳及昌意。"汉代的《大戴礼记·帝系》、司马迁的《史记·五帝本纪》从此说:

“黄帝居轩辕之丘。”晋代的甘肃人皇甫谧在《帝王世纪》中说明了轩辕丘的地望:“(黄帝)受国于有熊,居轩辕之丘,故因以为名,又以为号。……或曰:黄帝都有熊,即今河南新郑是也。”《大明一统志·古迹》:“轩辕丘,在新郑县境,古有熊氏之国,轩辕黄帝生于此,故名。”

黄帝生于嵩山,建都于嵩山,也主要活动于嵩山,那么他后代的出生地也不会距嵩山太远。史载大禹就是黄帝的嫡系后裔。汉代的司马迁在《史记·夏本纪》中说:“禹者,黄帝之玄孙而帝颛顼之孙也。”《大戴礼记·帝系》中云:“鲧娶于有莘氏之子,谓之女志氏,产文命。”《史记·夏本纪》:“夏禹,名曰文命。……国号为夏后,姓姒氏。”也就是说,文命是大禹的名号。《史记·封禅书》载:“昔三代之居,皆在河洛之间,故嵩高为中岳,而四岳各如其方。”大禹在嵩山地区建立了中国的第一个夏王朝之后,近两千年间,这一带都是中国的政治、经济和文化中心,所以考察政治人物的来龙去脉,必须放在这个大背景下,才不会出现大的偏差。

事实上,大禹的一生和嵩山登封的关系都十分密切,他生长于嵩山,家居于登封,治水也始于嵩山,立国建都于登封,关于这些从古到今大量的文献都有记载。

远古时期,夏部族兴起于嵩山周围,嵩山又称为崇山、崇高山。《国语·周语》和《春秋外传》皆记载:“有夏之兴也,融降于崇山。”韦昭注:“夏居阳城,崇高所近。”大禹及其父亲鲧被封为伯,封地就是嵩山周边地区。有关大禹在嵩山的活动如“禹居阳城”“禹凿轩辕”“禹避阳城”“禹都阳城”等,在史籍文献中的记载相当频繁。《竹书纪年》载:“禹都阳城。”又载:“帝舜十五年,命禹有事于太室。”《史记·夏本纪》载:“帝舜荐禹于天,为嗣。十七年而帝舜崩。三年丧毕,禹辞辟舜之子商均于阳城。天下诸侯皆去商均而朝禹。禹于是遂即天子位,南面朝天下。国号曰夏后,姓姒氏。”《汉书·武帝纪》颜师古注引:“禹治鸿水,通轘辕山,化为熊。谓涂山氏曰:‘欲饷,闻鼓声乃来。’禹跳石,误中鼓,涂山氏往,见禹方作熊惭而去，至嵩山下化为石。方生启，禹曰：‘归我子。’石破北方而启生。”正因了这一记载，而衍生出了启母石和代姐育婴的传说，也正因为此，人们才把大禹和第一个妻子涂山娇居住地附近的山命名为太室山，把大禹和其少妻涂山姚居住地附近的山命名为少室山。而启母阙、少室阙及启母阙上的启母化石图、夏禹化熊图则是这一记载最直接和最形象的物化诠释。

《穆天子传》卷五云：“丙辰，天子南游于黄□室之丘，以观夏后启之所居（郭注：疑此言太室之丘嵩高山。启母在此山化为石，而子启亦登仙，故其上有启室也。皆见《归藏》及《淮南子》）。乃□于启室（似谓入启室中），天子筮猎苹泽，其卦遇讼（坎下乾上）。”

《汉书·武帝纪》载：“朕用事华山，至于中岳，获驳鹿，见夏后启母石，翌日亲登嵩高，御史乘属，在庙旁，吏卒咸闻呼万岁者三。”应劭注曰：“启生而母化为石。”东汉启母阙铭文：“昔者共工，范防百川。伯鲧称遂，□□其原。洪泉浩浩，下民震惊。禹□大功，疏河泻玄。九山甄旅，咸秩无文。爰纳涂山，辛癸之间。三过亡入，实勤斯民。同心济隘，胥建三正。杞缯渐替，又遭乱秦。圣汉禋享，于兹冯神。翩彼飞雉，崪于其庭。贞祥符瑞，灵支挺生。出□鬻化，阴阳穆清。兴云降雨，□□□盈，宁一不歇，比性乾坤。福禄来归，柏宥吾君。千秋万祀，子子孙孙。表碣铭功，昭视后昆。”

东汉赵晔在《吴越春秋·越王无余外传》中记载：“禹三十未娶，行到涂山恐时之暮，失其度制，乃辞云：‘吾娶也，必有应矣。’乃有白狐九尾造于禹。禹曰：‘白者吾之服也，其九尾者，王者之证也。’涂山之歌曰：‘绥绥白狐，九尾痝痝。我家嘉夷，来宾为王。成家成室，我造彼昌。’天人之际，于兹则行。明矣哉！禹因娶涂山，谓之女娇。”

《帝王世纪》载：“阳城有启母冢。”《吕氏春秋·音初篇》载：“禹行功，见涂山之女，禹未之遇而巡省南土；涂山氏之女乃令其妾候禹于涂山之阳。女乃作歌，歌曰：‘候人兮猗！’始作为‘南音’。周公及召公取风焉，以为《周南》

《召南》。”北魏卢元明《嵩高山记》中载:“启母庙南有石阙,亦称开母祠。”

北魏郦道元《水经注》载:“颍水又东,五渡水注之……颍水经其县故城南,昔舜禅禹、禹避商均、伯益避启,并于此也。”在《嵩书》卷二十中有杨炯撰写的《少姨庙碑文》:“少姨庙者,则《汉书·地理志》崇高少室之庙也。其神为妇人像者,则故老相传云,启母涂山之妹也。”此书中还有唐代崔融的《启母庙碑记》:“明明有夏,穆穆涂山……石破北方,终见生余之兆。则郭璞所谓阳城西有启母石,李彤所谓嵩山南启母祠,随巢之说有征,鸿烈之言无爽者。”

宋代的《太平御览》卷一百五十五引《帝王世纪》云:“夏鲧封崇伯。故《春秋传》谓之‘有崇伯鲧’。”崇地,古今学者均言即今河南登封市嵩山。《史记·夏本纪·索隐》引《连山易》云:“鲧封于崇。”《国语·周语上》载:“昔夏之兴也,祝融降于崇山。”韦昭注:“崇,崇高山也。夏居阳城,崇高所近。”《御批通鉴辑览》载:帝求能治水者,四岳举鲧,帝乃封鲧为崇伯,使治之。鲧乃大兴徒役,作九仞之城,讫无成功。”当代学者张振犁先生认为禹族就居住在中州的腹地中岳嵩山一带,“从考古的发掘来看,嵩岳阳城(今登封告成镇)、洛汭、伊汭,也都是禹治水和族居的中心地区”。陈剩勇先生在《大禹出生地考实》中认为有关大禹出生地的三种说法中,应以司马迁的说法影响最大,而“至于扬雄等人‘禹本汶山郡广柔县人,生于石纽’之说,则显然是西北羌族的一支迁入四川之后附衍而来的小说家者,非信史也”。

登封的韩有治先生更是经过多年的田野调查,整理了下雨王借尸转世的传说,说下雨王附在崇伯鲧夭折的儿子文命身上而得以在水牛屯转世生还。并且,登封市少林办少溪河畔马庄村等六个村庄,老百姓现在还称为一溜水牛屯,韩有治先生认为“水牛”乃“石纽”的音转。只是大禹出生的少室山禹王沟,因唐宋以来玉皇大帝信仰兴起后在沟口建起了一座玉皇庙,而现在多被称为玉皇沟。而张鸣歧先生在《炎黄子孙祖根在中原》中则认为,“帝尧戊戌二十载六月六日,修己胸坼而生禹于石纽乡,即今河南禹县石纽村禹穴是也”。这里,“石纽”不管在登封还是禹州,都是在嵩山之阳。

《嵩书》综述:登封为“圣王(大禹)过化之所……大禹功在万世……将乡民为其建的生祠改为禹王庙……祀大禹,以益配之……每岁添设春秋二祭,每祭用银三两……表彰前烈崇功”。

综上所述,大禹出生于中原的嵩山一带,应是普遍的说法。正如河洛文化研究员席彦召先生在《溯源河洛文化》一文中所说的:“大禹应是嵩洛地区土生土长的部落首领。”即使撇开大禹的具体出生地,鲧封于嵩山一带,大禹随父鲧自幼生活在嵩山一带也应是肯定无疑的。

因此,遍查中国大陆各地有关大禹出生地的史料、实物和传说证据,像嵩山祖家庄这样丰富集中的,可以说绝无仅有。

## 二、禹生四川说,是先人对嵩山的追念

见诸文字的大禹出生地的说法从古到今,史家历来说法不一。分别有西戎说、中原说和东夷说。即除河南嵩山外,最为集中的或被认可的还有两种说法,一是四川,二是山东。

关于四川说,部分学者认为禹的故乡为现四川省绵阳市附近。在都江堰、茂县、汶川、北川等七个大禹出生地遗迹传说中,又主要将大禹出生地定位于北川。

这一说法的主要依据是战国时代的《竹书纪年》“帝禹夏后氏,母曰修己……修己背剖而生于石纽”,和司马迁《史记·六国年表》“禹兴于西羌”,以及魏晋时期的皇甫谧在《帝王世纪》中的注解“孟子称禹生石纽,西夷人也。传曰:‘禹生自西羌。’是也”。

《竹书纪年》言“禹生石纽”,没有指明石纽居位何地。接着关键就是司马迁《史记·六国年表》的“禹兴于西羌”说了。如果司马迁在《史记》的《六国

年表》一篇里把大禹说成是西羌人,并生于距黄帝华夏族三千里之外的荒蛮之地,那么,他又在同一《史记》里的《夏本纪》里说“禹者,黄帝之玄孙而帝颛顼之孙也”,两相对照,既把禹说成是西羌人,又把禹说成是黄帝后裔,黄帝很明显是华夏人,这就是自相矛盾,自打嘴巴。我想中国的大史学家司马迁也不会犯如此低级的错误。

实际上,如果细阅《史记·六国年表》,就会看出,千百年来西蜀不少文人是有意在对这段话断章取义,也有意回避对《六国年表》上下文的通篇理解。

《史记·六国年表》中的这段文字是:“或曰‘东方物所始生,西方物之成孰’。夫作事者必于东南,收功实者常于西北。故禹兴于西羌,汤起于亳,周之王也以丰镐伐殷,秦之帝用雍州兴,汉之兴自蜀汉。”释义是:有一种说法认为:“东方是万物开始萌生的地方,西方是万物最后成熟的地方。据此看来,开创事业的人必定出现在东南,获取胜利果实的人常常诞生在西北。所以大禹因西羌而勃兴,成汤由亳地崛起,周人建立王朝是因为有丰镐作根据地去讨伐殷商,秦国完成帝业是在于有雍州当大本营才日益强大,汉朝兴盛也是从巴蜀汉中开始的。”

司马迁在这里所说的“禹兴于西羌”,应该理解为“大禹因西羌而勃兴”。这里的“兴”字,不能够作为“生”字或“出生于”来解释,不然的话汉刘邦就会被解释为出生于巴蜀汉中之地而贻笑大方了。历史事实是,约公元前2100年,大禹奉帝舜之命,继承父亲鲧的未竟大业,治理天下洪水灾害,急需征调四方大批身强力壮的智勇之士,率众治水。中国境内的古羌后裔(以居住在今洛阳西不远的陆浑一带羌人为主)氏族部落,深明大义,以天下苍生为念,立即响应大禹的征召,跟随大禹投入到抗击洪水的行列。羌人在大禹率领下治水的十三年中,在大禹忘我无私的精神鼓舞和感召下,奋勇争先,为大禹胜利完成治水大业,立下了不朽功绩。羌人不但在治水中立下了汗马功劳,而且在建立夏后王朝的过程中,英勇善战,屡建奇功。于是,大禹论功行赏,钦赐西羌部落为禹姓，羌人更是臣服拥戴大禹为自己永久的首领，改为禹族大姓，并以为大禹的后代为极大荣耀。（当然了，本人现在手头掌握的这方面的文献史料甚少，需要各位专家学者相互交流，共同挖掘。）

迁徙到四川都江堰、阿坝汶川和北川等偏远山区的羌人后裔，世世代代都追思感念大禹的恩德，不但在自己的家乡到处设坛年年祭祀，而且还仿照大禹中原家乡的模样，修建了许多大禹的纪念地。特别是商汤灭夏之后，无限崇敬大禹的西戎羌人，更是以大禹的后人自居，以世袭“夏后”为荣。自先秦以降，在所居的川、陕、甘等西北广大地区，几乎历代都有以羌人为主体建立的“西夏”“大夏”等“夏”的王朝。这种把大禹建立的“夏”和一个部族命运紧密相连的现象，在中国历史上，绝无仅有。因此，西戎羌人是一个知恩图报的非常伟大的部族。正是由于这段因缘，才有了西汉司马迁“禹兴于西羌”的记载。正因为有了司马氏的这一记述，才有了历代蜀地、蜀籍的文人学士，把大禹追述为“生于西羌”，得出“夏蜀同祖”的结论。譬如汉代学者、川人扬雄在《蜀王本纪》中说：“禹本汶山郡广柔县人，生于石纽。”三国时的经学家、川人谯周在《蜀本纪》中说：“禹本汶山广柔县人也，生于石纽。”晋代学者、甘肃灵台人皇甫谧在《帝王世纪》中说：“孟子称禹生石纽，西夷人也。传曰：‘禹生自西羌。’是也。”川甘陕这些先人们的如此言论，其心情是可以理解的。当然，作为一个严肃的历史学者，追述“生于西羌”应是附会的，而“夏蜀同祖”的结论则是十分正确的。

我们注意到，川甘陕一带民间流传的“禹生于西羌”的各种版本，有一个共性，就是均出自蜀人之手之口。这些民间流传是不是史实，或者有多大的史实成分？晋代学者常璩的话很值得重视。常璩撰《华阳国志》，他也是蜀人。现代著名历史学家徐中舒先生曾说过：“常璩是一个封建的正统派史学家。他认为先蜀年代绝不能早于黄帝、尧、舜之世。……他说世俗间恒有为蜀传者，言‘蜀王蚕丛之间周回三千岁’。他因为不相信先蜀积年久远，就说，这都是世俗间的横说。他认为《蜀本纪》中所载许多神话（如禹生于西羌）……也是同样的横说。”从历史地理学的角度分析，汶山郡广柔县石纽村，属现在的北川羌族自治县。与关中相距十分遥远，与位于嵩山阳城的夏后国都城相距三千余里，而且中间还横亘着东西长千里、南北宽数百里的秦岭山脉。孟子说：“夏后、殷、周之盛，地未有过千里者也。”大禹、夏启建立的夏后王国的疆域肯定没有到达蜀地。秦岭海拔2000多米，地势险要，因此自古就有“蜀道难”的说法。在秦以前，中原与蜀处于隔绝状态。李白《蜀道难》中有：“蚕丛及鱼凫（蜀先祖），开国何茫然！尔来四万八千岁，不与秦塞通人烟。”说明到了秦时，蜀和汉中或者说中原内地才有了交通。与汉中有交通，那是战国时期秦惠王以后的事。公元前316年，秦惠文王派兵从汉中经“石牛道”（即有名的南栈道）伐蜀，从此汉中与蜀开始来往。现代著名历史学家顾颉刚先生说，“本来夏桀之国不过从河、济到华山的”，夏的疆域“反正离不了现在河南省的北部和山西省的南部，带着一点儿河北省的南端……他们的敌国和‘与国’……都在山东省”。我们打开中国夏代历史地图来查看，夏的疆界也没有划进西蜀一带。总之，夏时中原与蜀还没有交通，夏的疆界还没有到达秦岭，更谈不到越过秦岭到达蜀的腹地。

再说，崇伯鲧作为帝尧的股肱大臣，毕生活动于中原地带，他不可能和老婆跑到三千里之外的西蜀——地震灾害频繁的蛮荒之地，生一个大禹儿子出来。这是人之常识常情，不用去想就可以明白的问题。所以，关于大禹出生于西羌之说，恐怕不是信史，理解为民间的美好传说，而且是蜀人的美好传说较为妥当。

在中国的古代历史上，帝王赐姓分封功臣的事情屡见不鲜。如今在百家姓里，刘、李和赵家的姓氏排在前五名之列，成为中华民族的大姓，一个重要原因就是汉代、唐代和宋代的刘、李和赵姓皇帝，对有功的异姓大臣，赏赐姓氏的结果。这也许是大禹为他们开了先例。

中国有句经典俗话：“中原自古无定民，四方都是河南人。”河南历来就是融合包容的“大染缸”,现在居住在河南这块地上的人群,百分之九十以上都是五百年前从山西大槐树下迁来的。中华民族历来都是一个重视家族传统的民族,迁徙到全国各地的中原人,虽然与当地居民混住,但是他们从不忘记先祖的恩德,在迁徙地到处建造纪念先祖的祭祀祠堂以追思先祖的恩德,还在迁徙地以祖先家乡的山水村落进行命名。譬如,西晋以后从河南迁徙到江南的大批衣冠士族,他们至今还称自己为“客家人”“河洛郎”,把迁徙到江南的居住地,统统都叫洛阳,河叫洛阳河,桥叫洛阳桥,村叫洛阳村,镇叫洛阳镇,以表示不忘祖根。“客家人”“河洛郎”的这种追思先祖恩德的情怀,就是大禹时代感念祖恩的传承。譬如,夏朝“太康失国”事件发生之后,太康的五个弟弟拥着母亲躲避到嵩山北麓河洛汇流的洛汭,反思失国的沉痛教训,追念先祖大禹创业的恩德,唱出传承千古的《五子之歌》:“皇祖有训,民可近,不可下;民惟邦本,本固邦宁。”在《五子之歌》的感召下,中国历史上迎来了夏代的“少康中兴”。《五子之歌》和“少康中兴”,就是尊崇夏禹的西羌人,以大禹和夏朝后裔自居,在蜀地遍修夏禹遗迹,屡屡复兴夏朝的精神支柱。

## 三、禹生山东说,系东夷骄子的情结

一些山东籍的历史学者认为山东的“古戎州己氏之地”,乃大禹的出生之地。古戎州己氏之地,就是现在山东省曹县县城东南 23 千米处的安蔡楼镇上的楚天集村。为此,我在山东菏泽市曹县人民政府网站上查询,发现有曹县“被历史学家称为‘华夏第一都’及在这块土地上先后养育了治水英雄大禹”等的简单介绍。

曹县在中国古代史上占有重要地位。大禹建立夏朝之前,这一带属东夷之地,境内有许多大汶口、龙山、岳石文化遗迹。然而,我认为曹县一带不可能是大禹的出生地。

曹县的安蔡楼镇一带,在古代的行政区划属于古汴州的陈留郡。《元和郡县图志》:“属汴州,武德四年属杞州,今汴州雍丘县是也。……故莘城,在县东北三十五里。古莘国地也,《国语》汤伐桀,桀与韦、顾之君拒汤于莘之墟,遂战于鸣条之野。”今开封市杞县东北三十五里和今曹县东南三十里,实际上是一个地方。

杞地是一个很古老的地望。夏朝时期,杞国就已存在。《史记・夏本纪》:“汤封夏之后,至周封于杞。”《史记・陈杞世家》:“殷时或封或绝,周武王克殷纣,求禹之后,得东楼公,封之于杞,以奉夏后氏祀。”《大戴礼记・少闲》:“成汤卒受天命……故乃放移夏桀,散亡其佐,乃迁姒姓于杞。”

杞地,是商汤和周武王先后把夏代的王公贵族及后裔迁徙之地,封国之地。也就是说,是大禹后人的聚集地。即司马迁所说周武王封东楼公于杞,以奉夏祀之地。《水经》云:“睢水又东经雍丘县故城北(守敬按:汉县属陈留郡,后汉因,魏属陈留国,后魏为阳夏郡治,即今杞县治)旧杞国也。殷汤、周武以封夏后,继禹之嗣。……城内有夏后祠。昔在二代享祀不辍。”(守敬按:《书钞》一百五十二引《陈留风俗传》,雍丘有夏后祠,有神井,能兴雾雹。古来享祀,至今不辍。)杞地的夏后祠,夏商二代就享祀不辍。说明该祠出自夏人之手,而不是后人之作。杞地在雍丘县故城,属陈留郡。

根据《大戴礼记・少闲篇》记载,商汤击败夏桀,灭亡夏朝之后,将夏王室姒姓的一些贵族迁到了杞国(今河南杞县一带)。

杞国,是中国历史上自夏代到战国初年的一个诸侯国,由华夏族建立,国祚延绵1500多年,国君为姒姓,大禹的直系后裔。杞国是个小国,史书罕有记载,《史记》中虽有《陈杞世家》记载陈国、杞国两国的历史,但对杞国的描述只有二百七十多个字,而且还特别说道:“杞小微,其事不足称述。”这样的小国,在周围强邻的压迫下,被迫屡次迁徙。杞国最初大致在今河南省杞县一带,后来迁到今山东省新泰,又迁至昌乐,再迁至安丘东北(今山东潍坊市坊子区黄旗堡街道杞城村)。公元前445年,在楚惠王的进攻之下杞国最终灭国。《列子·天瑞》中所说的"杞人忧天"的故事,就发生在杞国。该成语虽说往往用来形容庸人自扰的无谓担忧,但也有人认为,这和杞国多经磨难而造成的国人忧患意识有关。

杞人是大禹的直系后裔,所以杞人对大禹的情感之深就可想而知了。杞人无论走到哪里,都会把夏禹的家族谱牒带到哪里,以供奉祭祀,并且会世世代代传承下去。因此,在杞人生存的地方,到处可见大禹的圣迹,把迁徙地说成是大禹的出生地,也就可以理解了。东夷骄子带着"浓浓故乡情结"研究大禹,并论证大禹的出生地在东夷并引以为豪,也是情理之中的事情。谁不说自己的家乡美呢!人之情理所至,什么都是可以理解的,何况我们祖祖辈辈的先人们,早都这样做了呢!

通过对大禹出生文化的探索研究,我有两点感悟:第一,中华民族五千年来的伟大文明,的确是包括西羌、东夷在内的华夏各个部族共同创造的灿烂文明。"禹兴于西羌",表明羌人在大禹治水中发挥了重要作用。在这方面历史文献记载不多,今后需要很好地深度挖掘,这也是一个很大的课题。另外杞人东迁之路,也是河南、山东两省学者需要联合挖掘的重大课题。杞人东迁之路,应该说是华夏族传播嵩洛文明乃至中原文明之路,是华夏文明与东夷文明融通融合为中华文明之路。第二,诞生于嵩山河洛地区的"天地之中"文化,的确是人类最高智慧的结晶。她以强大无比的向心力和凝聚力,把四方的戎羌夷蛮各个部族,吸引到了自己身边,形成合力,共同开创了中华民族的伟大基业,使中华文明得以持续传承。本文所述"禹兴于西羌"就是一个很典型的例子。

(本文作者为河南新闻系列资深评委、中华豫剧文化促进会副秘书长、河南省圣贤文化研究会副秘书长)

# 鲧非禹父之史料考辨

郭　霞

作为史前时代的治水英雄——大禹，后世对其治水功绩、德政、出身等方面的记载颇多神话色彩。如，西周青铜器豳公盨铭文，开头便是“天令禹敷土，堕山浚川，乃差地设征”；屈原《天问》中的疑问“伯禹腹鲧，夫何以变化”；孔子则说“丘闻之，昔禹致群神于会稽之山”（《国语·鲁语下》）；近代历史学家顾颉刚先生在《古史辨》中曾提出“禹或是九鼎上铸的一种动物”。凡此种种，不外乎是因史料的缺乏而“茫昧无稽”，以致孔子感叹：“夏礼吾能言之，杞不足征也；殷礼吾能言之，宋不足征也。文献不足故也。足，则吾能征之矣。”（《论语·八佾》）

因为史料的不足，导致中国早期历史长期未能走出神话状态。以大禹为例，历代史学者的关注点，多集中在其出生地、治水地望、治水方法等方面，而对于鲧禹之间的关系，怀疑者不多。笔者通过对史料的研究，认为鲧和禹并非父子关系，大禹很可能是出生于平民之家。笔者认为，对古代人物的怀疑和论证，并非对先人的不敬，反而有助于厘清历史真相，尽早将中国早期历史从传说导入信史。

## 一、大禹同辈中人，皆有母无父

《史记》记载,大禹与契(商祖)、后稷(周祖)、皋陶(即大业,秦祖)同为舜臣,后三者都是有母而无父。相关史料如下:

> 《夏本纪》:尧崩,帝舜问四岳曰:“有能成美尧之事者使居官?”皆曰:“伯禹为司空,可成美尧之功。”舜曰:“嗟,然!”命禹:“女平水土,维是勉之。”禹拜稽首,让于契、后稷、皋陶。舜曰:“女其往视尔事矣。”
>
> 《殷本纪》:殷契,母曰简狄,有娀氏之女,为帝喾次妃。三人行浴,见玄鸟堕其卵,简狄取吞之,因孕生契。契长而佐禹治水有功。
>
> 《周本纪》:周后稷,名弃。其母有邰氏女,曰姜原。姜原为帝喾元妃。姜原出野,见巨人迹,心忻然说,欲践之,践之而身动如孕者。居期而生子。……初欲弃之,因名曰弃。
>
> 《秦本纪》:秦之先,帝颛顼之苗裔孙曰女修。女修织,玄鸟陨卵,女修吞之,生子大业(即皋陶)。大业取少典之子,曰女华。女华生大费(即伯益),与禹平水土。

撇开上述史料中的神话色彩,我们不难发现一个共同点:商、周、秦的祖先都是知母而不知父。倘若只有一例倒还可以解释为偶然,然而,三个朝代的始祖全都知母而不知父,这就不是个例,而是一种现象了。这种带有强烈母系氏族社会痕迹的现象,或许只有一种解释:契、后稷、皋陶所处的时代,应为母系氏族社会,至少是母系氏族社会向父系氏族社会的过渡时期。现有史料可以确认,商、周、秦三个王朝为信史,其所祭之祖先应当较为可信。

大禹与契、后稷、皋陶所处时代相同,如果我们认定其所处时代为母系氏族社会,那么大禹必然也应是知母而不知父。然而,《史记》述其父而无其母,这种记载只能说明:司马迁在选取史料时,认为所接触的史料不足以证明大禹母亲的身份,或者史料中关于大禹母亲的记载是缺失的。

同时,笔者以为,司马迁对鲧禹的父子关系也并非全然相信,《史记·三代世表第一》载:“五帝、三代之记,尚矣。自殷以前诸侯不可得而谱,周以来乃颇可著。孔子因史文次春秋,纪元年,正时日月,盖其详哉。至于序《尚书》则略无年月;或颇有,然多阙,不可录。故疑则传疑,盖其慎也。”司马迁明确告诉后人“自殷以前诸侯不可得而谱”,并赞赏孔子疑则传疑的做法。他进一步论述自己记述古史的观点:“余读谍记,黄帝以来皆有年数。稽其历谱谍终始五德之传,古文咸不同,乖异。夫子之弗论次其年月,岂虚哉!”(《史记·三代世表》)孔子、司马迁两位史学家距鲧禹时代较近,理应能比今人接触到更多关于鲧禹的资料,然而二人下笔竟如此谨慎,司马迁在记述之后,还不忘提醒后人“古文咸不同”。这其实是一种无奈之举,告诉后人自己在研究史料时应有所取舍。

仅以史料分析,在母系氏族社会中(至少是母系氏族社会向父系氏族社会过渡的过程中),大禹本应知道母亲,但他却给后人留下了一个父亲。这是否有什么隐情,上古的历史经过夏代数百年审读,有关史料是否已经异化,我们不得而知。然而这些疑点的存在,却让我们不得不对鲧禹的父子关系产生疑问。

## 二、尧舜杀鲧亲禹,间接否定鲧禹父子关系

鲧禹关系的第二个可疑之处是这二人在尧舜统治架构中的地位。从上古时期开始,亲亲尊尊、世族世袭可以说是界定中国政治秩序的基本法则。然而,这一法则在鲧禹身上却是以相反的方式出现。尧(一说是舜)杀鲧后,以禹为重臣,倘若鲧禹果为父子,尧(或舜)的举动就十分不合常理。

鲧被杀的史料如下:《尚书·尧典》云:“帝曰:‘咨,四岳!汤汤洪水方割,

荡荡怀山襄陵，浩浩滔天。下民其咨，有能俾乂？’佥曰：‘於！鲧哉！’……帝曰：‘往，钦哉！’九载，绩用弗成。……殛鲧于羽山。”《国语·周语下》的记述与《尚书》大致相同：“其在有虞，有崇伯鲧，播其淫心，称遂共工之过，尧用殛之于羽山。”孟子认为是舜杀了鲧：“舜流共工于幽州，放驩兜于崇山，杀三苗于三危，殛鲧于羽山，四罪而天下咸服。”（《孟子·万章上》）

虽然清除鲧的主角不同，有说是尧，有说是舜，但各位史学者都认定一个事实：殛鲧于羽山。在除去鲧后，用谁治水迅速摆在掌权者面前，舜最终选择了大禹：“舜听政三年，山陵不居，水潦不湝，乃立禹以为司空。”（《战国楚竹书·容成氏》）尚书《尧典》载：“帝曰：‘俞咨！禹，汝平水土；惟时懋哉！’禹拜稽首，让于稷、契暨皋陶。帝曰：‘俞！汝往哉！’”《益稷》中舜更表白了对大禹的重视：“帝曰：‘吁！臣哉邻哉！邻哉臣哉！’禹曰：‘俞！’帝曰：‘臣作朕股肱耳目，予欲左右有民，汝翼。予欲宣力四方，汝为。’”舜把“宣力四方”之类的事都交给大禹办，可见对大禹的充分信任。梅赜所献的《古文尚书·大禹谟》，也记述了类似的话。帝（舜）曰：“格汝禹！朕宅帝位三十有三载，耄期倦于勤。惟汝不怠，总朕师。”倘若舜对大禹不信任，不可能把军队交给他指挥。舜帝如此信任大禹，偏偏又杀掉了鲧，这看似不合逻辑的行为，从侧面说明：鲧和禹，其实并非父子关系。

我们知道，春秋之际伍子胥因父亲被楚平王杀害，投奔于吴而报父仇。后来吴军攻入楚地，伍子胥掘楚平王墓，鞭尸三百以泄怒气。虽然伍子胥相比鲧禹是后世之人，但父子的人伦亲情，作为君主的舜岂能不懂得。

另外，一些史料也明确记载：尧（一说是舜）不恶鲧而戮杀之，则禹不得嗣兴。如《尚书·洪范》载：“鲧堙洪水，汩陈其五行。帝乃震怒，不畀洪范九畴，彝伦攸斁。鲧则殛死，禹乃嗣兴。”《左传·僖公三十三年》：“舜之罪也殛鲧，其举也兴禹。”《国语·鲁语上》：“鲧鄣洪水而殛死，禹能以德修鲧之功。”《国语·晋语五》：“是故舜之刑也殛鲧，其举也兴禹。”

站在后人的角度观察,如果鲧不被尧所杀(一说是被舜所杀),则禹就没有出头之日。跳出鲧禹的父子关系分析,上述史料折射出的是鲧禹在治水过程中的竞合关系。而这种竞合关系,因鲧的被杀而演变成一种成功者对逝者的继承。

笔者以为,在尧舜杀鲧亲禹这样看似离奇的背后,肯定隐藏一个我们无法窥知全貌的秘密。当事者或后人出于种种目的,把真实的历史嬗变为现在的模样,进而留下一个个谜团。我们破解谜团的过程,也就是还原真相的过程。从人性角度分析,尧舜杀鲧亲禹,已间接否定了鲧禹的父子关系。只是,许多史学家不愿意承认权力本恶,仍以虚幻的美好来粉饰丑陋的真实。

## 三、大禹出生地,与鲧国相距遥远

上面两部分论述,从不同侧面揭示了鲧禹父子关系的疑点。而笔者之所以认为鲧禹父子关系不可靠,还有一个更为直接的证据,那就是大禹的出生地与鲧所在的部落相距遥远。

古文献中对鲧的称呼较为一致,称其崇伯。《国语·周语下》:“其在有虞,有崇伯鲧。”至于崇地的具体地理位置,史学界颇多争议,影响较大的说法有两种:一说在陕西丰镐,一说在河南嵩县。《史记·周本纪》“崇侯虎”下《正义》引皇甫谧云:“虞、夏、商、周皆有崇国,崇国盖在丰镐之间。”王念孙《读书杂志·汉书第一·崇高》说:“古无‘嵩’字,以‘崇’为之,故《说文》有‘崇’无‘嵩’。经传或作‘嵩’,或作‘崧’,皆是‘崇’之异文。”顾颉刚、刘起釪则认为:“‘崇’就是后代的‘嵩’,亦即现在河南登封附近的嵩山一带,现在的嵩县显然也是延其旧称的地境之一。”(《〈尚书·西伯勘黎〉校释译论》)

然而,这两种占主流地位的观点所指称的崇地方位,与大禹出生地存在着不小的偏差。

在《史记·夏本纪》中,或许司马迁对大禹的出生地有一定的怀疑,并未记载大禹籍贯,但《六国年表》中提了一句“禹兴于西羌”。其他史书中,有关大禹出生地的争议,非常之杂并且几无定论。综合来看,多数史学者认为大禹为“西夷人”。如,《帝王世纪》云:“(禹)名文命,字密,身九尺二寸长,本西夷人也。”扬雄《蜀王本纪》:“禹本汶山郡广柔县人,生于石纽。”此外,西汉陆贾、贾谊,三国经学家谯周,南北朝郦道元,唐代张守节等都认同“大禹出自西羌”。宋代以降,南宋《职方书》《先儒舆地记》《方舆胜览》,明代《升庵外集》《大明一统志》,《大清一统志》《四川通志》《龙安府志》《石泉县志》等古籍,皆以石泉县之石纽为禹生之地。除古书之外,现代学者段渝也认为,大禹是四川人,治水于岷江一带。若按上述观点,大禹生在四川,与鲧所在之崇地相距甚远,基本可以排除二人的父子关系。

而根据现代学者的研究,大禹除了是西夷人外,还在其他地方取得了“户籍”。主要观点有五种:其一,大禹是越族人,治水在今江浙一带;其二,大禹是河南人,治水地为今豫西登封一带;其三,大禹是山西人,治水始于汾河;其四,大禹是安徽人,治水在今淮河一带;其五,大禹是山东人,治水在今齐鲁一带。但不管怎么论证,除徐旭生先生认为大禹是河南人外,其余学者所指认的大禹出生地,均与鲧的崇地在空间上有着不小的落差。笔者以所掌握的史料分析,较倾向于认同大禹为西夷人,禹之出生地与鲧之崇地相距遥远,二者不应为父子关系。

## 四、大禹出身平民的证据

其实,关于大禹出身的问题,西汉时期已有相当的争议,相关内容在《史记·三代世表第一》中有详细的记述。该部分是西汉史学家褚少孙在对《史记》修葺时补充上去的。原文如下:

张夫子问褚先生曰:诗言契、后稷皆无父而生。今案诸传记咸言有父,父皆黄帝子也,得无与《诗》谬乎?

褚先生曰:不然。诗言契生于卵,后稷人迹者,欲见其有天命精诚之意耳。……天命难言,非圣人莫能见。舜、禹、契、后稷皆黄帝子孙也。黄帝策天命而治天下,德泽深后世,故其子孙皆复立为天子,是天之报有德也。人不知,以为氾从布衣匹夫起耳。夫布衣匹夫安能无故而起王天下乎?其有天命然。

文中褚少孙以答疑的口气,论述了自己对于舜、禹、契、后稷出身问题的看法。从上述对话中可知,当时学术界对于舜、禹、契、后稷等人的出身问题,有疑问者不在少数,所以褚少孙洋洋洒洒说了一大篇。但笔者仔细研究褚少孙的观点后发现,这位当时的博士,手中并无可靠的资料证明舜、禹等人的出身,只好将一切归之于天命。褚少孙在论述中所透露的"人不知,以为氾从布衣匹夫起耳",说明至少在当时,已有学者认为舜、禹等人出身于平民之家,这和汉高祖刘邦的出身相若。

此外,《尚书·皋陶谟》引述大禹的言论:"知人则哲,能官人。安民则惠,黎民怀之。"《尚书·大禹谟》中有"德惟善政,政在养民"。这些话完全是站在平民的角度讲执政问题,也部分地折射出大禹的出身问题。

综上所述,笔者以为,大禹所处的时代,较多地残留有母系氏族社会的特征。这一时期应是中国社会从氏族社会向王权社会过渡的一个时期。大禹很可能出身于一个平民家庭,其父母身份究竟如何,由于夏代统治者的因素,后人或许已无法考证。大禹在治水和掌权过程中的事迹,被夏人以及禹的同盟者戴上了许多光环,而鲧之所以成为大禹父亲,是后人神话大禹的需要,应该并非真实的历史。

(本文作者为郑州牧业经济学院副教授)

# 大禹出生地浅议

李　龙

## 一、从族属看大禹的出生地

《史记·夏本纪》记载,大禹为黄帝裔孙,颛顼之孙,姬姓,为华夏族团核心成员之一;《史记·六国年表》指出,禹兴于羌,而非生于羌。“兴”可能是指大禹名望兴于羌。顾颉刚认可“大禹出于西羌”,由此推出大禹为姜姓,与文献记载不符。华夏族团活动于黄河流域,显然大禹的出生地应该在此区域寻找而非其他区域。

## 二、从夏族的活动范围看大禹的出生地

学界一般认为夏族是居住在晋南、豫西及渭水下游,即伊洛嵩山一带的古老民族。也有学者认为夏族起源于东方,主要活动于古河、济之间,夏代晚期才

迁往河洛一带。综合这两种观点,夏族的活动范围东达豫东、鲁西,西至陕东,北到冀南,南及徐淮一带。夏族的活动区域才可能是大禹的出生地所在。

## 三、从大禹的父亲鲧的事迹中看大禹出生地

大禹之父鲧为崇伯,《太平御览》引韦昭注"崇""嵩"相通。学术界一般认为崇山即嵩山,鲧的主要活动区域在嵩山地区,而其母有莘氏在伊川一带,大禹出生在环嵩山地区是可能的。

## 四、从新石器考古发现看大禹出生地

从考古材料来看,仰韶文化孕育了华夏文明,庙底沟类型二期遗址中已有礼器性质的陶、石器出土,仰韶文化晚期类型与龙山文化交会而成的河南龙山文化即是夏文化的开端,环嵩山地区龙山文化聚落与登封王城岗、新密新寨等城址构成的聚落等级结构与网络,是夏王朝政权的物化反映,王城岗龙山城址为"禹都阳城"逐渐成为学术界共识。环嵩山地区为夏文化核心区域,大禹出生地在夏文化的核心区域应该符合史实。而这是其他地方不具备的最突出的地方。

## 五、从大禹治水看大禹出生地

大禹治水区域是聚落众多、人口密布甚至农业经济比较发达的区域,因此,大禹治水功绩才会如此彰显而影响深远。显然只有中原地区才具备如此优势。大禹治水地域分为两部分,首先是在家乡治水,解决本部落所受洪水威胁问题,即环嵩山地区的黄河水害问题,伊洛地区有关大禹治水的传说属

于此范畴。其次则是解决与其部落有关联、毗邻地区部落所面临的洪水威胁问题,此举在于树立名望、收服民心。河、济地区和黄淮之间有关大禹治水的传说属于此类范畴。嵩山地区的独特地理位置具备成为大禹家乡的条件,临黄河,处于平原与山地交界处,受水患而又相对河、济地区易于解决,“三过家门而不入”,说明家乡水患解决后,大禹在离家较远但不是遥不可及的区域治理洪水。以嵩山为出发点,显然河、济地区和黄淮之间符合这一地理概念。

## 六、从嵩山地区的人文环境来看大禹出生地

嵩山称中岳,谓天下之中,大禹处天下之中而划九州,纵横天下,似乎更符合史实与人类社会的发展规律。嵩山地区,大禹的传说故事不仅多而且系统,从大禹出生、拜师、结婚、生子、治水、建都,形成了完整的故事系列。因这些故事,大禹治水的遗迹更是星罗棋布,如登封的启母石、照爷石、轘辕关、禹洞、蛟河、焦山、大河口,禹州的禹王锁蛟井、汗沟、诸侯山,洛阳的伊阙(今多称龙门)、禹王池,偃师的水泉口,巩义的侯地、藏龙洞,洛宁的洛出书处等。

## 七、从华夏文化传播看大禹出生地衍化

先秦时期,中原华夏文化包括治水的大禹在被征服的蛮夷少数民族中逐渐被接受并被推崇,进而攀附并转化为其所有;秦汉大一统政权形成以后,为历代统治者推崇的大禹天下“共主”的身份和为民用命的民本思想,更加推动了大禹出生地在各地的衍化过程;中国古代各地的自然灾害尤其是水灾频发,因而大禹被神化并被尊为治水之神。

(本文作者为河南省社会科学院历史与考古研究所副研究员)

# 大禹故里浅析

李　龙

自夏朝至今4000余年以来,大禹受到历代炎黄子孙的尊奉和崇拜。浩如烟海的历史典籍,记载了大量的大禹治理洪水、奠定九州的丰功伟绩。大禹故里在何处,历来众说纷纭,大致有河南嵩山说、四川北川说、四川汶川说、陕北说、山东说等。大禹是显赫的历史巨人,遗迹遍全国,探讨其故里所在,对于研究夏文化的源头有着重大的作用和意义。本文认为大禹故里在嵩洛地区有所依据,试作出一些分析,以就教于方家。

## 一、从夏文化看大禹故里所在

夏族兴起于何地,历来争议颇多。20世纪初王国维先生在《殷周制度论》中提出:"夏自太康以后迄于后桀,其都邑及其他地名之见于经典者,率在东土,与商人错处河济间盖数百岁。”[①]20世纪30年代顾颉刚曾表示出与王国维相同的观点。他在《春秋战国史讲义》中考证了文献所提到的与夏有关的地名后指出:“夏王国的政治中心在河南,他们的势力范围,大部分在山东,小部分在河北、山西。他们享有了黄河下游和济水流域的全部。”[②]王玉哲认为夏族兴起在山西:“夏代初期建都的‘阳城’所在地,旧有河南登封与山西河东两说。我们赞成后说。”[③]沈长云主张夏后氏早期居住的地域在古代的黄河及济水流域一带。禹所都的阳城即古河济地区中心——濮阳。这种观点曾经引起学界一定的关注[④]。20世纪50年代以来中国科学院考古研究所徐旭生先生对夏文化有目的地进行了调查与发掘。1959年,徐旭生先生率队前往豫西进行“夏墟”考古调查。徐旭生认为,在目前所见有关夏都邑所在的资料来自《左传》《国语》及《古本竹书纪年》的史料中,其中只有两个区域与夏的关系特别密切:一是河南洛阳及其附近,尤其是颍水上游的登封、禹县等地,二是山西西南汾水下游一带[⑤]。这个结论的得出,显然得益于王国维的“二重证据法”。随着考古工作的深入开展,我们认为,夏族兴起于嵩洛地区最有说服力。

嵩洛地区,龙山晚期史前遗址分布的密度非常高,它是寻找夏文化源头的最重要区域。从宏观的文化演进态势观察,洛阳盆地仍延续庙底沟二期以来西方仰韶文化的固有传统,王湾三期文化似乎没有受到多少东方文化的影响。在聚落形态方面,有学者分析指出,嵩山南北王湾三期文化的分布地域内,从龙山时代到二里头三期,伊河、洛河交汇点附近,没有发现龙山时代的大型遗址群或大型遗址,只是在平原边缘地带的小型河流沿岸分布有小规模

---

① 王国维:《观堂集林》(第12卷),中华书局,1950年。
② 王煦华:《顾颉刚关于夏史的论述》,《夏文化研究论集》,中华书局,1996年。
③ 王玉哲:《夏文化研究中的几个问题》,《夏史论丛》,1985年。
④ 沈长云:《夏族兴起于古河济之间的考古学考察》,《历史研究》2007年第6期。
⑤ 徐旭生:《1959年夏豫西南调查“夏墟”的初步报告》,《考古》1959年第11期。

的遗址群。直到二里头文化时期，洛阳平原的中心地带才出现了不少新的聚落，在二里头遗址周围，较大型的遗址相隔一定的距离均匀分布，总体呈现网状结构[①]。稍柴遗址出现在二里头文化一期，具有60万平方米的规模，不仅是坞罗河流域内最大的遗址，而且是巩义至荥阳地区规模最大的聚落。作为区域中心，它控制着坞罗河进入伊、洛河的要冲，扼守洛阳盆地东出郑州平原的咽喉要道。而伊洛河平原中心的二里头聚落的出现，则说明了这一阶段人口在此区域的迁移与聚集。二里头文化、人口源自何处，目前的考古发现，似乎与嵩山东南麓关联很大。嵩山东南麓以及颍汝地区，王湾三期文化受到海岱龙山文化西向的影响[②]。学术界一直认为二里头文化主要来源于本地的河南龙山文化[③]，从文化谱系单线进化的逻辑出发，"新砦期"遗存确实处于龙山文化向二里头文化的过渡环节[④]，"新砦期"遗存与嵩山东南麓龙山文化晚期遗存一脉相承，并与洛阳盆地二里头文化的出现直接相关[⑤]。稍柴二里头文化一期早段遗存中，来自东部新砦期文化因素的比重很高，东北方距此不远的花地嘴遗址还发现了明显的新砦期早段遗存。我们根据龙山晚期至二里头文化一期坞罗河流域发生的聚落分布及规模的变化推测，新砦期早段遗存应为来自东部新砦类遗存的人群向西迁徙的结果。迁徙的原因则是嵩山东南麓对抗性所决定的。颍河中游沿河分布的瓦店聚落群和双洎河流域的古城寨聚落群之间存在着广阔的空白地带，几乎没有这一时期的遗址分布。煤山类型和王湾类型的分界线也大致位于两条河流之间。三大区域中心的选址都利用天然河流作为防御体系的重要组成部分，两河流域内出现了王城岗、古城寨、新砦三座城址，由此表现出的对立关系可见一斑。进入王湾三期文

① ［日］大贯静夫：《を读む——嵩山をめぐる遗迹群の动态》，《住の考古学》，东京同成社，1997年。
② 栾丰实：《仰韶时代东方与中原的关系》，《海岱地区考古研究》，山东大学出版社，1997年。
③ 邹衡：《试论夏文化》，《夏商周考古学论文集》，文物出版社。
④ 赵芝荃：《略论新砦期二里头文化》，《中国考古学会第四次年会论文集》，文物出版社，1985年。
⑤ 张东：《洛阳盆地二里头文化来源初论》，中国社会科学院研究生院硕士毕业论文，2008年。

化晚段，双洎河流域代表本地文化传统（王湾类型）的古城寨遗址走向衰落，吸收了煤山类型因素的新砦遗址成为该聚落群的中心性聚落，并影响到洛阳盆地，其后整个嵩洛地区逐渐融合成为二里头文化。嵩洛地区聚落中心的转移，伴随的是部落人口的迁徙、文化因素的融合，因此我们认为，嵩洛地区的龙山晚期的文化与二里头文化和夏文化有关。

二里头文化因夏鼐提议而命名①。大型宫殿遗址的发掘也说明二里头遗址可能是一座都邑所在，原发掘简报说："有些考古工作者认为河南龙山文化之后，郑州二里岗商文化之前的这一阶段，时间上大致相当于历史上的夏代，因而推测这一类型的文化遗址可能属于夏文化。"②以后又陆续发现的二里头文化可分为四期，因而有的认为河南龙山文化晚期和二里头一期至四期文化为夏文化。邹衡认为二里头文化是夏文化③，并得到了大部分学者的认可。如此嵩洛地区是夏文化的核心区域则无可厚非。关于二里头文化的分布，截至目前的材料，可以看出二里头一期的分布范围为东至郑州附近，西到渑池，南至豫中，北不过黄河，即主要分布在嵩山南北的伊洛河和颍河上游地区，以及豫西地区。其范围比新砦期扩大了许多，主要是向西、南方向大大拓展了分布空间④。著名考古学家邹衡认为二里头一期（夏文化早期）"其分布面仅局限于比较小的范围之内；尤其是第一段的遗址，目前还只在嵩山周围半径大约百里左右的地区内发现"⑤。李维明也认为二里头一期遗存主要分布在豫西地区，可划分为嵩山丘陵区、伊洛平原和豫西山地区。比较而言，三个区型中以嵩山丘陵区和伊洛平原区的二里头文化一期遗存分布较为密集，其中

① 中国科学院考古研究所洛阳发掘队：《河南偃师二里头遗址发掘简报》，《考古》1965年第5期。
② 中国科学院考古研究所洛阳发掘队：《1959年河南偃师二里头试掘简报》，《考古》1961年第2期；中国科学院考古研究所洛阳发掘队：《河南偃师二里头遗址发掘简报》，《考古》1965年第5期。
③ 邹衡：《关于探讨夏文化的几个问题》，《文物》1979年第3期。
④ 赵春青：《关于新砦期与二里头一期的若干问题》；杜金鹏、许宏：《二里头遗址与二里头文化研究》，科学出版社，2006年。
⑤ 邹衡：《试论夏文化》，《夏商周考古学论文集》，文物出版社，1980年。

伊洛平原区二里头文化一期遗存水平最高,最具有代表意义[①]。

综合各家观点,我们认为,二里头文化源于嵩洛地区,核心也在嵩洛地区,晋南、河济等地为主要辐射区域。故大禹故里应该在嵩山周围寻找。有的学者明确指出:晋南地区二里头文化的二里头类型和东下冯类型以中条山为界,南北对峙。二里头文化向晋南的扩张在二里头早晚期是不断发展的,而且扩张的路线也不同。二里头文化东下冯类型是二里头文化向晋南扩张的产物。二里头文化向晋南扩张和移动,既有扩张领土的需求,也是以攫取铜矿、木材等资源为目的[②]。如果此说能够成立,那么夏族源自晋南地区则得不到考古学的佐证。至于河、济地区,由于二里头文化早期到不了此区域,说夏后氏兴起于此地似乎也难以成立。

## 二、从鲧、禹的活动区域看大禹故里所在

鲧、禹的活动中心,古代有不少学者认为在蜀地,如罗泌在《路史》中云:"伯鲧,字熙,汶山广柔人。"许顺湛认为此说很难成立,"我不相信古代学者的说法,我相信夏禹族源在中原"[③]。唐兰先生亦主张,"在今河南省密县,西为嵩山,是夏族旧居"[④]。历史文献记载,鲧、禹曾长时间在嵩洛地区活动。我们认为鲧、禹部族的活动区域在中原腹地,其故里自然也在此区域之内。

鲧称为崇伯,为夏族的重要首领。伯为一方之长,可能是部族首领或者古国的国王。因其活动在嵩山一带,嵩即崇字,故称崇伯鲧。《国语 · 周语下》:"有崇伯鲧。"韦昭注:"鲧,禹父。崇,鲧国;伯、爵也。"《太平御览》卷一

① 李维明:《二里头文化一期遗存与夏文化初始》,《中原文物》2002 年第 1 期。
② 杜金鹏、许宏:《二里头遗址与二里头文化研究》,科学出版社,2006 年。
③ 许顺湛:《五帝时代研究》,中州古籍出版社,2005 年,第 160 页。
④ 唐兰:《西周青铜器铭文分代史征》,中华书局,1986 年,第 338 页。

五五引《帝王世纪》:“夏鲧封崇伯,故《春秋传》曰‘谓之有崇伯鲧’。”《国语·周语上》:“昔夏之兴也,融降于崇山。”韦昭注:“崇,嵩高山也,夏居阳城,崇高所近。”而《太平御览》卷三十九“嵩山”下引韦昭说:“崇、嵩字古通用。夏都阳城,嵩山在焉。”《国语》的记述,说明鲧是崇国的首领,崇与嵩通用,崇国也即嵩国,在嵩山附近。《左传·昭公七年》:“昔尧殛鲧于羽山,其神化为黄熊,以入于羽渊。”《山海经·中次三经》:“又东十里,曰青要之山,实惟帝之密都。北望河曲,是多驾鸟。南望墠渚,禹父之所化。”毕沅云:“青要山在今河南新安县西北二十里。”“墠渚水上承陆浑县东墠渚”,“鲧化羽渊而复在此,世谓此泽为慎望陂,陂水南流注入涓阳水渚,在河南嵩县。”

《史记·封禅书》曰:“三代之居,皆在河洛之间。”这可以说大致划定了夏的活动区域。大禹作为鲧之子,既是夏族首领,也是夏王朝的创始人,其早期居地与政治中心都在阳城。古本《竹书纪年》云:“夏后氏,禹居阳城。”《汉书·地理志》引《世本》:“‘禹都阳城。’《汲郡古文》亦云‘居之’。”《孟子·万章上》云:“禹避舜之子于阳城。”赵岐注:“阳城在嵩山下。”《史记·夏本纪》云:“禹辞辟舜之子商均于阳城。”《集解》引刘熙曰:“今颍川阳城是也。”《水经注·颍水注》载:“颍水出颍川阳城县西北少室山……颍水经其县故城南。昔舜禅禹,禹避商均,伯益避启,并于此也。”《正义》引《括地志》云:“阳城县在箕山北十三里。”《通志》云:“禹避舜之子于阳城……益避禹之子启居于箕山之阴。”《左传·昭公四年》:“四岳、三涂、阳城、太室、荆山、中南,九州之险也。”杜预注:“在阳城县东北。”赵岐《孟子注》云:“阳城在嵩山下,故因山以名其国。”清人阎若璩《四书释地》:阳城箕山之阴条说:“阳城,山名。汉颍川郡有阳城县,以山得名,洧水所出。……后又曰阳邑。五代周省入登封。”阳城山即今东岭山,在告成镇东北。章炳麟在《神权时代居山说》中明确指出:“夏禹所居曰嵩山,夏都阳城,即嵩山所在,古无‘嵩’字,但以‘崇’字为之,故《周语》称鲧为崇伯鲧,《逸周书》称禹为崇禹。”此说正确可信。

阅诸多历史文献,我们还可以看到:上古政治、宗教的中心,是离不开山的。钱穆先生曾撰《中国古代山居考》,全面揭示了古人山居的事实,并指出"穴处即岩处,穴在岩旁,不在地下"。《孟子·尽心下》云:"是故得乎丘民而为天子。"直接用"丘民"泛指人民,正说明古人是山居的。大量的考古材料也证实:我国新石器文化遗址都在沿小河的黄土台地或小丘冈。章太炎还曾明确提出"神权时代天子居山说","综考古之帝都,颛顼所居曰帝丘,虞舜所居曰蒲阪,夏禹所居曰嵩山"。[①] 从这里可以看出,与夏部族关系密切的阳城,应当在今河南省登封市境内嵩山附近。

考古学发现也佐证了鲧、禹可能在嵩山附近的说法。在登封王城岗发现的龙山城址,分内外两城,内城由东西并列的两个长方形小城组成,大城面积逾百万平方米,可能就是夏禹所都阳城。《登封王城岗与阳城》认为:"王城岗龙山文化二期东西相连的两座城址的发现和城址内龙山文化二期许多重要遗迹与遗物的发现,对探索夏文化是一个重大突破。这两座龙山文化二期城址的位置,和文献记载的夏代阳城的地望十分吻合。我们初步认为王城岗的两座龙山文化城址有可能就是夏代城址。"[②]安金槐首先提出王城岗龙山城址是禹都阳城,其理由是:一、王城岗龙山城址的文化内涵属于豫西文化类型,豫西龙山文化中期与晚期文化遗存有可能属于夏文化范畴。因而这座城址可能属于夏代城址。二、王城岗龙山城址的年代距今四千多年,大体上是在夏代纪年的早期或接近早期。三、王城岗龙山城址的地理位置,基本和有关文献记载的夏代早期阳城的地望相吻合。王城岗的名字由来已久,王都所在地才称王城。四、登封告成镇一带发现的东周到汉代时期的阳城遗址,也是

① 吴锐:《中国山文化通论》,《古史文存(综合卷)》,社会科学文献出版社,2004年。

② 河南省文物研究所、中国历史博物馆考古部:《登封王城岗与阳城》,文物出版社,1992年,第332页。

确定夏代阳城遗址位置的重要凭证[①]。也有学者认为王城岗龙山城址是鲧作城。马世之称:“王城岗龙山文化小城堡是夏鲧之都,也许比较更加接近历史事实。”[②]董琦持有相似的观点:“(鲧)在嵩山之阳的颍水左岸王城岗上,修筑这样一个小城堡,是符合当时的生产力水平的。”[③]尽管学术界对王城岗龙山城址性质的看法还不一致,但属于夏文化范畴似乎是可以接受的,正如李伯谦先生认为,文献上说“禹居阳城”,没说“禹筑阳城”,不能排除禹受舜禅之前阳城已经存在的可能。如果允许做这种推测,那么王城岗古城使用期的晚期遗存作为最早的夏文化,便不无道理[④]。

## 三、从大禹治水的活动区域看大禹故里所在

古代历史文献中有关尧舜时期洪水的文字,因为皆出自后人对古代传说的追记,其真实性理应受到怀疑。事实亦如此。自宋代以来,有不少学者怀疑大禹治水文献记载的真实性。宋人赵汝谈言“禹功只施于河、洛”,史称其有“卓绝特立之见”[⑤],可谓宋代疑古思想的典型代表。到了近代,这种怀疑愈演愈烈。有学者提出:“现在导一条淮河,尚且费了许多时间无数工力还没有弄好,何况举全国的山川统干一下,而谓在几年之间可以成功,这不是梦话吗!”[⑥]遂公盨有关大禹治理洪水的记载,很符合夏代兴起的地理环境与考古发现。而科学界对全新世气候的分析研究表明,在距今4200—4000年之间,

① 安金槐:《河南夏商考古综述》,《华夏考古》1987年第1期。
② 马世之:《王城岗遗址的再探讨》,《中原文物》1995年第3期。
③ 董琦:《王城岗城堡遗址分析》,《文物》1984年第11期。
④ 李伯谦:《关于早期夏文化——从夏商周王朝更迭与考古学文化变迁的关系谈起》,《中原文物》2000年第1期。
⑤ 《宋史·赵汝谈传》,中华书局,2010年。
⑥ 顾颉刚:《禹是否有天神性?》,《古史辨》第一册,上海古籍出版社,1982年,第111页。

因全球性气候异常(降温)的影响,我国北方的确存在一个持续时间大约有200年的洪水期①。

大禹时代社会生产力相对低下,劳动工具落后。虽贵为夏后氏首领,但"亲自操橐耜"的大禹不可能带领其族众在全国所谓九州都去治理洪水。四渎如果真的浩浩汤汤,也非当时人力所能为。故我们认为大禹治水首先解决夏文化核心区域的洪水问题,然后是夏文化的辐射区域。嵩洛地区以西,属于我国二级台地,史前生态环境相对较好,裴李岗文化、仰韶文化与河南龙山文化发展谱系清晰,东西文化兼容并蓄,聚落数量成倍增加,说明此地在史前是宜居之地。二里头文化以此为核心向四周辐射,夏文化在此繁衍发展科学可信。考古发现与历史文献记载,都可佐证大禹曾在嵩洛地区治水。考古证明王城岗龙山城址曾经被洪水毁坏,说明嵩山地区发生洪水的可能性存在。但地处第二级台地,地势较高,洪水的发生应该是局部的,能施以疏、堵等方法,治理起来应该相对容易。遂公盨铭文:"天命禹敷土,随山浚川。"《尚书·禹贡》:"禹敷土,随山刊木,奠高山大川。"又《书序》:"禹别九州,随山浚川,任土作贡。"《淮南子·齐俗训》称:"禹之时,天下大雨。禹令民聚土积薪,择丘陵而处之。"这反映出大禹曾经在有山川的地方治水,显然嵩洛地区符合这一地理特征。故有些学者认为:"禹治水的传说在伊洛流域要多一些。"②《汉书》等有相似的记载,如《汉书·武帝纪》颜师古注引《淮南子》曰:"启,夏禹子也。其母涂山氏女也。禹治鸿水,通轘辕山,化为熊。谓涂山氏曰:'欲饷,闻鼓声乃来。'禹跳石,误中鼓,涂山氏往,见禹方作熊,惭而去。至嵩高山下,化为石,方生启。禹曰:'归我子。'"石破北方而启生。"《汉书·武帝纪》曰:"朕用事华山,至于中岳……见夏后启石。翌日,亲登嵩高。"《淮南子·本经训》说,禹"辟伊阙,导瀍、涧,平通沟陆,流注东海"。《淮南子·人间训》说:

① 吴文祥、葛全胜:《夏朝前夕洪水发生的可能性及大禹治水真相》,《第四纪研究》2005年第6期。
② 杨国勇:《夏族渊源地域考》,《夏史论丛》,齐鲁书社,1985年。

“禹凿龙门,辟伊阙,平治水土。”《禹贡》述豫州时称:“伊、洛、瀍、涧,既入于河。”说的都是同一项工程。伊水发源于豫西卢氏县山地,自西南向东北流,在洛阳东面偃师市流入洛水,长310千米。由于源近流短,纵比降大,下游河段受伊阙的约束,加上降水季节集中,每逢雨季洪水来临,因为宣泄不畅容易泛滥成灾,大禹开凿了伊阙山口间的河道,从而使水流畅通。大禹在治理伊水、辟伊阙的同时,还在洛阳附近地区治理了洛水、涧水和瀍水。《尚书·禹贡》说:“导洛自熊耳,东北会于涧、瀍,东会于伊,又东北入于河。”谓大禹从熊耳山开始疏导洛水,向东北与涧水、瀍水汇合,又向东与伊水汇合,再向东流入黄河。洛水与黄河汇流的地方,称作洛汭。其东为古荥泽。古籍记载,大禹曾经在这里治水,“导沇水,东流为济,入于河,溢为荥”,“伊、洛、瀍、涧,既入于河,荥波既潴(储)”。谓伊水、瀍水、涧水都已流入洛水,又流入黄河,荥波泽已经积聚了大量的洪水,于是大禹转到荥波泽治水。《水经·河水》云:“又东过荥阳县北,蒗荡渠出焉。”注曰:“大禹塞荥泽,开之以通淮、泗,即《经》所谓蒗荡渠也。”《禹贡》所谓“荥波既潴”,指的也是这一塞泽开渠通水的工程。在这里,大禹采取“高高下下,疏川导滞”的方法,疏浚河道,开沟挖渠,引流荥波泽的洪水。

大禹除了在嵩洛周围治理洪水,还在夏文化的辐射区域河、济乃至晋南等重要区域治理洪水。大禹治水不仅是对本部族的救治,而且是对部落联盟民众的救治。大禹治水的过程,是名望形成与夏文化影响力扩大的过程,这也为夏王朝的创立奠定了基础。大禹对晋南地区洪水的治理,或许主要是对汾河进行整治。此区域与嵩洛地貌有相似之处,所以洪水治理难度应该不大。而大禹对河、济地区洪水的治理,应该是嵩洛地区无洪水之患,积累较多治水经验之后。河、济地区地势平坦,如果洪水浩浩汤汤,治理难度比起嵩洛地区来说,可非易事。河、济地区东衔传统的东夷文化区,西接华夏文化区,是东西文化交融与冲突的重要区域,也是夏文化东进的主要通道之一,应该是大禹苦心经营,长时间治理洪水的地方。正如徐旭生所说:“洪水发生及大禹所施工的地域,主要的是兖州。”[①]兖州是古代河、济的重要区域。沈长云认为,夏后氏兴起于河、济地区[②]。我们不认可夏后氏兴起于河、济地区,但大禹率部落民众长期在此治理洪水应该是可信的。河、济地区逢雨季,沟河淤塞,造成灾害。《禹贡》全书不满三千字,但多次提到河、济地区的大野、雷泽、菏泽、孟诸、菏水、济水、濮水、陶丘等。《尚书·尧典》:“汤汤洪水方割,荡荡怀山襄陵,浩浩滔天。”《孟子·滕文公下》:“当尧之时,天下犹未平,洪水横流,泛滥于天下。草木畅茂,禽兽繁殖,五谷不登,禽兽逼人。兽蹄鸟迹之道交于中国。”此文指的应该就是此区域水患严重,生态环境恶劣。考古发现,此区域大部分地区史前聚落分布稀疏,且出现时代较晚,大多为堌堆型聚落。堌堆型聚落形状有覆锅形、椭圆形、长条形等,地势比四周高,面积在几千平方米到几万平方米不等,显然因水害而不得已而为之,因而史前聚落的发展受到局限。到龙山晚期,河、济地区史前聚落数量有很大增加,显然这是史前一次规模不小的人口东迁运动,但与豫西、豫中相比,聚落分布密度与聚落规模都不可同日而语。我们认为河、济地区聚落数量的增加与生态环境变化关系不大,而与豫西、豫中人口大量增加、生态容量饱和有关,乃至与夏后氏势力东扩紧密相关,由此我们可以理解大禹长期在此区域治理洪水的原因。科学研究证明,河、济地区在龙山时期曾经经历了长达百年的洪水期。我们认为河、济地区史前生态环境不足以支撑足够强大的部落或部落联盟生存,夏若兴起于此区域,所谓“阳城”如在河、济地区,经常为洪水所苦,部落成员难以果腹,何以与嵩洛地区生态环境较好的部落相抗衡?自然灾害就足以毁灭一个十分发达的史前文明,江浙一带良渚文化就可能因为自然灾害而衰退。夏部族又如何能在河、济地区兴起?

① 徐旭生:《中国古史的传说时代》,文物出版社,1961年。
② 沈长云:《夏族兴起于古河济之间的考古学考察》,《历史研究》2007年第6期。

目前有关夏代历史文化的研究，是我国学术界长期关注的热点，已经成了中国古代文明及国家起源研究的一个亟待突破的关键。由于我们迄今尚未发现可以肯定是夏朝留下来的文字资料，要将夏朝的有关历史记载，首先是它的一些基本史实考察清楚，使传说变成信史，这无疑是一件任务十分艰巨的事情。这件事情应当主要通过对先秦文献的研究与考古发掘来进行。嵩洛地区龙山晚期文化尤其是新砦期的发现，使得此区域龙山文化、二里头文化渊源的脉络变得较为清晰。聚落分布变化反映的大禹时期前后部族人口的迁移与先秦文献记载有相当的契合。

（本文作者为河南省社会科学院历史与考古研究所副研究员）

# 大禹故里考论

常松木

大禹是华夏人文初祖、立国始祖，其一生最重要的功绩就是治水和立国。大禹治水，地平天成，万世永赖，大禹堪称史诗式的民族英雄。大禹建立了我国第一个国家政权——夏朝，以“德惟善政，政在养民”来治理国家，使我国进入了文明社会。“夏禹是伟大的，无与伦比的，中国第一个国家之缔造，是在夏禹的伟大名字之下实现的。”[①]正因为大禹的重大历史影响，有关大禹故里到底在何处，一直争论不休。概括地讲，关于大禹故里主要有三说：出自中原、出自东夷、出自西戎。近年来大禹文化研究方兴未艾，大禹故里或出生地研究再次成为热门话题。对此，笔者不揣浅陋，就此话题谈一下管窥之见，以就教于方家。

① 金景芳：《中国奴隶社会史》，上海人民出版社，1983 年，第 14 页。

## 一、有关大禹故里的几种说法

因年代邈远,文献记载阙如,关于大禹故里或出生地的记载,大多语焉不详。20世纪80年代以来,学术界就此展开了热烈的探讨,形成了以下几种说法。

一是河南嵩山说。此说以田继周和周原孙先生为代表,田继周先生认为:"禹之生地,不可能远在四川汶川、茂汶一带,应在禹父母生活的地区,即今郑州、嵩山、密县一带。"[①]周原孙先生认为:"从文献记载考古豫西、晋南的考古发掘看,我们有充分的理由认为,夏人的早期活动地不出今河南、山西和陕西东部,禹的出生地也当在嵩山一带,而绝不可能在远离夏人活动中心的四川。"[②]拙作《禹生嵩山石纽考》,也认为大禹故里应在河南登封嵩山脚下的石纽屯。

二是四川北川说。此说得到了以李德书、谢兴鹏、谢元鲁等为代表的四川学界大多数专家的支持,也得到了大禹后裔姒元翼、姒承家的支持。他们认为:"石纽就是现在四川省北川禹里羌族乡(旧石泉县城)湔江南岸的石纽山……在石纽山附近还有一批传说与禹有关的遗迹……所有这些传说都早在汉代,此处就被认定是传说中禹的出生地。"[③]《姒氏世谱》也持此说。

三是四川汶川说。此说以冯汉骥、罗进勇先生为代表,如罗进勇《禹帝故里》引清代李元《禹迹考》曰:"刳儿坪南,悬岩绝壁前有巨石方百丈,前人书'大禹王故里'五字。"此说在谯周《蜀本纪》、唐张守节《史记正义》、《元和郡县志》以及《太平寰宇记》等古文献中均有记载,如《元和郡县志》汶川县条载:

---

① 田继周:《先秦民族史》,四川民族出版社,1986年,第156页。

② 周原孙:《禹生石纽辨析》,西蜀文化网,2010-05-11,http:www.xswhw.com。

③ 姒元翼、姒承家:《大禹世家》,浙江古籍出版社,2003年,第4页。

“广柔故县，在县西七十二里。汉县也，属蜀郡。禹本汶山广柔人，有石纽邑，禹所生处，今其地名刳儿坪。”

四是杞地说，此说以李沣为代表，他在《大禹出生山东考》中作了详细考证，最后得出“古戎州已氏之地”乃大禹的出生之地。这个杞地曾属曹州济阴，也曾属汴州陈留，位于今河南、山东交界处。

五是陕北说。此说以陈剩勇先生为代表，如他在《大禹出生地考实》中说：“大禹出生地在现今陕西北部……至于扬雄等人‘禹本汶山郡广柔县人也，生于石纽之说’，则显然是西北羌族的一支迁入四川之后附衍而来的小说家者言，非信史也。”

六是山东说。此说以王禹时和李明煜先生为代表。王禹时先生在《大禹故里初考》中认为：“大禹的故里就在‘淮沂其治，蒙羽其艺’之地……这个缯地，就是大禹的故里。”李明煜先生认为大禹出生于今山东宁阳县，如他在《大禹出生及治水地望考略》中说：“汶泗河流域是夏文化的发源地之一，大禹治水主要活动地域和出生地在汶泗河流域，已无疑矣。”

七是山西说。此说以李仲立先生为代表，如他在《大禹出生地辨析》中说：“大禹的出生地说法很多，但从考古与文献结合来看，当在山西为可信。”

另外需要指出的是，在四川，关于大禹故里，不仅有北川说、汶川说，还有都江堰说、茂县说、理县说、什邡说等，如四川大学历史学教授彭邦本即认为都江堰景区的禹王宫、龙池景区的禹王庙，以及唐代大诗人杜甫在游览龙池时留下的《禹庙》诗作等，都说明大禹诞生在都江堰。

但是，近几年来，关于大禹故里又出现了几种新的说法。

一是青海民和说。此说以鲍义志、林有盛、加毛太等为代表，如鲍义志认为，有五点依据支持这一观点：喇家遗址和大禹活动的时间均为4000年前；《史记·夏本纪》中记载的大禹“导河积石”的积石峡就在喇家遗址附近；《新语·术事》中载“大禹出西羌”，西羌活动地区就是如今的青海、甘肃；大夏河流域包括喇家遗址附近的黄河两岸,这是夏后氏成长的地方;喇家遗址出土的巨型玉刀和被称为“黄河磬王”的巨型石磬象征至高无上的权力,当时只有大禹这样的人才能拥有。

二是甘肃临夏说。此说以张学明和赵忠二位先生为代表,他们认为古代称为“大夏”的地方就是大禹的家乡,“当时建制为枹罕的这片土地上有一个古老的县治,叫大夏县(在今广河县阿力麻土乡),王莽统治时期叫夏顺县,历史上有名的治水英雄大禹就出生在这里。广河人管彩陶叫夏陶,曾出土画有四只手的人像,是‘劳动创造了人类,劳动创造了世界’的最形象的材料”[①]。

三是吉林集安说。此说以宫玉海先生为代表,如他在《大禹生于北川毫无根据》一文中指出:“大禹只能生在集安……只能生在有莘氏地,只能生在4800年前左右……集安有大禹山,有禹母墓、禹母石、启母石为证。”

总体上看,大禹故里河南说、山西说与过去的中原说一脉相承,四川说、青海说、甘肃说、陕北说则继承了西戎说,而山东说、吉林集安说可归属于东夷说。客观来讲,中原说是除持四川说外的学术界的主流观点。

## 二、从民族属性考论大禹故里

传统史观认为,大禹是华夏族人,是黄帝后裔,如《史记》载:“禹之父曰鲧,鲧之父曰帝颛顼,颛顼之父曰昌意,昌意之父曰黄帝。禹者,黄帝之玄孙而帝颛顼之孙也。”[②]1930年,郭沫若在《中国古代社会研究》中说:“春秋时代,一般人之信念中,确承认商之前有夏,而禹为夏之先祖。”大禹所属的夏部族、商部族和周部族共同构成了华夏民族的主体。“夏人、商人与周人于西周

① 张学明、赵忠:《大禹导河之州:临夏文明古今谈》,甘肃民族出版社,2005年,第1页。
② 夏松凉、李敏:《史记今注》,南京大学出版社,1994年,第17页。

中晚期认同后所形成的新族群即为华夏族，这三者是构成华夏族群的基本力量。”[①]而徐杰舜先生认为，华夏族是夏族、商族、周族、楚族、越族等在春秋时期融合而成的，到秦朝实现统一，汉朝定型为汉族，“在汉民族起源史上，夏民族是第一个在中华大地上崛起的，而夏民族崛起的开山鼻祖是大禹。因此，大禹也是汉民族的开山鼻祖，这就是大禹在汉民族起源史上的显赫地位”[②]。总的来说，大禹应为华夏族（汉族的前身），这一点无须赘述。

然而，持大禹故里四川说的皆认为大禹是羌族人。这种说法的依据是《史记·六国年表》有“禹兴于西羌”之语，《新语·术事》有“大禹出于西羌”之言，《后汉书·戴良传》有“大禹出西羌”之话。再者，羌族出自三苗，也为有的古文献所详记，《史记·五帝本纪》云：“迁三苗于三危，以变西戎。”[③]《后汉书·西羌传》说：“西羌之本，出自三苗，姜姓之别也。其国近南岳。及舜流四凶，徙之三危，河关之西南羌地是也。”[④]不过，也有专家认为羌族出自炎帝，依据是《国语·晋语》：“昔少典娶于有蟜氏，生黄帝、炎帝。黄帝以姬水成，炎帝以姜水成。成而异德，故黄帝为姬，炎帝为姜。”[⑤]章太炎在《检论·序种姓》中指出：“羌者，姜也。”顾颉刚在《九州之戎与戎禹》中更指明：“姜之与羌，其字出于同源，盖彼族以羊为图腾，故在姓为姜，在种为羌。”丁山先生说：“我相信中华民族的成分，在先秦时代是……夏后氏偏在伊、洛、嵩高区域发展，可能是中原旧族……姜姓由瓜州东进，初为申、吕，后为陆浑，显然是羌族。”[⑥]丁山先生还认为，申、吕与陆浑皆西羌，故皆姜姓。他说：“氐羌向化中国，所从来者久矣……申、吕俱来自西戎，而祖四岳，陆浑之戎来自瓜州，而亦自称四岳

① 李龙海：《汉民族形成之研究》，科学出版社，2010年，第144页。
② 徐杰舜：《大禹与汉民族的起源》，《浙江学刊》1995年第4期。
③ 夏松凉、李敏：《史记今注》，南京大学出版社，1994年，第4页。
④ 范晔：《后汉书》，新疆青少年出版社，1999年，第303页。
⑤ 李维琦：《白话国语》，岳麓书社，1994年，第229页。
⑥ 丁山：《古代神话与民族》，商务印书馆，2005年，第23—24页。

胄胤,号为姜氏戎。”[①]这就说明夏部族是中原旧族,即以黄帝族为主的华夏族,而姜姓羌族自瓜州,即“迁三苗之三危”之地,亦来到中原,受到了先进的夏文化的影响,故亦奉大禹为先祖。

再者,商汤灭夏后,夏族逃往西北的那部分成为犬戎与西羌的组成部分。郭沫若先生考证,商灭夏后,很大一部分夏人逃奔至西北的羌戎。《万姓统谱》载:“党姓本出自西羌,自云夏后氏后。”《路史》载:“蒲姓系出姒姓,有扈氏后,世为西羌酋长。”这样看来,羌族和夏族关系密切,一大部分为夏族后裔,所以,即令大禹是羌族人,其出生于四川也是大有疑问的。尤其应注意的是,羌族迁到四川西北部岷山一带,则是战国秦献公以后的事,之前这里是古蜀国的地盘。如钟利戡先生认为:“有扈氏战败,启即罚有扈氏部落于岷山一带作牧奴,成为后来氐族的祖先,也是古蜀国的主要民族。”[②]所以,笔者认为大禹生于四川只是氐族、羌族人的文化记忆,是民族融合和文化播迁的结果。

因此,以中岳嵩山为中心的中原地区是华夏民族的重要发祥地,黄帝居于轩辕丘即今河南新郑,主要活动于中原地区;大禹是黄帝后裔,为华夏族人,其故里在中原,在嵩山一带,应是合情合理的。

## 三、从夏部族发祥地和活动中心考大禹故里

《国语·周语上》载:“有夏之兴也,融降于崇山。”这说明夏部族的发祥地在崇山。崇山的地望主要有三,一是中岳嵩山,史载尧将鲧封于崇地,称崇伯鲧。崇指崇山而言。崇山即嵩山,故崇地当在今河南省登封嵩山附近。这是传说中夏人活动的地区之一,很多历史事件与传说都和这个地区有关。二在

① 丁山:《古代神话与民族》,商务印书馆,2005年,第420—421页。
② 钟利戡:《禹生北川绝非无稽之谈》,《大禹研究文集》,1991年,第80页。

今湖南张家界市,如《尚书·舜典》有"放驩兜于崇山"之言,《史记·五帝本纪》有"放驩兜于崇山,以变南蛮"之说,可见崇山在南蛮(湖南),即张传玺所指"湖南大庸县境"①。三在今山西省襄汾县一带,今塔儿山古名崇山,因崇人迁居而得名。古崇山即霍太山(太岳山)的一部分,其具体地望在《读史方舆纪要》卷四十一平阳府襄陵县条下有云:"崇山在县东南四十里,一名卧龙山,顶有塔,名大尖山(现名塔儿山),东南接曲沃、翼城县,北接临汾、浮山县。"另外,崇地还有两处,一是崇侯虎之崇国(在今陕西户县东),此崇为商之属国,与崇伯鲧无关;二是赵穿所侵之崇,《太平御览》卷一百五十五引《帝王世纪》云:"夏鲧封崇伯。故《春秋传》曰谓之'有崇伯鲧',国在秦晋之间。《左氏传》曰'赵穿侵崇是也'。"秦晋之间之崇,可能与鲧部落的迁居有关。一般认为在鲧与禹之时,夏人有过一次迁徙,即从河南的伊洛地区迁居到了山西的西南部。而《左传》昭公十七年说:"郑,祝融之墟也。"春秋时的郑国,是祝融族原来居住过的地方,即今河南新郑一带。今之嵩山与新郑同为原郑国疆域,属于一个地区。谭其骧教授在《中国历史地图集·夏时期全图》中,把夏崇伯鲧国标在了伊洛之间。

综上分析,笔者认为夏部族发祥地应在嵩山地区,至于主张大禹故里在四川或山东的人,将岷山、泰山分别称为崇山,因没有文献记载可置不论。目前,学界关于夏族起源的观点主要集中在豫西说与晋南说的争论上,但豫西登封、禹州、新密、偃师一带夏文化考古工作取得重要成果,会使更多学者对夏族起源于豫西深信不疑。

关于夏部族的活动中心,安金槐先生在《先秦史》一书中说:"夏部族处于原始氏族社会阶段的主要活动区域和夏王朝的统治中心地带,大致西起今河南省西部(豫西)与山西省南部(晋南),东至河南省与山东省交界处,北入河

---

① 张传玺、杨济安:《中国古代史教学参考地图集》,北京大学出版社,1984年。

北省，南接湖北省。这一区域的中心是中岳嵩山及其周围的伊洛水流域，济水流域和颍水与汝水上游地区。”[①]这一见解也是学术界的主流意见。徐旭生先生在《1959年夏豫西调查“夏墟”的初步报告》中说，为找出夏氏族或部落活动的区域，根据搜集到的几十条夏代居邑史料，首先深入嵩山地区进行考古调查，后经过比较、探索，“觉得有两个区域应该特别注意：第一就是河南中部的洛阳平原及其附近，尤其是颍水谷上游登封、禹县地带。第二是山西西南部汾水下游（大约自霍山以南一带）”[②]。方酉生先生也认为夏部族的统治中心在豫西和晋南，他说：“值得注意的是，我们在豫西和晋南地区所发现的这些主要遗址，都是以文献记录为根据，通过实地考古调查与发掘才发现的……是实实在在的，是经得起历史检验的。”[③]徐中舒教授也认为，夏民族是以崇山、伊洛为其活动中心，然后逐步由河南向北发展而达山西一带。山西晋阳称为大夏，而“所谓大、小，即指同一民族所在区域的扩展，新区称大，旧区曰小；分支称大，本支称小。如月氏便分为大月氏、小月氏”[④]。

另外，夏王朝建立后，有很多同姓封国，如《史记·夏本纪》有“禹为姒姓，其后分封，用国为姓，故有夏后氏、有扈氏、有男氏、斟鄩氏、彤城氏、褒氏、费氏、杞氏、缯氏、辛氏、冥氏、斟（氏）戈氏”[⑤]的记载，而这些封国没一个在四川，如果大禹故里在四川，这是于理不通的。

总之，通过古文献与考古材料的梳理与分析，笔者认为夏族起源于以嵩山为中心的豫西地区，夏族主要活动于中原地区，这是毋庸置疑的。

---

① 刘起釪、安金槐、胡厚宣、李学勤、吴荣曾：《先秦史》，中国大百科全书出版社，2012年，第22—23页。

② 刘白雪、常松木：《大禹与嵩山》；徐旭生：《1959年夏豫西调查“夏墟”的初步报告》，中州古籍出版社，2009年，第105页。

③ 方酉生：《夏王朝中心在伊洛和汾浍河流域考析——兼与〈夏后氏居于古河济之间考〉一文商榷》，《武汉大学学报》（哲社版）1996年第3期。

④ 冉光荣：《夏禹历史作用及相关问题的再认识》，《大禹研究文集》，1991年，第17页。

⑤ 夏松凉、李敏：《史记今注》，南京大学出版社，1994年，第23页。

## 四、从禹生石纽考论大禹故里

大禹故里四川说的主要根据就是“禹生石纽”之说。首倡大禹生于四川说的是汉代的扬雄，他在《蜀王本纪》中说：“禹本汶山郡广柔县人，生于石纽。其地名痢儿畔。”后汉赵晔《吴越春秋》云：女嬉“嬉于砥山，得薏苡而吞之，意若为人所感，因而妊孕，剖胁而产高密，家于西羌，地曰石纽，石纽在蜀西川也”。后来，历代四川地方志书，皆以禹生石纽为据而言大禹生于四川（前面所述北川、汶川、茂县、理县等地，也皆声称石纽在其境内）。但石纽这一地名，非仅四川独有，河南登封、禹州皆有此地名。

例如，河南登封市少室山下的马庄、尚庄、张庄、王庄、左庄自古皆称为一溜石纽屯儿。左庄原名祖家庄，简读为祖庄，近百年来音转为左庄。祖家庄因大禹后裔奉其先祖出生之地而得名。村内有一高岗，人称息壤岗，自古相传洪水涨它也涨，总是淹不住它；岗上有一块石头，人称石纽石，被人们视为灵石而顶礼膜拜，附近村民如果有病，就来摸一摸石纽石，病即可痊愈，也有来祈子和祈求事业顺利的。村庄周围还有禹岭、夏地、东军地、姚沟、禹王沟、禹庙沟、少室阙、启母阙、启母石等地名，笔者在拙文《禹生嵩山石纽考》中已有论述，兹不详述。

河南禹州市城西玲珑山脚下金盆石家峪村一带，因古涌河西来绕山汇成山坳深潭而后东流，故地称石纽。刘文松、范文典在《夏禹故宅主体旅游资源调查》一文中指出，相传禹生于古时的高密之阳石纽。高密即今嵩山，古称崇山……即今禹州城西北方山镇一带。张鸣歧先生在《炎黄子孙祖根在中原》一书中，对大禹出生地说得确凿而具体，他说：“帝尧戊戌二十八载六月六日，修己胸坼而生禹于石纽乡，即今河南禹县石纽村禹穴是也。”[①]由此可知，石纽无论是在登封还是在禹州，都在嵩山脚下，这与大禹故里四川说形成反证。

也有专家认为禹生石纽是古代人灵石崇拜或石祖崇拜的产物。今羌族的白石崇拜极有可能和灵石崇拜有关，而古羌人后裔——今摩梭人，至今还保留有原始的石祖——“久木鲁”崇拜的习俗。绍兴社科院原院长周幼涛先生就认为石纽是男人生殖器的象征，禹穴是女人生殖器的象征。他认为：“古籍上记载禹生石纽，这石纽其实不是地名，而是同启母石一样，指的都是高禖石，反映的都是对牝器的崇拜。”[②]

禹产于石、启生于石等神话皆是原始石祖崇拜的反映。北川、汶川皆有石纽山，而非河南登封一样的石纽石、启母石。《括地志》云：“石纽山在汶川县西七十三里，此以汶川旧治而言。”乾隆《石泉县志 · 山川》载：“石纽山，治南一里有二石纽结。”石泉县即今北川县。由此看来，河南登封的石纽比北川、汶川的石纽山更接近于“石纽”的原意。

## 五、从古九州的地理范围考论大禹故里

“禹迹茫茫，划为九州。”九州又称九有、九围。依据史学家的传统解释，九州是夏王朝的行政区划，大禹治水成功后，曾把全国划分为九州。《禹贡》所记载的九州分别是冀、兖、青、徐、扬、荆、豫、梁、雍州，而上海博物馆所藏楚简《容成氏》所记载的九州为夹州、涂州、竞州、莒州、蓏州、荆州、扬州、叙州、虘州。

尤其应值得注意的是，古代还有大、小九州说：“以为儒者所谓中国者，于天下乃八十一分居其一分耳。中国名曰赤县神州，赤县神州内自有九州，禹

① 郭水林：《走近大禹》，中州古籍出版社，2005年，第5页。
② 周幼涛：《禹穴新探》，《浙江学刊》1995年第4期。

之序九州是也,不得为州数。中国外如赤县神州者九,乃所谓九州也。”[①]孟子认为:“夏后、殷、周之盛,地未过千里者也。”[②]《禹贡》九州所涵盖地理范围大大超过了前述夏部族的活动范围,超过了夏桀时夏朝的统治范围“左河、济,右太华,伊阙在其南,羊肠在其北”[③]。所以,“赤县神州内自有九州,禹之序九州是也”、《左传·昭公四年》司马侯对曰的“四岳、三涂、阳城、太室、荆山、中南,九州之险也”[④]之小九州说,比较符合古代“中国”即今中原地区的实际情况。而近代史家对《禹贡》“九州”之制也多持否定态度。例如,郭沫若说:“中国古代的疆域只在黄河的中部,就是河南、河北、山西、陕西的一部分地方。河北、山西的北部是所谓北狄,陕西的大部分是所谓西戎,黄河的下游是所谓东夷。一直到周宣王的时候,长江流域的中部都还是所谓蛮荆,所谓南蛮,淮河流域是所谓淮夷徐夷。而在《禹贡》里面的荆州、青州、扬州、徐州等,居然已经画土分贡了。这是绝对不可能的事情。”[⑤]又如丁山说:“余故谓《禹贡》九州演自秦人州之观念。由于雍州得名于秦德公居雍以后,梁州成立于司马错灭蜀以后,余故疑《禹贡》九州说之完成,又不得早于秦惠文君时。”[⑥]他还说:“‘四岳、三涂、阳城、太室、荆山、中南,九州之险也,是不一姓’,徐中舒尝谓夏时九州,即此。考,四岳即太岳,在《禹贡》冀州;阳城、三涂、太室俱在豫州;荆山在荆;中南在雍;所谓‘九州之险’,不出《禹贡》冀、豫、雍、荆四州范围,是亦《禹贡》九州非真禹迹之力证。”[⑦]顾颉刚也推断九州的区域是“其地盖始自今陕西之极西部,或今甘肃之东南部,北由陇山(四岳),南抵秦岭(中南),及逾

① 夏松凉、李敏:《史记今注》,南京大学出版社,1994年,第967页。
② 孟轲:《孟子》,内蒙古人民出版社,2009年,第265页。
③ 夏松凉、李敏:《史记今注》,南京大学出版社,1994年,第862页。
④ 郑杰祥:《论禹、戎和九州的关系》,《中原文物》1997年第3期。
⑤ 郭沫若:《中国古代社会研究》,人民出版社,1964年,第78页。
⑥ 丁山:《古代神话与民族》,商务印书馆,2005年,第462页。
⑦ 丁山:《古代神话与民族》,商务印书馆,2005年,第488页。

潼关,则北及崤函(荆山),南及熊耳之东(三涂),以迄于今河南中部之嵩山(阳城、太室),包有渭、洛、伊、汝诸水之流域”①。在顾先生看来,这个九州地区就是指今陕甘边界到河南中部,即渭、洛、伊、汝流域。

由以上分析可知,大禹时的九州即古代的“中国”,也就是现在以嵩山为核心的中原地区。四川地属梁州,秦以后才归属内地,大禹故里四川说与史实不合,而青海说、甘肃说、吉林集安说与四川说类同。

## 六、从考古成果看大禹故里

从考古学上讲,大禹生活的时代,相当于龙山文化晚期,距今约 4100 年。龙山文化泛指中国黄河中下游地区约当新石器时代晚期的一类文化遗存,因首次发现于山东历城龙山镇(今属章丘)而得名,距今 4600—4000 年,分布于黄河中下游的山东、河南、山西、陕西等省。龙山文化被认为是汉族人的祖先华夏族的文化。汉族的远古先民大体以西起陇山、东至泰山的黄河中下游为活动区域;主要分布在这一区域的仰韶文化和龙山文化这两个类型的新石器文化,一般认为即汉族远古先民的文化遗存。

自龙山遗址发现以来,考古学家分别在山东、河南、陕西、山西等地发现了这一时期的文化遗存。但因其文化面貌不尽相同,所以又分别命名为河南龙山文化、陕西龙山文化、湖北石家河文化、山西陶寺类型龙山文化。至于 20 世纪 30 年代所称的杭州湾区龙山文化,已经另行命名为良渚文化。2007 年 5 月,美国权威学术杂志《human genetics》上刊登的一篇文章《Y chromosomes of prehistoric people along Yangtze River》里,有组数据是非常惊人的:通过对山西陶寺文化(距今 4500 年)古人骨 DNA 的研究,目前已经可以肯定的是,龙山

① 顾颉刚:《古史辨》七册下,上海古籍出版社,1982 年,第 131 页。

文化居民的 Y 染色体 SNP 单倍型是 O3－M122，并且只含有 O3 和子类型 O3e，没有其他类型，和现代汉族的主体部分完全一致；也就是说，现在汉族的主体部分其父系远祖完全是来自古代中原人，也就是龙山人。

嵩山周围更是分布有大量龙山文化遗址，经发掘最著名的有洛阳王湾、汝州煤山、登封王城岗、禹州瓦店、新密新砦、巩义稍砦、偃师斟鄩等。登封市龙山文化遗址共有 20 多处，其中禹都阳城王城岗遗址为全国重点文物保护单位，另外还有黄楼遗址、程窑遗址、石羊关遗址等。据许顺湛先生统计，禹州市龙山文化遗址共有 19 处。登封和禹州的龙山文化遗址绝大部分都是分布在颍河及其支流流域内，形成了一个聚落群。中华文明探源工程预研究确定了四个重点考古研究项目，其中三个在嵩山周围，分别是王城岗遗址、古城寨遗址、新砦遗址。而瓦店遗址、二里头遗址和陶寺遗址与上述三处遗址都是中华文明探源工程考古发掘的重点所在。

登封王城岗遗址在 20 世纪七八十年代曾经进行过发掘，发现了东西并列，总面积在 1 万平方米的两座小城。当时的发掘者提出，该城可能是文献记载“禹都阳城”的所在。2002—2005 年，“中华文明探源工程预研究——登封王城岗遗址周围龙山文化遗址的调查”专题组及“中华文明探源工程——王城岗遗址的年代、布局及周围地区的聚落形态”专题组，先后在王城岗遗址展开调查、钻探和发掘工作，取得了重大突破，发现了一座总面积达 34.8 万平方米的大城。这是目前为止在河南发现的龙山文化晚期规模最大的城址。在大城内，发现大面积的夯土遗迹和龙山文化晚期的祭祀坑、玉石琮、白陶器等重要遗存。联系到历史上鲧、禹、启的传说多集中在这一带，专家们认为王城岗小城与禹的父亲鲧“作城”有关，而兴建年代略晚于小城的大城则是“禹都阳城”，也正是根据王城岗遗址所出土文物碳 14 的测定，夏商周断代工程方确定夏代始年为公元前 2070 年。

另外，考古发现证明，嵩山南麓的禹州瓦店遗址是大型龙山文化晚期遗址，其祭祀遗址呈现“左祖右社”对称布局，其重要遗迹和丰富的遗物表明，它与夏禹、启居阳翟和启之钧台之享有关，很可能是夏代首领禹、启的阳翟城。专家认为，嵩山东麓新密市的新砦遗址的位置完全符合《水经注》所云夏启之居的地望，城址的始建年代应在夏代早期年代范围之内，遗物的规格说明它本身具有王都的性质。结合其年代及相关历史文献记载，专家们认定这座都邑城址很可能是黄台之丘附近的夏启之居，即夏启的都城。中国社会科学院考古研究所所长刘庆柱先生认为，河洛地区即嵩山地区的河南龙山文化就是夏文化的母体文化，多年来的考古发现与研究已经证实，河南龙山文化是夏文化形成的直接源头，而以伊洛河平原、洛阳和嵩山地区为中心的河洛地区，是河南龙山文化的重要分布地区，就这点而言，河洛地区可以说是夏文化乃至华夏文化的发源地及其形成、发展的核心地区。

对于四川成都平原发现的距今4500—3800年、以史前宝墩古城遗址群为代表的宝墩文化，专家认为应该是蜀国开国之初的文化遗存；而三星堆遗址则属青铜时代文化遗存，约相当于中原的夏商周时期。虽然有专家认为三星堆整体文明来源于夏王朝有缗氏（蜀族），但就目前掌握的文物及史料来看，古蜀国与中原商王朝并无任何藩属关系，而是两个相对独立的方国。这也从一个侧面反映出大禹和四川的关系。

从以上这些“地下之材料”之考古成果来看，嵩山地区是河南龙山文化的重要分布地区，是夏部族的发祥地，是禹都阳城、启都阳翟、夏都斟鄩之所在，因此，大禹故里在嵩山地区是有考古学根据的。

## 七、小结

大禹故里的说法虽有十余种之多，但大禹作为黄帝后裔，是华夏民族的人文始祖，夏部族的发祥地和主要活动地区都在以嵩山为中心的中原地区；

中原地区的登封、禹州亦有石纽的地名,登封还有石纽石与古代的灵石崇拜、生殖崇拜相对应,近代学术大家大多认为《禹贡》九州与大禹活动地区及夏王朝疆域不相符合,九州应为古代的“中国”即中原地区,大禹生活时代相当于河南龙山文化晚期,而环嵩山周围发现有大量且重要的龙山文化晚期遗址。因此,我们可以得出结论:大禹故里在中原,在嵩山脚下的登封。

(本文作者为中国大禹文化研究中心秘书长、登封市政协文史委主任)

# 禹生嵩山石纽考

常松木

大禹是一个真实的历史人物,这已经得到诸多学者的缜密考证,而大禹故里究竟在哪里,则众说纷纭。近年来,尤其是汶川大地震后,经中央电视台的报道,大禹故里在四川广为人知,但还有众多学者认为大禹生于中原,应为河南登封人。2005 年,大禹被评为“登封市十大历史名人”。本文拟就禹生嵩山石纽谈一些粗浅的看法,敬请方家指正。

## 一、大禹出生地的相关说法

关于大禹的出生地,先秦古书是没有记载的,现在主要有河南说和四川说,而这两种说法皆与“禹生石纽”有关。“禹生石纽”的记载出现较晚,就目前所掌握的资料看,是始于汉朝。汉初的陆贾和司马迁,都只提出“禹出西羌”的笼统说法,到了西汉末年,扬雄在《蜀王本纪》中才说:“禹本汶山郡广柔县人,生于石纽,其地名痢儿畔。”东汉赵晔《吴越春秋 · 越王无余外传》、《三国志·秦宓传》、东晋常璩《华阳国志》等典籍,以及后世四川相关的地方志也都引用了这种说法。然而石纽到底在哪里,四川内部也争持不下,有汶川说、北川说、茂县说、理县说、都江堰说等,四川学界大多认同北川说。而河南省登封市千百年来也流传有禹生石纽的说法,并且有大禹诞生、拜师、治水、建都等系列传说及众多大禹文化遗迹,因此,2008 年 1 月,河南登封被命名为“中国大禹文化之乡”。

大禹出生地四川说认为大禹是羌族人,而《史记》则认为大禹为黄帝后裔,这又涉及大禹的民族渊源问题,兹不详述。

除四川、河南外,安徽、浙江、山东、山西也都认为大禹是他们那里的人,如李沣《大禹出生山东考》认为大禹出生于古代曾隶属山东的河南杞县一带,陈剩勇《大禹出生地考实》认为大禹出生于陕西北部。而马晓晨《民和——大禹故里》和林有盛、加毛太的《大禹故里新说》都呼应鲍义志《喇家遗址与大禹治水》的观点,认为青海省民和回族土族自治县是大禹的故里。这几种说法因非主流观点,故不详述。

## 二、嵩山石纽屯千古相传

嵩山少室山下的马庄、尚庄、张庄、王庄、左庄,古称一溜石纽屯儿,当地群众将音念转为一溜水牛屯儿。其中的左庄原名祖家庄,略称为祖庄,音转为左庄,而尚庄音转为啥庄,张庄音转为扎庄,王庄音转为瓦庄。祖家庄刘姓、蒲姓的家谱中都明确记载左庄原名祖家庄,祖家庄有非常多的大禹文化遗迹:

石纽石:位于祖家庄村北息壤岗上,高约 1.5 米,宽 1 米。自古以来,被群众视为神石,石上有一条龙纹,相传十分灵验,附近群众谁有病了,就到石前祭拜,并抚摸一下龙纹,病就好了。因此,千百年来人们顶礼膜拜并将它摸得异常光滑。

息壤岗:位于祖家庄村北,地势明显高于村中其他地方。相传古代洪水不管有多大,都淹没不了它,水涨它也跟着往上涨,据说此地是鲧治水时所遗留下来的息壤。群众相传大禹即出生于这个岗上。

禹岭:位于祖家庄村西,属少室山望岳峰的余脉,相传因大禹经常站在这里观察水势而得名。

姚沟:位于祖家庄村东南,相传涂山姚代姐育婴,嫁给大禹后即住在这里。

夏地:位于祖家庄村南,古代洛阳、江左、颍阳至登封的官道北侧,大禹建立夏朝后,百姓遂称其祖居之地为夏地。

东军地:位于祖家庄村东,相传因大禹曾在这里操练军队而得名。

擂鼓石:位于祖家庄村东,高约 4 米,以石击之能发出“咚咚咚”的响声,相传为涂山氏闻鼓饷夫所击的鼓。

金牛峰:位于祖家庄村西南,是嵩山七十二峰之一。相传天上的金牛曾帮助大禹治水,大禹治水成功后,金牛化为山峰,守护大禹故里,因而得名。

禹王坛:位于金牛峰顶,为三层圆坛,最上层直径约 30 米,有夯筑遗痕,相传为大禹祭祀上天的地方。

禹王庙:位于祖家庄村东姚沟北侧,原来规模很大,20 世纪 50 年代被拆毁。

少室阙:位于祖家庄村北 4 千米处的少室山脚下,为汉代少姨庙的神道阙。2010 年 1 月,被联合国教科文组织列入《世界文化遗产名录》。

## 三、启母石铭文是有力证据

嵩山主体为太室山和少室山,“室”即家室,因大禹和涂山娇、涂山姚分别居住于其下而得名。汉代时,人们在太室山和少室山下分别建启母庙和少姨庙,奉祀大禹的夫人涂山娇与涂山姚。东汉时,颍川太守朱宠又分别在庙前创建启母阙和少室阙。武则天封禅中岳嵩山后,又加封启母为玉京太后,少姨为金阙夫人,夏启为齐圣皇帝。

大禹治水三过家门而不入,被人们奉为公而忘私、无私奉献的圭臬。启母阙上的夏禹化熊、启母化石两幅画像是研究大禹治水和大禹故里的重要实物见证。《汉书·武帝纪》颜师古注引《淮南子》:"禹治鸿水,通轘辕山,化为熊。谓涂山氏曰:'欲饷,闻鼓声乃来。'禹跳石,误中鼓,涂山氏往,见禹方作熊,惭而去。至嵩高山下,化为石,方生启。禹曰:'归我子。'石破北方而启生。"《随巢子》也有类似的记载。

启母阙铭文明确记载了鲧禹治水和大禹三过家门而不入一事,也记载了汉代人们对大禹的崇拜:

> 昔者共工,范防百川。伯鲧称遂,□□其原。洪泉浩浩,下民震惊。禹□大功,疏河泻玄。九山甄旅,咸秩无文。爰纳涂山,辛癸之间。三过亡入,实勤斯民。同心济隘,胥建三正。杞缯渐替,又遭乱秦。圣汉禋享,于兹冯神。翩彼飞雉,崪于其庭。贞祥符瑞,灵支挺生。出□弼化,阴阳穆清。兴云降雨,□□□盈。宁一不歇,比性乾坤。福禄来归,柏宥吾君。千秋万祀,子子孙孙。表碣铭功,昭视后昆。①

这段铭文可分为两部分来解读。第一部分记述了共工、鲧、大禹治水的情况以及大禹三过家门而不入的感人事迹。第二部分记述了夏部族的兴衰、汉代祭祀启母和大禹时出现的祥瑞以及让后人永远记住启母和大禹的功绩等。启母阙铭文下还有一段铭辞,其大意是:大禹功德无量,广布天下,其文德照耀着四海各地。祭祀的肉天天更新,而且非常丰盛,出现了很多祥瑞,远方之人都羡慕灵异而来朝拜。大禹时期政治清明,现在又赐给我们无限的幸

① 吕品:《中岳汉三阙》,文物出版社,1990年,第19页。

福。我们都祈求快乐无穷,永远安宁。从这里我们可以看出,汉代人们铭记大禹和启母的功德并隆重祭祀他们。

其他地方仅相传大禹三过家门而不入,既没有明确的文献记载,更没有这样的文物实证。从这个意义上说,大禹故里就在河南登封。

## 四、考古成果可资佐证

大禹生活的时代处于龙山文化时期,而嵩山地区已发掘或普查发现了许多龙山文化遗址。现将距祖家庄 20 千米内的龙山文化遗址介绍如下:

禹都阳城王城岗遗址:位于河南省登封市告成镇西,距祖家庄 16 千米,背依王岭尖,处于五渡河注入颍河的夹角地带。王城岗遗址面积 50 余万平方米,文化层平均厚 2 米左右,最深处可达 9 米。遗址内发现有龙山文化晚期的两座小城堡和一座大城以及奠基坑、窖穴、灰坑等遗迹,还出土有大量陶器、石器、骨器、铜器等生产工具和生活用具。两座小城中的东城绝大部分已被洪水冲毁,王城岗大城可以被看作是雏形国家的政治实体的中心所在,在时间、地点、规模方面都够资格被称为禹都,现在大多数专家都认为王城岗大城是在小城被洪水冲毁后大禹所建的都城。1988 年,王城岗遗址被国务院公布为全国重点文物保护单位。

黄楼遗址:位于登封市黄楼村西,距祖家庄 8 千米。东临于村河,南临奈河,东西长约 250 米,南北宽约 180 米,面积约 35000 平方米。

程窑遗址:位于登封市东华镇程窑村东北,距祖家庄 12 千米。南临颍河,西傍书院河,南北长约 300 米,东西宽约 250 米,面积约 75000 平方米。遗址的地层堆积和出土文物与王城岗出土的基本相同。

1979 年以来,河南省考古队在登封沿颍河两岸进行普查,还发现了石羊关、王村、范店、南高马、油坊头、袁桥、朱家坪、毕家村西地、小李湾、向阳、康村等新石器遗址，这些都距祖家庄不远，都在 20 千米的范围之内。这些都与夏部落生活于嵩山地区的文献记载相符合，一定意义上也为大禹故里在登封提供了文物实证。

## 五、学术研究成果值得重视

研究大禹的出生地，事涉地理学、民族学、考古学、历史学、文献学、民俗学、神话学等方面的学术成果。徐中舒在《巴蜀文化绪论》一文中说："陆浑之戎后来又称为阴戎，为九州戎。他们所居的区域极广。《左传·昭公四年》把陆浑的居区作了一个概括的叙述说：'四岳、三涂、阳城、太室、荆州、中南、九州之险也。'这个九州，就是九州戎。"史学界论及夏的疆域时，往往引用此文，也就是说，九州戎的地域与夏的地域基本重合。顾颉刚也据此推断九州的区域是：

> 其地盖始自今陕西之极西部，或今甘肃之东南部，北由陇山（四岳），南抵秦岭（中南），及逾潼关，则北及崤函（荆山），南及熊耳之东（三涂），以迄于今河南中部之嵩山（阳城、太室），包有渭、洛、伊、汝诸水之流域。[①]

上述这个九州地区正是大禹神话孕育和产生的源头，与文献记载鲧、禹活动的中心地区在嵩山一带相吻合。

史籍记载，大禹又称戎禹，因而四川学者判断大禹是羌族人，但《后汉书》有一篇《西羌传》，叙述了西羌的来龙去脉："西羌之本，出自三苗，姜姓之别也。其国近南岳，及舜流四凶，徙之三危，河关之西南羌地是也。滨于赐支，至乎河首，绵地千里。赐支者，《禹贡》所谓析支者也。南接蜀汉徼外蛮夷，西北（接）鄯善、车师诸国。"[②]可见西羌出自三苗，原居于今湖南、江西的北部，后

---

① 顾颉刚：《古史辨》七册下，上海古籍出版社，1982 年，第 131 页。

② 《后汉书》，新疆青少年出版社，1999 年，第 303 页。

被逐于甘肃、青海一带，居住在河关(今甘肃临夏)的西南，此地因为是羌人所居，所以称为羌地。而羌族迁到四川，是战国秦献公以后的事，蜀地和汉中有交通往来也是在秦时。因此，大禹是四川人的可能性不大。

考证大禹的出生地，如果撇开西羌说和石纽说，而就大禹的父亲和母亲的角度来看，也可以管中窥豹。大禹的父亲史称崇伯鲧，《史记》载："夏禹，名曰文命。禹之父曰鲧，鲧之父曰颛顼，颛顼之父曰昌意，昌意之父曰黄帝。"《太平御览》卷一百五十五引《帝王世纪》云："夏鲧封崇伯。故《春秋传》曰'谓之有崇伯鲧'。"《说文解字》曰："古崧、嵩、崇三字通假。崇，即嵩也。"《国语·周语上》载："昔夏之兴也，融降于崇山。""崇、嵩字古通用。夏都阳城，嵩山在焉。"[①]《史记·夏本纪》索隐引《连山易》："'鲧封于崇'，故《国语》谓之'崇伯鲧'。"从这里我们可以看出，大禹的父亲鲧是生活在嵩山地区的夏部族首领。

大禹的母亲为有莘氏，《大戴礼记》曰："鲧娶于有莘氏之子，谓之女志氏，产文命。"《世本》曰："鲧娶有辛氏，谓之女志，是生高密。"而有莘氏的活动范围应距鲧的活动中心不远。莘是一个很古老的氏族或方国，"莘，大姒国也"[②]。而莘的地望，文献中说法不一，一说在卫地，今山东莘县北；一说在汴州陈留，今河南杞县一带；一说在曹州济阴郡，在今山东曹县西北；一说在河南莘店，今伊川平等乡。笔者以为第四种说法可信，马承源主编的《上海博物馆藏战国楚竹书(二)》载："郭店一号楚墓出土战国时期竹简有《子羔》篇，《子羔》11号简上段说禹之母'观于伊而得之'。"《中国姓氏寻根》载："夏末有有莘氏人伊尹，因生于伊水之旁而得氏。"由此可见，有莘氏的地望，应在嵩山西部的伊川县境内。

总之，千百年来，人们相传大禹生于嵩山下的石纽，启母阙铭文明确记载

---

① 《太平御览》卷三九引韦昭注。

② 引自《十三经注疏·毛诗正义》卷十六，中华书局，1980年。

大禹治水三过家门而不入，嵩山地区有很多龙山文化遗址，诸多学者也考证大禹应出生于嵩山地区，综上所述，大禹出生于河南登封是比较可信的。

（本文作者为中国大禹文化研究中心秘书长、登封市政协文史委主任）

# 登封和大禹故里

常松木

大禹故里自20世纪90年代以后成为大禹研究领域的一个热门话题，虽然四川的学者认为禹生石纽在四川，“文献记载清清楚楚，大禹足迹实实在在，专家考证确确实实”[①]，可是不仅四川以外的学者没有附和，就连四川内部亦出现了北川、汶川、茂县、理县、都江堰等大禹故里之争。除大禹故里四川说外，大禹故里中原说影响最大，而地处中原、嵩山南麓的河南登封则与大禹有十分密切的关系，被称作大禹故里应名副其实，本文就此抛砖引玉，还望诸方家指正。

## 一、嵩山是夏部族的发祥地和活动中心

以鲧、禹为首领的夏部族是黄帝部落的后裔，这一点《史记》《山海经》等

① 四川省大禹研究会、四川省社科院禹羌文化研究所编：《全国第二届禹羌文化学术研讨会》，2007年，第10—12页。

典籍说得很明白。黄帝都于有熊，即今嵩山东麓的新郑、新密一带，现在每年在新郑举办的黄帝故里拜祖大典已吸引了海内外炎黄子孙的关注和参与。黄帝之孙、大禹之祖颛顼亦主要活动于以嵩山为核心的中原，都于帝丘。学界一般认为夏部族活动的范围在以伊洛、嵩高为中心的豫西、晋南一带。诸多文献记载嵩山地区是夏部族的发祥地和活动中心。司马贞《史记·夏本纪·索隐》载："《连山易》云'鲧封于崇'，故《国语》谓之'崇伯鲧'。"《逸周书·世俘》亦称大禹为"崇禹"。可知早在周代，人们已经认为夏部族的祖先鲧和禹就是崇山地区的部落酋长。《国语·周语上》载："昔夏之兴也，融降于崇山。"韦昭注："融，祝融也。崇，崇高山也。夏居阳城，崇高所近。"这里所谓"融降于崇山"，与《山海经·海内经》所说"帝令祝融杀鲧于羽郊"应是一致的。《太平御览》又引韦昭注云："崇、嵩字古通用，夏都阳城，嵩山在焉。""崇山即今嵩山，崇伯鲧的氏族所在地在今嵩山脚下，当无疑问。"[①]夏部族起源于嵩山地区的文献记载之早、之多，是其他各说夏部族起源地所不能比拟的。另外，根据《随巢子》《淮南子》《汉书·武帝纪》中启母石神话的记载，大禹的儿子启出生于嵩山脚下。《穆天子传》载："天子游于黄室之丘，以观夏后启之所居，因入于启室。"嵩山地区还有箴启洞、箴启亭、钧台等遗迹，这些都说明嵩山亦是启活动的中心。登封西部的颍阳镇古称纶氏，纶氏是夏朝的一个方国，史料记载少康中兴夏朝正是以纶为根据地。而整个夏代，其都城大多环嵩山而建，这足以说明嵩山是夏部族的活动中心。

大禹故里应不出夏部族的活动区域。大禹故里四川说、甘肃说乃至青海说，都源于《史记·六国年表》中的"大禹兴于西羌"，实际上"兴于西羌"和"生于西羌"不能混为一谈。现在所认知的西羌之地并非夏部族的活动范围，再者，大禹若为西羌人亦与大禹是黄帝后裔相矛盾。大禹故里在夏部族的活

① 徐旭生：《1959年夏豫西调查夏墟的初步报告》，见刘白雪、常松木主编：《大禹与嵩山》，中州古籍出版社，2009年，第105页。

动中心地区——以登封为核心的嵩山一带是合情合理的，而登封古称阳城，与文献记载的“禹居阳城”又相符合。从鲧至少康，河南登封有他们大量的活动遗迹，这足以说明登封正是夏部族活动的中心，因此，大禹故里在登封是与常理不悖的。

## 二、登封流传有大禹出生神话及遗迹

关于大禹出生的神话传说，河南登封主要有两种说法：一是鲧腹生禹，可见拙作《大禹与嵩山》《登封大禹神话传说》；二是下雨王下凡借尸转世，见之于韩有治先生《嵩山民间故事》。关于鲧腹生禹，老人最后是这样讲的：“鲧被杀后，过了三年尸体都不会腐烂。尧害怕其复活后到天宫捣乱，就又派祝融拿着锋利的吴刀，砍开了鲧的肚子，刚一砍开，只见一道白光，一条小虬龙就从鲧肚子里飞出，很快便飞到了嵩山，变成了一个英俊的少年，这个少年就是大禹。而鲧的尸身则变成了三足鳖，跳入了一个大水潭中。”[1]河南三门峡、洛阳一带流传的传说结尾也大体如此，都说小龙飞到嵩山变成了大禹。而嵩山少室山下石纽屯以及城关镇一带，则流传有下雨王下凡借尸转世的传说，相传夏禹的原神是天上管行云布雨的下雨王，因不慎被蛟龙偷去雨簿，到凡间下起暴雨，玉皇大帝让他戴罪立功，限期治服洪水。当他下凡后看到洪水滔天，再投胎转世已来不及了，就决定借尸转世，刚好石纽屯崇伯鲧的儿子文命得病而死，于是就附尸转世。[2] 第一种说法源自《山海经·海内经》，第二种说法应是第一种说法的演绎，即下雨王就是鲧，借尸转世就是禹从鲧尸腹中所生。

---

① 刘白雪、常松木主编：《大禹与嵩山》，中州古籍出版社，2009 年，第 393 页。

② 韩有治：《嵩山民间故事》，香港天马图书有限公司，2001 年，第 15—17 页。姒元翼、姒承家：《大禹世家》，浙江古籍出版社，2003 年，第 4 页。

关于大禹的出生还有禹生石纽和禹母吞薏苡而生两种说法。嵩山少室山下今登封市少林办事处祖家庄现存一块石头,人称石纽石,被老百姓奉为神石而顶礼膜拜,言其既能治病又能保平安,因此石头上部被摸得光滑异常。尤为重要的是,少室山下少林河边的马庄、尚庄、刘庄、张庄、祖家庄、耿庄等现在老百姓还俗称为一溜石纽屯,而祖家庄更因被大禹后裔奉为先祖出生之地而得名。虽然明、清《登封县志》中石纽屯音转为水牛屯,但是这几个村名都被念转了,尚庄读为啥庄,刘庄读为罗庄、张庄读为扎庄,王庄读为瓦庄,祖家庄读为左庄,耿庄读为各庄。另外,祖家庄南面还有一个古村落夏店河,虽然现已无存,遗址被沙土所覆盖,但清代《登封县志》中有载,现在的老年人还能准确指出村庄以及部分房基的位置。村名是历史的活化石,石纽屯、祖家庄、夏店河这些村名折射出了大禹出生神话的影响。

下雨王借尸转世的传说明显受到鲧腹生禹神话的影响,应是后世对鲧腹生禹神话的演绎和再创作。借尸转世的地点在祖家庄村北的土岗上,这个土岗老百姓称为息壤岗,相传是鲧从天庭所盗息壤的遗留物,并且相传少林河的洪水涨,它也涨,总是淹不住它。而石纽石就在息壤岗上,成为大禹出生于此的标志,2015 年春夏之交,祖家庄禹王祠落成后,如同少林寺僧人将达摩面壁石从达摩洞移入初祖庵一样,人们将石纽石移放至禹王祠中。

至于禹母吞薏苡怀孕而生大禹的说法,在嵩山地区也有佐证。嵩山北麓有条河叫汜水,汜和姒音同,是否禹母修己在汜水边吞薏苡而孕,还需要确证,但二者之间应有一定关联。河北省文物研究所的佀庆琪先生说:“据《华夏姓氏》所载,大禹封国于夏,当时居在河南荥阳汜水(古为汜水),取姓姒氏,建都阳城(今河南登封)。”[①]

除石纽石、息壤岗外,祖家庄周围还有夏地、东军地、姚沟、擂鼓石、棺材

① 刘良玉:《寻找拥有稀罕姓氏的你:我姓佀,大禹是我的祖先》,《燕赵都市报》2007 年 2 月 5 日。

石、禹岭、禹王坛、妖魔潭、金牛峰、牛角石、树碑石等与大禹有关的遗迹。另外,中华炎黄文化研究会、中国大禹文化研究中心、登封市大禹故里文化研究会在祖家庄还刻立了禹生石纽碑记、大禹故里祖家庄等巨碑,昭示世人大禹故里就在登封市少室山下一溜石纽屯的祖家庄。

## 三、启母阙铭文是大禹故里在登封的最有力证据

嵩山主体为太室山和少室山,"室"即家室、妻室,因大禹和涂山娇、涂山姚分别居住于其下而得名。汉代时,人们在太室山和少室山下分别建启母庙和少姨庙,奉祀大禹的夫人涂山娇与涂山姚。东汉时,颍川太守朱宠又分别在庙前创建启母阙和少室阙。武则天封禅中岳嵩山后,又加封启母为玉京太后,少姨为金阙夫人,夏启为齐圣皇帝。

大禹治水三过家门而不入,被人们奉为公而忘私、无私奉献的圭臬。启母阙上的夏禹化熊、启母化石两幅画像是研究大禹治水和大禹故里的重要实物见证。《汉书·武帝纪》颜师古注引《淮南子》载:"禹治鸿水,通轘辕山,化为熊。谓涂山氏曰:'欲饷,闻鼓声乃来。'禹跳石,误中鼓,涂山氏往,见禹方作熊,惭而去。至嵩高山下,化为石,方生启。禹曰:'归我子。'石破北方而启生。"《随巢子》也有类似的记载。

启母阙铭文明确记载了鲧禹治水和大禹三过家门而不入一事,也记载了汉代人们对大禹的崇拜:

> 昔者共工,范防百川。伯鲧称遂,□□其原。洪泉浩浩,下民震惊。禹□大功,疏河泻玄。九山甄旅,咸秩无文。爰纳涂山,辛癸之间。三过亡入,实勤斯民。同心济隘,胥建三正。杞缯渐替,又遭乱秦。圣汉禋享,于兹冯神。翩彼飞雉,崪于其庭。贞祥符瑞,灵支挺生。出□弼化,阴阳穆清。兴云降雨,□□□盈。宁一不歇,比性乾坤。福禄来归,柏宥吾

君。千秋万祀，子子孙孙。表碣铭功，昭视后昆。[1]

这段铭文可分为两部分来解读。第一部分记述了共工、鲧、大禹治水的情况以及大禹三过家门而不入的感人事迹。第二部分记述了夏部族的兴衰、汉代祭祀启母和大禹时出现的祥瑞以及让后人永远记住启母和大禹的功绩等。启母阙铭文下还有一段铭辞，其大意是：大禹功德无量，广布天下，其文德照耀着四海各地。祭祀的肉天天更新，而且非常丰盛，出现了很多祥瑞，远方之人都羡慕灵异而来朝拜。大禹时期政治清明，现在又赐给我们无限的幸福。我们都祈求快乐无穷，永远安宁。从这里我们可以看出，汉代人们铭记大禹和启母的功德并隆重祭祀他们。

启母阙在登封市区北的嵩山万岁峰下，2010 年已作为"登封天地之中历史建筑群"的重要组成部分列入了世界文化遗产保护名录。其他地方仅相传大禹三过家门而不入，既没有明确的文献记载，更没有这样的文物实证，尤其是没有这么规格的文物作实证。从这个意义上说，大禹故里就在河南登封。

## 四、夏部族的嵩山灵石、神树崇拜

夏部族曾以石为图腾。《淮南子·修务训》载："禹生于石。"又《墨子·墨子后语》说："禹产于硍石，启生于石。"《艺文类聚》卷六引《随巢子》亦谓："禹产于硍石。"而《路史·余论九》中亦记载："禹母获月精石，如薏苡，吞之而生禹也……母复为石，今登封东北十里有庙，庙有一石，号启母石。"《山海经·中山经》说："又东三十里曰泰室之山……上多美石。"郭璞注曰："启母化为石而生启，在此山。"这些禹产于石、涂山氏化为石、石裂而生启的记载，说明了大禹、夏启部族对灵石的崇拜。嵩山的山体主要以石构成，嵩山的一些石头

① 吕品著：《中岳汉三阙》，文物出版社，1990 年，第 19 页。

被赋予了特殊的意义，如面壁石、三公石、卧牛石、寿星石、地胆石等，而与大禹文化有关的名石更多，除启母石、石纽石外，还有与大禹有关的马蹄石、禹影石、照爷石，以及与夏启有关的磨斧石、试斧石等。

远古时期，夏部族亦有神树信仰，大禹曾下令保护山林，《逸周书·大聚解》记载："禹之禁：春三月山林不登斧，以成草木之长；夏三月川泽不入网罟，以成鱼鳖之长。"[①]很显然，这些禁伐完全是出于一种宗教信仰，认为树木有神灵，让人们不要触怒树神。《论语·八佾》篇载："哀公问社于宰我。宰我对曰：'夏后氏以松，殷人以柏，周人以栗。'"[②]这说明夏部族信仰松树，以松树为社树、神树；也有专家认为是"木主"说，即夏、商、周分别以松、柏、栗来制作祭祀先祖的木主。

夏部族以松树为神树，而古代，"嵩""崧"通用，故嵩山亦被称作崧山。嵩山地区古碑中多有以"崧"代"嵩"者。王曾《崇圣帝碑》："事光虞典，备五载之时巡；绩著夏王，正九州之封略。惟中崧之绝巘，直关塞之奥区。京邑在其旁，经渎流其域。万邦辐辏，霜露之所均；二室天开，风云之所蓄。"[③]而古代嵩山生长有大量松树，在与嵩山相关的典籍中，有很多描述嵩山松树的诗文。以《说嵩》收录的古诗为例，武则天《同太平公主游九龙潭》、宋之问《下山歌》、王维《送方尊师归嵩山》、李白《赠嵩山焦炼师》、李颀《少室雪晴送王宁》、卢象《家叔征君东溪草堂二首》、储光羲《至岳寺即大通大照禅塔上温上人》、白居易《从龙潭寺至少林寺题赠同游者》、梅尧臣《峻极寺》、元好问《会善寺》、冯壁《同希颜怪松》、雷渊《会善寺怪松》等诗中都有描述松树的诗句。袁宏道《嵩游记》、徐宏祖《徐霞客游记》等散文亦多次提及松树。这些诗文表明嵩山地区的确生长有大量的松树，为夏部族以松树为神树的信仰提供了有

① 黄怀信：《逸周书汇校集注》，上海古籍出版社，1995年，第430页。
② 钱伯城主编：《白话十三经》，国际文化出版公司，1996年，第1219页。
③ 〔清〕景日昣：《说嵩》（嵩岳文献丛刊第三册），中州古籍出版社，第554页。

力的旁证。

夏部族的灵石崇拜、神树信仰,与嵩山独特的地质构造和生态环境是密切相关的,这也可以作为大禹故里在登封的旁证。

## 五、禹都阳城及考古成果的佐证

大禹生活的时代处于龙山文化晚期,1959 年,著名考古学家徐旭生在嵩山地区调查发现了龙山文化遗址,1975 年以来陆续在王城岗进行考古发掘,证实了王城岗遗址是鲧和大禹建都之地。这和诸多文献记载的“禹避阳城”“禹都阳城”相吻合。

现在,登封已发掘或普查发现了许多龙山文化遗址,以禹都阳城王城岗遗址最为有名。王城岗遗址位于登封市告成镇西,距祖家庄 16 千米,背倚王岭尖,处于五渡河注入颍河的夹角地带。王城岗遗址面积 50 余万平方米,文化层平均厚 2 米左右,最深处可达 9 米。遗址内发现有龙山文化晚期的两座小城堡和一座大城以及奠基坑、窖穴、灰坑等遗迹,还出土有大量陶器、石器、骨器、铜器等生产工具和生活用具。两座小城中的东城绝大部分已被洪水冲毁,王城岗大城可以被看作是雏形国家的政治实体的中心所在,在时间、地点、规模方面都够资格被称为禹都,现在大多数专家都认为王城岗大城是在小城被洪水冲毁后的基础上大禹所建的都城。1988 年,王城岗遗址被国务院公布为全国重点文物保护单位。

1979 年以来,河南省考古队在登封沿颍河两岸进行普查,还发现了黄楼遗址、程窑遗址等龙山文化遗址及石羊关、王村、范店、南高马、油坊头、袁桥、朱家坪、毕家村西地、小李湾、向阳、康村等新石器遗址,这些都距祖家庄不远,都在 20 千米的范围之内。

嵩山周围更是分布有大量的龙山文化遗址,经发掘最著名的有洛阳王湾、汝州煤山、禹州瓦店、新密新砦、巩义稍砦、偃师斟鄩等。据许顺湛先生统计,禹州市龙山文化遗址共有19处。登封和禹州的龙山文化遗址绝大部分都是分布在颍河及其支流流域内,形成了一个聚落群。中华文明探源工程预研究确定了四个重点考古研究项目,其中三个在嵩山周围,分别是王城岗遗址、古城寨遗址、新砦遗址。

中国社会科学院考古研究所所长刘庆柱先生认为,河洛地区即嵩山地区的河南龙山文化就是夏文化的母体文化,多年来的考古发现与研究已经证实,河南龙山文化是夏文化形成的直接源头,而以伊洛河平原、洛阳和嵩山地区为中心的河洛地区,是河南龙山文化的重要分布地区,就这点而言,河洛地区可以说是夏文化、华夏文化的发源地及其形成、发展的核心地区。[①]

对于四川成都平原发现的距今4500—3800年、以史前宝墩古城遗址群为代表的宝墩文化,专家认为应该是蜀国开国之初的文化遗存;而三星堆遗址则属青铜时代文化遗存,约相当于中原的夏商周时期。虽然有专家认为三星堆整体文明来源于夏王朝有缗氏(蜀族),但就目前掌握的文物及史料来看,古蜀国与中原商王朝并无任何藩属关系,而是两个相对独立的方国。这也从一个侧面反映了大禹和四川的关系。

因此,从以上这些"地下之材料"之考古成果来看,嵩山地区是河南龙山文化的重要分布地区,因此,大禹故里在嵩山地区是有考古学根据的。

## 六、登封是全国大禹文化遗迹最集中和最丰富的地域

登封境内的大禹遗迹有70多处,是中国大禹文化遗迹和大禹神话传说最丰富和最集中的县域。登封的大禹文化遗迹主要分为以下几类。

---

① 刘庆柱:《河洛文化是中华民族的核心文化》,《河洛史志》2005年第4期,第5—6页。

（一）建筑类。建筑类又可分为城、阙、庙、墓、亭等。城主要有阳城、负黍城和黄城。阳城是禹都。登封流传有负黍城的传说，相传舜帝访贤时曾在负黍城对大禹进行考察。黄城相传是鲧之都城，因黄城位居阳城西北，在八卦中属乾位，故称黄城北边的山为阳乾山。阙主要是中岳汉三阙，即太室阙、少室阙、启母阙。太室阙上的鳖图腾像，启母阙的夏禹化熊、启母化石像等，与大禹文化有直接关系，而启母阙和少室阙则又分别是大禹两位夫人的神庙即启母庙和少姨庙前的神道阙。登封奉祀大禹的庙宇很多，主要有禹王庙、水王庙、三官庙、白圪垯庙、大禹庙、北五里庙、禹王祠、道统祠等，而供奉尧、舜、禹的三官庙最多，几乎每个乡镇都有。而登封周边与大禹相关的庙宇还有禹州的拉王庙、二姨庙，巩义的启母少姨庙，偃师的少姨庙行宫等。墓主要是指启圣墓和启母冢，启圣墓位置已失考，启母冢则在告成镇冶上村。亭主要是指筮启亭，现已被毁。

（二）山河类。太室山、少室山、箕山、五指岭、焦山、长岭山等。太室山、少室山因大禹的两位妻子分别居住于其下而得名。五指岭相传是大禹的五个手指所化，焦山则相传是大禹火烧蛟河而将此山烧焦而得名。长岭山则相传是大禹治理大冶镇一带洪水的指挥中心。另外，还有伯益避启于箕山之阳的箕山。登封境内的颍河、狂河及颍河支流蛟河、禹洞河、少溪河相传大禹都曾治理过，尤以火烧蛟河、禹王锁蛟的传说为最有名。笔者还曾有拙文《颍河——大禹治水第一河》来介绍大禹治理颍河的情况。

（三）碑石类。登封与大禹有关的碑刻很多，如启母庙碑、少姨庙碑、创修禹益岁祭之庙碑、重修禹王庙碑、禹避阳城处碑、新立道统祠记碑、重修金牛泉碑及近年来刻立的大禹之碑、禹生石纽碑记、岣嵝碑、夏禹书碑、大禹故里碑、禹王祠落成碑。非常可惜的是，神禹大篆和九州图刻石已无迹可寻。“东方朔《十洲记》：禹治洪水既毕，经诸五岳，使工刻石识其里数高下，其字蝌蚪书……傅梅《嵩书》：玉女峰北，上有大篆七字，人莫能识……任昉《述异记》：

鲁班刻石为禹《九州图》,在太室山。”[1]而据《路史》所载,至少南宋以来,神禹大篆已再无人见到。

(四)地名类。登封的很多地名都与大禹文化有关,如禹洞、禹王沟、爷沟、姚沟,更多的则是村名,除石纽屯、祖家庄、夏店河外,还有禹洞河、三官庙、大河口、上沃、焦河、夏庄、沁水、海渚、北夏庄、雅山等,而这些村庄要么是大禹后裔所聚居,要么与大禹治水有关。值得一提的还有轘辕关、阳城关、黑石关、秦五龙等,这些关口相传都是大禹治水时开凿的。另外,还有胥店村的港口以及登封周边的汝州胡浪山、巩义黑石关、禹州钧台等。

## 七、禹生嵩山是学术界的主流观点

关于夏部族的活动中心在豫西、晋南,大禹故里在中原地区的嵩山、登封一带,学界已有不少结论。

司马迁《史记 · 封禅书》说:“昔三代之居,皆在河洛之间。”徐旭生的《1959年夏豫西调查夏墟的初步报告》认为:“我们想找出夏氏族或部落所活动的区域,就需要从古代所遗留下来的传说中去找,这就是说在文献所保留的资料中去找……从剩下来不多条的史料比较探索的结果,觉得有两个区域应该特别注意:第一是河南中部的洛阳平原及其附近,尤其是颍水谷上游登封、禹县地带,第二是山西南部汾水下游一带……今告成镇为古阳城是一种最普通的说法,也是较正确的说法。”[2]

郑杰祥的《论禹、戎禹和九州的关系》认为:“我国古代夏部族就兴起于崇山周围。夏部族的祖先鲧和禹,史书又称之为崇伯鲧和崇禹,这说明他们曾

① 河南省登封县地方志编纂委员会整理:《登封县志》,1990年,第415—416页。

② 徐旭生:《1959年夏豫西调查夏墟的初步报告》,引自刘白雪、常松木主编:《大禹与嵩山》,中州古籍出版社,2009年,第105页。

是崇山也即是嵩山地区的部落酋长，该族当然也是居住于崇山也即嵩山地区的主要居民，正如徐旭生先生所说：‘崇伯鲧的氏族所在地在嵩山脚下当无疑问。’崇山就是古代九州之一的太室山。”①

方酉生的《夏王朝中心在伊洛和汾浍河流域考析》认为：“从文献记载来看，夏后氏从鲧开端，到禹传子启，建立起夏王朝，中间至多还有太康、仲康、少康、予、廑、孔甲、皋、发和桀诸王的统治中心是在豫西和晋南地区……夏王朝的统治中心地区，应当是在以嵩山为中央的伊洛河流域与颍水谷下游的登封、禹县一带以及晋西南的汾、浍河流域是不成疑问的。”②

蔡运章《嵩山是夏部族的发祥地》认为：“嵩山周围是夏部族的发祥地域……鲧的封国就在嵩山周围，而夏部族本是居住在嵩山周围的古老部族……故所谓‘禹生于西羌’和‘禹生于石纽’的传说，都当是中华先民母石崇拜和炎帝族西迁的产物。”③

田继周《先秦民族史》认为：“禹之生地，不可能远在四川汶川、茂汶一带，应在禹父母生活的地区，即今郑州、嵩山、密县一带。”④

周原孙《禹生石纽辨析》认为：“关于禹的生地，自古到今议论颇多。大量的文献记载说，禹的父母妻子以及他本人，都是河南崧山一带的居民。禹的父亲在《左传》《国语》上称为‘崇伯鲧’，崇是鲧的封国。王念孙说，古代无‘嵩’字，因此以‘崇’代之。所以，史学界一般都认为，崇的地望在今河南嵩县和嵩山一带……禹子启，《汉书·武帝纪》颜师古注引《淮南子》说，启生于嵩山脚下。《逸周书·世俘》说：‘籥人奏崇禹生开。’‘崇禹’二字说明禹生活在崇山一带……从文献记载和豫西、晋南的考古发掘来看，我们有充分的理由

① 郑杰祥：《论禹、戎和九州的关系》，《中原文物》1997 年第 3 期。

② 方酉生：《夏王朝中心在伊洛和汾浍河流域考析》，《武汉大学学报》（哲学社会科学版）1996 年第 3 期。

③ 刘白雪、常松木主编：《大禹与嵩山》，中州古籍出版社，2009 年，第 511—513 页。

④ 田继周：《先秦民族史》，四川民族出版社，1996 年。

认为,夏人的早期活动地不出今河南、山西和陕西东部,禹的生地也当在嵩山一带,而绝不可能在远离夏人活动中心的四川……扬雄偏信了四川岷江上游羌民的一些有关大禹的传说。因此,我们认为扬雄的'禹生石纽'说是不可信的。禹生石纽不可信,那么,夏文化发源于四川也是不可信的。"[①]

蒙默《禹生石纽续辨》认为:"(著名人类学家、考古学家)冯汉骥先生于1938年曾深入松潘、理番、茂县、汶川等地区进行了三个月的民族考察及考古调查和发掘……根据其亲身经历,结合文献记载,从生态环境、民族调查和田野考古等方面写成《禹生石纽辨》,对世俗悠谬之说进行了有理有据的考辨,指出'禹生石纽''根本为后起之附会,而无事实的根据',亦已载于《说文月刊》。"[②]

笔者《大禹故里考论》也认为:"大禹故里的说法虽有十余种之多,但大禹作为黄帝后裔,是华夏民族的人文始祖,夏部族的发祥地和主要活动地区都在以嵩山为中心的中原地区;中原地区的登封、禹州亦有石纽的地名,登封还有石纽石与古代的灵石崇拜、生殖崇拜相对应,近代大多学术大家认为《禹贡》九州与大禹活动地区及夏王朝疆域不相符合,九州应为古代的'中国'即中原地区,大禹生活时代相当于河南龙山文化晚期,而环嵩山周围发现有大量且重要的龙山文化晚期遗址。因此,我们可以得出结论:大禹故里在中原,在嵩山脚下的登封。"

陈剩勇《大禹出生地考实》认为:"至于扬雄等人'禹本汶山郡广柔县人也,生于石纽'之说,则显然是西北羌族的一支迁入四川之后附衍而来的小说家者言,非信史也。"[③]

---

① 周原孙:《禹生石纽辨析》,西蜀文化网,2010-05-11,http://www.xswhw.com;丁山:《古代神话与民族》,商务印书馆,2005年,第23—24页。

② 蒙默:《禹生石纽续辨》,《中国大禹文化》(总第4期),2013年,第39页。

③ 陈剩勇:《大禹出生地考实》,原载《浙江学刊》1995年第4期。

百度文库中有一篇《论大禹不是生于四川的古羌人》,作者认为:“禹生西羌或四川之说,只是汉朝某些华夏人的说法,‘戎’‘羌’之族本身并没有说过这种话。观《左传》《国语》《史记》等古书,凡是谈到‘戎’‘羌’的地方,从来没有见到他们自称是大禹之后的。这就怪了,这么显赫的身世,他们自己怎么从来不谈呢?根据顾颉刚先生研究的结论,大禹神话孕育和产生在原始‘九州’和‘四岳’地区,也就是今陕甘边境的陇山以东直到今河南嵩山一带,包括今渭、河、伊、洛流域。而大禹和大禹的父亲鲧在传说中活动的中心地区,则在嵩山一带。所谓鲧为崇伯(崇就是嵩山),所谓‘伊、洛竭而夏亡’(《国语·周语》),所谓‘禹都阳城,伊、洛所近’(《国语·周语》韦昭注),都表明河南中部登封、嵩县一带,也就是伊水和洛水流域,是在神话传说中大禹活动的中心地区,也就是说大禹出生于中原地区,与西羌或四川没有什么关系。至于四川的汶川、北川一带,重庆市等地有关大禹出生、活动、死亡的传说,则是附会的结果,也可以看成是由中原地区的‘震源’产生的‘冲击波’。”①

趣历史网也有一篇文章说:“关于禹的出生地说法不一,有传在今四川省西北部的禹里羌族乡,有说在今郑州登封嵩山一带。禹是黄帝的玄孙,其父鲧是上古时期居住在崇山(即今嵩山)下夏部族的首领,故又称崇伯鲧。在古代崇和嵩是相通的,崇山即嵩山,‘崇伯’即嵩山一带的首领,因此,大禹籍贯是在郑州登封嵩山附近的说法应较可信。”②

综上所述,夏部族的活动范围在豫西嵩山、伊洛一带,嵩山地区是鲧、禹、启的活动中心。河南登封流传有关于大禹出生的神话传说,并有石纽石、息壤岗、石纽屯、祖家庄等遗迹与之对应,另外嵩山启母阙铭文也明确记载禹“三过亡入,实勤斯民”;夏部族的灵石崇拜有登封的石纽石、启母石等物化载体;夏部族以松树为神树,而嵩山古称崧山即因古代生长有大量松树而得名;

① 见百度文库:http://www.wenku.baidu.com。

② 《大禹的父亲是谁,上古人物大禹到底是谁生的》,http://www.qulishi.com/news/201401/9662.html。

登封发现的20多处龙山文化遗址尤其是王城岗遗址为禹居阳城、禹都阳城提供了考古学证据。登封拥有70多处大禹文化遗迹,冯汉骥、徐旭生、周原孙等专家认为大禹不可能为西羌人,而应生于嵩山一带,这亦成为学术界占据主流的重要观点。因此,我们有充分理由相信,大禹故里应在河南登封一带。

(本文作者为中国大禹文化研究中心秘书长、登封市政协文史委主任)

# 登封与大禹关系浅论

李玲玲

史籍中对大禹的记载非常丰富,有关大禹的各类传说和遗迹也是多种多样,遍布全国各地。大禹及大禹治水是否真实存在,长期以来学术界也一直有所争议:有的认为大禹不是一个真实存在的历史人物,而是某种象征或虚幻的神灵;有的认为大禹及大禹治水真实存在,禹治洪水,划分九州,奠定了夏王朝的统治基础,大禹是夏王朝的开创者。统观史籍记载和最新的考古资料来看:环境考古显示大禹的时代确实处于一个气候温暖期,当时气候湿润多雨,温度比现在高,黄河流域洪水泛滥情况严重,这与历史记载的尧舜禹时期治理洪水符合;考古资料确切显示当时有众多古城址毁于洪水,当时洪水暴发,威胁民生,族群统治者治理洪水是必须的;大禹治水在西周时期的铜器铭文中已经有记载,这为其存在的真实性更增加了几分证据。由这些证据可知,在尧舜禹时期治理洪水应该是真实存在的历史事件,而史料对大禹在治理洪水中所做贡献的突出记载,足以说明大禹及其族群在治水过程中贡献卓著,从另一个侧面也说明了大禹治水的真实性。

大禹治水真实存在,所以大禹作为治水族群的首领自然有迹可循。因为大禹是夏王朝的始创者,而夏王朝的核心地区位于河南地区,所以,探寻大禹必然以中原为中心。历史记载禹父鲧封于崇,即今嵩山地区;登封王城岗发现的龙山文化晚期的古城和春秋时期的"阳城"遗址,与史籍记载的"禹都阳城"关系密切,所以探寻大禹与嵩山地区的关系对研究大禹历史至关重要。

## 一、登封为大禹成长地和治水起始地

从现有的史籍对大禹的记载来看,涉及大禹出生地的是时代较晚始于汉朝文献的"禹生石纽",至于"石纽"的具体所在地,后人记载多为四川地区,但这种记载并无准确的依据,多是以传说为主。但是,长期以来河南登封地区一直有的"一溜石纽屯"的记载和汉代修建的启母阙,说明汉代时登封地区流传的有关大禹传说已得到官方认定。这足以说明登封与大禹关系密切。

考证史籍,虽然没有明确的大禹出生于登封地区的直接记载,但从鲧禹父子关系的记载、鲧的封地、大禹族群活动地等记载来看,大禹在登封地区成长并长期居住,并且登封地区是大禹最早的治水所在地,正是因为大禹首先治理了自己的居住地——登封地区的水患,积累了成功经验,才得以被舜启用,治理大范围的黄河流域水患。

史籍上明确记载,鲧禹为父子关系及鲧的封地在嵩高山,即今登封一带,可以说明禹应该长期生活于父亲鲧的封地内,而且鲧禹族群的活动地也在中原地区即登封嵩山一带。

战国时期的史籍《国语》有对夏族所居之地、鲧的封号等内容的记载,《国语·周语上》:"昔夏之兴也,融降于崇山。"注:"崇,嵩高山也。夏居阳城,嵩高所近。"《国语·周语下》说:"其在有虞,有崇伯鲧……尧用殛之于羽山。"韦昭注:"鲧,禹父。崇,鲧国;伯,爵也。"崇在何地?嵩高山即中岳嵩山,阳城即今登封告成。由此可见,鲧的封国或者活动地域在嵩山一带。

记载上古帝王、诸侯和卿大夫家族世系传承的史籍《世本·帝系篇》对鲧、禹的关系有所记载:“颛顼生鲧,鲧生高密,是为禹也”“鲧娶有辛氏女,谓之女志,是生高密”。

《史记·夏本纪》对鲧、禹的世系来源做了更明确的说明:“夏禹,名曰文命。禹之父曰鲧,鲧之父曰帝颛顼,颛顼之父曰昌意,昌意之父曰黄帝。禹者,黄帝之玄孙而帝颛顼之孙也。禹之曾大父昌意及父鲧皆不得在帝位,为人臣。”可见,鲧、禹为父子关系,同为黄帝族团的后裔,属于中原地区的族群。

《东观汉记·帝纪三》记载:东汉孝灵帝熹平四年(175 年),“使中郎将堂溪典请雨,因上言改崇高山为嵩高山”。《后汉书·灵帝纪》记载:孝灵帝熹平五年“夏四月癸亥,大赦天下。益州郡夷叛,太守李颙讨平之。复崇高山名为嵩高山”。唐章怀太子李贤注:“前书武帝祠中岳,改嵩高为崇高。”宋王应麟《通鉴地理通释·历代都邑考》“夏都”条下云:“《世纪》鲧封崇伯,国在秦、晋之间。”大禹的父亲崇伯鲧的崇伯国在秦晋之间,许多学者认为“崇”山,就是今河南省西部的嵩山。崇,古文通“密”,曾名“外方”山,即今河南省嵩山。由以上记载可以看出,崇伯鲧之“崇”地,指的是今河南省的嵩山。

这些记载可以说明禹父为鲧,鲧的族群封国和活动地均在嵩山地区,所以作为鲧子的大禹,与其父应该为同一族群,禹跟随鲧成长,在登封一带长期生活应该没问题。

另外,鲧所在的族群是一个善于治水的族群,因为其所在的嵩山地区是淮河第一大支流即颍河的发源地,当时属气候温暖期,山洪暴发,洪水泛滥是经常出现的,因此鲧治理洪水有一定成效,才被尧舜起用治水,而禹正是吸收了鲧的治水经验,才能够脱颖而出,获得最终的成功。

舜起用禹治水的基础便是大禹对登封地区河水泛滥的有效治理,因此嵩山地区是大禹积累治水经验、治理水患的起始地。当时的族群因近水而居,许多都面临水患,都在想办法治理水患,如共工部族所在的辉县靠近黄河,水患频发。尧舜族群都生活于黄河流域,面临着严重的水患问题。因此,大禹在嵩山地区有效解决了颍水的泛滥问题,才最终得以被选用治理黄河流域的洪水泛滥。

《史记·夏本纪》有:"当帝尧之时,鸿水滔天,浩浩怀山襄陵,下民其忧。尧求能治水者,群臣四岳皆曰:'鲧可。'……四岳曰:'等之未有贤于鲧者,愿帝试之。'于是尧听四岳,用鲧治水。……于是舜举鲧子禹,而使续鲧之业。"《帝王世纪》有:"尧命以为司空,继鲧治水。十三年而洪水平。尧美其绩,乃赐姓姒氏,封为夏伯,故谓之伯禹。"

由这些记载可知,鲧在当时能够治理水患的人中应是佼佼者,"等之未有贤于鲧者",鲧禹族群是有着丰富治水经验的族群,其治水经验应该是源于自己对族群所在地嵩山地区颍河流域的治水经验。禹因治理颍河水患成就卓著,才会被舜起用治理整个族群联盟面临的水患问题。禹治水的区域主要是黄河中下游地区,即尧舜禹所在的晋豫陕族群联盟所在的区域。《史记·夏本纪》记载,大禹治水主要是"导九川",就是疏浚弱水、黑水、河水、汉水、江水、济水、淮水、渭水、洛水。其中河水(黄河)、济水、淮水、渭水、洛水都在中原地区。而对于疏导黄河记载最为具体,"道河积石,至于龙门,南至华阴,东至砥柱,又东至于盟津,东过雒汭,至于大邳,北过降水,至于大陆,北播为九河,同为逆河,入于海"。这些记载说明,大禹后来治水的区域,不仅涉及黄河干流,而且对黄河的支流如渭水、洛水等也有涉及。但其治水的中心仍在中原地区,黄河中下游沿岸至今还有据说是大禹留下的许多治水遗迹,如龙门、砥柱、伊阙等。除了黄河及其支流,还有济水、淮水以及江水(长江)和汉水等。大禹成功治水对解决早期人类社会面临的洪水威胁生存问题做出了重大贡献,但他最早的治水经验积累应该还是来源于早期在自己的族居地登封地区的治水经历。

## 二、登封为禹都阳城

登封为禹都阳城所在地,目前已经得到了学术界普遍的认可。这一观点不仅在传世文献中有大量的记载证实,更是得到了考古学资料的佐证。

古代文献中对禹都阳城有明确记载,如《史记·夏本纪》:"帝舜荐禹于天,为嗣。十七年而帝舜崩。三年丧毕,禹辞辟舜之子商均于阳城,天下诸侯皆去商均而朝禹。禹于是遂即天子位,南面朝天下。国号曰夏后,姓姒氏。"但对阳城的具体地点则有不同的说法,主要有河南登封告成(颍川阳城)、山西冀城(古唐城)、开封地区(陈留浚仪)、潞泽阳城等四种说法。

在这四种阳城地望的说法中,河南登封告成即颍川阳城为禹都阳城的观点,基本上是一种主流观点,而且在文献记载中时间最早。告成原称阳城,《史记·郑世家》记载:"郑君乙立……十一年,韩伐郑,取阳城。"《史记·韩世家》有"文侯二年伐郑,取阳城"的记载。《六国年表》也有韩文侯二年(公元前385年)"伐郑,取阳城"的记载。阳城是春秋时郑国和战国时韩国的西面军事重镇之一,经历汉、魏、晋、南北朝、隋,阳城之名无异,直到唐万岁登封元年(696年),才因为"将有事嵩山,改为告成县"(《旧唐书·地理志》)。

最早指出禹都阳城为嵩山地区的是东汉赵岐,赵岐在《孟子注》中云:"阳城在嵩山下。"《孟子·万章上》有:"禹避舜之子于阳城。"赵岐注:"阳城在嵩山下。"三国时期韦昭更进一步指明禹都阳城位于嵩山。《国语·周语》说:"昔夏之兴也,融降于崇山。"韦昭注:"崇,崇高山也。夏居阳城,崇高所近。"《太平御览》卷三十九"嵩山"条下也引韦昭注曰:"崇、嵩字古通用,夏都阳城,嵩山在焉。"说明崇山就是嵩山。文献中曾把夏部族的首领鲧和禹称为"崇伯鲧"和"崇禹",可见他们与嵩山的关系有多么密切。另外单从地理方面考证,史籍中也有记载禹都阳城为颍川阳城的。《汉书·地理志》"颍川郡阳翟"条下臣瓒曰:“《世本》禹都阳城。”《汲郡古文》亦云“居之”。《后汉书·郡国志》“颍川郡阳翟”条下李贤注引《汲冢书》曰:“禹都阳城。”《水经注·颍水下》:“颍水经其(阳城)县故城南,昔禹避商均,伯益避启,并于此也。亦周公以土圭测日景处。”《史记·夏本纪》中《正义》引《括地志》:“阳城县在箕山北十三里”,“阳城县在嵩山南二十三里”。又:“嵩高山,亦名太室山,亦名外灯山,在洛州阳城县北二十三里。”顾祖禹《读史方舆纪要·登封县》曰:“(登封)古阳城也。”今登封告成遗址王城岗龙山城堡,正在文献中的夏之阳城地望范围之内。清人阎若璩《四书释地》曰:“阳城箕山之阴”系谓“阳城山名。汉颍川郡有阳城县,以上得名,五代周省入登封”。阳城山即今东岭山,在告成镇东北。章炳麟在《神权时代居山说》中明确指出:“夏禹所居曰嵩山,夏都阳城,即嵩山所在,古无‘嵩’字,但以‘崇’字为之,故《周语》称鲧为崇伯鲧,《逸周书》称禹为崇禹。”

由上述众多的文献记载来看,禹都阳城在嵩山地区应该是确实可信的。

另外,登封告成镇王城岗遗址的发掘也为禹都阳城增添了确切的实物材料。考古发现的登封王城岗遗址,有龙山时代晚期的大城小城遗址,从考古学年代上看,据碳 14 测年约为公元前 2100 年,稍早和接近于夏代起始年,应为夏代早期;小城的年代早于大城的年代,而且大城是目前在河南境内发现的最大的王湾三期文化晚期城址,与其共存的祭祀坑、玉石琮和白陶器等重要遗存都说明王城岗城址应为嵩山东南麓颍河上中游重要的中心聚落之一,因此,有学者认为小城为鲧作城,大城则为禹都阳城;在出土的遗迹遗物、城址规模等方面都与大禹的时代和禹都阳城的规格相符;而且在该地还发现了东周时期的“阳城遗址”,并且有铭文证实,由此可知“阳城”这一名称应该是得自禹都阳城。因此,从考古学材料反映的情况来看,登封为禹都阳城应该没问题。

## 三、登封为大禹治水传说的始发地和核心区

关于大禹的传说在传世文献记载中最早出现于西周中期，时代较晚。春秋战国时期，被大量地进行加工改造，在种类、地域上逐渐完善扩大和丰满。有关大禹的记载目前可见时代最早的是西周中期青铜器遂公盨上的铭文，记载非常简单，仅说明大禹曾经治水。在西周和春秋时期的古籍文献如《尚书》《诗经》的一些篇章中也有对大禹的记载，如《尚书·吕刑》有“禹平水土，主名山川”，与遂公盨的记载一致。《诗经·商颂·长发》中的“洪水芒芒，禹敷下土方”也记述了大禹治水的传说。[①] 西周时期大禹传说主要是“平水土、名山川”和“禹迹”，连带涉及鲧和启的传说。[②] 到春秋战国时期，诸子百家为了宣扬自己的政治主张，开始对大禹传说进行加工、改造和细化，为自己的政治主张寻找古史“依据”，大禹的各种传说和事迹日益具体化和多样化，并附加了当时各个学派的政治主张。西汉时期，司马迁对西周以来有关大禹的各种传说进行了全面搜集和整理，并通过大量实地调查，对各种传说进行了比较取舍，初步完成了大禹文化的“定型”与“统一”[③]，为大禹形成了一套完整的家世体系和事迹体系，这也成为后世大禹形象的范本和后世儒家推崇的圣王典范。

另外，有关大禹的各类传说如大禹治水、大禹出生神话、大禹划九州会盟诸侯、禹征三苗、大禹治水的区域等，分别有不同的起源时间、发生原因及流变过程。西周中期才开始有关于大禹事迹的金文和文献记载，但最初关于大禹的记载很简单，仅与治水有关，并无后世的会盟、建国、禅让、治水区域等具

① 周书灿：《大禹传说的兴起与丰富扩大》，《吕梁学院学报》2011 年第 1 期，第 27 页。

② 杨栋：《西周时期大禹传说的流布》，《文艺评论》2012 年第 6 期，第 131 页。

③ 周书灿：《大禹传说的多元并起、“层累”积聚与定型统一》，《吕梁学院学报》2011 年第 3 期，第 52、56 页。

体事迹的记载；从西周晚期以后，大禹的各类传说在各地开始萌生，种类越来越多，地域越扩越大。[①]

从以上大禹传说的流变来看，大禹治水传说是最早出现的，因此，也是最可靠的。既然大禹治水是真实可靠的，那么有关大禹治水的各种具体细节也必然以大禹治水之地最为详尽，而登封作为大禹最初的治水地和历练地，大禹治水的传说必然是最早形成的。

登封有 60 多处大禹文化遗迹和 70 多个有关大禹的神话故事，其中大多数与大禹治水有关。如启母石、启母阙、启母冢、禹洞、水王庙、禹王庙等，神话故事如《下雨王下凡》《禹王锁蛟》《火烧蛟河》等，另外登封还有许多与大禹有关的地名、村名长期流传，如大禹治水时歇息的村庄夏庄村，少林办的马庄、祖家庄、张庄、王庄、刘庄等并称“一溜石纽屯”，大禹治水时火烧蛟龙将河岸烧焦的“一溜儿焦（蛟）河”，轘辕关、息壤岗、夏地、禹岭等。这些传说大都与大禹治水有关。其能够长期流传至今的原因正在于该地区是大禹最早的治水地，并且在自己的族居地治水成功，解除了人们生存的威胁，才被当地族人永远铭记，并把这些英雄事迹代代流传，扩展到全国各地。因此，登封应该是大禹治水传说的源头和发源地。

大禹治水传说在后世能够传播到全国各地，原因应该如下：第一，大禹在接受舜的命令后，治理黄河流域的水患，同样取得了成功，使得黄河流域相关族群人们的生存环境得到了极大的改善，社会有了迅猛发展，大禹的功绩会被人们铭记并世代流传。第二，早期人类为了取水方便，多近水而居，距离河湖较近，因此水患难免，大禹治水的成功，符合了当时人们解决水患的强烈愿望，大家都希望自己所面临的水患问题也能被这个治水英雄解决，所以大禹的英雄事迹在江河岸边水患频发的地区生根落地，成为一种希望，被人们希

① 孙国江：《大禹治水传说的历史地域化演变》，《天中学刊》2012 年第 4 期，第 23 页。

冀、崇拜，从而长期流传。第三，夏代建国后，大禹作为夏朝的初创者，他的事迹已经被逐渐神化，并随着夏王朝影响的扩大而传播到夏王朝的统治区和影响区。第四，春秋战国以后，夷夏观念和大一统观念的出现和成熟，使得早期英雄人物的传说出现分类，日益丰满，并为统治者所推崇宣扬，大禹治水及其他传说也随着这种统治者的推崇，被全国各地认可、推崇、附会。

（本文作者为河南省社会科学院历史与考古研究所助理研究员）

# 大禹文化与夏文化

# 夏商周断代工程与夏文化研究

李伯谦

1959年夏徐旭生在豫西"夏墟"调查①中开启了从考古学上探索夏文化的方法,至今已有56年的历史。回顾这一历程,以"夏商周断代工程"②启动为界大体可分为两大阶段:1959年至1995年是第一阶段,主要由学术机构、大学或学者个人分散进行;1996年至今,主要以国家课题"夏商周断代工程""中华文明探源工程预研究"③及"中华文明探源工程"④为主导进行,但也有学术机构和学者个人进行的研究。"夏商周断代工程"作为包括夏文化探索在内的研究模式转换的开端,对夏文化研究的推动,无疑起到了重要的作用。

---

① 徐旭生:《1959年夏豫西调查"夏墟"的初步报告》,《考古》1959年第11期。

② 夏商周断代工程专家组:《夏商周断代工程阶段性成果(简本)》。

③ "中华文明探源工程预研究"课题,1999年下半年"夏商周断代工程"项目结项前在专家组征求意见提出建议基础上,经夏商周断代工程领导小组研究后依照程序申报,作为"十五"科技攻关项目立项,由李学勤、李伯谦、仇士华主持,时间由2001年至2003年。

④ "中华文明探源工程"是继"中华文明探源工程预研究"结项后启动的国家重大科技攻关项目,由王巍、赵辉联合主持,迄今已进入四期尾声。

## 一、"夏商周断代工程"启动前的工作

1959年夏徐旭生在豫西"夏墟"调查之前,考古工作者已经发现了早于郑州二里岗时期的遗址,这些遗址就是:1953年春河南文化局文物工作队韩维周等发掘的登封玉村遗址①,1956年河南省文化局文物工作队第一队陈嘉祥等发掘的郑州洛达庙遗址②和同年末中国科学院考古研究所洛阳工作队发掘的洛阳东干沟遗址③。最近孙庆伟发表的《顾颉刚夏史研究与夏文化早期探索》④一文提及,"在当时已有学者如安志敏⑤和石兴邦⑥就分别提出洛达庙和东干沟类遗存有可能是夏文化遗存的说法。此外,1958年李学勤发表的《近年考古发现与中国早期奴隶制社会》一文,也提出过洛达庙遗存有可能是夏代的文化。⑦

1959年,徐旭生的豫西"夏墟"调查和在此调查基础上开始的二里头遗址的试掘,是目的明确的从考古学上探索夏文化的开端。试掘简报⑧将遗存分为三期,指出"早期当属河南龙山文化晚期,但与常见的河南龙山文化还不能衔接起来,尚有缺环;中期虽仅留有若干龙山文化因素,但基本上接近商文化;晚期则是洛达庙类型商文化"。"而此遗址内以晚期(即洛达庙类型)文化层分布最广,这是值得注意的,或许这一时期相当于商汤建都的阶段。更早的文化遗存可能是商汤建都以前的"。应当说,试掘者和简报执笔者当时已

① 韩维周等:《河南省登封县玉村古文化遗址概况》,《文物参考资料》1954年第6期。
② 河南省文化局文物工作队第一队:《郑州洛达庙商代遗址试掘简报》,《文物参考资料》1957年第10期。
③ 中国科学院考古研究所洛阳发掘队:《1958年洛阳东干沟遗址发掘简报》,《考古》1959年第10期。
④ 孙庆伟:《顾颉刚夏史研究与夏文化早期探索》,《中国国家博物馆馆刊》2015年第5期。
⑤ 安志敏:《试论黄河流域新石器时代文化》,《考古》1959年第10期。
⑥ 石兴邦:《黄河流域原始社会考古研究上的若干问题》,《考古》1959年第10期。
⑦ 李学勤:《近年来考古发现与中国早期奴隶制社会》,《新建设》1958年第8期。
⑧ 中国科学院考古研究所洛阳发掘队:《1959年河南偃师二里头试掘简报》,《考古》1961年第2期。

意识到二里头遗址包含有商代以前的相当于夏时期的遗存即夏文化了。

方西生依据1960—1964年8次发掘写成的于1965年发表的发掘简报①，首次以二里头代替洛达庙提出了“二里头类型”的命名，认为“二里头类型遗址的相对年代，上限晚于河南龙山文化，下限早于郑州二里岗期的商文化”，“二里头类型应该是在继承中原的龙山文化的基础上，吸收了山东龙山文化的一些因素而发展成的”。“二里头遗址是商汤都城西亳的可能性是很大的。遗址中有早、中、晚三期之分，其早期的堆积，推测当早于商汤的建都时期”。方西生关于二里头文化的形成有山东龙山文化因素的认识，对李伯谦后来提出二里头类型是“夷羿代夏”“少康中兴”以后的夏文化的观点有启发意义；其关于早期堆积当早于商汤建都时期的推测，也是后来夏、商文化分期讨论中主张二里头文化四期分法中一、二期乃夏、商分界的意见的依据。这期间，二里头遗址最重要的发现是一号宫殿基址的揭露②和二里头四期的确认，尽管当时是把一号宫殿基址看作商代遗存的。

从1966年至1976年，二里头遗址的发掘工作虽因“文革”的干扰时断时续，但仍有诸如爵、斝等青铜礼器和戈、戚等兵器及戈、钺、柄形器等玉器的出土。③

继二里头遗址之后，中国社会科学院考古研究所于1974年又开始了与二里头遗址大体同时的东下冯遗址的发掘④，河南省的考古工作者在安金槐带领下于1975年开始了对登封王城岗龙山文化遗址的发掘⑤。

---

① 中国科学院考古研究所洛阳发掘队：《河南偃师二里头遗址发掘简报》，《考古》1965年第5期。

② 中国科学院考古研究所二里头工作队：《河南偃师二里头早商宫遗址发掘简报》，《考古》1974年第4期。

③ 中国科学院考古研究所二里头工作队：《河南偃师二里头遗址三、八区发掘简报》，《考古》1975年第5期；中国科学院考古研究所二里头工作队：《偃师二里头遗址新发现的铜器和玉器》，《考古》1976年第4期；偃师县文化馆：《二里头遗址出土的铜器和玉器》，《考古》1978年第4期。

④ 东下冯考古队：《山西夏县东下冯遗址东区、中区发掘简报》，《考古》1980年第2期。

⑤ 北京大学考古文博学院、河南省文物考古研究所：《登封王城岗考古发现与研究（2002—2005）》（上），大象出版社，2007年。

在围绕探索夏文化开展的考古工作不断取得进展的基础上，1977年秋，在登封召开了被称为第一次夏文化研讨会的“河南登封告成遗址现场会”[①]，时任考古研究所所长的夏鼐先生亲临会议并做了题为《谈谈探讨夏文化的几个问题》的主旨讲话[②]，他关于“夏文化是夏时期夏族的文化”的意见得到广泛认同。会上二里头、东下冯、王城岗等考古队的领队汇报了自己的工作，与会代表就何种遗存是夏文化及夏、商分界展开了热烈讨论，邹衡教授提出的《郑州商城即汤都亳说》[③]成为会议热议的中心。综合讨论的意见，关于夏文化和夏、商分界主要有四种观点：二里头一期和河南龙山文化晚期为夏文化，二、三、四期为商文化；二里头文化一、二、三、四期俱为夏文化；二里头文化一、二期为夏文化，三、四期为商文化；二里头文化一、二、三期为夏文化，四期为商文化。

此次会议之后，夏文化探索更成为学界关注的热点。从1978年至1995年，二里头遗址继续有新的发现：布局规整、严谨的二号宫殿基址的揭露[④]，几十座二、三、四期中小型墓葬及其多见陶爵、盉基本不见鬲的随葬品组合，以及爵、斝、牌饰、钺、环首刀等青铜器和牙璋、璧戚、刀等玉器的出土[⑤]，更鲜明地呈现了二里头文化墓葬的特色。其间，二里头文化分为二里头、东下冯两

① 余波：《国家文物局在登封召开告成遗址发掘现场会》，《河南文博通讯》1978年第2期。
② 夏鼐：《谈谈探讨夏文化的几个问题》，《河南文博通讯》1978年第1期。
③ 邹衡：《郑州商城即汤都亳说》，《文物》1978年第2期。
④ 中国社会科学院考古研究所二里头工作队：《河南偃师二里头二号宫殿遗址》，《考古》1983年第3期。
⑤ 中国社会科学院考古研究所二里头工作队：《1980年秋偃师二里头遗址发掘简报》，《考古》1983年第3期；中国社会科学院考古研究所二里头工作队：《1981年河南偃师二里头墓葬发掘简报》，《考古》1984年第1期；中国社会科学院考古研究所二里头工作队：《1982年秋偃师二里头遗址九区发掘简报》，《考古》1985年第12期；中国社会科学院考古研究所二里头工作队：《1984年秋偃师二里头遗址发现的几座墓葬》，《考古》1986年第4期；中国社会科学院考古研究所二里头工作队：《河南偃师二里头遗址发现新的铜器》，《考古》1991年第12期；中国社会科学院考古研究所二里头工作队：《1987年偃师二里头遗址墓葬发掘简报》，《考古》1992年第4期。

个类型及其相互关系的论定[①]，两个类型碳14测定年代报告的初步发表[②]，新砦遗址的试掘和赵芝荃“新砦期二里头文化”的提出[③]，以及李伯谦关于二里头文化是“夷羿代夏”“少康中兴”以后的夏文化的推断等[④]，既表明夏文化研究的复杂性、艰巨性，也表明了夏文化研究向纵深发展的趋势。总的情况是，与夏文化有关的可能的观点虽已大体提出，但倾向性或明确的结论似乎尚未形成。

## 二、“夏商周断代工程”期间的夏文化研究

1996年，由时任国务委员宋健、李铁映发起的“夏商周断代工程”，是我国第一个将人文社会科学与自然科学、技术科学结合起来研究夏商周年代的重大科技攻关项目，参加的人文科学有历史学、文献学、古文字学和考古学，参加的自然科学、技术科学有物理学、化学、天文学、测年科学。考古学的任务和研究途径是“对有典型意义的遗址、墓葬资料进行整理和分期研究，并作必要的发掘，取得系列样品，进行常规和AMS（加速器质谱计）的碳14年代测定。对于夏代来说，首要的当然是要从考古学上回答何种遗存是夏文化及其分期框架，并按期别和层位采集系列含碳样品，进行碳14测定。之后，与其他学科研究成果进行整合，确定夏代的起始与终结年代，提出夏代的“基本年代框架”。

① 邹衡：《试论夏文化》，《夏商周考古学论文集》，文物出版社，1980年；李伯谦：《东下冯类型的初步分析》，《中原文物》1981年第1期。
② 仇士华、蔡莲珍、冼自强、薄官成：《有关所谓“夏文化”的碳十四年代沉测定报告的初步报告》，《考古》1983年第10期。
③ 中国社会科学院考古研究所河南二队：《河南密县新砦遗址的试掘》，《考古》1981年第5期；赵芝荃：《略论新砦期二里头文化》，中国考古学会编：《中国考古学会第四次年会论文集》，文物出版社，1985年。
④ 李伯谦：《二里头类型的文化性质与族属问题》，《文物》1986年第6期。

针对这一目标,“夏商周断代工程”专家组经论证提出了“夏代年代学的研究”课题和与之相关的“商前期年代学的研究”课题,下面分别设有“早期夏文化研究”“二里头文化分期与夏商分界”及“郑州商城的分期与年代测定”“小双桥遗址的分期与年代测定”“偃师商城的分期与年代测定”等专题,每个专题下面又分别拟出需要发掘、通过发掘采集测年标本的遗址。后来随着工作的推进,又增加了“商州东龙山文化分期与年代测定”“新砦遗址的分期与年代测定”两个专题。

课题、专题和各专题拟发掘遗址的确定,是一个艰难的不同学术观点交锋、切磋并互相理解和包容的过程。我们专家组共 21 个人,做考古的有安金槐、邹衡、张长寿、俞伟超、严文明、殷玮璋和我 7 人。正如大家知道的,在夏文化和夏、商分界问题上,观点并不相同,安先生认为二里头文化一期和河南龙山文化晚期是夏文化,邹先生认为二里头文化一期至四期是夏文化而河南龙山文化不是,殷先生认为二里头文化二、三期是夏商分界,我则倾向于二里头文化和河南龙山文化是夏文化……经过多次交换意见和讨论,在坚持实事求是原则前提下,从不同学术观点中尽量汲取合理成分、汇聚最大共识,并相互体谅、包容,最后形成了上述几个专题和拟发掘的遗址,这恐怕是开展夏文化探索以来取得的重大进展,成为下一步工作的指导性纲领,真是来之不易。在拟出的需发掘的遗址中,除陕西商州东龙山是正在发掘的,其他如二里头、王城岗、新砦、郑州商城、偃师商城等都已经过发掘,有的还是发掘过多次的,如果不是断代工程,我想除了几个大的已被确定为都邑性的遗址,其他一些遗址恐怕很难再有动土的机会,即使有这样的可能,那也不会来得如此之快。另外还需说明的是,考古工作有自己的特殊性,限于条件和时间的限制,有些发掘不得不延续到“中华文明探源工程研究”阶段。

实践证明,正是这些遗址的重新发掘和后续发掘,才获得了意想不到的收获,这些收获有:

1.登封王城岗遗址发现了晚于原先小城的大城,其北墙打破了小城城墙,面积达34.8万平方米,是当时河南省已知龙山文化城址中最大的。

2.新砦遗址发现了河南龙山文化晚期和新砦期典型的地层叠压关系,以及龙山晚期和新砦期两座城址;新砦期遗存中含有一定数量的来自东方的文化因素,其本身尚可分为早、晚两段。

3.郑州商城与偃师商城的发掘发现了更为丰富的可用以比较研究其始建年代早晚的新资料。

4.这些新的发掘,都按期别和层位采集了较多的含碳样品,保证了碳14测年的需要;测年和制样仪器设备经过了必要的更新改造,提高了测年精度,保证了测年工作的顺利进行。

这些新的发掘和断代工程告一段落后的后续发掘及研究,特别是对系列含碳样品的碳14年代测定以及与文献、天文等有关学科成果的综合分析,才使得我们对以下几个问题有了比较明确的认识:

1.以王城岗河南龙山文化晚期大城—新砦期遗存—二里头文化构成了夏文化发展的完整系统。

2.登封王城岗河南龙山文化晚期大城的规模、年代、内涵表明,它即是文献中提到的“禹都阳城”的阳城所在地。

3.新砦期遗存含有较多东方文化因素的事实,证明文献所云“夷羿代夏”可能确有其事,该类遗存即是夷羿“因夏民以代夏政”时期的遗存;晚于它的二里头文化则是“少康中兴”至夏桀灭国时期的文化遗存。

4.郑州商城宫城是在商灭夏前于亳地建立的城邑基础上兴建的,郑州商城宫城、内城、外郭城是汤灭夏后所建的国都——亳,偃师商城与郑州商城基本同时而略晚,是后来被称为“西亳”的陪都。

5.二里头文化四期晚段实现了商灭夏的政权更迭,商文化代替夏文化的重大变化则是在郑州商城作为国都和偃师商城作为陪都始建时才明显显现出来的。

6.夏文化兴起于河南龙山文化晚期，消亡于二里头文化四期，夏商周断代工程根据碳 14 年代测定和文献学、天文学等学科研究成果给出的夏朝年代是公元前 2070—前 1046 年。

## 三、“中华文明探源工程预研究”以来夏文化研究的新进展

“中华文明探源工程预研究”课题是 2004 年正式启动的国家重大课题“中华文明探源工程”项目的准备，始于 2001 年，止于 2003 年，重点是梳理公元前 2500 年至公元前 1500 年中国古代文明发展的状况，为正式启动“中华文明探源工程”铺路。“中华文明探源工程”目前已进行了四期，第五期是否继续尚未最后确定。通过十五年的辛勤工作，取得了丰硕的成果，仅就与夏文化探索有关者而言，即可举出以下诸项：

1.发现并发掘了从河南龙山文化至二里头文化的多座城址，包括前面提到的登封王城岗河南龙山文化晚期大城、新密新砦河南龙山文化晚期城和新砦期城、荥阳大师姑二里头文化城、偃师二里头宫城及多座大型宫殿基址，新发现的新郑望京楼二里头文化城、郑州东赵新砦期城和二里头文化城等。为研究夏时期的文化面貌、社会结构提供了直接证据。

2.围绕上述发现的重要城邑、聚落，运用现代科学技术手段和方法展开了环境、生物、经济、技术、贸易等多方面、多角度研究，深化了对当时社会发展的高度认知。

3.扩大了对中原地区龙山至二里头文化分布区以外地区相关遗存的调查发掘，加大了夏时期中原地区与周邻地区文化关系的研究。

“中华文明探源工程”项目尚未结项，更多成果尚未披露，其中是否有关于夏文化的新认识、新观点我们将翘首以待。

“夏商周断代工程”对各学科发展起到的推动作用是多方面的，就考古学来说，对夏文化的确定我认为是最值得称道的。

（本文作者为夏商周断代工程首席专家，北京大学震旦古代文明研究中心主任、教授）

# 中华人文传统与古国兴衰

葛英会

## 一

华夏文明探源工程的研究成果表明，在距今5500—4300年前，古代东方的两河（黄河、长江）流域已进入到文明初现、早期国家开始形成的历史阶段。国内考古学界多年来通力合作，通过对我国初史阶段聚落形态的全方位考察与比较研究，把这一阶段定义为“古国”或“邦国”林立的时期，并以此时期与传统史学所谓的五帝时期大致相当。而在这个时期的末叶，即距今4500年前后，一些地区的古国或邦国，已率先进入中国古史的“王国”阶段，由此开启了中华文明的全新时代。

在有关华夏文明起源问题的研究中，国内学术界多是用“多元一体”来概括这一历史进程的。但是，华夏文明到底是经由怎样的途径由多元而融为一体的，却存在着不同甚至相反的见解。简言之，即由“满天星斗”般古国文明到逐渐趋同化异的王国文明之间，究竟是以辐辏的形式由周邻古国向中原地区汇聚融合而成，还是以辐射的形式由中原古国向周邻扩张，伴以交互影响、共同构筑而成，这是大家关注、争议的一个焦点问题。

学术界的上述分歧，是伴随中原与周邻各地区古国时期的聚落考古研究逐步形成的。相关研究主要集中在中国城邑、坛庙冢规模与功能的研判，出土遗物在器类、材质、数量、制作工艺与社会意义等方面的对比分析。如以红山文化与仰韶文化的比较研究，由于后者缺乏可与前者相匹敌的坛庙冢和成套玉礼器，过去大家多认为在社会文明的发展进程中，后者要落后于前者。而前者约在距今5000年以前，已率先进入到古国阶段。再如古国阶段后期峙立南北的良渚文化与陶寺文化，前者地处长江下游，有发达的稻作农业；后者地处黄河中游，有发达的粟作农业。两地古国都构筑有超大型上古都邑与环围布列的聚落群体。都邑内外有序分布着功能不同的大型建筑及随葬有精美器物的贵族墓地。学术界在对两处古国文化作对比研究时，虽然都把陶寺文化看作中原地区首屈一指的古国文明，却因良渚文化数量众多的玉质礼器的涌现，似乎也显得相形见绌，大为逊色。因此，良渚文化就成为大家公认的古国文化的璀璨明珠。

## 二

但是，随着相关研究的不断深入，两个无论如何都无法绕开的问题摆在了大家面前：第一，五千年薪火相传的华夏文明的主要根脉究竟在哪里？第二，中道殒落的古国明珠红山文化与良渚文化，其在华夏文明进程中是否具有引领意义？这些关系到华夏文明起源与发展路径的问题，是必须认真面对并认真回答的。笔者关注到，近年来在有关文明探源的论谈中，北京大学考古文博学院李伯谦教授已经多次就上述问题进行思辨与解析，运用现代考古学资料与文献学口述史资料的交互印证,刻意透过考古学物质文化的表象去挖掘华夏文明的人文传统与思想内涵。他在《黄帝时代:从原始社会向国家社会转型的一个重要时期》(见刘五一主编:《具茨山与中华文明》)一文中,在全面对比黄帝时代(指五帝时期,即古国阶段)中原与周邻的考古资料后,李先生对华夏文明的演进历程作出了以下表述:“中原地区仰韶文化到龙山文化为代表的这个文化系统,过去在考古学界都认为是比较落后的……后来我们考虑,觉得这可能不是落后的表现,而恰恰是它所走道路不同的表现。”相对红山文化与良渚文化大量的美不胜收的成套玉礼器,他指出中原走的是考虑到国家永续发展,不把大量社会财富贡献给神灵的“比较简约的,不那么铺张浪费”的道路,而这样的道路恰恰是先进的,而不是落后的。李先生联系红山与良渚两支古国文明先后陨落的史事,说:“中原地区仰韶文化、龙山二里头、夏、商、周一代一代接着延续下来了……我们中国五千年文明史没有间断”,“因此它是中华文明的核心文化,是中华文明的代表性文化,只不过在它的发展过程中,把周围那些曾经辉煌一时的文化因素逐步地吸收进来,融合进来,越来越壮大,后来才会有我们现在的960万平方千米范围之内的华夏文化为核心的中华文化”。笔者完全赞同李先生对“多元一体”华夏文明演进路径的阐释,因为这个阐释真实客观地勾勒出中华文明的成长过程。

李先生认为,中原地区仰韶文化、龙山文化与周邻红山、良渚等地方文化选择不同的发展道路,是因思想信仰不同而造成的。红山、良渚文化坛庙冢设施铺张靡费,根源在于膨胀的自然神崇拜;中原地区墓冢设施较为简约,是基于比较淡薄的祖先崇拜。我们理解,中原地区在文明演进过程中选择相对简约的道路,可能不仅仅在于其比较淡薄的祖先崇拜,而在于其本身就是包括享祀祖先在内的各种社会行为应该遵循的基本原则。

回望以往有关华夏文明发展进程的研究,主要是依据考古所获实物资料进行的,而对早期典籍的传说即口述史资料则重视不足。借助前者,我们只能透过物质的表象推论其思想内涵,后者则以文字形式,直接追述了古国阶段的社会状况以至于思想理念。这就要求我们的研究工作,两类资料都不可偏废,都要着力开掘与考察。

## 三

众所周知,中华民族是一个崇尚节俭、反对奢靡的民族。如大家耳熟能详的警世格言所说:“历览天下国与家,成由勤俭败由奢。”这无疑是古今不变的至理名言。这里所说的俭与奢,不是指芝麻绿豆大的小事,而是关系家国成败、民族兴亡的大道理,在古代礼制中也是重要的观念性问题。《论语·八佾》记载鲁人林放问孔子礼的根本是什么,孔子回答说:“大哉问!礼,与其奢也,宁俭。”孔子讲,林放问的是关于礼制的大事,礼的本义是无论做什么都要适当得体,与其过于奢华,宁可节俭质朴。

我们讲中国自古就是一个礼仪之邦,是讲华夏文明是以礼制维系的文明体系。这个文明体系提倡俭以养德、德以裕民;反对奢靡昏德,民坠涂炭。这是一个基本的思想原则。尽管历史中因奢靡淫逸而误国者不乏其例,但尚俭崇德的人文精神是深深融入华夏文明的血脉之中的。

《尚书》有《五子之歌》,记载夏启立国不久,子太康盘游无度,逸豫灭德而失其邦国,太康昆弟五人遂作歌述大禹之戒:“内作色荒,外作禽荒,甘酒嗜音,峻宇雕墙,有一于此,未或不亡。”大禹告诫后嗣的话,大意是说贪好女色,耽于田游,沉湎美酒与靡靡之音、耗费民财营造华丽宫室的,没有不招致灭亡的。《商书·伊训》述成汤既没,太甲即位,伊尹以烈祖(成汤)之成德训诫太甲不可沾染三风(巫风、淫风、乱风)、十愆(恒舞于宫,酣歌于室,殉于货、色,恒于游、畋,侮圣言,逆忠直,远耆德,比顽童)等劣俗陋习,谓:“惟兹三风十愆,卿士有一于身,家必丧;邦君有一于身,国必亡。”

华夏优秀人文传统的延续，不仅在于德教昌明、民风淳朴，同时也有赖于历代忠贞死谏之士不畏淫威，敢于植有礼，覆昏暴，为民请命。《书》载商中兴之王高宗武丁，因其庙祭靡费，享献祢庙牺牲、粢盛过于丰厚，遂有太子孝己，辅相傅说严词反对，指斥武丁违离先王成宪，训诫他不可“黩于祭祀”（《商书·说命》），“典祀无丰于昵”（《商书·高宗肜日》）。告诫武丁应慎敬民事，典祀要恪守常法，享献牺牲、粢盛、尊彝、俎豆等不得靡费。至殷商末世，纣王黩武、黩祀，酒池肉林作长夜之饮，奢靡淫逸之风大盛。于是，有微子数谏，箕子佯狂，比干以死抗争，百姓怨，诸侯叛，前徒倒戈，天下群起而攻之，最终被倡行德政的周武王所灭。于此可见优秀文化传统在文明进程中的无穷力量。

就已知的古国阶段的考古资料来看，如红山与良渚文化遗存的大型祭坛、神庙，成排布列的石构或土墩式贵族墓葬，牛河梁神庙个体硕大的女神塑像，良渚大墓的数十件乃至上百件玉礼器，虽不能断言它是巫风泛滥并造成古国倾覆，但联系颛顼曾在中原推行“绝地天通”即禁绝神权干预王权的宗教改革，似乎也存在着相当的可能性。在同一时期的中原古国，大型的贵族墓葬数量极少，随葬物在材质、数量、制作工艺等方面，都不能与前者相提并论。以灵宝西坡与襄汾陶寺大墓为代表的墓葬资料，或许正体现了比较简约而不铺张的人文精神。

## 四

中华优秀文化的延续，是以礼制精神为依归的。诚如孔夫子所说：“周监于二代”（《论语·八佾》），“殷因于夏礼”“周因于殷礼”“或继周者，虽百世，可知也”（《论语·为政》）。故《礼记·礼器》说：“三代之礼一也，民共由之。”我们相信，战国秦汉集结成书的三礼，此前各代之间虽然会有所损益，但其基本的礼制精神均有其悠远的历史渊源。

大家知道,古代中国的祭祀活动大致分为两类:一是郊祀天地,一是庙祭先祖。据经典文献所述,郊祀的核心理念叫"报本反始",庙祭的基本精神称"慎终追远"。

《论语·学而》:"曾子曰:慎终追远,民德归厚矣。"孔安国所作传文有这样的解说:"慎终者,丧尽其哀;追远者,祭尽其敬。君能行此二者,民化其德,皆归于厚矣。"大意是讲父母寿终,丧礼谨慎,尽其哀痛之情,就是"慎终";亲葬日远,感念追享,尽其敬诚之意,就是"追远"。居上位者能做到这两点,民之德教风化就会归于淳厚。

"报本反始",语出《礼记·郊特牲》,说:"地载万物,天垂象。取材于地,取法于天。是以尊天而亲地……所以报本反始也。"这里讲,天体垂象,取法于天,先民由此知晓四时与耕作季候。地载万物,取材于地,官民于是取为养生之本。所以以敬诚之心尊天亲地,以报天地恩德。这即是古人所说的"报本"。《礼记·礼运》:"夫礼之初,始诸饮食。其燔黍捭豚、污尊抔饮、蒉桴而土鼓,犹若可以致其敬于鬼神。"故"养生送死,以事鬼神上帝,皆从其朔"。这就是古人所说的"反始"。报本反始的中心思想是教诫人们,祭祀天地鬼神,要尊天敬地,感念其养育之恩;而不是厚葬黩祀,追求奢华。《礼记·礼器》说:"礼也者,反本修古,不忘其初者也。"这应该就是古代祭礼的基本理念。

正是基于"慎终追远"与"报本反始"的礼制精神,质朴简约、回归初始就成为古代祭礼提倡的理想做法。在《礼记》一书的相关篇章中,可以找到不少具体记述。

有关郊祀天地的场所的选择,《礼运》篇说:"因天事天,因地事地","为高必因丘陵,为下必因川泽"。《郊特牲》说:"扫地(即除地为坛)而祭,于其质也。"丘陵、川泽、大地就是郊祀天地的天然而又理想的场所。

古代祭祀用酒,以清水为上品,称为"玄酒"。《礼运》说:"玄酒以祭。"《礼器》说:"醴酒之用,玄酒之尚。"讲醴酒与酒之美者,而祭祀陈尊(酒器),

以玄酒列于上位，醴酒设在下位。这种以玄酒为尊的做法所传达的就是返本修古之义。

《礼记·礼器》述祭祀用牲，说："牲不及肥大，荐不多美品。""羔豚而祭，百官皆足。大牢而祭，不必有余。"古代祭祀享献用特(或牛，或羊，或豚，一只为特)，故郊祀天地，礼称郊特牲；享祭先祖，礼称特牲馈食。

《礼记·礼器》述祭祀要"合于天时，设于地财，顺于鬼神，合于人心"。《礼义》记祭祀要节制有度："祭不欲数，数则烦，烦则不敬；祭不欲疏，疏则怠，怠则忘。"即做到不数不疏、敬而不忘就符合礼的本义了。

祭祀天地鬼神，追溯人类自身繁衍生息的根本，以敬诚之心感念天地与先祖的养育之恩，是中华人文传统的重要组成部分。《礼记·礼运》说："夫礼，必本于天，殽于地，列于鬼神……故圣人以礼示之，故天下国家可得而正也。"古之主民事者，在祭祀问题上，是简约修古以致敬诚之心，还是耗费民财奢靡事神，可视为其行为取向是否文明的分水岭。我们认为，从这种视角去考察五帝时期古国文明的演进历程，其结论似乎更加合理。

以上我们依据《尚书》与《礼记》的相关记述，对古代祭祀的理念与制度进行了一番讨论，资料的选择不能面面俱到，内容理解可能存在失误，但我们相信，以考古资料补充文献资料的不足，反过来以文献资料去除考古资料的局限，可以使我们对古国兴衰以及中华文明发展历程的认识更加深入。

## 五

中华文明是以农业文化为基础的文明体系，讨论中华古国文明的演进历程，其时的农业文化应是中心议题。多种文献浓墨重彩的大禹治水的故事，无疑是五帝时期末叶关于农业文化的不朽剧目。大禹治水的故事家喻户晓，它不是大禹个人史诗般英雄人物的独角戏，故事的内容也远远超出了平治水土本身。因此,各种文献对大禹治水的功绩都给予很高的评价。如将其平治水土的功业称作“平天下”(《荀子·成相篇》)、使“诸夏艾安”(《史记·河渠书》)、“定千八百国”(《淮南子·修务训》)。可见,其时的治水工程,是关系到“诸夏”乃至一些周邻古国的大事业。可以设想,禹之所以能“通九道,陂九泽,度九山”,“以别九州,随山浚川,任土作贡”,成就这项伟大事业,绝非是单凭一己的谋略或一邦一国的力量所能实现的。因而,能否号令以及如何号令诸夏或更多古国官民参与治水、协同治水,才是治水能否成功的关键。当然,要做到号令古国官民,协力同心,共图大业,则不是振臂一呼就可以办到的,也不是强征民力能奏效的。而治理者率先垂范,以德御民,就成为无可替代的法宝。禹能够治水成功,即在于他是这样的治事者。《史记·河渠书》引《夏书》说:“禹抑水十三年,过家不入门。”《淮南子·修务训》说:“禹沐浴淫雨,栉扶风,决江疏河。”《荀子·成相篇》说:“禹立,勤劳天下,日夜不懈。”“疏三江五湖,注之海,以利黔首。”大禹能有如此作为,其根本还在其自身修为。《虞书·皋陶谟》这样评说禹的品格:“慎厥身修,思永。”“允迪厥德,谟明弼谐。”“克勤于邦,克俭于家。”《虞书·大禹谟》自述其为政的根本在尚德,在为民,说:“德惟善政,政在养民。”

十年前,保利博物馆购藏的西周中期遂公盨,其铭文追述大禹平治水患并导民以德的史事,证明文献中有关大禹治水的故事,并非仅仅是神话传说。大禹治水故事所传达的人文精神,与中原地区仰韶文化到龙山文化的人文传统是一致的。这种人文传统就是中华文明的根基所在。

(本文作者为北京大学考古文博学院教授)

# 夏禹与匈奴、西羌

葛志毅

禹本应起于西方,后进入中原,加入尧舜部落联盟,因治水有功受封,建立夏朝,于是成为中原的先住民,受到商、周的尊崇。中国上古与西北联系密切,如《史记》之说,夏、商、周、秦、汉之兴皆与西北有关。《史记·六国年表序》:“夫作事者必于东南,收功实者常于西北。故禹兴于西羌,汤起于亳,周之王也以丰、镐伐殷,秦之帝用雍州兴,汉之兴自蜀汉。”此外,“夏”原本作为地名,也有西方的内涵。史学家范文澜曾指出,中国西部地区称为夏。郑大夫子西名夏,是夏有西义。夏又含有雅、正、大等义。宗周诗篇称雅诗,秦风诗篇称夏声,夏声即雅诗,就是用西方人的声音歌唱的诗篇。东方齐、鲁、卫等大国诸侯本从西方迁来,因之东方诸国称东夏,东西通称为诸夏。[1] 总之,夏禹族的族源应起自西方,其中最有影响者应为禹兴于西羌说。

《史记·匈奴列传》称匈奴先祖为夏后氏苗裔,徐中舒据此提出商灭夏之

① 范文澜:《中国通史简编》,人民出版社,1964 年,第 179—180 页。

后,夏人一部分北迁为匈奴,一部分南迁为越。[①] 考当时情势,夏桀之子北奔之后,以夏朝余烈统合草原诸族,聚合为匈奴族体。[②] 就是说,匈奴的统治者是以夏桀之后的夏人余众为主体,在他们治下的是原草原诸族。匈奴立国与后世辽灭于中原之后,耶律大石西迁建立西辽相似。耶律大石最初西行至达喀喇汗王国境内,被当地一些小国的统治者尊为“古尔汗”即“众汗之汗”。后定都虎思斡尔朵(今吉尔吉斯斯坦的托克马克),史称“西辽”。虎思斡尔朵地区宜农宜牧,居民有契丹人、汉人、回鹘人和其他突厥语部落。西辽境内各属国、属部的统治者仍维持着各自的统治,西辽朝廷只是派出少数代表分驻各地,监督当地原来的统治者,使他们臣服和纳贡。[③] 西辽就是这样一个以契丹贵族为统治主体,其治下包括汉人及境内草原各族的国家共同体。夏人余众建立的早期匈奴国家体制与西辽相似。夏人余众后来则以统治部族的身份同化于治下的草原各族之内,如有记载指出:“夏桀无道,汤放之鸣条,三年而死,其子獯粥,妻桀之众妾,避居北野,随畜移徙,中国谓之匈奴。”(《史记·匈奴列传》索隐)即夏桀之子已同化于草原部族,如按中国古代因俗而治的故例亦无足怪。如:“太伯端委以治周礼,仲雍嗣之,断发文身,裸以为饰。”(《左传·哀公七年》)《吕氏春秋·贵因》载:“三代所宝莫如因,因则无故……禹之裸国,裸入衣出,因也。”这种因俗而治的传统渊源久远,夏人余众以统治者身份同化于草原诸族是较早的例子。中国北方包括东北与西北,自古就是众多民族混居杂处之地,多为游牧迁徙民族,不常厥居。虽部落种族不一,但往往因有强者骤出其中而纳合诸族于一共同体之中,并由此强者君临其上而治之,最终亦会因此强者衰败导致各族离心而分离。北方草原上反复上演着如

---

① 徐中舒:《夏史初曙》,见《徐中舒历史论文选辑》下册,中华书局,1998 年。徐说影响较大,其实此前闻一多说过类似之言,见其著《神话与诗》,华东师范大学出版社,1997 年,第 35 页。

② 《史记·匈奴传》谓匈奴先祖夏后苗裔曰淳维,《索隐》谓夏桀之子獯粥,即淳维,又称荤粥、猃狁、匈奴,是匈奴之称得于夏桀之子之名。

③ 张岂之主编:《中国历史·隋唐宋卷》,高等教育出版社,2001 年,第 198 页。

此民族聚散兴衰的循环离合史。其中较早者如秦汉之际的匈奴，以武力聚合北方诸族为一，“皆以为匈奴，诸引弓之民，并为一家”（《史记·匈奴列传》）。其后有鲜卑、突厥、契丹、女真、蒙古、满族等，因此，多元一体成为中国历史之一特点，无论长城南北的民族大抵皆如此。但绝不会因此在一体的名义下完全泯灭各个民族乃至部落种族间的族系区别，在北方草原的民族尤其如此。从北方民族这种聚散无常的历史发展来看，匈奴为夏后亦绝非不可能。自汉唐以来就有三代以上北方民族同源为一之说，至近代王国维总其成，提出商周间鬼方、混夷、獯粥，宗周时猃狁，春秋时戎、狄，入战国后的胡，都与匈奴同族，实为一族。此说影响之大，一时翕然信从。唯蒙文通首先出来反对，后颇有应者。[1] 其实上下几千年，纵横万余里，游牧迁徙往来无常的先秦北方诸族怎么可能是一族呢？先秦时北方诸族林立，混居离合不定，而且各称雄长，互不相下，其族系是多元的。匈奴为夏后更可证明此点，即中原的夏族余众一支北迁，又统合一部分草原民族而混居其中，随即同化于北方民族，原来的夏人成为匈奴。此与后来匈奴西迁，其余众混居同化于鲜卑，大月氏西迁，其余众混居同化于羌胡之中相似。所以同化为匈奴的那部分夏人未必一定是原居于北方草原的民族，这是与北方民族多元性相关的现象。其实若细究夏族渊源，它亦不完全是原居于中原的土著，这要从禹出于西羌谈起。

在记载中有“禹兴于西羌”之说，如《史记·六国年表序》，又《集解》引皇甫谧曰：“孟子称禹生石纽，西夷人也。传曰‘禹生自西羌’是也。”又见《新语·术事》《吴越春秋·越王无余外传》《后汉书·戴良传》。《史记·夏本纪》正义：“扬雄《蜀王本纪》云：‘禹本汶山郡广柔县人也，生于石纽。’《括地志》云：‘茂州汶川县石纽山，在县西七十三里。’《华阳国志》云：‘今夷人营其地，方百里不敢居牧，至今犹不敢放六畜。’按：广柔，隋改曰汶川。”又《荀子·

① 林幹：《匈奴史论文选集(1919—1979)》，中华书局，1983年，第1—2页。

大略》:“禹学于西王国。”由于禹兴于羌戎之地,于是记载中又有“戎禹”之称。如《潜夫论·五帝德》、《太平御览》卷八十二引《尚书·帝命验》谓修纪“生姒戎文命”,注“禹生戎地”,均为其例。从相当多的记载推断,禹确应与西羌有渊源。如据《后汉书·西羌传》曰:“西羌之本,出自三苗,姜姓之别也。其国近南岳。”据此,则禹与西羌的关系,当从姜姓祖先四岳说起。四岳姜姓,《左传·庄公二十二年》:“姜,大岳之后也。”《左传·襄公十四年》姜戎子自言:“我诸戎是四岳之裔胄也。”《国语·郑语》:“姜,伯夷之后也。”韦注谓伯夷乃“四岳之族”。《山海经·海内经》:“伯夷父生西岳,西岳生先龙,先龙是始生氐羌。”这些记载可证西羌出于姜姓四岳,四岳曾佐禹治水,治水功成与禹同受封赐,禹“赐姓曰姒,氏曰有夏……祚四岳国,命以侯伯,赐姓姜,氏曰有吕,谓其能为禹股肱心膂,以养物丰民人也”[①]。禹与羌族先祖不仅曾共事,而且关系密迩,殆由此引出禹与西羌的关联,且生出禹兴于西羌之说。由《山海经》“西岳生先龙”一语,多少也可透露一些夏人龙崇拜的渊源。陈梦家曾提出如此看法:“羌可能与夏后氏为同族之姜姓之族是有关系的。”并推测:“羌为与夏同族之人。”[②]徐中舒认为,夏王朝的主要部族是羌。[③] 由于禹与西羌的关系,导致夏族与西羌的渊源。《书·禹贡》:“织皮昆仑、析支、渠搜,西戎即序。”西戎之地曾经禹的经营勘定,亦当留下禹的足迹,故《汉书·西域传》曰:“《书》曰:‘西戎即序。’禹即就而序之,非上威服致其贡物也。”西戎析支是西羌自古以来世代繁衍生息之地,《后汉书·西羌传》谓西羌“滨于赐支,至于河首,绵地千里。赐支者,《禹贡》所谓析支者也。南接蜀汉徼外蛮夷,西北〔接〕鄯善、车师诸国。所居无常,依随水草”。是羌为西戎,居地广袤,种落繁多,与西域诸国居地接邻,其与匈奴亦有联系。《史记·匈奴列传》:匈奴“右方王

① 《国语·周语下》。
② 陈梦家:《殷虚卜辞综述》,科学出版社,1956年,第282页。
③ 徐中舒:《徐中舒历史论文选辑》下册,中华书局,1998年,第1356页。

将,居西方,直上郡以西,接月氏、氐羌"。《史记·大宛列传》:"匈奴右方,居盐泽以东,至陇西长城,南接羌,鬲汉道焉。"即按匈奴大帝国的构成框架,羌本在此帝国辖域之内。由于羌系属于匈奴及其地理位置的原因,汉出于伐匈奴的需要,必须隔断它与匈奴的联系,以削弱匈奴的力量,此即《汉书·西域传》所云:"孝武之世,图制匈奴,患其兼从西国,结党南羌,乃表河〔西〕列〔四〕郡,开玉门,通西域,以断匈奴右臂,隔绝南羌、月氏。"综上所述,古书记载禹兴于西羌,有学者据此进一步指出夏人主要为羌族,肯定了夏与羌之间存在甚深的联系。后来羌族又曾是匈奴大帝国之内的民族构成成分,只是因为汉征匈奴始阻断匈奴与羌的关系。那么,夏桀之子北奔为匈奴,犹夏人回归到羌人旧日的草原生活,这在古代社会经济生活相对不那么稳定,随时可能因外部条件改变而改变的历史,没什么特别或不可能。因此,匈奴为夏后苗裔说亦是可信的。

匈奴既为夏后苗裔,因此它把夏人的龙崇拜也带至北方草原,匈奴所谓龙城、龙庭、龙祠集中反映了其龙崇拜习俗。《史记·匈奴列传》:"岁正月,诸长小会单于庭,祠;五月大会茏城,祭其先、天地、鬼神。"按"茏"与"龙"同,《汉书·匈奴列传》作"龙城"。[①]《索隐》:"崔浩云:'西方胡皆事龙神,故名大会处为龙城。'《后汉书》云:'匈奴俗,岁有三龙祠,祭天神。'"崔浩所言很重要,因为他仕北魏鲜卑,深知北方民族习俗。王先谦《汉书补注》亦引《晋书·载记》曰:"慕容皝使阳裕、唐柱等筑龙城,构宫庙,犹循旧俗也。"按慕容皝为前燕鲜卑主,亦知匈奴龙崇拜之俗。泷川资言《史记会注考证》引丁谦曰:"龙城即后文龙祠。考单于庭南有泊曰台鲁儿和赫,相传为龙所潜,故于五月祀之,并祭其先及天地鬼神也。班固《燕然山铭云》:'绝大漠,逾涿郡,乘燕然,至龙庭。'《史记》《汉书》:'岁五月,大会龙城。'《后汉书》:'会五月龙祠。'曰

① 《逸周书·王会》后附《伊尹朝献》所列方国正北有匈奴,又有"其龙",陈逢衡认为"其龙"在匈奴龙城左近,记疑待考。见黄怀信等:《逸周书汇校集注》下册,上海古籍出版社,1995年,第981页。

龙庭,曰龙城,曰龙祠,名虽异而地则同。”按:此龙城、龙庭、龙祠集中反映了匈奴受之夏的龙崇拜。[①]

匈奴把夏人的龙崇拜带至北方草原,与北方多马相关,终使龙崇拜与草原地区的马崇拜结合起来。[②]

## 结语

从夏禹与匈奴及西羌的关系看,中国上古文化与西北地区关系密切,但《史记·封禅书》:“昔三代之居皆在河洛之间。”《货殖传》:“昔唐人都河东,殷人都河内,周人都河南。夫三河在天下之中,若鼎足,王者所更居也,建国各数千百岁。”按三代所居为中原的情况,应稍晚,至早不过尧舜时代。禹从西羌加入尧舜部落联盟,对此局面的形成有促进作用。《孟子·离娄下》谓舜为东夷之人,文王为西夷之人,“地之相去也,千有余里,世之相后也,千有余岁,得志行乎中国,若合符节。先圣后圣,其揆一也”。由于从尧舜时以迄三代,“得志行乎中国”之接续进行,中原文化区域的中心最后形成。按“唐人都河东”,河东地区在今晋南,旧说尧都平阳,舜都蒲坂,禹都安邑,都在今晋南,当为其时尧舜部落联盟所在,禹加入部落联盟,故最初亦建都于此。《史记·封禅书》正义引《世本》:“夏禹都阳城,避商均也。又都平阳,或在安邑,或在晋阳。”按晋阳亦应在河东晋南地区。《左传·定公四年》说封唐叔于夏虚,杜预注说为大夏,“今太原晋阳也”。顾炎武则从服虔“大夏在汾浍之间”,后多

---

① 泷川资言于引丁谦之言后有曰:“愚按,龙,胡语,其义未详,必非蛟龙之龙,故又作茏。”甚误。如谓丁谦言之不足信,上引崔浩、慕容皝可为足证。殷代卜辞见龙方,陈梦家认为龙方与匈奴有关,并认为《左传》所记豢龙氏、御龙氏之事应当有来源。就是说,他相信匈奴的龙崇拜意识。见陈梦家:《殷虚卜辞综述》,科学出版社,1956年,第283页。

② 葛志毅:《奚仲作车考论》,《古代文明》2010年第3期。

赞同其说。[1] 按:“汾浍之间”亦在晋南地区。关于太原晋阳,郑玄说唐尧旧都此,后迁河东平阳[2],顾炎武则认为叔虞始封之唐,“北距晋阳七百余里,即后世迁都亦远不相及”[3]。按太原晋阳已近北方草原地区,不排除有夏人活动踪迹的可能,如夏末桀子北迁匈奴,其迁徙路线即可能与此有关;而晋北地区至少自夏商以来,就有北方草原民族的出没活动。古本《竹书纪年》记夏桀居斟鄩,在今洛阳东。《史记·夏本纪》谓汤伐桀,桀走鸣条。鸣条,或说在安邑西,或说在今河南封丘县东,南近黄河。《史记·匈奴列传》索隐引《括地谱》云:汤放桀鸣条,三年而死,其子妻桀众妾,避居北野。如果桀子从鸣条出发,其北徙路线有北魏孝文帝由塞外平城南迁洛阳之事作比较。详其地望,太原晋阳适当其迁徙中途,那么,可借孝文帝迁洛想见桀子北徙的路线。桀子之所以北徙不排除夏族与北方民族间的某种夙缘。

(本文作者为中国先秦史学会副会长、大连大学中国古代文化研究中心教授)

---

① 詹子庆:《走近夏代文明》,东北师范大学出版社,2006年,第103页。
② 郑玄:《诗谱》,《十三经注疏》上册,中华书局,1980年,第360页。
③ 〔清〕顾炎武:《日知录》,岳麓书社,1996年,第1112页。

# 关于夏代历史的争论

朱彦民

一直以来夏代被当作中国王朝历史的开端,夏、商、周“三代”一脉相承。司马迁写《史记》,根据他所掌握的王室档案材料写成的《夏本纪》,详细地记载了夏朝世系和夏代兴亡的历史过程。这为中国古代史学家所确信无疑,然而这种情况一直到了近现代有了一些变化。

## 一、古史辨派对夏代历史的质疑

20世纪二三十年代,在继承清代一些学者疑古的基础上,兴起一股疑古思潮,以著名学者顾颉刚为首的“古史辨派”,以所谓“层累造成的古史系统”立说,质疑中国历史上夏代的存在,从而导致夏代信史地位开始动摇。

顾颉刚认为:大禹是神不是人,大禹的神话可能是因九鼎而起;最早文献记载的禹是禹,夏是夏,两者毫无关系;启、三康、五观和羿、浇的故事是后人编造的,是传说,不是夏代的史实。但顾先生不怀疑夏朝的存在,他依据文献,对夏的都城和疆域做了探索,并试图用仰韶文化和龙山文化的考古资料来印证夏朝的存在。

即使在古史辨派最兴盛的时候,也并不是所有的古史辨派学者都质疑夏代的存在。那时采取极端怀疑主义立场的学者主要有两位:一位是杨宽,他认为“夏史大部为周人依据东西神话辗转演述而成者”。另一位是陈梦家,他认为夏史乃全从商史中分出。其他多数学者虽亦对史载夏的某些内容有过不同程度的怀疑,然基本上并不否定夏在历史上的存在。

## 二、国外学者对夏代历史的否定

受古史辨派影响,一些学者,尤其是一些国外学者至今仍然对夏代历史持怀疑甚至全否定的态度。

其中最具代表性的是当代美国汉学家艾兰。她从夏代神话传说推理论证,这些神话不能明确告诉世人夏的真实历史,提出了“夏代是商代的倒影”说。她认为商人有一个关于“夏人”的神话,那其实是自己的倒装形式,那些“夏人”是玄色的水界之民,最终被商人的太阳之王所克。当周人灭商后,他们提出天运轮转理论,这个商人关于“夏人”的神话于是变成了一个真实存在过的王朝。

苏联学者刘克甫、美国学者倪德伟、澳大利亚学者巴纳等从不同的角度对夏代历史进行了论证,均认为关于夏代的记载都是后人伪托的神话,不是史实。近年出版的《剑桥中国上古史》,也坚持不列“夏朝”一章,就是国外学者对待中国夏代历史的一种态度表现。

除了国外学者,复旦大学陈淳教授也声称“夏是西周统治者杜撰的朝代”,理由之一就是商代甲骨卜辞中未见有关于夏的只言片语。

## 三、走出疑古时代——重建夏代历史

20世纪二三十年代，另有一个学术派别即以罗振玉、王国维为首的“罗王之学”与“古史辨派”相对抗。王国维在其《殷卜辞中所见先公先王考》《殷卜辞中所见先公先王续考》等著述中，利用甲骨文资料，将商代君王世系考证得确然明晰，且与《史记·殷本纪》等古籍记述一一对照，很是吻合。于是他认为，司马迁在著述《史记·殷本纪》时，是有所依据的，不是向壁虚造的。在此基础上，他于《古史新证》中进一步断言：“……由殷周世系之确实，因之推想夏后氏世系之确实，此又当然之事也。”他更进一步推论：“经典所记上古之事，今日虽有未得二重证明者，固未可以完全抹杀也。”

此后，对夏代历史重建有所建树的首推郭沫若。郭沫若指出：“殷周之前中国当得有先住民族存在，此先住民族当得是夏民族，禹当得是夏民族传说中的神人。”他还提出夏民族向北迁徙、夏与甲骨文土方关系等看法，他推测夏民族“有一部分系逃往南方”。徐中舒、胡厚宣等追随其后，发挥了对这一问题的观点。

新时期以来，研究夏代历史最著名的是李学勤先生，他提出：“在现在的条件下，我看走出‘疑古’的时代，不但是必要的，而且也是可能的。”关于夏代历史的研究，李最早指出考古发现的夹杂在郑州商文化和龙山文化的“洛达庙期”文化，最可能是夏代的。他还指出，虽然古本《竹书纪年》有其时代和思想的局限，但可以从世系、事迹、都邑、年代等几个方面证实夏代历史的史料价值，有“珍贵的内涵”，应当予以重视。凡此种种研究，都为夏代历史的重建，奠定了坚实的基础。

## 四、夏代历史的四方面证据

现在我们有足够的证据表明,夏代的历史存在不容置疑。

(一)先秦文献中的夏代记载

在古典文献中,有许多关于夏代历史的记载。比较可信的《尚书·周书》中记录了大量的夏代历史片段,如"用肇造我区夏"(《康诰》)、"我受天命,丕若有夏历年"(《召诰》)、"乃惟有夏图厥政"(《多方》)。从《尚书·周书》称述夏代记载来看,至少可以得出如下结论:"在殷代之前有一个夏代,这个夏代是夏族建立起来的。周人自称是夏族之后……"(赵光贤语)

此外,《礼记》《孟子》《诗经》《国语》等其他的先秦古典文献中同样多有夏代历史的记录。这足以证明夏代的存在乃历史事实,不容否定。

(二)出土文献的辅证资料

据传宋代宣和年间出土于临淄的一组春秋时期的青铜器叔夷钟,其铭文追述宋人祖业:"夷典其先旧,及其高祖,虩虩成唐(汤),又(有)敢(严)才(在)帝所,尊受天命,篇刀(剪)伐夏司,贯攵卑(败厥)灵师,伊少臣隹木甫,咸有九州,处土禹之堵。"这段铭文同西周以来文献中关于夏和殷(商)是前后承替的两个王朝、"殷革夏命"的说法完全一致,成为两周史籍有关夏王朝记载的有力佐证。

上博简中有《容成氏》篇,其中提到大禹治水和禹画九州。这与《尚书·禹贡》篇所记载的大禹事件极为吻合。还有近出的遂公盨铭文第一句话就是:"天命禹敷土,随山濬川……"这简直和《禹贡》的开头一模一样。以上铭文材料都成为印证传统文献记载的有力证据。

(三)甲骨文中的夏代痕迹

1.夏代文字的一些线索

王玉哲、徐中舒等学者认为,与商族相比,夏族也许不是文字的发明者,因此整个夏代使用文字并不普遍。但在考古学界有不同的意见。在属于夏代文化的二里头遗址发现了一些陶器刻画符号,比如一个黑陶纺轮的刻画与甲骨文中的“羌”字字形比较相似。夏鼐、邹衡等考古学家就认为这些陶器刻符“应该就是当时的文字”,“商朝的文字同夏文字是一脉相承的,基本上属于一个系统”。陶寺遗址一座晚期灰坑中发现了有朱书的陶扁壶,壶身正、背面都有朱书符号。据此李健民等认为其中“文”字,很可能与夏禹之名“文命”有关。

在殷墟甲骨文中,已有学者发现了“夏”字的名迹。甲骨文中有“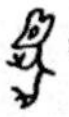”字,陈梦家认为此字可能是夏朝之“夏”字。徐锡台、詹鄞鑫、葛英会诸先生均从此说。曹定云在梳理了后世文字演变趋势后,指出甲骨文中的“”就是“夏”字。不管哪个字是“夏”字,甲骨文中应该有“夏”字,这是学者们的共识。

2.甲骨文中的夏代后裔孑遗

“杞”“曾”两字在甲骨文中都有显示,都是作为地方诸侯存在的。如:“丁酉卜,彀贞:杞侯规弗其骨凡有疾?”(《合集》13890)“乙未[卜],贞:立事[于]南,右从[我],中从舆,左从曾?”(《合集》5504)甲骨文中曾、杞两诸侯应是夏人的后裔,与宋是商人的后裔一样,王朝灭亡,胜利者封其后裔为诸侯。

胡厚宣从文献记载与甲骨卜辞考证,断定甲骨文中经常出现、与商为敌、在商之西与西北的“土方”就是“夏”,文献称之为大夏。

“六”是禹封的一个诸侯国,至商代晚期,六国还在。如甲骨卜辞云:“贞于六。”(《合集》8091)甲骨文中的“戈方”,当是夏族后裔的一支。雇国是汤伐桀时征伐的一个诸侯,但汤灭夏后,雇国仍存在,雇是一军事要地,后世的商王常到雇地,如“癸卯卜,行,贞王其步自雇于,无灾。在八月。在师雇”(《合集》24347)。

以上见于殷墟甲骨文中的杞、曾、六、戈、雇五个诸侯国，是夏代就受封的诸侯而在商代被续封。而不听号令者，如土方，沦落为商王朝的敌对方国，而遭到讨伐。

（四）考古学上的夏代遗迹

二里头遗址和二里头文化成为公认的探索夏文化和夏、商王朝分界的关键性遗址。考古工作者对二里头遗址进行了持续不断的发掘，发现了大型宫殿基址，青铜冶铸作坊，制陶、制骨遗址，与宗教祭祀有关的建筑以及400余座墓葬，出土了成组的青铜礼器和玉器，证明了它是一处早于郑州商城的具有都城规模的遗址。根据考古地层关系得知，二里头文化的时代晚于河南龙山文化而早于商代文化。根据出土器物的碳14测年并加树轮校正，二里头文化的绝对年代距今3900—3600年，即在公元前1900年至公元前1600年，而这个时间正在文献记载的夏代纪年之内。所以二里头文化就成了学术界探索夏文化的主要考古学对象。

（本文作者为天津南开大学历史学院教授）

# 要从新的高度认识大禹

张新斌

大禹是中国上古史无法绕开的重要人物,大禹是中国王朝政权建立者中不能不谈的人物,大禹是古代文明诞生时必须高度评价的人物,大禹也是在中国民间数以千年神奇传颂的人物。这就是我们心中的大禹。

1.大禹是平原水系的梳理者

谈到大禹不能不谈治水。上古时的洪水,在古人的记忆中尤为深刻。《孟子》载:“当尧之时,天下犹未平,洪水横流,泛滥于天下。”《淮南子》载:“舜之时,共工振滔洪水以薄空桑。龙门未开,吕梁未发,江淮通流,四海溟涬,民皆上丘陵,赴树木。”尧舜之时,洪水泛滥已严重威胁到部族的生存,在共工氏、鲧治水无济的情况下,舜大胆起用了大禹,大禹治水一改传统的治水方法,一方面革除了共工氏仅就局部治水而治水的方法,“辟除民害除共工”,全体部族大家齐努力,综合治理,全面考虑,从而使治水成为“天下”工程和系统工程。另一方面,不仅采用鲧的“堵”“塞”的方法,而且在“堵”“塞”的基础上,“辟”“疏”“决”“葺”“修”等多种方法并用,从而使治水更加科学,技术更加全面,使被动治水的局面有了较大的改观。大禹治水的传说之所以流传较广,与这种大范围治水有关。大范围治水不但根治了数十年甚至更长时间的洪水灾害,而且使得平原水系的网络基本成型。我在研究济水与黄河交叉关系时,注意到河、济交叉正是大禹治水的结果,而江、淮、河、济之间水网的形成,相互间的构造,不能不说是自然流畅与人工改造的结果,而在《禹贡》中所反映的水水相通的格局,与大禹治水不无关系。可以说,大禹治水对上古以来的地理格局,尤其是东部平原的水文地理格局的影响是非常深刻的。

2.大禹是公共权力的强化者

大禹在治水过程中,由治水而形成了两个方面的变化:一方面,大禹治水对水系格局的改造,打破了旧有部族者的地域格局。《尚书》有“禹敷土,随山刊木,奠高山大川”,《左传》也有“茫茫禹迹,划为九州”的说法,这也就为边界的重新确定,提供了思路,而这种改变是不以原有部族当权者的意志为转移的,而新的边界制定者无疑就是大禹。由此开启了以地域为新的治理模式,这种模式与血缘模式是有着本质的区别的。另一方面,大禹治水过程,“平治水土,定千人百图”,由此而产生了全新的权力,这种权力与大禹在治水过程中,身先士卒,三过家门而不入的人格魅力密不可分,也与大禹治理洪水,功盖万世的贡献分不开,因此,大禹在治水过程中强化了公共权力,这也是王权建立的基础,也是集权与家天下的基础。

3.大禹是文明诞生的开启者

依照《史记》的观点,“五帝”中并没有大禹,而在《夏本纪》中开篇讲的便是大禹,大禹也因此成为中国古代王朝的第一人。大禹的“大父”昌意和“父”鲧,“皆不得帝位,为人臣”。结合《五帝本纪》来看,尧禅位于舜,舜禅让于禹,均不为直系的血缘关系,这反映了一种古老的继位方式,而从禹传位于启,形成了家天下的局面,这种父死子继、兄终弟及的传位方式,反映了新的“王位”传承方式的出现。正是大禹治水而形成的权威,帝舜去世后,“天下诸侯皆去商均(舜子)而朝禹”。禹国号“夏后”,即建立了正式的王朝,待到大禹去世时,尽管还有“以天下授(伯)益”的举动,但“诸侯皆去益而朝启”,由此开启了“王朝家天下”的权位格局。

大禹开始了新的文明。“禹划九州”的说法,反映了由血缘管理向地域管理方式的重大转变;禹时的“六卿三王”制度,反映了职官制度的初创;“禹铸九鼎”的说法,反映了权力的强化与权威的加强;以登封王城岗城址为代表的大量龙山城址的出现,则是国家形态的标志;而在治水过程中,船、樏以及规矩、准绳等的发明与改进,反映了技术水平的进步,也是先进生产力的重要代表。

大禹在上古历史中的贡献,怎样评价都不为过。“禹居阳城”与“禹都阳城”的记载,见于《史记》《竹书纪年》《淮南子》等,夏之活动于豫西,尤其是嵩(崇)山周围,不仅有《国语》的明示,还有战国阳城遗址的考古发现所佐证。尤其是考古界在登封王城岗发现了大小相套的龙山城址,使禹都阳城在登封的观点,获得了实证。登封还保留有东汉的启母阙和启母石,保留有大量大禹的传说,因此笔者认为登封作为大禹故里与故都,作为夏王朝的活动中心,应该是可以得到学术确认的。

(本文作者为中国先秦史学会副会长,河南省社会科学院历史与考古研究所所长、研究员)

# 大禹与科技文明

王星光

大禹是中国第一个王朝——夏的创立者。而他受到世人的推崇,主要在于他子承父业,取得了治理洪水的成功。治水是一项规模宏大的科技工程。大禹不仅是这项庞大工程的组织者和领导者,而且还是这项工程的总设计师和总工程师。治水活动不仅充分展示了大禹高超的领导水平和卓越的科技创造才能,而且还有力推动了水利、地理、气候、数学、机械、冶金、建筑、农业等早期科学技术的发展。马克思曾指出:"计算尼罗河水涨落期的需要,产生了埃及的天文学。"[①]大禹治水对科技发展的推动作用值得加以认真地分析和研究。

## 一、大禹治水与水利工程技术

大禹治水是一项声势浩大的水利工程。据远古传说及文献记载,尧时洪水

① 马克思:《资本论》第1卷,人民出版社,1975年,第562页。

即开始肆虐泛滥,《尚书·尧典》:“汤汤洪水方割,荡荡怀山襄陵,浩浩滔天。下民其咨,有能俾乂?”[①]面对滔滔浩天的洪水,尧当时征选治水的能臣,驩兜首推共工。共工采用“堕高堙庳”[②],也就是采用把高地铲低,低地垫高的办法,以“壅防百川”,治理洪水。结果“龙门未开,吕梁未发,江淮通流,四海溟涬”[③],共工落了个“以害天下”[④]的骂名。接着,四岳又向尧推荐了鲧来主持治水。鲧采取修堤筑坝的方法治水,史载“鲧障洪水”[⑤],“鲧作三仞之城”[⑥],但他“九载绩用弗成”[⑦]。因治水失败等劣行,共工遭流放,鲧被诛杀。从中可见,从共工到鲧,治水方法经历了削高垫低到修堤围障的发展过程,但均以失败而告终。

子承父业,受命于危难之际而担当起治水重任的是大禹。大禹“伤先人父鲧功之不成受诛,乃劳身焦思,居外十三年,过家门不敢入”[⑧],殚心竭虑,倾心治水。他认真总结了前人治水的经验,接受先人治水失败的教训,首先对洪水流经的广袤土地进行实地考察和勘测,《禹贡》道:“禹敷土,随山刊木,奠高山大川。”[⑨]其中包括对山川河流的地势高下和水流方向进行勘测标记,以使洪水冲破障碍,顺畅奔流,汇入大海,以解除或减轻洪水对人民群众造成的灾难。大禹最终取得了治理洪水的成功,在于他采用了合理的治水方法。他改变了前人一味堵障洪水的办法,采用疏导分流为主,修筑堤埝、引水入陂泽为辅,即“高高下下,疏川导滞”,结合“陂障九泽”的方法,疏蓄结合,因势利导,顺其水性,把汹涌浩茫的洪水,引入了辽阔的大海。

大禹治水是我国历史上有案可稽的最早的规模巨大的水利工程,由此揭

---

① 李民、王健:《尚书译注》,上海古籍出版社,2000年,第7页。
② 《国语·周语下》。
③ 《淮南子·鸿烈解》。
④ 《国语·周语下》。
⑤ 《国语·鲁语上》。
⑥ 《淮南子·原道训》。
⑦ 李民、王健:《尚书译注》,上海古籍出版社,2000年,第8页。
⑧ 《史记·夏本纪》,中华书局,1982年,第51页。
⑨ 李民、王健:《尚书译注》,上海古籍出版社,2000年,第54页。

开了我国水利科技史的第一章。

## 二、大禹与古代地理学的兴起

大禹也对中国地理学的肇始和发展产生了深远的影响。据《尚书·禹贡》和《史记·夏本纪》记载,大禹在治理洪水并取得成功的过程中,“禹卒布土,以定九州”[①]。《禹贡》以夏文化的中心地区冀州为中心,依次划分为兖州、青州、徐州、扬州、豫州、荆州、梁州、雍州,还对九州的所在位置、山水面貌、河流走向、土壤品级、物产状况、风土人情等进行了详细描述。这是最早的用行政区划代替血缘部落的管理形式的变革,《禹贡》是我国最早的地理学著作,大禹治水和《禹贡》共同推动了我国地理学的产生和发展。

## 三、大禹治水与古代数学的肇始

大禹在治水的过程中采用了勘探测量和水文测量的方法。发明了“左准绳、右规矩”,实际上是今日的铅垂、角尺和圆规,而“行山表木,定高山大川”,“以开九州,通九道,陂九泽,度九山”[②],就是进行水准测量,以划定山川河流及州域的四至,辨识河流的走向,确定河道的流向,为治理洪水提供依据。《周髀算经》指出:“故禹之所以治天下也,此数之所以生也。”这说明大禹治水这一水利工程与数学的产生和发展有着密不可分的联系。

① 《山海经·海内经》。
② 《史记·夏本纪》,中华书局,1982年,第51页。

## 四、大禹治水与天文气象学

大禹治水“载四时”[①]的传说,应与天文历法有一定关系,黄河洪水泛滥,与四季变化有着密切关系,一般每年的七八月份是洪水的暴发期,“载四时”就是对四季的变化非常熟悉,能够根据气候的变化采取相应的应对措施。这其中也包含有对天文的观测和对历法的制定的观象授时活动。

## 五、大禹治水与冶金、机械的发展

《越绝书》载大禹“以铜为兵,以凿伊阙,通龙门,决江导河,东注于东海”。这说明大禹治水使用了先进的青铜工具。这也在龙山文化遗址发现的青铜器中得到了物证。青铜器的使用,提高了生产效率,有力推动了治水工程的进展。

在治水活动中,大禹“陆行乘车,水行乘船,泥行乘橇,山行乘檋”[②],反映了治水等生产活动对生产工具发明和制造的促进作用。在治理洪水的庞大工程中,运送土方的车辆、水中航行的舟船、泞泥沼泽中运行的木撬、山路行走的乘檋,都被适时发明制造出来。这些生产工具是对工程力学等科学原理的利用,反映了机械制造技术的进步。

## 六、大禹与农业生产的发展

大禹治水是一场惊心动魄的与自然灾害英勇抗争的活动,而这场规模宏

① 《史记・夏本纪》,中华书局,1982 年,第 51 页。
② 《史记・夏本纪》,中华书局,1982 年,第 51 页。

大的治水斗争也与农业生产密切相关。由于洪水泛滥，直接影响了黄河等众多河流两岸居民农作物的种植，使广大人民陷入了民不聊生、饥寒交迫的困境。大禹治水在很大程度上是为了发展农业，从而改变人们的生活处境。《孟子》说："当尧之时，天下犹未平。洪水横流，泛滥于天下。草木畅茂，禽兽繁殖，五谷不登。禽兽逼人，兽蹄鸟迹之道交于中国。尧独忧之，举舜而敷治焉。"[①]孟子指出尧舜时期的"洪水横流，泛滥于天下"，致使茫茫大地，一片汪洋，"草木畅茂，禽兽繁殖"，这最直接的影响是"五谷不登"，严重妨碍了农业生产。他"身执耒耜，以为民先，股无胈，胫不生毛"[②]，带领人民，艰苦奋战，用了十多年的时间，终于治服了汹涌的洪水。大禹所使用的耒耜，既是治理洪水、疏通河道的工具，又是铲土翻地、进行大田耕作的农具。而耒耜的使用，正反映了原始农业由"刀耕"到"耜耕"的进步。文献记载："禹卑宫室，而尽力乎沟洫。"[③]又"浚畎浍而致之川"[④]，"百川顺流，各归其所，然后人民得去高险，处平土"。"沟洫"和"畎浍"指的是田间的沟渠及灌溉排水设施。滔滔洪水被治理退却后，在黄河中下游及长江中下游裸露出的宽阔平原上，兴修纵横交错的沟渠，既有利于疏导排泄洪水，也为大田种植提供了所需的水源，从而将原始农业生产推进到灌溉农业的新阶段。禹"令益予众庶稻，可种卑湿"，正反映农田水利的兴修促进了水稻的种植。对于水源紧缺的地区，大禹的助手伯益还在总结劳动群众经验的基础上发明了水井。《吕氏春秋·勿躬篇》："伯益作井。"[⑤]《淮南子·本经训》："伯益作井而龙登玄云，神栖昆仑。"[⑥]有了水井，不但方便了人们的日常生活，也为旱地农田的灌溉创造了条件。

---

① 杨伯峻：《孟子译注》，中华书局，2010年，第113—114页。
② 《韩非子·五蠹》（新编诸子集成本），第443页。
③ 《论语·泰伯》，见程树德：《论语集释》，第561页。
④ 《新语·道基》（新编诸子集成本），第13页。
⑤ 张双棣等：《吕氏春秋译注》，北京大学出版社，2000年，第553页。
⑥ 刘安等著，许匡一译注：《淮南子全译》，贵州人民出版社，1993年，第420页。

而《禹贡》“庶土交正，厎慎财赋，咸则三壤成中邦”[①]的记载，是在赞颂大禹任土作贡、划定九州的伟绩，而其中大禹将土壤按高下肥瘠划分为上、中、下等九种，实际上是世界上最早的土壤普查活动，其功用在于根据不同的土壤确定种植不同的农作物，方便民生之所需，并收取不同的贡赋。在水源充足的低洼之地，“令益予众庶稻，可种卑湿”，就是明显之实例。

由上可见，大禹治水对农业发展的贡献表现在：第一，疏浚了河道，使茫茫洪水顺流入海，从而得到了广袤的土地，使之有可能成为肥沃的良田。第二，治理洪水的实践经验被用来进行农田水利建设，沟洫开始大面积出现，灌溉农业在华北平原和长江中下游平原逐渐形成。第三，农业工具得到改良和进步，耜耕得到大力推广。第四，水井是中国古代农业及社会生活中的重大发明，尤其在北方地区，与灌溉农业关系密切，对传统农业生产有深远的影响。第五，通过对“九州”的土壤普查，分清了土壤的品质状况，在了解了各地不同物产的同时，可以根据不同的土壤性状，因地制宜地种植不同的农作物，促使旱作和稻作都得到较快发展。

综上所述，大禹治理洪水的活动是一项事关全局、影响深远的系统工程，在治河兴利的实践中，兴起和发展了与之相关的数学、力学、建筑学、地理学、天文历法、冶金、机械、农业、水利等科学。由此可见大禹治水活动对古代科学技术发展的强大推动作用。

（本文作者为郑州大学历史学院教授）

① 李民、王健：《尚书译注》，上海古籍出版社，2004年，第83页。

# 文献与考古资料对证中的古九州地域范围

陈立柱

据古文献,“九”与禹夏之间自来有不可分离之关系。大禹平治水土以定九州,即宅九州,九山、九川、九河、九泽、九浍[①]于是皆定,又杀九首相柳[②],和九功,叙九叙[③],询于九德[④],亲九族,乐九成,乐成九韶[⑤],作九鼎[⑥],天赐洪范九畴,帝告九木[⑦],以九洛期上皇,九杂天下之川[⑧],等等。姜亮夫说,“举其一生行事,莫不与九有关”[⑨]。不仅如此,其父鲧作九仞之城[⑩],其子启上天得九奏

① 参见《尚书·禹贡》《国语·周语下》《墨子·兼爱中》《孟子·滕文公上》《史记·夏本纪》《楚辞·天问》等。
② 《山海经·海外北经》。
③ 《伪古文尚书·大禹谟》。
④ 《尚书·立政》。
⑤ 《淮南子·齐俗训》《史记·夏本纪》。
⑥ 《墨子·耕柱》以为启作九鼎,汉以后书如《史记·封禅书》《帝王世纪》等则认为禹作九鼎。
⑦ 《尚书·洪范》《河图握奇经》。
⑧ 《庄子》之《天运》《天下》。
⑨ 姜亮夫:《古史学论文集》,上海古籍出版社,1996 年,第 250 页。
⑩ 《淮南子·原道训》。

之乐,曰《九歌》《九辩》,于大乐之野舞《九代》[①]。

"九"之意为何?《说文》:"九,阳之变也,象其屈曲究尽之形。"《广雅·释诂四》:"九,究也。"九言究尽,故有至大、至极、甚多意,《周易》以阳爻为九,即取此意。《汉书·武帝纪》引《诗》云:"九变复贯,知言之选。"颜师古注引臣瓒曰:"九,数之多也。"清代汪中《述学·释三九》:"凡一二之所不能尽者,则约之三以见其多;三之所不能尽者,则约之九以见其多,此言语之虚数也。"近人刘师培《古书疑义举例补·虚数不可实指之例》:"《楚辞·九歌》十一篇而以九数标目,则数之不止于九者,亦可以九为数。盖九训为究,又为极数,凡数之指其极者,皆得称之为九,不必泥于实数也。"可见古今学者多有以九为虚数的。然则相反的情况亦恒有之。以九山为例,《史记·夏本纪》索隐"岍、壶口、砥柱、太行、西倾、熊耳、嶓冢、内方、岐,是九山也",而《汉书·地理志》颜师古注则以为九山即"九州之山"。清代学者皮锡瑞看到《禹贡》述山不止九数,遂另为之解曰:"以《经》考之,岍及岐至于荆山,一也;壶口雷首至于太岳,二也;砥柱、析城至于王屋,三也;太行、恒山至于碣石,四也;西倾、朱圉、鸟鼠至于太华,五也;熊耳、外方、桐柏至于负尾,六也;嶓冢至于荆山,七也;内方至于大别,八也;汶山之阳至于衡山,九也。"这又把脉络相承的数山合为一山,如此者九而曰"九山"。皮氏并据汉《白石神君碑》"居九山之数"语,断定九山为实数,汉人以为然。[②]《吕氏春秋·有始览》于九山则曰:"会稽、太山、王屋、首山、太华、岐山、太行、羊肠、孟门。"九山而外有九河。马融注《禹贡》九河引《尔雅》以为解,曰"徒骇一,太史二,马颊三,覆釜四,胡苏五,简六,絜七,钩盘八,鬲津九",伪孔传"河水分为九道"。孔颖达正义也据《尔雅》"九河"以为解,唯九河所在,他只能据汉人所说的"三河"而作推测了。因

---

① 《楚辞》之《离骚》《天问》,《山海经》之《大荒西经》《海外西经》。
② 皮锡瑞:《今文尚书考证·禹贡第三》,中华书局,1989年,第182页。

为九河难以考实,清人胡渭《禹贡锥指》干脆说:“不必取足于九。”以后从其说者甚多。这又从实数变为虚数了。今人刘起釪据现代科学工作者发现的古河道带与文献九河进行比较,结果认为古文献所说九河不足信。[①]《禹贡》而外,《楚辞·九歌》多言九河。《河伯章》九河,王逸注引《尔雅》九河为解,而《少司命章》九河,五臣注:“天河也。”又如九歌,《山海经》《天问》皆以为夏后启取自上天的九奏之乐,《楚辞·九歌》为十一章,王逸序说《九歌》是屈原取南郢土人祭歌加以改造,“托之以风谏”,五臣注则解为:“九者,阳数之极。自谓否极,取为歌名也。”《左传》所说又不同,《文公七年》:“九功之德皆可歌也,谓之‘九歌’。六府三事,谓之九功;水火金木土谷,谓之六府;正德利用厚生,谓之三事。”近人闻一多谓“《九歌》是九声‘啊’,而‘啊’又必在句中或句尾,则《九歌》必是九句了”[②]。唐兰因为《尚书·皋陶谟》有“帝庸作歌”以及“箫韶九成”旧说,谓《皋陶谟》中的君臣对歌即古之《九歌》。[③] 这些为解《九歌》之“九”尤异者,其他各种意见多至不胜卒述。“九天”也是古代甚有影响的一种观念。《楚辞·离骚》“指九天以为正兮,夫唯灵修之故也”,王逸注“九天,谓中央八方也”,洪兴祖补注引《淮南子》九天释之,曰:“中央钧天,东方苍天,东北变天,北方玄天,西北幽天,西方昊天,西南朱天,南方炎天,东南阳天。”《吕氏春秋》《淮南子》“九天”又作“九野”。《史记·封禅书》“九天巫祠九天”,《索隐》:“《孝武纪》云:‘立九天庙于甘泉。’《三辅故事》云:‘胡巫事九天于神明台。’”《孙子·形篇》“善攻者,动于九天之上”,这又是极言天高的。而《天问》则有“圜则九重”,王逸注云:“言天圜九重。”“九天”多见于《楚辞》,楚人与夏本出一源(详下),我疑它亦上古夏人的观念。《十洲记》云“禹治洪水既毕……祠上帝于水阿,归大功于九天”,可为旁证。

---

① 刘起釪:《古史续辨》,中国社会科学出版社,1991年,第572页。
② 《闻一多全集》第一册,生活·读书·新知三联书店,1982年,第264页。
③ 转引自《闻一多全集》第一册,第265页。

不仅与禹夏相关之“九”难穷其本来，就是周初人之观念中的九也是甚为模糊，不易探知的。仅举“九刑”一例。《左传·昭公六年》：“夏有乱政，而作禹刑；商有乱政，而作汤刑；周有乱政，而作九刑。”又《左传·文公十八年》鲁太史克引周公《誓命》亦云：“在九刑不忘。”此言周初已有“九刑”。古籍于周之刑罚多言“五刑”，见于《周礼·秋官》诸篇，《尚书·吕刑》也说“正于五刑”“五刑之属三千”。五刑之名初见于《尚书·尧典》，所谓五刑通常以为墨、劓、剕、宫、大辟五种刑罚。“九刑”既然早在周公时已有其名目，也是如五刑一样的九种刑罚吗？孔疏前后俱引贾逵、服虔说，谓九刑为“正刑一，议刑八”，清惠栋补注则引《逸周书·尝麦解》刑书九篇以为解。近人杨伯峻说又不同：“九刑者，九种刑罚之谓，也为刑书之名”，即“五刑加以流、赎、鞭、扑四刑”[①]。各说虽引经据典，皆无坚实证据。

以上以“九”标目诸古语，或者以为虚数不必拘泥于实，或者以实数求之而意见纷纭；因为难以统一，又有人转以虚数论[②]。如此无定准，古与今怕也只有以“九”标目者难求如此了。九之意不明导致夏代乃至上古许多历史问题难以理解，而“九州”又是其中之关键所在。关于九州，古代对于它的记述有五种情况，皆为实数：

《尚书·禹贡》：冀、兖、青、徐、扬、荆、豫、梁、雍

《周礼·职方氏》：冀、兖、青、扬、荆、豫、并、雍、幽

《吕氏春秋·有始览》：冀、兖、青、徐、扬、荆、豫、雍、幽

《尔雅·释地》：冀、兖、营、徐、扬、荆、豫、雍、幽

《淮南子·地形训》：神、次、戎、弇、冀、台、泲、薄、阳

上博简《容成氏》：夹、涂、竞、荆、莒、藕、阳、叙、虘

---

① 杨伯峻：《春秋左传注》，中华书局，1981 年，第 635 页。

② 现代学者关于“九”之本源研究有多种意见，有关情况参见叶舒宪、田大宪著《中国古代神秘数字》第九章“九宫与九州”（社会科学文献出版社，1998 年）。

《禹贡》的九州，传言为禹平水土所规划，《周礼·职方氏》的九州，照说是周人的。《尔雅·释水》最末一句云“从《释地》以下至‘九河’，皆禹所名也”，无疑是说《释地》的九州是大禹所定，然而不少学者则说它是殷之九州。[①]《吕氏春秋·有始览》的九州由其每州对应一大国，知其应是秦之方士面对秦之统一形势所作为。《淮南子·地形训》的九州，学者一般把它当作神话、幻想的产物，杨树达说“此篇乃取自邹衍之书”[②]，或者以为是邹衍“大九州”图式的遗说[③]，意见相近。同篇还说道：“九州之大，纯方千里。九州之外，乃有八殥”“八殥之外乃有八纮”“八纮之外乃有八极”。这些都给人以神话般的感觉。《容成氏》的九州或者是南方所传，另有所本。此外，传说黄帝时已“画野分州，约百里之国万区”[④]，尧时为九州，舜改为十二州，大禹治水更制为九州。更有甚者以为“人皇氏……依山川土地之势，财度为九州，谓之九囿”[⑤]。这些多后人推测之言。经过学者们多年的研究，大家较为一致的看法是，《禹贡》成书较早，其余靠后。然则《禹贡》成书的时间，意见也很不一致，而以战国说为最有影响，这其中又以顾颉刚的意见最著名。[⑥] 我们也相信它成书于战国，虽然理由不必全与顾先生同（说详下）。《禹贡》成于战国，那么它所描述的大禹奠山、导水、分州、定土田贡赋等是否为禹夏时期的历史实际呢？今人研究的结果是多不信其说，认为禹时不可能有如此先进的土田与贡赋制度，其疆域范围、九州名称也是战国以后才能有的。顾颉刚等人更指出，《禹贡》是采撷了《山海经》《穆天子传》等书的素材，配合着战国时期大国争雄的局面，以

---

① 参见郝懿行《尔雅义疏·释地》《礼记·王制》注。

② 杨树达：《邹衍九州考》，《积微居小学述林》，中华书局，1983 年。

③ 常金仓：《邹衍“大九州说”考论》，《管子学刊》1997 年第 1 期。

④ 《汉书·地理志》。

⑤ 《通鉴外纪·包犠以来纪》；另参见徐文靖《竹书纪年统笺前编》。

⑥ 参见蒋善国：《尚书综述》，上海古籍出版社，1988 年，第 173—198 页；顾颉刚关于《禹贡》成书的讨论较多，早期代表作品有《论〈今文尚书〉著作时代书》（《古史辨》第 1 册，上海古籍出版社，1982 年）；后期则有《禹贡评注》（《顾颉刚集》，上海人民出版社，1998 年）。

征实的手法而造制的。[①] 顾先生还在另外的文章中指出，九州的观念是在西周末至春秋时期出现的，它初时为姜姓戎族一支的居地，唤作九州，再由此放大为“禹迹”的九州，作为当时天下的代称。[②] 此说证据并非十分过硬。春秋时期夷夏之防甚严，以戎人居地作为华夏天下观的源出似乎无从产生。当然顾先生自己也说他只是“猜想”，并说“科学不避臆说，许人假设”，是以他才“敢断之曰：是殆与戎族之移徙有因缘”[③]。以后的学者关于九州做过不少研究，于九州之起源似乎也没有提出过可以让人信从的意见。[④] 这可能是许多有名的大通史、古代史书对此隐而不及，或慎言其事的内在根源[⑤]，以至今天禹治九州几乎成了战国时人假造古史的典型。这种无声的沉默同时也让一件影响深远、涉及广大的古代大事溢出了历史的水平面。实际上，九州即神州，本为羌夏戎人语言中天子之“大(天)邑”的称名，也指环绕大邑的天子之邦的居地，是上古中央-四方天下观的核心部分。唯是春秋以后天下观的转变，才使这个上古传之久远的旧说沦为几不可解的历史余响，以后又在战国时人对于古史的“重写”中再次展露出来，只可惜它去历史实际过远，以至面目全非了。以这个面目呈现出来，对于有着考古知识、科学方法以及坚信“证据”的今人来说，当然就是虚构的了。迂回曲折，不仅是许多个人的经历，小

---

① 顾颉刚:《禹贡评注》;陈连庆:《〈禹贡〉研究》,载《夏史论丛》,齐鲁书社,1986年。

② 顾颉刚:《州与岳的演变》,《史学年报》第1卷第5期;《九州之戎与戎禹》,《古史辨》第七册(下),上海古籍出版社,1982年。

③ 顾颉刚:《九州之戎与戎禹》。

④ 最近,考古学者邵望平刊出《〈禹贡〉“九州”的考古学研究》(载苏秉琦主编《考古学文化研究》二,文物出版社,1989年),认为新石器时代后期形成的龙山文化圈恰恰与《禹贡》“九州”的范围大体相当,其所述贡品、物产与生态环境也是那时的,从而得出“九州篇的蓝本很可能出自商朝史官之手,是商人对夏代的追记。当然也有可能是西周初年对夏、商的追记。九州篇蓝本的出现不迟于西周初年”的结论。邵先生意见之不可取,我们已有专文评述,参拙文《考古资料如何证说古文献的成书时代:以〈禹贡九州的考古学研究为例〉》,《文史哲》2009年第3期。

⑤ 近50年来出版的较著名的通史书,对九州一般持规避态度,便是一些古代史书也以其为虚拟。有意思的是,一些大专院校历史教科书、辞书、年表、普及读物则把九州当作上古行政区划,相信禹把天下划分为九个州。有关情况参见周健《我论“禹画九州”》,《许昌师专学报》1997年第1期。

说故事的情节，更常常是历史的命运。在德国大史家兰克的《世界史》中，东方中国与印度仅仅只是陪衬而已，“世界历史就是西方的历史”[①]。然而在著名学人张光直先生的眼中，“中国的形态很可能是全世界向文明转进的主要形态，而西方的形态实在是个例外”[②]。这样的例子想举多少就有多少。我们就来看看上古时期九州的地域、名义与其演变的情况吧。

早期九州之地域，《左传》所述最为古老。我们就从这里说起。《左传·昭公四年》载有晋人司马侯的一段话：

> 四岳、三涂、阳城、太室、荆山、终南，九州之险也，是不一姓；冀之北土，马之所生，无兴国焉。恃险与马，不可以为固也，从古以然。

这是晋人司马侯与晋侯对话中的一段。当时楚国向晋求霸，晋君以其国险而多马，不肯妥协，司马侯便向他说出了“九州之险也，是不一姓”的道理。司马侯的话有两点值得注意：一、九州是一个相对独立的区域，有诸多险要可以固守，故曰“九州之险”。二、九州之地的主人不断更换，所谓“是不一姓”，兴替无常。首先，这些险要所在何处呢？

四岳，杜预注：“东岳岱，西岳华，南岳衡，北岳恒。”春秋时之“四岳”不可能是后世东、南、西、北四方之四岳，其时恒山在狄人区内，而衡山则在楚国之南，皆在华夏视野之外。再说司马侯所说六个地名，五个各是一地（见下），“四岳”为四方的四个岳山，与之也不一律。是以论者多不取此说。顾颉刚以为四岳即陕甘一带的陇山，这是他把《山海经·北山经》之北岳说成是岍山，又从胡渭吴山、岳山只是一山，岗峦绵亘受到启发而得出的结论。[③] 后来他又据《山海经·大荒西经》有“南岳”之名，且把《天问》中的“吴获迄古，南岳是

① 转引自何兆武主编：《历史理论与史学理论》，商务印书馆，1999年，第669页。
② 张光直：《连续与破裂：一个文明起源新说的草稿》，《美术、神话与祭祀》，辽宁教育出版社，1988年。
③ 顾颉刚：《九州之戎与戎禹》，《禹贡》1937年第6、7期。

止”之“吴”，说成是吴岳，也即岍山，进一步说“四岳必为西方萃聚之四山”[①]。我们认为说此四岳为萃聚之四山是不可取的，仅以他对“吴获迄古”理解的不确即可说明。此吴获即吴回(雷)，吴回是芈姓之祖，曾居火正为祝融，止南岳娶州山女。此事见于载籍，已有学者做了考证。[②] 最近郑杰祥提出，四岳即后世的岳顶山，今仍称岳山，在今河南宜阳县西南。[③] 郑先生先是据清代以来学者们的考证，认为四岳即太岳之伪，然后说太岳即岳顶山。我们认为说四岳为太岳之伪是可取的，但太岳何以会是岳顶山，作者未作说明，很难服人。此外还有说四岳即太岳嵩山的[④]，未见提出什么证据。古之嵩山以太室主之，太室已在这六险之中，自不应再有一个。我们相信多数学者认为的四岳即太岳，“四”“太”篆文形体相近而伪，古籍中“太岳之胄”作“四岳之胄”者多见，清代以来学人已多有指正。[⑤]

太岳者何？山西霍太山是也。理由有三：一者霍山本有“太岳”“岳山”之名，至少战国时已见于《禹贡》：“至于岳阳”“壶口、雷首至于太岳”。二者霍山脚下的吕乡，向来被认为是姜姓吕氏的本家[⑥]，这与《国语·周语下》“祚四(太)岳国，命以侯伯，赐姓曰‘姜’，氏曰‘有吕’”是相一致的。三者周武王于洛汭北望所见到的“岳鄙”，正是太岳山向南延伸的支脉，说明周初它已有岳名。[⑦] 三涂，杜预注“在陆浑县南”，《水经注》“伊水”条谓伊水“经其下，历峡

---

① 顾颉刚：《四岳与五岳》，《顾颉刚集》，上海文艺出版社，1998年。
② 吉城：《楚辞甄微——〈天问〉十五则》，《文史》第13辑。
③ 郑杰祥：《论禹、戎禹和九州的关系》，《中原文物》1997年第3期。
④ 江林昌：《〈商颂〉与商汤之“亳”》，《历史研究》2000年第5期；姚新喜、江林昌：《略论“九州”的范围和“九”的原始涵义》，《民族艺术》2001年第3期。
⑤ 孙诒让：《墨子閒诂·非攻下》；徐旭生：《中国古史的传说时代》，科学出版社，1960年，第122页。
⑥ 《元和郡县志》：“霍邑西南十里有吕乡。”《读史方舆纪要》卷四十一“霍州吕城”条：“州西三里，故吕乡。”《说文》：“吕，脊骨也，象形，昔太岳为禹心吕之臣，故封吕侯。”近人丁山《论炎帝太岳与昆仑山》(《说文月刊》第4卷合刊本)，今人王玉哲《中华远古史》(上海人民出版社，2000年，第452—456页)皆论姜姓吕国初在太岳霍山脚下。
⑦ 《逸周书·度邑解》。

北流，即古三涂山也”，在今河南嵩县至伊川一带。阳城，杜预注在“阳城县东北”，属今河南登封市，1977年考古工作者在此地发现战国城址，其中有“阳城仓器”的戳记出土[①]，其去司马侯时代不远，故可信其是。太室，即今太室山，嵩山山脉主峰之一。中南，即终南山，又叫南山、秦山、秦岭。以上四地，学者间无异词。荆山，顾颉刚考证在今河南西部灵宝县的西边[②]，学者多从之。

由上所述，这六个险要之地包括晋南、豫西与陕东南的主要地区，大体而言即古代所谓的“中州”，以河洛“阴方”为中心，《史记·货殖列传》所谓的“夫三河在天下之中，若鼎足，王者所更居也”的地方，大概在黄河中游地区。

春秋时的九州之地，还有几条材料也须注意。

一是《国语·郑语》说到的“谢西之九州”。谢，韦昭注“今在南阳”，毛传《诗·崧高》以为“周之南国”，即今南阳唐河县。言九州而以“谢西”论，则谢之西应当也是九州的一部分，不然不至以“谢西”为说。唐河以西值伊、洛上游的南端，汉水中上游地区，大体而言属豫西及向南延伸部分。

二是“九州之戎”。《左传·昭公二十二年》：“籍谈、荀跞帅九州之戎及焦、瑕、温、原之师，以纳王于王城。”杜预注：“九州戎，陆浑戎。”《左传·哀公四年》还说“士蔑乃致九州之戎”，杜预注：“九州戎，在晋阴地陆浑者。”由此可见九州戎即陆浑戎，居于阴地。阴地所在，《左传·宣公二年》杜预注：“阴地……河南山北，自上洛以东至陆浑。”大体而言当于今陕西上洛以东迄于河南嵩县，北以黄河为界，即以伊洛平原为中心的地区。

三是《墨子·尚贤上》：“禹举益于阴方之中，授之政，九州成。”禹举益于阴地而九州成，其事详情难以考知，而曰“成”，则可比论于“成周”。周人筑洛邑而曰“成周”，《公羊传·宣公十六年》何休解诂云：“名为成周者，周道始成，

① 中国历史博物馆考古调查组：《河南登封阳城遗址的调查与铸铁遗址的试掘》，《文物》1977年第12期。

② 顾颉刚：《九州之戎与戎禹》。

王所都也。”也就是在洛阳建立新大邑，最后完成对天下四方的统治，达成天命，所谓“其作大邑，其自时配皇天”[1]。禹举益于阴方主政而曰“九州成”，当也是完成了对天下统治的大业，都居于阴方之中。

以上这个九州之地是春秋时人的九州观，它与传说中的夏时之九州有些什么关系，还需要进一步加以讨论。以下我们把这个九州先同《山海经·中山经》加以比较，看看能得出什么样的结论。

《中山经》凡十二篇，经古今学者们的不断探研，其地望已大体可知。现综合诸家意见，参以己意述之。《中次一经》所述 14 山，大抵在黄河以北的晋西南地区，这由所出诸水或西或南皆注于河可知。郦道元《水经注》“汾水、涑水”条说《山海经》之牛首山、薄山等皆在其中也是证明。《中次二经》所述凡 9 山，其中蔓渠山伊水所出，其余山所出之水或北或西皆注入伊水，地当伊水之东南。《中次三经》自敖岸山开始向东延展，凡 5 山，首山有“北望河林”，二山有“北望河曲”，所出诸水皆北入于河，其地当今之洛阳以北的邙山西段诸小山。《中次四经》述 9 山，自东而西数，6 山有水，4 水北注于洛，1 水南注于伊，诸山在上洛以东至嵩县、宜阳境内。《中次五经》凡 16 山，自西向东、东北向展开，后 5 山有 6 水，3 水南注于洛，2 水北流入河，而阳虚山“临于玄扈之水”，郭璞注引《河图》有“临于玄扈洛汭”，《水经注》则明言其注于洛，诸山水当在陕西潼关至河南灵宝诸县内。《中次六经》举 14 山，自东向西数，平逢之山有“南望伊洛”语，12 山有水，所出之水或南入洛，或北注谷，或径入于河，则其地当邙山以西至于陕西东境可知。《中次七经》载 19 山，少室、太室最著名，8 山有水，皆西入于伊水，略当于今之卢氏、嵩县至新密一带。《中次八经》凡 23 山，5 山有水，其中有睢水、漳水等，略当于今河南西南、湖北西北部。

《中次九经》载 16 山，8 山有水，首曰女几山，《太平寰宇记》等以为在河

① 《尚书·召诰》。

南宜阳,郭璞以为其中的岷山、崃山、崌山在今四川,岐山在扶风美阳今陕西境,熊山则在邺西,即今河北临漳,所言存在太多问题。清以来多以为在四川[①],详为之考的则有温少峰先生[②],他认为诸山当先秦时期的巴蜀之地,略当于今四川岷山、岷水源头向东,至湖北秭归以东江北某地。见出该经乱简太多,难识其本来。柱按:由其所述岷山、崃山、崌山等,知必在谢西的方位,这可以比附谢西之九州。温少峰有专文讨论。

《中次十经》载9山,皆无水出。毕沅以为经传不著[③];郝懿行说其中之涿山即蜀山[④],而蜀山之名遍天下,难以确定;徐旭生以为未知所在。第一山名首阳。首阳文献记载有四处。一在山西永济南,又名首山,《诗·唐风》之《采苓》"采苓采苓,首阳之巅",即是此山,传为伯夷、叔齐饿死处,详见顾栋高《毛诗类释》卷三之"首阳"。二在河南偃师西北,也有伯夷受饿的传闻,见于《水经注》"河水"条、《太平寰宇记》卷五之"西京"。三在今河南巩义北,见于《水经注》"河水"条。四在甘肃陇县,见于《汉书·地理志》"陇西郡"下。哪一个首阳有可能是本经的首阳山?我们认为巩义北之首阳就是我们要找的首阳山,也即夏后孔甲所田猎的东阳萯山,十经诸山就是萯山东部诸山。理由有四:一是《吕氏春秋·音初》:"夏后氏孔甲田于东阳萯山……实始为《东音》。"东阳地在萯山东首,正当巩义北,地理上与之合,《水经注》"河水"条引《帝王世纪》已指出东阳萯山即东首阳山,并且说昔帝尧率舜等升于首山即此山,这与《论衡·指瑞》说"夏后孔甲,畋于首山"正相合。二是本经总结部分说到本区人众以堵山为冢……而七经之堵山在伊水边上,距此也最近。三是本经诸山自东而西数,东阳为萯山之东首,向西正是河洛之间绵延数百里之

---

① 参见毕沅、郝懿行、徐旭生、谭其骧诸人著论。
② 温少峰:《〈五藏山经·中次九经〉地理考释》,《山海经新探》,四川省社会科学院出版社,1986年。
③ 毕沅:《山海经新校正》,《二十二子》本。
④ 郝懿行:《山海经笺疏》,《四部备要》本。

萯山山脉，又名芒山、邙山、北邙山。三经五山80里地[1]，只占萯山西部一小部分，东边适有数百里地，正足以当十经267里（实为310里）的9座山。四是三经开首曰："萯山之首，曰敖岸之山……"正是讲萯山山脉的，并自西向东数，与十经自东向西数，正是一条山脉，两头开数，其明曰"萯山"，与孔甲田东阳萯山也相合。东阳山居于萯山东首，故又作首阳山、首山。

《中次十一经》载48山，里程广至3732里，堵山、玉山其冢也，13山有水，综合郭璞注、清代学者的研究以及徐旭生的意见，其地当南阳以北至鲁山附近各县。

《中次十二经》载15山，从洞庭之首肩遇之山开数，而洞庭是否今之洞庭，学者间颇有异辞。毕沅以为本经诸山在湖南，又说今多不详，徐旭生以为在大江南岸湖南、江西，也是推测之言。钱穆先生认为洞庭绝不会在长江以南。其所述诸山，名义无考，方位不确，又无明确水向可参，这种情况不是传闻不周，就是错简过多而难识。郭璞《注山海经叙》言《中山经》本4718字，校本有8416字，为原来的1.7倍有余，见出错简、乱简之多。而《南山经》本3547字，明校本只有1861字。《西山经》《北山经》也比原本少两千多字，《东山经》比原本多63字，唯《中山经》多出原本最多。而所谓的"原本"，照郝懿行说，还只是《玉海》校本，此前又有数百年，不知还有多少舛误。这还没有考虑成书以前在口头上流传一千多年所造成的误失。

以上是《中山经》山水情况之大概。其九经、十二经乱简难识，两经暂不考虑，则二、三、四、五、六、七、十经诸山水皆在伊、洛水域及其附近，十二经居其七，所占比例较大，其中又以阴方之地所述最详[2]，自是《中山经》的核心地

---

① 三经总结部分说："凡5山，440里。"查五山里数只有80，440里数说当有误。

② 有两点可以说明：一是所述山水多密而相近，如三经五山80里距，首山与二山间只10里地，这在阴方之外只有首经可比，其余则动辄百里、数百里计；二是分述山水最详，阴方山水皆小，却占12经的半数以上。

带，首经在其北，十一经在其东南，八经在其南、西南。整体上看，《中山经》十二经的地理当今之晋南、豫西与陕东南及鄂西北地区，所述诸山水正是围绕"阴方"之地展开的，与上述春秋时之九州的地域比较，可以看出两者大体吻合，都以阴方为中心地，四方所至也大体相当。

关于《山海经》的史料价值，司马迁因其多述怪物而"不敢言之"[①]。但这恰好证明它未被儒家系统改造过，保存着更多更原始的传说，"是古代积累的'古代传说'"[②]。今天大概已很少有人会相信《山海经》的史料价值不如儒家的著述，徐旭生关于《山海经》史料价值的观点应该是很有代表性的。他说，"此书为绝非伪作古书之一"，"为我国有很高价值书之一，而有此等价值者，恐尚不及十部也"，"《五藏山经》为古代遗留下相当可信之地理书"[③]。我们讨论《中山经》的地域，与散在古文献中关于九州的地望大体吻合，也说明这部传说与夏人密切相关的古书，确实值得夏史研究者予以特别关注。

将《中山经》的范围、春秋时人的"九州"与二里头夏文化区加以对比，我们还能发现它们三者大体上也是相吻合的。

二里头夏文化区以河南偃师二里头遗址命名，据其年代与文化特征，学术界普遍认为它就是夏代夏族的文化区。这个文化区，多数同志将其分为两大类型，这就是晋南的东下冯类型与豫西的二里头类型，在山西的主要分布于汾水下游一带，在河南的分布于伊、洛、汝、颍诸水域。最近有学者根据新的考古发现，在以上两大类型之外，又分出三个"边缘性"类型，这就是陕西蓝田一带的南沙村类型，郑州附近的南关外类型，以及河南西南部的淅川下王岗类型。[④] 南沙村类型在阴地的西边，陕中南地区；南关外类型则在伊、洛、

① 《史记·大宛列传》。
② 梁钊韬：《中国古代巫术》，中山大学出版社，1999年，第109页。
③ 徐旭生：《读山海经札记》。
④ 董琦：《虞夏时期的中原》，科学出版社，2000年，第87页。

汝、颍的东缘；而下王岗类型则对应于“谢西之九州”与《中山经》之第八经，正在汉水中上游，河南西南、湖北西北部。可以看出，考古学上的二里头夏文化区与春秋时的九州及《中山经》的地理区域基本吻合，二里头夏文化区又以洛阳、偃师一带的二里头遗址文化最典型、最发达，为该文化的中心点，不少人已指出它即是夏之都邑所在。这个地区正是“阴方”的中心，这与“阴方”为九州与《中山经》的核心区也完全一致。

由以上三者区域范围之惊人的重合，我们已可做出结论说，上古九州地域是夏时夏民族的文化生活区。但我们还要考察一下文献中“禹迹”的范围所在，看一看它与以上三者又有什么样的关联。早期直接说到“禹迹”的材料大致有十数条，内以《诗经》《尚书》居多。见于《诗经》者：

(1)《商颂·殷武》：“天命多辟，设都于禹之绩。”

(2)《商颂·长发》：“洪水芒芒，禹敷下土方。”

(3)《大雅·韩奕》：“奕奕梁山，维禹甸之。”

(4)《大雅·文王有声》：“丰水东注，维禹之绩。”

(5)《小雅·信南山》：“信彼南山，维禹甸之。”

(6)《鲁颂·闷宫》：“是生后稷……奄有下土，缵禹之绪。”①

见于《尚书》者：

(7)《立政》：“其克诘尔戎兵以陟禹之迹，方行天下，至于海表，罔有不服。”

(8)《吕刑》：“禹平水土，主名山川。”

见于《左传》者：

(9)《襄公四年》引《虞人之箴》：“芒芒禹迹，画为九州。”

见于金文者：

① 《逸周书·商誓》“在昔后稷，惟上帝之言，克播百谷，登禹之绩”与此近。

(10)秦公簋:“受天命,宅禹责(绩)。”

(11)叔夷钟:“翦伐夏司……咸有九州,处禹之堵(都)。”

以上材料,叔夷钟属春秋中期器;《闷宫》,毛序以为颂鲁僖公,在公元前7世纪,也有不少人认为可以追溯到鲁侯伯禽;《虞人之箴》年代属西周,下文有详说;其余均为商周至春秋前期的作品。十一条材料大体可分为三组。一组直接说到具体的“禹迹”所在,即(3)(4)(5)(9)。南山即终南山、秦岭,前已述及;丰水发源于南山,北入于渭;两者在九州的西缘没有问题。韩城梁山在汾水下游、晋西南地区,属二里头文化东下冯类型,也即太岳山以南地区。以上三者可谓是一个个的禹迹;而“禹迹”“画”为九州,则从两者整体上可知。二组:(2)(6)(8)(10),皆泛言天下为禹所定。土方,胡厚宣尝考为夏族。[①] 大水既是禹所平定,山川既是禹所命名,则凡涉此自然都是禹迹的范围。禹为天下共主,如此泛言并非不可。三组:(1)(7)(11),皆言进入“禹之迹”才可以受命为天下主。(11)言商人打败韦、顾、昆吾、夏桀后,进入夏主都居的“西邑夏”[②],曰“处禹之都”,也即(1)所言的“设都于禹之绩”,所谓“帝命式于九围”[③]。《毛传》:“九围,九州也。”我们下文将指出,九州本是羌夏戎族语言天邑之意。因此“帝命式于九围”即是占有桀之都邑,成为天命大邦、天下共主。(7)是周王升于“禹之迹”而为天下主,进于此才能得天命而治四方。这个“禹之迹”就是后来的成周所在,正是宅居于成周,周王才最后完成了统治天下的大业,所谓“方行天下,至于海表,罔有不服”。商人、周人所说的“禹迹”显然是同一个地方,即洛阳一带。三组的“禹迹”范围小多了,只以夏主所居为说,当是夏为天子之邦,共主之所在,进入夏主都邑即意味着占有九州、禹迹,膺当大命。

需要说明的是,本文所谓的“禹迹”范围较窄,主要指春秋战国以前诸主

① 胡厚宣:《甲骨文土方为夏族考》,《殷墟博物苑苑刊》1989年第1期。
② 《礼记·缁衣》引《尚书》佚文《尹吉(告)》:“尹躬(天)先见于西邑夏。”
③ 《诗·商颂·长发》。

要典籍直接提到的,非是秦汉以后诸书所言遍及普天之下的“禹迹”。

关于禹迹,顾颉刚、陈连庆、李零、郑杰祥、江林昌、王红旗等人都有研究。不为详述。

如上,“禹迹”泛而言之代表天下,具体言之则当九州范围,小而言之为夏主所居之都邑。而商、周王者所进占的夏主都邑、禹迹,正在伊、洛下游一带,即“阴方”之中。

以上将上古“九州”与《中山经》的范围、二里头文化区以及“禹迹”的所在相比较,可以看出四者的地望基本重合,大体指古代所谓的“中州”,也就是作为天子之邦的夏族活动区,以伊、洛水域的“阴方“为中心。西周时期的伯阳父面对周之三大圣水泾、渭、洛发生大地震,指出:“昔伊、洛竭而夏亡,河竭而商亡。山崩川竭,亡之征也。”这种情况与文献所载的夏主都居伊洛一带也是完全一致的。《史记·孙子吴起列传》:“夏桀之居,左河济,右泰华,伊阙在其南,羊肠在其北。”[①]桀之都邑所在的这个四险之地正是洛阳平原、伊洛地区。又《逸周书·度邑解》周武王语:“自洛汭延于伊汭,居易(阳)无固,其有夏之居。”周武王也说夏主在伊洛的下游。这些不同来源的多种材料所共同指向的事实,即夏主都居于阴方之中、九州之内[②],显然意味着春秋时人所谓的“九州”不是向壁虚造,也不仅仅是戎人一支的居地可以说尽的,而是有着夏代夏族历史地理的影子。

古代地域范围,不同时期都会有所变化,或收缩,或扩展,不可以固定视之,其间核心区域与基本范围能大致相当,则说它们之间存在内在联系,应该可以相信。

(本文作者为安徽省社会科学院历史研究所所长、研究员)

① 《战国策·魏策一》所述桀之都居与此大略相当,也指以洛阳为中心的地区。

② 我们在《涂山地望再研究》(《史学月刊》2003年第7期)一文中指出夏之祖山圣地涂山在伊洛流域,与此可以互证。

# 大禹与九州

周书灿

国内外学术界对大禹与九州这一学术专题的思考由来已久。近代古史辨运动兴起以来,已经很少有人再相信《禹贡》《周礼·职方氏》《吕氏春秋·有始》等先秦文献所记九州与传说中的大禹有关,然迄今为止,仍有相当多的学者确信《左传·襄公四年》引《虞人之箴》所记"芒芒禹迹,画为九州,经启九道"这个基本事实"是可信的"[①]。与此同时,大量赞同禹划九州这个基本事实可信的学者,也各从不同角度,对传说中的大禹和原始九州之间的关系做出具有一定学术价值的解说,其中某些解说已揭示出若干历史的真相。可迄今为止,由于先秦史料的极度贫乏及固有的复杂性,有关该问题的不同见解,仍分歧颇大甚至完全对立,因此,大禹与九州仍是困扰学术界的一繁难问题,因此,我们有必要在新的学术环境下继续做深入细致的探讨。

① 如金景芳先生解释说:"禹把当时所了解到的全部土地划为九州,即区分为四正、四隅,加上中央为九块。"金景芳:《中国奴隶社会史》,上海人民出版社,1983年,第17页。

## 一、战国以前用作专称的九州及其与夏之关系

在《禹贡》《周礼·职方氏》《吕氏春秋·有始》等文献中的九州名称具体化之前,战国之前的文献和青铜器铭文中之“九州”分别有泛称和专称的区分。如《诗·商颂》中的“九有”“九围”,《国语·鲁语》中的“九土”,历代注疏家多释为“九州”①。顾颉刚先生认为,春秋时期青铜齐侯钟铭叙述商汤“咸又(有)九州,处禹之堵(都)”之“九州”,“正可与《左传》的‘芒芒禹迹,画为九州’相联贯”②,并进一步考证说,“春秋时人分天下为九州的观念,确是起于孔子之前的”③。

然而不少学者亦注意到,九州名称具体化之前另有用作专称的九州概念。其中《国语·郑语》《左传·昭公四年》中分别提到西周、春秋时期的九州。《国语·郑语》记载幽王之世,郑桓公因王室政局动荡询问史伯:郑国迁徙至“谢西之九州,如何”?《国语·郑语》所言“谢西之九州”,韦昭注曰:“谢,宣王之舅申伯之国,今在南阳。谢西有九州,二千五百家曰州。”顾颉刚先生引《诗·大雅·崧高》“亹亹申伯,王缵之事,于邑于谢,南国是式”为证,

---

① 《毛诗正义》:“九有是同有天下之辞,言分天下以为九分皆为己有,故知九有九州也。”“谓九州为九围者,盖以九分天下,各为九处,规围然,故谓之九围也。”从《诗经》上下文看,《毛诗正义》此解颇有穿凿附会、望文生义之嫌。清代学者马瑞辰《毛诗传笺通释》称“九围犹九域也”,较为接近诗意。姜亮夫先生说:“九州又称九有,字变为九囿,音变为九隅,又变为九围,九围即九方,九方即九国。……九州之可以九有、九隅、九围、九域为代,则州非专名。”参见姜亮夫:《九州说》,《古史学论文集》,上海古籍出版社,1996 年,第 223 页。徐中舒先生则有不同解说:“《商颂·玄鸟》《长发》所称之九有、九围,《毛传》并以九州释之,而不知此九有之有当释为囿,九围之围当释为围场之围。意者殷商王族必有众多之苑囿或围场,九言其多,固不必以九为限。”参见徐中舒:《井田制度探原》,《中国文化研究汇刊》第四卷上册,1944 年 9 月。姜、徐二氏解说有同有异,但其均未将“九有”“九围”等同于以后名称具体化的“九州”,则颇为符合先秦时期的历史实际。

② 顾颉刚:《州与岳的演变》,燕京大学《史学年报》1933 年第 5 期。

③ 顾颉刚:《州与岳的演变》,燕京大学《史学年报》1933 年第 5 期。

以证“韦《注》自是可信”[1];并引《汉书·地理志》“南阳郡宛,故申伯国,有屈申城”之记载推测,“今河南省的西境,那边在周代有九州”[2]。综上可知,顾先生的解释基本符合西周时期的历史实际,西周时期在今河南南阳西部一带有一个“九州”之地,显然是可信的,唯韦昭以“二千五百家曰州”解释“谢西之九州”之“州”,绝大多数学者以为,“是不对的”[3]。

《左传·昭公四年》则记载,楚王使椒举如晋求诸侯,晋侯恃晋国险阻与多马,欲不许。司马侯劝说道:“四岳、三涂、阳城、太室、荆山、中南,九州之险也,是不一姓。冀之北土,马之所生,无兴国焉。恃马与险,不可以为固也。”此“九州”,杜预未予注释,顾颉刚先生通过对四岳、三涂、阳城、太室、荆山、中南一系列地名的考证,推论“这一个九州的区域极像汉的弘农郡”[4],又说,“这个‘九州’是九个州的集合之名呢,是很多州的集合之名呢,还是一个地方的专名呢?我们无法知道”[5]。徐中舒先生则以为,“其地为夏人所居,共工所霸,陆浑所迁”[6],大致相当于“《逸周书·度邑解》所载有夏之居”[7]。以后,辛树帜[8]、郑杰祥[9]等学者普遍赞同徐说。

值得注意的是,以上两则材料中的“九州”显然均是专称地名,和前举用作泛称的“九有”“九围”,以及战国以后名称具体化的“九州”,有着较大的差异。而《国语·郑语》之“谢西之九州”与《左传·昭公四年》司马侯所论“九州之险“的“九州”之间,有何联系,则颇难说得清楚,但其均在文献所记“有夏

① 顾颉刚:《州与岳的演变》,燕京大学《史学年报》1933年第5期。
② 顾颉刚:《州与岳的演变》,燕京大学《史学年报》1933年第5期。
③ 辛树帜:《禹贡新解》,农业出版社,1964年,第52页。
④ 顾颉刚:《州与岳的演变》,燕京大学《史学年报》1933年第5期。
⑤ 顾颉刚:《州与岳的演变》,燕京大学《史学年报》1933年第5期。
⑥ 徐中舒:《再论小屯与仰韶》,《安阳发掘报告》第3期,1931年6月。
⑦ 徐中舒:《再论小屯与仰韶》,《安阳发掘报告》第3期,1931年6月。
⑧ 辛树帜:《禹贡新解》,农业出版社,1964年,第52页。
⑨ 郑杰祥:《试论夏代历史地理》,《夏史论丛》,济南:齐鲁书社,1985年,第269页。

之居”范围内，则是毫无问题的。除了上举司马侯所说“九州之险”的区域范围与《逸周书·度邑解》所言“有夏之居”的范围颇为相同外，《史记·货殖列传》另言及：“颍川、南阳，夏人之居也。……南阳西通武关、郧关，东南受汉江淮。宛亦一都会也。俗杂好事，业多贾。其任侠，交通颍川，故至今谓之‘夏人’。”显然《国语·郑语》所说“谢西之九州”同样在“有夏之居”范围内。正因为此，我们完全可以据此推测，九州名称具体化之前的西周春秋时期，用作专称的“九州”，其区域范围基本上指的就是先秦文献所说的“有夏之居”。

早期文献所记“九州”与夏的关系，徐中舒先生还从语言学角度为以上推论补充一重要旁证：“夏后为连称之词，与《史记·五帝本纪》的荤粥、《匈奴传》的浑庾（《汉书》作浑窳），《赵世家》的休浑，贾谊《新书》的灌窳，并是九州的对音。”[①]由此可知，《左传·襄公四年》引《虞人之箴》所记“芒芒禹迹，画为九州”，应当略有一些较为可信的历史素材和依据，并非周代人们毫无根据的凭空杜撰。

## 二、“冀州即九州”说之再检讨

早在20世纪30年代，姜亮夫先生在《夏殷民族考》一文中，结合语言学和文献记载，较早阐发了“冀州盖即九州”说。[②] 以后，姜氏将《夏殷民族考》一文阐发九州的部分文字略加修改，析为《释禹与冀》《九州说》两文，收录沈善洪、胡廷武主编，云南人民出版社2002年出版的《姜亮夫全集》之二十《史学论文集》（按：《九州说》又收录上海古籍出版社1996年出版的《古史学论文集》）。今综合以上材料，择其要者，将姜氏“九州说”的主要论点、论据，略述如下：

① 徐中舒：《再论小屯与仰韶》，《安阳发掘报告》1931年6月第3期。
② 姜亮夫：《夏殷民族考》，《民族（上海）》1933年第1卷第11期。

1.夏民族中心传说地点是冀州，这与殷民族的中心传说地是豫州，是伪九州说中最可靠的两州。

2.冀是个象形字，不是形声字，冀为虫属，则以禹为宗神之夏氏族，取以命其居息之所而曰冀州。

3.冀州约在今山西、河北、河南北部一带，盖即夏族渊源之地，古代以其为中土，代表华夏，如后世以京都代表国家。

4.自以九为数名之义，而九之本义废，于是此传说中之九州，遂自夏民族所据之冀州扩而为八，自以九州之名表华夏，而冀为华夏之通称遂不复见。

目前绝大多数学者赞同王湾三期文化和新砦期遗存是夏王朝建立前后夏族的文化遗存的观点。随着田野考古工作的全面展开，古文献所记夏族早期的活动中心地区在嵩山南北地区，正在王湾三期文化和新砦期遗存的分布范围之内。九州名称具体化之后冀州的范围，《吕氏春秋·有始览》说："两河之间为冀州，晋也。"《周礼·职方氏》说："河内曰冀州。"李民先生认为，《禹贡》冀州的范围，"至少应包括现今山西中、南部，河南北部，河北的中、南部。而其中心地区则在山西南部"[①]。尽管这一区域范围内有"禹都安邑"及"大夏""夏墟"等地名，但仅仅据此就断言"夏民族中心传说地点是冀州"，"冀州……盖即夏族渊源之地"，显然问题不少。相比之下，今嵩山南北地区的夏族传说更为丰富，尤其是《世本》和《竹书纪年》等先秦文献"禹都阳城""禹居阳城"[②]"禹都阳翟"[③]等传说，不断得到田野考古资料的印证。1977年，考古工作者在河南登封告成镇的王城岗遗址，发现一座东西并列的龙山文化城

① 李民：《〈禹贡〉"冀州"与夏文化探索》，《社会科学战线》1983年第3期。

② 《史记·封禅书》正义引《世本》："夏禹都阳城，避商均也。"《汉书·地理志》"颍川郡阳翟"条下注引臣瓒语："《世本》'禹都阳城'，《汲郡古文》亦云居之。"《续汉书·郡国志》"颍川郡"条下注引《汲冢书》言："禹都阳城。"

③ 《汉书·地理志》"颍川郡阳城"条下自注："夏禹国。"《续汉书·郡国志》"颍川郡阳翟"条云："禹所都。"《史记·夏本纪》正义引《帝王世纪》："禹受封为夏伯，在豫州外方之南，今河南阳翟是也。"

址。西城保存较好,其东墙亦即东城的西墙,东城大部分已被五渡河水冲毁。在城内发现夯土建筑遗存和填埋2—7具人骨架的多处夯筑奠基坑,还发现有青铜器残片。城址的年代距今4000年左右,属于夏代纪年范围之内;地址的地望近于“禹居阳城”“禹都阳城”“夏都阳城”的范围。[①] 2002年、2004年,在河南登封王城岗遗址发现一座面积达30万平方米的龙山文化晚期大城址,这是目前在河南发现的最大的龙山文化城址。龙山文化晚期的遗迹还有祭祀坑、灰坑等。出土遗物有陶器、石器、骨器等,以陶器为主。王城岗大城的发现,为早期夏文化研究和禹都阳城的确认提供了重要数据。[②] 有的专家认为王城岗大城可能即是“禹都阳城”。[③] 1979年河南省文物考古研究所在颍河两岸进行考古调查时,发现了位于河南省禹州市火龙乡瓦店村东部和西北部的瓦店遗址。[④] 1980年、1981年和1982年,河南省文物考古研究所与郑州大学历史系考古专业曾对瓦店遗址进行过三次发掘,发掘面积700多平方米,发现遗存的时代主要为龙山文化时期。[⑤] 1997年4—5月,因“夏商周断代工程——夏年代学研究”课题研究工作的需要,由方燕明负责的“夏代年代学研究——早期夏文化研究”专题组对瓦店遗址又进行了发掘和钻探。[⑥] 瓦店遗址已探出的面积达20万平方米。考古工作者认为,该遗址包含有龙山文化早、中、晚期遗存,并以龙山文化晚期遗存为主。其考古学文化归属当为王湾三期文化晚期。王湾三期文化晚期遗存,正是目前探讨夏文化的重要对象之一。此遗址面积较大,所见遗迹、遗物档次较高,如以IVF8为代表的地面起建的大型建筑基址、VT1H116奠基坑的发现,以及大卜骨、玉璧、玉铲等玉器和

---

① 河南省文物研究所、中国历史博物馆考古部:《登封王城岗与阳城》,文物出版社,1992年,第22—111页。

② 方燕明、刘绪:《河南登封市王城岗遗址2002、2004年发掘简报》,《考古》2006年第9期。

③ 方燕明:《登封王城岗城址的年代及相关问题探讨》,《考古》2006年第9期。

④ 河南省文物研究所、禹县文管会:《河南禹县颍河两岸考古调查与试掘》,《考古》1991年第2期。

⑤ 河南省文物研究所、郑州大学历史系考古专业:《禹县瓦店遗址发掘简报》,《文物》1983年第3期。

⑥ 河南省文物考古研究所:《河南禹州市瓦店龙山文化遗址1997年的发掘》,《考古》2000年第2期。

精美的陶酒器如觚、瓶、鬶、盉等的出土，都表明瓦店遗址是王湾三期文化晚期的一处级别较高且十分重要的遗址。文献记载的阳翟地望就在禹州市境，学术界许多人均认为在区内发现的瓦店遗址从其年代和遗存特征看，均有可能与钧台、阳翟有关。综上可知，"夏民族中心传说地点是冀州"，"冀州……盖即夏族渊源之地"等推论作为姜先生立论的基础，显然并不牢靠，而其在此并不牢靠基础之上所阐发的"冀州盖即九州"说，自然就没有继续讨论的必要了。

## 三、"禹画九州"传说的发生与九州名称具体化的背景

综前所论，九州名称具体化之前，无论就相当于早期"九州"之域的"有夏之居"，抑或是"九州的对音"的"夏后"，似乎都可以为"禹画九州"的传说找到一点点史影。然而，早期文献中用作专称的"九州"，其和名称具体化的"九州"显然不同，早期文献中的"九州"专称并不能为"禹画九州"的传说提供有力的证据支持，显然，"禹画九州"传说的发生及《禹贡》《周礼·职方氏》《吕氏春秋·有始》等先秦文献"九州"名称具体化的过程，无疑是学术史上一颇值得深入探讨的论题。

在20世纪30年代，顾颉刚先生推测，"偏隅的九州变为禹迹的九州，似乎是春秋中叶的事"①。此后，郭沫若先生也曾注意到，"卜辞中无九州之痕迹，金文除齐侯镈钟一例外，决未有见"②，并由此推测，"九州之说不得在宗周以前，且不得在春秋以前也"③。"九州之分划盖春秋时某一大师之私见，传其学

① 顾颉刚：《州与岳的演变》，燕京大学《史学年报》1933年第5期。
② 郭沫若：《金文丛考·金文所无考》，人民出版社，1954年，第46页。
③ 郭沫若：《金文丛考·金文所无考》，人民出版社，1954年，第46页。

之弟子各敷衍为文,故小有出入耳"[1]。郭先生尤其举证《禹贡》九州之不可信:"虞可无论,即夏之存在亦尚无古物可征。纵令存在,其疆域断无《禹贡》所言之广大;其文化程度至高亦无过新石器时代之末期,断无《禹贡》所言者之夸诞也。《禹贡》之为伪……其构成当在春秋、战国之际,作者或本系戏为寓言,无心作伪,后之未深考者乃录之为正史也。"[2]总的来看,郭沫若先生似乎已将问题的关键基本讲清楚了,但由于第一手资料的极度匮乏,仍有一些枝节的问题和相关的疑问长期困扰着学术界。

如九州名称具体化的背景,顾颉刚先生曾较早论及:"到战国时,因吞并的结果,小国之数日减,仅存几个强国(如秦、楚)或古国(如周、卫),约略与九州相当,遂使九州之说益臻具体化,而有《禹贡》等分州之书出现。"[3]以《禹贡》九州为例,史念海先生认为,《禹贡》九州反映的是战国前期孟子所说的"海内之地方千里者九"的局面[4];陈连庆先生亦综合文献记载和相关金文资料,断定《禹贡》"九州的命名是以秦、晋、秦、楚、越等大国的同时存在为其前提的"[5]。虽然以上诸家关于《禹贡》著作年代的意见并不一致,但他们均认为,名称具体化的九州映射的是战国时期的几个强国、古国,这显然是符合先秦时期的历史实际的。既然学术界较为普遍地以战国时期几个大国、古国为《禹贡》九州的历史基础,那么《禹贡》九州自然就和早期文献所提到的相当于"有夏之居"的九州毫无关系,换句话说,《禹贡》九州虽假托大禹,而实际则与大禹无涉。

自20世纪80年代以来,考古学家邵望平先后在《九州学刊》第2卷第1期(1987年9月)、第2卷第2期(1988年1月)连续发表《〈禹贡〉九州的考古

---

① 郭沫若:《金文丛考·金文所无考》,人民出版社,1954年,第45页。
② 郭沫若:《金文丛考·金文所无考》,人民出版社,1954年,第45页。
③ 顾颉刚:《州与岳的演变》,燕京大学《史学年报》1933年第5期。
④ 史念海:《论〈禹贡〉的著作年代》,《陕西师大学报》1979年第3期。
⑤ 陈连庆:《〈禹贡〉研究》,《夏史论丛》,齐鲁书社,1985年,第189页。

学研究——兼说中国古代文明的多元性》和《〈禹贡〉九州风土考古学丛考》两篇文章,试图利用考古学的成果,对《禹贡》九州做出新的解释。作者的基本观点可以简单概括为,九州既不是古代的行政区划,也不是战国时的托古假设,而是自公元前两千年前后就实际存在的,源远流长的,自然形成的人文地理区系。不论《禹贡》最终成书于哪朝哪代,九州篇是有三代史实为依据的。我们认为,邵氏先入为主式设定的"自公元前两千年前后就实际存在的"九州,是否人为划分出来的,其和后期发生的"禹画九州"传说之间究竟有无关联,答案似乎已很清楚,已无继续辩论的必要。近年来,受邵氏九州是"自公元前两千年前后就实际存在……自然形成的人文地理区系","九州篇是有三代史实为依据的"等推论的影响,少数学者将大禹和名称具体化的九州再次"建立"起联系。如近年来在对上博简《容成氏》九州的讨论过程中,有的学者指出,竹书反映的九州在禹治水以前即已存在[①];有的学者推断,"《容成氏》九州排列……这个次序或许就是大禹治水的次序"[②];更有学者考释《容成氏》九州,首先认定大禹所治之"河"即是先秦时期流经今河北中部的大河,以《容成氏》地名比附《禹贡》水系[③]。由此可见,"走出疑古时代"错误理论误导下的盲目信古、复古,必然给中国古史研究造成一系列新的混乱,极不利于"禹画九州"传说之后诸多真实历史信息的科学揭发。

(本文作者为苏州大学社会学院教授)

---

① 陈伟:《竹书容成氏所见的九州》,《中国史研究》2003 年第 3 期。

② 朱渊清:《禹画九州论》,北京大学震旦古代文明研究中心编《古代文明》第 5 卷,文物出版社,2006 年,第 58 页。

③ 易德生:《上博楚简〈容成氏〉九州刍议》,《江汉论坛》2006 年第 5 期。

# 新时期大禹研究刍议

晁天义

现代意义上的大禹及大禹文化的研究迄今已百年有余,有关研究成果无论在数量还是质量方面而言都十分可观,因而颇有深入总结的必要。按照研究路数的不同,我们大体可以将这一百多年的研究历程分为两个阶段。第一阶段,从20世纪前半期开始,随着“古史辨”派的兴起,顾颉刚等人发起关于中国上古历史和史料的系统批判。在“东周以上无史”观念的笼罩下,大禹其人其事顺理成章地被视为子虚乌有,大禹一度成为神话中的角色。第二阶段,20世纪80年代以来,随着新史料的不断涌现,在李学勤先生等人“走出疑古时代”思想的感召下,包括大禹在内的诸多上古人物再次被视为真实的历史人物加以研究。

事实上,无论“疑古辨伪”抑或“走出疑古时代”,在很大程度上都是时代风潮在学术领域的投射。简单地讲,“疑古辨伪”是20世纪前半期“反思传统”“反对封建主义”等社会需要的产物,而“走出疑古时代”则可以说是80年代以来“复兴传统文化”的时代主题使然。诚如有些西方学者所言,“一切真历史都是当代史”,如果古史研究能够切实回应现实的需要,并在与时代主题紧密结合的同时,促进人们认识的深化,这无疑是一件于学术和社会“双赢”的好事。不过任何事情都有两面性,在肯定时代风潮推动学术研究积极意义的前提下,我们也要看到其中存在的问题或隐患。唯有如此,历史学的研究才能不致在“致用”的名义下丧失“求真”的本职。

关于“古史辨”派影响下大禹研究的得失,近年来已有不少成果问世,有关评论也颇为中肯到位。① 相较而言,学界对新时期以来大禹及大禹文化研究的反思性总结尚嫌不够,有继续展开的必要。笔者认为,要将新世纪的大禹文化研究继续推向深入,只有在批判的基础上坚持科学精神,才可能揭示大禹及大禹文化的历史真貌和科学内涵。以下仅就30多年大禹及大禹文化研究中存在的若干倾向性问题略陈管见,难免以偏概全,欠妥之处请方家指正。

## 一、“走出疑古时代”之后大禹研究的“新学问”

20世纪80年代以来,在“传统文化热”的大背景下,一味鼓吹“抹杀”中国上古史真实性的做法,不仅不能再博得中国学者的追捧,甚至可能引起一些怀思古之幽情者的反感。其深层社会背景,固然是反封建的伟大历史任务(无论是思想上还是革命上)已经完成,同时也与数十年来否定传统文化的运动造成某些负面效果,给不少人带来切肤之痛有关。职是之故,如何发掘(而

① 目前这方面的研究成果已有多篇,参见李耀宗:《大禹及禹文化研究——由2007年公祭大禹陵祭奠活动想到的》,文日焕、祁庆富:《民族遗产》第2辑,学苑出版社,2009年;孙国江:《20世纪以来大禹传说研究综述》,《长春师范学院学报》2010年第6期;杨栋、曹书杰:《大禹传说研究百年回眸》,《历史文献研究》总第29辑,华东师范大学出版社,2010年;杨栋:《二十世纪大禹传说研究》,《开封大学学报》2012年第2期;李殿元:《论大禹研究中的几个问题》,《中华文化论坛》2012年第8期。本文撰写过程中多所参考,特此说明并向各位作者致谢。

不是像过去那样简单地推翻或践踏)传统文化中的积极成分,成为众人关注的问题。

与此同时,新的学术环境也为学术方向的转折提供了可能,这尤其体现在两项因素成为推动传统文化研究的重要“引擎”上:其一是新史料的涌现,其二是以古典进化论人类学为代表的西方理论的引入。前者的作用,在于帮助人们按照所谓“二重证据法”的路径,补苴或印证传统史料的记载。后者的作用,主要在于通过神话学、宗教学的理论,重新阐释大禹其人其事的意义。请先从新史料运用为新时期大禹研究带来的新气象谈起。

(一)“新发见”带来“新学问”

王国维先生曾说:“古来新学问起,大都由于新发见。有孔子壁中书出,而后有汉以来古文家之学。有赵宋古器出,而后有宋以来古器物、古文字之学。惟晋时汲冢竹简出土后,即继以永嘉之乱,故其结果不甚著。然同时杜元凯注《左传》,稍后郭璞注《山海经》,已用其说。而《纪年》所记禹益伊尹事,至今成为历史上之问题。然则中国纸上之学问赖于地下之学问者,固不自今日始矣。”[①]用王氏的这句话,来评价新时期以来大禹研究与新材料之间的关系,亦极为恰当。

与大禹史事相关的新史料中之最关键者,首推保利艺术博物馆于 2002 年收藏的遂公盨。这件约 2900 年前的青铜器上,镌刻着 98 字的长篇铭文,记载了包括“大禹治水”“为政以德”在内的诸多丰富内容。[②] 该器的出土,对于大禹及其文化的研究,至少有两项意义:一是将被“古史辨派”置于虚无境地的大禹其人及其治水等史事做了一次有说服力的“拨乱反正”,使之恢复本来的

① 王国维:《最近二三十年中中国新发见之学问》,《学衡》1925 年第 45 期。

② 参见保利艺术博物馆:《大禹确有其人乎? 撼世青铜铭文廓清历史之谜》,《收藏界》2002 年第 12 期。关于该器铭文的考释,参见李学勤:《论遂公盨及其重要意义》;裘锡圭:《遂公盨铭文考释》;朱凤瀚:《遂公盨铭文初释》;李零:《论遂公盨发现的意义》,均载《中国历史文物》2002 年第 6 期。

历史真面目;二是将大禹从“神坛”上拉了下来,证明他并非如顾颉刚等人所说的“由神人格化为人”。关于由遂公盨出现而引发的大禹研究“新学问”,可以参见李学勤、杨善群、江林昌等人的研究成果。①

值得关注者,还有《上海博物馆藏战国楚竹书(二)·容成氏》关于大禹治水过程的记载。② 裘锡圭先生根据包括《容成氏》在内的四种新出先秦文献,对“古史辨”派关于禹的传说、各族同源的古帝王世系和禅让传说方面的意见做了检验。③ 李零先生强调了大禹治水和文王子九邦的历史意义。④ 程元敏对大禹治水的问题进行了探讨。⑤ 晏昌贵对简文中的“禹政”部分进行了探讨。⑥ 总的看来,《容成氏》的记载不仅在内容方面丰富了人们对大禹史事的认识,更重要的是首次以未经后人更改的面貌,向今人呈现了周人心目当中的大禹形象。

为大禹治水传说的真实性提供更多细节性描述的,还有不少田野考古成果。比如,1997年公布的山东阳谷县景阳冈文化城址调查资料表明,龙山文化时期黄河下游地区地势平坦,河流、湖泊、沼泽众多。⑦ 有学者认为,由于黄河中上游年降水集中在7—1月,因此很容易给地势平坦的黄河下游地区造成

---

① 李学勤:《遂公盨与大禹治水传说》,《中国社会科学院院报》2003年1月23日;杨善群:《论遂公盨之铭与大禹之“德”》,《中华文化论坛》2008年第1期;江林昌、孙进:《证认夏代始祖大禹》,《寻根》2003年第4期。

② 马承源:《上海博物馆藏战国楚竹书(二)》,上海古籍出版社,2002年。

③ 裘锡圭:《新出土先秦文献与古史传说》,《李珍华纪念集》,北京大学出版社,2003年。

④ 李零:《三代考古的历史断想——从最近发表的上博楚简〈容成氏〉、癸公盨和虞逑诸器想到的》,《中国学术》总第14辑,商务印书馆,2003年。

⑤ 程元敏:《天命禹平治水土》,上海大学古代文明研究中心,清华大学思想文化研究所编,朱渊清、廖名春执行主编:《上博馆藏战国楚竹书研究续编》,上海书店出版社,2004年,第311—326页。

⑥ 晏昌贵:《上博藏战国楚竹书〈容成氏〉中的“禹政”》,《楚文化研究论集》第6集,湖北教育出版社,2005年。

⑦ 参见山东省文物考古研究所、聊城地区文化局文物研究室:《山东阳谷县景阳冈龙山文化城址调查与试掘》,《考古》1997年第5期。

洪水,这表明大禹治水传说的出现符合当时地理情况的实际。[①] 2008年,河南濮阳县高城遗址的发掘表明,该遗址中多陶片,包括仰韶文化、龙山文化、二里头文化以及殷墟、东周等多个时期的遗物。[②] 沈长云认为,结合有关文献对这一考古遗址进行分析,可以证明濮阳即文献所称的禹都阳城。[③]

(二)视角转换引发新学问

新材料的涌现固然能够引发新学问,然而如能采用新的研究视角,则即使那些司空见惯的传世文献,也有望绽放新的光彩。我们知道,大禹其人其事不仅在上古时期具有重要影响,而且是秦汉之后长期流变的政治文化符号。不过善于"恢复历史真实面貌"的历史学家,多将注意力集中于早期史料,而对秦汉之后的大禹相关史料重视不够。他们似乎认为,史料越早才越有价值,也才越能逼近历史的真实,产生较晚的史料价值当然等而下之。从一般意义上而言,这种认识当然有一定道理。不过如果换一种思路,我们就会发现每一时期的文献在记述大禹其人其事时,都会有意无意地将时代的印迹带入其中,因而表现出不尽相同的内容。这种大禹叙事方式的改变,足以反映时代的变迁,这本身便具有十分重要的史学研究价值。也就是说,通过这些晚出的叙述,我们虽不足以了解夏代的大禹,却可以了解东周、秦汉乃至两宋时期人们心目中的大禹。[④] 这种研究思路的变化,是否与近年来后现代主义强调文本和书写的影响有关,尚难遽断,但它有助于从更丰富的层面解

---

① 参见张磊:《大禹治水地域范围新论——以出土文献和考古发现为参照》,《古代文明》2015年第1期。

② 参见河南省文物考古研究所、首都师范大学历史学院、濮阳市文物保护管理所:《河南濮阳县高城遗址发掘简报》,《考古》2008年第3期。

③ 参见沈长云:《夏族兴起于古河济之间的考古学考察》,《历史研究》2007年第6期;《禹都阳城即濮阳说》,《中国史研究》1997年第2期。

④ 顾颉刚在谈到传统古史研究的特点时说:"我们不能知道某一件事的真确状况,但可以知道某一件事在传说中的最早状况。如我们不能知道东周时的东周史,但可以知道战国时的东周史。"参见顾颉刚:《与钱玄同先生论古史书》,《古史辨》第一册,上海古籍出版社,1981年,第60页。

读大禹文化的内涵，这是不必怀疑的。

按照时代先后不同，研究者分别梳理分析了《诗经》《尚书》《山海经》《逸周书》《左传》《墨子》《楚辞》《韩非子》乃至《论衡》《太平御览》等文献中的大禹形象。有学者指出，现存文献中，《诗经》最早记载禹的事迹。在《商颂》《鲁颂》与《大雅》《小雅》中，六篇诗与禹有关。其中《商颂》之《长发》《殷武》两篇的相关内容，显示出先秦时期禹形象的转化之迹。具言之，《长发》叙述了禹的创世神话，而《殷武》篇有关禹的描述则与大、小《雅》显现出的周人历史观中的禹相近，由此可以推断殷周之际的文化传承关系。① 日本学者通过研究发现，在《商颂·长发》和《殷武》中上帝和禹同时出现。在这些诗成立的春秋时期，禹已不是神性人物而变为历史上的人王了。② 以上两种观点，似都以大禹本为神，而后方才被"历史化"为前提，不无可商之处。但二人均强调不同时代具有相去甚远的大禹形象，这颇符合历史的真实。

有学者认为，《尚书》中包括大禹在内的上古"圣王"形象，几千年来一直呈严重的"被同质化"情形。这些"圣王"形象各有不同，实分属为"道德圣王"型、"功绩圣王"型、"革命圣王"型。"被同质化"的原因在于当时的历史文化需要一种不变的"存在"来使人们获得社会稳定感和道德向心力，这就需要造成一种社会和道德"体系"来表示这种"存在"。《尚书》及其相关学术的传播是"被同质化"最重要的途径之一。③ 有学者统计说，《论衡》一书 84 篇论及禹共 53 次，涉及的篇目达 34 篇。其中大部分是引用传统说法为论说依据，也有不少地方提出与传统观点不太一致的看法。作者认为，《论衡》中的禹形象不仅反映了汉代禹形象发展与传播的情形，也展现了王充性格与思想的

① 姚小鸥、李永娜：《论〈商颂〉中的禹》，《学术界》2013 年第 7 期。

② 大野圭介：《论〈诗经〉中的禹》，《诗经研究丛刊》2002 年第 2 期，第 246—251 页。

③ 王灿：《〈尚书〉"圣王"形象"被同质化"研究——尧、舜、禹、汤、武形象考察》，《广西社会科学》2011 年第 7 期。

特征。[1]

作为宋人完成的一部类书,《太平御览》中关于“夏禹”一词的记载主要集中于卷82“皇王部”,囊括了宋以前36部古籍中的相关内容。有学者通过对《太平御览》中这些丰富大禹形象的分析考察,得出了很有意思的结论。比如作者发现,宋以前古籍对大禹形象的描述反映了人们的精神生活层面充斥着迷信和儒家道德意味,以及少量的诸子哲学思想。宋初人们迷信的源头,主要来自谶纬和道教思想。作者还得出结论说,大禹形象的塑造集中在神化和道德方面,宋以前人们心中的圣君被谶纬和道教神化到神秘迷信的地步,为了维系稳定的封建统治,大禹又被涂抹上浓烈的道德色彩。[2]

还有学者认为,在我国历史上,人们对大禹形象的认识经历了一个“人—神—人”的变化过程。一般认为,东周之前,大禹是人的形象,东周时期开始神化大禹,神化者为先秦诸子和后来的一些术士。至近代,疑古学派又认为大禹并不存在。当今随着考古事业的不断发展,人们逐渐“走出疑古时代”,但大禹在人们心中的形象仍为人神两种色彩兼具。[3] 顾晔峰认为,大禹的文学形象在先秦时期经历了由部族英雄到神再到人王的三次演变,每次演变都反映了人们思想上、观念上的深刻变化。因而,大禹的形象不仅具有文学研究价值,而且可以说是先秦中华文明史的承载者,这一形象嬗变也反映了我们民族精神逐步形成的过程。[4] 先秦两汉古籍中都记载了大禹无与伦比的功绩的神话传说。这些零散、简短的神话传说以不同的主题为线,以大禹为中心呈现某种内在联系性与变化性。每个形象的形成过程,都与中华民族的文明发展同步,每个主题能够反映出的民族文化发展的进度,代表了古代辉煌

---

① 吴从祥:《〈论衡〉中的禹形象探析》,《绍兴文理学院学报》2012年第3期。
② 参见刘丽萍:《〈太平御览〉中的大禹资料研究》,《晋城职业技术学院学报》2013年第5期。
③ 李岩:《历史上对大禹形象的认识》,《安徽师范大学学报》2010年第4期。
④ 顾晔峰:《先秦典籍中的大禹形象》,《江苏教育学院学报》2011年第2期。

灿烂的物质文化和精神文化成果。大禹的神话传说的发展从人与自然的斗争到社会斗争，经历了原始社会、奴隶社会至早期封建制的社会变革。它以文学的方式，生动形象地反映着各个文化阶段的信息，工具的改进、社会改革、伦理观念的变化，都在大禹的神话传说中得到展现。[①]

任何文化现象都是历史的产物，唯有将其置于其相应的时代才能获得更加准确的定位和解释，大禹形象及其流变便是如此。以上研究表明，如果能将不同时期材料中的大禹形象做出必要区分，使之归属于相应的时代背景之下，就有可能正确处理历史真实与文本之间的关系。相反地，如果忽视文献的产生背景，就可能把不同时代衍生出来的资料不恰当地用于“复原”真实的大禹，甚至会助长研究中的过度阐释之风。

## 二、大禹研究中的过度阐释现象

在学界高唱“走出疑古时代”、复兴传统文化的大环境下，新时期以来的大禹研究总体而言取得了长足进步。然而值得注意的是，在利用西方理论解释中国古史的过程中，不少研究成果中出现了一种明显的“走偏”现象。其典型表现，就是套用19世纪古典进化论人类学的若干观点，辅之以秦汉之后逐渐丰富化的大禹故事，将大禹其人其事涂抹成丰富生动的巫师、神灵形象。

### （一）大禹的巫师形象

利用西方人类学理论开展大禹研究，并不始于改革开放以来。相反早在20世纪前半期古典进化论盛行西方时，部分有开阔眼光的中国学者就尝试性地对之加以借鉴。其中具代表性的，有瞿兑之、陈梦家等人。据笔者所知，瞿、陈等人堪称以弗雷泽、泰勒等人的宗教、巫术理论解释大禹历史的先行

① 谢小英：《先秦两汉典籍中禹形象的演变》，《内蒙古电大学刊》2009年第5期。

者。影响深远者,如陈梦家在弗雷泽“巫术时代”理论的启发下,根据《尸子》等书所谓“禹步”的记载,断言“古之王即巫者,故禹步亦称巫步”,又说“王者自己虽是政治领袖,仍为群巫之首”。[①] 陈氏的上述论断发表于20世纪30年代,在当时的确是石破天惊的新论。然而自50年代之后,由于历史的原因,西方人类学理论引入中国的活动中断了将近30年。在此期间,弗雷泽将人类社会划分为“巫术时代—宗教时代—科学时代”的做法已被大量证据所否定,并遭到包括马林诺夫斯基等人的批判。遗憾的是,中国学者对于新的理论未能及时引入和消化,而是仍然沉迷于弗雷泽理论的泥淖之中,张口闭口都是“弗雷泽”和“《金枝》”。在这种情况下,难免出现一系列关于大禹史事的过度阐释问题。

试以大禹巫师形象的“构建”为例。在陈梦家相关提法的基础上,有学者综合中国古代诸多涉及“巫”“祝”等字样的大禹材料,提出“禹为巫祝宗主说”。作者称,夏禹在中国古代社会中被巫祝人员视作宗主,称为“神禹”。这是因为禹在平治水土过程中“主名山川”,古人还进一步认为世界上山川草木以及各种动植物之名都是大禹所命名的。这种现象就是“名字巫术”。在早期先民看来,名与物是不可分的,语词具有神秘而巨大的力量,谁知道事物之名,谁就享有支配此名词所指之物的神秘力量。正因为大禹被认为在治水之后主名山川百物,所以他便有控制世界上万事万物以至于妖魔魍魉的神力,于是“神禹”被尊为百巫宗主,而“禹步三”也就成了巫师扮作大禹压胜鬼怪的特殊方术。[②]

还有学者认为,大禹作为巫师,是原始宗教发展的必然结果。这是因为,人们对于巫师的崇奉由来已久,到了“大禹做巫师”的时候,更是实现了“巫师的专职化”。比如,大禹巫步是明显的巫术仪式的保留;大禹神巫合一的身份

① 陈梦家:《商代的神话与巫术》,《燕京学报》第20期,1936年。
② 王晖:《夏禹为巫祝宗主之谜与名字巫术论》,《人文杂志》2007年第4期。

为他号令诸侯、行使政治和军事权力提供了信赖基础。对于部落的调遣,使我们看到了王巫合一对社会的影响力。在先民社会中,王和巫、神是密不可分的。大禹作为古圣先王必然会带着那个时代的印迹——成为王的同时,也继承了巫师的身份,并担任祭司职责。这种结合的结果是产生了巫师对于权力和真理的独占,成为事实上的社会统治者。[①]

在以上学者笔下,我们看到了一个陌生的大禹:大禹活脱脱成为一个法师,而不是现实生活中的部族首领。"走出疑古时代"的目的,本在于回复大禹的"人性",不料却使之以巫师的形象出现在世人面前。我想这恐怕是许多倡导"走出疑古时代"的人始料未及的。历史看似又回到了原点,这真是一种非常值得琢磨的现象。

(二)大禹神话解释乱象

在传统文献的描述中,尽管大禹其人其事多少带有神秘色彩,但鲜有将其作为神话对待者。可以说,大禹是人而非神,这是自古以来的定论。不过近代以来"古史辨"派"唱空"大禹史事真实性的勇猛之举,客观上为纳大禹于"神谱",将大禹史事作为神话研究开启了先河。[②] 风气一开,势难遏止。尽管顾颉刚的观点遭到张荫麟等人的批评[③],却也赢得吕思勉、丁山等人的赞同和进一步发挥。[④]

20世纪80年代之后,"古史辨"派在学术界的影响逐渐消退,不过以神话释大禹的做法却经久不息,更在西方神话学理论的鼓动下日甚一日、新论频出。有学者曾总结此间涌现出来的数种大禹神话阐释,颇有条理。兹将主要

① 刘丽萍:《大禹巫师身份新考及其意义》,《扬州教育学院学报》2010年第3期。

② 实际上,顾颉刚就曾将大禹视为神话人物,比如他说:"禹不是周民族的祖先而为周族所称,不是商族的祖先而亦为商族所称,他的神话是普遍的。地位的独立,神话的普遍,惟有天神才能如此……西周中期,禹为山川之神,后来有了社祭,又为社神。"(顾颉刚:《讨论古史答刘胡二先生》,《古史辨》第1册,第109页)

③ 张荫麟:《评近人对于中国古史之讨论》,《古史辨》第2册,上海古籍出版社,1981年,第284页。

④ 丁山:《古代神话与民族》,商务印书馆,2005年,第196页。

内容转引如下：[1]

第一，鲧禹神话的产生，标志着由母系氏族社会向父系氏族社会的转变。有学者认为，鲧最初是母系社会的女性神，当父权成为主导时鲧才成为男性神。[2] 有学者提出，鲧禹变形的言外之意是母权制向父权制过渡时的权力之争。[3] 此说显然是将“鲧复生禹”的传说嫁接到古典人类学婚姻进化论的理论之上的产物。实际上，西方人类学家已经断言，并没有什么证据表明人类社会必然按照所谓“母系社会—父系社会”的演进图示发展。也就是说，这种为古典进化论创造的学说，在西方人类学界早已成为陈说，没有什么科学性可言。

第二，鲧禹是同一神灵经由死而复生的转化。有人认为，鲧、禹本是一体，由鲧到禹是死而复生观念下神话式的转化。[4] 有学者提出，鲧是水神，作人祭即杀死旧神创造新神，鲧剖腹生禹即水神之再生。[5] 有学者则认为，鲧禹化熊是再生的一种化身，是死而复生的神话原型。[6]

第三，大禹传说与杜宇鳖灵传说是同一神话的分化。有学者认为，鲧、禹治水和鳖灵治水的神话是同一神话分化的结果。[7] 有人则认为，鳖灵传说中的“荆上亡尸”是附会鲧禹传说中的“阻穷西征”，杜宇禅让原为舜禹禅让的伪托，开明治水亦有附会大禹治水的成分。[8]

第四，大禹传说来源于古代巫术信仰。有人主张，禹、益神话中言灵信仰

---

① 参见孙国江：《20世纪以来大禹传说研究综述》，《长春师范学院学报》2010年第6期。作者的概括包括五点，实则第四点是由图腾理论滥用所致，因此我们放在下文“大禹传说的‘泛图腾论解释’”一节中讨论。

② 程蔷：《鲧腹生禹神话的产生和演变》，《民间文学论文选》，湖南人民出版社，1982年。

③ 龚维英：《鲧禹变形臆说》，《神话、仙话、佛话》，河北人民出版社，1986年。

④ 孙重恩：《鲧》，《中原文物》1989年第1期。

⑤ 顾自力：《鲧禹治水传说新解》，《华中师范大学学报》1991年第4期。

⑥ 叶舒宪：《冬眠之熊与鲧、禹、启神话通解》，《长江大学学报》2007年第4期。

⑦ 李恕豪：《大禹和鳖灵——兼论治水神话的起源》，《天府新论》1985年第2期。

⑧ 李修松：《“鳖灵”传说真相考》，《安徽大学学报》2002年第5期。

和法术思维与《山海经》是相互依托联类的神话思维。① 有人则认为，鲧、禹洪水神话是“世界父母创世型”神话，是禹创造大地神话的变形。②

关于大禹治水传说的解释中，也存在利用西方神话理论而产生的过度阐释情况。比如，有学者受北美印第安人“潜水造陆”神话的启发，认为鲧、禹治水神话与该神话之间存在同构性。还有学者试图把鲧、禹治水神话复原为“捞泥造陆”。按照这种观点，禹是天神，鲧是捞泥者。鲧因为私藏泥土而被杀于北极之阴。禹用息壤创造大地之后，派人丈量大地的东西南北长度。而经过历史化之后，鲧、禹的关系转变为父子。③

笔者以为，以上解释或借鉴西方神话学的一般原理，或引国外类似神话以为佐证，看似雄辩有力，但整体上仍给人以游离于中国历史实际之外的感觉。其中的根本原因，在于学者多以一个错误的假设为前提，即认为人类历史必然都经过了一个神话发达的时代，而随着神话的衰落，不少神话走向“历史化”，被视为历史上真实的存在。这种看法，其实是国外神话学家根据西方（尤其是希腊、罗马）神话的实际概括而来的结论，不过要将其施之于中国历史，恐怕先要经过一番严格的批判和分析才可。有学者就认为，中国神话发展的情形并不同于西方，而是在很大程度上恰好相反——经历了一个“历史神话化”的过程。简而言之，中国上古时期宗教情绪的相对淡漠，意味着作为宗教附属品的神话必然不甚发达。相反地，倒是随着战国时期神仙思想的兴起，不少真实的历史人物、历史事件逐渐变成了神话。中国文化未必都要照着西方的模式发展，“历史神话化”现象的存在，正是中国历史的特殊性所在。

---

① 叶舒宪：《〈山海经〉与禹、益神话》，《海南大学学报》1997 年第 3 期。
② 张开焱：《鲧禹创世神话类型再探》，《民族文学研究》2007 年第 3 期。
③ 叶舒宪：《中国神话哲学》，中国社会科学出版社，1992 年；胡万川：《捞泥造陆——鲧禹神话新探》，《民间文学研究》2004 年第 4 期。关于这一阐释的批评性研究成果，参见陈连山：《鲧、禹神话原型研究中的“捞泥造陆说”献疑》，《百色学院学报》2010 年第 1 期。

要解释中国神话问题，必须回到中国历史和文化之中，才有可能得出正确的结论。[①]

（三）大禹传说的“泛图腾论”解释

再看图腾理论运用中存在的过度阐释问题。我们知道，先秦典籍中有大禹婚姻和父子关系的简单描述，至东汉赵晔《吴越春秋·越王无余外传》中方有关于大禹晚婚的如下描述：

> 禹三十未娶，行到涂山，恐时之暮，失其度制，乃辞云：“吾娶也，必有应矣。”乃有白狐九尾造于禹。禹曰：“白者，吾之服也。其九尾者，王之证也。”涂山之歌曰：“绥绥白狐，九尾痝痝。我家嘉夷，来宾为王。成家成室，我造彼昌。”天人之际，于兹则行，明矣哉！禹因娶涂山，谓之女娇，取辛壬癸甲。[②]

对于这段出现很晚的神话，有学者试图借用西方的图腾理论来加以阐释。比如有人认为：“在这个传说中，九尾狐是男性配偶的形象，又是大禹本人的化身，大禹娶亲故事是受狐图腾影响而形成的。”持相同观点者解释说：“神话所反映的乃是涂山氏是以狐为图腾的。……涂山氏可能还是一个相当原始的氏族。”[③]实际上，正如有批评者所说的那样，图腾理论是西方学者根据有限材料归纳出来的观点，它未必具有全世界的普遍意义。如果我们结合秦汉之后中国历史的实际就不难发现：所谓大禹娶涂山女神话是在新五德终始说下形成的，神话中的九尾白狐意象是汉人重新构建古史系统的结果，根本不具有大禹或涂山女氏族图腾的意义，因而同氏族图腾之说没有什么关系。这说

---

① 关于中国古代“历史神话化”问题，参见常金仓：《中国神话学的基本问题：神话的历史化还是历史的神话化?》，《陕西师范大学学报》2000 年第 3 期。

② 周生春：《吴越春秋辑校汇考》，上海古籍出版社，1997 年，第 105—106 页。

③ 参见李炳海：《从九尾白狐到狐媚女妖——中国古代的狐图腾与狐意象》，《学术月刊》1993 年第 12 期；李剑国：《中国狐文化》，人民文学出版社，2002 年，第 25 页。

明，以图腾学说诠释大禹娶涂山女神话实为不妥。[①]

还有学者认为，鲧禹神话起源于动物崇拜和图腾信仰。有人提出鲧之原型为大鱼，禹之原形为鲮鲤，即穿山甲，是氏族的图腾或徽志。[②] 有人则认为，鲧的原型是龙，禹的原型是神龟，都源于动物崇拜。[③] 有人则认为，大禹亦是禹族图腾“大鱼”族号，产生于羌人的原始居地羌塘地区。[④] 还有人认为，禹治水传说是以神话变形的方式再现群龙与洪水河川间的关联。[⑤] 有人提出，禹所使用的熊旗是图腾记忆在夏代神话中的体现。[⑥]

事实上，图腾理论作为一个舶来品，人类学界对其内涵有着严格的限定。比如宋兆麟先生就曾说：“在古史研究中，或者在考古工作中，有的同志看见器物上有鸟形象就一概称为鸟图腾，看见岩画上有羊奔跑就认为是羊图腾，这种看法显然过于简单。把某种动植物或无生物定为图腾属性，应该慎重从事：一要看它是否是图腾时代的产物，二是看它有无图腾的若干特征。”[⑦]论者认为，只有符合其中全部四项者，方可以“图腾”之名概之。另外，何星亮先生关于图腾标志的界定，也值得注意。[⑧] 忽视传说或符号的背景，甚至低估时间对于文化流变的作用，动辄认为文化的“孑遗”可以肆意穿越千百年的时间之流，给我们留下图腾的证据，这种分析虽然新颖，但却是轻率而缺乏历史感的。关于中国古史研究中的泛图腾问题，常金仓先生有过深入的批判，有兴趣者可以参考。[⑨]

① 相关批评参见王守亮：《慎用图腾学说诠释中国古代神话——以禹娶涂山女神话与纬书感生神话为例的考察》，《青海社会科学》2014 年第 4 期。
② 刘毓庆：《鲧禹神话考》，《中州学刊》1990 年第 1 期。
③ 仲卫红：《共工、鲧、禹——论中国洪水神话中的人物原型》，《陕西师范大学学报》1995 年第 4 期。
④ 白剑：《大禹亦大鱼——华夏民族古代的神灵图腾》，《四川文物》2001 年第 1 期。
⑤ 何根海：《大禹治水与龙蛇神话》，《安徽大学学报》2003 年第 6 期。
⑥ 叶舒宪：《大禹的熊旗解谜》，《民族艺术》2008 年第 1 期。
⑦ 宋兆麟：《漫谈图腾崇拜》，《文史知识》1986 年 5 月。
⑧ 何星亮：《中国图腾文化》，中国社会科学出版社，1992 年，第 31—32 页。
⑨ 常金仓：《古史研究中的泛图腾论》，《陕西师范大学学报》1999 年第 3 期。

## 三、几点认识

综上所述,新时期的大禹研究受新史料、新视角的推动,取得了一系列富有科学价值的成果。与此同时,在中国材料与西方理论的结合方面也反映出一些问题。我们乐意承认,随着新材料的出现、新视角的采用,传统的历史话题有进一步阐释的必要。但是,历史研究毕竟不同于文学创作,不需要也不容许我们进行任何程度的过度阐释。回顾这些研究成果(尤其是其中涉嫌过度阐释的部分),笔者认为至少对我们有以下三点启发:

首先,“走出疑古时代”之后,对于史料的采信和运用,同样需要坚持审慎的批判态度。“古史辨”派过分怀疑中国古史可信性的做法,固然不足为训,不过对传世史料不加分析、一味信任的态度也值得斟酌。在“走出疑古时代”“复兴传统文化”等号召的鼓励下,有些学者以所谓“二重证据法”(当引用域外史料或理论时,则冠之以“三重证据”乃至“四重证据”之名)为由,其结果是远古的历史人物、历史事件越来越趋于丰满,但也越来越趋于失真。这种做法,其实是对“二重证据法”的歪曲。实际上,史料虽然是历史研究的重要基础,但研究的成功与否并不绝对取决于史料多寡。如果使用得当,即使依靠较少的史料,也能还历史人物以真实的面貌;若无视年代的不同,错将历史书写误以为历史真实的话,则材料越多,误会越重,其结果必然是造成诸多胡适所谓“有福的”“箭垛式的人物”[①],历史研究者也会依旧昧于顾颉刚所谓“层

① 胡适语,他的原话是:“历史上有许多有福之人。……这种有福的人物,我曾替他们取个名字,叫‘箭垛式的人物’;就同小说上说的诸葛亮借箭时用的草人一样,本来只是一扎干草,身上刺猬也似的插着许多箭,不但不伤皮肉,反可以立大功,得大名。包龙图——包拯——也是一个箭垛式的人物。古来有许多精巧的折狱故事,或载在史书,或流传民间,一般人不知道他们的来历,这些故事遂容易堆在一两个人的身上。在这些侦探式的清官之中,民间的传说不知怎样选出了宋朝的包拯来做一个箭垛,把许多折狱的奇案都射在他身上。包龙图遂成了中国的福尔摩斯了。”胡适:《〈三侠五义〉序》,《胡适全集》第3卷,安徽教育出版社,2003年,第471—472页。

累地构成的中国古史”的真相。1925 年,王国维先生在《古史新证》中说,古史研究中既要防止“疑古之过”,也要防止“信古之过”。[①] 惜乎在三十多年间“走出疑古时代”高歌猛进的氛围中,许多人似乎只记得前者,忘了后者。实际上,要真正推进历史认识,就不能偏于“信古”,也不能偏于“疑古”。“疑”或“信”是手段而非目的,历史研究既不可为疑而疑、勇于疑古,亦不可为信而信、轻于信古。正如《荀子·非十二子》所云:“信信,信也;疑疑,亦信也。”唯有信其可信者,疑其可疑者,才能使得历史的认识归于可靠。

其次,在借鉴西方理论方面,既要了解西方学术界最新进展,同时也要对理论的科学性有准确判断。新时期以来,西方理论在中国古史研究中的运用呈“井喷式”局面。尤其是在涉及上古宗教、神话、巫术、婚姻等问题时,研究者最常见的做法就是从摩尔根、泰勒、弗雷泽等 19 世纪古典进化论人类学家那里寻找现成的理论依据。由于历史的原因,中国学界全面接触这些人类学家著作的时代较晚,而且由于有了新中国成立前接受进化论的前期基础,因此自然而然会将它们用于中国古史的研究。殊不知古典进化论的不少结论,是建立在零星材料的基础之上的,在现代西方学术的系统中,其许多内容被证明是非科学的。据笔者所知,这些非科学的理论当中,就包括巫术时代论、母权说、教条的母系—父系社会进化说、绝对的神话历史化理论等。因此,在大禹研究中我们要避免对西方理论的简单依赖,更要及时做好相关学科知识的“补课”工作。切不可以旧闻为新知,用错误的理论生搬硬套于生动的中国历史实际。

最后,关于中国历史的个案研究,应以对中国历史文化基本精神的正确估计为前提。学术既是一种对科学和真理的追求方式,也是时代的产物,因此学术的探究之路总是难免留下时代的印记。比如说,20 世纪前半期中国历

① 王国维:《古史新证——王国维最后的讲义》,清华大学出版社,1994 年,第 1—2 页。

史研究的时代印记之一,是于个性中概括共性,亦即证明中国历史虽有其特殊性,但仍符合世界历史发展的一般规律。20 世纪后半期(尤其是新时期以来)则不然,这一阶段留给历史研究的重要印记之一变成于共性中寻找个性,即在承认历史一般性的前提下,强调发掘中国历史的特殊性。这两种研究理路看似不同,但都承认人类文明共性与个性的统一,因而所得结论并不矛盾。但是如果离开辩证统一的方法论原则,就很容易在研究中走偏,即或使中国历史迁就西方理论,或过分强调中国的独特性。新时期以来的大禹研究有时之所以被西方理论"牵着鼻子走",中国历史被描写得与西方世界并无二致,就是因为研究者将"西方经验"误以为人类历史的"一般规律"。殊不知,要揭示中国历史的真面貌,则只有在承认人类历史发展共同规律的前提下,充分认识中国历史在国家产生方式、神话的发展路径等方面的特性。

(本文作者为《历史研究》编辑部副编审)

# 禹“修社祀”和“死而为社”考

周幼涛

历来所有的解释都是一致的:社为“土地之主”或“土地之神”。但这个“土”指的不是“田土”,而是“领土”即“领地”。这个界定对于本文尤为重要,所以必须先行指明。

“领地”的意识,在动物界就很普遍,人类亦不例外,可以说这是与生俱来并延续至今的。城有“城隍”,乡有“土地”,山有“山神”,水有“水神”,每个地方都有神灵管着,他们都是“山川之主”“土地之神”,只是“职称”不同而已。

显然,在严格意义上,这个区划地域空间的“谱系”与人类的血缘谱系无关。换言之,它虽然萌生于血缘社会,但却张扬于文明时代,是“以地域划分居民”的产物。

征收赋税和以地域划分居民,被恩格斯视为考察国家是否已经出现的两个最核心的指标。据此,“社”的张扬就应在这个历史关节点上。而在中国,处于这个历史关节点上的“领军人物”就是大禹!

## 一、禹修社祀

长期以来,学术界在禹是“传说人物”还是“历史人物”二者之间一直游移不定。但由于人类早期的历史就是以传说的方式被记录下来的,所以这其实并不成为一个命题。退一步说,即使我们遂了传说论者的愿,但古人之所以要塑造出这个大禹,当亦是为了在人类历史的这个关节点上树立起一个能让后人把握的标杆。

根据传说,禹一生做成了两件大事:一是治平了洪水,二是开创了夏朝。作为治水英雄,大禹在洪水泛滥、民不聊生之际,率领民众疏江导河、治理水患,经过十三年之久的艰苦奋斗,终于“地平天成”,百姓安居,不愧是一位把我们的民族从洪水浩劫中拯救出来的伟大领袖;作为立国之祖,大禹在公元前21世纪长江、黄河流域万国林立、争夺混战之世,通过一系列战争征服天下并创造发展政治文明,建立起中国历史上第一个具有天下一统意义的王朝,从而把中华民族带进了文明时代。

这两件事,也可以当作一件事看,因为二者之间是一个单向的因果关系。有一种观点甚至不相信当时真的有一场大洪水存在过,他们认为,大禹治水的传说,其实只是华夏民族向南扩张,征服三苗等南方民族这一历史过程的折光反映。所以等到战争一结束,这场“大洪水”也就销声匿迹了。

这是一个文明曙光在中华大地上喷薄而出的年代,大禹的历史任务,就是要托起这轮光芒四射的太阳———创建中国第一王朝!无论是治水还是战争,大禹的一切活动,无不紧紧地围绕着这个中心。

国家的诞生,可以有不同的路线图,如内部的阶级斗争、大型的公共工程、对外的兼并扩张等,当然更多的情况可能是数管齐下。当时在中华大地上发生的战争,有着几条不同的战线。如中原地区内部的兼并,与东夷部族的融合,以及向南蛮地区的扩张等。所以在大禹的传说中,我们可以强烈感受到不同战线之间难分难解的胶着状态,也因之感觉到分外地扑朔迷离。

绍兴有一则“禹疏了溪”的传说,认为大禹治水就是在了溪结束的,“了”就是结束的意思。而这条了溪就在绍兴的嵊州。

让大禹治水结束于嵊州,是绍兴大禹传说中的神来之笔。或以为大型的公共水利工程也是国家所由产生的一个途径,则关于大禹治水和立国的传说便可以作为支撑这种历史观点的一个相当有力的论据。

大禹的传说遍及全国,这些传说有两个基本指向:其治水的传说,总是将大禹引向神话传说;其立国的传说,总是将大禹引向历史人物。而绍兴大禹传说的可贵之处,便在于都指向他的立国,这是绍兴大禹传说与其他地域大禹传说的最大区别和它的历史价值所在。

绍兴有许多大禹的传说和古迹,但有关治水的故事却只有“禹疏了溪”这一个。显然,安排这个故事的意图,在于为“禹会会稽”做铺垫。治水既已告成,接下去自然就要办建国的大事了。

治水成功之日,大禹在会稽山下召开了一次规模巨大的诸侯盛会。《左传·哀公七年》载:“禹合诸侯于涂山,执玉帛者万国。”《说文解字》中说:“嵞,会稽山。”许慎当有所据。

有理由认为,这是中国历史上第一次明君臣、示一体、别远近的具有重要政治意义和深远历史影响的大会。

这个传说,还见于以下史籍:

《国语·鲁语下》:“吴伐越,堕会稽,获骨焉,节专车。吴子使来好聘,且问之仲尼……仲尼曰:‘丘闻之,昔禹致群神于会稽之山,防风后至,禹杀而戮之,其骨节专车。’”

《韩非子·饰邪》:“禹朝诸侯之君会稽之上,防风之君后至,而禹斩之。”

《越绝书·越绝外传记地传》[1]:"禹始也,忧民救水,到大越,上茅山,大会计,爵有德,封有功,更名茅山曰会稽。"

《吴越春秋·越王无余外传》[2]记载:"(禹)周行天下,归还大越,登茅山,以朝四方群臣,观示中州诸侯。防风后至,斩以示众,示天下悉属禹也。乃大会计治国之道,内美釜山州镇之功,外演圣德以应天心。遂更名茅山曰会稽之山。"

今本《竹书纪年》:"(禹)八年春,会诸侯于会稽,杀防风氏。"

举行这次大会的目的当然就是为了立国,需要考究的是会议的具体内容。"国之大事,在祀与戎。""戎",此时已不用去考虑它了,于是只剩下了"祀"。对于"禹会会稽",还有一个说法,叫作"禹禅会稽"。由此可见,"会稽"的首义,既非计划,也非计功,而是"会祭"。《史记·封禅书》[3]中说:"禹封泰山,禅会稽。"又说:"自禹兴而修社祀。"祭地叫"禅","社"为土地之主。因此这"禅会稽"也就是"修社祀"。这是大禹的一项重大的政治发明,其目的在于通过召集天下诸侯共同祭祀"共同地域"(九州)的象征——"社"(国土之神)以统一思想(信仰),进而建立统一的国家政权。大禹在会稽山下会群臣,上致群神,二者之间并无矛盾。而这件大事所具有的开天辟地的意义,才是其会址会稽山得以在历史早期一直雄踞于天下九山之首的根本原因。

信仰的统一,是天下统一的思想保证和建国前提。所以这"社祀",实相当于大禹为华夏王朝所创设的一个"国教"。

7世纪时穆罕默德创立伊斯兰教的举措与大禹此举如出一辙。在当时的阿拉伯半岛上,也是"万国"林立,各"国"都有自己的部族信仰。而伊斯兰教要求信教者信仰唯一的真主安拉,认为凡教徒都是兄弟,不分部落。其实质

① 《越绝书》,上海古籍出版社,1985年。
② 〔东汉〕赵晔:《吴越春秋》,江苏古籍出版社,1992年。
③ 〔西汉〕司马迁:《史记》,中华书局,1982年。

也是要各部落放弃各自的崇拜偶像，以求在统一意识形态的基础上争取阿拉伯世界的统一。后来的实际成效也确是如此，随着伊斯兰教的传播，到632年穆罕默德去世时，阿拉伯半岛已大体统一。

大禹在会稽大会诸侯共举社祭期间，还断然诛杀了一位名叫“防风氏”的诸侯。这个严重的事件，成为这场喜庆热烈的大合唱中一个极不和谐的音符。至今在绍兴仍有刑塘、斩将台等地名纪念着这位反叛的末路英雄。后世有人颇不以大禹此举为然，殊不知防风氏的“迟到”其实是一种不合作的政治表态，系故意为之。所以这一杀戮也正是大禹事先就在期待着的一项正中下怀的“议程”。《吴越春秋》一语道破了它的机关：“示天下悉属禹也。”作为成例，我们在《尚书·甘誓》中还可以看到相关的记载：“用命，赏于祖；弗用命，戮于社。”

此外，尚有一个发生在绍兴宛委山中的大禹传说需要说明。

《吴越春秋·越王无余外传》中记载：

> 禹伤父功不成，循江溯河，尽济甄淮，乃劳身焦思以行，七年闻乐不听，过门不入，冠挂不顾，履遗不蹑。功未及成，愁然沉思。乃案《黄帝中经历》，盖圣人所记，曰：“在于九山之南天柱，号曰宛委，赤帝在阙，其岩之巅，承以文玉，覆以盘石，其书金简，青玉为字，编以白银，皆琢其文。”禹乃东巡，登衡岳，血白马以祭，不幸所求。禹乃登山，仰天而啸，因梦见赤绣衣男子，自称玄夷苍水使者。“闻帝使文命于斯，故来候之。非厥岁月，将告以期，无为戏吟，故倚歌覆釜之山。”东顾谓禹曰：“欲得我山神书者，斋于黄帝岩岳之下，三月庚子，登山发石，金简之书存矣。”禹退，又斋。三月庚子，登宛委山，发金简之书，案金简玉字，得通水之理。

这是大禹在绍兴地域中行祭山之礼的唯一一个传说，而宛委山是会稽山的主峰，据此，这个故事实乃“禹禅会稽”传说的一个变文，本与治水无涉。

## 二、禹死为社

《淮南子·氾论训》中说:“禹劳天下,死而为社。”这里的“社”,指的是社神。而要破释这一传说,则需要用“禹葬会稽”这件大事来加以说明。

“禹葬会稽”的传说,主要见于以下典籍:

《墨子·节葬下》:“禹东教乎九夷,道死,葬会稽之山,衣衾三领,桐棺三寸,葛以缄之,绞之不合,通之不坎,土地之深,下毋及泉,上毋通臭。既葬,收余壤其上,垄若参耕之亩,则止矣。”

《吕氏春秋·安死》:“禹葬于会稽,不变人徒。”

《淮南子·齐俗训》:“禹葬会稽之山,农不易其亩。”

《史记·夏本纪》:“十年,帝禹东巡狩,至于会稽而崩。”“或言禹会诸侯江南,计功而崩,因葬焉,命曰会稽。”《集解》引《皇览》曰:“禹冢在山阴县会稽山上。”

《越绝书·越绝外传记地传》:“(禹)因病亡死,葬会稽。苇椁桐棺,穿圹七尺;上无漏泄,下无即水;坛高三尺,土阶三等,延袤一亩。”

《吴越春秋·越王无余外传》:(禹)命群臣曰:“吾百世之后,葬我会稽之山。苇椁桐棺,穿圹七尺,下无及泉,坟高三尺,土阶三等,葬之后,曰无改亩,以为居之者乐,为之者苦。”

《论衡·书虚篇》:“禹东治水,死于会稽。贤圣家天下,故因葬焉。”

《水经注·浙江水》:“又有会稽之山……山上有禹冢,昔大禹即位十年,东巡狩,崩于会稽,因而葬之。”

从以上史料中,我们可以得到三个信息:第一,大禹葬于会稽之山,其墓就在今浙江绍兴;第二,禹墓的规模形制是大禹生前自己设计好了的,所以历来认为大禹是中国墓葬制度的创始人;第三,大禹遗命不准后人对其墓葬做任何的变动,后人对此举解释为大禹的节俭和爱民。

疑问由之而生:大禹为什么如此重视自己的墓葬,要在生前预作如此周密的安排,而这种安排是否还另有深层的政治意义呢?

研究历史,古人主要依靠文献。现在我们有了更多的渠道,称为多重证据法。所以我们今天已经可以绕过历史文献所布下的疑阵,从考古资料和文化人类学资料中找到以上疑问的答案。

根据考古资料,在良渚文化的土筑高台祭坛上,均有大墓埋葬。这种大墓的一个显著特点是有大量的玉礼器随葬。1973 年 10 月,考古工作者在江苏省常州市东北 15 千米处发现了一处良渚文化遗址,命名为武进寺墩遗址,经过多次的考古发掘,发现这里竟然是一座神秘的古国古城。古城中心是一座高 20 米、直径 100 米的圆丘形祭坛,四周环以河流,呈方形。其外围又是一条河流,亦呈方形,东西 900 米,南北 1000 米。四方居中各有一条河流连接内外河,从而把古城划分为四个象限。

从 1978 年到 1995 年,专家在第四象限北部先后发现了 4 座良渚文化大墓。这四座墓按时间先后自西向东有序排列,其中的 3 号墓是一个较为典型的墓例,随葬器物 100 多件,其中陶器仅 4 件,石器 9 件,其他均为玉器。在玉器中,玉琮 33 件,玉璧 24 件,玉钺 3 件,共 60 件,占全部随葬物的半数上下。此外,在墓中还发现了燎祭的痕迹。

琮、璧、钺是神权、族权、财权和军(王)权的象征,燎祭则是原始部族中最高级别的祭典。这些都说明墓主人的身份非同一般。在生前他们是主祭者,在身后又是受祭者,完全具有祖宗神或宗主神的资格,所以,这些墓应该就是祖陵。

大禹具有祖宗神或宗主神的身份,生前握有族权、财权和王(军)权,这是不言而喻的。那么,他是否还握有神权呢?回答也是肯定的。在氏族社会中,宗教活动的主持人一般都是由氏族长或部落首领来担任的。后来随着社会分工的发展,才有专职的巫师出现。《海内十洲记》中说大禹“祠上帝于北阿,归大功于九天”;《拾遗记》中说大禹铸九鼎,“占气象之休否”;《韩非子》中说“禹作为祭器,墨染其外,而朱画于内”。说明禹本人确曾主持过祭祀和占卜活动。

前面已经说过,“会稽”的第一要义是为“会祭”,大禹就是这次会祭的主持人。这种宗教活动在当时具有极重要的政治意义,大禹正是通过这一举措来肯定和巩固他的政治成就和政治地位。大禹自己下令让群臣把他安葬在“会稽之山”,这“会稽之山”实际上指的就是良渚文化时出现的那种大规模的土筑高台祭坛,也就是社坛。大禹还很具体地规定了陵墓的规格,并一再强调“无改亩”,即不许后人更改这个规格。将此事与良渚文化土筑高台祭坛上的大墓相联系,就可明白大禹生前的这一努力乃是为了让自己在身后能坐稳华夏国祖这个历史宝座。

大禹生创社祀,死为社神,这既符历史,又合逻辑,应是顺理成章的事情。

## 三、“社”的前世和今生

社祀,并不是大禹凭空创造出来的东西,而是通过对以往原始宗教的改造而实现的,所谓“旧瓶装新酒”是也。而这个原始宗教就是高禖之祭,即对生育神的崇拜和祭祀。有人考证,在甲骨文中,“社”字就是女性生殖器的形象。

恩格斯在《家庭、私有制和国家的起源》第1版序言中指出:“根据唯物主义的观点,历史中的决定性因素,归根结底是直接生活的生产和再生产。但是,生产本身又有两种。一方面是生活资料即食物、衣服、住房以及为此所必需的工具的生产;另一方面是人类自身的生产,即种的繁衍。”这就是著名的关于两种生产的理论。恩格斯还说:“劳动愈不发展,劳动的数量,从而社会的财富愈受限制，社会制度就愈在较大程度上受血族关系的支配。”普列汉诺夫在其《艺术论》一书中也曾说道，当时“氏族的全部力量，全部生活能力，决定于它的成员的数目”。

根据这个理论，作为社会生产力之一的人类自身的再生产即种的繁衍，乃是人类社会早期历史发展的决定性因素。人类自身的生殖力和生殖关系之间的矛盾运动，决定着这一漫长历史时期中人类社会和人类意识形态的基本面貌。

由此，生育崇拜便成为人类思想史上发生的第一个宗教因素，生育之神便成为人类所创造的第一个崇拜偶像。

在中国，这个神的名称叫作“高禖”。

对“高禖”即生育之神的祭祀，无论中外，在古代民族中都是非常普遍的。大禹顺应历史发展的趋势和当时的政治需要，非常巧妙地将这个“以血缘划分居民”的部落宗教改造成一个“以地域划分居民”的国家宗教，无疑更容易得到当时各部落的认同从而减少其推行的阻力。

也正因为如此，高禖之祭的许多功能得以在社祀中传承下来。

这种传承与大禹相关的故事是“禹娶涂山”。

《楚辞·天问》中说：“禹之力献功，降省下土方；焉得彼涂山女，而通之于台桑。闵妃匹合，厥身是继，胡为嗜不同味，而快朝饱。”说的是大禹和涂山氏之女在“台桑”结合的故事。“台桑”即“桑台”，桑指桑林，台指社台。但由于“禹娶涂山”的故事应该发生在他将高禖之祭改造成社祀之前，其结合的场所当时还是纯粹的高禖祭地，所以这里的“台桑”一词，当是后世的命名。要到社祀发明之后，两种祭祀才变成“两块牌子，一套班子”，浑然一处，所以《墨子·明鬼下》中才会说：“燕之有祖，当齐之社稷，宋之桑林，楚之有云梦也。此男女之所属而观也。”

再一个是“汤祷桑林”的故事。

《吕氏春秋·顺民》中说:“昔者商汤克夏而正天下,天大旱,五年不收。汤乃以身祷于桑林,曰:‘余一人有罪,无及万夫;万夫有罪,在余一人。无以一人之不敏,使上帝鬼神伤民之命。’于是剪其发,磨其手,以身为牺牲,用祈福于上帝。民乃甚悦,雨乃大至。”

桑林,是殷商的高禖和社之祭地,其地在殷都亳附近。因何祷雨要在此处进行,则是出于古人“天人同构”的观念。高诱在注“桑林”一词时说:“桑林之山,能兴云作雨也。”“云雨”,这是一个人人明白且被广泛使用的隐语,桑林是个行夫妇之事的地方,以夫妇之人事感动云雨之天事,实是一种最质朴的巫术方式。所以《路史·余论》引董仲舒《祈雨法》云:“令吏妻各往视其夫,到起雨而止。”

据此,后世关于“汤祷桑林”的记载,也可能是一个经过打扫的“洁本”。

当人类的物质生产能力取代人类自身的生殖能力成为人类历史发展的主导方面以后,社神便不再与高禖为伍,而开始和农神坐在了一起,其标志是“社稷”的出现,并在与“宗庙”的分设中与血缘文化做了进一步的切割。

《淮南子·氾论训》:“禹劳天下,死而为社;后稷作稼穑,死而为稷。”《礼记·祭义》:“建国之神位,右社稷而左宗庙。”《周礼·考工记》:“匠人营国,方九里,旁三门,国中九经九纬,经涂九轨,左祖右社,前朝后市。”从此,对于祖宗神和土神、农神的分祭以及土神与农神的合祭制度就被确定下来。

在绍兴的鲁迅故里中有一座“土谷祠”,阿Q常宿那里。这个“土谷祠”,应该就是民间的“社稷坛”。当然,在大多数地方只叫“土地庙”。因为其时的这个“土地”,在很大程度上已有“田土”的意思,所以稷神也就隐而不现了。

文化,是个很不容易丢失的东西。人们认为人类、动物、植物三者的自身生产具有互渗性的观念,一直被传承下来,并在社祀这个时节中不断地浮出水面。

在汉代的画像砖上,经常可以发现“桑林野合”这个题材。根据交感原理,这可能具有双向的作用。一是用人的交媾巫术来促进蚕桑的丰收,二是用桑树多籽的特点来提高自身的受孕率。

在浙江湖州与嘉兴交界处的含山,是杭嘉湖盛产蚕桑的中心地带。每到清明前后,周围几十里地的蚕农,会成群结队来游含山,举行祭祀蚕神的庙会,人数最多时可达七八万人。蚕农们怀里藏着蚕籽包,希望在游山人群的相互挤轧中借到蚕气,俗称"轧蚕花"。其中还有"摸蚕花奶奶"的习俗。男女青年故意挤挤轧轧,小伙子伺机动点手脚,姑娘们吃了亏也不恼怒,方言称为"越轧越发",以此讨彩头,求得蚕花茂盛。

据《礼记·祭法》,在先秦时代,无论个人或群体,凡有领地者皆可立社:"王为群姓立社,曰大社;王自为立社,曰王社。诸侯为百姓立社,曰国社;诸侯自为立社,曰侯社。大夫以下,成群立社,曰置社。"

以上说的是统治阶级,至于黎民百姓,据《说文》引《周礼》,则是"二十五家为社",但这种"社",已与最基层的行政区划"村里"结合在一起,成为基层社会组织的名称,名曰"里社"或"村社"。根据秦汉制度,当时农村中的行政建置,是"十里一亭,十亭一乡",其面积,大概是一个亭2.5平方千米,一个乡25平方千米。目前我国"村"的规模大多处于昔日的里、亭之间,而昔日的"里",大概就是今天所说的"自然村"了。

史籍中多有春秋战国时期贵族之间赠送"书社"的记载。何为"书社"?司马贞为《史记·孔子世家》"昭王将以书社七百里封孔子"作索隐曰:"古者二十五家为里,里则各立社,则书社者,书其社之人名于籍。盖以七百里书社之人封孔子也。"由此可见,所谓"书社",即是将社员之名籍书于社簿者也。言以"书社"相赠,意在说明是以土地和人民一起相送者也。

综上所述,对于古籍上的"社"字,我们必须根据其不同的语境来区分它的不同指向。一是指社神,二是指神之所依的物质具象,三是指社主所在或社祭的场所,四是指社所拥有的土地,五是指社所拥有的人民,等等。

在以后的演进中,“社”又成为民间团体或业务机构的名称。前者多表现为文化团体,后者则有报社、出版社、新闻社、广告社等。另外还有将经济组织名之为社的,如合作社便是。而这些,当然离“社”的本初含义已是很远很远了。只有在人们最为熟悉的“社会”一词上,我们仿佛还可以看到禹会会稽、初创社祀时的宏大影像。社会者,会于社、社之会也!

(本文作者为浙江越秀外国语学院教授)

# 中国古代国家起源的阶段性演进过程探析

蔡全法

中国古代国家起源于黄帝时代,经千余年的演进建立了夏王朝,产生了我国历史上第一个奴隶制国家政权,它的建立标志着若干万年原始社会的结束,数千年阶级社会的开始。这一历史演进过程中的关键节点,可以追溯到夏以前千余年间的国家雏形的草创阶段。文献记载的传说中的黄帝时代,对应的考古学文化当在新石器时代的仰韶文化时期。此后,历史进入"万诸侯"的邦国时代,相当于历史传说中的颛顼、帝喾、唐尧、虞舜时期,照应的考古学文化,当在新石器时代龙山文化的早中期阶段。最后奴隶制国家的产生阶段,是传说中的夏禹和夏启时期,照应的考古学文化当在新石器时代的龙山文化晚期。由禹一统天下之后,夏启继位从而改变了相传久远的"禅让"体制,开创了"家天下"的先河,此后,"家天下"的模式成为数千年来奴隶制和封建制国家沿袭不变的传承模式。但这一演进过程并不是一蹴而就的,曾经历了千余年的社会变革、政体完善和演进化过程。

国家雏形的草创阶段,是人类社会由母系氏族社会向父系氏族社会转型的时期。可以说如果没有社会的转型,没有私有观念的产生就不可能有国家雏形的形成。据《国语·晋语》说:炎帝与黄帝均出于少典氏,是兄弟关系(实是出于少典氏族,并无亲子关系);但他们生长的环境却不一样,故名号不同,文化特征也有异。炎帝又称神农氏,《吕氏春秋·慎势》高诱注:"神农,炎帝也。农植嘉谷,化养兆民,天下号之神农。"黄帝,又称轩辕氏,建都于有熊(新郑市),又称有熊氏。为五帝之首,继炎帝而立,葬于桥山(今陕西黄陵县)。史载黄帝与炎帝是兄弟,同为少典之子,姓公孙,因居姬水,故改姓为姬。《帝王世纪》说:"炎帝传八代也。"这八代是指炎帝为天下共主之后,完成了氏族社会由盛到衰的历史过程,约到第七代,稳定的社会出现动荡不安,到第八代榆罔(又名参卢)时彻底衰落。"轩辕之时,神农氏世衰。"[①]多代炎帝所经历的社会,正如《庄子·盗跖》所说:"神农之世……民知其母,不知其父。"《商君书·画策》也说:"神农之世,男耕而食,妇织而衣,刑政不用而治,甲兵不起而王,神农既没,以强胜弱,从众暴寡。"这里所供述的社会现状完全是母系社会的特征,不存在私有制,大家共同劳动,各尽其能,没有私欲与纷争,睦邻和谐相处,不需要行政管理、刑罚与命令,更没有以强凌弱的豪夺与战争。《神农书》说:"民为邦本,食为民天。""农不正,食不充;民不正,用不衷。"这一民本思想之所以发源于农耕文化,是由氏族社会的性质决定的;氏族的发展无不仰赖于农耕,大众安居乐业,衣食无虞,天下才能稳定,才能和平与均等,才能衍生出优良道德观念和淳厚的民俗民风。这种社会大约从裴李岗文化(陕西称老宫台文化,河北省称磁山文化)时期开始,维持到仰韶文化的中期前后,随着人口的增加,奸邪层出,原有的社会体制已无力挽救这一衰落局面,社会处于激烈动荡之中。也正是这种动荡,敲响了母系氏族社会解体的丧钟,催生了父系氏族社会体制的形成,私有观念也正是在这片新的土壤里成长并扩

① 〔汉〕司马迁:《史记·五帝本纪》,中华书局,1998 年。

散。这一社会变革与更替,催生了新的政体及社会发展模式,取得了社会的重归稳定与发展的效果。

黄帝氏族兴起于黄河流域。“轩辕之时,神农氏世衰。诸侯相侵伐,暴虐百姓,而神弗能征。于是轩辕乃习用干戈,以征不享,诸侯咸来宾从。……而诸侯咸尊轩辕为天子,代神农氏,是为黄帝。”[①]通过战争,黄帝代神农氏为天子,完成了我国历史的第一次统一,建立了由父系氏族集团代替母系氏族集团的新政权。

黄帝时代的社会状况与政体特征,《商君·画策》曾作说明:一是社会出现了以强凌弱、以众暴寡、四方不宁的现象,需要“内行刀锯,外用甲兵”,发起“征师诸侯”的战争;二是“垂法立制”,建立军事和刑法,设置行政官吏,“作为君臣之义”,使官吏成为氏族部落联盟的议事会成员;三是确立父子兄弟和夫妇伦理观念及其原始礼制,此也成为父系氏族制的重要标志;四是针对私有观念的产生与流行,提出了遏制私欲的告诫。[②] 正如恩格斯讲过的那样,“阶级社会取代氏族社会,是最卑劣、庸俗、粗暴的贪欲和对公财的掠夺,以偷窃、暴力、欺诈和背信弃义等最卑鄙的手段,毁坏了古老的具有纯粹道德高峰的氏族制度,揭开了文明社会的序幕”。[③] 也正是贪欲与掠夺,导致了氏族部落间战争的爆发及“法度”与“专政机器”的萌生。同时也出现了“黄帝始于仁义撄人之心”[④]。“黄帝能成命百物,以明民共财”[⑤],兴利除害,禁暴安民,实行仁政。《纲鉴合编》说:“轩辕修德治兵、艺五谷、抚万民。”还说:“黄帝既为天子,于是始立制度。”“始立制度”即建立一套行使权力的政治体制。《正义》曰:

---

① 〔汉〕司马迁:《史记·五帝本纪》,中华书局,1998年。

② 《大戴礼记·武王践阼》提到黄帝的《丹书》说:“敬胜,怠者吉,怠胜敬者灭;义胜欲者从,欲胜义者凶。凡事不强则枉,弗敬则不正,枉者废灭,敬进万世。”注云:“胜,克也。欲,谓私欲。”

③ 王贵民:《申论炎黄文化与黄帝文化之关系》,《炎帝,姜炎文化与民主》,三秦出版社,2010年。

④ 《庄子·在宥》。

⑤ 《国语·鲁语》,陈澔《礼记集说》以“共财”为“供财”,供给公上。

“以风后配上台,天老配中台,五圣配下台。”《纲鉴合编》又说:黄帝“以云纪官、举风后、力牧、太山稽、常先、大鸿,得六相而天下治”。“于是划野分州,得百里之国万区,命匠营国邑,置左右大监于万国。”这些设置似已形成类中央到地方的行政机构,有国、有州、有邑,这当是我国最早的行政区划雏形。[①] 中央设有六相、三台,地方设有左右大监来实行管理,成为华夏民族数千年政体的根基,迈入了“崇尚军权,王权道路”的时代。[②]

从考古学文化考察,“命匠营国邑”,当时的“国”,应是较高一级的中心聚落,包括氏族成员的都邑和其他侯国的都邑。这种大的都或邑,考古发现主要有两种模式。一种是类都邑的中心聚落,外部都有大的围壕,作为防御设施。另一种是聚落外围有夯筑而成的高大城墙,城墙成为更高一级的防御设施。前者见于西安半坡仰韶文化姜寨仰韶文化遗址[③]、郑州大河村仰韶文化遗址等[④]。后者有郑州西山仰韶文化晚期城址[⑤],距今4800—5300年左右,推测是黄帝时期的“侯国”都城之一。又如南方的良渚文化古城[⑥],距今4800年左右。湖南澧县城头山古城址[⑦],虽属于屈家岭文化,也应是这一时期重要的侯国都城之一。《事物纪原》引《轩辕本纪》:“黄帝筑邑造五城。”《淮南子·原道训》曰:“黄帝始立城邑以居。”《史记·封禅书》说:“黄帝时为五城十二楼。”这些记载并非虚传,早已为考古所证实。城是人类社会发展到一定阶段的产物,是进入一个新时代的重要标志之一。正如恩格斯所说:“在新的设防城市周围屹立着高峻的城墙并非无敌,它的壕沟深陷为氏族制度的墓穴,而

① 李伯谦:《中国古代文明演进的三个阶段和两种模式》,《华夏源》2013年特刊。
② 西安半坡博物馆:《西安半坡》,文物出版社,1982年。
③ 西安半坡博物馆等:《姜寨》,文物出版社,1988年。
④ 郑州文物考古研究所:《郑州大河村》,科学出版社,2001年。
⑤ 杨肇清:《试论郑州西山仰韶文化晚期古城址的性质》,《华夏考古》1977年第1期。
⑥ 蒋卫东:《余杭良渚遗址群内的良渚文化古城》,《中国文物报》1999年1月13日。
⑦ 河南省考古研究所:《澧县城头山古城址,1997—1998年度发掘简报》,《文物》1999年第6期。

它们的城楼已耸入文明时代了。”[①]城的主要职能，开始是军事防御和政治中心，后逐渐发展成为地域性的文化、经济、交通中心。或许大的聚落，特别是有围壕的大聚落也是某一区域的政治、经济、文化和交通中心，此种聚落的出现也预示着文明时代的到来。所以，今天城被视为古代文明形成的重要要素之一。《吴越春秋》说：“筑城以卫君，造郭以卫民，此城郭之始也。”城的出现也与当时形成的政治、军事中心密不可分，它不但取决于生产力的发展水平及社会经济条件，而且取决于是否有强有力的领导集团，具有调动大量人力、物力的公共权力。“中国初期的城市，不是经济起飞的产物，而是政治领域中的工具。”[②]

通过以上可知，黄帝时期，政治权力和行政管理中心的形成和城的出现，互为因果，互为关联。尽管它是我国最早的城市雏形，作为国家诞生的重要载体之一，其意义实则是氏族的联盟政体或草创的城邦之国，但无疑它是国家起源的基石、国家诞生之先声。故李学勤先生认为：“夏代约始于公元前三千纪后期，所以中国阶级社会，国家的起源与两河流域的苏美尔、阿卡德古国一样地古老，一样地悠久。夏不是最早的王朝，中国文明起源在其前。”[③]这无疑是一真知灼见。

这一时期国家虽属草创，也不是家天下，但此后流传有序的不断继承，无不是出自黄族之后裔，这种以血缘关系为纽带的族属集团，不断分化，不断繁衍，轮番登场，它成为中国远古社会文明起源、国家形成与发展的重要轨迹与文化现象。

我国早期国家雏形的发育成熟，经历了千余年左右的时间。随着氏族的不断发展与扩大，这一时期进入历史上“万国”林立的诸侯或邦国时代。在此

① 恩格斯：《家庭、私有制和国家的起源》，人民出版社，1972 年，第 162 页。
② [美]张光直：《关于中国初期“城市这个概念”》，《文物》1985 年第 12 期。
③ 李学勤：《四十年前的一点推测》，《李学勤文集》，上海辞书出版社，2005 年。

流传有序的“帝王”，是继黄帝之后的颛顼、帝喾、唐尧、虞舜四帝时期。

颛顼是黄帝之孙，直接继承炎黄之大统而居于领袖地位，成为中原盟主。之后其主体又繁衍发展成为有虞氏族和夏后氏族，为中华文明的形成和国家的起源做出了重大贡献。《春秋命历序》说：“颛顼传九世，共三百五十年。”据《五帝本纪》载：“黄帝正妃嫘祖生二子，其一曰玄嚣，是为青阳，青阳降江水；其二曰昌意，降居若水。昌意取蜀山氏女，曰昌仆，生高阳，高阳有盛德焉。黄帝崩，葬桥山。其孙昌意之子高阳立，是为帝颛顼也。”颛顼作为德才兼备的继承人，“上缘黄帝之道而行之，修黄帝之道而赏之，弗或损益而治平”[①]。颛顼继承了黄帝文化的遗续，将黄帝文化发扬光大，但又不生搬硬套，根据时变而损益，使社会稳定和谐，从而推动了社会的不断发展。《大戴礼记·帝系》说：“颛顼产穷蝉，穷蝉产敬康，敬康产句芒，句芒产蟜牛，蟜牛产鼓叟，鼓叟产重华，是为帝舜，及产象敖。”“颛顼产鲧，鲧产文命，是为禹。”这些记载表明颛顼氏族繁衍出了众多的子族，子族又代代相因。颛顼成为有虞氏和夏后氏二代王朝之祖族。

《文献通考》说：“颛顼之所建，帝喾受之，创制九州，统领万国。”颛顼建立的发展模式，帝喾全面继承，并首次划分了九州，继续统领诸侯，迈向历史的新时期。这些记载虽属传说，其流传次序却是十分清楚的，绝非出于捏造。它反映了一定的历史事实。

颛顼的生地与故都，《竹书纪年》说：“（颛顼）母曰女枢，见瑶光之星，贯月如虹，感已于幽房之宫，生颛顼于若水。”此若水当于颛顼父辈昌意降居之若水同为一地。马世之先生认为：“鄀，商周允姓国，鄀国的地域最早在今河南省北汝河流域一带。鄀人为昌意后裔，属华夏集群。”[②]因为北汝河是西陵氏

① ［宋］罗泌：《重订路史全本·国名纪》。

② 马世之：《中原古国历史与文化》，大象出版社，1998 年，第 442 页。

族的活动范围[①]，江国、房国也都在北汝河流域，也是昌意与颛顼所居之地，这正说明西陵氏族社会已发生了质的改变，进入父系氏族社会。“幽房之宫”，即颛顼母孕于僻静的房地宫室。也就是女枢在西陵地区的房国居住时怀孕。房国当是嫘祖母家方雷氏的后裔，此前本人对颛顼的生地曾阐述同样的认识。[②]《遂平县志》称：今遂平县城“即古房子国也”。今房国故城犹存，位于遂平县城关周围，城址平面呈长形，城垣周长3774米。现存西垣残高1～2米，北垣残存约50米，高3～7米。城墙夯土层9～14厘米。《汝宁府志·艺文志》称：“遂平古房国，襟带河山，咽喉梁楚，淮西之胜地也。”

房国都城在遂平县老城一带，房国范围相当于今遂平县全境，及西平、泌阳、舞钢市的一部分境域。这一地区是西陵氏族早年活动的范围，也是昌意所居之地——颛顼的出生地。《水经注·若水》说：昌意“娶蜀山氏女，生颛顼于若水之野，有圣德，二十年登帝位，录少昊金官之政，而以水德宝利矣”。蜀山当为“出山”，音近而讹传之故。据何光岳先生考证，古蜀地（蜀山氏的地域）在房心。《晋书·天文志》载：“房心，宋豫州，汝南入房二度、沛郡入房四度、鲁国入房三度。”[③]按照古天文学的记载，河南西平县西的“出山”，位于房地（今遂平）西北，彼此相距不足60千米，原本就是房国的版图，基本处于房宿中心的经纬度上。此考证也与以上所举文献相吻合。西陵氏是黄帝族的通婚族，世代与其保持血缘姻亲关系，故亦可作为颛顼及其氏族在豫中淮河流域上游地区发迹的旁证。

昌意的胞弟玄嚣，又称青阳氏，也是封居于淮河流域。颛顼时，玄嚣、昌意的子族都开始向东部发展。《帝王世纪》说：颛顼“生十年而佐少昊。十二

① 蔡全法：《从西平董桥遗址看西陵氏族的兴起》，《嫘祖文化研究》，文物出版社，2007年。
② 蔡全法：《颛顼时代传承脉络与氏族文化关系》，《颛顼帝喾与华夏文明》，河南人民出版社，2009年。
③ 何光岳：《炎黄源流史》，江西教育出版社，1992年。

而冠,二十而登帝位”。《山海经·大荒东经》说:“东海之外大壑,少昊之国,少昊孺弟颛顼于此。”这些记载说明,颛顼少年时代曾在海岱地区生活过,继黄帝之位是在豫东和鲁西南地区。《路史·后纪八·疏仡记》说:颛顼“年十五而佐小(少)昊,封于高祖。都始弧棘,二十爰立,乃徙高丘(帝丘),以故柳城卫仆俱为颛顼之墟”。注引:“涿郡有汉高阳县,以在高水之阳名,本隶河间,今之安顺军,然浚仪亦有高阳故城开封。”注引《郡国志》云:“汴之高阳城,高阳氏之墟也。”注云:“古帝王之中国边地,每有二都,弧棘今营州柳城(今辽宁省朝阳市)东南百七十(里)。棘城,是《寰宇记》云颛顼之虚。”《通典》云:“号曰颛顼城故慕容以大棘城(为)颛顼之都。移都之教农桑,制同中国。商丘濮阳也,以帝居之,因曰帝丘,乃卫之都,故今临河东北三里有颛顼城。”《晋书·慕容》记载大棘城是古“颛顼之墟”。一说在辽宁朝阳东北,一说在辽宁锦州市,现已难确考,颛顼之都在河南省境的记载相对较早且多。《竹书纪年》云:“帝颛顼高阳氏……元年即位居濮。”《左传·昭公十七年》说:“卫,颛顼之墟,故为帝丘,乃卫之都。”注说:“卫,今濮阳县,昔帝颛顼居之,其城内有颛顼冢。”《史记·五帝本纪·集解》《水经·瓠子何注》《汉书·地理志下》等,都有相类同的记载。说明古帝丘,即颛顼城或颛顼之墟,夏以后又称昆吾之墟,周代又为卫都,原本多名而一地。据考古发现,初步认为位置当在濮阳县高城遗址,此遗址位于濮阳县东南五星乡高城周围,距离县城 10 千米。1985 年,马连成、廖永民先生在高城村北发现了东西向的夯土。[①] 2002 年,又发现了北城墙及北墙东北、西北两城拐角。[②] 在高城村南的一处清代高氏祖茔,还发现清光绪十六年(1890 年)石碑 1 通。碑文记载“高氏系出渤海,隶籍澶渊,世居州东二十里颛顼城,今高家城村”[③]。2005 年河南省文物考古部门

① 马连成、廖永民:《濮阳郊区考古调查简报》,《中原文物》1986 年第 4 期。
② 国家文物局:《中国文物地图集·河南分册》,中国地图出版社,1991 年,第 301—303 页。
③ 河南省文物考古研究所等:《河南濮阳县高城遗址发掘简报》,《考古》,2008 年。

在地方文物部门配合下，查清了一座深埋地下的城址，面积916万平方米。墙体有仰韶文化晚期、龙山文化、东周文化三时期夯土叠压，该城无论是规模、地理位置还是考古学文化，都符合帝丘颛顼城和卫国故都的年代。[①] 发现的此城作为颛顼之都，具有较高的可信度。

颛顼能超越父辈继黄帝之位，司马迁总结其有“盛德”。今天看来他一定是德才兼备之人。司马迁言简意赅地将他的能力概括为：“静渊以有谋，疏通而知事，养才以任地，载时以象天，依鬼神以制义，治气以教化，挈诚以祭。”从字面分析，大略为以下几个方面：一是为人沉稳而善于谋略。二是能够通达事理，又具远见卓识。三是能因地制宜开展农业生产，不断增加社会财富。四是观测四时天象，根据天象的变化规律，制定“历法”，指导农业生产。五是确立宗教之初义，天神、地祇与人分开，祭祀活动专业化，各司其职，严禁政教混同，“绝地通天”之后，又从“法制”层面加以保证，促使原始宗教的发展有了质的飞跃。帝王成为众巫的首领。六是“治气以教化”，即根据四时阴阳时序规律和社会风尚，规范教化民众言行。七是“挈诚以祭”，是颛顼大力推行对原始宗教的改革，使原始宗教成为自然宗教。由帝王垄断了祭祀权力，给帝王意志披上天命神授的外衣，开帝王“君权神授”之初义。此举对中国古代国家的统治者借神行政具有深远的意义。

颛顼施政，设专职管神和管人。《国语·楚语下》说：“乃命南正重，司天以属神，命火正黎司地以属民。”在任命南正重主管全国祭天敬神的一切巫师活动的同时，任命黎为“火正”，专管“民事”。其可“司地而属民”，“为民师而命民事”。所谓“司地”，就是监督百姓耕种好田地，以获得更多的粮食。“民师”即管理民众的官，“命民事”，即监视黎民百姓，把握好其思想动向，使之不滋生是非，避免危害社会安定。

---

① 河南省文物考古研究所等：《河南濮阳县高城遗址发掘简报》，《考古》，2008年。

颛顼还使原始宗教礼制化，颛顼的宗教改革给当时的原始宗教与社会生活带来了深刻变化，逐渐使原始社会礼制化，把音乐用于祭祀活动，使礼乐登上政治舞台，并成为国家政治活动的重要组成部分。《吕氏春秋·古乐》云："帝颛顼……惟天之合，正风乃行，其音若熙熙、凄凄、锵锵。帝颛顼好其音，乃令飞龙作八风之音，命之曰《承云》，以祭上帝。"这一措施为夏、商、周三代礼乐制度的确立与发展奠定了基础。

颛顼还定法规，促使了中国古代社会男尊女卑观念的形成。《淮南子》记载："帝颛顼之法，妇人不避男子于路者，拂于四达之衢。"意思是说，女人碰上男人如果不让路，就会被流放。这从另一侧面说明颛顼时父系社会不仅完全形成而巩固，并得到进一步的发展。

颛顼时，文化传播与疆域扩展也极为广大。《史记·五帝本纪》：（颛顼）"北至于幽陵，南至于交趾，西至于流沙，东至于蟠木，动静之物，小大之神，日月所照莫不砥属。"从这些记载看，幽陵大体上是指后来的幽州，即河北北部和辽宁的南部，前文提到的弧棘颛顼之都就在这一地域；交趾即交州，大体是广东、广西，直至越南境内；流沙指甘肃张掖的居延一带；蟠木，泛指东海。在这范围内北有红山文化和富河文化，黄河流域中下游的龙山文化，长城流域的良渚文化、青龙泉三期文化、屈家岭中期文化和桂花树三期文化，还有赣江流域的山脊文化等。不同的地方之内，多数文化之间都有相互影响和不断碰撞与融合的迹象。后面数句是说，对动态和静态的事体，大小神灵，日月照到的地方，颛顼都能管到。这虽有夸张，也说明颛顼之政，对大小事物、辽阔的地域都莫不涉及。

颛顼对共工和九黎的讨伐，《淮南子·天文训》记曰："昔者共工与颛顼争为帝，怒而触不周山，天柱折，地维绝。"其集解在颛顼辅佐少昊治理天下之时，"共工是主水之官也"，少昊氏衰，秉政作虐，故颛顼伐之。据《国语·楚语下》，"及少昊氏之衰也，九黎乱德……颛顼受之……使复旧常无相侵渎，是谓绝地通天”。这可理解为少昊氏族在涿鹿之战中衰落，颛顼氏族乘虚而入，打败了少昊氏，取得了东夷地区的领导地位。“九黎乱德”，按《国语》韦昭注：“三苗，九黎之后。”五帝时代华夏集团与三苗集团的战争几乎从无间断，但都以三苗的失败而告终。共工氏与颛顼夺帝位，失败后逃到不周山，时遇地震，出现山崩地裂的情况。

颛顼高阳氏先后与少昊、九黎、共工氏进行过多次战争，最终成为胜利者；又统一了我国的北部、东部和南部的广大地域，使周邻氏族或融合或臣服，从而拥有了辽阔领土并稳固了帝位。颛顼还积极推动宗教改革，让自己成为天神的代言人；创制“颛顼历”，指导农业生产；以法制行政；将音乐纳入国家礼制范畴。这都有力推动了社会文明的发展与国家政体的完善。

《史记·五帝本纪》说：“颛顼崩，而玄嚣之孙高辛氏立，是为帝喾。”玄嚣是为青阳，是黄帝二十五子之一。玄嚣之子曰蟜极，高辛乃蟜极之子。因为颛顼是黄帝之孙，昌意之子，昌意与青阳是兄弟，故帝喾为颛顼之族子。今本《竹书纪年》曰：帝喾高辛氏“初封辛侯，代高阳氏王天下。……元年帝喾即位居亳”。辛侯初封于高辛。《竹书纪年》引《一统志》曰：“高辛里在归德府城东门外。”归德府城即今河南商丘市。帝喾即位所居之亳，据《竹书纪年》引《括地志》云：“亳邑故城，在洛州西四十里，本帝喾之墟，商汤之都也。”洛州指今洛阳市，“西四十里”，当东四十里误。这里是指《史记·殷本纪》所载河南偃师尸乡沟之“西亳”。帝喾死后，葬于今河南濮阳①，冢陵犹存，在内黄县南30千米之三杨庄附近，与颛顼冢相邻，并称“二帝陵”。

《大戴礼记·五帝德》引孔子曰：“玄嚣之孙，蟜极之子也，曰高辛。生而神灵，自言其名。博施利物，不于其身。聪以致远，明以察微。顺天之义，知民之急。仁而威，惠而信，修身而天下服。”《鬻子》说：“昔者帝喾……其治天

① 《皇览》：“帝喾冢在东郡濮阳顿丘城南台阴野中。”据河南省考古部门的调查，在二帝陵之北确有一座夯筑的故城，深埋于地下。

下也,上缘黄帝之道而明之,学帝颛顼之道而行之。”从文献记载分析,帝喾时代,是上缘黄帝之道,又继承了颛顼的衣钵,立朝施政,取得了社会的昌明稳定。《史记·五帝本纪》说:帝喾“取地之财而节用之,抚教万民而利诲之,历日月而迎送之,明鬼神而敬事之”。此是说帝喾能以地力的富饶与贫脊来取得收成,并注意节俭;爱抚各氏族成员,对他们不断利导教化;按天象规律制定历法从事劳动生产;根据鬼神的不同而进行有别的祭祀。显然帝喾施政是重教化,少用兵,纳宗教于礼制,这是帝喾时代对文明发展、完善国家政体做出的重要贡献。

帝喾子族的发展,《帝王世纪》第二说:帝喾“亦纳四妃,卜其子皆有天下,元妃有邰氏女,曰姜源,生后稷。次妃有娀氏女,曰简狄,生卨。再次妃陈锋氏女,曰庆都,生放勋。又次妃娵訾氏女,曰常仪,生帝挚。其中放勋即帝尧陶唐氏;卨即契,为商的始祖;后稷为周的始祖。”由此可知,尧族、商族、周族皆出之帝喾高辛氏族。从颛顼到帝喾,为夏、商、周三代的到来,为推动文明的进程做出了非常重大的贡献。

尧舜时代,尧族是帝喾的子族,尧名放勋,号陶唐氏。今本《竹书纪年》说:“生尧于丹陵。”今不可考。或为“丹朱岭”之前称。岭与陵音同而意又可通,在山西省高平县北四十五里,与长子县接界。《高平县志》云:“丹朱岭,接长子县界,以尧封长子丹朱得名。”远古时代,人以地名为姓氏较常见,尧封其子于他的族源地,取丹为氏,也不无可能。《帝王世纪》说:“尧都平阳。”平阳地望在今山西省临汾西南。[①] 今本《竹书纪年》还有尧“封于唐”“游居陶”“尧居冀”等记载。从字义看尧族早期的活动范围大致在山西南部和河北地区。在今临汾市南襄汾县东北7.5千米的陶寺遗址,发现300万平方米的大型龙山文化城址。有城郭、王宫、下层贵族居住区、仓储区、王族墓地、观象祭祀

---

① 〔汉〕司马迁:《史记·五帝本纪》,中华书局,1998年。

台、官营的手工业作坊区等,年代在4300年至4000年之间。还发现有彩绘龙纹盘、玉石礼器、铜器、朱书文字等,可以说文明的几大要素,这里无不具备。它呈现了多元一体的中华文明,居于中华文明主脉的关键地位。多数学者将这处遗址定为尧都,从年代、文明要素、文化传承、地理位置来看都是可信的。[①] 晋南当为尧族的发祥地。而后尧向四周扩张,扩布于晋、豫、陕和鲁的部分地区,成为黄河中下游地区一支强大部族。

尧之业绩与主要贡献,《尚书·尧典》说他"克明俊德,以亲九族。九族既睦,平章百姓。百姓昭明,协和万邦"。在尧为中原各部落联盟首领时,他首先施于德政,搞好族内的和睦团结,使大家各尽其力,搞好各项事务,成为各部族融合和发展的楷模与表率。尧命羲和授时于民,命鲧治水,命舜摄政;并派"钦差大臣"于各地,监督、管理地方政权。命羲仲居嵎夷,命羲叔居南交,命和仲居西土,命和叔居北方,显然尧不是一般的部族首领。对于四边不臣服或为敌的部落,尧还命舜进行征伐。《尚书·尧典》说:"流共工于幽州,放驩兜于崇山,窜三苗于三危,殛鲧于羽山,四罪而天下咸服。"《淮南子·本经训》曰:"尧乃使羿诛凿齿于畴华之野,杀九婴于凶水之上,缴大风于青丘之泽,上射十日而下杀猰貐,断修蛇于洞庭,擒封豨于桑林。万民皆喜,置尧以为天子。"羿是东夷族的首领,他听从尧的指挥,伐灭凶族叛民,使社会获得了较长时间的安定局面。尧还制定刑法,作"流宥五刑,鞭作官刑,扑作教刑,金作赎刑"[②]。这些成文潜典的实施,具有深远的社会意义,它是从野蛮走向文明的重要标志。尧还命羲和"历象日月星辰,敬授民时",制定历法,以"三百有六旬有六日,以闰月定四时,成岁"[③]。"四时"即四季,"成岁"即好收成。这是以历法指导农业生产,做到不误农时,争取好的收成。据今本《竹书纪

① 解希恭:《襄汾陶寺遗址研究》,科学出版社,2007年。
② 屈万里:《尚书今注今译》,新世界出版社,2011年,第10页。
③ 屈万里:《尚书今注今译》,新世界出版社,2011年,第8页。

年》,尧还巡视各地,“游于首山”“祭于洛”,这些授时于民,掌握着祭祀权力的记载,陶寺之尧都之内的观象祭祀台就是有力的证据。尧较前代诸王可以说是有过之而无不及,显然具一代帝王之风范。尧在通往“军权”与“王权”的道路上又迈进了一大步。

随着私有观念的产生和母系氏族社会的解体,氏族社会被“千古颂扬”的美德,“老则禅贤”之举由于部落联盟酋长之间的争权夺利,而不复存在。《孟子·万章》曰:“天子不能以天下与人。”又说:“尧崩,三年之丧毕……而(舜)居尧之宫,逼尧之子,是篡也,非天与也。”古本《竹书纪年》说:“舜囚尧,复偃塞丹朱,使不与父相见也。”本人认为篡权之说是可能的,更符合当时社会发展的大背景,“禅让”实是对当时社会实际状况的掩盖及对政体的美化。

舜是尧的臣下,尧时已握有兵权,舜又是中原地区有虞氏部落的首领,名重华,号有虞氏,故又称虞舜。《世本》说:“颛顼生穷蝉,六世生舜,处虞之妫汭,尧嬗以天下,天下号有虞氏。”又说:“帝舜,姚姓。”今本《竹书纪年》云:“帝舜有虞氏,母曰握登,见大虹,意感而生于姚墟。”《史记·五帝本纪》云“帝舜,冀州之人也。舜耕历山,渔雷泽,陶河滨,作什器于寿丘,就时于负夏”,以及“舜居妫汭”等。可知,舜为颛顼的后裔,生于姚墟,居于妫汭,冀州人。妫汭在山西永济县古妫水的拐弯处。冀州在冀、豫两省的接壤处,故有学者认为舜是濮阳人。[①]《通志·氏族略》曰:“姚,虞之姓也。虞舜生于姚墟,故因生以为姓。”李绍连先生考证在旧鄄城西南五十里的姚城,即今濮阳县境内的徐镇。[②]《五帝本纪》所指的历山、雷泽、河滨、寿丘等应是舜族不断迁徙或子族外散而生活过的地方,都当在晋、豫、鲁、冀四省的接壤附近。寿丘在山东曲阜北八里,仍是黄河的下游地域,这也说明舜曾在东夷地区活动过,与东夷族关系密切。

---

① 李绍连:《河洛文明探源》,河南人民出版社,2007年,第62—63页。
② 李绍连:《河洛文明探源》,河南人民出版社,2007年,第62—63页。

舜族之兴,上文已有所涉及,舜是借助帝尧之力不断发展起来的。舜以“孝”闻名于世,不仅受族人的尊重,而且也引起了帝尧的赏识,并以二女给他作妻。尧舜两族的联姻,使舜族的发展步入了快车道;尧又在舜的协助下,征服和逐灭了中原四凶。尧年迈又命舜摄政,掌握兵权,使舜的力量不断壮大,从而给舜创造了一个代尧而起的良机。舜待羽毛丰满之后,囚尧篡权,尧死后又同化其族,取得了中原盟主的地位。先后有22个部族首领称臣于舜,舜并委以官职,命十二牧论帝德,行厚德。为谏言、宣传之官。远佞人,举八元,使布五教于四方(五教:父义、母慈、兄友、弟恭、子孝);举八恺,使主后土(掌管土地)以揆百事;命禹为司空,以平水患;以弃为后稷(农官),管播百谷;命契为司徒,管教化;以皋陶作士,即典狱之官,用五刑(即墨、劓、刵、宫、大辟)来惩治违法犯科之人,也包括蛮夷侵扰华夏事件,以维护社会秩序。同时,“舜却苗民,更易其俗”[①]。这是继尧之后继续对苗民进行攻伐与同化。还以垂为共工(即司空)管理百工;以益为虞,掌管山泽;还安排朱虎、熊罴为副职;命益为秩宗,主郊庙典祭三礼之官;命夔为典乐,掌管文化教育之官;少龙为纳言,即喉舌之官,听下纳言与上,受上宣言于下。除禹及垂以下六人为初任命,其余皆为尧帝旧臣,加在一起共22人。他还注重对神灵的祭祀,掌握着对天神、地祇及三礼的祭祀权(即天、地、人神之礼)。这22个官员,也就是22个“国家部委”,各部门的分工明确,责任清楚,而且还“三岁一考功,三考绌陟,远近众功咸兴”。三年考核一次,依三考政绩的高低而定升降。由于设立了这样的考核制度,远近官员都尽职尽责,努力为王朝建功立业,出现了“此二十二人咸成厥功:皋陶为大理,平民各伏得其实;伯夷主礼,上下咸让;垂主工师,百工致功;益主虞,山泽辟;弃主稷,百谷时茂;契主司徒,百姓亲和;龙主宾客,远人至;十二牧行而九州莫敢避违,唯禹之功大,披九山,通九泽,决

① 《吕氏春秋·召类》。

九河,定九州,各以其职来贡,不失厥宜。方五千里,至于荒服。……四海之内咸戴帝舜之功”。

由此可知,虞舜掌握政权之后,积极治理朝政,在帝尧的基础上,完善官僚机构,根据官员的能力与特长安排职务,并建立了考核制度,从而建立了一个政治清明、政通人和的王朝,并影响到四夷的非华夏族。终五帝时代,由黄帝时期开创的国家政权雏形,经其子族后裔千余年的不断改革、完善与发展,完成了由氏族集团联盟的邦国政体,到中央王朝的转变。由氏族的“禅让”制,演变为以强凌弱的夺权制,这就不仅为“私天下”开了先河,也为奴隶制国家“家天下”的产生奠定了基础。

奴隶制国家的建立,禹是尧舜联邦集团中的重要成员,也是中原地区的一支重要族团,为尧舜联邦集团做出了重要的贡献。禹都于阳城(今登封市告成西),后迁于阳翟(今禹州市)。由于治水成功,禹成为各氏族心目中的大英雄,从而拥有了号召调动民众的权力;被舜封为夏后,夏成为联邦集团中的宗主国,禹又夺得了执政的权力。年老时曾名义上把权力让给舜的儿子伯益,面对大权在握的禹,各路诸侯哪敢拥护伯益,只有拥护禹的儿子启,于是启就成为领袖。启执政后又利用禹的威慑力,改变了联邦性质的政体,开创了父传子家天下的世袭制,这在中国历史上具有划时代的意义,家天下的世袭制成为中国数千年不变的国家政权传承模式。

## 结语

综上所述,我国古代国家的形成,当始于五帝时代的初期,其雏形是氏族联盟的邦国政体,黄帝氏族即华夏族团是这一时期的中坚力量。地域是以中原为核心,四夷臣服,号称“万诸侯”。在黄帝的带领下完成了由母系氏族社会向父系氏族社会的转变,走上一条崇尚王权和军权的王国统治道路。各氏族集团,在中国历史上被称为诸侯或方国,黄帝下属的臣僚,都是诸侯国的领袖人物,都有自己的势力范围和部族群落;当时一个聚落群或一座城池便是一国。这一政体创始于黄帝,延续于五帝时代乃至夏、商、周三代而不绝。这一时期出现的城是文明社会的又一重要特征,也是各氏族集团、氏族联盟体制下的产物。黄帝开创的雏形国家政体,划野分州,形成类中央到地方的机构,有"四辅、三公、六卿、三少、二十官",又说"凡百二十官"。这说明国家领导机构之庞大,管理职能的繁杂与细化,其中的二十官是专门从事天文观测、历法制定、市场管理、建筑宫室、做饮品(酒)、做粮食加工工具、舟车制作与驾御、绘图、艺术、巫术等,几乎涉及了社会生活的方方面面,左右大监则是做"钦差大臣",对诸侯国也包括敌对氏族进行监督与控制。这些从"中央"到地方的臣僚配置,具有前无古人的里程碑意义与作用。这些众多的臣僚和氏族都是一方诸侯,他们之间或和谐相处,或通婚,或往来,或战争,从而不断促进了他们之间的文化交流与融合。这不仅为华夏族的壮大与发展打下基础,也创造了史无前例的王国文明,也为奴隶制王朝的到来做了奠基礼。

颛顼与帝喾是继黄帝而起的华夏族团首领,按记载,他们有着明确的血缘关系,或称族缘关系。颛顼高阳氏,生于中原的腹心地区,其二十岁登帝位,较早时在海岱地区生活。故早期都城建于高阳,即后来的帝丘(今濮阳市)。这时的邦国文明也发展到了另一新的高度,颛顼承黄帝"内行刀锯,外用甲兵",崇尚王权和军权的道路,诛共工、平九黎之乱;进行了"绝地通天"的宗教改革,初开政权神授之肇端,成为天神的代言人、高度集权的宗教主。以法律形式规范社会秩序,创制"颛顼历"以指导农事,将音乐纳入礼制轨道。随着氏族力量的壮大、文化的融合及四夷的臣服,其疆土较黄帝时更为辽阔。这些宗教改革与礼制建设,推动了社会文明的发展与王国政体的不断完善。

颛顼帝死后,高辛氏帝喾继位,"上缘黄帝之道而明之,学颛顼之道而行之",这说明帝喾是一位善于守业的古帝王,基本是按照黄帝和颛顼创立的制度行政，以取得社会的发展与稳定。帝喾也具有高尚的品德和才能，不仅能按前人已定的制度和礼仪施政，而且以人为本，实行仁爱，教化百姓，平等待民；还尊师用臣共守大业；进一步改进历法，促进生产发展；研制乐器、创作歌舞，在娱神的同时，也丰富了民众的娱乐生活。这些业绩无形中丰富了古代统治者的施政理念，为社会发展与稳定开创了新的治世方略。

唐尧是帝喾的子族，生于丹陵，建都于晋南之临汾陶寺。尧称帝，施行德政，搞好族内的团结，成为各氏族融合发展的表率；在“中央”设置五行之宫，分职而治诸侯；并派大臣到各地驻守，对四方不臣服或为敌的部族进行征伐。制定刑法，宽严相济为用；制作历法，定四季，促成岁；还巡视各地，祭祀山川河流。这一时期不仅诸侯数量增加，方国都城也随之增多，国都面积达300万平方米，宫殿遗址、观天象祭祀遗址、铜器铸造、朱书文字等多种文明要素，都从考古资料得到证实。这一时期精神文化和物质文化都得到空前的发展。尧之末年，舜因尧而得帝位。从虞舜到夏禹，在当联盟首领时，都改变了氏族联盟议事会的民主性质，而独断专行。如果谁敢反对自己，就大动干戈进行杀戮，或将对手驱逐出中原地区，从而强化了王权与军权不可侵犯的权威性。舜实行的政体，官员分工更细，组织更严密，而且实行考核制度，有功则赏，有过必罚。这是国家政权臻于成熟的基本体现，也为夏后禹和启建立奴隶制王朝，创造了条件并铺平了道路。此与五帝时代从原始国家的形成，到不断发育成为奴隶制国家所做的伟大贡献密不可分，这些先祖的功绩永远值得怀念与颂扬。

（本文作者为河南省文物考古研究院研究员）

# 大禹族系及治国理念简论

刘玉娥

大禹是中国古代的圣王，夏王朝的始创者。尧帝时为司空，主平水土，因治水有功，被尧帝赐氏有夏，继舜为夏后。在执政期间，修己正德，任贤人，兴利除弊，富足民生，实为古之贤帝。本文仅就大禹族系及治国理念作一简要论述，以求证于方家。

## 一、大禹族系及始创有夏

大禹为夏代始创者。关于大禹的世系，古籍记载模糊，汉代虽有较多的研究，但说法不一。司马迁《夏本纪》云："夏禹，名曰文命。禹之父曰鲧，鲧之父曰帝颛顼，颛顼之父曰昌意，昌意之父曰黄帝。禹者，黄帝之玄孙而帝颛顼之孙也。禹之曾大父昌意及父鲧皆不得在帝位，为人臣。"[①]司马迁对大禹的

① 许嘉璐主编:《二十四史全译》,《史记·夏本纪》,汉语大词典出版社,2004 年,第 13 页。

族系脉络记载比较清晰，大禹乃鲧之子，鲧父为昌意，昌意父为黄帝，而禹则为黄帝之曾孙。但司马迁在《五帝本纪》中说昌意子的时候，仅提到穷蝉，未提及鲧，不知何因。东汉学者王符在《潜夫论》中，认为大禹是黄帝之曾孙帝喾之子挚的后嗣。这与司马迁所述辈分不合。《五德志》云："大星如虹，下流华渚，女节梦接，生白帝挚青阳。世号少皞。代黄帝氏，都于曲阜。……后嗣修纪，见流星，意感生白帝文命戎禹。其耳参漏。为尧司空，主平水土，命山川，画九州，制九贡。功成，赐玄圭，以告勋于天。舜乃禅位，命如尧诏，禹乃即位。作乐大夏，世号夏后。"[①]又《志氏姓》云："少皞氏之世衰，而九黎乱德，颛顼受之。"[②]少皞晚年，九黎族乱政，颛顼氏取代少皞，少皞后嗣衰微，至尧时鲧封为崇伯。崇的地域在今河南嵩县、登封、新密、洛阳一带。《国语·周语上》韦昭注云："崇，崇高山也。夏居阳城，嵩高所近。"崇高山即嵩山。嵩山周围的登封阳城岗，新密古城寨、新寨和偃师二里头均发现有夏代王城遗址，鲧、禹治水的故事在嵩山地区亦多有流传。至今嵩山尚保存有汉代石阙《启母石阙》，其铭文云："昔者共工，范防百川。伯鲧称遂，□□其原，洪泉浩浩，下民震惊。禹□因功，疏河写玄，九山甄旅，咸秩无文，爰纳涂山，辛癸之间。三过亡入，实勤斯民。……千秋万祀，子子孙孙。表碣铭功，昭视后昆。"[③]崇伯鲧因治水无功而被舜诛杀于羽山之郊，舜复命鲧之子禹接替父业，继续治理洪水。禹治理洪水艰辛备尝，以致"股无胈，胫无毛，手足胼胝，面目黎黑，遂以死于外"[④]。关于鲧、禹治水的故事，古籍多有记载，诸子之书亦多有提及。孟子在《滕文公上》说："当尧之时，天下犹未平，洪水横流，泛滥于天下，草木畅茂，禽兽繁殖，五谷不登，禽兽逼人，兽蹄鸟迹之道，交于中国。尧独忧

① 〔汉〕王符著，〔清〕汪继培笺：《潜夫论笺》，中华书局，1979 年，第 392—393 页。
② 〔汉〕王符著，〔清〕汪继培笺：《潜夫论笺》，中华书局，1979 年，第 411 页。
③ 参见嵩山启母庙石阙。
④ 许嘉璐主编：《二十四史全译》，《史记·李斯列传》，汉语大词典出版社，2004 年，第 1120 页。

之,举舜而敷治焉。舜使益掌火,益烈山泽而焚之,禽兽逃匿。禹疏九河,瀹济、漯而注诸海;决汝、汉,排淮、泗而注之江。然后中国可得而食也。当是时也,禹八年于外,三过其门而不入。"①又在《滕文公下》说:"当尧之时,水逆行,泛滥于中国,蛇龙居之,民无所定;下者为巢,上者为营窟。《书》曰:'洚水警余。'洚水者,洪水也。使禹治之。禹掘地而注之海;驱蛇龙而放之菹;水由地中行,江、淮、河、汉是也。险阻既远,鸟兽之害人者消,然后人得平土而居之。"②可见,尧、舜、禹所处的时代,洪水泛滥,危及生命,它是当时社会面临的主要矛盾,也是执政者重点要解决的问题。禹在父亲鲧治理洪水失败被杀后,勇于担当时代重任,继父遗志,矢志平复水患,娶妻四日便离家,勘察山川地形,探索水流走势,足迹遍天下,在外治水 13 年,三过家门而不入。在禹艰苦不懈的努力下,泛滥的洪水终于得到治理,生民得到拯救,又划天下为九州,治理有序,黎民欢欣,天下太平。帝尧感禹功大德盛,赐氏有夏,令后世铭纪其功德。《白虎通·姓名》云:"所以有氏者何?所以贵功德,贱伎力,或氏其官,或氏其事,闻其氏即可知其德,所以勉人为善也。"这是古人取姓氏的要义,彰功德,勉后人。

尧舜时代,天下洪水滔滔,严重威胁着百姓的生命。鲧、禹父子都曾舍己忘生,救民于水火。鲧、禹治水的故事在中国广为传颂,对世道人心影响深远。曾经有过的滔天洪水,吞噬着天下生灵,景象之惨烈,在人们心中留下不可磨灭的印记。人们在惊惧之余,更是感念那些付出生命代价和建有殊功的治水英雄。大禹也正是因此殊大功勋,不仅赢得大夏族团领袖地位,而且被舜帝定为接班人。其治国理政有方,开中华民族四千余年辉煌之历史,于华夏民族建有殊功,历代供奉祭祀不断。由大禹事迹可以得到启迪,生命短暂如朝露,不可以虚度,必重视功业,发奋有所作为,以成就人生不朽。何为不

---

① 〔清〕阮元:《十三经注疏》,《孟子·滕文公上》,中华书局,1980 年,第 2705 页。

② 〔清〕阮元:《十三经注疏》,《孟子·滕文公下》,中华书局,1980 年,第 2714 页。

朽?《左传》有言:“太上有立德,其次有立功,其次有立言,虽久不废,此之谓不朽。”①禹以其治水大功,划分九州,成就不朽;治理天下,修己德,重物用,成就大德。禹以其殊功大德赢得了天下民心,始创夏王朝,奠定了诸夏统一的厚重根基。如若没有大禹所建丰厚的物质和思想基础,夏启又怎么能够打败益而夺取政权呢?又怎么能够在那么短的时间内建立起中国历史上第一个奴隶制王朝呢?

## 二、大禹的治国理念:正德、利用、厚生唯和

大禹的治国理念体现在《尚书》中的《大禹谟》《洪范》《五子歌》等篇中。《大禹谟》和《五子歌》虽然被史学家称作“伪尚书”,自宋朝的吴棫、朱熹至清乾嘉时期的朴学家阎若璩都有过怀疑,阎若璩还做了大量的考证,认为“伪尚书”为东晋梅赜所作。梅赜抄袭《左传》言语,将后人的思想当作夏禹的思想,塞进了古文尚书。阎若璩的考证,从文本的角度看的确很有说服力,但若从中国历史和文化演变的实际情况看,“伪尚书”在一定程度上也比较真实地反映了虞夏、商、周诸代的历史面目,有关的古代典籍和地下考古已有所证明。因此,虽“伪,但也有一定的参考价值”。《大禹谟》明确地表述了大禹的治国理念。“禹曰:於!帝念哉!德惟善政,政在养民。水、火、金、木、土、谷,惟修;正德、利用、厚生惟和。九功唯叙,九叙惟歌。”②水、火、金、木、土、谷,五种元素和谷,再加正德、利用、厚生,是为九功。一个有德的帝王,必善政,善政重在养民,养民必要九功惟和,这是致天下太平的根本。作为一个帝王,九功之中最核心的也是最不好把握的则是正德、利用、厚生三件事。

---

① 郑天挺:《中国史学名著选》,《左传·襄公二十四年》,中华书局,1963年,第189页。

② 〔清〕阮元:《十三经注疏》,《尚书·大禹谟》,中华书局,1980年,第135页。

何为正德?《正义》曰:“以率下也。”正者,无邪也。德者,升也。只有自身端正无邪、品德高尚的人才可以率领众人,使其跟随前行上升。“刚健笃实,辉光日新其德。刚上而尚贤,能止健,大正也。”[①]这是说君子的品行,必须是刚健有为,有益于天下,才能光辉发于外,德行成于中。“正德”有两层含义:一是统治者自身修德,二是对百姓施之以德。大禹作为帝王,他的功德突出表现在舍弃己身,以天下苍生为念,不辞辛劳,不畏艰险,治理洪水,拯救人民生命。他在执政期间,重视农业,发展水利,广纳物用,富足民生。当代碑文大家李铁城先生在所作《大禹之碑》中说:“娶四日而治水,薄衣食、犯寒暑、践崎岖、披荆棘、凿顽石,苦神焦思,身先于人,胼手胝足,胫股断毛,十三载颠簸于外,三过家门而不入;其为人,勤、慎、廉、信、知人善任,舍一己而为兆民,此其德。四美兼具,成大仁也。其言传身教,开后世仁人志士为兴族强国虽赴汤蹈火而在所不辞,虽事繁责重而鞠躬尽瘁,虽千难万险而不屈不挠之先河。实塑民族性格之鸿范、哺育民族精神之源泉。”[②]赞美大禹以天下为己任,情寄苍生的美德。大禹之大也正在于此,此乃人生之至德。

何为利用?《正义》曰:“以阜财。”大禹重视土地、谷物及其他物种,包括矿物质的生产对民生的意义和作用,“水、火、金、木、土、谷,惟修”[③]。古人认为,水、火、金、木、土是能够为人所利用的五种物质,天地万物都是由这五种基本物质组成的,这五种物质各有所主,而又相生相克,不断运动变化,以此构成丰富多彩的物质世界。夏商周时期信仰“五行”学说,这是一种朴素而又唯物的思想。《尚书·洪范》中引商遗臣箕子的话说:“我闻在昔,鲧堙洪水,汩陈其五行。帝乃震怒,不畀洪范九畴,彝伦攸斁。鲧则殛死,禹乃嗣兴,天乃锡禹洪范九畴,彝伦攸叙。……一曰水,二曰火,三曰木,四曰金,五曰土。

① 〔清〕阮元:《十三经注疏》,《周易·彖辞上》,中华书局,1980年,第40页。
② 董增龄:《国语正义》,巴蜀书社,1985年,第122页。
③ 〔清〕阮元:《十三经注疏》,《尚书·大禹谟》,中华书局,1980年,第135页。

水曰润下,火曰炎上,木曰曲直,金曰从革,土爰稼穑。润下作咸,炎上作苦,曲直作酸,从革作辛,稼穑作甘。”[①]箕子不仅向武王讲述了鲧、禹治水的曲折过程,而且详细讲述了天赐禹洪范九畴:“九畴”之中“五行”位列第一,充分说明“五行”思想是夏、商、周三代治国理政的重要理论依据。《大禹谟》中,将水、火、金、木、土和谷视为“六府”,“正德、利用、厚生”视为“三事”,“六府三事允治,万世永赖”。大禹重视“六府”“惟修”,“九功”“惟和”,“洪范九畴”乃禹治国之大政。

“洪范九畴”虽涉及治国的方方面面,但明显可以看出,大禹是把富民物用放在重要位置的。我们从《禹贡》中可以看到大禹因地制宜,兴利除弊,广开物用,以富足生活的详细记载。“桑土既蚕,是降丘宅土。厥土黑坟,厥草惟繇,厥木惟条。厥田惟中下,厥赋贞,作十有三载乃同。厥贡漆丝,厥篚织文。”这讲的是黄河中下游地带,处于济水与黄河之间的兖州疆域的土地状况和物产。这里土地肥沃,水资源丰富,适宜农作物和树种栽培,凡是能够栽种桑树的地方都要开始养蚕、纺织。根据土质好坏,制定不同的赋税等级,为的是鼓励人们勤劳耕作,以获得粮食丰收。大禹除了重视谷物种植,还重视其他物用,以丰富生活。比如青州地带近海,多为盐碱地,出产食盐和各种海产,贡品定为盐和海产品;徐州多山地,蒙山的五色土、羽山的大山鸡、峄山的优质桐木、泗水边的制磬石等;淮河流域出产的蚌珠和鱼类;扬、荆二州为富庶之地,易出产金、银、铜、美玉、美石、象牙、犀牛皮等;凉州之地多大山巨川,岷山、峨眉山和蒙山,多产美玉、硬铁、白银及制造箭镞的石料,还有熊、罴、狐狸、野猫等稀有动物,其皮昂贵。这些都是重要物资,充分利用起来,可以丰富人们的生活。正如《易经》所言:“利用安身以崇德也。”[②]大禹广开发,重物用,以利民生,这正是贤君之作为。

---

① 〔清〕阮元:《十三经注疏》,《尚书·洪范》,中华书局,1980 年,第 187、188 页。

② 〔清〕阮元:《十三经注疏》,《周易·系辞下》,中华书局,1980 年,第 87 页。

何为厚生？《正义》曰："以养民。"大禹为什么如此不辞辛劳，治理洪水？为的是拯救天下苍生黎民，这是一种厚生意识。对百姓民众生命的爱护和尊重，是中华民族的一贯精神，所谓"天地之大德曰生"[①]就反映了这种精神。从古籍记载看，中国上古帝王大都重视民生。炎帝有感于族人发展日繁，食用维艰，作陶冶斧斤并为耒耜，教民稼穑，垦拓草莽，播撒粟粒，种植五谷，使民无饥饿之患。《淮南子·修务训》记载炎帝采药为民治病，"一日遇七十毒"。早期民病无药可治，炎帝不避危苦，踏遍千山，或亲尝百草，或鞭丛草，辨识药物，疗民疾患，使民摆脱疾病痛苦，挽救百姓生命。黄帝更是注重百姓衣食和日用之需，《太平御览》卷七十九引《管子》曰："黄帝钻燧生火，以熟荤臊，民食之无肠胃之病。"黄帝时代有诸多发明创造：营建宫室，用以避寒暑；制造舟车，以通货运往来；其妻嫘祖教民养蚕，制衣裳以御寒冷；令大桡作甲子，以辨季节物候之特征；仓颉造字，惊天地、泣鬼神，人类从此告别愚盲。其他发明创造诸多，生民之需大备。大禹继黄帝之后，以大德、大智、大勇、大爱之心，舍一己之身而为天下，治理洪水，划分九州，平定天下，功德莫大焉，世人为铭记其功德，于名前冠一大字。《国语》太子晋曰："禹赐姓曰姒，氏曰有夏。"[②]夏者，大也。言大禹功德盖天下，盛业莫可名状也。

（本文作者为郑州师范学院中原文化研究所所长、教授）

---

① 〔清〕阮元：《十三经注疏》，《周易·系辞下》，中华书局，1980年，第86页。
② 李铁城：《李铁城选集》，《国语·周语下》，河南人民出版社，2014年，第252页。

# 大禹神格形成与传播中的教育活动

刘训华

禹在中国早期国家形成中具有继往开来的历史作用,他留给后世重要的特征在于他的神格。禹的事迹构成了中国传统政治文明的重要部分,禹的作为及其影响,有着浓厚的教育活动色彩。教育活动是人类文明传承中重要而又普遍的一种实现方式。广义教育活动泛指影响人的身心发展的各种教育活动,本文是指其广义。

神格形成的方式是以禹为中心开展的各式教育活动。教育活动加上与之相配套的恩威手段,最终形成了禹的神格形象,并以史书记载的方式,将其流传于后世。

## 一、君权神授:以禹为中心的神化教育与争权行为

平心而论,大禹的生存环境较为险恶。上面不仅有尧、舜及其家人的高山压顶之势,在身世上更受到父亲鲧治水失败的心理牵连。从有限的材料来

看,大禹所受到的教育,除了虚无缥缈的天赋外,更多的则像一种自发修为。在险恶的环境中,大禹为了生存,为了谋求更好的位置,就通过神话的方式,将自己打造成天人合一的成分,并将这些神话以各种形式加以传播。神话传播的过程同时也是君权神授教育活动进行的过程。如大禹的出生,今本《竹书纪年·夏纪》载:“母曰修己,出行,见流星贯昴,梦接意感,既而吞神珠。修己背剖,而生禹于石纽,虎鼻大口,两耳参镂,首戴钩钤,胸有玉斗,足文履已,故名文命。长有圣德。长九尺九寸。”对于大禹的出生,有很多争议,这种神格的塑造,正是后世对其神化的一种体现。

为了突出他与水的独特关系,今本《竹书纪年·夏纪》进一步记载:“梦自洗于河,取水饮之。又有白狐九尾之瑞。当尧之时,舜举之。禹观于河,有长人白面鱼身,出曰:‘吾河精也。’呼禹曰:‘文命治水。’言讫,授禹《河图》,言治水之事,乃退入于渊。”大禹的出生,被赋予神话色彩,“禹生石纽”令后人产生无数的想象。而禹成长过程中与水的种种奇遇,如做梦时在河里喝水,有九尾白狐的祥瑞,河精的呼唤与授图,等等,都将事功进行了神圣化的表现,来教育民众形成对大禹出生的一种崇圣感。

需要注意的是,这些神话不仅来自当时,更是基于其后不断流传的结果。这些围绕大禹身上的神话核心在于君权神授。之所以能够继承帝位,和大禹不断接受君权神授的理论并身体力行有关。大禹对君权神授的接受,在当时的帝王酬和中有所体现。今本《竹书纪年·五帝纪》载在帝尧时曾经出现过的一幕:“奏钟石笙筦未罢,而天大雷雨,疾风发屋拔木,桴鼓播地,钟磬乱行,舞人顿伏,乐正狂走。舜乃磬堵持衡而笑曰:‘明哉,天下非一人之天下也,亦乃见于钟石笙筦乎。’乃荐禹于天,使行天子事也。于是和气普应,庆云兴焉,若烟非烟,若云非云,郁郁纷纷,萧索轮囷,百工相和而歌《卿云》。”在选择王储这个问题上,帝尧巧妙地将天上气象与人间君王联系起来,身边的人也为这种奇妙景象应和:“帝乃倡之曰:‘庆云烂兮,纠缦缦兮,日月光华,旦复旦兮。’群臣咸进,顿首曰:‘明明上天,烂然星陈。日月光华,弘于一人。’帝乃再歌曰:‘日月有常,星辰有行,四时从经,万姓允诚。于予论乐,配天之灵。迁于圣贤,莫不咸听。鼚乎鼓之,轩乎舞之。精华已竭,褰裳去之。’于是八风循通,庆云丛集,蟠龙奋迅于其藏,蛟鱼踊跃于其渊,龟鳖咸出其穴,迁虞而事夏。”(今本《竹书纪年·五帝纪》)在这段对话中,帝尧将狂风暴雨的自然现象与帝位的传承连接在一起,得出“天下非一人之天下”的观点,借此将禹推出作为帝位继承人。结果天象为之一变,君臣之间的一番对唱,更是将这种人间凡位的相授与神秘的自然景象联系起来,并以“黄龙负图”的程序来表示帝位继承的合法性,以此来教育臣下及众黎民,认同这样的帝位相授。

仅仅应和还不够,还要有一定的祭祀仪式。“舜乃设坛于河,依尧故事,至于於下昃,荣光休气至,黄龙负图,长三十二尺,广九尺,出于坛畔,赤文绿错,其文言当禅禹。”(今本《竹书纪年·五帝纪》)必要的仪式将这种神圣推向了不可怀疑的神圣之地。

大禹生存环境险恶,事情稍微做得不好,就会有灭顶之灾。他的父亲鲧就是前车之鉴。“尧求能治水者,群臣四岳皆曰鲧可。尧曰:‘鲧为人负命毁族,不可。’四岳曰:‘等之未有贤于鲧者,原帝试之。’于是尧听四岳,用鲧治水。九年而水不息,功用不成。于是帝尧乃求人,更得舜。舜登用,摄行天子之政,巡狩。行视鲧之治水无状,乃殛鲧于羽山以死。天下皆以舜之诛为是。”(《史记·夏本纪》)鲧本是天下人举荐的,因为治水不成功被杀,也被天下人认为理该如此,说明当时很少讲求人情味。大禹心理上有他的父亲被杀的阴影,言行上只有更加小心。

然而,大禹如何德政,能够令帝尧、帝舜都相继给他很高的评价,最终禅让于他,这不得不说几位相映衬的人物。其实,禹的做法和舜是差不多的,主要是通过孝行、德行等来承继道德上的合法性。“舜年二十以孝闻,年三十尧举之,年五十摄行天子事,年五十八尧崩,年六十一代尧践帝位……舜之践帝位,载天子旗,往朝父瞽叟,夔夔唯谨,如子道。封弟象为诸侯。舜子商均亦不肖,舜乃豫荐禹于天。十七年而崩。三年丧毕,禹亦乃让舜子,如舜让尧子。诸侯归之,然后禹践天子位。尧子丹朱,舜子商均,皆有疆土,以奉先祀。服其服,礼乐如之。以客见天子,天子弗臣,示不敢专也。"(《史记·五帝本纪》)舜弟象、舜子商皆不肖,于是举荐禹即天子位。禹和舜一样,在未成为天子之前,都毕恭毕敬于前朝君主、家人,即使即位之后,在尊重前朝方面也做得非常灵巧。

禹之争权,主要凭借的不是武力,而是贤德,使得为人们所共识的高水平的道德行为逐渐成为推荐君主的基本的标准。

## 二、威服天下:以民众、臣属为中心的纪律教育

在获得帝位的过程中,禹要注重对民众和臣属的威服行动。禹靠事功和道德得到禅让的机会,治理天下则需要非常的手段。在奠定天下后,大禹进行了多次巡狩活动,其中以会诸侯于涂山最为知名。"五年,巡狩,会诸侯于涂山。"(今本《竹书纪年·夏纪》)关于涂山的争论,有不同的说法。主要有河南嵩县说、安徽怀远说、四川巴县说、浙江绍兴说等。

巡狩天下的目的,主要是让民众知道权柄的威严,使他们心存敬畏、恐惧,不敢犯上作乱。在巡狩的过程中,也有一些烘托禹形象的记载,如关于"受命于天"的例子。"南巡狩,济江,中流有二黄龙负舟,舟人皆惧。禹笑曰:'吾受命于天,屈力以养人。生,性也;死,命也。奚忧龙哉。'龙于是曳尾而逝。"(今本《竹书纪年·夏纪》)在这个故事里,对于周边人的恐惧,禹以受命于天的心态,渡过难关。

古代的天子,常常以巡狩的方式宣示威权。"十年,帝东巡狩,至于会稽而崩。"(《史记·夏本纪》)禹最终也是死在巡狩的路上。君主能够走多远,某

种意义上也是衡量他权力的界线。

对于臣属的教育活动,则不如民众容易。因为这些人往往割据一方,拥有很大的实力,稍有不顺,就会揭竿而起。其中以防风氏的事例最为知名。“八年春,会诸侯于会稽,杀防风氏。”(今本《竹书纪年·夏纪》)因为防风氏不听话,对禹心存不敬,仅仅因为开会迟到,禹就把他给杀了。传说防风氏块头很大,“防风氏身三丈,刑者不及,乃筑高塘临之,故曰刑塘”(《嘉泰会稽志》卷十“会稽县”旧经引贺循记)。诛杀防风氏,完全可以看出这是禹的一次政治纪律教育活动,他用不听话者的鲜血来警示所有的臣子:做人要老实、厚道。

在君臣之道方面,禹有自己的想法和主张。“帝舜谓禹曰:‘女亦昌言。’禹拜曰;‘於,予何言!予思日孳孳。’皋陶难禹曰:‘何谓孳孳?’禹曰:‘鸿水滔天,浩浩怀山襄陵,下民皆服于水。予陆行乘车,水行乘舟,泥行乘橇,山行乘檋,行山刊木。与益予众庶稻鲜食。以决九川致四海,浚畎浍致之川。与稷予众庶难得之食。食少,调有余补不足,徙居。众民乃定,万国为治。’皋陶曰:‘然,此而美也。’”(《史记·夏本纪》)这种以天下苍生为念,君有情、臣有义的做法,正是禹所极力推崇的。

禹的武力还表现在对其他民族的镇压上面。因为各地不断有反抗,不太愿意听从像禹这样的在部落之间具有号召力的首领安排,因此,对这部分人的武力压服,就显得很为重要了。

## 三、恩服天下:以仁爱与王位为中心的和谐教育

禹时代,部落之间为了争夺利益,战乱频繁,以尧、舜、禹为一统时期,各部落之间渐渐有了一个比较服众的领袖。赢得天下人的尊重,既需要武功,更需要文治。在文治方面,禹时代又特别强调“父义,母慈,兄友,弟恭,子孝,内平外成”(《史记·五帝本纪》)的理想模式。那么如何实现这样的模式呢?

尧、舜、禹之间的君臣仁爱之术,就起到很大的作用。“禹曰:‘於,帝! 慎乃在位,安尔止。辅德,天下大应。清意以昭待上帝命,天其重命用休。’帝曰:‘吁,臣哉,臣哉! 臣作朕股肱耳目。予欲左右有民,女辅之。余欲观古人之象。日月星辰,作文绣服色,女明之。予欲闻六律五声八音,来始滑,以出入五言,女听。予即辟,女匡拂予。女无面谀。退而谤予。敬四辅臣。诸众谗嬖臣,君德诚施皆清矣。’禹曰:‘然。帝即不时,布同善恶则毋功。’”(《史记·夏本纪》)天子亲贤人、远小人,臣子敢于直言,不文过饰非。

道德文章相较武功更容易赢得尊重。“皋陶于是敬禹之德,令民皆则禹。不如言,刑从之。舜德大明。”(《史记·夏本纪》)皋陶首先倾倒于禹的道德之下,甘于为他驱从,并严令自己的民众听从禹的号令,违者处罚。禹的道德也赢得舜的尊重:“帝曰:‘毋若丹朱傲,维慢游是好,毋水行舟,朋淫于家,用绝其世。予不能顺是。’禹曰:‘予(辛壬)娶涂山,癸甲,生启予不子,以故能成水土功。辅成五服,至于五千里,州十二师,外薄四海,咸建五长,各道有功。苗顽不即功,帝其念哉。’帝曰:‘道吾德,乃女功序之也。’”(《史记·夏本纪》)臣子做好事,来显扬君主的武功,这是禹的高明之处。

在大禹形象突起的过程中,皋陶起到重要的作用。“于是夔行乐,祖考至,群后相让,鸟兽翔舞,《箫韶》九成,凤皇来仪,百兽率舞,百官信谐。帝用此作歌曰:‘陟天之命,维时维几。’乃歌曰:‘股肱喜哉,元首起哉,百工熙哉!’皋陶拜手稽首扬言曰:‘念哉,率为兴事,慎乃宪,敬哉!’乃更为歌曰:‘元首明哉,股肱良哉,庶事康哉!’(舜)又歌曰:‘元首丛脞哉,股肱惰哉,万事堕哉!’帝拜曰:‘然,往钦哉!’于是天下皆宗禹之明度数声乐,为山川神主。”(《史记·夏本纪》)这已是一番和谐天下的景象。

禹时代的一个重要特征,就是基于禹的努力而使早期国家的文治武功、道德文章达到一个鼎盛的局面。“使禹敷土,主明山川,以利于民;使后稷播种,务勤嘉谷,以作饮食;羲和掌历,敬授民时;使益行火,以辟山莱;伯夷主礼，以节天下；夔作乐，以歌籥舞，和以钟鼓；皋陶作士，忠信疏通，知民之情；契作司徒，教民孝友，敬政率经。其言不惑，其德不慝，举贤而天下平。”（《大戴礼记·五帝德》）这些乐于农业、福泽天下的景象，正是后世人所孜孜以求的目标。

帝位的和谐传承是当时朝野的一个共识。“帝舜荐禹于天，为嗣。十七年而帝舜崩。三年丧毕，禹辞辟舜之子商均于阳城。天下诸侯皆去商均而朝禹。禹于是遂即天子位，南面朝天下，国号曰夏后，姓姒氏。”（《史记·夏本纪》）在当时的历史环境下，即使想传位于自己的儿子，如果儿子不肖，就得不到大家的认可。所以舜推荐禹而不是其子商均。

然而，帝位的有效传递在禹这边出现了问题。“帝禹立而举皋陶荐之，且授政焉，而皋陶卒。封皋陶之后于英、六，或在许。而后举益，任之政。”（《史记·夏本纪》）禹将帝位传给了皋陶，皋陶天不假年。后又举荐益，并把天下大政交给他，然而禹的离世，将这一部署打乱。“十年，帝禹东巡狩，至于会稽而崩。以天下授益。三年之丧毕，益让帝禹之子启，而辟居箕山之阳。禹子启贤，天下属意焉。及禹崩，虽授益，益之佐禹日浅，天下未洽。故诸侯皆去益而朝启，曰‘吾君帝禹之子也’。于是启遂即天子之位，是为夏后帝启。”（《史记·夏本纪》）之前从不传子嗣的规则在禹这一代被破坏。“禹荐益于天。七年禹崩，三年丧毕，天下归启。”（今本《竹书纪年·夏纪》）这就破坏了旧有的游戏规则，而又树立了一个新的游戏规则。

## 四、历史作用：以史书为载体的示范教育

以禹为中心的教育活动所建构起来的神格形象，也在后世不断固化的对禹的崇拜的基础上，逐渐走向神坛。禹的一切成为历史上少数几个道德文章俱称楷模的高峰。

后人对于禹之神格表述，常不吝笔墨。如对于禹的事功的教育传播。“敏给克济，其德不回，其仁可亲，其言可信；声为律，身为度，称以上士；亹亹穆穆，为纲为纪。巡九州，通九道，陂九泽，度九山。为神主，为民父母；左准绳，右规矩；履四时，据四海；平九州，戴九天，明耳目，治天下。举皋陶与益以赞其身，举干戈以征不享不庭无道之民；四海之内，舟车所至，莫不宾服。”（《大戴礼记·五帝德》）大禹治水可谓千辛万苦，他的殚精竭虑、一心为公的行为，成为了万世的典范。

最为后世称道的，在于禹的辛劳治水。史书无论在事实描述还是在对成就的赞颂上，都给予了其大量的篇幅。“禹乃遂与益、后稷奉帝命，命诸侯百姓兴人徒以傅土，行山表木，定高山大川。禹伤先人父鲧功之不成受诛，乃劳身焦思，居外十三年，过家门不敢入。薄衣食，致孝于鬼神。卑宫室，致费于沟淢。陆行乘车，水行乘船，泥行乘橇，山行乘檋。左准绳，右规矩，载四时，以开九州，通九道，陂九泽，度九山。令益予众庶稻，可种卑湿。命后稷予众庶难得之食。食少，调有余相给，以均诸侯。禹乃行相地宜所有以贡，及山川之便利。”（《史记·夏本纪》）

禹的作为对于区域百姓，也是具有移风易俗的作用。“太史公曰：学者多称五帝，尚矣。然《尚书》独载尧以来；而百家言黄帝，其文不雅驯，荐绅先生难言之。孔子所传宰予问《五帝德》及《帝系姓》，儒者或不传。余尝西至空桐，北过涿鹿，东渐于海，南浮江淮矣，至长老皆各往往称黄帝、尧、舜之处，风教固殊焉，总之不离古文者近是。”（《史记·五帝本纪》）

由于各地有关禹的传说很多，禹迹遍神州成为其影响力存在的一个重要人文符号，尤其是在他事功的重要发源地，如浙江绍兴等地，每一个地名都有它的故事由来。“石篑山，其形似篑，在宛委山上。《吴越春秋》云：九山，东南曰天柱山，号宛委。承以文玉，覆以盘石。其书金简，青玉为字，编以白银。禹乃东巡，登衡山，杀四马以祭之。见赤绣文衣男子，自称玄夷仓水使者，谓禹曰:'欲得我简书,知导水之方者,斋于黄帝之岳。'禹乃斋,登石篑山,果得其文。乃知四渎之眼、百川之理。凿龙门,通伊阙。遂周行天下,使伯益记之,名为《山海经》。"(《太平御览》卷四十七引贺循记)

与禹有关的地名,都是禹的传说对历史潜移默化影响力的表现。"江水东经上虞县南,王莽之会稽也。本司盐都尉治,地名虞宾。《晋太康地记》曰:舜避丹朱于此,故以名县,百官从之,故县北有百官桥。亦云禹与诸侯会事讫,因相虞乐,故曰上虞。二说不同,未详孰是。"(《水经注·浙江水》)后世对禹的信奉,也在于禹的道德所达到的高度。"禹为人敏给克勤;其德不违,其仁可亲,其言可信;声为律,身为度,称以出;亹亹穆穆,为纲为纪。"(《史记·夏本纪》)

从而使得勾践等后世多奉禹为其祖先,以此形成谱系上的贵族血统。"大越海滨之民,独以鸟田,小大有差,进退有行,莫将自使,其故何也?曰:禹始也,忧民救水,到大越,上茅山,大会计,爵有德,封有功,更名茅山曰会稽。及其王也,巡狩大越,见耆老,纳诗书,审铨衡,平斗斛。因病亡死,葬会稽。苇椁桐棺,穿圹七尺,上无漏泄,下无即水。坛高三尺,土阶三等,延袤一亩。尚以为居之者乐,为之者苦,无以报民功,教民鸟田,一盛一衰。当禹之时,舜死苍梧,象为民田也。禹至此者,亦有因矣。亦覆釜也。覆釜者,州土也,填德也,禹美而告至焉。禹知时晏岁暮,年加申酉,求书其下,祠白马、禹井。井者,法也,以为禹葬以法度,不烦人众。"(《越绝书·记地传》)禹的死葬等传说,对古越之地影响甚大。

总体来说,禹的事功、道德,对民族的影响主要是以史书(料)的形式发挥作用,然在事迹发生地,又是一种口口相传、代代相叙的形式。然大禹的影响是民族的、世界的,总体而言,它的事迹以史料方式对后世民众产生了教育影响,对于民族道德系统的形成起到了重要的作用。

(本文作者为宁波大学教育学院副教授)

# 登封大禹传说中的历史范式

夏　楠

登封大禹传说的流传与演变有较为具体的时空场景，这就进一步提高了分析大禹传说文本的有效性和科学性，口头流传的文本位于历史和文学之间，它在两者之间的碰撞和生发中，折射出登封大禹治水传说中的历史范式意义。

## 一、文本有效性

河南境内流传的大禹治水传说既有其他传说圈的共同之处，又有因地域关系所持有的特殊性。众所周知，中原地区为中国传统文化的发源地之一。狭义上，中原为河南府，广义则包含黄河水系流经的中下游地区。从最初的夏代开始，河南就依山傍河，占据重要的位置。例如夏朝数次迁徙，“从山西西南，跨越黄河至新郑、密县间，继居洛阳，辗转迁徙，东至河南陈留、山东，北至河内濮阳，西至陕西东部”，迁徙的范围“不越黄河两岸”，[①]黄河水系对文明建立的重要性显而易见。《史记·夏本纪》载：“帝舜荐禹于天，为嗣。十七年而帝舜崩。三年丧毕，禹辞辟舜之子商均于阳城。天下诸侯皆去商均而朝禹。禹于是遂即天子位，南面朝天下。国号曰夏后，姓姒氏。”[②]对阳城所在地，《太平御览》中有“夏都阳城，嵩山在焉”的提法，因而大禹治水传说在此流传时间最长。登封大禹治水传说有具体的时空场景，文献中的禹都阳城，王城岗遗址的龙山文化晚期，汉三厥中的禹化黄熊，少室山与太室山等，都为传说的传承和情节的丰衍提供了较为动态的场域。加之河南省内水系发达，水灾最为频繁，[③]外部自然环境与内部文化、历史背景的共同支撑，使得河南地区的大禹治水传说异文众多，从而形成了不同于三峡、龙门、浙江等地的嵩山传说圈。

登封大禹治水传说圈以嵩山周围的登封为主要传说分布地，笔者所应用的传说异文主要来源是《民间故事集成·河南卷》和地方学者主编的如《大禹与嵩山》等刊物，约 40 则。收集整理跨越的时间从 1960 年至 2008 年，收集整理者主要是当地文化干部韩有治、常松木两人。韩有治收集的资料集中在 20 世纪 80 年代之前，常松木收集的传说集中在近十年时间，韩、常两人对该地区大禹治水传说的保存、传播、研究等颇有贡献。在嵩山地区，有启母石和启母阙等存在物，围绕启母则流传有独立的传说故事，如《启母石》《太室山与少室山》等。文本收集整理涉及的群体，包含知识分子，如文联干部、教师，也有不识字的村民和中岳庙道士。文本来源的长时段、传说纪念物的存在、传说的不同的讲述群体等，都为文本研究提供了科学性。

收集出版的登封大禹治水传说中，有一部分传说是对文献记载的口头表

① 丁山：《古代神话与民族》，商务印书馆，2005 年，第 29 页。
② 司马迁：《史记》，中华书局，1995 年，第 7 页。
③ 邓云特：《中国救荒史》，商务印书馆，2011 年，第 76 页。

达;还有一部分,既有文献因子的存在,也包含通过民众口头讲述而黏合的情节。这一部分的传说我们称之为共生现象。所谓共生,最早为生物学概念,指代不同种属的生物按照物质联系共同生活,生物不是单纯地同达尔文所认为的,被动地适应生态环境,相反,生命有机体与新的生物群体融合的共生,是地球上所发生的进化过程中最重要的创新来源。由于传说文本自身所具有的书面和口头的交互性,以及在相互影响中流传的特性,这种特性如同有机生物中,不同生物群体的共生。登封大禹治水传说文本的共生形态一览表如下:

| 名称 | 文献文本 | 口头文本 |
| --- | --- | --- |
| 大禹转世、下雨王下凡、借尸转世、文命领教 | 代父鲧治水 | 因癞蛤蟆改雨簿,下雨王被贬人间治水。借禹尸还魂 |
| 诸侯山治水 | 大禹治水 | 禹在蜘蛛山制定疏通方案,开凿河道 |
| 邙山的传说 | 大禹治水 | 长庚星相助,神斧砍黄蟒 |
| 大禹锁蛟 | 大禹治水、镇龙 | 大禹将面条化成铁链锁住蛟龙 |
| 大禹开挖大河口 | 大禹别涂山 | 涂山化望夫石 |
| 迎春花 | 禹治水,涂山化石 | 迎春花的来历 |
| 白疙瘩庙传说 | 大禹锁蛟龙 | 武则天询问白疙瘩庙的来历 |
| 挪宫 | 禹受命治水 | 玉皇奖励大禹治水 |
| 焦山斩甥 | 协助治水 | 外甥庚辰协助治水,因怠慢导致蛟龙火中逃走,后捉回蛟龙,将功折罪 |
| 火烧蛟河 | 蛟龙治水 | 黄河老龙的小舅子颍河蛟龙发洪水 |
| 照爷石 | 禹娶涂山 | 黄河老龙挑唆颍河发大水,禹治水,涂山秉烛夜照 |
| 崇伯点化 | 鲧治水失败,禹续治水 | 老人托梦,玉皇相助 |

（续表）

| 名称 | 文献文本 | 口头文本 |
|---|---|---|
| 定刑律治水 | 协助治水 | 庚辰、狂章、玉溪老人的儿子颍龙协助，制定奖罚政策 |
| 负黍厅对 | 文命变堵为疏 | 舜访玉溪老人，玉溪荐文命治水，伯益、应龙协助 |
| 玉溪垂钓 | 荐鲧的儿子于舜 | 玉溪老人垂钓待禹 |
| 大禹与掌中万年历 | 鲧盗息壤，鲧腹生子，禹代父治水 | 禹治水时候发明掌中万年历 |
| 启母还阳 | 大禹化熊，涂山化石 | 因启之孝心，涂山氏还阳 |
| 启母冢 | 大禹治水过家门不入 | 纪念涂山氏的嬷嬷冢，红白喜事焚香祭告，求待客用的家什 |
| 景店小米 | | 王母协助，送小米汤 |
| 大禹与筷子 | | 发明筷子 |
| 大禹赶山挡水 | 治水完毕耕种 | 赶山 |
| 前孟村的独脚舞 | 禹步 | 基本情节与文献记载相同 |
| 大禹劈龙门 | 大禹劈山龙门 | |
| 禹都阳城 | 定都阳城 | |
| 禹生鲧腹 | 鲧生禹，禹续治水 | |
| 禹铸九鼎 | | |
| 大禹娶妻 | 大禹娶涂山 | |
| 启母石、石开得子，五指岭 | 涂山化石，石开得子 | 嵩山地区有启母石、启母阙，在传说《太室山与少室山》中存在类似的表述 |

从表中可以明显地看出，对于登封大禹治水文本而言，书面形态与口头形态是共生状态，如同发生某一事件后，既有文字的描写，又有口头的讲述，两者交互缠绕，共生于传说文本中。传说文本共生形态之所以存在，源于传说的真实性。日本学者柳田国男在论述传说与昔话的区别时，认为区别在于传说“有人信”，“在核心必有其纪念物，这个纪念物，不仅是传说产生的客观

凭借，而且增加了它的可信性”，[①]而昔话则无此特征。中国传统文化中，文献记载同口头传说相比，文献暗含着真实性的价值取向。传说的真实性，也必定促成文献和口头表述的共生现象。

## 二、共生形态文本的类型与品性

传说的真实性和可信性往往来自历史的介入，其本质命题是传说与历史的关系。钟敬文对这一问题有过很深入的探讨，一方面对传说的属性做了界定，另一方面，对传说的文本分类提出了独到见解。

钟敬文认为“传说大都跟神话和民间故事一样，是一种虚构性的作品，并不是一种真实的历史事实。它跟那些史书上记载的事件，是有显然的区别的”，同时他也强调了“传说的历史意义”，[②]认为传说的产生都有一定的历史事实为依据。对此，钟敬文分别以张良和《搜神记》中的宫人草为例进行了深入探讨。张良传说主要讲述的是，张良外出多年，归来后不认识女儿，向女儿唱起情歌，被女儿辛辣嘲讽。宫人草讲的是楚灵王时期，数千宫女被埋葬，宫女的坟上长出了宫人草。前者说明张良虽是真实的历史人物，但情节是虚构的；后者则认为，尽管宫人草没有确指，却暗含了一种历史事实，即宫廷中存在怨女。这两种传说与历史的关系都共同指向了历史的真实性问题。

在传说与历史关系的认知基础上，钟敬文对刘三姐传说做了深入研究，“刘三姐传说，由民间之口头流传，从开始被记录于文字，至今已有七百多年的历史，最初作为地方传说出现，即南宋王象之所著《舆地纪胜》中之《三妹山》，文字极简略，只指明山之得名与刘三姐有关而已，至明末清初，学者所记略详”，由此推断，刘三姐传说显示出文本的共生形态。钟敬文将刘三姐文本

① ［日］柳田国男著，连湘译：《传说论》，中国民间文艺出版社，1985年，第7页。
② 钟敬文：《民间文艺谈数》，湖南人民出版社，1981年，第195页。

分为三类：一是幻想成分占压倒优势；二是现实成分较多，幻想限于局部；三是基本依据真人真事而做。[①] 这三种文本分类实质是将传说介入幻想和现实之间。柳田国男在谈及传说的两极时，将传说的两端定位在历史和文学，与钟敬文现实和幻想相一致。鉴于此，笔者对豫西大禹治水传说文本分类做出探讨。

对于豫西大禹治水传说，如共生形态表格所示，文本无论怎样变化，其核心或者共项为大禹治水，但表现出两方面的不同趋势：一是侧重为历史文献记载的传说表达，可以称之为“偏历史型”。二是对围绕核心人物“大禹”与核心情节“治水”进行了文学式的虚构，可以称之为“偏文学型”。文学式的虚构，侧重点不同于文献记载与历史真实的叙述，它生发出不同于历史型的新的内容与情节。根据这两种趋势，将豫西大禹治水传说文本分为偏历史型文本和偏文学型文本，“偏”的含义正是无限接近却不重合。这两种看法将这近三四十则大禹治水传说分类如下：

| 文本分类 | 传说篇名 | 整理者 |
| --- | --- | --- |
| 偏历史型 | 禹都阳城、禹铸九鼎、禹生鲧腹、大禹娶妻、启母石、太室山与少室山、盗土治水、石开得子、五指岭、石门沟、禹王锁蛟、河伯授图、前孟村的独脚舞 | 常松木整理前6则，韩有治3则，其他4则 |
| 偏文学型 | 大禹与筷子、大禹与掌中万年历、景店小米、石簸箕、沁水的故事、启母冢、禹拒美酒、启母还阳、借尸转世、文命领教、下雨王下凡、玉溪垂钓、负黍厅对、火烧蛟河、焦山斩甥、白疙瘩庙传说、挪宫、照爷石、诸侯山治水、迎春花、舜访贤臣 | 常松木前8则，韩有治9则，其他4则 |

① 赵世瑜：《传说、历史、历史记忆——从20世纪的新史学到后现代史学》，《中国社会科学》2003年第2期，第176页。

历史和文学是两个抽象概念，在具体分类中，笔者将大禹治水传说偏历史型概括为两种情形：一是与古籍文献中涉及情形类似，如《石开得子》，搜集而来的传说内容与文献记载吻合。二是偏历史型记载兼包有真实纪念物或者存在物的传说，针对存在物进行叙述。如《启母石》《禹洞》《太室山与少室山》等，这些纪念物确切存在于登封嵩山地区。例如启母石，唐朝武则天时，武则天封禅嵩山，同时拜祭男神和女神，女神有两位，即是西王母和启母，并有崔融所作《启母庙碑》碑文存留。偏文学型文本多是围绕大禹专名而来，或与日常事物的产生发明相关，如筷子、景店小米，或与其他类型如玉溪垂钓、道教借尸还魂的故事结合，如《负黍厅对》《借尸转世》。

登封大禹治水传说文本中，同时存在的情节类型是"启母"生子。偏历史型是《启母石》《启母冢》《石开得子》，偏文学型以《启母还阳》为代表，笔者以《石开得子》这一传说的具体文本与《启母还阳》文本相比较，以期得出这两种不同类型具体文本的差异和显现的品性。

比照两个文本关于启母石的文本，尽管都是围绕着启母石来讲，从叙事学角度而言，对于两个文本的叙事结构，《石门得子》包含大禹、启母和夏启三方，他们之间的关系形成一种稳定的三角，叙事顺序呈线性，依次讲述。文本可以说从文献记载转译而来，甚至可以说是文言的白话化。整体上是禹化黑熊—涂山变石—石开生启的细节填充。文本呈现封闭结构。对于偏文学型的《启母石》中出场的除上述三方，还有神灵，形成四角关系。叙事顺序不是按照时间先后的直线型，而是历史与现实的摇摆，文中有"某一天""原来"等口头性标志的时间词。《启母石》中附加了"还阳"的情节，是对禹化熊—涂山变石—石开生启的补充，该文本呈现开放结构。

偏历史—封闭结构与偏文学—开放结构的对照，在所涉猎分类的其他传说文本中也基本合适。如偏历史型文本中《禹生鲧腹》是对鲧奉命治水、盗息壤被杀、尸体三载不腐、剖之以吴刀情节的细节置换和填充。偏文学型文本

《白疙瘩庙传说》则是借助大禹治水来谈庙的来历，这种开放性不仅仅体现在情节的后续上，也有对情节类型的替换和取位，《借尸还魂》可能是对道教神仙铁拐李借尸还魂传说的挪用，以大禹替换铁拐李，这种情况在《玉溪垂钓》中亦有体现。借用和替换显示此类型传说文本开放性的表达特征。对于封闭性文本，传说的核心是文献记载中的情节，口头表述的是对文献记载的填充。对于开放性文本，传说依赖民众的情感表达，文献记载的是口头流传中的一部分，体现共生形态文本的特性。

就登封大禹治水传说的文本统计而言，偏文学型文本明显多于偏历史型文本，也就是说，在传说文本中，文本呈现的开放结构要多于封闭结构，笔者认为，出现这种现象的原因有二：一是传统文献记载对传说本身发展的框范。上文也提到，登封大禹治水传说中所涉及的情节，除大禹杀防风之外，其他情节都有所涉及，囿于传统文献的力量，导致一部分讲述成为传统文献情节框架的填充。二是民众对于传说的认知。在民众的口头讲述中，传说是作为口头历史而存在的，即在民众之间，传说所讲述的信息同历史告知的信息，在真实性方面是等同的。“在民间，传说是当地人的主要历史，即便是历史，也被当作传说来讲述。也就是说，民众并不认为传说和历史之间有什么区别，他们从不担心历史被歪曲或者不真实。考据和求证不属于民间，而是史学家们的生存之道。”①

传说是民众情感的体现，偏文学型文本中父子之情、母子感情、夫妻之爱的情感表达比较充分，《玉溪垂钓》中禹对父亲鲧的父子情，《启母石》中夏启对涂山的感念，《负黍厅对》文本体现的大禹离家别母时的不舍等，这些在偏历史型的传说文本中很少见。情感表达的自由与叙事视野的开阔，突破了偏历史型文本受历史叙事和历史真实的束缚，因而偏文学型文本更贴近民众的

① 赵世瑜：《传说、历史、历史记忆——从20世纪的新史学到后现代史学》，《中国社会科学》2003年第2期，第76页。

深层心理,这两个原因共同导致了豫西大禹传说中偏文学型文本多于偏历史型文本。也就是说,文献记载的不可改变的确定性,民众情感需求表达之间的冲突,造成了传说文本向历史和文学两极发展。同时,民众情感表达和价值满足的需求导致了对文献压制的突破,发展出了具有开放性的众多异文。

## 三、历史范式意义

(一)精神:集体主义精神的根源,文献所载三过家门而不入等,在民众中也进一步讲述。文化英雄或者政治人物的形象:忘我,拒酒。(二)行为:伦理,男性与女性性别空间的不同。家族,后稷,契辅助治水到口头讲述中的同乡家族,姻亲互助。德性的强调。

(本文作者为华中师范大学文学院民间文学博士)

# 遂公盨铭文与大禹史迹发微

李立新

兴起于晚清今文学派的疑古思潮,发展到20世纪二三十年代的"古史辨"派的出现时达到极致,在发挥解放思想的积极作用的同时,也误入历史虚无主义的泥潭,造成了中国古史的空白,个别外国学者甚至以此怀疑中华五千年文明史的真实性与可靠性。针对这种思潮,冯友兰先生提出"信古、疑古、释古"的观点;王国维先生说"古来新学问起,大都由于新发见",提出以地上、地下材料彼此印证的"二重证据法"进行释古;而饶宗颐先生进一步提出"三重证据法",把考古发现的古文字资料作为第三重证据。古人云:"长铭铜器一件,足抵《尚书》一篇。"遂公盨铭文便是新发现的这样一件重要铭文。

## 一、遂公盨的时代及其铭文内容

2002年新发现的一件青铜器遂公盨,是西周中期,即周孝王、夷王前后的一件食具,距今约2900年。铭文中的"遂公"是西周时遂国(今山东宁阳西

北)的国君。器内底部铸有10行98个字的金文铭文,内容是“大禹治水”和“为政以德”:

天命禹敷土,随山浚川,乃差地设征,降民监德,乃自作配乡民,成父母。生我王作臣,厥沬唯德,民好明德,寡在天下。用厥邵好,益干懿德,康亡不懋。孝友,讦明经齐,好祀无废。心好德,婚媾亦唯协。天厘用考,神复用祓禄,永御于宁。遂公曰:民唯克用兹德,亡诲。

大意是:大禹采用削平山岗、堵塞洪水和疏导河流的方法,平息了水患,并根据各地土地条件的不同规定各自的贡赋,百姓安居乐业。大禹有恩德于民,百姓视他如同父母。而今上天生我为王,我的臣民都要像大禹那样,以德行事,对父母要孝敬,兄弟间要和睦,祭祀要隆重,夫妻要和谐。这样天必赐寿,神必降福,国家必长治久安。

## 二、遂公盨铭文证明“大禹治水”实有其事

大禹治水的故事被广泛记载于我国的正史和各类典籍中,在民间也家喻户晓,以至于“禹迹”成为中国疆域的代称。大禹治水的精神也作为中华民族的优秀文化基因代代相传。然而,“古史辨”派根据《说文》的解释,论定禹的父亲鲧是一条“鱼”。“鲧为水中动物”,“禹既继鲧而兴,自与相类”。并论定

禹是一条“虫”,“兽足蹂地”,“大约是蜥蜴之类”,“或是九鼎上铸的一种动物”。禹又被说成“是一个神”,“禹与夏没有关系”,“尧舜禹的关系起于战国”。当时的王国维在《古史新证》中就说:“疑古之过,乃并尧舜禹之人物而亦疑之。”遂公盨的发现把“大禹治水”的记载提前了六七百年,证明了大禹治水实有其事,是一件历史铁案。

盨铭“天命禹敷土,随山浚川,乃差地设征”,可以和古文献有关记载相互印证,诸如《尚书》中的《禹贡》:“禹敷土,随山刊木,奠高山大川。”还有《尚书序》:“禹别九州,随山浚川,任土作贡。”《尚书·益稷》:“禹曰:洪水滔天,浩浩怀山襄陵,下民昏垫。予乘四载,随山刊木。……予决九川,距四海;浚畎浍,距川。”还有《诗·长发》:“洪水芒芒,禹敷下土方。”

遂公盨铭文不仅证明了大禹治水的真实性,还说明夏为三代之首的观念,在西周时期已经形成,“华夏”一说渊源有自。

## 三、遂公盨铭文证明大禹确为中国道统的一环

遂公盨98个字的铭文,“德”字一连出现六次:“降民监德”“厥沬唯德”“民好明德”“益干懿德”“心好德”“民唯克用兹德”,其主旨就是以大禹为典范论述“德”。倡导天人之间、君臣之间、官民之间、父子之间、兄弟之间、夫妻之间,“唯德”“唯协”,以德行事。这可与《尚书》之《虞书·大禹谟》中“德惟善政”的内容相印证。遂公盨铭文的发现,使我们看到早在西周时代,人们已把大禹治水的功绩,看作“德”的源泉、“德”的化身,对之十分崇敬。《左传·昭公元年》载:“美哉禹功,明德远矣!微禹,吾其鱼乎!”遂公盨铭文不仅是“周人尚德”的实证,它还表明2900年前中国关于“德”的思想已相当丰富、系统,“德治”观念已经形成。孔子“为政以德”的主张,正是对周人思想的传承和发扬。

韩愈明确提出儒家有一个始终一贯的有异于佛老的“道”，即儒家思想核心的“仁义道德”，千百年来，儒家传承此道者是“尧以是传之舜，舜以是传之禹，禹以是传之汤，汤以是传之文武周公，文武周公传之孔子，孔子传之孟轲。轲之死，不得其传焉”。这就是朱熹所说的“道统”，他还进而宣称儒家的道统以周敦颐、二程（程颢、程颐）上承孟子的，而自己又继周、程为儒家正统。德是中国传统伦理中一项重要的内容，德治的思想贯穿了整个封建中国。遂公盨铭文让人们了解到中国德治和道统思想的渊源，也让我们看到大禹在这一道统链条中确实占据着重要的一环。

（本文作者为河南省社会科学院文学研究所副所长、研究员）

# 关于登封大禹文化研究开发的三点建议

李立新

一个城市应有一个城市的文化定位,文化定位就像一个城市的灵魂,它是一个城市核心竞争力的一个重要方面。比如西安以大唐文化为其文化定位,开封为大宋文化、安阳为殷商文化、濮阳为龙文化、南阳为汉文化等。登封市历史文化积淀厚重,但是堪为其文化定位的只能是大禹文化,因为大禹文化关涉中国第一个王朝夏朝的建立,夏开启了华夏历史文明;另外大禹的精神如大禹治水、三过家门而不入、为政以德等,都成为中华民族的优秀基因,代代相传。大禹文化不仅是中国的,而且是世界级的文化品牌。为把大禹文化打造成为登封市的文化定位、文化标识,我建议从以下三个方面着手:

一、把登封打造成为中国大禹文化展示中心。一是依据汉画像石资料等古代有关大禹的形象资料,筹建以大禹治水为核心内容的体量巨大的标志性吸引物;二是筹建中国大禹文化博物馆,在市区内筹建大禹文化主题公园,展示大禹文化的要素和遗存;三是把大禹文化融入城市规划设计之中,设计市标市徽,命名城市街道,在主要街道的路灯、公交站、广场等公共场所装饰悬挂。依托登封市作为大禹故里故都的地位，把登封打造成为中国大禹文化的展示中心。

二、把登封打造成为中国大禹文化研究中心。甘肃省对伏羲故里的研究、四川省对大禹故里的研究，都是举全省之力，研究非常深入全面，宣传也声势浩大。登封市虽然也成立有大禹文化的研究机构，但大都是民间组织，组织乏力，成绩不显。比较起来，我们对大禹文化的研究还有一定的差距。建议登封市依托本地已有研究力量，联合河南省社会科学院等专门研究机构，组建实体机构“中国大禹文化研究院”，集中研究力量，深入研究，推出一批标志性成果，把登封市打造成为中国大禹文化研究中心。

三、把登封市打造成为大禹文化产业研发中心。大力发展大禹文化产业，促进地方经济社会文化发展。一是编制登封市大禹文化产业发展规划，让大禹文化产业高起点起步；二是建设大禹文化主题公园、大禹文化碑林等大禹文化景点，研发大禹文化旅游纪念品，发展大禹文化旅游产业；三是利用流传下来的各种各样的大禹形象和传说，研发包括麦秸画、草编、剪纸、瓷器、纺织品等富有创意的工艺美术纪念品，开发大禹文化食品、饮品；四是以大禹文化为主题，创作文学、影视、动漫、演艺作品；五是利用大禹文化在民间的广泛认同，打造禹王庙会，发展大禹文化会展经济，把登封市打造成为中国大禹文化的产业研发基地。

（本文作者为河南省社会科学院文学研究所副所长、研究员）

# 大禹治水与华夏文明

# 论龙山时代的水患问题

## ——兼谈大禹治水的成功

印 群

龙山时代的年代范围是在夏王朝之前的公元前21世纪至公元前26世纪之间,考古学上龙山时代的诸文化相当于古史传说中的尧、舜时代[①],而大禹治水在年代上应与之相衔接。作为新石器时代晚期的龙山时代,其原始经济文化发展水平已达到了相对较高的程度,其中原始农业的发展对于水利的依赖性不断加大,所以龙山时代的治水问题是该时期社会经济发展的一种客观要求。在此情况下,若遭遇较大水患,则治水就成为更加迫切需要解决的问题。而大禹治水不仅有其主观上的努力,更与当时的生产力发展水平和气候、环境等客观条件密切相关,本文拟对上述问题予以探讨。

① 严文明:《龙山文化和龙山时代》,《文物》1981年第6期。

## 一、尧舜禹时期的水患问题

（一）历史文献记载

《史记》载："当帝尧之时，鸿水滔天，浩浩怀山襄陵，下民其忧。尧求能治水者，群臣四岳皆曰鲧可。尧曰：'鲧为人负命毁族，不可。'四岳曰：'等之未有贤于鲧者，愿帝试之。'于是尧听四岳，用鲧治水。九年而水不息，功用不成。于是帝尧乃求人，更得舜。舜登用，摄行天子之政，巡狩。行视鲧之治水无状，乃殛鲧于羽山以死。天下皆以舜之诛为是。于是舜举鲧子禹，而使续鲧之业。……禹乃遂与益、后稷奉帝命，命诸侯百姓兴人徒以傅土，行山表木，定高山大川。禹伤先人父鲧功之不成受诛，及劳神焦思，居外十三年，过家门不敢入。……左准绳，右规矩，载四时，以开九州，通九道，陂九泽，度九山。"①

《孟子》云："当尧之时，天下犹未平，洪水横流，泛滥于天下，草木畅茂，禽兽繁殖，五谷不登，禽兽逼人，兽蹄鸟迹之道交于中国。尧独忧之，举舜而敷治焉。舜使益掌火，益烈山泽而焚之，禽兽逃匿。禹疏九河，瀹济、漯而注诸海，决汝、汉，排淮、泗而注之江，然后中国可得而食也。当是时也，禹八年于外，三过其门而不入。"②

上述历史文献里都提到尧舜禹时期的洪水及大禹治水，关于当时大洪水的遗迹在考古工作中也有所发现，下面考察一下考古资料里关于大洪水的遗迹，以相互印证。

（二）考古发现

这里先考察黄河上游地区的喇家遗址。青海省民和县喇家遗址地处青

---

① 《史记·夏本纪》。引自《史记》第一册，中华书局，1982 年，第 50—51 页。

② 《孟子正义·滕文公章句上》。引自《诸子集成》第二册，河北人民出版社，1986 年，第 219、221 页。

海省最东的民和县的黄河岸边[①],位于黄河上游的一个河谷小盆地里。该遗址东西长度是500米,南北宽度为400米,总面积大约是20万平方米。按不同的发掘地点,该遗址被分成7个小区。在该遗址聚落里分布着密集的白灰面房址,该遗址的Ⅱ区里发现有3号与4号房址,房址内皆保存有死于灾难的人类遗骨。在3号房址里发现有一对母子,4号房址里发现的人类遗骨达14具之多。在紧邻东边的Ⅳ区里发现了7号房址,该房址里亦发现了4具人骨。喇家遗址具备了中心聚落性质,并有宽大的环壕,所发现的宽大壕沟深达5米至6米,宽为10多米。该遗址中所发掘出的齐家文化时期史前灾难现场揭示出距今4000年前后的灾变事件。喇家遗址出土的陶器具有齐家文化晚期作风,该遗址居室内发掘出了自上至下填充的红泥土,这种红土堆积层并非是自然形成的,应是来自黄河的大洪水沉积。地层关系反映出,遗址区里先遭受地震,然后有了洪水,洪水所形成的地层叠压于地震遗迹与地震塌毁的黄土堆积物上面。该遗址所发现的距今约4000年前的史前灾变事件包括洪水与地震等多重灾难。距今4000年前黄河大洪水证据的发现为古史中的大洪水传说找到了一定的证据。

另外,有迹象表明,山西襄汾陶寺遗址所发现的一座总面积约为280万平方米的大型城址曾毁于洪水。[②] 陶寺遗址地处黄河中游,其地理位置符合历史文献所记载的尧都之地望,陶寺文化的年代距今约4600—4100年[③]。4000年前,黄河大规模改道,由东流变为北流。改道以后,黄河下游河道横贯河北平原的中南部,在天津入海。这次黄河改道使得河水漫流于平原上,这成为

① 中国社会科学院考古研究所、青海省文物考古研究所:《青海民和喇家史前遗址的发掘》,《考古》2002年第7期;中国社会科学院考古研究所甘青工作队、青海省文物考古研究所:《青海民和县喇家遗址2000年发掘简报》,《考古》2002年第12期。

② 王巍:《自然环境变迁与史前文明演进》,《光明日报》2003年2月11日。

③ 印群:《谈尧舜并都与文明要素之发展》,《汤风濩韵——全国首届商汤文化学术研讨会论文集》,中国社会科学出版社,2012年。

导致洪水发生的一个重要原因。[①] 上述黄河上游的喇家遗址、黄河中游的陶寺遗址中关于大洪水遗迹的考古发现及黄河下游河道大规模改道的资料，与前文所述历史文献上关于尧舜禹时期大洪水的记载能够相互印证，这就揭示出尧舜禹时期的水患问题不仅存在，而且颇为严重。

## 二、治水成功的条件

### （一）社会经济发展及生产力水平的提高

中华大地有诸多宜于农耕的河流冲积平原，特别是以黄河流域为主之黄土地带，土质疏松而肥沃，用原始的木、石、骨等工具就能够进行大面积的农耕[②]。进入龙山时代以后，石斧、石铲等垦荒、翻地工具在农业生产工具中所占比例下降，而石镰、石刀等用于收获的工具在农业生产工具中的数量则占明显优势[③]。生产工具的进步是社会生产力水平提高的首要标志。生产工具数量的增多反映了生产规模的扩大、生产力水平的提高，尤其是耕种与收割工具数量的变化，则更加能够说明问题，收获工具数量的增多暗示出农业产量的提高。[④] 原始农业经济的发展对于水利的要求逐步提高，大禹治水时社会生产力水平已有了较为显著的发展，生产力水平的提高为大禹治水的成功提供了一定的物质前提。

### （二）治水方法的改变

《孟子》记载："当尧之时，水逆行，泛滥于中国。……使禹治之，禹掘地而

---

① 崔建新、周尚哲：《4000a前中国洪水与文化的探讨》，《兰州大学学报》（自然科学版）2003年第3期。

② 李学勤等：《中国古代文明与国家形成研究》，云南人民出版社，1997年，第247页。

③ 王小庆等：《中华文明形成时期黄河流域生产工具的考古学研究》，《科技考古》第3辑，科学出版社，2011年。

④ 印群：《先秦考古探微》，人民日报出版社，2004年。

注之海，驱蛇龙而放之菹。水由地中行，江、淮、河、汉是也。……然后人得平土而居之。"①

据《国语》记载："昔共工……虞于湛乐，淫失其身，欲壅防百川，堕高堙庳，以害天下。皇天弗福，庶民弗助，祸乱并兴，共工用灭。其在有虞，有崇伯鲧……称遂共工之过，尧用殛之于羽山。"②

《国语》又载："其后伯禹念前之非度，厘改制量，象物天地，比类百则，仪之于民而度之于群生，共之从孙四岳佐之，高高下下，疏川导滞，钟水丰物，封崇九山，决汩九川，陂鄣九泽，丰殖九薮，汩越九原，宅居九隩，合通四海。"③

以上记载表明崇伯鲧效法共工氏的错误做法要堵塞百川，而大禹则使高处（山陵）更高、低处（河湖）更低，"疏川导滞"，采用疏导的方法因势治水，使水不漫流，取得了使河水顺着河道而行的效果，治水获得了成功。

史载："奚仲作车，仓颉作书，后稷作稼，皋陶作刑，昆吾作陶，夏鲧作城。"④夏鲧既作城，那他在治水时有可能习惯于将"作城"的经验用于治水，用"堵"的办法，以至于"欲壅防百川，堕高堙庳，以害天下"，导致了治水失败。

大禹治水时所依仗的物质技术基础直接承自原始社会末期，这里不妨考察一下年代在大禹之后的夏代二里头遗址的生产工具情况。位于河南省偃师市的二里头遗址是二里头文化的典型遗址，二里头第一期之年代上限当不早于公元前1750年，二里头第四期之年代上限大约是公元前1565年⑤，而二里头第三期的年代下限则应早于公元前1565年。二里头文化的一、二、三期分别属于二里头文化形成、发展和繁荣阶段。从该遗址出土的生产工具来

---

① 《孟子正义·滕文公章句下》，引自《诸子集成》第2册，河北人民出版社，1986年，第263—264页。
② 《国语·周语下》，引自董立章《国语译注辨析》，暨南大学出版社，1993年，第101页。
③ 《国语·周语下》，引自董立章《国语译注辨析》，暨南大学出版社，1993年，第101页。
④ 《吕氏春秋·审分览·君守》，引自《诸子集成》第9册之《吕氏春秋》，河北人民出版社，1986年，第203页。
⑤ 张雪莲等：《新砦—二里头—二里冈文化考古年代序列的建立与完善》，《考古》2007年第8期。

看,虽然数量由一期至三期逐期增加,但仍不过是石、骨、角、蚌器。例如石器,一期为 15 件,二期为 40 件,三期是 213 件,加工技术亦似日臻成熟,第一期石器虽然以磨制为主,但局部琢痕仍可见;第二期的石斧、铲、刀之类的器物上面很多有穿孔;第三期石器上粗磨与细磨兼备,其通体光平的石铲大概经过了抛光。除石器外,骨、角器由一期的骨器 22 件及角器 1 件,至二期为骨器 49 件及角器 3 件,到三期是骨、角器 328 件。蚌器由一期至三期,数量分别为 16 件、45 件和 68 件。[①] 值得注意的是,二里头一期的年代上限已比大禹治水的时间晚了 300 年左右,而二里头一期至三期的生产工具仍是石、骨、角、蚌器,所不同的只是加工技术和工具的数量。

因此,仅凭石、骨、角、蚌器这样的生产工具所能提供的物质基础是不太可能对大川大河(如黄河)的干流进行实际改道的。前文所述之历史文献记载表明,大禹在治水的同时也切实考察了各地水情。大禹治水将鲧时的以堵为主,变为以疏导为主的方法,既是出于治水经验的积累,也是由于气候、环境的变化,大禹治水的成功与气候条件的改变密切相关。

(三)气候条件的变化

从龙山时代末期到夏朝建立前夕的两百年间是一段气候异常期,我国北方农牧交错地带的降温幅度竟达 3 摄氏度,由季风降雨的特征来看,冷期降温能导致黄河中下游一带洪涝灾害频发。[②]

古气候资料揭示出从公元前 2100 年到公元前 1800 年期间,我国北方由青海经过甘肃及山西至内蒙古自治区东部的降水量确实发生了明显下降,即公元前 2100 年至公元前 1800 年在我国北方出现了从洪水至干旱的气候突变[③]。若气候转暖,气温攀升,夏季风势力增强,冬季风力量减弱,季风带来的

① 印群:《先秦考古探微》,人民日报出版社,2004 年。
② 吴文祥、葛全胜:《从气候变化论证大禹治水传说的真实性》,《文史知识》2013 年第 6 期。
③ 王绍武:《夏朝:立国前后的气候突变与中华文明的诞生》,《气候变化研究进展》2005 年第 1 期。

降雨锋面就会北推；整体升温的气候背景使得极端降温和降水事件减少，洪涝灾害程度会随之减轻，黄河中下游一带的洪涝灾害得以减少，气候从一种状态往另一种状态的转变常常是突变的。[1]

大禹治水时期，我国气候史上又一次气候突变，由此进入了晚全新世干旱期[2]，从此，洪涝灾害的频度大为减少，程度也有减轻。

如上文所述，地处黄河中游的陶寺遗址曾是尧都所在地，而河南登封王城岗龙山文化晚期大城应该就是“禹都阳城”的阳城[3]，即夏禹之都的位置已东移至河南登封一带，黄河中下游以及淮河一带洪涝灾害的减轻会成为大禹治水成功的一个条件。因此，大禹治水的成功应是以气候条件的变化为基础的，气候条件的有利转化即从洪水至干旱的突变是大禹治水成功的重要前提。

## 三、结语

大洪水的发生及龙山时代原始农业发展对水利的客观需求最终导致了大禹治水的壮举。大禹治水是我国上古史上的一个重大历史事件，该事件对于历史的影响是多方面的，因此长期受到学术界的重视。大禹治水是匍匐于大自然威力之下的古代先民们在当时的历史条件下与大自然所进行的有力抗争，这种抗争只有在人类社会历史发展到一定阶段、社会生产力水平达到一定高度时才能够获得一定的预期效果。

大禹治水成功的一个重要原因是在前人的基础上采用了正确的方法，即因势治水、进行疏导，使得河水归于河道而行。这样治水事业才有了突破性

---

① 吴文祥、葛全胜：《从气候变化论证大禹治水传说的真实性》，《文史知识》2013 年第 6 期。

② 王绍武等：《五帝时代(距今 6—4 千年)中国的气候》，《中国历史地理论丛》第 26 卷第 2 辑，2011 年 4 月。

③ 北京大学考古文博学院、河南省文物考古研究所：《登封王城岗考古发现与研究(2002—2005)》(上)序言，大象出版社，2007 年，第 3 页。

的进展。虽然在当时非常落后的生产力水平条件下,像大禹治水这样与大自然所进行的抗争只能是程度相当有限,而且其成功也与气候条件的转化密切相关,但大禹不仅在一定意义上取得了治水的成功,还给后世留下了宝贵的精神财富;同时作为治水的领袖,他也通过治水聚合了多方的人力和物力,逐步踏上了王权之路,最终达到了权力的巅峰。

(本文作者为中国社会科学院考古研究所研究员)

# 大禹治水治国与洛书九畴

李玉洁

大禹是我国古代一个先治水后治国的英雄。在中国的历史传说中,大禹在治水、治国的过程中,采用“洛书九畴”的谋略,使治水、治国都取得了极大的成功。因此,“洛书九畴”也得到历代史家及政治家的重视。

## 一、大禹治水而得国

大禹治水的英雄故事可谓家喻户晓,其治水的艰辛也是人所共知的史实。

传说帝尧时期,天下洪水泛滥,百姓受到洪水的袭击,无法生存,于是四岳向尧推荐了鲧前去治水。鲧采取了堵塞的方法,九年而无成,没有止住洪水,于是,鲧被殛于羽山以死。舜处死了鲧,但洪水并没有被治服,因此在四岳的推荐下,帝舜又起用了禹为司空去治理洪水。

大禹在治理洪水的过程中,亲自开山挖石,尽力乎沟洫。《韩非子·五蠹》云:“禹之王天下也,身执耒臿,以为民先,股无胈,胫不生毛,虽臣虏之劳,不苦于此矣。”大禹是值得肯定的，因为大禹治水，不避劳苦，为了消除因河流泛滥而带给人们的灾害，为人民创造一个安定的生活生产环境，受尽了千般辛苦。

在当时生产力还很低的情况下，大禹能够不顾自己的安乐，领导人民治水，又领导人民耕作，以为民先，还组织并亲自参加农业生产劳动，这是非常可贵的。大禹在治水过程中发展壮大了自己的权力，成为部落的核心。他利用治理洪水的功绩，得到酋长的身份，树立起自己的威信，逐渐地掌握了部落的一切大权。

根据古代文献记载，大禹时期与共工、三苗等部落发生过激烈的战争。《山海经·大荒西经》云：“有禹攻共工国山。”禹部落与共工氏部落发生的战争是非常残酷的。禹与三苗的战争，古史多有记载。《战国策·魏策一》云：“三苗之居，左彭蠡之波，右有洞庭之水；文山在其南，而衡山在其北。恃此险也，为政不善，而禹放逐之。”大禹曾与三苗发生过长期的战争，而且以大禹取胜告终。

大禹在治理洪水的过程中，在不断的部族冲突与斗争中，扩大了实力，攫取了大量的财富，权力逐渐膨胀起来，这就为大禹的传子打下了雄厚基础。

按照中国古代的禅让制度，禹年老退位时，应把权力交给伯益。但是大禹在作为部族领袖时，势力膨胀，其他邦国的君主、酋长皆不能与之抗衡。《史记·夏本纪》载：“及禹崩，虽授益，益之佐禹日浅，天下未洽。故诸侯皆去益而朝启，曰：‘吾君帝禹之子也。’于是启遂即天子之位，是为夏后帝启。”大禹为启的即位已经打下了雄厚的军事和经济基础。而伯益在没有基础，或者势力远不及启的情况下，自然是要失败的。禹的传子宣告了禅让制度的终结，夏王朝产生了。大禹因治水而得国。

## 二、大禹治水与“洛书九畴”之方略

大禹治水是否有周密的蓝图呢？根据传说，大禹治水当有周密的计划和治理蓝图。

《水经注·河水》云：“洮水又东经临洮县故城北，禹治洪水，西至洮水之上，见长人受黑玉书于斯水上。”

《水经注》卷五《河水》云：“昔禹治洪水，观于河，见白面长人，鱼身，出曰：‘吾河精也。’授禹《河图》而还于渊。”

《尚书·洪范》记载箕子云：“昔鲧陻洪水，汨陈其五行。帝乃震怒，不畀洪范九畴，彝伦攸斁，鲧则殛死；禹乃嗣兴，天乃赐禹洪范九畴，彝伦攸叙。”汨，乱也；因为鲧不守五行之道，所以没有得到“洪范九畴”，治水失败；而大禹“彝伦攸斁”，得到了“洪范九畴”，遵守五行之道，所以治服了洪水。

那么，什么是“洪范九畴”呢？《周易·系辞上》说：“河出图，洛出书，圣人则之。”孔颖达疏曰：孔安国以为河图，则八卦也；洛书，则九畴也。《尚书·洪范》“孔安国传”云：“天与禹，洛出书，神龟负文而出，列于背，有数至于九。禹遂因而第之以成九类，常道之所以次叙。”也就是说，大禹得到了天帝的“洪范九畴”就是“洛书九畴”，因此治服了洪水。

大禹采取了疏川导滞的办法，行山表木，定高山大川，终于治服了洪水。大禹是我国第一个为治水做出巨大贡献的古帝王。这些都说明大禹得到了高人的指点，或者说有缜密的计划而开始治水的。

《史记·夏本纪》云：“禹为人敏给克勤，其德不违，其仁可亲，其言可信。声为律，身为度，称以出；亹亹穆穆，为纲为纪。禹乃遂与益、后稷，奉帝命，命诸侯百姓，兴人徒以傅土行山表木，定高山大川。禹伤先人父鲧功之不成受诛，乃劳身焦思，居外十三年，过家门不敢入，薄衣食致孝于鬼神，卑宫室致费于沟洫,陆行乘车,水行乘船,泥行乘橇,山行乘檋,左准绳,右规矩,载四时,以开九州,通九道,陂九泽,度九山,令益予众庶稻可种卑湿,命后稷予众庶难得之食。食少调有余相给,以均诸侯。禹乃行相地宜所有以贡,及山川之便利。"《周礼·冬官·考工记》郑玄注:"禹治洪水,民降丘宅土,卑宫室,尽力乎沟洫,而尊匠。"

《水经注》卷四《河水》云:"昔禹治洪水,山陵当水者凿之,故破山以通河。河水分流,包山而过,山见水中若柱然,故曰:砥柱也。三穿既决,水流疏分,指状表目,亦谓之三门矣。"

大禹"行山表木,定高山大川",采取"破山以通河""水流疏分"等疏川导滞的手段治理洪水。这是符合水流之性的方略,所以大禹治水取得了成功。

大禹时期,洛阳西洛宁县洛河中浮出神龟,背驮"洛书",献给大禹。大禹依此治水成功,遂划天下为九州。大禹治水,顺水之性,行地之宜,疏川导滞,当与"洛书九畴"所说的五行之道有密切关系。

## 三、大禹治国与"洛书九畴"之方略

大禹在治水过程中发展了权力,成为部落的核心。他利用治理洪水的功绩,建立自己的威信,逐渐地掌握了部落的一切大权,建立了我国第一个王朝——夏王朝。

畴,类也。"洛书九畴",就是传说中天帝赐给禹治理天下的九类大法,即《洛书》。大禹也是以"洛书九畴"定九章大法,治理夏代国家、治理社会的。"洛书九畴"流传下来收入《尚书》,名《洪范》。

《尚书·洪范》云:"洪范九畴'初一曰五行,次二曰敬用五事,次三曰农用八政,次四曰协用五纪,次五曰建用皇极,次六曰乂用三德,次七曰明用稽疑,次八曰念用庶征,次九曰向用五福,威用六极。'"《尚书·洪范》"孔安国传"

曰："洪，大；范，法也；言天地之大法。"

"洛书九畴"的"五行""五事""八政""五纪""皇极""三德""稽疑""庶征""五福""六极"，指的又是何意呢？

根据《尚书·洪范》的解释，"洛书九畴"就是：

1.五行：水、火、木、金、土。五行是天地万物之本，造化万物，此五行之运于天地之间，而明白天地之性，中和之实。

2.五事：貌、言、视、听、思。这里所说的"五事"，其实只在一个"敬"而已；唯敬则百念皆正，百邪皆远，视、听、言、貌、思，皆自敬中出。"敬"则万事成。

3.八政：食、货、祀、司空、司徒、司寇、宾、师。这里所指是"农事"，使农夫衣食无缺，薄税敛，省徭役，不误农时，勤于祭祀，则市廛而不征，关讥而不征。

4.五纪：岁、月、日、星辰、历数。协用五纪，就是观察星象，与农事相协调。

5.皇极：皇建其有极，敛时五福。"春秋之权衡，皆皇极之谓也。"即加强王之权力。

6.三德：正直、刚克、柔克。"三德"，是国王治民的手段，"遇强弗友则刚克为中，遇燮友则柔克为中，遇平康则正直为中，故随所遇而用三德，治之世"。

7.稽疑：建立卜筮，以占卜的方式决疑。

8.庶征：雨、旸、燠、寒、风、时，即以风雨之兆判定天下万物之事。

9.向用五福、威用六极：五福，即寿、富、康宁、攸好德、考终命；六极即凶短折、疾、忧、贫、恶、弱。这里的意思是，作为王一定要掌握"五福""六极"之权，即生杀予夺之权；换言之，即赏罚之权。

《尚书·洪范》所记载"洪范九畴"，即"洛书九畴"，不仅是大禹，也是我国后代帝王治国的方略。

（本文作者为河南大学历史文化学院教授）

# 论大禹治水与华夏文明的起源及早期发展

程有为

大禹是华夏文明起源时期承前启后的关键人物。正是在大禹时期,中国上古历史由“方国”进入“王国”阶段。大禹的治水事业不仅有利于农业生产,使人民安居乐业,也促进了公权力的发展,导致国家机器的出现和完备。大禹的划分九州为中国以地域划分国民奠定了基础。

## 一、先秦文献记载的鲧、禹

《史记·夏本纪》说:“夏禹,名曰文命。禹之父曰鲧,鲧之父曰帝颛顼,颛顼之父曰昌意,昌意之父曰黄帝。禹者,黄帝之玄孙而帝颛顼之孙也。禹之曾大父昌意及父鲧皆不得在帝位,为人臣。”可见,鲧、禹是黄帝族团的后裔。但是也有文献记载禹是西夷之人,出生在四川西部。如扬雄《蜀王本纪》说:“禹本汶山郡广柔县人,生于石纽。”然此地即四川西部的汶川县和北川县,距中原地区过于遥远,可能性不大。

传说鲧是崇国的国君。《国语·周语下》说:“其在有虞,有崇伯鲧……尧用殛之于羽山。”韦昭注:“鲧,禹父。崇,鲧国;伯,爵也。”崇在何地?《国语·周语上》:“昔夏之兴也,融降于崇山。”注:“崇,嵩高山也。夏居阳城,嵩高所近。”嵩高山即中岳嵩山,阳城即今登封告成。由此可见,鲧的封国或者活动地域在嵩山一带。《世本·帝系》说:“颛顼五世而生鲧,鲧生高密,是为禹。”“鲧娶有莘氏之女,名曰女志,是生高密。”据文献记载,有莘国或莘地一在豫东、鲁西,即山东曹县和河南陈留(今属开封),一在陕西关中东部和河南三门峡一带。高密一说是大禹的字,一说是大禹的封国名。可见,鲧的妻族也在中原地区。鲧是尧舜联邦中的成员,活动地域在中原地区的嵩山一带。

《吕氏春秋·慎行论》说:“尧以天下让舜,鲧为诸侯,以尧为失论,欲得三公,怒甚猛兽,欲以为乱……召之不来,仿佯于野以患帝。舜于是殛之于羽山,副之以吴刀。”其说鲧之被杀是因为在联邦中争权夺位。另说鲧因治水失败而被杀。《史记·五帝本纪》称:四岳举鲧治洪水,“试之而无功,故百姓不便”。舜遂向尧建议:“殛鲧于羽山,以变东夷。”《正义》引《括地志》说:“羽山在沂州临沂界。”即今山东临沂。

## 二、鲧、禹治水的传说与事实

鲧、禹父子的主要事迹就是治水。尧舜时期发生了大洪水。鲧治水失败被杀,禹治水取得成功。根据《史记·夏本纪》的记载,大禹治水主要是“导九川”,就是疏浚弱水、黑水、河水、汉水、江水、济水、淮水、渭水、洛水。其中河水(黄河)、济水、淮水、渭水、洛水都在中原地区。而对于疏导黄河记载最为具体,“导河积石,至于龙门,南至华阴,东至砥柱,又东至于孟津,东过雒汭,至于大邳,北过降水,至于大陆,北播为九河,同为逆河,入于海”。不仅涉及黄河干流,对于黄河的支流渭水、洛水也有记载。《吕氏春秋·爱类》:“昔上古龙门未开，吕梁未发，河出孟门，大溢逆流，无有丘陵沃野，平原高阜，尽皆灭之，名曰鸿水。禹于是疏河决江，为彭蠡之障，干东土，所活者千八百国，此禹之功也。"可见大禹治水的中心在中原地区，除了黄河及其支流，还有济水、淮水及江水（长江）和汉水等。在黄河中下游至今还流传有据说是大禹留下的许多治水遗迹，如龙门、砥柱、伊阙等。

大禹认真总结其父治水的经验教训，虚心向有经验的人请教，并找到伯益、后稷和共工氏的后代四岳等部落首领做助手，努力探索新的治水办法。《韩非子·五蠹》说大禹"身执耒耜，以为民先，股无胈，胫不生毛"，带领人民，艰苦奋战，用了十多年的时间，终于治服了汹涌的洪水。《论语·泰伯》说：禹"卑宫室，而尽力乎沟洫"。又"浚畎浍而致之川"。由于水土平治，百川顺流，各归其所，然后人民得去高险，处平土，农田面积扩大，农业生产发展。禹又"令益予众庶稻，可种卑湿"，这反映出治水的成功促进了水稻的种植。

大禹治理洪水取得巨大的成功，被尊崇为治水英雄，世世代代为人们所赞颂。《左传·昭公元年》记载春秋时人刘夏称："美哉禹功，明德远矣。微禹，吾其鱼乎！"《荀子·成相》也称颂道："禹有功，抑下鸿，辟除民害。"

大禹治水是中国上古史上最重大的事件之一，在先民的印象中尤其深刻，不但一代代口耳相传，而且还被后人刻金铭石，以垂后世。最近发现的制作于西周中期遂国的"遂公盨"铭文也明确记述了禹治河川的事迹。这说明在西周时期，大禹治水的故事曾在民间流传甚广。郭沫若在研究了齐侯钟的铭文"成唐（汤），有严在帝所……咸有九州，处禹之堵（土）"后指出："由此可知在春秋时代一般人之信念中，确承认商之前有夏，而禹为夏之祖先。"这就肯定了大禹其人的真实性。《吕氏春秋·求人》曾盛赞大禹之功绩："故功绩铭乎金石，著于盘盂。"说明战国时人曾见到不少有关大禹治水的石刻和青铜铭文。在先秦文献《尚书》中有多篇记述了洪水和大禹的事迹，如《尧典》《舜典》《大禹谟》《益稷》《禹贡》等。其中的《禹贡》，就是称颂大禹功绩的篇章。

总之,上古时期洪水和大禹治水的传说和其后文献的记述,虽有某些夸张或神化的色彩,但基本上反映了当时的历史概貌,是大致可信的。

大禹治水的活动在我国水利史上具有重要和深远的意义。它是中国历史上第一次方法得当并取得最终胜利的大规模的治水活动,也是中国水利史的开端。《禹贡》中将大禹治水后形成的河道加以记述,被后人称为"禹河故道",大禹治水具有划时代的意义。他开创的疏川导滞的治河方略几千年以来一直指导着我国的治水事业,大禹在治水中表现出的不畏艰险、一往无前的大无畏英雄气概,一直鼓舞着后人与滔滔洪水等自然灾害作英勇顽强的斗争,并成为中华民族优良传统和民族精神的重要组成部分。

## 三、大禹治水与华夏文明进程

大禹治水的实际意义远远超过了水利本身。大禹的治水活动加快了当时社会文明化的进程。《国语·周语下》说:大禹治水成功后,"皇天嘉之,祚以天下,赐姓曰'姒',氏曰'有夏'"。鲧禹的方国被赐予"有夏氏",既而建立了夏王朝。此后,夏族得以与华族连成华夏部族,成为先秦时期各族的核心。大禹治水与华夏文明的关系还表现在以下几个方面:

1.国家机器的产生与完备

恩格斯曾说:"国家和旧的氏族组织不同的地方,第一点就是它按地区划分它的国民……第二个不同点,是公共权力的设立。"即"按地区划分它的国民"和"公共权力的设立",就是国家产生的两个标志。

治水促使社会"公共权力"得到加强。由于洪水面积广大,治水涉及广大地区,单靠少数部落、方国不能成功。必须动员更多的部落、方国参与。而且治理洪水必须统一指挥,统一规划,不能各行其是,于是凌驾于各部落、方国之上的公共权力得到强化。

开始以地域划分国民。《左传·襄公四年》载:“茫茫禹迹,划为九州。”《史记·五帝本纪》记载:“唯禹之功为大,披九山,通九泽,决九河,定九州,各以其职来贡,不失厥宜。”大禹治水,把权力扩大到广大地区,于是划分“九州”,作为行政区,不再是以部族而是以地区统治国民。因此夏朝建立后,社会从方国部落进入到王国阶段,从而实现了国家的相对统一。

2.农业文明发展的重要转折点

从炎帝神农氏开始,中国出现了原始农耕文明,使用石器耕种。大禹时期,已经进入铜、石并用时代,农业生产有明显进步。大禹“尽力乎沟洫”,开始有了水利灌溉和排涝工程。金属青铜器虽然尚未使用于农业生产,但可以用来加工木石农具,使之更便于使用。这是中国古代农业文明由原始锄耕农业向传统犁耕农业过渡的一个重要转折点。

(本文作者为河南省社会科学院研究员)

# 试论大禹治水与中华文明的肇造

靳怀堾

中华文明源远流长，博大精深。耐人寻味的是，中华文明的肇造，始于大规模的治水活动。为了驾驭江河，过上稳定的农耕安居生活，传说从尧舜时代开始，我们的祖先便开展了艰苦卓绝的治水平土活动，“筚路蓝缕，以启山林”。经过累世的不屈不挠的奋斗，他们终于为文明的发展开辟了道路。

一般认为文明形成的主要标志或“文明的要素”主要有四，即国家的形成、文字的产生、都城的出现和青铜器的发明。其中，权力的强化及其结果——国家的出现是最基本特征或最基本的标准。恩格斯在《家庭、私有制和国家的起源》中也提出了“国家是文明社会的概括”的著名论断。国家的出现标志着人类开始有了政治生活，人类由此从野蛮的漫漫长夜进入了文明时代。下面，着重从中国第一个王朝国家——夏朝的形成，简述治水与中华文明形成的关系。

## 一、大禹治水催生了中国历史上第一个王朝国家

在距今4000年前的龙山文化时代,中国连续出现特大洪水。《尚书·尧典》说:"汤汤洪水方割(害),荡荡怀山襄陵,浩浩滔天。下民其咨。"汹涌的洪水淹没了平原,包围了丘陵和山岗,吞噬了人们的田地和房屋。大水经年不退,农耕生产无法进行,人们被迫跑到高山丘陵中栖身,无奈地回到了采集渔猎时代。在安阳殷墟出土的甲骨文中,往昔的"昔"字写为""和"",俨然是一幅洪水滔天的图画,可见洪水留给先民的记忆是何等的刻骨铭心!

相传那时中国处于原始社会晚期的尧舜时代。经过部族联盟议事会的推举,部族联盟首领尧任命夏部族的酋长鲧总揽治水之事。当时,夏部族作为黄帝和颛顼的后裔,主要活动在今嵩山的登封到伊水、洛水一带和山西南部等地,古书称之为夏后氏,其首领叫"崇伯鲧"(《国语·周语下》)。鲧用"障"和"堙"的办法,组织民众修筑堤防,欲挡洪水于家门之外。他历尽艰辛整整干了九年,天下依然是"洪水滔天,无所止及"。鲧死之后,他的儿子禹又担起治水的重任。禹吸取了父辈治水失败的教训,以水为师,针对水往低处流的特点,采用"疏"的办法(实际上是疏堵结合,以疏为主),率领民众疏川导水,"劳身焦思,居外十三年,过家门不敢入"(《史记·夏本纪》),经过多年艰苦卓绝的奋斗,终于平息了水患。

大禹治水促进了华夏各部族的融合与团结。原始社会末期,人们仍以血缘为纽带过着群居生活,部族林立,即所谓"执玉帛者万国"。这些部族都比较小,而且各自为政,按照宗法制度来管理公共事务,各有各的酋长。大禹在治水过程中,除了提出正确的治水方略,另一个重要的工作就是将原来一盘散沙状的各部族组织起来,投入到治水斗争中去。因为他知道,要战胜滔天

的洪水,在“人民少而禽兽众”的情况下,仅仅依靠某一部族或几个部族的力量是远远不够的,需要动员起全社会的力量,以共同对付滔天的洪水。

经过大禹及其助手有效的联络、组织和动员,各部族都派出有生力量参加治水活动,这就组成了一支浩浩荡荡的治水大军。也正是由于治水的需要,才打破了原始氏族社会各部落之间老死不相往来的封闭状态,把这些受尽洪水之害的部族——“万国”联系起来,组成了一支强大的治水大军,从而为取得治水斗争的伟大胜利奠定了基础。

著名历史学家徐旭生先生在《中国古史的传说时代》中提出了氏族部落“三大集团”的观点,认为古代中国部族的分野,大致可分为华夏、东夷与苗蛮三大集团。华夏族地处今黄河中游两岸的中原地区,东夷族地处今山东、安徽及其东部沿海地区,苗蛮地处今长江中游两岸的两湖及江西地区。三大部族不断接触,或争斗或融合,血统与文化逐渐交互错杂,最后归于同化。到了秦汉,中华大地上各个氏族集团已经融合成一个混血的民族——华夏族,并形成一种较高层次的文化——华夏文化。

涂山氏是东夷族的一个重要部落,在东夷各部族中人多势众。本来,华夏族和东夷族之间较少往来,自从发生了代表华夏族的黄帝与代表东夷族(九黎部落)的蚩尤之间争斗于涿鹿之野的惨烈战争后,东夷人留下了沦为“黎民”之恨。然而在面对共同的天敌洪水猛兽时,华夏族与东夷族化干戈为玉帛,谱写了一曲民族和解携手治水的动人乐章。为了得到涂山氏部族的强力支持,大禹娶涂山部落的娇为妻,从而使涂山族成为夏后族最为倚重的力量。

可以说,这种以血缘关系为纽带的氏族部落的大联合,为后来以地缘为纽带的民族大融合乃至国家的形成开辟了道路。

大规模的治水活动,需要各氏族部落的广泛参与,需要有统一的意志、统一的步调、统一的行动,需要对各氏族部落的人力、物力、财力进行集中调配,因之大禹在治水过程中逐步建立了一个组织严密和高度集权的指挥机构,从而确保了治水的成效。

在治水过程中,治水的组织机构逐渐得到完善和强化,这也造就了一批善于治国理政的精英人物,为后来大禹开创夏王朝奠定了坚实的组织和人才基础。

大禹作为治水机构的"一把手",在指挥治水的过程中,必然要行使对各部落的人力、财力、物力资源进行统一调配的权力,甚至强制干预,从而形成凌驾于各部族之上的权威。《山海经·大荒北经》说:"共工之臣名曰相繇(也作相柳)……禹湮洪水,杀相繇。"这说明,大禹在治水过程中,已有权对那些不服从指挥的部落首领施以刑罚。

禹是原始社会末期由民主选举(当时,部落联盟的总首领由各族部落首领组成的部落联盟议事会推举产生,后人把这种推举制度称为"禅让")产生的最后一位部落联盟领袖。禹治水的成功,使他建立了崇高的威望,也得到了各部族的拥戴。后来,人们把这位治水英雄推举为政治领袖——虞舜去世后,禹接替他成为部落联盟的总首领。

禹成为部落联盟首领后,"致群神于会稽之山,防风氏后至,禹杀而戮之"(《国语·鲁语下》),禹以开会迟到为借口杀掉防风氏,说明他已具有了凌驾于其他部落首领之上的"公共权力"。而国家的本质特征,就是具有和人民大众分离的"公共权力"。

皋陶,这位东夷部族的首领,禹治水时的得力助手,舜帝时就被任命为大理,掌管部落联盟的司法大权。禹受禅为帝后,皋陶成为仅次于禹的第二号人物,按照部落联盟禅让制的规制,皋陶是禹的法定继承人。然而皋陶先禹而逝,他死后,另一位协助大禹治水的功臣益被推举为大禹的继承人。不过,随着私有制的发展和氏族制度的瓦解,历史的发展轨迹没有沿着原始民主——禅让的传统运行下去。禹死后,益并没有顺理成章地取得部落联盟的领导权,君临天下者却是禹的儿子启。于是,原始的部落联盟的民主制度被打破了,一种新的社会组织形式——家天下的世袭君主制破壳而出。

禹传位给他的儿子启,建立了我国第一个王朝国家——夏朝。可以说,禹是夏王朝的奠基者,启则是夏王朝的建立者。

## 二、城市是治水的产物

城市是社会生产力发展到一定历史阶段后形成的政治、经济、文化中心,在人类文明发展史上具有里程碑意义。真正意义上的城市,是指商业性质的"市"在城中出现,当在西周时期,有"前朝后市"之说。因此,"城"和"市"在春秋以前,是分开使用的——"城",指修有墙垣保护的地方,"城者,所以自守",即以防守为基本功能;"市",指货物交换的地方,开始时物物交换,货币产生后就变为买卖的场所,即市场。设市之城邑为城市,这一概念到战国时期才出现,如《韩非子·爱臣》中就有"城市"连用的字眼:"是故大臣之禄虽大,不得藉城市。"意思是说,大臣的俸禄虽然很大,但不能让他们凭借城市来逞威势。宋元之际史学家胡三省说:"城市者,言邑之有市者,指言大邑也。"

据一些学者考证,"城"实际上起源于古人防范洪水的活动。早在龙山文化时代,先民与洪水抗争最初的办法,就是"水来土挡",即用泥土、石块在氏族成员居住地外围筑起一道道堤埂式的土围子,以拦阻洪水(兼有阻挡野兽和外敌入侵的作用),以保护部族成员的居所及土地、财产的安全。这种用以防水的土围子就是"城"的雏形。《吕氏春秋》和《淮南子》都说"鲧作城",而《吴越春秋》更具体地说:"鲧筑城以卫君,造郭以守人,此城郭之始也。"看来在原始社会末期,城就出现了。而"城"的发明者就是鲧。正是由于鲧善作"城"来"障洪水",后来他才被"四岳"(四方部落诸侯长)举荐担当领导治水的重任。

大禹成为天下共主后，建都于何处，这是史学家们一直努力探寻的问题。据文献记载，“有夏之居”——夏王朝统治的中心在今黄河中游的晋南和豫西地区，即今山西南部的汾、浍、涑流域和河南西部的伊、洛、颍水流域。其都城有安邑（今山西夏县西北）、阳城（今河南登封告成镇）、阳翟（今河南禹州市）等不同说法。根据夏商周断代工程最新考古研究成果，在今河南登封告成镇王城岗一带发现了一处龙山文化晚期的古城遗址。城址位于两水交汇的河谷岳陵地带，北依嵩岳，南临颍河且与箕山隔河相望，东傍五渡河，西边则是一片开阔地。文化堆积显示，该时期文化自龙山时期至夏商一直延续下来，没有中断。城垣大部一度被五渡河及西来的大水冲毁。后来，人们在紧傍原城西部再筑新城，又遭洪水袭击，北垣外出现一条东西向的大冲沟，致使城垣东北隅被毁。结合文献所记“禹都阳城”的时代和地望，考古学家认为王城岗古城遗址很可能就是当年的“禹都阳城”之所在。诚如是，阳城堪称真正意义上的华夏第一都。

至于史书上说“禹都安邑”“禹都阳翟”的说法，也并非空穴来风。一般认为，由“尧都平阳（今山西临汾尧都区）”“舜都蒲坂（今山西永济）”的记载可知，原始社会末期，今晋南一带为尧舜活动的核心区域。而禹接受舜的禅让成为天下共主后，很可能始建都于晋南的安邑，后来为了便于驾驭四方，又迁都于天下之中的嵩山一带。“夏居河南，初在阳城，后在阳翟”（《史记·周本纪·集解》），即禹始迁都阳城，后又迁都至阳翟。

## 三、文字的产生及原始测量学、数学等发明与治水关系密切

文明产生于挑战。大禹治水的时代，由于治水斗争的需要，造就了中华大创造、大发展的态势，产生了一系列石破天惊的伟大发明，开创了中华文明发展的新纪元，为中国跻身于“世界四大文明古国”之列奠定了基础。

文字的发明是人类文明史上具有划时代意义的重大事件,它的创造价值超过了其他任何成就。文字的发明,使人类创造的思想和经验得以保存,他们历经千辛万苦得来的智慧可以世代相传。文字产生前,人类在幼年时所学知识主要来自父母和其他家族成员的言传身教,所获得的知识是零散的、孤立的、简单的,这就导致了思想观念的各不相同,难以形成为全社会所有人共同遵守的普遍道德观念。只有产生文字后,人类才可以接受全面而系统的教育。

汉字起源于图画。远古时,人类对重大事件的记载采用结绳记事的方式,后来又采用图画的方式,再后来又把图画加以简化、整理和充实,使之成为语言符号,并有了读音,最终产生了文字。一般认为,汉字始发明于距今6800—6300年的半坡文化时代——在西安半坡村遗址出土的陶器上发现了22种符号,它应该是一种原始文字。又相传仓颉“始作书契,以代结绳”。仓颉是黄帝的史官,汉字创始人,被尊为“造字圣人”。其实,造字者肯定不止仓颉一人,而是一批人,只不过仓颉是他们中的杰出代表。这说明,至少在距今5000年前,汉字就已发明了。

著名历史学家徐旭生认为,文字的普遍运用始于鲧禹治水时期,他在《中国古史的传说时代》中写道:“到了尧舜时代,治理洪水是刻不容缓、超过一切的大事,各氏族间的往来、商酌一定很频繁,不但算工计数需要符号帮助记忆,就是召集、约束恐怕也需要符号帮助……因为事的促迫,它被推广使用,成为各族间的信号。文字的比较普遍运用和统一,就是在这个时期开始的。”徐先生的见解是深刻的,值得信服。

夏代虽然已迈入文明社会的门槛,但系统的文字还没有被发现。不过,有个别字还是被“洛阳铲”从地下挖了出来。如河南偃师二里头遗址骨片上发现了一个象形的“鱼”字。再如更早的河南登封王城岗城堡遗址中,发现了陶器底片上刻有一个“共”字,是较象形、更抽象的会意字。19世纪末在河南安阳小屯发现的甲骨文，是迄今我国发现最早的成熟汉字，时间为公元前1300年至公元前1100年的殷商时代。

度量衡是指在日常生活中用于物体计量长短、容积、轻重的统称。据学者考证，度量衡的发明大约在原始氏族社会末期。

《史记·夏本纪》说禹"身为度，称以出"，即是说大禹在领导这次大规模治水活动中，把自己的身长作为当时的长度标准，以自己的体重作为重量标准，制造出了统一的测量工具——"度"和测定重量的"称"。还说大禹在治水查勘时，"左准绳，右规矩"——用规画圆，用矩作方，用准定平，用绳量长短；"行(随)山表木，定高山大川"——沿着山岭砍削树木，以树为标，把测量数据一一记录下来，从而确定山川的高度及走势。

有了测量数据，还要对这些数据进行记录和比较、分析和运算。后人借此推断，大禹和民众在治水的过程中，逐渐创造了古测量学，并催生了原始数学。《周髀算经》说："故禹所以治天下者，此数之所由生也。"汉代人赵君卿注释说："禹治洪水，决疏江河，望山川之形，定高下之势，除滔天之灾，释昏垫之厄，使东注于海而无浸逆，乃勾股之所生也。"(《算经十书》)就是说，"勾三股四弦五"这种关系，是在大禹治水时发现的，这大概是原始数学的由来。

(本文作者为水利部海委漳卫南局副局长、水文化学者、研究员、作家)

# 大禹的征战及其治水与中华文明之源

陈建魁

## 一

有关大禹的遗迹分布于全国各地,大禹是三皇五帝中现存古迹最多的帝王之一。大禹出生地、大禹治水地、大禹婚配地涂山(娶涂山氏女之地)、大禹会诸侯地、大禹都城、大禹墓葬地等的所在,在全国都不止一种说法,有的甚至达十多种说法,大禹庙、大禹功德碑也随处可见。河南登封和浙江绍兴是大禹胜迹十分集中的地区,其他较为著名的大禹胜迹还有河南禹州禹王锁蛟井、禹王像,河南三门峡三门,安徽怀远县涂山、禹王宫、禹墟、禹会村、启母石、启王殿,山东禹城禹王亭,四川北川县石纽山麓禹穴、采药山等。

禹都阳城,就在登封境内。登封的大禹文化胜迹星罗棋布,而嵩山附近的大禹文化遗迹也有很多,如王城岗遗址、太室山、少室山、启母石、太室阙、少室阙、启母阙、轩辕山、试斧石、蛟王石、钧台、禹王锁蛟井、大禹山、诸侯山、三涂山等。王城岗遗址或即禹都阳城,位于登封市告成镇西约 1 千米的王城岗上,距今约 4400—4000 年。遗址发现于 1976—1977 年,遗址是两座并列的古城,西城平面呈梯形。整个城址面积残近 1 万平方米,1988 年被国务院公布为全国重点文物保护单位。

浙江绍兴大禹陵是会稽山境内的重要名胜古迹之一,为国家级文物保护单位。绍兴东南 5 千米许,有会稽山(本名茅山),为大禹会诸侯处,山上及附近有大禹遗迹多处。萧山区与绍兴接壤处有“夏履桥”,相传是大禹遗鞋处。位于绍兴县安昌镇南 2 千米处,有“涂山”遗迹。绍兴嵊州市之“剡溪”有一条小溪叫“了溪”,相传是大禹治理洪水的最后一条河;了溪源头之了山,又名禹余粮岭,有化石“禹余粮”,相传为大禹治水时弃余粮于江而形成的。绍兴市西北 12 千米处,今绍兴市湖塘镇有刑塘,相传为大禹斩杀防风氏处;人们为了纪念防风氏在治水中所作的贡献,在镜湖边建有“防风庙”,又称“七尺庙”。

大禹留下的这些遗迹,相信与禹南征北战,一统宇内不无关系。

## 二

大禹的事迹,出现在《墨子》《孟子》《诗经》《楚辞》《尚书》《左传》《史记》《竹书纪年》等古籍中。据《史记·夏本纪》记载,大禹,姓姒名文命,字高密。禹之父曰鲧,鲧之父曰帝颛顼,颛顼之父曰昌意,昌意之父曰黄帝。禹是黄帝的玄孙,帝颛顼的孙子。

上述大禹事迹的记载及前述大禹胜迹之分布,说明禹之功绩不亚于尧舜。中国古籍中把对中华文明的先祖尊称为三皇五帝。三皇时代较早,禹自然不在其列。但五帝的五种说法中,也没有大禹之名。

“五帝”的五种说法:《礼记·月令》《淮南子·天文训》《汉书·魏相传》以太昊、炎帝、黄帝、少昊、颛顼为“五帝”;《世本》《大戴礼记》《国语》《史记·

五帝本纪》以黄帝、颛顼、帝喾、尧、舜为“五帝”;《尚书序》《帝王世纪》以少昊、颛顼、帝喾、尧、舜为“五帝”;《皇王大纪》以伏羲、神农、黄帝、尧、舜为“五帝”;《周礼·天官·大宰》以东方青帝、西方白帝、南方赤帝、北方黑帝、中央黄帝为“五帝”,东方青帝即伏羲,南方赤帝为炎帝。

这说明,先哲对大禹和尧舜的认知是不同的,其最大的差别是舜以前行禅让,为公天下;从禹开始,父传子,为家天下。要之,大禹是真正意义上的国家的始创者。

三

舜晚年,禹成为继承人,摄行天子之位,掌握实际权力。《韩非子·说疑》《汲冢周书》有“舜放尧,禹黜舜”的记载。权力斗争的失败,迫使有虞氏部落纷纷向四方退避。在这之前,舜的儿子义均,本是弓和舟的发明者,受封于虞(今河南虞城县),故称虞均。虞地处中原,土地肥沃,林茂草丰,是从事农业生产的好地方。禹摄行天子之政后,却把虞均改封于商(今陕西商县),商地处秦巴山区,土地贫薄,生存环境恶劣。禹把虞均改封在贫瘠之地,是以合法形式把舜的势力挤出中原所采取的一个重大步骤。

史书上记载,舜南征三苗,崩于苍梧之野(今湖南、广西、广东交界处),葬于长江之南的九嶷山,这就是零陵。实际上,舜之南征为南迁,是在禹的进逼下,被迫率部落南迁。舜族南迁的痕迹除留在一些出土文物中外,至今还保留在南方一些省份的地名中。湖南除九嶷山一带的遗迹外,沅江市北曾有梁武帝所置重华县,宁乡县有沩水、沩山,湘潭市有韶山,衡阳市有舜庙,宁远县太阳溪则有舜宫。河南渑池县有韶山,传舜帝在此奏韶乐。广东韶关市有韶石,传为舜帝奏九韶之处。

夏朝建立后,为了巩固其统治,对舜的后裔继续打击压制,迫使他们背井离乡，从中原逃到边疆。他们的逃亡路线和最后定居地，现在有迹可寻者：一是原居曹、濮者，北迁幽燕，抵达今黑龙江、朝鲜和西伯利亚，有的则同原居虞地者一起经安徽，越江苏，在浙江上虞、余姚、诸暨一带定居；二是原居山西蒲州者，有的迁往湖北、湖南，有的则入陕西、甘肃与羌族生活在一起；三是原跟随舜迁苍梧一带者，继续南迁，越过五岭，一支在广东省中东部定居，一支则经广西直到越南北部。

禹逼舜的成功除了军事力量的崛起，还有一个重要的原因，就是治理水患的功绩。

禹为人机敏勤俭，平易近人，讲究信义。禹和他的副手伯益、后稷等奉帝舜的命令，带诸侯、百姓治水。他们行山表木，以勘测高山大河。禹吸取父亲失败的教训，劳神焦思，凿龙门，改堵为疏，离家十三年，三过家门而不入，生怕耽误治水大业。自己衣食都很简单，但祭祀鬼神却非常丰厚；自己住房非常简陋，但用在沟渠的费用却非常多。大禹亲临治水工程第一线，在陆地上乘车，在水中乘船，在沼泽里坐爬犁。一年四季，配合不同的季节进行不同的施工程序。最终使得全国的九州通顺，疏通了九条让黄河入海的河道，治理了九个泛滥的沼泽，对九个阻碍河水入海的山进行了整治。

禹查看各地的物产，因当地山川的便利，决定当地向中央进贡的物品。于是九州都不受洪水的困扰了，四方都适合人类居住，九山都通道且可以旅祭，九州的河流都没有壅塞，四海汇合，各种物产都丰厚，根据各地土地状况，制定了合理的贡赋。

世界上许多民族都有关于洪水的传说，中国有“洪水猛兽”的成语，说明中华大地上的水患曾经特别严重。禹在治理洪水的时候，调动了全国的力量，也顺便重新安排了全国的行政区划。天子首都以外的五百里为甸服，甸服外五百里为侯服，侯服外五百里为绥服，绥服外五百里为要服，要服外五百里为荒服。于是，东到大海，西到流沙，全国各地都出现和谐的景象。于是天子赐给禹圭(测量用的尺子),以告知天下,治水成功了！天下于是成为太平治世!

大禹治水患,让大家安居乐业,得到了许多部落的共同拥戴。帝舜看到禹是特别有贤德的人,足以治理国家,就向上天推荐了禹,让禹为嗣。舜崩,三年丧毕,禹接受天下诸侯的朝觐,成为新的天子。国号“夏后氏”,姓姒氏。

大禹治水,皋陶是最主要的助手,本来禹打算把帝位传给他,但皋陶很早就去世了。于是大禹打算把帝位传给伯益。但伯益的资历浅,甚至不如大禹的儿子启。

按照原始社会的禅让制度,禹应该让助手伯益做继承人。但是,帝禹在东方巡狩,到会稽而崩。禹把天下传授给伯益。三年丧毕。益把帝位让给禹的儿子启,而自己辟位,居住在箕山南面。启有贤德,于是诸侯都离开伯益,去朝觐启,启位天子。公天下变为家天下,出现了我国历史上第一个奴隶制王朝——夏朝。

由大禹及其后裔而得的姓氏有禹、启、夏等。与禹相关的古迹分布于河南的郑州、商丘、禹州、卢氏、开封及浙江的绍兴等地。

## 四

恩格斯在《家庭、私有制和国家的起源》中说:“在新的设防城市的周围屹立着高峻的墙壁并非无故,它们的深壕宽堑成了氏族制度的墓穴,而它们的城楼已经高耸入文明时代了。内部也发生了同样的情形。掠夺战争加强了最高军事首长以及下级军事首长的权力;习惯地由同一家庭选出他们的后继者的办法,特别是从父权制实行以来,就逐渐转变为世袭制,他们最初是耐心等待,后来是要求,最后便僭取这种世袭制了;世袭王权和世袭贵族的基础奠定下来了。于是,氏族制度的机关就逐渐挣脱了自己在民族中,在氏族、胞族和部落中的根子，而整个氏族制度就转化为自己的对立物：它从一个自由处理自己事务的部落组织转变为掠夺和压迫邻近部落的组织，而它的各机关也相应地从人民意志的工具转变为独立的、压迫和统治自己人民的机关了。”

从登封王城岗遗址的城墙，到禹对四方的征伐，再到禹以启作为其继承人，公天下变为家天下，诚如恩格斯所言，氏族制度已“转化为自己的对立物”。

恩格斯还指出，“国家和旧的氏族组织不同的地方，第一点就是它按地区来划分它的国民”。而禹划九州就是在宏观上以分不同地区来治理国民的。

恩格斯还指出，国家和氏族组织的“第二个不同点，是公共权力的设立，这种公共权力已经不再直接就是自己组织为武装力量的居民了。这个特殊的公共权力之所以需要，是因为自从社会分裂为阶级以后，居民的自动的武装组织已经成为不可能了”。而且，“为了维持这种公共权力，就需要公民缴纳费用——捐税。捐税是以前的氏族社会完全没有的”。禹之划五服、九州，根据道里远近担负不同的贡物，在一定意义上有捐税的性质。

另外，大禹治水的成功，一方面说明当时生产工具的改进，另一方面说明社会管理的巨大进步。舜崩，三年丧毕，禹接受天下诸侯的朝觐，成为新的天子。此后，禹经过多年的南征北伐，威服万邦。这时，国家建立的条件已经具备。以登封王城岗遗址的年代看，应是大禹建立国家前后的定居地。因此，大禹既是中国野蛮时代最后一位部落联盟首领，也是中国文明时代和阶级社会的第一位君王。

（本文作者为河南省社会科学院历史与考古研究所副所长、副研究员）

# 考古学视角的大禹与大禹治水

高江涛

大禹是我国史前传说时代的著名英雄人物,他平治水土,建立夏朝的事迹,为许多传统文献所载。相关记载真实与否,聚讼已久。后世追叙的“添枝加叶”,古史记述的“层累”,以至大禹成为了“神人”。随着我国考古事业的不断发展,与禹相关的先秦出土文献逐渐增多,铜铭金文与战国简牍中都有相关记载,《遂公盨》更将所载时间推至了西周中期。我们意识到有关大禹的古史明显有一个不断被夸大、神化和层累的过程。因此,重要而又困难的是拨散神话迷雾,除去水分,追本复原。以往研究多执着于文献记述只言片语本身,忽略了“传说”所处的时代真实大背景。考古学由于自身学科特点对此类研究有所助益,本文尝试把大禹放入考古学研究成果反映的当时的时代背景中重新考察大禹相关史迹,以作粗浅探讨。

# 一

一般以为大禹所处时代为公元前21世纪,“夏商周断代工程”亦将夏朝始年推定为公元前2070年[①]。虽然年代太过于具体而受争议,但大禹所在之夏始当在公元前2000年前后基本成为一种学界的共识。公元前2000年左右,大体属于我国考古学文化上的龙山文化晚期,那么这一时期我国处于一个怎样的古环境气候背景呢?

我国在距今8500—3000年之间进入了全新世大暖期[②],当然中原地区也进入了全新世大暖期,北亚热带界线向北推移明显,气温较现今高约0.5—3℃,年平均降水量较今高出约100—200毫米。处于高温暖湿环境下的中原地区,既有长江流域的暖湿气候,又有适于原始农耕的北方黄土母质形成的棕褐色沃土[③]。仰韶文化时期至二里头文化时期的时间段处于全新世大暖期的中晚期,是其“气候最适宜期”。然而,其间在距今约4000年前后却有一次大的气候异常降温事件(图一)。

众多的古环境材料及其研究结果、考古发现和先秦时期的古文献及青铜器铭文都表明在距今约4000年前后的一段时期,我国有一明显的气候异常时期[④]。而且,这一现象是全国性的,黄河流域、长江流域、淮河流域、海河流域等区域都遭受其害。这次气候异常现象带来了全国范围内的降温和大洪水

① 夏商周断代工程专家组:《夏商周断代工程1996—2000年阶段成果报告》(简本),世界图书出版公司,2000年。
② 施雅风主编:《中国全新世大暖期气候与环境》,海洋出版社,1992年,第1—15页。
③ 宋豫秦等:《中国文明起源的人地关系简论》,科学出版社,2002年,第200页。
④ 王巍:《公元前2000年前后我国大范围文化变化原因探讨》,《考古》2004年第1期。

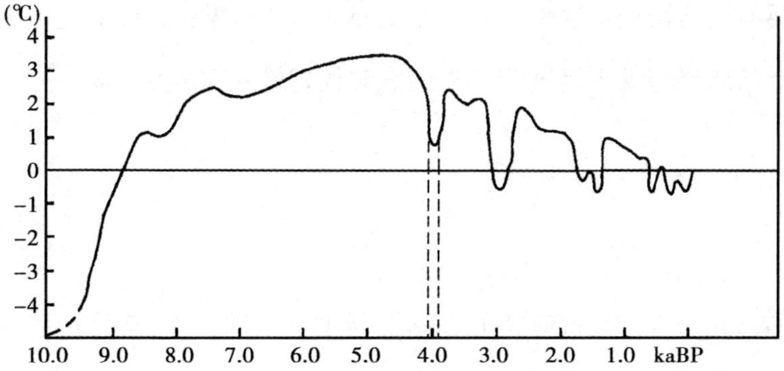


图一　中国 10000 年以来的气温变化图[①]

等灾害[②]。这种环境灾难对农业生产的破坏是很明显的。黄河下游地区及长江中下游地区，洪水严重危害了当时居民的生活，农田被毁，农作物几无收成。这一时期考古学文化系统发展中出现的明显的"退步"或"断层"，以及良渚文化、石家河文化等的衰落，与此有着密切的关系[③]。近年来，已推进十多年的"中华文明探源工程"有关古环境的课题研究成果也表明距今 4000 年前后的黄河流域、淮河流域、海河流域乃至全国存在降温变冷的气候异常事件和由此产生的大洪水[④]。各流域由于自身地貌特点、农业种植结构制度、文化特质与调节的不同，洪水对各不同区域文化造成的影响和结果也不一，中原地区受到的灾难和威胁相对较小，农业经济持续稳步发展，文化与社会螺旋式演进。

---

① 转引宋豫秦等：《中国文明起源的人地关系简论》，科学出版社，2002 年，第 200 页，据该书图 9－1 改制。

② 学者们对这一气候异常现象及其造成的影响多有论述。主要有：宋豫秦等：《中国文明起源的人地关系简论》，科学出版社，2002 年，第 197—222 页；夏正楷：《豫西——晋南地区华夏文明形成过程的环境背景研究》，《古代文明》第 3 卷，文物出版社，2004 年，第 102—114 页；王巍：《公元前 2000 年前后我国大范围文化变化原因探讨》，《考古》2004 年第 1 期；王青：《距今四千年前后环境灾变与洪水事件的新思考》，《中国文物报》2004 年 7 月 23 日。

③ 王巍：《公元前 2000 年前后我国大范围文化变化原因探讨》，《考古》2004 年第 1 期。

④ 科技部社会发展科技司、国家文物局博物馆与社会文物司：《中华文明探源工程文集・环境卷（1）》，科学出版社，2009 年。文集中有大量史前环境考古的研究成果，如夏正楷：《我国黄河流域距今 4000 年的史前大洪水》等，可参考，不赘述。

大禹时代恰恰处于这次气候异常的洪水期，大禹平治水土的传说正是以大禹为首的族群与洪水等灾难抗争的大时代背景的缩影与反映。

## 二

目前已知与大禹史迹有关的有铭铜器主要是遂公盨、秦公簋和叔夷钟三器。其中以遂公盨年代最早，可早至西周中期。铭载大禹及治水一事内容也较多些。铭文一经公布，学者们就展开了热烈的讨论①。铭文十行，98 字，诸家考释大同小异，究其体裁也多认为与《尚书》训诰类相近，所以其内容与大禹史迹密切相关者也就铭文前段几十字而已，现摘录如下：

> 天令(命)禹尃(敷)土，堕山，浚川；乃畴方，设征，降民，监德；乃自乍(作)配，飨(享)民，成父母，生我王，乍(作)臣。

上博简《容成氏》是先秦出土文献中大禹传说最为详尽的记述②，其中与"治洪水平九州"相关内容如下：

> 舜听政三年，山陵不尻(处)，水潦不洞(通)，乃立禹以为司工(空)。禹既已受命，乃卉服……禹亲执枌耜，以陂明都之泽，决九河之阻，于是乎夹州、徐州始可尻(处)。禹通淮与沂，东注之海，于是乎竞州、莒州始可尻(处)也。禹乃通蒌与易，东注之海，于是乎菰州始可尻(处)也。禹乃通三江五沽，东注之海，于是乎荆州、扬州始可尻(处)也。禹乃通伊、洛，并里瀍、涧，东注之河，于是乎豫州始可尻(处)也。禹乃通泾与渭，北注之河，于是乎虘州始可尻(处)也。禹乃从汉以南为名谷五百，从汉以北为名谷五百。

---

① 遂公盨刊布于《中国历史文物》2002 年第 6 期，同期刊有李学勤、裘锡圭、朱凤瀚、李零四位先生的考释及研究性文章，此后多有学者进行讨论，此不赘述。

② 马承源主编：《上海博物馆藏战国楚竹书(二)》，上海古籍出版社，2002 年，第 248—293 页。

从遂公盨铭文看，大禹治水包含两大方面的内容，即所谓“平治水土”和由此产生的结果“降民建国、立王作臣”而普有天下。回顾以往，学者们过多地争论于“尃（敷）土”“堕山”“浚川”三种治水方法，以及纠结于三种方法是否互相矛盾，而忽略了治水的结果，所谓“降民”“监德”“生我王”“乍（作）臣”却又是形而上的思想政教层次的结果。其实平治水土最直接的结果就是《容成氏》所言“始可凥（处）也”，有了可以居住和耕作生产的土地。从考古材料来看，治水之地也不是“始”可处也，这些地方在洪水之前也多是可处之地，至少分布着大量的相当于仰韶文化至龙山文化时期的遗址。准确而言，平治水土后应是恢复或者扩大了可处之地。沈长云先生注意到了这一点，以至直接解释“尃（敷）土”非简单意义上的“布土”，而是通过治水，重新恢复与布置给下民以耕作的土地[①]。暂且勿论释义确否，此次平治水土使得可居和可耕之地恢复，这一点至少是可以肯定的。

以著名的二里头遗址所在的伊洛平原为例，通过对二里头遗址南、北以及周边区域钻孔取样的古环境分析，表明距今7000年前后，二里头遗址所在伊洛盆地的第一级阶地和第二级阶地上生活着仰韶文化至龙山文化时期的人类（图二）；距今4000年前后，出现大洪水，洪水淹没了盆地的第一级阶地和大部分第二级阶地，二里头遗址所在的第二级阶地成为孤岛（图三）；洪水后，洛河决口改道进入伊河，二里头遗址北侧的洛河河道废弃，伊洛河以北成为较为广阔的平原（图四）[②]。上博简《容成氏》所言“禹乃通伊、洛，并里瀍、涧，东注之河，于是乎豫州始可凥（处）也”，虽不可据实一一对应，但确实反映了一定的实际情况。虽不能过分夸大以禹为首的族群治水人力所为，但现实的结果确是洪水之后生活生产空间恢复并有长足发展，聚落数量增加、规模扩大，大型都邑遗址二里头出现，夏王朝形成，下节详述。

---

① 沈长云：《遂公盨铭与禹治洪水问题再讨论》，《国学学刊》2014年第1期。

② 夏正楷等：《伊洛河水系变迁和二里头都邑的出现》，《夏商都邑与文化（二）——纪念二里头遗址发掘55周年学术研讨会论文集》，中国社会科学出版社，2014年，第346—364页。

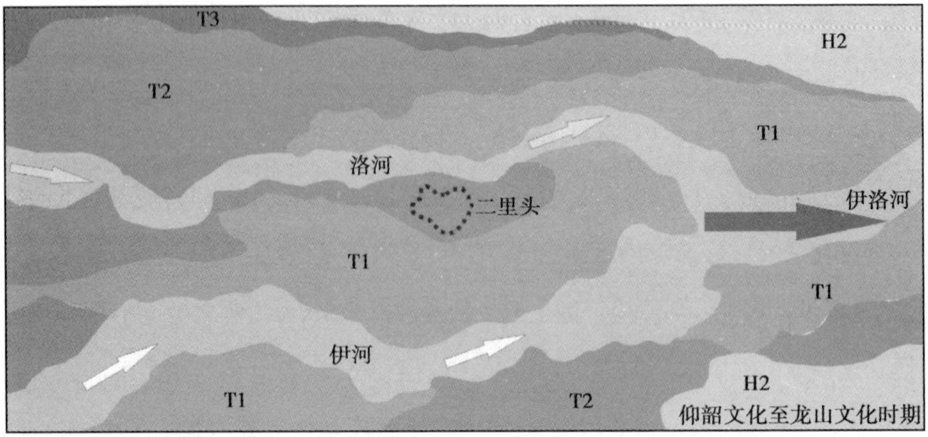


图二　仰韶文化至龙山文化时期的伊洛平原环境地貌

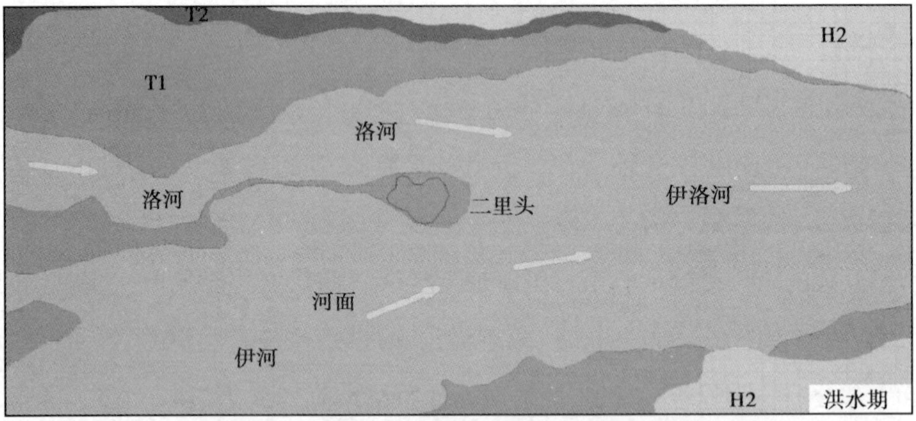


图三　距今4000年前后洪水期的伊洛平原环境地貌

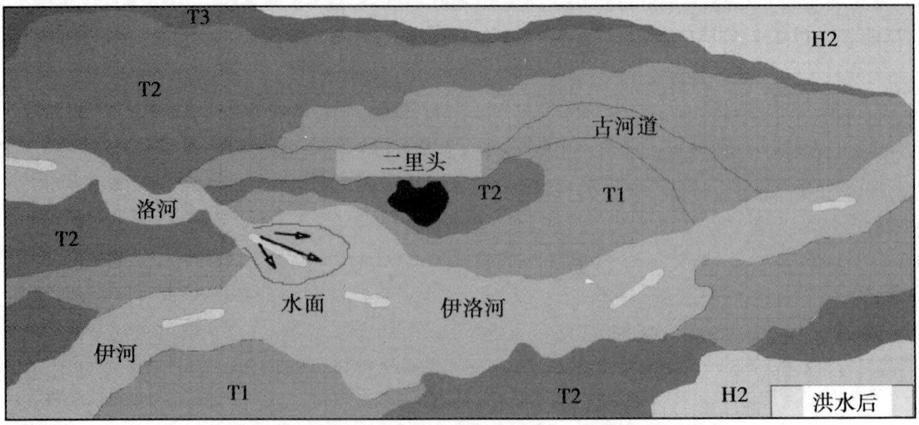


图四　洪水后伊洛平原环境地貌

农业是古代人类生存和发展的最基本的物质基础,更是我国古代最重要的经济部门。大禹平治水土直接或者间接地使得土地重新恢复,农业耕作生产得以继续发展,众民安居乐业。《孟子·滕文公上》:"禹疏九河,沦济、漯而注诸海,决汝、汉,排淮、泗而注之江,然后中国可得而食也。"《论语·宪问》更言"禹稷躬稼而有天下"。这应该就是大禹在后世具有崇高地位的主要原因。

## 三

需要注意的是,气候异常与洪水对各地区文化兴衰的影响程度是不一样的,黄河下游地区、长江中下游地区遭受了毁灭性的打击,造成了海岱地区龙山文化、良渚文化、石家河文化等的衰落,是这些区域文明化进程遭到严重挫折的重要原因之一[①]。中原地区虽同样受到这次灾难的影响,但依凭复杂多态的地貌、易渗不易涝的黄土堆积以及多种农作物种植结构等优势和特点,其文化得以保存和延续[②]。那么,同是中原地区的内部,洪水对不同地貌环境的破坏与影响也应该是不一样的,简单而言,洪水来临时,地势高爽的黄土台塬之地就是更安全的栖息地,而相对低洼、地貌单一、回旋余地不大的平原地带会成为重灾区。有学者就认为大禹治水主要是治理黄河下游平原河济之间的古兖州之地[③],也是基于此因的考虑。

大禹治水地域范围诸多学者有所考证,虽有不同意见,但从上博简《容成氏》《尚书·禹贡》等文献来看,治水区域言及河济、淮沂、江汉、泾渭、伊洛等,大体是中原地区及其周边区域。但是,同是中原地区范围内却有两个重要的自然地理单元和持续繁盛的文化区域却未见片语,即汾河下游的晋南地区和

① 王巍:《公元前2000年前后我国大范围文化变化原因探讨》,《考古》2004年第1期。
② 高江涛:《中原地区文明化进程的考古学研究》,社会科学文献出版社,2009年,第461页。
③ 张磊:《大禹治水地域范围新论——以出土文献和考古发现为参照》,《古代文明》2015年第1期。

颍水上游地区。

龙山文化晚期晋南地区社会与文化持续发展，陶寺文化空前繁荣，出现了中原地区最大的城址——陶寺城址，而且恰恰在公元前2100—前2000年左右形成了内有宫城外有大城、布局有序、要素齐全的都邑性城址。值得注意的是，大体同时的颍河上游的登封王城岗也出现了面积为34.8万平方米的城址，该城址是目前王湾三期文化中面积最大的城址。城内发现多处大面积夯土基址和祭祀坑、玉石琮、白陶器等遗迹遗物，因此应是该文化区域内聚落中心所在。发掘者认为大城晚于之前近1万平方米的小城，使用年代相当于王城岗龙山文化三期，据碳14测年数据王城岗大城使用绝对年代推断为公元前2060年前后[①]。换言之，大洪水发生期距今4000年前后，以陶寺和王城岗城址为中心的文化区域不但似乎未受到大洪水灾难的影响，反而不断扩建，持续发展。个中原因可能许多，单从地形地貌上看，我们发现二者有着许多惊人相似之处，均是区域内高山山前大缓坡地带，一个为崇山（今俗称塔儿山），一个为嵩山，且均为地势高爽的黄土塬，加之高势而下有着众多小支流水系，既分散洪峰又使得水资源较为丰富和稳定（图五、图六）。这种相对的自然地理优势显然可以最大程度地抵御和减缓大洪水造成的灾难和影响，这也可能正是二者持续发展脱颖而出的地理因素与环境原因。一般认为晋南为尧舜族群所在，更有人认为陶寺为尧都或尧舜之都，而登封颍河上游地区为禹族群早期中心，或认为王城岗为禹都阳城所在。此外，从出土文献和传世文献看，大禹治水或受“天”命，或受“舜”命，或者说舜命亦天命。以上若然，大禹所在的4000年前大洪水如果对族群核心所在的晋南和颍河上游地区带来的是灭顶之灾，他又怎么可能不顾所处置身事外而抽身去他地治水呢？简而言之，禹所在颍河上游和“命主”所在汾河下游的晋南之地并没有遭受大

① 方燕明：《登封王城岗城址的年代及其相关问题探讨》，《考古》2006年第9期。

洪水巨创,无后顾之忧后才可往他处治水,以至出土文献上博简《容成氏》等中未言及此二地区。进一步而言,这似乎也侧面反映“禹都”在颍河上游一带或言即王城岗遗址。

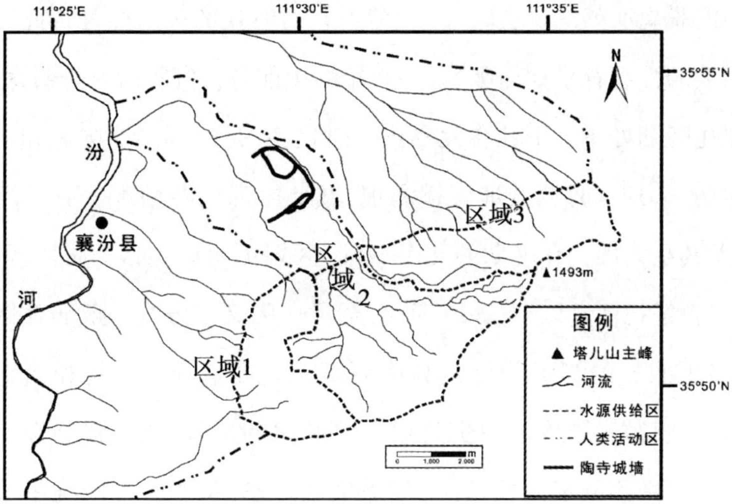


图五　陶寺遗址所在区域的地貌和“似羽毛状”的众多小支流水系

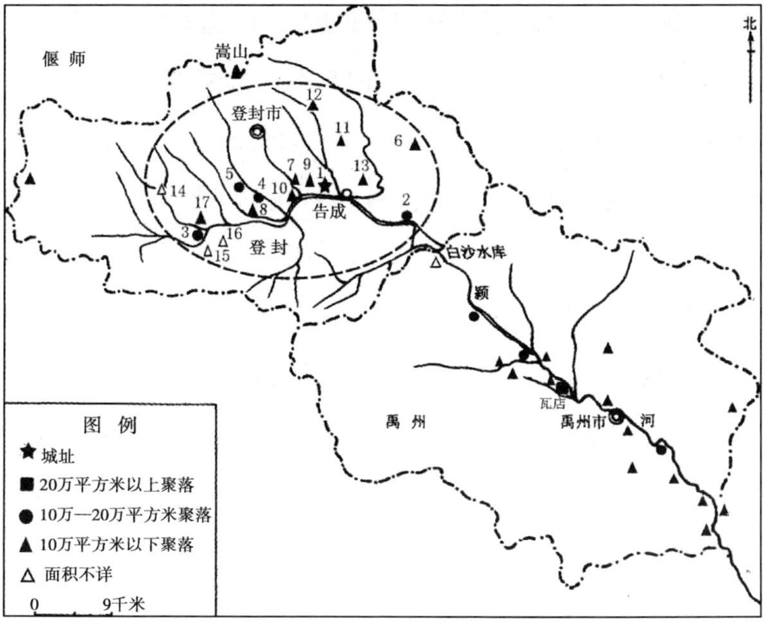


图六　王城岗遗址所在区域的地貌和“似羽毛状”的众多小支流水系

## 四

人不能脱离所处的社会时代，所谓英雄与时代的关系即是言此。那么大禹所处的大的社会背景如何呢？近90年的史前考古资料研究表明，大禹所属的龙山文化晚期处于一个社会大变革的时代，它是中国早期国家和文明形成的关键时期[①]。这一时期城址大量涌现，城址内部已经基本上有了严格的功能区划，尤其是龙山文化晚期的几个城址，区划更明显。有了居住区、手工业作坊区、宗教祭祀活动区、墓葬区等，甚至居住区又细分为一般居住区和贵族居住区（有了明显的等级分化），如陶寺城址。聚落等级分化和差别更加严重，应是社会组织和结构进一步分化和复杂化的反映，或许强制性的权力机构已经出现。聚落分布比较密集，多呈聚合之态，基本上都围绕中心聚落或城址布局。表明中心聚落或城址对其他聚落控制力的加强。“向心式”的聚落群布局很可能表明管理阶层或管理机构的存在，随着宗教祭祀的发展，战争的催化，权贵家族的家族长权力得到不断强化，逐渐将神权、军事权和族权集于一身，王权开始出现，王者初步显现。王城岗城址与陶寺城址出现了大型夯土建筑和宫殿类的建筑，城址统一性的规划、较为完善的布局和功能的分区、重要的政权性的大型建筑等特征，很可能表明这即是王者所居之都。

显然，这种社会组织不断完善与发展，社会秩序化、规制化、制度化，文明有序，强有力的权力机构和有序组织机构的形成是族群或集团大规模活动治水成功的政治体制保障。当然在治水活动中对人们的协同、统一的实践又促进了权力的集中与强化以及权威的加强。所谓的遂公盨大禹治水之结果——“立王作臣”，普有天下。

---

① 高江涛：《中原地区文明化进程的考古学研究》，社会科学文献出版社，2009年。

大洪水等气候异常事件是灾难，但对大禹而言却又是契机。颍河上游登封境内围绕王城岗城址密集分布有 17 处龙山文化时期遗址，呈聚合之态（见图六）。聚落群中面积最大的王城岗聚落，也是城址所在的聚落，属于大型聚落。中型聚落 4 处，分别为石羊关、毕家村、袁村、杨村，其中毕家村是较为单纯的龙山文化，其他 3 处文化内涵不单纯；4 处中型聚落不集中，相互之间分布有一定距离。小型聚落及面积不详的有 12 处，分布于聚落内各处。整体而言，该组聚落明显地分为三个等级，等级分化及等级差别也较明显。其聚落结构为典型的“金字塔”模式，大型聚落仅有一处，是城址聚落，其他聚落规模远远小于王城岗聚落，而在空间上又围绕王城岗聚落布局，其作为该组聚落的中心地位是很显然的[①]。

与同是该地区的之前的仰韶文化中晚期颍河上游聚落群相比：第一，出现了地位突出、规模较大的大型聚落——王城岗；第二，聚落数量增加十分显著，仰韶文化中晚期颍河上游聚落群仅有 8 处聚落[②]，而至龙山文化时期聚落增至 17 处，大、中、小型聚落均有所增加。与之相应，聚落规模也明显增加。

聚落规模和数量的剧增是人口数量剧增的反映，这样就与有限的土地、土地载能以及人类生存活动空间之间势必形成矛盾。人口压力产生又造成这一小区域内农业系统的不稳定。在这种情况下，当内部调整、协同和整合收效甚微时向外移民走向更广阔空间或对外战争成为了减少原来地区的人口压力——解决矛盾的唯一办法。王城岗聚落群所在的自然地理区域面积或者可拓展空间显然十分有限（图七），这与日益剧增的聚落、人口之间的矛盾凸显。发展趋势及主观上都需要走向更广阔的生存空间。而前文已述大禹治理过的伊洛平原在洪水之后恢复成了广阔肥沃的平原。加之又同属王湾三期文化，在文化属性上又有着广泛的认同，使得这一区域成为转移的最

① 高江涛：《中原地区文明化进程的考古学研究》，社会科学文献出版社，2009 年，第 225—227 页。
② 高江涛：《中原地区文明化进程的考古学研究》，社会科学文献出版社，2009 年，第 228 页。

佳选择点。如果认为王湾三期文化经由新寨文化发展成为二里头文化的话，那么王城岗族群就是因势所趋从嵩山南发展到嵩山北的伊洛平原，从而成就了辉煌而又对后世影响深远的二里头文化。

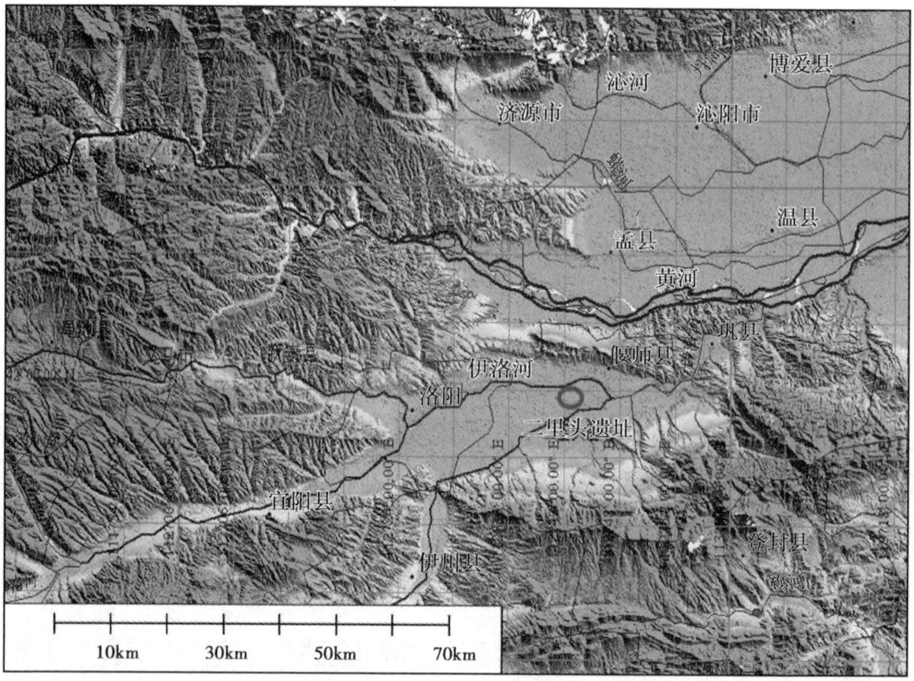


图七　王城岗遗址与二里头遗址所在区域空间

值得注意的是，王城岗所在的该区域至二里头文化时期，聚落数量确实有所减少，由龙山文化时期的 17 处减至 14 处。中心聚落的王城岗遗址已非城址性聚落，成为一般的中心聚落，而且出现了规模与其差别较小的石道遗址，龙山文化时期其规模突兀的现象已不明显，很可能表明其绝对的对其他聚落的控制中心的地位似乎已不存在。而且，颍河上游禹州境内沿颍河两岸布局的聚落数量也明显减少，由龙山文化的 18 处减至这一时期的 10 处[①]，龙山时期的大型、中型聚落均已不存在，都是些小于 5 万平方米的小型聚落。此

① 高江涛：《中原地区文明化进程的考古学研究》，社会科学文献出版社，2009 年，第 276—277 页。

类种种很可能正反映出族群政治中心由颍河上游北移至了伊洛平原。

如果大禹及大禹治水是历史事实的话,那么大禹的巨大贡献应该有二:一是平治水土,二是中心转移。大禹将其族群移至广阔的伊洛平原后,整合嵩山南北文化并在政治、经济、文化等方面得到了长足发展,建立了相对统一的政治秩序或言夏王朝。以至商周立国都要"处禹之堵(土)",以求正统。禹之堵或禹之绩成为"天下之中"的观念才逐渐固定下来。

(本文作者为中国社会科学院考古研究所副研究员)

# 大禹治水文化遗产的线性保护网络构建

丁晓洋

线性文化遗产的保护近年来越来越受到人们的关注,各国政府花了较多的财力和物力投入到线性文化遗产的保护中。许多专家学者也参与到研究当中,提出了各种保护措施和对策。特别是今年在卡塔尔多哈举行的联合国教科文组织第38届世界遗产委员会会议上,“中国大运河”被批准列入《世界遗产名录》,成为我国第32处世界文化遗产和第46处世界遗产,此次申报分别选取了各个河段的典型河道段落和重要遗产点,包括中国大运河河道遗产27段,以及运河水工遗存、运河附属遗存、运河相关遗产共计58处遗产。全世界又一次掀起了线性文化遗产的讨论和研究热潮。我国的线性文化遗产研究理论还比较薄弱,线性文化遗产的保护还面临不少问题,因此加强此项研究对于挖掘更多的线性文化遗产,并将其加以展示、宣传和保护具有重要意义。

## 一、线性文化遗产的发展和内涵

线性文化遗产是文化遗产的一种新模式,是由文化线路(cultural routes or cultural itinerary)演化而来的。西班牙政府是最早倡导并提出文化线路者,早在1994年就资助召开了马德里会议,为文化线路的研究奠定了基础。国际古迹遗址理事会(ICOMOS)于1998年西班牙特内里弗会议上成立了文化线路科学委员会(简称CIIC),标志着新型遗产理念——“文化线路”为国际文化遗产保护界所认同。2003年修订的《实施保护世界文化与自然遗产公约操作指南》中加入了有关文化线路的内容,标志着世界文化遗产保护中有了文化线路这一新成员。该指南有着里程碑的重大意义。2005年在中国古城西安召开的国际古迹遗址理事会第15届大会暨科学研讨会上形成了《文化线路宪章(草案)》和《西安宣言》,对世界文化遗产的保护新类型达成共识。国际古迹遗址理事会在2008年召开的第16届大会上通过了《文化线路宪章》,预示着文化线路正式成为世界文化遗产保护的新领域,宪章成为文化线路遗产保护的基础性文件。

《实施保护世界文化与自然遗产公约操作指南》将文化线路定义为:是一种陆地道路、水道或者混合类型的通道,其形态特征的定型和形成基于它自身具体的和历史的动态发展和功能演变;代表人们的迁徙和流动,代表一定时间内国家、地区内部或国家、地区之间人们的交往,代表多维度的商品、思想、知识和价值的互惠与不断的交流,并代表因此产生的文化在时间和空间上的交流与相互滋养,这些滋养长期以来通过物质和非物质遗产不断得到体现。

文化线路强调空间、时间和文化的多维融合,和与其概念相近的遗产廊道、线状遗迹和文化廊道等一样,均突出文化遗产的连续性、多元性、多价值和整体性，对文化遗产的保护产生重要影响。在此基础上形成的线性文化遗产，是指在拥有特殊文化资源集合的线形或带状区域内的物质和非物质的文化遗产族群。线性文化遗产引起了社会的广泛关注和探讨，政府部门和专家学者、社会有识之士都积极参与其中，从而形成了研讨、申遗和保护热潮。

我国国家文物局原局长单霁翔在2006年就指出要加强对大型线性文化遗产的保护，并提出了线性文化遗产保护实践的措施和方法。北京大学景观设计学研究院院长俞孔坚等组织人员在2007年利用文献研究法和菲尔德法，通过对全国200多位专家学者的问卷调查，提炼出了19条线性文化遗产。在2007年进行的全国“第三次文物调查”中，专门加入了文化线路和文化景观内容，后形成以大运河、丝绸之路为代表的国家线性文化遗产。

线性文化遗产具有多种多样的形式，包含丰富的内容，运河、线路等都是其具体的形式，指引着文化的发展进程。线性文化遗产是线状或带状的遗产区域，基本上代表着人类的活动和文明，促进了区域间的相互交流和影响，带来了思想、民俗、文化观念和生活方式的传播。“这些传播参与了对各文化形成和发展的塑造，因而意义往往十分重大。这些影响和传播，也会在该线路上遗留下一系列的文化遗产节点元素，如城址、聚落遗址、古驿站、古墓葬、古石窟、古建筑等。”

## 二、大禹治水的线性文化遗产特征

大禹治水的故事家喻户晓，对于大禹其人是否真实存在，20世纪以前没有什么争议，但到了20世纪二三十年代随着疑古派的出现，他们对大禹提出了质疑，认为大禹治水并不真实，当然也有很多学者认为大禹治水是真实存在的。这种争论持续了较长时间，到了20世纪七八十年代很少有学者去辨别其真伪，而是较多地研究大禹的出生地、埋葬地、封王地，大禹治水路线和大禹治水之地等,用文献和考古等方法对大禹进行研究,从民俗学、历史学、民族学、人类学、政治学、地理学、环境气候学等角度去探讨大禹治水。

大禹治水固然有神话故事的成分,但也有其“史实素地”的存在,这一点是毋庸置疑的。绍兴的“大禹祭典”在2006年被国务院确定进入“第一批国家级非物质文化遗产名录”,河南登封在2006年被授予“大禹文化之乡”,四川的北川和汶川联合申报的“禹的传说”在2011年被国务院确定进入“第三批国家级非物质文化遗产名录”,这些都说明大禹治水已经被国家所认可,并作为遗产进行保护。这几年,四川、重庆、河南、湖北、安徽、山东和浙江等地的政府部门和专家学者、有识之士对大禹治水进行研究探讨,对相关资料进行整理,对大禹文化遗产进行保护。每个地方的大禹治水遗产就是一个点,一点点构成了整个国家的大禹治水线性文化遗产。大禹治水作为线性文化遗产,特征非常明显。

(一)大禹治水遗迹多,分布广,无论从空间上还是从时间上讲,尺度都很大。大禹治水距今已有4000多年的历史,历朝历代都有对其的记载,文献中的提及更是不胜枚举,从《山海经》《禹贡》《越绝书》到司马迁的《史记》等大量文献均有记载。大禹治水的遗迹在很多地方出现,名气很大的有四川北川的禹穴沟,重庆的朝天阙,河南登封的启母石,安徽的涂山,山东的阳城和浙江绍兴的会稽山、禹庙和大禹陵等,呈明显的线状分布。

(二)大禹治水遗产内容丰富,价值巨大,是多样的和多重的。遗产价值是线性文化遗产的主要功能,大禹被认为是圣王,开启了中华文明之源。大禹治水形成的精神被历代所传承,公而忘私、立身为民、以民为本等精神一直传承至今。大禹的后裔,据考证有130多个姓氏,后裔均以大禹为祖先,比较活跃的有夏氏、鲍氏、禹氏、楼氏等,由此产生了各具特色的姓氏文化和交流活动。

大禹治水线性文化遗产不仅有自然遗产和文化遗产,还有物质的和非物质的遗产。大禹治水汇聚着沿线众多的民俗、特色文化、庙会等,有些天差地别,但有些却惊人地相似,比如说禹的祭祀活动。

大禹治水线性文化遗产的价值还体现在经济价值巨大,全国各地跟大禹相关的旅游景点也不在少数,如四川北川的大禹纪念馆和汶川的大禹故里、重庆的湖广会馆、湖北武汉的大禹神话园和浙江绍兴的大禹陵等,这也是吸引政府进行大禹治水遗产保护的动因之一。

(三)大禹治水线性遗产是整体性遗产,也具有延续性和动态性。大禹治水线性文化遗产具有复杂的生态系统要素,在空间上和时间上也会发生变化,具有动态特征,具有连通古今的功能,其历史文脉可能会产生新的文化要素,促使人们发现更多的非物质文化遗产。

## 三、大禹治水文化遗产的线性保护

大禹治水文化遗产还没有进入国家的19条主要线性文化遗产名录中去,保护迫在眉睫,各地需要梳理相关资料,提出切实可行的保护方案,并争取连成一线,进行全国层面的线性保护。

(一)对大禹治水相关资源进行摸排,进行基础性的资源调查,进行相关科学研究。大禹治水的路线长度和时间跨度都很大,沿线的遗迹众多,需要进行基础性的调研,摸清家底。大禹治水沿线产生众多的民俗风情、历史故事、口诉历史、历史建筑等,相关省份都要进行全面的调查,并分门别类进行整理,作为档案资料加以保存,以利于研究。

虽然很多专家学者都进行了大禹治水的探讨研究,但研究无止境,需要进一步深入,特别是对大禹治水的保护研究,要从民俗学、历史学、考古学、地理学、谱牒学、档案学、社会学、经济学、旅游学等学科领域加以探讨,进行跨学科、多角度的研究,以更好地推进线性保护工作。

（二）要建立多层次的合作和保护机制，进行有效沟通，分工合作，形成统一的保护协调机制和管理组织。大禹治水文化遗产线性保护是一个复杂的系统，单靠一两个团体和省份很难完成，形成不了有效的保护机制，需要建立一个政府和民众多方参与的协调和管理机构。在我国，民间的大禹治水研究机构和组织已进行了多次合作沟通的尝试，四川北川在 2005 年提出建立“全国大禹研究联谊会”，并进行了认真准备；浙江绍兴的越秀外国语学院在 2009 年建立了“全国大禹后裔宗亲总会联络处”；湖北武汉的晴川阁在 2011 年提出了“全国大禹研究武汉宣言”，共有全国 11 家大禹研究机构和组织参与。但以上合作仅限于民间机构，并没有政府的参与，关键是都没有开展定期的合作对话和沟通，形成进一步的统一认识和合作。要组建全国性的统一管理协调机构，遵循“目标一致，政府主导，民众参与，分工合作”的共赢原则，稳步推进大禹治水文化遗产的线性保护工作。

（三）要进行近期和远期的规划，分步推进，按期完成保护工作，以期形成科学的保护指导，扎实完成各阶段的任务，达到既定目标。大禹治水文化遗产线性保护是一项需要长期坚持的事业，需要进行科学规划，分批分期落实相关工作。规划要重点解决沿线保护的区域和缓冲地带、保护的措施和方法、采取的技术路线、人力物力投入和分阶段目标的实现等。这当中保护的措施和采取的技术路线显得尤为重要，需要进行缜密的推断和科学论证，可采用当今先进的 GPS 技术和图像技术等更好地保护遗产。在规划中，要注意倾听多方意见，特别是沿线居民的意见和建议，统筹兼顾各方利益，把大禹治水文化遗产价值发挥到最大。

（四）借鉴国内外的成功经验，构建大禹治水文化遗产的线性保护网络。在国际上已有多处线性文化遗产列入《世界遗产名录》，在我国也有“中国大运河”等被批准列入《世界遗产名录》，这些遗产保护都提供了成功的案例和样板，值得借鉴和学习。要从保护的主体和客体、利益相关方、技术支持体

系、保护目标等角度来构建大禹治水文化遗产的线性保护网络,具体如下图:

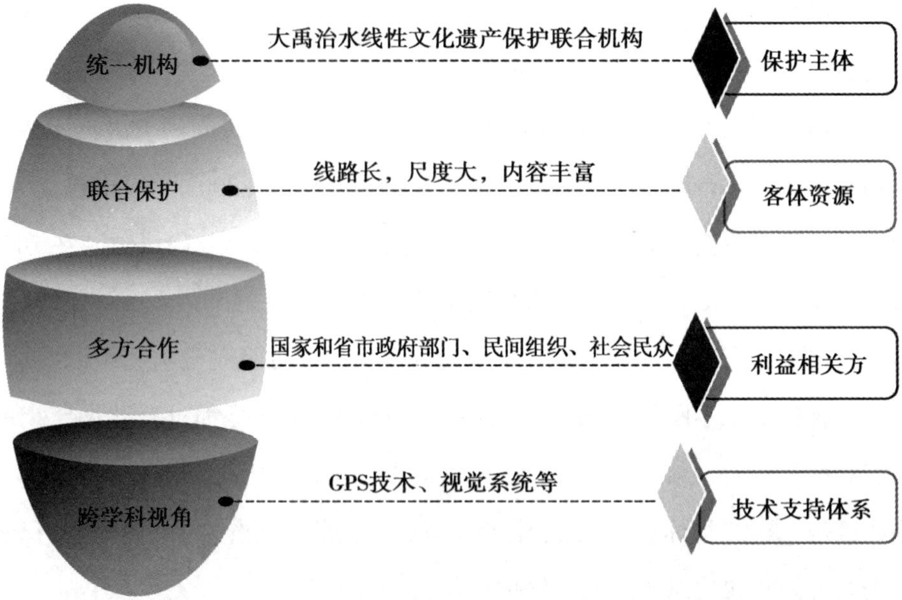


大禹治水文化遗产的线性保护网络

综上所述,大禹治水文化遗产具有线性文化遗产的特征,需要国家和省市政府部门、各地的民间机构和社会民众一起参与保护,及时构建保护网络,以便能更好地加以保护。

(本文作者为浙江越秀外国语学院中国语言文化学院讲师)

# 大禹治水和中国早期天下国家观念的初步形成

李龙海

尧舜禹时代处于原始氏族社会逐步瓦解并向早期王朝国家过渡时期,同时也是部落联盟的禅让制向王权家族世袭制的剧烈转变时期。大禹治水加剧了以上这两种转变,并最终建立了中国历史上第一个王朝。随着夏王朝国家的建立,中国早期的天下国家观念也初步形成。

## 一、尧舜禹处于部落联盟瓦解时期

尧舜禹时期,部落联盟内部的权力争夺日益白热化。围绕部落联盟首领的继承问题,后世的文献有“禅让”和“篡权”两种截然不同的记载。其实,细读文献,发现主张禅让的文献也同样透露出部落联盟内部权力的争夺,只是这些文献用语较隐晦罢了。

如关于尧殛鲧，传统的说法是因鲧治水用堙的办法导致治水失败而被杀[①]。其实，《吕氏春秋》就有另外一种记载：尧将天下让给了舜，鲧只封了个诸侯，于是鲧就很不服气，愤怒地对尧说："得天之道者为帝，得地之道者为三公。今我得地之道，而不以我为三公。"鲧向尧要更大的官——三公，而尧又不给，于是鲧便有了起来造反的迹象："召之不来，彷徉于野为患帝。"鲧既然对尧、舜有危害，尧便不客气，派舜到羽山将鲧"殛之"。现在看来，鲧被杀的真相其实是他在与尧、舜争权夺利中败了而非咎于其治水失败，因为由文献记载来看，禹治水也同样用敷土、奠山的办法。如《尚书·禹贡》就说禹治水："禹敷土，随山刊木，奠高山大川。"遂公盨铭文也载道："天命禹敷土，随山浚川。"以当时的生产力来说，人们是不可能做到对江河进行有效疏导的。

尧舜禹权力继承问题文献多有记载。如关于舜篡权的问题，《古本竹书纪年辑校订补》言："舜囚尧，复偃塞丹朱，使不与父相见。"《孟子·万章上》曰："(舜)居尧之宫，逼尧之子，是篡也，非天与也。"《荀子·正论》指出："世俗之为说者曰：'尧舜擅让'是不然。天子者，势位至尊，无敌于天下，夫有谁与让矣？"他由此断言："夫曰'尧舜擅让'，是虚言也，是浅者之传，陋者之说也。"继荀子之后，《韩非子·说疑》也载："舜逼尧，禹逼舜，汤放桀，武王伐纣，此四王者，人臣之弑其君者也。"然而，《尧典》《论语》《孟子》等传世文献和郭店楚简的《唐虞之道》、上博简的《子羔》《容成氏》等出土文献又有尧禅让于舜的记载，如，"孔子曰：'唐虞禅，夏后殷周继，其义一也。'"

关于舜禹的权力继承问题。《孟子·万章上》说："昔者舜荐禹于天，十有七年，舜崩，三年之丧毕，禹避舜子于阳城，天下之民从之，若尧崩之后不从尧之子而从舜也；禹荐益于天下，七年，禹崩，三年之丧毕，益避禹之子于箕山之阴，朝觐讼狱者不之益而之启，曰：'吾君之子也。'讴歌者不讴歌益而讴歌启，

① 一种说法是"殛"，又作"极"，流放的意思。也就是说鲧只是被流放于羽山，并没有被尧所杀。说明当时部落联盟首领还未拥有对部落首长生杀予夺的大权。

曰:‘吾君之子也。’启贤,能敬承继禹之道。”《史记·夏本纪》采用《孟子》的记载,也曰:“禹避舜之子商均于阳城。”《史记·封禅书》正义引《世本》:“禹都阳城,避商均也。”一个“避”字,实际上已透露出选贤与能的禅让制受到了家族世袭制的挑战,只是在禹之前,这种制度还未发生质的改变,传统的禅让制仍得以继续存在。在此条件下世袭制取代禅让制条件已经成熟了。所以,在讲到禹传位益或者启时,《韩非子·外储说右下》即明言:“禹爱益,而任天下于益。已而以启人为吏,及老,而以启为不足任天下,故传天下于益,而势重尽在启也。已而启与友党攻益而夺之天下,是禹名传天下于益,而实际令启自取之也。”《晋书·束皙传》引《纪年》云:“益干启位,启杀之。”

有关尧舜禹的权力继承是否存在武力争夺,陶寺遗址的考古材料也提供了坚实的佐证。陶寺遗址位于山西襄汾县陶寺村南麓塔儿山西麓的坡地上,该遗址面积300多万平方米,距今约4300—3900年,可分为早、中、晚三期,早期年代为公元前2300—公元前2100年,中期为公元前2100—公元前2000年,晚期为公元前2000—公元前1900年①。在时段上与传说的尧舜禹时期相对应,关于其族属,学者普遍认为与黄帝族裔有关②。

陶寺遗址的早期,面积约100万平方米,该遗址有1座面积达56万平方米的小城城址,该城为中原地区年代最早的城。该城布局严整,功能完备,应该是经过统一规划的,城内中南部有一片面积约5万平方米相对独立封闭的宫殿区,城外东南部有一处排列有序、等级分明的大型墓地。在已清理出的1300多座各类墓葬中,有5座随葬鼍鼓、特磬、土鼓等高规格礼器的“王”级大墓,从城址西墙南段Q8和南墙东段Q9毁于早期偏晚阶段来看,该城应在早

① 何驽:《陶寺文化谱系研究综论》,北京大学中国考古学研究中心等编:《古代文明》第3卷,文物出版社,2004年,第74—75页。

② 邹衡:《关于探讨夏文化的条件问题》,田昌五主编:《华夏文明》第1集,北京大学出版社,1987年,第117页。

期偏晚阶段便被废弃[①],张国硕先生结合文献记载和陶寺考古材料的年代和特征,认为此期遗址是陶唐氏的生活栖息之所,小城应为帝尧之都城[②]。

陶寺遗址中期,新建有一座大城和一座小城。大城面积达 280 万平方米左右,为同时期黄河流域规模最大的古城,其布局更加井然有序,功能也更加完备。小城位于大城南部,面积约 10 万平方米,城内不仅发现大片墓地,还发现一座具有观象授时与祭祀功能的大型建筑 IIFJT1[③]。小城内东北部发现一处中期墓地,面积 1 万平方米左右,已清理墓葬 21 座,其中,大墓 IIM22 为圆角长方形,填土中有一具被腰斩的青年男子骨架,出土遗物较为丰富,有玉器、彩绘陶器、漆木器、骨镞、猪骨等[④]。

与早期相比,陶寺遗址中期的文化因素发生了巨大变化,具体表现在以下几个方面:从大墓分布来看,早期大墓和中期大墓有着不同的茔域,早期大墓位于早期小城外东南部,而中期贵族墓葬则在中期小城内;从大墓随葬品来看,早期大墓随葬品以实用陶器群和木、陶、石质礼器为主,有鼍鼓、特磬、土鼓等,而中期大墓的随葬品则改而崇尚玉器、漆器和彩绘陶器。其丧葬习俗已发生了较大的改变,这些情况说明在陶寺遗址早中期之际,虽然陶寺遗址作为王都聚落而继续存在,但是统治集团已发生了变化[⑤],有学者据此判定此次变化应与舜篡夺尧位有关[⑥]。

根据考古发掘的情况来看,陶寺遗址晚期,此地的诸多文化因素再次发

① 中国社会科学院考古研究所山西考古队等:《山西襄汾陶寺城址 2002 年发掘简报》,《考古学报》2005 年第 3 期。

② 张国硕:《陶寺文化性质与族属探索》,《考古》2010 年第 6 期。

③ 中国社会科学院考古研究所山西考古队等:《山西襄汾陶寺城址祭祀区大型建筑基址 2003 年发掘简报》,《考古》2004 年第 7 期。

④ 中国社会科学院考古研究所山西考古队等:《陶寺城址发现陶寺文化中期墓葬》,《考古》2003 年第 9 期。

⑤ 何驽:《陶寺文化遗址走出尧舜禹“传说时代”的探索》,《中国文化遗产》2004 年第 1 期。

⑥ 张国硕:《陶寺文化性质与族属探索》,《考古》2010 年第 6 期。

生剧变。具体表现在以下几个方面:一是陶寺遗址中期城垣在这一时期被废弃,宫殿和具有观象授时功能的大型建筑也被毁坏。宫殿区被毁后,沦为小手工业者生产生活的场所。二是存在大量的毁墓行为。一些陶寺文化中期的墓葬被有意破坏,从墓坑中央挖大扰坑直抵棺椁部位,或坑套坑地挖下去。如墓葬ⅡM22,被属于陶寺文化晚期偏早的扰坑ⅡH16打破,该坑从墓北壁中段打破墓室,直捣棺室,毁坏棺的上半部分,棺内有散乱的墓主尸骨残骸和残余的随葬品,坑内有扰乱的人肢骨残片和随意抛弃的5个人头骨[①]。这种毁墓行为不是个别现象,中期小城内的墓葬在晚期遭到了全面的捣毁和扬尸。2005年3—6月,陶寺遗址又发掘中期墓葬6座,其中小型墓2座,中型墓4座,小型墓M27墓主头部被锤碎,胸、右侧手骨、脚骨被扰动;M33墓主骨架大部分被严重扰毁。4座中型墓均遭到彻底的捣毁,墓主人的尸骨、棺椁、随葬品被随处抛弃[②]。三是出现了严重的残杀现象。2002年发掘的陶寺遗址晚期灰沟IHG8出土有30多个人头骨,分布杂乱,上面多有被砍斫的痕迹,这些人骨以青壮年男性为多,少量是女性,其中有一具被暴力残害致死的成年女性人骨,两腿叉开,一腿弓起,阴部被插入一根牛角[③]。这说明这一时期陶寺内部发生了剧烈的武装冲突[④]。

从年代来看,陶寺遗址晚期始于公元前2000年左右,年代与夏始年相近,与大禹时期正相对应,因此,有学者推测这次变乱当与大禹对有虞氏的政治颠覆活动相关[⑤]。

综合以上分析可知,尧舜禹及其之前确曾普遍地存在过禅让制,但这一

---

① 中国社会科学院考古研究所山西考古队等:《陶寺城址发现陶寺文化中期墓葬》,《考古》2003年第9期。

② 王晓毅、严志斌:《山西抢救性发掘陶寺墓地被盗墓葬》,《中国文物报》2005年11月9日第1版。

③ 中国社会科学院考古研究所山西考古队等:《山西襄汾陶寺城址2002年发掘简报》,《考古学报》2005年第3期。

④ 刘铮:《从陶寺遗址看“唐伐西夏”》,《四川文物》2015年第2期。

⑤ 张国硕:《陶寺文化性质与族属探索》,《考古》2010年第6期。

时期,对部落联盟首领权力的争夺也日益激化,这一时期正是禅让制开始遭到破坏,世袭制逐渐确立的转折时期。

## 二、大禹治水促进了夏王国的建立

大禹治水的传说屡屡见于《尚书》《墨子》《孟子》《吕氏春秋》等先秦文献。如《尚书・益稷》载:“禹曰:洪水滔天,浩浩怀山襄陵,下民昏垫,予乘四载,随山刊木,暨益奏庶鲜食。予决九川距四海,浚畎浍距川。”《尚书・尧典》曰:“汤汤洪水方割,荡荡怀山襄陵,浩浩滔天,下民其咨。”《尚书・禹贡》载:“禹敷土,随山刊木,奠高山大川。”《墨子・兼爱中》:“古者禹治天下,西为西河渔窦,以泄渠孙皇之水;北为防原、泒,注后之邸,嘑池之窦,洒为底柱,凿为龙门,以利燕、代、胡、貉与西河之民;东漏之陆,防孟诸之泽,洒为九浍,以楗东土之水,以利冀州之民;南为江、汉、淮、汝,东流之,注五湖之处,以利荆、楚、干、越与南夷之民。”《孟子・滕文公上》:“禹疏九河,瀹济、漯而注诸海,决汝、汉,排淮、泗而注之江,然后中国可得食也。当是时也,禹八年于外,三过其门而不入。”《孟子・滕文公下》:“当尧之时,水逆行,泛滥于中国,蛇龙居之,使禹治水,禹掘地而注之海;驱蛇龙而放之菹,水由地中行,江、淮、河、汉是也。险阻既远,鸟兽之害人者消,然后人得平土而居之。”《吕氏春秋・古乐》:“禹立,勤劳天下,日夜不懈,通大川,决壅塞,凿龙门,降通漻水以导河,疏三江五湖,注之东海,以利黔首。”近年发现的遂公盨铭文,时代大致为西周中晚期,内铸有98字长篇铭文,开篇就说道:“天命禹敷土,堕山浚川。”

大量的物候资料和考古材料表明公元前2000年前后,我国确实经历了一次大范围的气候变迁,具体表现在北方与西北地区干冷,而在中原和南方则表现为低温多雨，并出现了洪水等现象[①]。研究者作过推算，这一时期年平均温度比现今低1—20℃，持续时间约为200年，若与此前的高温期气候相比，年平均气温下降3—40℃[②]。新乡孟庄城垣内侧的壕沟有厚达1米以上的淤土，而外城河龙山晚期的淤土则有2—3米，基于此，袁广阔先生曾指出，孟庄龙山城址损毁应是"一定时间的洪水或大量雨水造成的"[③]。气候的变化对当时的社会产生了相当大的影响。曾兴盛发达的文化如红山文化、良渚文化、龙山文化、石家河文化等在这一时期突然衰退甚而消亡。"气候的异常可能是重要原因之一。"[④]所以，后世文献有关大禹治水的记载虽会有时代的建构，"层累地构成"，但绝不是向壁虚造的，一定有历史的素底。

大禹治水，无疑强化了以禹为首的夏部族的势力和声威，大禹最终建立了家族世袭的王权国家。具体表现在以下几个方面：

1.地域组织的划分

《左传·襄公四年》载道："昔周辛甲之为大史也……于《虞人之箴》曰：'茫茫禹迹，尽为九州，经启九道。'"《尚书·禹贡》对九州有更详细的划分，《史记·夏本纪》采之。《禹贡》所记的"九州"是战国晚期的人们理想化国家的建构，但夏初打破血缘组织而以地域组织来划分人群应该是存在的，"禹绩（迹）"也正是此方面的反映。如《诗·信南山》："信彼南山，维禹甸之。"《诗·文王有声》："丰水东注，维禹甸之。"《诗·韩奕》："奕奕梁山，维禹甸之。"《诗·长发》："洪水芒芒，禹敷下土方。"《诗·殷武》："天命多辟，设都于禹之绩。"《尚书·洪范》："鲧堙洪水，汩陈其五行。帝乃震怒，不畀洪范九畴，彝伦攸斁。鲧则殛死，禹乃嗣兴，天乃锡禹洪范九畴，彝伦攸叙。"《尚书·立

① 任震球：《公元前2000年左右发生的一次自然灾害异常期》，《大自然探索》1984年第4期。
② 任震球：《行星运动对中国五千年来气候变迁的影响》，《全国气候变化学术讨论会文集》，科学出版社，1984年。
③ 袁广阔：《关于孟庄龙山城址毁因的思考》，《考古》2000年第3期。
④ 王巍：《公元前2000年前后我国大范围文化变迁原因探讨》，《考古》2004年第1期。

政》:“其克诘尔戎兵以陟禹之迹,方行天下,至于海表,罔有不服。”近年来发现的遂公盨就有关于大禹治水划定天下的记载。遂公盨铭文的第一句就是“天命禹敷土”,李零先生认为这句话意思是“上天授命禹,让他来部署和规划天下的领土”[①]。

2.国家公共机构的建立

《左传·昭公六年》曰:“夏后氏官百。”说明大禹时期官僚机构已成规模并有了分工。大禹在帝舜时期是负责平治水土的司空,兼任总摄联盟内各项具体事务的“百揆”[②]。禹接受治水的任务后,首先“命诸侯百姓兴人徒以傅土”[③],即命令各部族首领、公职人员及其所属民众,均必须参加平治水土的役事,这样,就组成了一支庞大的治水队伍。其次,访求贤者和专门人才。《吕氏春秋·求人》云“(禹)忧其黔首”,走遍四方物色人才,“得陶、化益、真窥、横革、之交”五人相佐。陶即皋陶,为东夷部族首领之一,皋陶后来担任司法官。化益即益,善治山泽,长于畜牧,原名大费,秦人之先祖,《史记·秦本纪》说“大费为辅”即指此事。《史记·殷本纪》还载殷之始祖契“佐禹治水有功”,担任掌管教化的司徒。而周族的先祖后稷,也佐禹治水,并担任农官。而共工之从孙四岳也辅佐大禹治水[④]。并建立了官员的考核机制。

3.礼仪规范的建立

禹在治水过程中,也制定出了礼仪规范。《国语·周语下》:“其在有虞,有崇伯鲧,播其淫心,称遂共工之过,尧用殛之于羽山。其后伯禹念前之非度,厘改制量,象物天地,比类百则,仪之于民,而度之于群生,共之从孙四岳佐之,高高下下,疏川导滞,钟水丰物,封崇九山,决汩九川,陂鄣九泽,丰殖九

① 李零:《论遂公盨发现的意义》,《中国历史文物》2002年第6期。
② 《尚书·尧典》,阮元校刻《十三经注疏》,中华书局,1980年。
③ 《史记·夏本纪》。
④ 《国语·周语下》。

薮，汩越九原，宅居九隩，合通四海，故天无伏阴，地无散阳，水无沉气，火无炎燀，神无间行，民无淫心，时无逆数，物无害生，帅象禹之功，度之于轨仪，莫非嘉绩，克厌帝心。”

4.强化宗教领袖的地位

古代的部落首领，往往是大祭司，是部落的宗教领袖，是天神与祖宗的代表，可以沟通天地人神，是部落的巫觋之首。大禹是山川神主，也是群神的巫师，神巫合一。《尚书·吕刑》云：“禹平水土，主名山川。”《淮南子·地形训》云：“禹乃以息土填洪水，以为名山。”《大戴礼·五帝德》记载宰我向孔子询问禹，孔子评价道：“巡九州，通九道，陂九泽，度九山。为神主，为民父母。”《国语·鲁语》云：“山川之灵，足以纪纲天下者，其首为神。”韦昭注：“山川之守主，为山川设者也。足以纪纲天下，谓名山大川能兴云致雨以利天下也。”可见，禹是主山川之神的首领，也就是“主名山川”。故而有《淮南子·汜论训》云“禹劳天下而死为社”，在《说文解字》中注释“社，地主也”。大禹最初被尊为人们的宗神，即土地神。所以才有其“致群神于会稽之山”的可能。各个部落首领都听命于他。既能兴云致雨，又能守天下山川，说明上古时期，巫师和部族领袖是合二为一的。

5.对敌对势力的征伐

随着夏部族势力的大增，其对周边的敌对势力展开了征伐。如《墨子·非攻下》：“昔者三苗大乱，天命殛之。日妖宵出，雨血三朝，龙生于苗，犬哭乎市，夏冰，地坼及泉，五谷变化，民乃大振。高阳乃命玄宫，禹亲把天之瑞令，以征有苗，四电诱祇，有神人面鸟身，若瑾以侍，搤矢有苗之祥，苗师大乱，后乃遂几。禹既已克有三苗，焉磨为山川，别物上下，卿制大极，而神民不违，天下乃静，此则禹之所以征有苗也。”如果以上文字还包含了不少神话，《墨子·兼爱下》引《禹誓》的记载，则已略似信史：“禹曰：‘济济有众，咸听朕言，非惟小子，敢行称乱，蠢兹有苗，用天之罚。’若予既率尔群对(邦)诸群(君)，以征有苗。”尤其,《兼爱下》引《禹誓》之辞,或当依此前之古老传说,应有所本。另外禹还对有扈氏、下鸿氏、曹、魏、屈骜等部族进行过攻伐①。

对于禹的治水业绩,《尚书·皋陶谟》有简要记载:“娶于涂山,辛壬癸甲。启呱呱而泣,予弗子,惟荒度土功。弼成五服,至于五千。州十有二师,外薄四海,威建五长,各迪有功,苗顽弗即工,帝其念哉!”《孟子·滕文公下》也评价道:“禹抑洪水而天下平。”禹通过治水,大大加强了其部落联盟首领的政治权威和宗教神权,甚至有了对其他部落首领的生杀予夺的大权②。那么“家天下”的王位世袭政权的建立就成为了历史的必然。

## 三、中国早期天下国家观念的初步形成

天下是华夏传统的国家观念,是中国古代传统的理想国家格局。其含义即指天下统一于一个国家、一个君王,这个国家囊括了天下所有民族和地理空间,所有人的政治地位和居住地理位置按照想象中与君王血缘关系的远近由内向外呈辐射状层级排开,在这个基本格局中,华夏族处于优势核心地位,蛮夷戎狄等族群处于国家的最外层,是国家的藩屏。从整个古代文献来看,“天下”最核心的含义就是“国家”,这个“国家”就是“天子之家”,也就是君王及其家族的私有财产。

天下国家理念包括了三个基本理论层次:首先是大一统论,即把理想中的国家设计成一个“大一统”模式,天下统一于一个国家、一个君王;其次是畿服制,即依据“服”——一种想象中的血缘亲疏关系来确定国家内部政治秩序与地理空间分配,形成了以王畿为中心向四周辐射的同心圆状政治秩序与地

① 详见《庄子·人世间》《荀子·成相》《吕氏春秋·召类》。

② 《国语·鲁语下》:“昔!禹致群神于会稽之山,防风氏后至!禹杀而戮之。”《山海经·大荒北经》:“共工臣名曰相繇……禹湮洪水,杀相繇。”

理分布格局;再次是夷夏论,这是在畿服论基础上发展延伸出的关于处理国家与民族关系的理论,其核心内部是华夏居中,夷狄居表,共同组成多民族的统一的国家[①]。由文献记载来看,夏代已初步具备了天下国家观念,只是这种国家观念由于囿于时代和早期国家形态的限制还会表现出原始性的特征。

首先,有夏一代确立了家族世袭的王权继承制度。

《左传·哀公六年》:"君异于器,不可以二。器二不匮,君二多难。"《荀子·致士》:"隆一而治,二而乱,自古至今未有二隆争重而能长久者。"《吕氏春秋·执一》也载:"王者执一,而为万物正……一则治,两则乱。"脱胎于原始氏族社会的夏王朝,一方面会制定相关制度促进王朝内部的统一,另一方面夏王也会通过征伐、会盟和贡赋制度来加强王权,维护"天下一统"的局面。有夏一代,夏对东方诸夷的征讨文献记载最多。如夏启时代,就有"征西河"[②]"灭有扈氏"[③]的军事活动,并最终实现了"天下咸朝"的局面。《太平御览》卷八二皇王部引《竹书纪年》载有夏后相对淮夷、风夷与黄夷的征讨。《山海经·海外东经》引《纪年》曰:"柏杼子东征于东海及三寿,得一狐九尾。"《左传·昭公四年》:"夏桀为仍之会,有缗叛之。"《左传·昭公十一年》:"桀克有缗以丧其国。"对外的征讨使相当多的东夷族群归从于夏王朝。虽不免有理想化的成分,但夏王国的建立,一定会推动各地的政治、经济和文化的统一。

其次,夏代应存在畿服制度。

《尚书·禹贡》载:"五百里甸服:百里赋纳总,二百里纳铚,三百里纳秸服,四百里粟,五百里米。五百里侯服:百里采,二百里男邦,三百里诸侯。五百里绥服:三百里揆文教,二百里奋武卫。五百里要服:三百里夷,二百里蔡。五百里荒服:三百里蛮,二百里流。"《国语·周语上》亦载:"夫先王之制,邦内

① 彭丰文:《两晋时期国家认同研究》,民族出版社,2009年。
② 《北堂书抄》卷一三帝王部引《竹书纪年》。
③ 《史记·夏本纪》。

甸服,邦外侯服,侯卫宾服,蛮夷要服,戎狄荒服。甸服者祭,侯服者祀,宾服者享,要服者贡,荒服者王。"《尚书·禹贡》《国语》的畿服制虽是对未来国家结构的理想设计,但也一定基于先前朝代的畿服制度。由《尚书·酒诰》:"自成汤咸至于帝乙……越在外服:侯、甸、男、卫、邦伯;越在内服:百僚、庶尹、惟亚、惟服、宗工,越百姓里居,罔敢湎于酒。"可知,商代存在内外服制。《左传·宣公三年》称:"昔夏之方有德也,远方图物,贡金九牧,铸鼎相物,百物而为之备。"《史记·夏本纪》也载:"自虞夏时,贡赋备矣。"《尚书·禹贡》:"九州攸同,四隩既宅,九山刊旅,九川涤源,九泽既陂,四海会同。六府孔修,庶士交正,厎慎财赋,咸则三壤,成赋中邦。锡土姓,祗台德先,不距朕行。"由文献记载推测,夏代应存在类似的畿服制度,只是这种服制呈现出更多的原始性和松散性。

最后,夷卑夏尊关系的初步确立。

《说文》:"夏,中国之人也。"《说文》对"夏"的释义就反映了华夏族群的中心意识。夏王朝的疆域内不仅仅有夏人,而且也生活着夷狄诸人,所以它是一个多族群共存的政治体。但夷夏间的关系却是有差序的,表现在夷卑夏尊,华夏居中,夷狄居表的族群意识也随之增强,诸夷往往通过朝聘制度来实现对夏王朝国家的认同。《左传·昭公四年》:"夏启有钧台之享。"周书灿先生认为学界将"享"解释为"献祭",认为钧台之享是夏启举行的一次重大祭天活动的观点缺乏可靠的文献和考古学资料的支撑,他认为"享"应依《郑笺》的释义,即"享,献也"[①]。此种认识是可信的。《史记·夏本纪》载:"(启)灭有扈氏,天下咸朝。"《后汉书·东夷传》注引《竹书纪年》载:"(后相)七年,于夷来宾","少康即位,方夷来宾","后发即位,元年,诸夷宾于王门,再保庸会于上池,诸夷入舞"。夏代也可能建立了巡狩制度,只是相关文献太少,《尧典》

① 周书灿:《中国早期四土经营与民族整合》,合肥工业大学出版社,2011 年。

载“五载一巡狩”,并不可信,《北堂书抄》卷八九礼仪部引《竹书纪年》:“后荒即位,元年,以玄珪宾于河,命九东狩于海,获大鸟。”

基于以上所论,可知大禹治水客观上促进了中原地区文明化的进程,使原先的部落联盟权力继承中的量变在“禹传子”的事实下发生了质变,中国早期王朝国家最终在中原地区建立起来了,并通过对周边地区的文化辐射、军事征伐、经济交流等多种手段,使周边文明逐渐融入到以中原地区华夏文明为核心的多元一体文明之中,并逐步建构起天下国家的观念来。

(本文作者为中原工学院副教授)

# 试论大禹治水的精神文化遗产

徐锦博

一个民族的兴旺发达在于奉献、在于进取、在于拼搏,如果大多数人满足于享受、热衷于投机取巧,那么被历史淘汰只是时间问题。中华民族之所以能够发展到今天自立于世界之林,关键正在于此。考察上下五千年的历史,能够使绝大多数人抹不去记忆的人,实在是寥若晨星,而大禹就是最突出的民族楷模。

## 一、奉献——民族兴旺的灵魂

大禹治水是中华民族发展史上一件非常了不起的大事情。作为中华民族的英雄,大禹是以自己的付出和对人民的贡献才成为国家首领的[①],也就是说"夏王朝诞生的契机是'大禹治水'"[②],此外还包括他为民兴利除弊、治理水

① 徐日辉:《大禹与百越文化简论》,载《中国禹学》第一集,吉林大学出版社,2011年。
② 李先登:《再论关于探索夏文化的若干问题》,载《夏文化研究论集》,中华书局,1996年。

患和实施以德治国。大禹治水和施政仁德是历史事实,而且得到了出土器物的佐证,如西周中期的遂公盨中就有“天命禹敷土,随山浚川”“民好明德,顾在天下”“厥贵唯德”的记载[①]。

综观早期人类文明的起源与发展,无一不是依靠农业的进步。人类起源与发展的过程,实际上一直是一个不断适应环境进而利用资源逐步提高的过程。例如,距今10510—9700年之间的河北省徐水县南庄头遗址,出土有陶片、石器、骨器、角器,以及大量的兽骨、禽骨、畜骨等动物骨头,并获得了大量的植物孢子粉标本。出土的石磨盘和石磨棒可以证明当时的人类对农产品的加工已然更为精细。在“距今一万年左右的南庄头一带气候总体上较凉并且偏干燥,这有利于原始人摆脱对阴冷潮湿的洞穴的依赖,走出山洞,定居于平原,建造房屋,培育谷物,饲养家禽,烧陶纺织,由纯粹的攫取经济开始转向从事某种程度的生产经济,开始早期新石器文化的生活”[②]。人类对于自然不断探索,尤其是农业的发展,对早期人类文明的发展有着至关重要的作用。人们可以通过稳定的农业生产,使得部落族群得以进一步扩张。解放的生产力,增长的人口进而可以促进专业化分工和礼仪与祭祀等早期文化的发展。

早期发展农业,其关键还在于对水患的治理,《孟子》讲:“当尧之时,水逆行,泛滥于中国。蛇龙居之,民无所定。下者为巢,上者为营窟。书曰:‘洚水警余。’洚水者,洪水也。使禹治之,禹掘地而注之海,驱蛇龙而放之菹。水由地中行,江、淮、河、汉是也。险阻既远,鸟兽之害人者消,然后人得平土而居之。”[③]这段话勾勒出华夏早期时代所处的较为恶劣的自然状况,同时对于大禹治水的功绩予以肯定。王宇信先生认为这类史影当源于居于河谷地带或

① 李学勤:《论遂公盨及其重要意义》,《中国历史文物》2002年第6期。
② 王震中:《中国古代国家的起源与王权的形成》,中国社会科学出版社,2013年,第77页。
③ 《孟子·滕文公下》。

沼泽边缘的先民对于洪水灾难的可怕追忆[①],与其说是“史影”,不如说是对当时实际状况和治水过程的概括性描述,禹安定水患,文明得以发展。从这个角度来讲,大禹治水即是人类对自然世界的改造、适应,进而突破限制使人与自然得以长久和谐地发展;在文化上讲又是保留先贤的文化基因,存亡继绝,既有保存之力又有继往开来之功。

大禹率领民众自冀州始“凿龙门,通大夏,疏九河,曲九防,决渟水致之海”[②],文献中虽是寥寥数语,但其功业却是巨大而又无法磨灭的。“禹时已介入夏王朝建立之际,生物圈的周旋余地已大大缩小,相反,人们面对气候异常,抵御灾变的能力却大有提高,这势必促使人们在顺乎自然的同时,变消极为积极,‘敷土、堕山、浚川’,‘平土而居之’,反映了当时人们努力治理和保护生存环境的积极姿态。”[③]大禹带领人民在面对自然灾害时,不是无能为力,不是盲目无助,而是重视了人的力量,爆发出敢于直面自然,能够接受挑战的信心和勇气,最终获得了治水的胜利!

孔子在答子贡问政时特别突出了农业的地位:“足食、足兵,民信之矣。”[④]一个国家的长治久安必须要满足人民吃饱饭的愿望,而在适宜的环境中发展农业正是在大禹治水之前所难以达到的目标,水患一日不治,农业一日得不到发展,部族有灭亡之危险。大禹作为领导者,认识到这一系列问题的源头就在于治水,所以也是格外用力。《史记》中记载大禹因为长期从事治水活动,野外的自然条件又十分艰苦,大禹身形已是“股无胈,胫无毛,手足胼胝,面目黎黑”[⑤]。这里的记载就当今的医学理论来讲,长时间浸泡在水中,下肢毛囊受到不可逆性损伤,也就是“胫无毛”;“面目黎黑”自然也与长期在外治

① 王宇信:《由〈史记〉鲧禹的失统谈鲧禹传说的史影》,《历史研究》1989 年第 6 期。
② 《史记·李斯列传》。
③ 宋镇豪:《夏商社会生活史》,中国社会科学出版社,1994 年,第 14 页。
④ 《论语·颜渊篇第十二》。
⑤ 《史记·李斯列传》。

水有直接关系，是大禹在阳光下长时间暴晒所引发的皮肤严重损伤。大禹被后世广为称颂，其中饱含了人民对这位祖先的爱戴和敬仰之情，然而这种爱与感动很大一部分又来源于大禹“人”的这一面。

然而作为一个民众的带领者，一个王朝的建立者，身为君王的大禹又担当着国家层面的考量。治水发展农业不仅仅是要解决百姓生存的问题，更要让民众在生存的基础上得到发展，发展农业的重要性不言而喻。孔子曰“禹稷躬稼而有天下”[①]，大禹重视农业、发展农业，顺应了自然也顺应了民心，带领人民走上正确的发展道路，自然赢得了百姓爱戴。“大禹治水的成功，其实主要是顺应了老百姓的灾变心理——‘五谷不登’，因此实行‘重农主义’。民间信仰里禹被称为‘地王’。在先秦人的心目中，禹本就是农业的始祖……很明确提到大禹和农耕吃饭问题的密切关系。”[②]

正因为农业是国家存亡的生命线，所以与农业相关的国计民生在大禹心中都十分重要。夏朝建立的中原地区，代表着当时最高的生产力水平，并且确立了以农为本的基本国策。大禹不但是治水英雄，而且还是立农为国的明君。为了解决人民的吃饭问题，大禹还采取了类似今天的移民措施，如“与稷予众庶难得之食。食少，调有余补不足，徙居。众民乃定，万国为治”[③]。通过人口的流动，在一定程度上缓解了粮食的压力，解决了人民的生活问题。

大禹在治水的同时，十分关注水利灌溉的作用。大禹治水的目的之一就是利用水资源为农业生产服务并且有所改革，这两者之间是相互依存的关系。顾颉刚先生认为：“禹的功绩是‘敷土’‘甸山’‘治水’。”[④]这三大功绩放在一起比照，恰恰说明了治水与其他二者一样仅仅是手段绝不是目的，治水

---

① 《论语·宪问》。
② 王向辉：《大禹与中华传统文明之形成》，载《中国禹学》第一辑，吉林大学出版社，2011 年。
③ 《史记·夏本纪》。
④ 《古史辨》第 1 册，上海古籍出版社，1982 年，第 207 页。

乃是为了发展农业,为了治理国家,为了天下百姓。“我们要明白大禹治水的最终成果是建立了统一的中国,历史上第一个统一王朝。”[①]从这个角度再去审视大禹,我们会对大禹作为一个强国的缔造者的身份产生更多敬意。

在水利方面有重大突破的同时,在与农业紧密相关的历法方面也有重要成就,即古老的《夏小正》,也就是今天所讲的夏历。夏历的实施,从天文历法的发展来讲是一次重要的革命,在农业发展中无疑能够使当时的农业生产提升到新的历史水平。自夏代以来中原已经形成了以农立国、以农兴国的政治体系与经济体系,农业生产成为生产核心,这也成为中华民族在历史发展中长盛不衰的基石。

大禹治水的成功,是劳动人民战天斗地的伟大壮举,中华民族征服大自然的自信心表现,至今还激励着每个中国人,四千年来一直广为流传,家喻户晓。大禹也成为中国一代又一代人学习的精神偶像,其有德于民、为民父母的高尚品行——“德治”又为古代帝王所推崇。

英雄是民族的需要,文化是民生的需要。大禹是农业民族的英雄,是农业民族的企盼,同时又是中华民族优秀文化的代表。我们既需要英雄,更需要文化,特别是大禹文化公而忘私的奉献精神,成为中华民族的骄傲和象征。

## 二、务实——有序发展的基础

实事求是的科学态度,循序渐进地发展是大禹治水成功的秘诀。距今4000年前的中国处于一个多灾多难的历史时期,尤其是洪灾最为突出。文献记载与考古发现都表明在五帝末年中国曾经出现过大范围的洪水泛滥,所谓

① 宫长为:《再论大禹的历史地位——从禹会村考古发现说起》,载《全国第三届禹羌文化学术交流会论文选集》,四川科学技术出版社,2015年。

"当帝尧之时,鸿水滔天,浩浩怀山襄陵,下民其忧"①。因此,治水事关国家的存亡和民族兴衰,自然而然地成为全社会关注的头等大事。

面对洪水的侵袭,人们本能的想法自然是躲避,然而部族已经发展到相当规模,并且洪水凶猛也是避无可避。人们在这种情况下只能是迎难而上,团结起来治理水患保卫家园。在大禹治水之前其父鲧就已经奉命治水,鲧采取的是"围堵"的方法,希望把洪水堵在部族生活生产的地区之外。鲧也是治水能手,他提出的这一方法今天看来确实也部分适应当时的环境,因为当时民众已经建城,生活和生产的区域基本固定,那么将水患挡在外部保卫文化和生活核心区域也是一个可行的方法。鲧治水最终失败,原因恐怕还是由于当时洪水太大,已经无法在短时间内夯筑起可以阻挡水患类似于防洪堤坝这样的工程。

鲧治水不成,身死羽山,血的教训也迫使治水的继任者转换思路,鲧治水从客观上讲也是为大禹治水的成功做了先期准备和经验积累。禹认识到之前治水方法的失败实际上是没有弄清楚水患和周围环境地貌的实际状况,所以在治水的实际工作展开之前必须要进行实地勘测,今日看来禹的做法依然十分具有科学性。在禹带领民众治水伊始,发动民众先进行勘测,即进行"行山表木,定高山大川"的工作。

这里所讲的"行山表木"就是用刻木为桩标,"说明禹治水时曾用着准绳和规矩的工具"②,并且应用数学的方法使之更加精确。在精确勘测和调查研究的基础上,大禹才制定了切合实际的工程方案,改"围"之壅堵,为以排流为主的"疏导"方法,从而获得了巨大的成功。"伯禹念前之非度,厘改制量……高高下下,疏川导滞"③,没有前期的精确勘探,就无法规划治理路线,治水工

① 《史记·夏本纪》。
② 李俨、钱宝琮:《科学史全集》第三卷,辽宁教育出版社,1998 年,第 8 页。
③ 《国语·周语下》。

程也就无法顺利展开。

大禹治水是一项综合工程，包括人力、物力的调动和生产工具的分配。在各地今存的大禹石刻画像中，经常出现大禹手持“铲子”治水的形象，实际上并非铲子而是耒耜。耒耜就实际使用功效来说与铲子相近，王城岗遗址也出土了大量的石铲。耒耜在做工效率上是对石制的简单挖掘器的提升，耒耜的使用，正反映了原始农业由“刀耕”到“耜耕”的进步[①]。

根据有关专家的研究，距今6000多年的陕西姜寨遗址出土的黄铜为中国最早的黄铜，经过化验，其成分为“铜占65%，锌占25%，余为少量的锡、铅、硫、铁等，属于铜锌合金、杂质较多的黄铜”[②]。另外，在“甘肃东乡林家马家窑文化遗址出土的含锡6%—10%的青铜刀是我国发现最早的一件青铜器，它的年代(公元前2740年)与世界范围内最早出现青铜的时代相当”[③]，早于大禹治水700年之久。其后又在齐家文化的武威皇娘娘台、永靖秦魏家、广河齐家坪，四坝文化的玉门火烧沟、民乐东灰山、酒泉丰乐乡干骨崖、安西鹰窝村等出土了红铜、青铜匕、刀、镞、锥、耳环、泡等器物，这些器物既有铸造的，也有锻造的[④]。就生产工具来讲，齐家文化当时铜器的生产工具主要分为红铜和青铜两大类，而遗址的青铜多于红铜。从制作工艺看，分为锻造和铸造两大类型，多以小规模的家庭作坊式生产为主。

《左传》中记载：“昔夏之方有德也，远方图物，贡金九枚，铸鼎象物。”[⑤]齐家文化时期冶铜业已经十分发达，大禹使用新材质的先进工具是完全可能的。大禹“尽力乎沟洫”[⑥]，最终能够治水成功，应当讲在很大程度上与当时发

① 王星光：《大禹治水与早期农业发展略论》，《中原文化研究》2014年第2期。

② 陈新：《炎帝与炎黄时代刍议》，《炎帝·姜炎文化与和谐社会》，三秦出版社，2007年。

③ 孙淑云、韩汝玢：《甘肃早期铜器的发现与冶炼，制造技术的研究》，《文物》1997年第7期。

④ 甘肃省文物工作队：《甘肃东乡林家遗址发掘报告》，《考古学集刊》第4集。

⑤ 《左传·宣公三年》。

⑥ 《论语·泰伯篇》。

达的青铜业有关。有专家认为："夏代进入王国文明时代，最突出的一点就是科学技术和文化艺术有了长足的发展。……进入夏代可以说是中国进入到早期青铜时代。青铜器铸造可以说是当时一种高科技手工业，也是对社会发展起到重大作用的一项科学技术。"①也就是说夏朝的青铜器是文明的亮点之一。

## 三、精神——永远的人类遗产

大禹治水的文化精神不仅仅属于中华民族，而是贡献于全人类的非物质文化遗产，这是因为大禹治水已经远远超出了治水活动的本身。

由于大禹治水是真实发生过的历史事件，因此，此历史事件事实上就是一部歌颂大禹治水和建立夏王朝的英雄史诗。大禹治水的英雄壮举为世人所广为传颂，在我国古代历史文化典籍中多有关于大禹治水的各类记载，如《尚书》《诗经》《楚辞》《周礼》《左传》《国语》《竹书纪年》《战国策》《山海经》《孟子》《吕氏春秋》等从各个方面对大禹事迹、大禹精神加以传扬。美国历史学家威廉·德雷在其论著中强调："历史学家告诉我们的是他认为有意义或重要的东西，其中就蕴含着某种价值标准。"②如此多的典籍中都对大禹事迹不吝笔墨，足可见当时人们对大禹的推崇和敬仰。

通过对典籍记载的研究和遗址的发掘与考察，我们可以部分复原当时治水的情况，勾画出大禹治水的区域。关于大禹治水地点的问题，很多专家结合史料和考古发现，有不少重要成果，沈长云先生认为"禹治洪水主要就是在古河、济之间的《禹贡》九州的兖州之地，即今豫鲁之交的黄河中下游平原一

① 许湛顺：《夏商周三代的王国文明》，《河洛文化与殷商文明》，河南人民出版社，2007年。
② 威廉·德雷著，王炜、尚新建译：《历史哲学》，生活·读书·新知三联书店，1998年，第54页。

带地区”[1]，杨善群先生则将大禹治水的范围划分为五个区域，即“古兖州，今山东西北部和河北东南部；古豫州，今河南省黄河以南地区；古冀州，今山西省和河南省北部、河北省北部；古荆州、扬州、徐州，今湖北省及以东的长江流域和淮河流域；古雍州、梁州，今陕西、四川省两省和甘肃、青海的东部”[2]。

墨子在《兼爱》中讲道：“古者禹治天下，西为西河、渔窦，以泄渠孙皇之水。北为防原泒注后之邸，嘑池之窦，洒为底柱，凿为龙门，以利燕、代、胡、貉与西河之民。”其中有关“凿龙门”的神话传说有很多，相传大禹开凿龙门是治水过程中最为艰苦的，而龙门不凿通则水患依旧无法最终得以治理。此时天帝派龙、龟以其神力帮助开凿，最终得以打通龙门。如果从史料学的意义上讲，这些神话似不可信，但是从文化研究、文化传播的角度再去审视这些神话，会发现有值得深思之处。

黄河将山西和陕西隔开，史籍中记载的龙门就在今天山西省河津市与陕西省韩城市交界，龙门在两地又有“禹门”的称法。实地考察龙门就会发现，此地地势正是由高向低过渡之处，又加上水道狭窄，地形又助水势，使得此地水流十分汹涌湍急。科技发展日新月异，如今基于我们当下的技术水平，仍然难以想象大禹如何能够在这样的地势和水势中开凿龙门。基于同样的想法，朴素的古代先民们便认为这人力不可能完成的事定然是借助了神力，便根据史籍又加入了百姓的理解，使得大禹治水故事更“真实”。神话虽“假”，古代先民们对大禹饱含的崇敬却更“真”，进而将大禹治水的事迹广为传扬，民众口中的传说与神话不但保留了部分时代记忆，而且体现了对英雄的敬仰之情。

大禹是我们中华民族的象征和骄傲，他对中国历史的影响广泛而又深

① 沈长云：《论大禹治水及其对中华民族进程的影响》，《禹城与大禹文化论集》，中国文联出版社，2007年。

② 杨善群：《大禹治水地域与作用探论》，《禹城与大禹文化论集》，中国文联出版社，2007年。

远。根据现有的历史遗存和口头传说中的记录，大禹到过的地区十分广泛，河南、山东、山西、河北、安徽、江苏、浙江、湖南、湖北、四川等地区都有其遗迹。其中河南省有关大禹治水的历史遗存价值极高，尤其是登封禹都阳城，即位于登封市告成镇王城岗龙山文化古城遗址。王城岗遗址发现于1976—1977年，当时发现的是两座并列的古城，西城平面呈梯形，而东城大部被五渡河冲毁。出土有青铜器残片、陶器、骨器、石器等遗物，并有窖穴灰坑。

夏商周断代工程和中华文明探源工程对王城岗和附近的龙山文化聚落再次深入发掘后，发现了近50万平方米的大城遗址。城址测定为公元前2070年，再结合《竹书纪年》《国语》等有关"禹都阳城"的文献记载，专家们最终将大城确定为"禹都阳城"。实际上，登封一处就还有启母阙、少室阙、太室阙、太室山、少室山等历史文化和自然遗迹，常松木先生经过多年考察，将登封禹迹整理出来，分为现存大禹文化遗迹、自然大禹文化遗迹和历史上曾有现已无存的大禹文化遗迹，竟有50余处之多[①]。

禹都阳城的众多历史遗存仅是全国大禹文化历史遗存的代表之一，根据徐日辉先生的统计，目前全国出名的有关大禹活动的遗迹有16处大禹庙、8处禹庙、8处禹王庙、2处禹山、2处禹穴、1处禹王台、1处禹息城、1处禹迹山、1处禹期山、1处大禹陵、1处禹墟、1处禹池、1处禹溪、1处禹井、1处禹迹洞、1处禹门河、1处禹堤、1处禹门寺等[②]，而且每处几乎都是相同的内容，并且是以超出人力的"神"为表现形式的，有着深厚的历史底蕴和浓烈的文化信仰。

人们修建大禹庙，保护大禹遗迹，凡此种种都表现出人们对大禹的敬爱，并且这种铭记与崇敬变成了一种信仰。各地自发组织的纪念活动，都是对大禹作为华夏祖先的怀念与祭典，已经融入中华民族优秀的传统文化血脉之中。而将大禹治水放到人类文明的大背景中去看，又是与古巴比伦、古印度、

① 常松木：《河南登封禹迹考》，《禹里禹都研究文集》，河南文艺出版社，2014年。
② 徐日辉：《从大禹治水到中华民族的精神聚合》，《地球科学·水与城市》，地质出版社，2011年。

古希腊等国在历史上治理大洪水，一起成为了人类探索自然、不断进取、和谐发展的代表。

大禹治水是一次关系到民族生存与发展的大事，作为受益的后人，我们有责任将其完完整整地传于后人，不断发扬。文学理论研究中的外因论者对文学动因进行分析，坚持认为“文学创作不是孤立自足的现象，而是同包围着它并渗入于其间的整个社会生活方式、时代精神、民族心理乃至自然环境等因素联成一体的”[①]，这一点不管是文学理论还是史学或是社会学理论都是共通的。从古至今，我们对大禹治水的事迹尤其是这种精神都是通过史学、文学、民俗等方式不断传承，大禹已经进入到民族血液当中，与我们的生活紧密相连。

今天的大禹形象已经远远超出了其当年治水的形象，大禹文化已经成为了中华文化的重要组成部分。大禹治水的精神，应当世世代代继承下去，它是我们汲取力量、勇气和智慧的不竭源泉。继承发扬大禹文化，是我们的责任，我们坚信大禹文化必将走向世界，走向未来！

（本文作者为华东师范大学历史学系研究生）

① 陈伯海：《文学史与文学史学》，北京大学出版社，2012年，第231页。

# 会议资料与文件汇编

# 在"登封与大禹故里学术座谈会"上的讲话

张书凯

(2014 年 12 月 20 日)

尊敬的常有功部长、李秀奇主席、魏一明书记、各位专家、新闻界朋友们:

作为主办单位的登封市政协对此次会议非常重视,专门委托我来到现场,对各位领导、学者、新闻界朋友的到来,表示热烈的欢迎和真诚的问候,也对本次"登封与大禹故里学术座谈会"在我市的召开表示衷心的祝贺!

嵩岳地区是我国上古时期夏部族的主要聚集地,大禹治水、祭天、建国、定都及传位乃至禅让制变为世袭制的主要史迹都发生在登封,登封是儒、释、道三教的荟萃之地,而大禹则与儒、释、道都有很深的渊源。登封的启母石、太室阙、王城岗遗址古城、禹凿轩辕关等文物、实证痕迹充分说明了大禹文化是嵩山文化的重要渊源,代代相传的大禹故事深刻揭示了民间的大禹崇拜情结。大禹文化是中华民族宝贵的文化遗产,大禹精神光照千秋且不断启示着未来!

我国自 90 年代中期启动夏商周断代史研究工程以来,大禹的故里被认定在登封市少林办事处祖家庄,这在史学界虽有不同看法,但更多的是赞同的声音,因此2008年登封被中国民间文艺家协会命名为“中国大禹文化之乡”,自此登封与大禹故里的研究迈上了一个新的台阶。在2014年5月,河南省专门下发《关于支持登封市建设华夏历史文明传承创新示范工程的指导意见》,这对我市大禹文化研究提出了更高的要求,尤其是党的十八届四中全会召开以后,中华传统文化复兴已成为时代的最强音。在这种政治、文化背景之下,“登封与大禹故里学术座谈会”在我市的召开,在我市政治、文化、经济发展进程中,将具有重大历史意义。

21世纪是中国的世纪,且首先是中国文化的世纪,如何把大禹文化转化为精神、物质文明,是个非常重要的话题。在这个问题上,我们十分迫切需要向在座的各位领导及专家学者请教,也十分希望各位与会代表畅所欲言,使社会主义文化大繁荣、大发展的实际在本次会议上得到生动的体现。

关于大禹文化转变为产业问题,我市政协委员王青山先生创办的河南大禹文化产业开发有限公司及其“大禹文化产业园”的构思,极具前瞻性及实践性。经商不忘公益事业,经济发展文化需要先行,他对本次会议的筹备及举办贡献颇多,我在此也希望他在文化和经营方面做出更好的业绩。

最后,预祝本次大会圆满成功,谢谢大家!

(讲话者为登封市政协常务副主席)

# 在“登封与大禹故里学术座谈会”上的讲话

王青山

(2014 年 12 月 20 日)

尊敬的各位领导、各位专家、朋友们:

登封地处天地之中,既是大禹故里,又是禹都阳城所在地,是名副其实的中国大禹文化之乡。大禹生长于登封,治水于登封,家居于登封,建都于登封。登封境内的太室山、少室山,即因大禹治水而得名。登封现有大禹文化遗迹 60 多处,大禹神话传说 60 多个,是全国大禹文化遗迹和传说最为集中、最为丰富的县域。

2005 年,大禹被评为登封市十大历史名人。2008 年 1 月 2 日,登封被中国民协命名为“中国大禹文化之乡”。2011 年,禹都阳城又被评为登封市十大文化符号。2011 年,大禹神话传说被河南省人民政府公布为河南省非物质文化遗产。

作为大禹故里,作为禹都阳城所在地,登封的大禹文化历史悠久、经典多元、脉络清晰、内涵深刻,具有文化渊源的根源性、文献记载的确凿性、文物考古的经典性、神话传说的多元性、文化遗迹的丰富性、文化传承的连续性、文化影响的深远性等诸多特点。

我是从小听着大禹的故事,喝着甘甜的颍河水长大的,从商二十余年来,大禹三过家门而不入、克勤克俭、以民为本的精神一直激励着我。当得知省政府下发《关于支持登封市建设华夏历史文明传承创新示范工程的指导意见》的文件后,我非常高兴,注册成立了河南省大禹文化产业开发有限公司,决心在登封市文化产业集聚区、在大禹故里祖家庄投资建设大禹故里文化产业园,为登封的世界历史文化旅游名城建设,为华夏文明传承与创新贡献自己的力量。

我们聘请河南省发改委制订了"中国大禹故里文化产业园总体规划",力争将园区打造为海内外大禹后裔寻根问祖之地,打造成天地之中世界历史建筑群的引线和纽带,打造为中原夏文化的传播平台,打造成登封市文化旅游的集散地和会客厅。园区的建设还需要各位专家的指导和帮助,昨天,各位专家在大禹故里考察时,有的已提出了很好的建议,在此,我谨代表河南大禹文化产业开发有限公司全体员工向各位领导、各位专家表示最诚挚的感谢!

由于时间仓促,经验不足,我公司在具体承办此次座谈会过程中有许多不周之处,希望各位领导、各位专家见谅,同时,真诚希望各位领导、各位专家不吝赐教,鼎力支持登封的大禹文化研究和大禹故里文化产业园区建设。最后,祝各位领导、各位专家新年愉快,身体健康,合家欢乐,万事如意!

谢谢大家!

(讲话者为河南大禹文化产业开发有限公司董事长)

# 在“登封与大禹故里学术座谈会”上的致辞

李秀奇

（2014 年 12 月 20 日）

尊敬的各位领导、各位嘉宾：

大家上午好！

在此严冬时节，大家不畏严寒，不远千里从全国各地云集天下之中登封，参加登封与大禹故里学术座谈会，我谨代表河南省炎黄文化研究会向会议的召开表示热烈的祝贺！并代表各主办单位、承办单位向各位专家的到来表示热烈的欢迎和衷心的感谢！

河南省炎黄文化研究会是最早的研究炎黄文化的专业学术机构，是中国炎黄文化研究会成立的基础。自 1991 年成立以来，河南省炎黄文化研究会积极组织开展炎黄文化研究和各项文化活动，在发掘、整理、弘扬炎黄文化方面做了大量的卓有成效的工作。郑州黄河风景名胜区内的炎黄二帝巨塑是中华炎黄文化研究会成立后完成的一项重要任务。它是中华炎黄文化研究会在海内外炎黄子孙的鼎力支持下，在省、市领导的关怀下，与黄河风景名胜区一起,经过近20年时间最终完成的,现在郑州黄河风景名胜区已成为全球华人华侨寻根拜祖、观光旅游的胜地,它对弘扬民族文化、振奋民族精神、促进祖国统一和繁荣富强有着重要意义。除了炎黄巨塑,河南省炎黄文化研究会还多次举办各种活动和学术论坛,如协助举办新郑黄帝故里拜祖大典、黄帝文化国际论坛等,广泛吸纳各层次的研究人员参与炎黄文化研究,充分发掘炎黄文化优秀的精神内核。近两年更是与中部五省炎黄文化研究会合作,轮流举办了炎黄文化高端论坛,从而促进了新时期新形势下炎黄文化研究的深入发展。炎黄文化研究目前在国内外都已经产生了重要影响,炎黄文化也成为知名文化品牌,在凝聚海内外华人建设中华民族共有精神家园方面发挥着重要作用。

大禹是黄帝后裔,是上古华夏集团的重要领袖,大禹文化是炎黄文化研究的重要内容。大禹所代表的中华优秀始祖文化更是中原文化的核心和根基,是中原文化之“根”的重要内容。大禹精神中所蕴含的不畏艰难、开拓创新等精神是中华优秀传统文化的精华所在,是构建社会主义核心价值体系的重要内容。大禹文化研究可以纳入炎黄文化研究的大框架之内,借助炎黄文化研究的影响和平台,提升大禹文化的研究水平和大禹文化对国内外的影响力。

大禹和登封自古以来就有密切联系。史籍记载“禹都阳城”,阳城的具体地望自古就有颍川阳城之说,也就是今天的登封告成镇一带。这里不仅发现了春秋战国时期的古阳城遗址,而且还发现有龙山文化时期的古城,这与历史上记载的“禹都阳城”高度吻合。史籍中记载大禹之父鲧的所在地,即“昔夏之兴也,融降于崇山”。崇山就是今天登封境内的嵩山,所以大禹出生与早期活动区域也应该在登封这一片区域。

今天我们云集天下之中登封,在中岳嵩山脚下召开这次座谈会,共同探讨中华人文先祖大禹与天下之中登封的密切关系,这对我们传承优秀传统历史文化、推进华夏历史文明传承创新区建设、发展登封文化产业、构建文明河南都具有非常重要的意义。

我们希望登封大禹文化的研究在目前的基础上能够继续进一步深化，多出精品力作；同时还要与当代社会发展和文化建设密切结合，也积极推动研究成果转化为文化软实力，并带动相关文化产业的发展，从而为实现中华民族伟大复兴，为促进世界各国传统文化交流融合，做出新的积极的贡献！

（讲话者为河南省炎黄文化研究会常务副会长兼秘书长）

# 在“登封与大禹故里学术座谈会”上的致辞

魏一明

(2014年12月20日)

尊敬的各位领导、各位专家,同志们,朋友们:

大家上午好!

在这隆冬季节,大家冒着严寒,齐聚登封,举行“登封与大禹故里学术座谈会”,我谨代表河南省社会科学院,对这次座谈会的召开表示热烈祝贺!对与会的各位专家学者表示热诚的欢迎和衷心的感谢!

大禹是中国历史上第一个王朝政权“夏”的建立者,其最卓著的功绩是平治水土和划分九州。大禹及夏史作为中国古代文明研究的重要组成部分,历来是史学界和考古学界的重要研究对象。夏文化的探索、夏商周断代工程、中华文明探源工程等国家重点科技项目的顺利实施,不断推进了夏史研究的深入开展。登封王城岗城址的发掘和研究,是近年来的重要成果。登封地处天地之中,是“禹都阳城”所在地,现留存有与大禹相关的文化遗迹王城岗、启母阙、箕山、启母庙碑、禹王庙、石纽石等60多处,大禹神话传说60多个。

文化是一个地区核心竞争力的重要内容,如果说经济是一个地区的筋骨血脉,那么文化便是精神灵魂。当今社会,文化经济化,经济文化化,经济文化一体化的发展趋势越来越强烈。近些年来,登封市委、市政府在大力推动经济社会快速发展的同时,也高度重视文化建设。今天,我们在这里举行“登封与大禹故里学术座谈会”,以努力把大禹文化的研究进一步引向深入。

河南省社会科学院是省委省政府的思想库和智囊团,建设新型智库是我们的目标。我院有专业研究人员200多人,十几个研究所,涵盖文化、政治、经济、法律等多个方面。中原历史文化源远流长、群星灿烂,加强中原历史文化的研究,是省社科院义不容辞的责任。省委、省政府也对省社科院在中原历史文化研究方面的研究地位、研究力量非常重视。我院不仅是省中原历史文化研究基地,同时还拥有历史与考古研究所、河洛文化研究中心、中原文化研究杂志社等多个平台,会集了一大批相关专家。先秦历史考古研究是社科院的传统优势,有《甲骨文字编》《甲骨学商史编》《中原古城古国》《中原楚文化研究》《中原史前古城》等一系列在学术界有影响的专著,专门的夏文化研究成果有《夏文化论集》《夏史初探》等。河南省社会科学院注重与各地的联系和合作,注重为当地的研究需求服务,以推进当地乃至全省的文化传承和文化建设,助力华夏历史文明传承创新区的建设。

党的十八大以来,新一届党中央对中华优秀传统文化的传承和弘扬非常重视,习近平总书记近来就传统文化的传承发展发表了一系列重要讲话。他在中共中央政治局第十三次集体学习时强调:“培育和弘扬社会主义核心价值观必须立足中华优秀传统文化。牢固的核心价值观,都有其固有的根本。抛弃传统、丢掉根本,就等于割断了自己的精神命脉。博大精深的中华优秀传统文化是我们在世界文化激荡中站稳脚跟的根基。中华文化源远流长,积淀着中华民族最深层的精神追求,代表着中华民族独特的精神标识,为中华民族的生生不息、发展壮大提供了丰厚滋养。中华传统美德是中华文化精髓,蕴含着丰富的思想道德资源。不忘本来才能开辟未来,善于继承才能更好创新。对历史文化特别是先人传承下来的价值理念和道德规范,要坚持古为今用、推陈出新,有鉴别地加以对待,有扬弃地予以继承,努力用中华民族创造的一切精神财富来以文化人、以文育人。”我们加强对中华优秀文化的研究和传承,也是认真贯彻落实习总书记重要指示的具体行动。大禹文化是中华民族优秀传统文化的重要组成部分,我们研究大禹文化,就是要探寻中华文明之源。寻根溯源,能够增强全球华人的文化认同,增强中华民族的向心力和凝聚力,也有助于早日实现中华民族伟大复兴的中国梦。这是非常有意义的事情,我们要努力做好。

最后,祝愿这次座谈会取得圆满成功!祝愿登封经济社会发展不断迈上新台阶!祝愿各位专家、各位来宾身体健康,万事如意!

谢谢大家!

(讲话者为河南省社会科学院党委书记)

# “2015 中国登封大禹文化研讨会”欢迎词

孟永瑞

(2015 年 7 月 11 日)

尊敬的各位领导、各位专家,女士们、先生们:

今天,我们在这里举办中国大禹文化研讨会。在此,我代表登封四个班子向各位嘉宾的到来表示热烈的欢迎!

登封位居天地之中,是全国著名的“文物之乡”“武术之乡”“大禹文化之乡”;拥有居于天地之中的历史建筑群、世界文化遗产、嵩山世界地质公园、少林功夫等众多世界级的文化旅游资源品牌,现存文物实迹 1512 处,其中国家重点文物保护单位 21 处,省级文物保护单位 17 处,市、县级文物保护单位 172 处,是全国第一文物大县(市)。嵩山层峦叠嶂,风光旖旎。嵩山在古籍《山海经》中被誉为“万山之祖”,在道教的“洞天福地”文化中被称为“第六小洞天”,在中国“五岳文化”中被称为天地之中的“中岳”,还先后被评为国际级森林公园、首批世界地质公园、全球低碳生态景区。千百年来,嵩山以其博大精深的文化底蕴和多姿多彩的自然风光屹立于华夏名山之林,吸引了无数帝王将相、文人墨客、高僧名道纷至沓来，在这里祭祀封禅、歌咏书丹、立碑勒石，留下了数不胜数的文物古迹。

近年来，登封依托得天独厚的自然景观和历史人文资源优势，抢抓河南省政府出台的《关于支持登封市建设华夏历史文明传承创新示范工程的指导意见》和郑州市委、市政府为登封量身定制的《登封世界历史文化旅游名城概念规划》的两大机遇，全力推进世界历史文化旅游名城建设，先后引进了投资70亿元的嵩山国际文化养生度假区、投资50亿元的上海肯同登封文化创意园等一大批文化旅游项目。2014年，登封共接待中外游客1017万人次，实现门票收入4.09亿元，旅游总收入达72亿元。

大禹是中华民族的人文先祖、立国始祖。据载，大禹出生于嵩山脚下的石纽屯，建都于阳城。启母阙铭文明确记载了他三过家门而不入的事迹，其一生和登封关系十分密切。登封流传有70多个大禹神话传说，有70多处大禹文化遗迹，是全国大禹遗迹和神话传说最为集中和丰富的地方。2008年1月2日，登封被国家命名为中国大禹文化之乡，同年10月我们举办了中国登封大禹文化研讨会，出版了论文集《大禹与嵩山》，在座的诸多专家学者的大作为登封大禹文化研究奠定了坚实的基础。近年来，我们刻立了大禹之碑、禹生石纽记碑、大禹故里碑，出版了《登封大禹神话传说》《禹里禹都研究文集》《禹王武术》等书籍，创办了《中国大禹文化》刊物，规划了中国大禹文化故里文化产业园，这些成绩的取得与各位领导和专家的关心和指导是密不可分的。

我们坚信：此次中国大禹文化研讨会的召开，必将进一步促进我市的大禹文化研究工作，必将进一步加快推动登封世界历史文化旅游名城建设和华夏历史文明传承创新示范工程建设。同时，也由衷恳请各位领导和专家多关心、多支持、多帮助登封发展，对登封发展提出宝贵意见！

最后，预祝中国大禹文化研讨会取得圆满成功！祝各位领导、专家和朋友在登封期间身体健康、工作顺利！

谢谢大家。

（讲话者为登封市政协主席）

# 在“2015 中国登封大禹文化研讨会”上的致辞

张　锐

(2015 年 7 月 11 日)

尊敬的文超书记,各位领导、各位专家,同志们、朋友们:

大家上午好!

在这火红的 7 月,我们相聚在历史悠久、风景如画的登封市,隆重举行“2015 中国登封大禹文化研讨会”。借此机会,我谨代表河南省黄河文化研究会,向来自全国各地的专家学者表示热烈的欢迎和衷心的感谢,向为本次会议做出积极努力的大会承办方表示衷心的感谢!

黄河文化研究会是河南省社会科学院主管的河南省一级学会。自 90 年代成立以来,致力于黄河历史文化研究,立足中原,放眼全国,重点关注人文始祖、姓氏祖根、历史名人等文化资源的研究与开发。在全国相关领域专家的支持下,先后举办了中国卫辉太公文化节及相关的高层论坛、中国获嘉宁氏文化研讨会、颛项帝喾与华夏文明学术研讨会、黄河文化高层论坛、祈福黄河与华夏历史文明传承创新高峰论坛等学术活动。尤其是与中国先秦史学会密切合作,举办了首届周武王与牧野之战研讨会、葛天氏与上古文明学术研讨会等,取得了一批重要成果,为华夏历史文明的传承创新做出了积极贡献。

登封历史悠久,文化厚重,华夏先祖大禹及其部族曾长期在嵩山周围活动,留下了启母阙等文化遗迹与禹生石纽等相关传说。尤其是经考古工作者长期发掘出的登封王城岗龙山文化城址,为禹都阳城提供了最扎实的实证。作为大禹故里的登封市,长期以来高度重视对大禹文化的研究,对大禹文化研究做了大量工作,着力打造大禹文化品牌,擦亮区域文化名片。本次研讨会邀请全国各地著名专家学者再次聚首登封,围绕登封与大禹故里、大禹治水与华夏文明起源、大禹精神传承等议题,深入进行研讨。这次活动不仅对登封的历史文化研究具有重要的意义,同时,对夏文化研究、中华文明探源研究,以及发掘传承舍私为公、不畏艰险、勇于创新的大禹精神,具有重要意义。相信本次研讨会会取得新的、更加丰硕的成果。

最后,预祝“2015 中国登封大禹文化研讨会”取得圆满成功,祝愿登封市的经济、文化建设不断取得新的成就,也祝愿各位专家学者在参会期间心情愉快,身体健康,万事如意!

谢谢大家!

(讲话者为黄河文化研究会执行会长)

# 在“2015 中国登封大禹文化研讨会”上的致辞

李秀奇

(2015 年 7 月 11 日)

尊敬的各位领导,各位专家,各位新闻界的朋友们:

大家上午好!

七月盛夏,骄阳似火,各位专家学者不顾酷暑,千里迢迢,从祖国各地来到登封,参加“2015 中国登封大禹文化研讨会”,我谨代表河南省炎黄文化研究会,向各位领导、各位女士、各位先生表示热烈的欢迎和诚挚的感谢!

登封历史悠久,西汉武帝刘彻游嵩山,正式设立崇高县,隋代改为嵩阳县,武则天登嵩山、封中岳,大功告成,改嵩阳县为登封县,始称登封。登封历史文化独领风骚,犹如一颗熠熠生辉的璀璨明珠,向我们展现出华夏民族的辉煌历史和壮丽画卷。大禹于此周围开夏文明之先河,周公姬旦、汉武帝刘彻、唐高宗李治、明太祖朱元璋、清圣祖康熙等一代天骄,相继到此祭祀封禅。李白、杜甫、欧阳修、范仲淹、程颐、程颢等接踵而来,蕴山川灵秀,书壮丽诗篇。登封名人胜迹不胜枚举,“天下第一名刹”少林寺、道教洞天中岳庙、儒学圣地嵩阳书院驰名天下，登封“天地之中”历史建筑群倾倒世界。

大禹与登封之缘，于历史有凭，于考古有据。史籍中记载大禹之父鲧的所在地，即“昔夏之兴也，融降于崇山”。崇山一般认为是今天登封境内的嵩山。“禹都阳城”，阳城的具体地望自古就有颍川阳城之说，即在今天的登封告成镇一带。考古发现这里不仅有春秋战国时期的古阳城遗址，还有龙山文化时期的王城岗城址，这就与历史上记载的“禹都阳城”高度关联。而嵩山脚下的启母阙等相关遗迹与传说，也证明大禹与夏部族曾长时间活动于嵩山周围。

今天，各位专家学者济济一堂，一起研讨与大禹相关的课题。大禹作为夏王朝的开创者与奠基者，也是华夏民族的重要先祖。大禹治水，划九州，平天下，影响深远。通过我们的研讨，逐渐廓清大禹与登封的关系，挑开大禹身上的神秘面纱，厘清夏文化的脉络，这既是登封市前所未有的文化盛事，也是我国学术界的一件大事，将有助于推动夏文化的研究与文明探源的工作。

河南省炎黄文化研究会是最早的研究炎黄文化的专业学术机构，是中国炎黄文化研究会成立的基础。1991 年成立以来，河南省炎黄文化研究会积极组织开展炎黄文化研究和各项文化活动，在发掘、整理、弘扬炎黄文化方面做了大量的卓有成效的工作。这些工作对弘扬民族文化、振奋民族精神、促进祖国统一和繁荣富强有着重要意义。大禹为黄帝的直系后代，大禹文化是炎黄文化研究的重要内容，大禹精神中所蕴含的“三过家门而不入”、舍私为公、不畏艰难、开拓创新等精神是中华优秀传统文化的精华所在，我们将一如既往协助相关单位研究这种精神，弘扬这种精神，同时为登封市文化事业的发展做出我们应有的贡献。

最后预祝“2015 中国登封大禹文化研讨会”取得圆满成功，祝各位朋友、各位来宾身体健康、心情愉快！

谢谢大家！

（讲话者为河南省炎黄文化研究会常务副会长兼秘书长）

# 在“2015 中国登封大禹文化研讨会”上的致辞

魏一明

(2015 年 7 月 11 日)

尊敬的各位领导、各位专家,同志们,朋友们:

大家上午好!

在这炎炎的夏日,大家冒着酷暑,齐聚在中岳嵩山南麓美丽的山城登封,举行“2015 中国登封大禹文化研讨会”,我谨代表河南省社会科学院,对这次研讨会的召开表示热烈祝贺! 对与会的各位专家学者表示热诚的欢迎和衷心的感谢!

大禹在中国早期历史上居于特殊的地位,他是为中华民族的历史发展做出了巨大贡献的伟大历史人物。大禹治水,对整个黄淮海平原水系的形成起到了重大的奠基作用。他在长期的治水活动中,创新思路、身先士卒,由此树立了权威,创建了中国历史上第一个王朝政权“夏”,从而开启了中国文明的新纪元。大禹及夏史研究作为中国古代文明研究的重要组成部分,历来是史学界和考古学界的重要研究对象。夏文化的探索、夏商周断代工程、中华文明探源工程等国家重点科技项目的顺利实施,不断推进着夏史研究的深入开展。“禹都阳城”登封王城岗城址的发掘和研究,是近年来的重要成果。登封还留存有其他与大禹相关的大量文化遗迹和传说。近些年来,登封市委、市政府在大力推动经济社会快速发展的同时,也高度重视文化建设,大禹文化研究取得了丰硕的成果和令人瞩目的成就。尽管如此,大禹文化的研究,仍有许多问题值得我们认真思考和探讨。今天,我们在这里举行“2015 中国登封大禹文化研讨会”,努力把大禹文化的研究进一步引向深入。

河南省社会科学院作为全省哲学社会科学研究的最高学术机构和社会科学综合研究中心,是省委、省政府的思想库和智囊团,建设新型智库是我们的目标,加强中原历史文化的研究,是省社科院义不容辞的责任。先秦历史与考古研究是社科院的传统优势,多年来深耕不辍,有知名专家,形成有代表性成果。同时,河南省社会科学院注重学术热点问题的研究与地方文化建设的结合,并积极与各地合作,共同推进华夏历史文明传承创新区的建设。

习近平总书记就传统文化的传承发展有一系列重要论述,强调“博大精深的中华优秀传统文化是我们在世界文化激荡中站稳脚跟的根基”。大禹文化是中华民族优秀传统文化的重要组成部分,我们研究大禹文化,就是要探寻中华文明之源。寻根溯源,能够增强全球华人的文化认同,增强中华民族的向心力和凝聚力,也有助于早日实现中华民族伟大复兴的中国梦。

最后,祝愿这次座谈会取得圆满成功!祝愿登封经济社会发展不断迈上新台阶!祝愿各位专家、各位来宾身体健康,万事如意!

谢谢大家!

(讲话者为河南省社会科学院党委书记)

# 在“2015中国登封大禹文化研讨会”上的讲话

宋镇豪

(2015年7月11日)

尊敬的各位领导、各位专家:

大家上午好!

很高兴能和大家一起来参加这次史学盛会!在这里我谨代表中国先秦史学会向各位参会嘉宾表示真诚的欢迎!

会前,此次研讨会的承办方河南省社会科学院历史与考古研究所已经向我汇报了会议的一些基本情况。这次研讨会共邀请了来自北京、天津、上海、重庆、河北、陕西、浙江、江苏、辽宁、四川、安徽、湖北、河南等十三个省市的近七十名先秦史方面的专家学者共同参会,并且在会前就收到了49篇学术论文,除我之外,中国先秦史学会还来了四位副会长。可以说此次会议不仅是登封的一次重要会议,更是我们中国先秦史学会的一次重要会议。

大禹和夏文化研究是中国早期文明起源研究的关键环节,是中国先秦史研究的核心内容之一,对大禹和夏文化的研究直接关系着早期文明的起源、国家的演变、国家权力的发展、社会环境的变迁等中国先秦史的重要内容。而登封不但有丰富的大禹传说和大禹遗迹,而且有龙山时期的古城王城岗遗址和春秋时期的“阳城”遗址,它们都与大禹和夏代早期文化密切相关。因此,在登封长期深入地开展大禹文化和夏文化的研究是必需的,也是必要的!

顾名思义,中国先秦史学会就是一个致力于中国先秦历史文化研究的学会。我们对各地有关先秦史方面的学术研究都是积极支持的。当然,各地先秦史的研究要建立在自己所拥有的历史文化资源基础之上,这样才能形成特色,形成品牌,发展自己独特的文化优势。而此次研讨会正是登封市立足特色文化资源,深入研究发展历史文化的重要举措,必将为推动登封夏禹文化的深入研究提供坚实的学术基础。

此次研讨会结束之后,我们学会将会在登封设立“中国先秦史学会夏禹文化研究中心”,依托河南省社会科学院历史与考古研究所、登封市政协文史委员会、登封市大禹故里文化研究会的学术力量进一步深入研究大禹文化和夏文化,使登封成为夏禹文化研究的前沿阵地和核心地区,为传承和弘扬我国优秀传统文化做出更大的贡献。

预祝此次研讨会取得圆满的成功!谢谢大家!

(讲话者为中国先秦史学会会长、中国社会科学院学部委员)

# “2015中国登封大禹文化研讨会”宣言

张新斌

(2015年7月12日)

2015年7月11日—12日,由中国先秦史学会、河南省炎黄文化研究会、黄河文化研究会主办,河南省社会科学院历史与考古研究所、中国大禹文化研究中心、河南大禹文化产业开发有限公司承办,郑州市政协文史资料委员会、登封市嵩山文化研究会、登封市大禹故里文化研究会协办的“2015中国登封大禹文化研讨会”,在河南省登封市隆重召开。来自北京、河北、天津、辽宁、陕西、四川、重庆、浙江、江苏、安徽、上海、湖北、河南等地的高等院校、科研机构、文物考古等部门的专家学者共计90余人出席了会议。中共河南省委原常委、郑州市委原书记、河南省人大常委会原副主任王文超同志,亲临大会。“夏商周断代工程”首席科学家、北京大学著名教授李伯谦先生等7位专家,在大会上做了精彩的学术报告。与会代表专程考察了大禹故里祖家庄、启母阙、阳城出土文物陈列处等文化遗存,并围绕大禹与夏文化这一主题进行了热烈的讨论与交流,形成了重要共识。

一、本次研讨会共收到论文50余篇，涉及禹都阳城与大禹故里、大禹的重要贡献、大禹文化与夏文化、大禹与嵩山、大禹治水与华夏文明的形成和国家的建立、大禹精神、大禹文化资源的开发等，内容广泛，新见迭出。大家一致认为，这次研讨会是近年来学术界的一次高规格、高水平的大禹文化研讨活动，在大禹文化研究上占有重要的地位。

二、大禹是上古时期的治水英雄，他三过家门而不入，一改过去的“窒塞”之法为“疏导”之法，成功地治理了水患。治水活动充分展示了大禹高超的领导水平和卓越的科技创造才能，有力地推动了水利、地理、气候、数学、机械、冶金、建筑、农业等早期科学技术的发展，开启了以地域为行政区划的新纪元。随着生产力的发展和大禹治水成功后威望的提升及权力的集中，在大禹执政后期，当时的社会实际上已具国家的雏形。因此，大禹是中国文明的开启者，是中国国家的创建者。大禹是中华民族从局部发展到全面发展以至多民族大融合、大统一，形成为中华民族命运共同体的奠基者。大禹为政以德的民本思想，开拓进取精神和艰苦朴素、廉洁奉公作风，构成现今“大禹文化”的核心内容，大禹精神值得传承和发扬。

三、登封所在的中岳嵩山，在华夏文明的孕育过程中，具有特殊的地位。《世本》《史记》《国语》《竹书纪年》等传世文献，有“夏兴于崇(嵩)山”“禹都阳城”的记载，《水经注》《括地志》《大清一统志》等也确定阳城在今登封。在登封告成镇，不但发现了东周时的阳城遗址，也发现了龙山晚期的小城堡，以及围绕小城而兴建的大城，这都为最终确定禹都阳城提供了扎实的实物证据。禹都阳城在登封，为学术界主流观点。登封所保存的启母阙、启母石、启母庙故址、启母庙碑等，说明了登封作为大禹故里故都，有着确凿的文物物证。在祖家庄一带所保留的大量的民间传说和民俗民风，印证了大禹文化在登封具有的广泛基础，也使登封作为大禹故里、故都拥有更完整的证据体系。

四、登封具有扎实的大禹文化证据和丰富的大禹文化资源，登封市要抢抓机遇,在文化强国和华夏历史文明传承创新区建设中,大力弘扬大禹精神,大力开发大禹资源,尤其是要重点支持中国大禹故里文化产业园区的建设,使该园区成为特色鲜明、重点突出、业态新颖、优势明显的文化主题园区,在全国同类文化产业园区中占有一席之地。

五、中国先秦史学会在登封正式设立了"夏禹文化研究中心",这必将促进夏文化与大禹文化研究的不断深化与拓展。大禹文化遗存,遍布全国各地,其各有所依,各有所本,均为历史留给我们的重要遗产。彼此之间要加强联系,互相支持,共同承载传承大禹文化的历史使命,为华夏历史文明的传承创新做出更大贡献。

(执笔者为河南省社会科学院历史与考古研究所所长)

# 在"2015 中国登封大禹文化研讨会"上的致辞

王青山

(2015 年 7 月 12 日)

尊敬的各位领导、各位专家、各位学者及新闻界的朋友们:

大家上午好!

继"2008 中国登封大禹文化研讨会""2014 登封与大禹故里学术座谈会"之后,中国大禹文化研讨会再次在大禹故里登封召开。本次会议较之登封历次大禹故里学术座谈会规模大、规格高、专家阵容强、学术水准高。会上专家学者围绕登封的大禹文化遗存、禹都阳城、大禹精神等展开了激烈的研讨,取得了丰硕的学术成果。

登封是大禹出生、成长、创业、建都的地方,大禹故里就在登封少室山下的石纽屯。登封是大禹故里已成为学术界的共识。大禹是中华民族的立国始祖,其开山治水的英雄事迹和大公无私、不屈不挠的精神泽被万世、惠及兆民。嵩山的每一棵草木、颍河的每一滴水珠都浸染着大禹的文化气息。大禹与登封、大禹与嵩山、大禹与天地之中有着紧密的联系,大禹精神已升华为登封的城市精神。

朋友们，作为生长、创业在登封的我，每当困惑的时候，就时常用大禹的精神激励自己。2014 年河南省政府出台了《关于支持登封市建设华夏历史文明传承创新示范工程的意见》之后，我借此东风筹建了河南大禹文化产业开发有限公司，希望通过挖掘研究大禹文化资源，为登封真正成为世界历史文化旅游名城、为登封的经济建设贡献自己的力量。

朋友们，虽然我学识浅薄，但只要有省、市特别是登封市委、市政府的关心和支持，有各级领导的指导和帮助，尤其是有与会这么多专家学者的锦囊妙计和新闻界朋友的点拨与互动，我相信大禹故里文化产业园一定能成为华夏历史文明传承创新示范工程的一颗璀璨明珠。

在此我真诚地感谢各位领导、各位专家、各位学者的指导，感谢社会各界朋友的鼎力支持，也真诚地感谢为筹备本次研讨会付出辛勤努力的各位同人，并借此机会预祝各位朋友家庭幸福、身体安康。

谢谢大家！

（讲话者为河南大禹文化产业开发有限公司董事长）

# “2015 中国登封大禹文化研讨会”综述

李玲玲

2015 年 7 月 11 日—12 日，由中国先秦史学会、河南省炎黄文化研究会、黄河文化研究会主办，河南省社会科学院历史与考古研究所、中国大禹文化研究中心、河南大禹文化产业开发有限公司承办的“2015 中国登封大禹文化研讨会”，在河南省登封市隆重召开。来自北京、上海、天津、重庆、河北、辽宁、陕西、四川、浙江、江苏、安徽、湖北、河南共十三个省市的高等院校、科研机构、文物考古等部门的专家学者等 90 余人出席了会议。与会代表围绕夏文化与大禹文化、大禹治水与大禹的历史贡献、登封与大禹的关系等主题进行了深入研讨，并在以上三个方面形成了重要共识。

一、夏文化与大禹文化研究的重要性。与会专家认为大禹文化遗存，遍布全国各地，其各有所依，各有所本，均为历史留下的重要遗产。全国大禹文化研究者彼此之间要加强联系，互相支持，共同承载传承大禹文化的历史使命，为华夏历史文明的传承创新做出更大贡献。为深入研究夏禹文化，中国先秦史学会在此次会议上，正式在登封设立“夏禹文化研究中心”，对促进夏文化与大禹文化研究的不断深化与拓展有着重要意义。

1.夏文化研究。“夏商周断代工程”首席专家、北京大学震旦古代文明研究中心主任李伯谦教授对“夏商周断代工程”及夏文化研究的最新成果进行了详细介绍,提出:“夏商周断代工程”对各学科发展起到的推动作用是多方面的,就考古学来说,对夏文化的确定是最值得称道的。北京大学环境科学与工程学院宋豫秦教授的《夏文化的生境优势》中对夏代的地理环境、生态环境做了详细考证。大连大学中国古代文化研究中心葛志毅教授的《夏禹与匈奴、西羌》认为:由夏禹与匈奴及西羌的关系看,中国上古文化与西北地区关系密切。

2.大禹文化研究。四川大学历史文化学院彭邦本教授的《登封一带大禹史传的初步探讨》提出:河南省登封、嵩县一带,自古流传着禹、启和涂山氏等禹夏之际的古史传说,并见载于传世文献。这些传说与长江上游、黄河下游、淮河流域、钱塘江下游等地的相关传说一样,都包含着古老而珍贵的学术信息,需要深入探索提取其中的历史质素。四川省社会科学院谭继和研究员的《论大禹故里与大禹降生文化》提出:有关大禹出生地的传说,不管在哪个地方发生,都值得重视,不可扬此抑彼,因为它是游牧生活时代精神信仰的反映和体现。洛阳文物考古研究院蔡运章研究员的《略论夏禹母族与有莘国历史的若干问题》认为:禹母有莘氏当为姜姓申国,禹后有莘氏则是姒姓封国。安徽省社会科学院历史研究所所长陈立柱研究员的《文献与考古资料对证中的古九州地域范围》认为:“禹迹”泛而言之代表天下,具体言之则当为九州范围,小而言之为夏主所居之都邑。商、周王者所进占的夏主都邑、禹迹,正在伊、洛下游一带,即“阴方”之中。苏州大学社会学院周书灿教授的《大禹与九州》认为:九州名称具体化之前,无论是相当于早期“九州”之域的“有夏之居”,抑或是“九州的对音”的“夏后”,都可以为“禹划九州”的传说找到一点点史影。中国社会科学杂志社《历史研究》主编助理晁天义副编审在《新时期大禹研究刍议》中对近年来大禹文化研究中出现的问题进行了详细分析辩证,得出了三点重要认识:“走出疑古时代”之后,对于史料的采信和运用,同样需要坚持审慎的批判态度;在借鉴西方理论方面,既要了解西方学术界最新进展,同时也要对理论的科学性有准确判断;关于中国历史的个案研究,应以对中国历史文化基本精神的正确估计为前提。郑州师范学院中原文化研究所刘玉娥教授的《大禹族系及治国理念简论》提出大禹的治国理念为:正德、利用、厚生惟和。浙江越秀外国语学院周幼涛教授的《禹“修社祀”和“死而为社”考》提出:大禹生创社祀,死为社神。

二、大禹的历史贡献与大禹治水的重要意义。与会专家一致认为大禹是上古时期的治水英雄,是中国文明的开启者,是中国国家的创建者,大禹精神值得传承和发扬。大禹的治水活动有力地推动了早期科学技术的发展,开启了以地域为行政区划的新纪元。大禹是中华民族从局部发展到全面发展以至多民族大融合、大统一,形成为中华民族命运共同体的奠基者。

1.大禹历史贡献的研究。河南省社会科学院郑杰祥研究员的《“禹都阳城”与大禹精神传承探讨》提出:禹的以民为本思想,开拓进取精神和艰苦朴素、廉洁奉公作风,构成现今所称的“大禹文化”的核心内容。天津师范大学杜勇教授的《禹都阳城辨疑》认为:禹取得部落联合体的最高权力之后,把政治中心由原来的平阳转移到禹部落所在的都邑,从而开创了以“家天下”为特征的统一贵族国家的历史新局面。河南省社会科学院历史与考古研究所所长张新斌研究员的《上古时期的洪水治理与国家的形成》认为:大禹以身先士卒、艰苦卓绝的人格魅力成为治水的英雄,也形成了领导权威及王权建立的基础。四川省社会科学院谭继和研究员的《论大禹故里与大禹降生文化》认为:大禹极大地促进“华夏”成为认同“中国文明”的多民族共同体,促进华夏成为中华民族共同的祖国。北京大学文博学院葛英会教授的《中华人文传统与古国兴衰》提出:大禹治水故事所传达的人文精神,与中原地区仰韶文化到龙山文化的人文传统是一致的,这种人文传统就是中华文明的根基所在。

2.大禹治水与文明起源关系的研究。中国社会科学院考古研究所印群研究员的《论龙山时代的水患问题——兼谈大禹治水的成功》认为:大洪水的发生及龙山时代原始农业对水利的客观需求最终导致了大禹治水的壮举。郑州大学王星光教授的《大禹与科技文明》提出:大禹治水推动了水利、地理、气候、数学、机械、冶金、建筑、农业等早期科学技术的发展。河南大学历史文化学院李玉洁教授的《大禹治水治国与洛书九畴》认为:《尚书·洪范》所记载的"洪范九畴",即"洛书九畴",不仅是大禹也是我国历代帝王治国的方略。河南省文物考古研究院杨肇清研究员的《略论大禹治水与华夏文明的形成》认为:大禹通过治水活动才得以建立统一的较大的政治集团。中国社会科学院考古研究所高江涛副研究员的《考古学视角的大禹与大禹治水》认为大禹的巨大贡献有二:一是平治水土;二是中心转移。大禹移至广阔的伊洛平原后,整合嵩山南北文化并在政治、经济、文化等方面得到了长足发展,建立了相对统一的政治秩序或言夏王朝。禹之绩成为"天下之中"的观念才逐渐固定下来。中原工学院李龙海副教授在《大禹治水和中国早期天下国家观念的初步形成》中指出:尧舜禹时代处于原始氏族社会逐步瓦解并向早期王朝国家过渡时期,同时也是部落联盟的禅让制向王权家族世袭制的剧烈转变时期。大禹治水加剧了以上这两种转变,并最终建立了中国历史上第一个王朝。随着夏王朝国家的建立,中国早期的天下国家观念也初步形成。

三、登封与大禹的关系。与会专家认为大禹与登封之间有着非常密切的关系。登封所在的中岳嵩山,在华夏文明的孕育过程中,具有特殊地位。禹都阳城在登封,不仅在传世文献中有明确记载,更有登封告成镇发现的东周阳城遗址和龙山晚期小城、大城,作为考古学上扎实的实物证据。登封所保存的启母阙、启母石、启母庙故址、启母庙碑等,说明了登封作为大禹故里故都,有着确定的文物物证。在祖家庄一带所保留的大量的民间传说和民俗民风,印证了大禹文化在登封具有的广泛基础,也使登封作为大禹故里故都拥有更完整的证据体系。

1.禹都阳城与登封王城岗关系的研究。中国社会科学院考古研究所曹定云研究员的《论中华历史第一都——禹都阳城》认为:登封王城岗阳城遗址是中华历史第一都。中国科学院地质与地球物理研究所周昆叔研究员的《论大禹基业在嵩山》提出:嵩山王城岗是中国国家肇始之地。河南省文物考古研究院杨育彬研究员的《关于"禹都阳城"几个问题的学术思考》认为:登封王城岗禹都阳城的确定,反映了夏王朝在中国古代文明的起源和发展进程中,从方国文明进入王国文明的进程中无可替代的历史地位。河南省文物考古研究院方燕明研究员的《禹都阳城与大禹治水的考古学观察》认为:在登封告成发现的东周阳城,以及战国"阳城仓器"铭文陶器的出土,表明东周阳城就在告成镇。这就为"禹都阳城"即为登封告成王城岗龙山文化城址提供了有力支持。郑州大学历史学院陈隆文教授的《崇山与禹都阳城地望》认为:登封王城岗遗址为禹都阳城,不仅有文献材料,而且更重要的还有考古发掘材料。

2.大禹故里、故都与登封关系的研究。河南省社会科学院马世之研究员的《从石纽到阳城——大禹故里故都浅析》认为:以登封为中心的嵩山地区,是早期夏文化的核心地带,登封是大禹故里。陕西历史博物馆杨东晨研究员的《浅谈河南登封与大禹的密切关系》认为:禹的故里应在崇部落、崇伯的居地阳城(今登封告成镇)。浙江工商大学人文学院徐日辉教授的《嵩山文化圈与大禹故地略论》指出:登封市阳城作为大禹故地,由于大禹的存在便与中岳嵩山发生了极为密切的关系。它不但开启了今天嵩山文化圈之先,而且成为大禹文化的重要构成。重庆师范大学历史与社会学院刘俊男教授的《黄帝及其嫡系后裔地望史迹丛考》认为:鲧、禹的祖居地当在中原。登封市文史委主任常松木的《大禹故里考论》认为:夏部族的活动范围在豫西嵩山、伊洛一带,嵩山地区是鲧、禹、启的活动中心,大禹故里在嵩山脚下的登封。河北师范大学历史文化学院何艳杰副教授的《大禹文化的中转站——登封王城岗》认为：登封王城岗所在的颍河流域应该属于大禹文化范围之内，并且是大禹文化北上南下的重要中转站，同时还是一处神圣的宗教中心。

除了上述文章提到的诸多观点，还有一些涉及中国国家起源研究、大禹文化的传承和开发等方面的文章，因篇幅限制，不作具体阐述。

总体来看，本次研讨会是近年来学术界的一次高规格、高水平的大禹文化研讨活动，在大禹文化研究上占有重要的地位，有助于进一步推动登封夏禹文化和全国各地大禹文化的深入开展。

（本文作者为河南省社会科学院历史与考古研究所助理研究员）

# 后　记

与登封的大禹结缘,已经有 30 余年了。

1980 年,我刚刚涉足考古学,作为郑州大学考古系第一届学生,第一次的田野实习,便选择了在登封王城岗进行考古发掘。我参与了对西城(小城)的发掘,也见证了青铜残片的发现,安金槐、李先登等已故的考古专家,都是那次发掘的主持者和主要参与者。从那次发掘之后,我便知道了 1977 年的登封考古现场会,知道了学界关于夏文化的讨论,知道了大家主要认可也存在争议的"禹都阳城"。

大学期间我最下功夫的是关于夏文化的讨论,以及由此而来的对二里头文化分期的认识,尽管这篇稿子没有发表,但凭着这个功底,加之多年来也较为关注夏禹的问题,自己似乎有了这样的文化情结,尤其是我在完成"济水和早期河济关系研究"课题时,更是加深了对大禹治水的认识,知道了黄淮海平原水系的改造与定型,是大禹留存至今的重要遗产。

2014 年,登封市的历史文化研究者常松木来找我,谈及希望召开大禹文化研讨会事宜,其后我也认识了王青山先生。其年冬,我们便召开了第一次的大禹会,因准备时间较短,我们名之为“大禹文化座谈会”。2015 年夏,我们再次合作召开了“大禹文化研讨会”,此次研讨会中国先秦史学会为第一主办单位,宋镇豪会长及彭邦本、宫长为、葛志毅、杜勇四位副会长到会,李伯谦、周昆叔、曹定云等学术大家参与了学术研讨。王文超老书记专程到会祝贺,给大家以极大的鼓舞。参会代表拿出了最新的学术成果,保障了研讨会的圆满成功,本文集正是这两次会议的成果结晶。

这两次会议,均以河南省炎黄文化研究会、黄河文化研究会为主办单位,常有功、李秀奇、张锐等领导,均到会给予支持。2015 年的研讨会,中国先秦史学会作为第一主办单位,极大地提升了研讨会的学术档次,宋镇豪会长等人非常支持对登封大禹的研究,并在中国先秦史学会设夏禹文化研究中心,这部文集也是中心成立后的第一部成果。

整个会议在我和王青山的主导下圆满进行。在会议中,王章武、常松木、蒲延中、李喜旺等做了大量工作,陈建魁、李玲玲、张玉霞参与会议的会务工作,李玲玲在会议前后,尤其是文集的编辑方面,付出了辛苦的劳动。

特向所有支持会议成功举办及为文集编辑出版而付出努力劳动的人们表示诚挚的感谢,向登封市政协领导孟永瑞、张书凯表示感谢。最后,向长期支持我们并光临会议指导的河南省社会科学院党委书记魏一明、正院级干部赵保佑表达敬仰之情。

本文集是“河南历史与考古研究”丛书(第二辑)的第二本。

张新斌

2016 年 8 月